Toscana

Nana Claudia Nenzel

DUMONT RICHTIG REISEN

Inhalt

Kulturlandschaft Toscana

Reisen in der Toscana

Florenz und Umgebung

Zwischen Florenz und dem Meer

Die toscanische Küste, Pisa und Livorno

Der Toscanische Archipel

Von der Küsten-Maremma nach Osten

Die südöstliche Toscana

Valdichiana, Arezzo und das Casentino

Siena und das Chianti

Serviceteil

Verzeichnis der Karten und Pläne

Umgebungskarten:

Stadtpläne:

Kultur-landschaft Toscana

Kunstzentren und liebliche Landschaften, Urbanität und Unberührtheit

Das Sehnsuchtsland Toscana ist wie kaum eine andere italienische Region eine Kulturlandschaft im doppelten Sinne: eine Fundgrube für Kunst-Interessierte, aber auch eine stark von Menschenhand geformte Landschaft. Beinahe alles, was jährlich Millionen Reisende sowohl aus Italien selber als auch aus aller Welt in die Toscana zieht, wurde im Laufe der Jahrhunderte von seinen Bewohnern gestaltet: die Baudenkmäler und Kunstwerke von bildenden Künstlern, Architekten und Städteplanern, die Landschaft mit ihrer geometrischen Strenge und Klarheit von Bauern und Winzern. Dennoch gilt ein Großteil der Toscana als naturbelassenes, nicht bebautes oder beackertes Land. Selbst die klassische Toscana-Landschaft, das so stark durch Weinberge und Ölbaumpflanzungen strukturierte Gebiet des Chianti Classico zwischen Florenz und Siena, ist zur Hälfte mit Wald bedeckt.

Die sprichwörtliche Toscana-Sehnsucht mag jedoch gerade aus der Mischung von städtischer Kultur und lieblicher Landschaft resultieren. Die Toscana ist eine Region, die vielerorts stärkste Urbanität, aber auch Unberührtheit vorgaukelt und beides doch nie so ganz erfüllt. Sogar die Metropole Florenz besitzt ihre dörflichen Seiten, und das kleine Dorf Montalcino seine städtischen. Stadt und Land sind vielleicht nirgendwo so stark ineinander verwoben wie hier.

Die Toscana, das ist ein Land, das zu mehr einlädt als *nur* zu einer Kulturreise. Und kaum jemand dürfte es schaffen, dieses Land mit allen seinen Nuancen und Facetten in seinem ›Reiseleben‹ zu bewältigen. Die fünftgrößte Region Italiens besteht ja nicht allein aus den großen Kunstzentren – Florenz, Siena, Lucca, Pisa – und dem sanft gewellten, harmonischen Hügelland des Chianti. Das Land ist weitaus vielfältiger, sogar geografisch. Da mögen manche Reisende, die das Zentrum der Toscana verlassen, überrascht sein: Dem bis zu 1738 m hohen Monte-Amiata-Massiv im Südosten kann man eine gewisse Monumentalität nicht absprechen, und ganz im Norden, an der Grenze zur Emilia-Romagna, steigt der Tosco-Emilianische Apennin auf mehr als 2000 m an – und bildet ein beliebtes Skigebiet etwa um Abetone herum. Die toscanische Küste bietet im Norden schöne breite, von Pinien beschattete Sandstrände, im Süden im Wechsel mit engen, felsigen Buchten an steilen Küstenabschnitten, die herrliches Badevergnügen versprechen.

Die Apuanischen Alpen im Nordwesten errangen bereits in der Antike Weltruhm: Carrara – kein Marmor der Welt soll weißer sein! Hier ließen schon die Römer Marmor abbrechen, um daraus Skulpturen zum Schmuck ihrer Tempel und Paläste herzustellen. Im Mittelalter wohnte Michelangelo zeitweise in Carrara, um selber den *statuario,* den weißesten, tadellosesten Stein für seinen ›David‹ zu bestimmen. Auch in späteren Zeiten kamen viele Künstler (etwa Henry Moore), die alle das Rohmaterial für ihre Werke an Ort und Stelle auswählen wollten ... Noch heute tun es ihnen meist junge Talente nach, viele Amerikaner und Japaner, die damit auch für die Internationalität der Marmorküste sorgen.

Richtig Reisen *Tipp*

Die schönsten Städte der Toscana

Florenz – die Renaissance- und Regionalhauptstadt der Toscana (s. S. 50ff.)
Pistoia – die bescheidene Schönheit westlich von Florenz (s. S. 89ff.)
Pisa – selber kaum bekannt, aber für seinen schiefen Turm berühmt (s. S. 135ff.)
Lucca – ruhige Handelsstadt mit dem schönsten Mauergürtel (s. S. 109ff.)
Arezzo – etruskischen Ursprungs mit herrlicher Piazza Grande (s. S. 235ff.)
Volterra – die Stadt des Alabasters und der hohen Paläste (s. S. 280ff.)
Siena – die gotische ›Gegenspielerin‹ von Florenz (s. S. 252ff.)
Montepulciano – Renaissanceperle mit modernem Musikfestival (s. S. 202ff.)
Montalcino – mittelalterliches Städtchen mit dem teuersten Wein der Toscana (s. S. 212ff.)
Cortona – etruskische Stadt in herrlicher Hanglage (s. S. 228ff.)
Portoferraio – trutziger Hauptort und bedeutendster Hafen der Insel Elba (s. S. 169ff.)

Mittelalterliche Städte und kleine, um trutzige Burgen entstandene Dörfer, oft in romantischer Hügellage, prägen das Hinterland der Toscana. Weiterhin bedeutend sind die Paläste und Villen der Medici und anderer Familien, die in der Renaissance Städte und Land beherrschten und sich gar ein ganzes Städtchen im reinsten Renaissancestil leisten konnten wie Papst Pius II. *sein* Pienza.

Die Toscana der Renaissance war es auch, die ganz Europa so reich beschenken sollte: mit dem Sinn für das Maßvolle und Rationale, für die Schönheit der einfachen Formen. Weiter gilt die Toscana als Ursprungsland, als ›Heimat der Seele des modernen Menschen‹ und damit der Humanität eines Petrarca. Die Keimzelle dieser Ideen war Florenz, das dem Land auch seine klassische Sprache, genauer: die Sprache Dantes gab. Bis heute gilt das Toscanische als das Hoch-Italienisch, was bei manchen Italienern einen starken Unwillen hervorruft. Florenz wusste sich eben schon immer durchzusetzen.

Auch heute ist die Stadt am Arno das kulturelle, wirtschaftliche und politische Zentrum der Toscana, mit der bedeutendsten und größten Universität der Region, im Wettstreit mit Pisa und Siena. Ebenso zahlreich sind die Kunstakademien, Sprach- und Malschulen, sowohl in Florenz als auch in den kleineren Städten und auf dem Land, verstreut an den schönsten Punkten. Zahlreich sind die Kulturfestivals in der Toscana, ob international wie in Montepulciano oder eher lokal wie in Monticchiello.

Wen einmal die Toscana-Sehnsucht gepackt hat, den lässt sie nicht mehr los. Und – das beweisen Statistiken – reicht es wegen knapper Reisekasse nicht mehr zum Vier-Wochen-Ferienhaus-Urlaub, werden eben drei daraus, aber ganz darauf verzichten möchte niemand.

Landeskunde im Schnelldurchgang

Lage und Fläche: Die mittelitalienische Region Toscana zwischen der Emilia-Romagna im Norden, Umbrien im Osten, Latium im Südosten und Ligurien im Nordwesten bedeckt zusammen mit ihrem Archipel eine Fläche von insgesamt 22 992 km² (7,6 % der gesamt-italienischen Fläche). Von Nord nach Süd erstreckt sie sich über eine Länge von 215 km, von Ost nach West über 235 km. Aufgrund der ›Schräglage‹ und der unruhigen Küstenlinie am Thyrrhenischen Meer beträgt die gesamte Küstenlänge 328 km, mit den Inseln Elba, Pianosa, Montecristo, Gíglio und Giannutri gar 580 km.

Bevölkerung: Die Region Toscana ist im inner-italienischen Vergleich sehr dicht besiedelt: Gesamtbevölkerung 3,6 Millionen, das sind im Durchschnitt 157 Einwohner je Quadratkilometer, auf das reine Kulturland bezogen ca. 600. Der größte Teil der toscanischen Bevölkerung lebt in Städten. Die Lebenserwartung liegt bei durchschnittlich 77 Jahren, das jährliche Bevölkerungswachstum bei 0,3 % und tendiert gegen Null.

Wirtschaft: Der Anteil der Erwerbspersonen beträgt knapp 40 % der Gesamtbevölkerung. Etwa ein Drittel aller Arbeitnehmer der Region sind selbstständig, die Arbeitslosenquote liegt offiziell bei 9,3 %, wobei gerade durch den Tourismus, den bedeutendsten Wirtschaftszweig der Toscana, die Schwarzarbeit floriert. Neben dem Tourismus – jährlich etwa 30 Millionen Übernachtungen, ca 10 % Bundesdeutsche, die zu 50 % in Ferienhäusern auf dem Lande ihr Urlaubsquartier aufschlagen, Tendenz steigend – spielen in der Toscana folgende Industriezweige eine bedeutende Rolle: In Florenz Keramik und Präzisionsmechanik; Glasherstellung in Empoli; Eisenverarbeitung in Piombino; in Scarlino chemische Industrie; in Livorno Raffinerien, Werften und Glas; in Rosignano Natron (Soda); Möbel in Cascina und Ponsacco; Nuklearforschung in Pisa – und Wein (ein wichtiger Exportartikel!) vor allem im Chianti-Gebiet, aber auch in der südlichen Toscana. Wo Weingärten gedeihen, da findet man meistens auch Ölbäume, aus deren Früchten hervorragendes Olivenöl produziert und meist sehr teuer verkauft wird. Denn Wein und Olivenöl aus der Toscana sind weltweit so etwas wie ein Statussymbol geworden.

Klima: Das toscanische Klima ist im Sommer warm und trocken, aber in den Flussniederungen häufig unerträglich schwül. Angenehm ist dann der Aufenthalt in den Küstengebieten (wegen der ständigen Meeresbrise) und in den höher gelegenen Hügel- und Bergregionen. Frühjahr und Herbst, eigentlich die schönste Reisezeit, können wie der Winter wundervoll mild und sonnig, aber auch recht regnerisch sein. So fallen die meisten Niederschläge zwischen Oktober und März. Die Tagestemperaturen liegen im Durchschnitt in Florenz zwischen 8 °C im Januar und 31 °C im Juli.

Verwaltung: Die Region Toscana, eine der 20 Regionen Italiens, ist in zehn Provinzen eingeteilt, deren Hauptstädte ihren Namen tragen: Arezzo und Florenz, Grosseto und Livorno, Lucca, Massa-Carrara und Pisa, Pistoia, Prato und Siena. Die Provinzen sind in Kommunen eingeteilt, die traditionell links gerichtet verwaltet werden.

Kulturgeschichte

Steinerne Zeugen der Etrusker

Von den ersten Bewohnern der Toscana, den Menschen der so genannten Villanova-Kultur (ca. 950–450 v. Chr.), weiß man nicht sehr viel. Von den Etruskern, deren Kernland später die Region Toscana bilden sollte, ist schon mehr bekannt. Sie hinterließen zahlreiche Nekropolen.

Aus den wichtigsten Ansiedlungen der Etrusker, die sie auf Hügeln anlegten, um vor feindlichen Angriffen sowie Überschwemmungen und dem Sumpffieber geschützt zu sein, entwickelten sich die Städte Arezzo und Cortona (mit sehr interessanten Nekropolen), Chiusi (mit berühmten Felsengräbern) und Fiesole als ›die Mutter von Florenz‹ sowie (ausnahmsweise an der Küste) Populónia, wo das Eisenerz von der vorgelagerten Insel Elba verarbeitet wurde und sich heute eine der schönsten Nekropolen der Toscana ausdehnt. In Sovana und Umgebung findet man verschiedenartige etruskische Grabformen, in Vetulónia außerdem eine wundervolle zyklopische Mauer, in Cosa-Ansedónia die Tagliata Etrusca, einen raffinierten Kanal, mit dem die Etrusker ihren Hafen vor der Versandung schützten. Lediglich einige Ruinen der etruskischen Kultur sind in Roselle übrig geblieben sowie bei Castellina, wo die leere Tomba Monte Calvario häufig unter Wasser steht.

Sehr empfehlenswert ist ein Besuch der archäologischen Museen mit etruskischen Sammlungen in Florenz, Arezzo, Cortona, Siena, Volterra, Grosseto, Massa Maríttima, Populónia sowie in Chianciano Terme.

In Populónia findet sich eine der schönsten etruskischen Nekropolen der Toscana

Über Einzelpersönlichkeiten der Etrusker gibt es ebenso wie über ihre Sprache (nicht die Schrift) und Religion (außer einer ausgeprägten Jenseitsvorstellung) recht wenig Belege. Sicher aber ist, dass sie regen Handel trieben und gute Seefahrer waren sowie kunsthandwerklich und technisch sehr begabt. Ihr Zwölferbund, ein Zusammenschluss von zwölf Stadtstaaten, jeder für sich unabhängig, beherrschte eine Region, die ins heutige Latium und nach Umbrien hinein reichte. Auf toscanischem Gebiet gehörten folgende Städte dazu: Arretium (Arezzo), Curtuns (Cortona), Chamars (Chiusi), Rusellae (Roselle), Vatluna (Vetulónia) und Velathri (Volterra).

Römische, langobardische und fränkische Herrschaft

Ab dem 4. Jh. v. Chr. drangen die Römer nach Norden vor und schufen durch die Ausbreitung des Christentums und der Stadtkultur die geistige Basis für die weitere kulturelle Entwicklung der Region. Sie gründeten zahlreiche Städte (oder bauten sie aus) wie Florenz, Lucca und Pisa, deren schachbrettartige Bebauungsstruktur noch heute das römische Stadtbild erkennen lässt. Die Städte erhielten Theater (Fiesole, Lucca, Volterra), Tempel und Thermen und wurden durch wichtige Verkehrsadern miteinander verbunden (Via Aurelia, Via Cassia).

Nach dem Niedergang des Römischen Reiches 476 fielen während der Völkerwanderungszeit immer wieder germanische Stämme aus dem Norden in das Land ein. Von 568 bis 774 übernahmen die Langobarden die Macht. Sie machten Lucca zu ihrer Hauptstadt und Pisa – damals noch am Meer gelegen – zu einer bedeutenden Hafenstadt.

Um 800 eroberte Karl der Große das Langobarden-Reich und gründete dort die Markgrafschaft Tuszien. Die Franken legten – die noch heute bestehende – Frankenstraße als Verbindung zwischen dem Norden und Rom im Süden an und schufen neue Klöster und Bischofssitze. Fränkische Adlige herrschten über die wirtschaftlichen und künstlerischen Zentren (etwa San Gimignano und Colle Val d' Elsa). Leider sind nur wenige Zeugnisse dieser Zeit erhalten (z. B. die Kapitelle der Abtei Sant'Antimo).

Die Anfänge der Demokratie: Erste freie Kommunen

Vom 7. bis 10. Jh. führte die rege Entfaltung des Handels und des städtischen Lebens zum Erstarken der einzelnen Kommunen. Handwerker und Kaufleute bemühten sich um politischen Einfluss, indem sie sich etwa zu Zünften *(arti)* zusammenschlossen. Bereits Ende der achtziger Jahre des 11. Jh. bildeten sich die ersten freien Landkommunen mit recht demokratischen Verhältnissen heraus; bald darauf wurden auch die ersten Städte autonom: 1080 Pisa und Lucca, 1096 Arezzo.

Relativ spät, erst um 1250, erhielt auch Florenz eine Volksregierung: Der Adel und große Teile des Mittelstandes übten die politische Macht aus. Oberstes Verfassungsorgan war die *signoria,* die sich aus acht Prioren und dem so genannten *gonfaloniere di giustizia,* dem Bannerträger der Gerechtigkeit, zusammensetzte. Wer mindestens 30 Jahre alt war, über ein gewisses Vermögen verfügte und keine Steuerschulden hatte, konnte zum *priore* gewählt werden. Um Bestechungsversuchen und anderen schlechten Einflüssen zu entgehen,

Die Ciompi: Aufmüpfige Wollarbeiter

Der Name Ciompi, schreibt ein Autor des 14. Jh., »kommt von den Leuten her, die am allerschlechtesten gestellt sind. Wir nennen so diejenigen, die in den Werkstätten der *arte della lana* arbeiten und das Kämmen, Kratzen und Reinigen der Wolle besorgen, damit sie gesponnen werden kann. Da sie während der Arbeit fast nackt in bestimmten Räumen eingeschlossen sind, sind sie völlig mit den Farben der Wolle verschmiert und besudelt. Ciompi will also nichts anderes sagen als ganz und gar schmierig, schmutzig und schlecht gekleidet.«

Von den etwa 60 000 Florentinern, die im 14. Jh. die Stadt bevölkerten, gehörten immerhin 14 000 zu den Ciompi! Sie arbeiteten nicht selten bis zu 16 Stunden am Tag. 1378 erhoben sie sich gegen das fette, handelstüchtige Florenz, das ihnen letztlich seinen Wohlstand verdankte, aber sie nicht daran teilhaben lassen wollte. Sie organisierten den ersten Lohnarbeiter-Aufstand der Geschichte. Ihre Forderungen: Selbstorganisation in Zünften, höhere Löhne, ein gerechteres Steuersystem, bessere Verwaltung der öffentlichen Finanzen, Abschaffung drakonischer Strafen wie etwa das Abhacken einer Hand – und die Kürzung der Arbeitszeit.

Von April bis September 1378 brodelte es in Florenz, die Aufständischen brannten Häuser nieder, zettelten Verschwörungen an und gründeten drei neue Zünfte, darunter die *arte del popolo minuto,* die Zunft des niederen Volkes. Zwar wurde der Aufstand niedergeworfen und ihre neu gegründete Zunft wieder aufgelöst, doch erst im Januar 1382 gaben sich die Ciompi endgültig geschlagen.

Die Toscana hat ihre Wollweber übrigens nicht vergessen: 600 Jahre später fand in Florenz ein Kongress statt, in dem über die Folgen des blutigen Aufstands debattiert wurde. Und die Stadt gedenkt ihrer mit Erinnerungstafeln an den wichtigsten Punkten des Aufstands sowie mit einer kleinen Piazza dei Ciompi zwischen Piazza della Repubblica und Piazza della Signoria, die allerdings leicht zu übersehen ist.

mussten die *priori* während ihrer Amtszeit im Palazzo della Signoria, dem heutigen Palazzo Vecchio, bleiben.

Gesetzgebende Organe waren der Rat des Volkes *(consiglio del popolo,* 300 Mitglieder) und der Rat der Gemeinde *(consiglio del comune,* 200 Mitglieder), die von der *signoria* für jeweils vier Monate gewählt wurden. So demokratisch, wie es klingen mag, ging es allerdings nicht zu, denn die Gewählten durften nicht etwa selber die Initiative ergreifen, sondern lediglich über die Vorschläge der *signoria* urteilen.

Der Kanzler des Stadtstaates wurde auf Lebenszeit gewählt. Er stand den zahlreichen Juristen der Bürokratie – übrigens ein Modeberuf der damaligen

Zeit – vor. Seine Kanzlei war die wichtigste Behörde. Allerdings musste der Kanzler praktisch mit jeder Regierung zurecht kommen – oder gehen, wie Machiavelli 1512, als die Medici nach ihrer Vertreibung wieder in die Stadt und zu ihrer einstigen Macht zurückgekehrt waren.

Aus den ständigen Auseinandersetzungen zwischen den Kaisern (951–1268 herrschten die deutschen Kaiser in der Toscana) und den Päpsten, die für die Autonomie der Städte eintraten, hatten sich mit der Zeit zwei Parteien herausgebildet: Ghibellinen (Anhänger des Kaisers) und Guelfen (Anhänger des Papstes). Als einzig legitime Partei galt in Florenz seit dem 14. Jh. die der Guelfen. Wer einer ghibellinischen, also kaisertreuen Gesinnung überführt wurde und damit gegen die Freiheit der Kommunen war, wurde aus der Stadt verjagt und sein Haus dem Erdboden gleichgemacht – so geschehen sogar im Fall Dante! Und so verfuhr man auch in den kleineren Gemeinden der Toscana. Von den ewigen Streitigkeiten zwischen Guelfen und Ghibellinen zeugen noch heute die Reste der hohen Wohntürme *(casetorri)*, am eindrucksvollsten sicher in San Gimignano. Sie waren vorrangig ein Statussymbol der herrschenden Familien, konnten bei Zwistigkeiten aber ebenso als Wehrtürme dienen.

Auch zwischen Adel und Bürgertum kam es immer wieder zu sozialen Spannungen, die im 14. Jh. im Aufstand der *ciompi* gipfelten (s. S. 17). Doch der Adel behielt die Oberhand, und zusehends rückte die vermögende Familie der Medici in den Vordergrund (s. S. 22ff.).

Fließender Übergang: Handwerk und Kunst

Bereits im 12. Jh. besaßen die Handwerker großen Einfluss auf die Politik der Gemeinden, speziell in Florenz, wo sich bald Zünfte *(arti)* mit festen Statuten herausbildeten, die im 13. Jh. praktisch die Stadtregierung kontrollierten. 21 Hauptzünfte gab es, aufgeteilt in höhere *(arti maggiori)* und niedere Zünfte *(arti minori)*. Ausschlaggebend für den Rang einer Zunft war ihre Bedeutung für die Wirtschaft der Stadt.

Die Zünfte sorgten dafür, dass keine ruinöse Konkurrenz aufkam, bestimmten Betriebsgröße und -zulassungen und erlaubten keinen Zusammenschluss verschiedener Handwerke. Auch achteten sie darauf, dass alle Betriebe in der Stadt blieben – eine Verlegung aufs Land hätte bedeutet, sich in den Einflussbereich der Ghibellinen zu begeben. Die Zünfte richteten zudem eine Art Sozialkasse für Witwen und Waisen ein, kümmerten sich um das Gesundheitswesen und besaßen eigene Krankenhäuser.

Bis ins 15. Jh. hinein kannte man keinen Unterschied zwischen Künstlern und Handwerkern; eigentlich galten sie alle im besten Sinne als Kunsthandwerker. Die Künstler waren verschiedenen Unterabteilungen der Zünfte zugeordnet: Die Maler gehörten zur hohen Zunft der Apotheker, weil sie die Farben mischten, die Bildhauer und Architekten zur niederen Zunft der Maurer. Die Goldschmiede allerdings bildeten bereits eine eigene, wenn auch niedere Zunft ebenso wie die Steinmetzen und einfachen Schmiede.

Da die Zünfte der Handwerker und Künstler über ein beträchtliches Einkommen verfügten, konnten sie sich auch kulturell engagieren, Feste veranstalten sowie Kirchen und Paläste erbauen oder ausschmücken. Das schönste architektonische Beispiel dürfte die Kirche Orsanmichele gegenüber dem ebenfalls eindrucksvollen Zunftgebäude der Wollweber in Florenz sein.

Romanik, Gotik und Renaissance: Von Künstlerpersönlichkeiten bestimmt

Im Auf und Ab der folgenden Jahrhunderte ging es nie nur um Politik und Wirtschaft, immer spielten auch die Künste eine wichtige Rolle. Die herrschenden Familien – allen voran die Medici – bestimmten nicht nur das politische Geschehen, sondern befassten sich auch mit Fragen der Ästhetik, der Geometrie, der Proportionen und Perspektive, und unterstützten Architekten und Künstler oder ließen sich gar ganze Städte von ihnen schaffen.

Baumeister, Bildhauer und Maler

Die Toscaner waren von jeher offen für Neuerungen, so konnten sich in ihrem Land auch neue Kunstformen relativ unproblematisch durchsetzen. Eine echt toscanische Form der Fassadenausschmückung beispielsweise hat sich bereits in der **Romanik** entwickelt: der Inkrustations-Stil. Der meist aus Backstein gemauerten Wand wird vom 11. bis ins 13. Jh. und dann wieder in der Renaissance eine farbige Marmorfassade vorgesetzt (bestes frühes Beispiel: San Miniato al Monte in Florenz).

Auch in der Bildhauerei zeigen sich die toscanischen Künstler fortschrittlich: Sie verlassen die byzantinisch strengen Formen schon 1180 mit der Bronzetür des Bonanno am Pisaner Dom. Als erste große Künstlerpersönlichkeit des Mittelalters gilt jedoch Nicola Pisano (1225–1278). Er benutzt antike Vorbilder und versteht es meisterlich, mit dieser Idee die romanische Skulptur zum vollendeten Kunstwerk zu entwickeln (Marmorkanzeln im Sieneser Dom und im Pisaner Baptisterium).

In der Malerei galt das Vorbild Byzanz noch etwas länger, erst Ende des 13. Jh. löst sich Giovanni Cimabue in seinen

Die Fassade von San Miniato al Monte (Florenz) ist ein schönes Beispiel für den toscanischen Inkrustations-Stil

monumentalen Kruzifixen (Santa Maria Novella und Santa Croce in Florenz, San Domenico in Arezzo) und in seiner ›Thronenden Madonna mit Engeln‹ (Uffizien) aus der strengen, steifen Überlieferung.

Duccio di Buoninsegna ist allerdings schon ein rein gotischer Maler, dessen Bilder – vor allem seine ›Maestà‹ für den Dom von Siena (im Dombaumuseum) – stellvertretend für die gotische Malerei der Toscana stehen. Nach Simone Martini, Pietro und Ambrogio Lorenzetti mit ihren zart-farbenen Altarbildern (u. a. im Camposanto von Pisa) folgt schließlich Giotto (ca. 1267–1337), der erste, der in der Malerei die byzantinische Steifheit endgültig ablegte und mit seinen wirklichkeitsnahen Darstellungen (vorrangig Heiligenlegenden) bezaubert. Nach Vasari ist Giotto »nur bei der Natur und niemand sonst in die Lehre gegangen«. Moderne Kunsthistoriker bescheinigen ihm den gleichen Rang als Begründer der italienischen Malerei wie Dante in Sprache und Literatur.

Hand in Hand mit dem Humanismus, dessen Grundpfeiler die Wiederaufnahme und Umsetzung antiken Gedankengutes waren, entwickelte sich in der darstellenden Kunst, in der Architektur, in der Musik, ja – als Spiegelbild der Zeit – in der höfischen Garderobe die **Renaissance,** die ›Wiedergeburt‹ der Antike in neuem Kleid – eine Art Klassik in Architektur, Malerei und Skulptur und auch im Denken gegen die eher religiös bestimmte Haltung der Gotik. Runde Formen lösten in Anlehnung an die Antike die emporstrebenden, schmalen auf, Architekten wurden zu Meisterleistungen, man möchte meinen gar zur Überwindung der Schwerkraft aufgerufen, betrachtet man die geniale Konstruktion der Domkuppel von Florenz. Filippo Brunelleschi (1377–1446), ihr Baumeister, gilt nicht zu Unrecht als Bahnbrecher der Frührenaissance-Architektur. Er war auch der erste, der sein Werk auf Papier plante und sich nicht auf die Erfahrungen seiner Vorgänger verließ.

Zum Hauptmeister der Frührenaissance haben Kunsthistoriker aber Donato de' Bardi, genannt Donatello (ca. 1384–1466) auserkoren. Eines seiner Hauptwerke ist der zauberhaft jugendliche, bronzene ›David‹ (im Bargello zu bewundern) und die vielleicht erste frei stehende Figurengruppe der Neuzeit, ›Judith und Holofernes‹ (vor dem Palazzo Vecchio).

Unzählige Architekten bauten in dieser Zeit für die Medici, auch zum eigenen Ruhm: Michelozzo (1396/7–1472) zeichnete verantwortlich für den Palazzo Medici in Florenz und durfte das Kloster San Marco umgestalten, aber auch in Volterra, Montepulciano und Pistoia arbeiten. Den Palazzo Strozzi mit seinen mächtigen Buckelquadern plante Benedetto da Maiano (1442–1497), der auch die wundervoll plastischen Reliefs an der Marmorkanzel von Santa Croce schuf. León Battista Alberti (1404–1472) entwarf den Palazzo Rucellai und die zart inkrustierte Fassade von Santa Maria Novella. Bernardo Rosselino durfte sich gar einen Architektentraum erfüllen, indem er für den Ruhm besessenen Papst Pius II. aus der Piccolomini-Familie auf dem Reißbrett eine Idealstadt der Renaissance entwarf: Pienza, die ›Stadt des Pius‹.

Majolika-Plastiken von sonniger Farbigkeit schufen die Familienmitglieder Della Robbia, sozusagen eine Erfindung des Frührenaissance-Künstlers Luca della Robbia (1399–1482), der die glasierte Terrakotta-Technik auf die Großplastik übertrug.

In der Malerei gilt der jung verstorbene Masaccio, eigentlich Tommaso di Simone Guidi (1401–1428) als Vorreiter der Frührenaissance, weil seine religiö-

Die ›Madonna del Parto‹ von Piero della Francesca (Monterchi) trägt deutlich weltliche Züge

sen Freskenbilder eine weltliche Nuance erhielten. Übersteigert mit durchscheinenden Engelgestalten sind die Fresken Fra Angelicos (Fra Giovanni da Fiesole, 1387–1455) im Kloster San Marco. Sein Schüler Benozzo Gozzoli (ca. 1420–1497) hatte wohl große Freude am Verzieren, auch am Erzählen von Geschichten, wie man in der Kapelle des Palazzo Medici-Riccardi sehr schön erkennen kann (›Zug der Könige‹, in prachtvollen Kostümen und mit den Gesichtszügen einiger Medici seiner Zeit).

Das Stadium des reinen Experimentierens mit der Perspektive beendete Piero della Francesca (ca. 1420–1492) aus Sansepolcro bei Arezzo. Seinen Madonnen verlieh er klare, weltliche Gesichtszüge und wagte es sogar, eine schwangere Madonna (›Madonna del Parto‹) darzustellen, eines der schönsten Freskenbilder seiner Zeit. Sie soll die jungen Züge seiner Mutter tragen, die auf dem Friedhof neben der kleinen Kapelle ruhte, für die er das Bild schuf. Wegen seiner meisterhaften Ausma-

Die Medici: Fürsten, Bankiers und Mäzene

Eigentlich waren sie römische Bankiers und in Florenz erst seit 1397 zu Hause, als **Giovanni de' Medici** sein erstes Bankhaus in der Arno-Stadt eröffnet hatte. Da er die Geldgeschäfte des Papstes verwalten durfte, bedeutete dies freilich die Verwaltung sämtlicher Kirchengelder. Als Angehöriger der Stadtregierung *(signoria)* übernahm er 1421 deren Vorsitz als Bannerträger des Rechts *(gonfaloniere di giustizia)* und hinterließ seinem Sohn Cosimo (1389–1464) nach heutigen Maßstäben ein Millionenvermögen.

Zum Glück war **Cosimo**, später Il Vecchio, der Alte, genannt, ein sehr gebildeter Mann, der sein Geld auch zur Förderung der Künste und der Wissenschaften einsetzte und damit den Ruhm der Medici als Mäzene von Florenz begründete. Einige von Cosimos Stiftungen existieren noch heute, so die Biblioteca Laurenziana und die Platonische Akademie, seinerzeit Zentrum der bedeutendsten Humanisten (im Sommersitz Cosimos, der Villa Careggi nördlich von Florenz).

Cosimo behielt die Führung der Geschicke von Florenz bis zu seinem Tode 30 Jahre lang in seinen Händen. Seine finanziellen Möglichkeiten machten seine Macht über Fremde für Florenz geradezu unbezahlbar. Er war ein reicher Kaufmann, der Sinn für das Schöne hatte, verbunden mit einer geradezu unglaublichen Sicherheit im Urteil über Kunstwerke. Diese Eigenschaft

Hier wohnten viele Medici: Palazzo Medici-Riccardi im Florentiner San Lorenzo-Viertel

sollte er unter anderen seinen Nachfahren vererben. Florenz wurde mit ihm die Medici-Stadt.

Sein Sohn **Piero** (1416–1469), der schwer Gichtkranke, der ihn nur um fünf Jahre überleben sollte, errang uneingeschränkte menschliche und politische Anerkennung – nicht so sehr von seinen Florentinern, vielmehr durch den französischen König Ludwig XI., der ihm 1465 in einem Diplom erlaubte, in seinem Wappen auf der obersten der sechs Kugeln die französische Lilie zu führen. Sein Sohn **Lorenzo** (1449–1492) wiederum, an dessen Seite der jüngere **Giuliano** (1453–1478) durch Schönheit und Liebenswürdigkeit glänzte, war ein absolut hässlicher Mann. Sein Beiname ›Il Magnifico‹ kann der Prächtige oder auch der Prachtliebende heißen, was im Falle Lorenzo nicht falsch gedeutet wäre. Er verstand es schon in jungen Jahren, seine Autorität und eine demokratische Regierungsform zu verbinden, wie sie in Florenz verlangt wurde: Mit 16 Jahren half Lorenzo bereits seinem kranken Vater bei den politischen Geschäften, mit 20 übernahm er die volle Macht und Verantwortung.

Lorenzo liebte das prachtvolle Leben nicht nur im engen Kreis. Er veranlasste Turniere und Konzerte für das Volk, Fackelzüge und Feuerwerk. Für kaufmännische Details zeigte er wenig Sinn. Der allgemeine wirtschaftliche Rückgang tat ein Übriges: Der Abstieg der Medici-Bank begann. Als musische Menschen und Mäzene aber blieben die Medici groß. Lorenzos Begabung lag speziell im Lyrischen, aber auch im Philosophischen, daher die Förderung der Platonischen Akademie. Hier trafen sich die bedeutendsten Humanisten, um durch Diskussionen und Schriften das Gedankengut des Mittelalters zu verdrängen und das Pendant zum Geiste der Renaissance in der bildenden Kunst, den Humanismus, durchzusetzen.

Als Mäzen schuf Lorenzo die Mediceischen Gärten bei San Marco in Florenz, ein Freilichtmuseum antiker Statuen, die Bildhauern seiner Zeit zur Vervollkommnung ihrer Anschauung von der Schönheit des Figürlichen dienten. Kein Geringerer als Michelangelo war unter ihnen, dessen ›David‹ zur ersten Monumentalstatue der Hochrenaissance werden sollte, ein Stück heroischer Größe im Geist antiker Plastik – für Florenz ein Symbol der Freiheit des Bürgertums. Als Lorenzo die Begabung des nur Fünfzehnjährigen erkannte, nahm er ihn bei sich auf.

Durch zahlreiche Aufträge förderte Lorenzo drei weitere hervorragende Künstler seiner Zeit: Der Bildhauer Andrea del Verrocchio schuf für ihn die Brunnenfigur des Knaben mit dem Delphin, der für die Villa di Careggi zwar gedacht war, von Großherzog Cosimo I de' Medici allerdings in den Palazzo Vecchio gebracht wurde, wo er noch heute zur Freude zahlreicher Besucher zu bewundern ist. Der Maler Domenico Ghirlandaio schuf sechs große Fresken für die Kirche Santa Trinità mit Porträts von Lorenzo, seinen Söhnen und Freunden. Weitere Medici verewigte er in dem Fresko ›Vornehme Florentinerinnen beim Wochenbesuch‹ in Santa Maria Novella, die Damen Lucrezia und Clarissa de' Medici.

Auch der vielleicht zartfühlendste Maler der Renaissance, nämlich Sandro Botticelli, stand unter den Fittichen des großen Förderers Lorenzo. Er war mit ihm sogar persönlich befreundet. Wer kennt nicht die beiden 1477 entstandenen Werke ›Der Frühling‹ und ›Die Geburt der Venus‹? Zählen sie doch zu den Hauptwerken der Uffizien. Gemalt wurden sie für die mediceische Villa in Castello. Botticellis Venus zeigt die Züge der damals »schönsten und liebreizendsten Frau von Florenz«, der nur 16-jährigen Simonetta Vespucci, die zwei Jahre später an Schwindsucht sterben sollte. Sie und der nur 25 Jahre alt gewordene Giuliano (der bei einem vom Papst veranlassten Attentat auf beide Medici-Brüder ums Leben kam) kehren in so manchen allegorischen Darstellungen Botticellis wieder. Von den beiden mit natürlicher Schönheit so reich beschenkten, vom Schicksal aber so wenig verwöhnten jungen Menschen, sprach man in Florenz wie von einem klassischen Paar.

Noch bevor Lorenzo erst 43-jährig 1492 starb, wuchs in Florenz der Dominikanermönch Savonarola zu einem gefährlichen Feind heran. Lorenzo, ein immer weitblickender Politiker, versuchte noch auf dem Totenbett sich mit ihm zu versöhnen. Nicht aus Überzeugung, wie es heißt, sondern eben aus staatspolitischer Klugheit. Sein Sohn Piero de' Medici hat zwei Jahre lang vergeblich versucht, die Stadt zu beherrschen, dann musste er im November 1494 aus Florenz fliehen. 1503 starb er im Exil, erst 1512 konnten die Medici mit spanischer Hilfe nach Florenz zurückkehren – wieder als Herren. Sie wurden sogar zu Herzögen erhoben. Obwohl sich Machiavelli, damals Kanzler der Republik, sehr um die Gunst der Medici bemühte, er schrieb sogar speziell für sie, wie es heißt, ›Il Principe‹, wurde er in Unehren entlassen, ja für einige Zeit sogar in den Kerker geworfen.

Der Verfall der Medici war unaufhaltsam, wenn er auch nur stufenweise vor sich ging. Es kam zu Spaltungen in der großen Familie durch die Söhne Lorenzos, denn ausgerechnet derjenige, den er selber ›töricht‹ nannte, **Piero,** sein Ältester, war an die Macht gekommen. Man nannte ihn, was wohl alles sagen dürfte, ›lo sfortunato‹, den Glücklosen. In jeder Hinsicht, wirtschaftlich und politisch, ein aufbrausendes Temperament ohne diplomatisches Vermögen, trifft der Beiname den Nagel auf den Kopf. Als er, wegen seines diplomatischen Unvermögens, vor dem französischen König Karl VIII. kapitulieren musste, empfingen ihn die Florentiner mit Schimpf und Schande, sie stürmten und plünderten seinen Palast, die unermesslichen Schätze des Palazzo Medici wurden in alle Winde zerstreut. Alle, die die Freiheit der Bürger von Florenz bedrohten, sollten zur Warnung auf die Statue ›Judith und Holofernes‹ blicken, die das Volk damals aus dem Palazzo Medici vor den Palazzo della Signoria brachte …

Die nachfolgenden Generationen der Medici brauchten Jahrzehnte und horrende Summen, um wenigstens einen Teil der Schätze wieder in den Familienbesitz zu bringen.

Der zweite Sohn Lorenzos, **Giovanni,** ging später als Papst Leo X. in die Geschichte ein. An dem Blutbad, das die Spanier in seinem Gefolge 1512 im zurückeroberten Prato anrichteten, soll Giovanni nicht beteiligt gewesen sein; aber die Florentiner hatten Furcht und öffneten dem jungen Medici die Tore. Die *palle,* die sechs Kugeln im Wappen der Medici, von den Gegnern überall abgeschlagen, wurden wieder Symbol für die Macht der Florentiner Familie. Als Giovanni ein halbes Jahr später, 1513, zum Papst gewählt wurde, sahen es die Florentiner als eine ihnen selber erwiesene Ehre an. Die Persönlichkeit dieses Papstes erkennt man deutlich an Raffaels Porträt Leos X.: Dieser genießerische Stellvertreter Gottes, für den Gelage zum besonderen Ergötzen dienten, hatte es verstanden, alles zu vergeuden, was ihm seine Ahnen hinterlassen hatten. Aus seiner roten Samtschatulle sollen die Goldmünzen nur so heraus gerollt sein …

Papst Leo starb im November 1521 an einer Lungenentzündung, die er sich bei einem rauschenden Fest geholt hatte. In Rom wurde der Tod Leos von niemandem beweint, Florenz hatte er zu einer Diktatur unter mediceischer Herrschaft gemacht. Ihm war jedes Mittel recht, seine päpstliche Schatulle zu füllen: In Florenz ersann er dafür die erste Zahlenlotterie. Ihm folgte nach komplizierten Intrigen Giulio, den der Papst groß gezogen hatte, als Papst Clemens VII., eine der unheilvollsten Gestalten der kirchlichen Geschichte.

Noch einmal sollten sich die Medici aufbäumen und zu Bedeutung und Macht gelangen: mit **Cosimo I** (1519–1574) aus der jüngeren Linie der Familie. Nach Lorenzo dem Prächtigen wird er als der wichtigste Regent mit dem Namen Medici angesehen. Ein genialer wenn auch zwielichtiger Mann, dessen zahlreiche Erfolge durch düstere Tragik beendet wurden. Unter seiner Herrschaft konnte Siena erobert und damit ein toscanischer Staat geschaffen werden. Cosimo I strebte nach der Königswürde, die er nicht erreichen sollte, aber immerhin wurde er 1569 vom Papst zum Großherzog der Toscana ernannt.

Sein klares, politisch perfektes Konzept – seit Jahrzehnten gab es dies in Florenz nicht – imponierte, auch wenn es ein diktatorisches war. Bevor er seine Fähigkeiten als großartiger Verwaltungsmann entfalten konnte, setzte er alle ab, die ihm unbequem werden konnten und dafür alle ein, die subaltern genug waren, sich seiner Politik zu unterwerfen, ihr in seinem Sinne zu dienen. Das Land, das durch die lange Misswirtschaft vor ihm verödet war, brachte er wieder zur vollen Blüte, er legte Sümpfe trocken und Obstplantagen an; Straßen, Häfen und Kanalisationen wurden neu geschaffen, Silberbergwerke und Marmorbrüche erschlossen. Das Gebiet der Toscana, inzwischen ein echter Musterstaat, verdoppelte er, es war etwa so groß wie die heutige Region Toscana. Im Gegensatz zu seinen Vorgängern brach er mit Frankreich und zeigte ergebenste Kaisertreue – den Kaiser wusste er sogar durch finanzielle und militärische Hilfe an sich zu binden, ihn zu verpflichten.

Cosimo I hielt Kunst für nützlich, weil Kunst politisches Prestige brachte. Er ist es, der im Palazzo Pitti in Florenz bereits die großartige Galerie einrichten ließ, es gelang ihm, einen großen Teil der mediceischen Kunstwerke wiederzufinden und zu erwerben. Auch die etruskischen Sammlungen hat Florenz ihm zu verdanken. Cosimo ließ die Uffizien von Giorgio Vasari erbauen. Hier wollte er die vielen Ämter der Stadt und des Großherzogtums vereinen, Florenz damit zur wirklichen Verwaltungs-Hauptstadt der Toscana und zugleich zum kulturellen Zentrum machen. Er sollte diesen Wunsch nicht voll in Erfüllung gehen sehen, denn er musste bereits Jahre vor seinem Tod auf die eigentlichen Staatsgeschäfte zugunsten seines Sohnes **Francesco** verzichten, von schwerer Krankheit gezeichnet und nicht mehr ganz bei Verstand. Aber Francesco baute bis 1580 an den Uffizien, den Ostflügel bestimmte er zur Unterbringung der großherzoglichen Kunstsammlung. Aus ihr wird später die berühmteste aller Gemäldegalerien der Welt, eben die Uffizien. Aber auch die Antiken- und Skulpturensammlungen des Archäologischen Museums, die heute im zauberhaften Bargello untergebracht sind, gehen auf die Sammlung der Medici zurück

Wichtig zu erwähnen bliebe noch, dass die letzte Medici, **Anna Maria Ludovica,** die Kunstschätze der größten Mäzenatenfamilie der Geschichte der Stadt Florenz vermachte. Nach ihrem Tode (1743) fiel der gesamte Medici-Schatz der Stadt in den Schoß, aus deren Blut und Geist er zeitweise gezogen worden war.

lung des Chores von San Francesco in Arezzo (›Kreuzeslegende‹) erhielt Piero erst später den Beinamen della Francesca.

Von mythologischer Melancholie sind die Mädchengestalten des Florentiners Sandro Botticelli (1444–1510), wie etwa in den beiden weltberühmten Bildern ›Der Frühling‹ und ›Die Geburt der Venus‹ in den Uffizien. Der Karmelitermönch Fra Filippo Lippi (1406–1469) dagegen verlieh seinen religiösen Bildern recht weltliche, anmutige Züge (›Muttergottes mit Kind und Engeln‹ sowie ›Marienkrönung‹ in den Uffizien).

Der Erfindung des Kopfputzes Florentiner Mädchen, behauptet der Chronist Vasari, verdanke Domenico di Tommaso (1449–1494) seinen Künstlernamen Ghirlandaio, der Girlandenmaler. Nachzuvollziehen etwa im Chiostro Verde von Santa Maria Novella in Florenz.

Bei so vielen Künstlerpersönlichkeiten in der Frührenaissance kommen die Hochrenaissance-Künstler, zumindest an ihrer Anzahl gemessen, relativ schlecht weg. Aber dafür sind die Namen groß: allen voran der in Caprese geborene Michelangelo Buonarroti (1475–1564), der sich zu einem der größten Universalgenies seiner Zeit entwickeln sollte, als Maler, Architekt und Bildhauer, aber auch als Dichter von Sonetten. Er wirkte hauptsächlich in Florenz und Rom. Rom verdankt ihm die ›Pietà‹ und das Grabmal von Papst Julius II., an dem er mit Unterbrechungen vier Jahrzehnte arbeitete, die unaussprechlich schönen Fresken der Sixtinischen Kapelle und die kraftvolle Gestalt des Moses aus weißem Marmor. 1547 übernahm Michelangelo schließlich die Bauleitung für die frei tragende Kuppel des Petersdomes. In Florenz hatte er bereits 1520 den Bau der Medici-Kapelle in San Lorenzo begonnen und 1523 die Biblioteca Laurenziana.

Ein weiteres Genie dieser Zeit war Leonardo da Vinci (1452–1519), nicht nur Maler (›Mona Lisa‹, heute im Louvre, wandfüllendes ›Abendmahl‹ im Refektorium des Klosters Santa Maria delle Grazie in Mailand) und Baumeister (Hafen von Cesenatico an der Adriaküste), sondern auch begabter Forscher, speziell auf dem Gebiet der Naturwissenschaften: Er gilt als Wegbereiter der medizinischen Sezierkunst – von der Neugierde getrieben, herauszufinden, wie der menschliche Körper gebaut ist, um ihn präzise darstellen zu können …

Dichter und Gelehrte

Im 23. Kapitel des ›Inferno‹ sagt Dante zwei genussfreudigen ›Lebebrüdern‹, die seine Sprache als das Toscanische erkannten und ihn nach seiner Herkunft fragten: »Ich ward geboren und bin aufgewachsen / am schönen Arno in der großen Stadt …« Und im 33. Kapitel wird er noch deutlicher, als er sich von Graf Ugolino bestätigen lässt: »Ich weiß nicht, wer du bist und nicht, / wie du hierherkommst, aber Florentiner, / hör ich dich sprechen, scheinst du mir zu sein.«

Seine Taufkirche San Giovanni, eine der schönsten Italiens, preist der Dichter gleich mehrmals, etwa im 25. Paradies-Gesang. Was er sich jedoch sehnsüchtig wünschte und auch später niederschrieb, nämlich in dieser seiner Taufkirche den Dichterkranz zu empfangen, blieb ihm verwehrt. Nicht einmal seine Gebeine ruhen in Florenz; sein Grabmal in Santa Croce, das 1829 errichtet wurde, ist nur ein Scheingrab, ein Monument verspäteter Wiedergutmachung für den 1321 im Exil in Ravenna verstorbenen großen Sohn der Stadt Florenz, die ihn verschmähte und fortjagte im Zuge der ewigen Brüderstreitigkeiten zwischen Ghibellinen und Guelfen.

Dass er 1265 geboren wurde, lässt uns Dante in seiner ›Commedia‹, die erst 1355 durch Boccaccio den Zusatz ›Divina‹ erhielt, errechnen. Wo genau sein Geburtshaus in Florenz stand, vermutet man nur, denn es wurde 1302 zerstört – jedenfalls sicher im mittelalterlichen Stadtviertel San Martino (heute auch Dante-Viertel genannt), in dem die 1911 wieder aufgebaute Casa di Dante (Museum) steht. In diesem Viertel soll der Dichter übrigens auch seiner Muse, der viel besungenen Beatrice, begegnet sein.

Dantes Schilderungen von seiner Wanderung durch die drei Reiche des Jenseits, durch Hölle, Fegefeuer und Paradies, sind so handfest und realistisch, dass man sich bei genauer Kenntnis des epischen Gedichtes, etwas salopp ausgedrückt, wie auf einem Osterspaziergang fühlen mag, an dem man statt seinen Nachbarn eben den Seelen verstorbener Berühmtheiten aus Dantes Zeit begegnet. Fast 600 Personen nennt der Dichter beim Namen, und mit den meisten ihrer Träger geht er ganz und gar nicht sanft um. Die Brille, durch die er seine Zeitgenossen sieht, ist stark ghibellinisch gefärbt, also kaisertreu. Denn aus dem früheren guelfischen Ritter von Campaldino war allmählich ein ›Weißer‹, ein Abtrünniger geworden, dessen Gedanken stark ghibellinische Züge annahmen und der daher – später fühlte er sich wieder mehr zu den ›Schwarzen‹ hingezogen – von seiner Heimatstadt Florenz an die oberitalienischen Höfe verbannt wurde. Dort entstand in den beiden letzten Jahrzehnten seines Lebens (1307–1321) die ›Commedia‹.

Dantes Werk, das am Anfang der italienischen Literatur steht, blieb auch ihr Hauptwerk über die Jahrhunderte hinweg. Die Kraft und Schönheit des dichterischen Ausdrucks, seine Harmonie und Geschlossenheit, die Würde und Tiefe seiner Gedanken machten aus diesem Epos ein zeitloses Beispiel abendländischer Dichtkunst.

Während man in Deutschland die ›Göttliche Komödie‹ erst zu Beginn des 19. Jh. wieder entdeckte, befasste man sich in Italien – nicht zuletzt in Dantes Heimatstadt Florenz – in zahllosen bildlichen Darstellungen ständig mit dem großen Dichter und seinem Werk. Botticelli etwa verewigte sich und Dante u. a. in seinen zauberhaften zarten Zeichnungen, auch Raffael tat dies in seinen Bildern. Und natürlich Giotto, der Dante in seinen Fresken von San Francesco in Assisi festhielt. Michelangelo hat über Dante sogar ein Gedicht verfasst: ». . . Von Dante red ich, dessen Sang, den echten, / hat jenes undankbare Volk verkannt, / das nimmer lässt gedeihen den Gerechten. / O wär ich er: zu solchem Los erwählt, / mit seinem edlen Sinn elend verbannt! / Ich gäbe drum das höchste Glück der Welt.«

Außer der Literatur und der bildenden Kunst hat Dante die italienische Sprache insgesamt geprägt. Aus seiner Sprache, der Volkssprache der Toscana, bildete sich die Hochsprache Italiens.

Ein großer Verehrer Dantes war Francesco Petrarca (1304–1374). An Giovanni Boccaccio schrieb er: »Ihn genug zu bewundern und zu preisen, fehlt mir fast die Kraft – diesen Mann, den weder die Ungerechtigkeit noch die Stachel persönlicher Feindschaften, noch Liebe zur Gattin, noch die väterliche Fürsorge für seine Kinder von der Bahn losreißen konnten, die er sich einmal bestimmt hatte, wo doch viele gerade dann, wenn sie hohen Geistes sind, so zart veranlagt zu sein pflegen, dass leichtes Murmeln schon sie von ihrem innigsten Vorsatz abbringen kann ... Ich bin vom Stil und vom Ingenium dieses Mannes entzückt,

Machtprophet und religiöser Fanatiker: Machiavelli und Savonarola

Das erste politische Traktat über das Wesen der Politik, die erste Analyse der Macht, verfasste 1513 der Florentiner Niccolò Machiavelli (1469–1527): ›Il Principe‹ (Der Fürst), posthum 1532 gedruckt, gilt bis heute als Grundlage für die eigenmächtige Führung, ob eines Betriebes oder eines Staates. Machiavellis Menschenbild ist pessimistisch, seine Schriften gelten als Rechtfertigung einer von sittlichen Normen losgelösten Machtpolitik, sprich Machiavellismus.

Machiavelli, ein Realist, setzte sich zeitlebens sehr intensiv mit dem abstrakt denkenden, fanatischen Mönch Savonarola auseinander. U. a. schrieb er ein Spottgedicht auf den Dominikanerpater: »Ich spreche von diesem großen Savonarola, / der, erfüllt von göttlicher Tugend, / euch eingewickelt hat in seinen Worten. / Aber weil viele fürchten zu sehen, wie aus / ihrer Heimat nach und nach eine Ruine würde / unter seiner prophetischen Lehre, / fand sich nicht der Ort, euch zu vereinigen, / es sei denn er wäre gewachsen oder er hätte sein / göttliches Licht mit größerem Feuer ausgestrahlt.«

Was wollte dieser Savonarola, womit zog er den Spott des Theoretikers Machiavelli und den Zorn der Florentiner auf sich? Savonarola suchte nach der Vertreibung der Medici, 1494, die politische Situation in Florenz völlig umzukrempeln, wollte die Einführung der Demokratie im Sinne der alttestamentarischen Propheten, also eine Ver-

und nie habe ich anders als mit großen Worten von ihm gesprochen ...«

Petrarca, einer der größten Söhne von Arezzo, sollte Humanismus-Geschichte schreiben. Als leidenschaftlicher Sammler antiker Handschriften machte er die Wiederentdeckung von Ciceros Briefen an Atticus und sorgte durch seine Abschriften für deren Verbreitung. Gleichzeitig schuf Petrarca die Grundlage zur philologischen Erforschung der Antike, weshalb er gerne als der erste Humanist überhaupt bezeichnet wird. Viele kennen und schätzen ihn aber hauptsächlich als den ersten inbrünstigen Liebesdichter italienischer Sprache. Seine Sonette und Canzoni richteten sich an die ideale Geliebte Laura und prägten die gesamte Liebeslyrik der nachfolgenden Jahrhunderte. Die Geschichtsschreibung bezeichnet Petrarca auch gerne als den »ersten modernen Menschen«. Er scheute sich nicht, über das Erlebnis seiner eigenen Einmaligkeit zu schreiben.

Dritter im Bunde der großen toscanischen Dichter, deren Werke die italienische Sprache und Literatur so stark formen sollten, ist Giovanni Boccaccio (1313–1375). Der Verfasser eines mythologischen Handbuches war allerdings mehr Gelehrter denn Dichter. Der Nach-

änderung des städtischen Lebens nach streng asketischen Regeln. Frauen waren für Savonarola minderwertige Wesen, die an keinerlei Versammlungen teilnehmen durften. Auf der Piazza della Signoria ließ er Kunstschätze verbrennen, nachdem er sie unter dem Jubel seiner Anhänger zu sinnlosen, ja demoralisierenden Gegenständen erklärt hatte. Sieben Jahre lang verstand er es in Abwesenheit der vor dem Volkszorn geflohenen Medici, sich als Herr des Volkes, als Diktator von Florenz zu gebärden.

Der Sittenverfall am päpstlichen Hofe war ihm ein besonderer Dorn im Auge – Papst Alexander VI. revanchierte sich dafür mit der Exkommunizierung des Mönches, der 1491 in San Marco seine erste Predigt gehalten hatte. Hier nahm man ihn am 8. April 1498 gefangen und ließ ihn schließlich auf der Piazza della Signoria hinrichten.

Dieser »Vernichter aller Lebensfreude« aber wurde, nachdem er den Feuertod gestorben war, keinesfalls gehasst und verachtet. Ganz im Gegenteil: Der Tod kaum einer anderen Persönlichkeit des öffentlichen Lebens rief in Florenz ein solches Unbehagen hervor. Man bereute in großen Kreisen, ihn nicht verstanden zu haben und deutete merkwürdige Ereignisse als Strafe Gottes für die Hinrichtung Savonarolas: Innerhalb von zwei Jahren nach der Tat starben fünf der Beteiligten, drei Jahre später auch Papst Alexander, und der Henker des Mönchs wurde 1503 auf demselben Richtplatz vom wütenden Volk gesteinigt. Immer wieder werden Stimmen laut, die eine kirchliche Rehabilitation, ja sogar die Heiligsprechung des Verurteilten fordern.

Heute legen viele Menschen am Tag der Fiorita, am 23. Mai, Blumen auf die 1898 zum 400. Todestag Savonarolas angebrachte runde Gedenktafel auf dem Hauptplatz von Florenz. Auf ihr steht in bronzenen Lettern geschrieben: »Hier, wo mit seinen beiden Mitbrüdern Domenico Buonvicini und Salvestro Maruffi am 23. Mai 1498 durch einen ungerechten Urteilsspruch Girolamo Savonarola erhängt und verbrannt worden ist, wurde nach vier Jahrhunderten dieses Andenken angebracht.«

welt vermachte er aber in der Hauptsache den ›Decamerone‹ (1348–1353), eine Sammlung burlesker Novellen über die vielfältigen menschlichen Beziehungen, in ihrer Brisanz Dantes ›Commedia‹ nicht unähnlich, auch sie vielfach von bildenden Künstlern dargestellt und damit immer aktuell gehalten.

Vom Manierismus bis heute

1569 wurde das Zeitalter des Großherzogtums eingeläutet, doch die Region hatte bereits begonnen kulturell zu verfallen. Spätrenaissance und Barock fanden in der Toscana kaum eigene Künstler, dafür aber der **Manierismus.** Fleißigster Vertreter war das Multitalent Giorgio Vasari (1511–1574) aus Arezzo: in der Malerei ein echter Manierist (Fresken und Altarbilder im Palazzo Vecchio) – als Architekt aber noch der klassischen Renaissance verpflichtet (Uffizien, Vasari-Gang zwischen Palazzo Vecchio und Palazzo Pitti über den Ponte Vecchio in Florenz hinweg; Loggia del Vasari in Arezzo). Vor allem aber ist er Chronist der Künstler vor ihm und zu seiner Zeit (›Lebensbeschreibungen der vortrefflichsten Baumeister, Bildhauer und Maler‹), weshalb er gerne als der »Vater der Kunstgeschichte« bezeichnet wird.

Als echte Manieristen, perfekt in der Darstellung bildhafter Übersteigerung, die den höfischen Geschmack ihrer Zeit genau traf, gelten Giambologna (Jean Boulogne, 1529–1608), der den ›Raub der Sabinerinnen‹ mit ihren typischen Verrenkungen einer *figura serpentinata* (Loggia dei Lanzi, Florenz) schuf – und der eigentliche Wegbereiter des Florentiner Manierismus, Jacopo Carrucci (1494–1557) aus Empoli (Passionsfresken im Hof der Certosa di Firenze).

Im 18. und 19. Jh. beschäftigte man sich zusehends mit der Erhaltung der kulturellen Güter – was so hohe Summen verschlang, dass für neue Impulse kaum Freiraum, geschweige denn finanzielle Mittel übrig blieben. 1865 bis 1871 war Florenz italienische Hauptstadt. Dafür wurde in der Stadt hektisch umgebaut, u. a. das mittelalterliche Zentrum auf den Grundmauern des römischen *castrum* für die eher große denn schöne Piazza della Repubblica geopfert. Gleichzeitig legte man die Viali, den verkehrstechnisch lebenswichtigen Alleenring, anstelle der Stadtmauer an.

Der **Jugendstil** hatte architektonisch wenig Chancen in einer so stark urbanisierten Landschaft wie der Toscana. Dennoch entstanden in diesem Stil etwa die Thermen von Montecatini sowie die Bade- und Caféhäuser von Viaréggio.

In der Malerei tun sich die **Macchiaioli** hervor, die sich dem Lichtfleck (*macchia* = Fleck) verpflichtet fühlen, vor allem Freiluftmaler, die das Meer, die Gärten und Felder der Toscana in ihren lichtdurchfluteten Bildern festhalten. Unübersehbar ist ihre Verwandtschaft mit den französischen Impressionisten. Vertreter der toscanischen Macchiaioli sind u. a. Giovanni Fattori (1825–1908), Silvestro Lega (1825–1895) und Telemaco Signorini (1834–1901) mit seinen eher realistischen, sozial kritischen Bildern.

Zur Zeit des **Faschismus** riss man manchen historischen Bau ab und ersetzte ihn durch die typisch kühle und überdimensionierte Architektur der Zeit, in der Toscana besonders auffällig am Bahnhof von Florenz (inzwischen mit verschleiernden, modernen Anbauten) und im Zentrum von Livorno. Sonst beginnt bereits – zum Glück für die Toscana – weitflächig der Schutz des Vorhandenen, sowohl der Architektur als auch etwas später des Landschaftsbildes.

Die toscanischen Maler des 20. Jh. haben ihrer Heimat fast ohne Ausnahme den Rücken gekehrt und arbeiteten hauptsächlich in Paris und später vorwiegend in Rom, Mailand oder wiederum im Ausland. Zwei der profiliertesten Vertreter sind Modigliani und Marini.

Amedeo Modigliani (1884–1920) gilt als einer der bedeutendsten Vertreter der ›Ecole de Paris‹. Der gebürtige Livornese kam 1906 nach seinen Studien in Florenz und Venedig nach Paris und ließ sich stark von den dortigen Künstlern beeinflussen. Die stärkste Wirkung auf sein Werk hatte jedoch der rumänische Bildhauer Brancusi, der ihn auch an die afrikanische Plastik führte. Die Plastik ließ ihn erst los, als er, durch den Marmorstaub an den Lungen erkrankt, diese aufgeben musste. So begann er mit seinen flächenhaften, überlangen weiblichen Akten mit den schlanken Hälsen, die zu seinem Markenzeichen werden sollten. Er starb, arm und alkoholkrank, bereits mit 35 Jahren in Paris.

Auch den Maler, Bildhauer und Grafiker Marino Marini (1901–1980) zog es nach seinen Studien in Florenz ab 1926 mehrmals nach Paris. Seine figürlichen Skulpturen beschränken sich auf wenige Themen wie Tänzerinnen und Akrobaten, Reiter und Porträts, immer mehr abstrahierend. In Florenz hat man ihm ein eigenes Museum gewidmet.

Daten zur Geschichte

Um 1000 v. Chr.	dringen die Etrusker, wahrscheinlich vom Osten her, in das Gebiet der heutigen Toscana ein. Manche Historiker vermuten, sie seien hier ›entstanden‹.
4. Jh. bis 265 v. Chr.	erobern die Römer Etruria.
3. Jh. v. Chr.	verbünden sich die Etrusker mit Rom.
2. u. 1. Jh. v. Chr.	gründen die Etrusker Fiesole, Lucca, Pisa und Pistoia.
89 v. Chr.	erhält Etruria das römische Bürgerrecht.
Im 4. Jh.	wird die römische Provinz Tuscia et Umbria christianisiert.
476	Ende des Weströmischen Reiches.
493	kommen die Ostgoten in die heutige Toscana.
568/591	beginnt hier die Herrschaft der Langobarden, die Tuscien zum Herzogtum erheben.
Ab 774	fränkische Herrschaft.
ab dem 9. Jh.	Markgrafschaft Tuszien, Beginn des Aufschwungs des Handels von den Städten aus, die zu geordneten Kommunen werden.
1055	Kaiser Heinrich III. erhebt Florenz zur Reichsstadt.
1139–1266	Entstehung der Stadtstaaten unter staufischer Reichsverwaltung: Pisa, Florenz, Lucca und Siena.
13. u. 14. Jh.	Während bis 1248 das ghibellinische (kaisertreue) Pisa (reich und mächtig durch seinen Seehandel) beherrschend ist, kann ab 1302 das guelfische (papsttreue) Florenz die Vormachtstellung einnehmen.
1260	Siena besiegt das verhasste Florenz bei Montaperti.
1284	vernichtet Genua die Pisaner Flotte und zerschlägt damit dessen Seeherrschaft.
1406	kann Florenz durch die Unterwerfung Pisas zur Seemacht avancieren; größte Rivalin ist wieder Siena.
1434–1494	übernehmen die Medici die Macht in Florenz.
1531	wird die mediceische Toscana ein Herzogtum.
1559	wird auch Siena florentinisch.
1569	wird die gesamte Toscana zum Großherzogtum unter Cosimo I erhoben.
1737	stirbt der letzte Medici (Gian Gastone), das Großherzogtum Toscana geht an das Haus Habsburg-Lothringen über: Franz von Lothringen, der Ehegemahl der österreichischen Herrscherin Maria Theresia, wird Großherzog der Toscana – und 1741 Kaiser Franz I.
1848	gibt es die erste Verfassung.
1849	Ausrufung der Republik.
1860	Die Toscana wird an Piemont-Sardinien angeschlossen und damit an das Königreich Italien.
1865–1871	ist Florenz die Hauptstadt des geeinten Italien.
1946	wird Italien Republik.

1948	wird beschlossen, Regionen zu bilden, aber erst 1970 werden die meisten und mit ihnen die Region Toscana etabliert.
4. 11. 1966	verheerende Arno-Überschwemmung in Florenz.
1986	Florenz wird europäische Kulturmetropole.
2000	Drei der insgesamt neun Pilgerwege nach Rom führen auch durch die Toscana, deren Pilgerstädte für das Heilige Jahr aufpoliert wurden: Franken-, Santiago- und Bernsteinweg.
2002	Seit Weihnachten 2001 darf der ›schiefe Turm von Pisa‹ wieder erklettert werden; er hat nach langjährigen Stützungsmaßnahmen aufgehört zu fallen und ist um 40 cm aufgerichtet worden. Der hohe Eintrittspreis sorgt für eine gewisse Zurückhaltung.

Die Toscana heute: Landschaft und Umwelt, Wirtschaft und Feste

Landschaftsbilder

Die Toscana gilt als das Land der sanft gewellten Hügel. Wohl weil viele sie mit dem – nicht durchgängig – lieblichen Chianti gleichsetzen. Doch zur Toscana gehören auch die schroffen Bergketten des Tosco-Emilianischen Apennin (im Norden), der immerhin einige Zweitausender aufweist. Gar nicht weit von Florenz entfernt, wenige Kilometer nördlich von Fiesole, erhebt sich der Montebello mit 934 m Höhe, südöstlich, bei der Sommerfrische Vallombrosa, der 1592 m hohe Pratomagno. Im Süden der Toscana ist der 1738 m hohe Monte Amiata sogar ein beliebtes Wintersportgebiet, schneebedeckt bis ins Frühjahr hinein und die Landschaft bestimmend für den gesamten Südosten der Region.

Natürlich bleibt es nicht bei den ›untoscanischen‹ Gipfeln. Auch zahlreiche Flüsse und Bäche prägen das Landschaftsbild der Toscana: der Arno, trotz Sanierungsmaßnahmen leider noch immer von Schlamm und Industrie verseucht. Reizvoller ist sein Zufluss Chiana, der im Chiusi-See seinen Lauf beginnt, und der Ombrone, der dem Land südlich von Siena bis über Grosseto hinaus in schlangenförmigem Lauf seinen Stempel aufdrückt. Nicht zu vergessen der Tiber, der auf seinem Weg nach Rom nicht nur die Region Umbrien gestaltend durchfließt, sondern in seinem Oberlauf auch den Nordosten der Toscana prägt, das Casentino.

Die ›toscanische‹ Toscana, dies bleibt unumstritten, gibt es noch heute fast wie in der Frührenaissance, in der absoluten Hochphase der toscanischen Kunst und Kultur. Und zwar im sanft gewellten Hügelland mit den Akzent setzenden Zypressen zwischen Florenz und Siena, im berühmten und viel besungenen Chianti, dem Inbegriff einer Weinlandschaft. Was andererseits auch bedeutet: Mehr formen, mehr zerstören lässt sich eine Landschaft kaum! Und dennoch: 35 000 Hektar des 70 000 Hektar großen Gebietes des Chianti Classico bestehen noch immer – und sollen es per Gesetz auch bleiben – aus Wald.

Die landwirtschaftliche Nutzfläche der Toscana macht nur etwa ein Viertel ihrer Gesamtfläche aus, aber 37 % sind mit dichtem Wald bedeckt. Ob mit Kastanienwäldern wie im Norden von der Garfagnana bis zu den Apuanischen Alpen an der Grenze zu Ligurien oder mit undurchdringlicher, duftender Macchia (Sekundärwald) aus Lorbeer und Erdbeerbäumen, Oregano und Salbei, Wacholder, Zistrosen und Kamille, aus der hohe Steineichen und Akazien herausragen.

In den Wäldern gedeihen köstlich feste Steinpilze, die zu einem wichtigen Wirtschaftsfaktor der Toscana geworden sind. Dort leben Wildschweine, deren Fleisch (zu Schinken oder kleinen Hartwürsten verarbeitet) ebenso wie die Steinpilze und das Fleisch des weißen Chianina-Rindes zu den besonderen, aber auch teuren Delikatessen der Toscana gehört. Zu wichtigen Exportartikeln haben sich aber speziell Wein und Olivenöl entwickelt, die hier tatsächlich in großer Vielfalt und bester Qualität produziert werden.

Bei Bólgheri

In den letzten Jahren hat die Toscana eine interessante und positive Entwicklung durchgemacht: Während es die Landbevölkerung in den fünfziger Jahren in die größeren Städte zog, begeben sich junge Familien heute wieder aufs Land, in die stadtnahen Dörfer. Sie entfliehen dem Smog der Städte, die trotz großflächiger Fußgängerzonen den Erstickungstod zu sterben drohen, sie kapitulieren vor der immer unerträglicher werdenden Sommerschwüle in den großen Ebenen, in denen sich die wichtigsten Ansiedlungen befinden und fliehen auf die Hügel der kleinen Ortschaften, die meistens aus trutzigen *castelli* gewachsen sind. Diese wurden und werden noch immer saniert und liebevoll restauriert. Es sind wahre Kleinode der Architektur entstanden mit guter, sauberer Luft, herrlichen Aussichtspunkten und noch immer funktionierender oder wieder belebter Infrastruktur mit Bäcker und Metzger und mindestens einer Bar als Treffpunkt von alten und neuen Bewohnern. Die ›Neuen‹, das sind zum Glück noch viele, zu deren Familienbesitz die lange vor sich hin verfallenden Häuser im Dorf-Konglomerat gehörten. Natürlich haben sich auch da schon wieder Fremde ›eingekauft‹, doch deren Anzahl ist für das Gefühl der Zusammengehörigkeit verschwindend gering. Vielen Fremden ist es zudem zu mühsam, sich in eine Dorfgemeinschaft einzugliedern. Sie ziehen lieber, wie schon seit Jahrzehnten, aufs flache Land, kaufen überteuerte Grundmauern und Baurecht und bleiben unter sich. Auch sie haben allerdings wie die Ferienhaus-Vermieter, die noch immer einen wahren Boom erleben, dazu beigetragen, dass man in der Toscana statt Ruinen wieder viele schmucke Bauernhäuser sieht.

Überhaupt hat der Tourismus, der in den Städten zu Chaos, Lärm und Distanz zu Fremden geführt hat, dem Lande eher gut getan – und damit auch der Landwirtschaft, die einen erneuten Aufschwung erlebte: Die Nachfrage nach toscanischen Weinen steigt, dasselbe gilt inzwischen auch für das gute Olivenöl und für feine Backwaren, in Olivenöl eingelegtes Gemüse oder andere hausgemachte Spezialitäten.

Der Umweltschutz hat sich hier sozusagen heimlich eingeschlichen: Um die Produkte des Landes rein, ohne chemische Behandlung (Pestizide, Düngemittel) anbieten zu können, hat man sich umgestellt. Alternativer Anbau ist ›in‹, ebenso die Neuanpflanzung alter Getreidesorten, etwa des Dinkels, italienisch

Marmorkünstler in den Apuanischen Alpen

farro. Auch der Erhalt der Landschaften mit Zypressen, Öl- und Mandelbäumen oder Weinhängen wird forciert. Früher als in anderen Regionen Italiens hat man erkannt, dass der Naturschutz neben dem Denkmalschutz das wichtigste Kapital für den Fremdenverkehr ist. Dass damit die Erhaltung der eigenen Heimat einher geht, ist den Toscanern, die sehr erdverbunden sind, natürlich willkommen.

Industrie und Kunsthandwerk

Florenz hat sich zur italienischen Mode-Metropole gemausert vor Mailand und Rom – schließlich sitzt die wichtigste Zuliefer-Industrie, die der Wollstoffe, im benachbarten Prato und die der Seide in Lucca. In Florenz findet man nicht nur Mode großer Designer, sondern auch Seiden- und Wollstoffe und Florentiner Spitzen.

In Péscia werden Blumen für ganz Europa verpackt, die man in der gesamten Provinz Pistoia züchtet – im Freiland oder in Treibhäusern.

Die größte Bedeutung hat der Marmor in Carrara, nicht nur durch seinen Abbau, sondern vor allem durch die Verarbeitung von importierten Steinen.

Während auf der Erzinsel Elba kein Eisen mehr gewonnen wird, weil es die EU so bestimmt hat, und im Gebiet der Provinz Grosseto Eisenpyrit, Magnesium, Blei und Zink ein ähnliches Schick-

Richtig Reisen
Thema

Blühender *campanilismo:* Kirchturmpolitik

Toscaner sind starrsinnige *campanilisti,* betreiben also gern Kirchturmpolitik. Besonders gut erkennen dies Autofahrer auf den engen Landstraßen, wenn sie plötzlich in *strade bianche,* in weiß-staubige Holperwege übergehen, nur weil das Gemeindegebiet gewechselt hat. Oder Urlauber, die sich Zeit für Begegnungen mit den Toscanern nehmen, zuhören, wenn diese über ihre Mitmenschen in anderen Gemeinden sprechen.

Auf die Florentiner sind so ziemlich alle anderen Toscaner nicht besonders gut zu sprechen. Diese glaubten, so sagen sie, die Kultur allein für sich gepachtet zu haben. Andererseits lässt sich im Denken und Empfinden der Florentiner die historische Erzfeindschaft mit Siena, Pisa, Lucca und anderen Städten kaum ausmerzen.

Von den Sienesen heißt es, sie seien besonders zurückhaltend, lebten gerne nach wie vor nur in ihrer *contrada,* ihrem Stadtteil, mit dem sie alle Jahre wieder gegen die anderen symbolisch in den Krieg ziehen – im Palio. »Januar bis Palio« ist eine typisch sienesische Zeitangabe, oder »mein Sohn wurde nach dem Sieg gegen die Gans geboren«.

Florentiner halten die Pisaner und vor allem die Livorneser für schlitzohrig – vielleicht weil sie nie etwas von den Florentinern annehmen wollten. Die schlitzohrigsten aber sollen die Leute von Gíglio sein, über sie erzählt man sich abenteuerliche Geschichten – auch auf der Insel selber (s. S. 178).

sal droht, wird in Volterra nach wie vor Alabaster abgebaut und verarbeitet und im Monte-Amiata-Gebiet Quecksilber.

Der Fischfang hat niemals aufgehört, die Fischer zu ernähren, doch reicht ihr Fang schon lange nicht mehr für den großen Bedarf der Region, weshalb mit Zucht- und Import-Fischen ›aufgefüllt‹ wird. Die wichtigsten Häfen (nicht allein für die Fischerei) sind Livorno, Marina di Carrara (Marmor vor allem), Piombino, Viaréggio und Porto Santo Stéfano sowie Portoferraio auf Elba.

Das Kunsthandwerk besitzt in der Toscana bis heute eine große Bedeutung. Sehr geschmackvoller Gold- und Silberschmuck wird in Florenz und Siena hergestellt, in Florenz floriert neben der Herstellung von Strohhüten, den so genannten ›Florentinern‹, außerdem die Lederverarbeitung (Schuhe, Taschen, Kleidung, Gürtel).

Keine Frage, dass das toscanische Kunsthandwerk durch den Tourismus einen enormen Aufschwung erlebt hat. Denn praktisch alles, was Kunsthandwerker schaffen, kann zum Souvenir werden, etwa Alabaster-Gegenstände aus Volterra, Keramik aus Impruneta und Montelupo Fiorentino, Korbwaren und Schmiedeeisen-Arbeiten aus Impruneta, Glas aus Empoli und Poggibonsi. Dann natürlich Möbel und Antiquitäten, die man eigentlich in allen größeren Städten und auf den großen Flohmärkten der Region kaufen kann, speziell in Arezzo und Cortona und überhaupt im Chiana-Tal beziehungsweise bei den Versteigerungen in den Nobel-Kurorten, etwa in Montecatini oder Chianciano Terme.

Bräuche, Feste, Festivals

Religiöse Feste wetteifern mit den profanen der *sagre,* die eine kulinarische Spezialität zum Thema haben wie etwa im Herbst die *sagra del cinghiale* (des Wildscheines, in mehreren Orten), *sagra del castagno* (der Edelkastanie, vor allem in den Dörfern und Städtchen der Garfagnana) und die *sagra del tartufo* (der Trüffel, in San Miniato al Tedesco), bei denen auch ausgiebig Wein getrunken und spät noch zum Tanz aufgespielt wird. Die religiösen Feste sind dagegen meistens von würdevollem Ernst. Etwa der Umzug des Volto Santo (frühmittelalterliche Christus-Figur) am 13. September durch Luccas Altstadt, durch die von Fackeln beleuchteten Gassen.

Der Sommer gehört in der Toscana den zahlreichen Festivals. Das bekannteste Musikfestival hat der deutsche Komponist Hans Werner Henze im Renaissancestädtchen Montepulciano ins Leben gerufen, das Cantiere Internazionale d'Arte. Das hübsche Weinstädtchen Montalcino verwandelt sich in eine einzige Bühne während des Festival dell'Attore, dicht gefolgt vom zauberhaft-kleinen Montichiello mit seinem Teatro Povero, bei dem nur Dorfbewohner mit akuellen Themen agieren. Am Lago di Massacciúccoli findet das Festival Pucciniano zu Ehren Puccinis statt, und an der Versilia-Küste das Theater- und Tanzfestival La Versiliana. Florenz lockt bereits im Frühjahr mit dem Maggio Musicale, das benachbarte Fiesole erst später mit dem Kultur-Sommer Estate Fiesolana und die gesamte Provinz Pisa mit Pisa Estate.

Die stolzen, zurückhaltenden, vielleicht gar arroganten Toscaner – bei ihren inbrünstig geliebten, traditionellen Festen drehen sie geradezu durch. Ob in Siena beim Palio, dem berühmten Pferderennen, oder in Florenz beim Calcio Storico in Costume, dem historischen Fußballspiel, oder beim Scoppio del Carro, wenn am Ostersonntag der hölzerne Wagen für die Taube, den Heiligen Geist symbolisierend, zwischen Domfassade und Paradiespforte des Baptisteriums knallend im Feuerwerk verschwindet. Ob in Arezzo beim historischen Lanzenstechen (Giostra del Saracino) oder in Pisa beim Gioco del Ponte, dem Wettkampf der beiden Stadtteile beiderseits des Arno auf dem Ponte del Mezzo, der Brücke zwischen ihnen. Vom Karneval in Viaréggio ganz zu schweigen, für das ein ganzes Jahr lang die – vielfach politischen – Figuren geschaffen werden.

Vor allem für die Herstellung der historischen Kostüme, meist nach Vorbildern aus der Renaissance, wird in der Toscana Jahr für Jahr viel Zeit und Geld investiert. Spenden für die Kunst, das bedeutet auch Spenden für immer wieder notwendige Reparaturen an den kostbaren Kostümen oder gar ihre völlige Erneuerung. Banken wie Monte dei Paschi di Siena, von Anbeginn eine große Förderin der Kunst (s. S. 268f.), sind stolz darauf, die neuen Renaissancekostüme für den Sieneser Palio finanziert zu haben. Andere schreiben sich die langjährige und kostspielige Restaurierung und Rettung von Kunstwerken auf die Werbefahne.

Beim Palio ist Spiel Ernst

Lisa Guideri ist eine sanfte, liebenswerte Gastgeberin. Sie empfängt uns in ihrer kleinen Wohnung hoch über dem Campo von Siena, die sie ihren beiden studierenden Kindern eingerichtet hat, als sie ihrem Mann aus beruflichen Gründen nach Massa Maríttima folgte. Freunde der Studenten kommen, Fahnen der *Contrada della Torre,* zu der die Familie Guideri gehört, werden entfaltet, und man begibt sich nach draußen auf den kleinen Balkon, der über der Piazza zu schweben scheint.

Der freie Platz innerhalb des zur Rennbahn umfunktionierten Campo füllt sich allmählich, ebenso die Balkone und Tribünen. Ringsum ist jede Lücke zwischen den Balkonen mit Brettern geschlossen, auf denen die Zuschauer dicht bei dicht sitzen. Man muss lange vor dem Rennen die Plätze einnehmen, sonst ist kein Durchkommen mehr. An allen Fenstern stehen Sienesen und schwenken Fahnen ihrer *contrade* (Stadtteil); aus Dachluken und von den Turmdächern beugen sie sich beängstigend weit vor.

Es ist früher Abend des 2. Juli, gegen 18 Uhr. Signora Guideri erklärt: Bereits am 25. Mai wurden drei der heute konkurrierenden Contrade aus denen des letzten Palio ausgelost. Zusammen mit den sieben, die ohnehin an der Reihe sind (weil sie beim letzten Mal nicht dabei waren), werden sie heute das Rennen bestreiten.

Am Morgen des 29. Juni fand die Auswahl der Pferde statt, die anschließend durch das Los den zehn teilnehmenden Contrade zugeteilt wurden. Um 19 Uhr desselben Tages veranstaltete man das erste Proberennen. Der Campo war dabei bereits mit fest gestampftem Sand und Lehm bedeckt. Am nächsten Tag gingen die Proberennen weiter.

Die Generalprobe beginnt immer am 1. Juli Punkt 19.45 Uhr, am späten Abend folgt dann das festliche Essen, das Glück und Segen bringen soll. Alle Bewohner der Contrada nehmen daran teil – und der Reiter, der normalerweise ein Fremder, meist ein angeheuerter Sarde aus der Maremma ist. Während der ganzen Zeit wird das Pferd in der *casa del cavallo,* die jede Contrada besitzt, strengstens bewacht.

Am Morgen des 2. Juli findet – nachdem die Pferde in der Kirche der jeweiligen Contrada gesegnet wurden – die *provaccia* statt, die große Probe auf der

Piazza del Campo – ein farbenprächtiges Schauspiel.

Zurück zum kleinen Balkon. Mit Spannung erwarten alle den historischen Umzug. Gleich beginnt die Riesenglocke auf der Torre del Mangia zu schlagen, und die ersten Abordnungen der Contrade betreten den Platz: jeweils ein Trommler, zwei Fahnenschwinger, der *duce*, zwei bewaffnete Männer, ein Bannerträger mit der Fahne der Contrada und zwei Knappen, die die Feldzeichen der einstigen Militärkompanien tragen, es folgt ein Reitknecht mit dem Paradepferd, darauf der *fantino*, der Reiter. Ganz zuletzt kommt das Rennpferd, von seinem *barbaresco*, dem Stallmeister und Bewacher, geführt. Als die Bannerträger der Contrada della Torre auftauchen, sind die Studenten auf dem kleinen Balkon nicht zu halten, laut rufen sie »Torre, Torre!« und schwingen wild ihre Fahnen.

Es ist kurz vor acht Uhr abends, die Sonne erleuchtet nur noch das Rathaus. Auf dem Campo unten, der im Schatten liegt, innerhalb und um die Rennbahn herum, fände keine Stecknadel mehr Platz! Der Zugang wird gesperrt. Die Glocken auf dem Rathausturm schlagen. Es wird still. Pferde und Reiter treten aus dem Innenhof des Rathauses auf die Rennbahn, nachdem sie die Ochsenziemer zum Antreiben der Pferde vom Wachtposten erhalten haben.

Zwischen zwei quer gespannten Hanfseilen zittern Pferde und Reiter dem Start entgegen. Sie stehen vor der schwersten Aufgabe, dem Start. Das Seil fällt: Bahn frei! Ein rasender Lauf beginnt, ein gefährliches Rennen ohne Sattel – die Notärzte stehen bereit. Am gefährlichsten ist die Kurve von San Martino links am Rathaus, weshalb die kleine vorspringende Kapelle in dicke Matratzen eingehüllt ist. Doch Opfer hat sie immer gefordert. Dreimal geht es um den Platz, also auch dreimal in diese Kurve.

Das Pferd der Contrada della Torre ist beim ersten Lauf vorne, die Spannung auf unserem Balkon fast nicht zu ertragen. Beim zweiten Lauf ein Schrei: »Ecco, la oca!« Lisa Guideri, bisher zurückhaltend-freundlich, schlägt die Hände über dem Kopf zusammen, tränenüberströmt das fein geschminkte Gesicht. »Madonna mia, Madonna«, stammelt sie mit erstickter Stimme. Ausgerechnet die *oca* (Gans), die traditionelle Erzfeindin ihrer Contrada, hat ihr Pferd wieder einmal zu Fall gebracht. Dabei wäre dies für die Torre seit 1961 wieder der erste Sieg gewesen. Die ganze Hoffnung ist mit einem Peitschenhieb des feindlichen Reiters dahin!

Können Sienesen jemanden nicht leiden, sagen sie, er sei wie ein *fantino*. Tatsächlich sollen die für das Rennen gekauften Reiter untereinander die übelsten Tricks anwenden, um aus dem Palio für sich ein gutes Geschäft zu machen. Absprachen sind an der Tagesordnung. Da kann tatsächlich nur das Pferd an der Entscheidung etwas ändern. Denn auch reiterlos, *scosso*, kann es den Wettkampf gewinnen, wenn es als erstes durch das Ziel geht. Folgerichtig bekommt das Siegerpferd beim großen Festessen den Ehrenplatz an der Tafel, wird aus silbernem Geschirr gefüttert und beim Siegeszug durch die Stadt richtiggehend verehrt.

Dass die Sienesen ein so freundliches Wesen haben, so unbeschwert wirken, und ihre Stadt die vielleicht niedrigste Kriminalitätsrate der Welt aufweist, mag daher kommen, dass sie zweimal jährlich im Palio ein Ventil öffnen – sagen andere Toscaner.

Küche und Keller

Bistecca fiorentina und *cacciucco:* Die toscanische Küche

Die toscanische Küche gilt als eine einfache, bäuerliche, die freilich immer frische Bestandteile verlangt wie knackige Gemüse und Salate zu jungem Lamm, Kaninchen oder Zicklein. Oder – was durch die BSE-Krise zu einem echten Problem wurde, für die berühmte *bistecca fiorentina,* ein zartes Beefsteak am Knochen (beziehungsweise ein T-bone-Steak), aber nur von einem weißen Chianina-Rind. Während des BSE-Skandals durfte der Knochen nicht mehr mit gebraten werden, musste eigentlich schon vor dem Verkauf abgetrennt werden. Nur ist dies, was dann auf den Grill und schließlich auf den Tisch kam, für die Toscaner keine *bistecca fiorentina* mehr, und es entwickelte sich ein blühender Schwarzmarkt... Diese besondere Spezialität sollte über der sanften Glut eines Holzkohlenfeuers blutig bis rosa gegrillt, dann mit etwas ›jungfräulichem‹ Olivenöl beträufelt und nach Geschmack mit Salz und frisch geschrotetem Pfeffer gewürzt werden. Die Regel ist, zuerst das Filetstück zu essen, und dann erst den Rest, so viel der Magen fasst. Ohnehin sollte das Fleischstück mindestens 800, besser noch 1200 Gramm schwer sein. Weil es meistens nicht zu schaffen ist, bestellt man am besten zu zweit eine *bistecca.* Dazu gibt es gekochte, kleine weiße Bohnen, die sich die Toscaner selber mit reichlich – bestem toscanischen – Olivenöl beträufeln und mit Salz und Pfeffer würzen.

Florenz bietet noch eine zweite Spezialität, die freilich nicht jedermanns Geschmack trifft und im Zeitalter des BSE eigentlich verboten war: *trippa alla fiorentina* bzw. *lampredotto,* Kalbskutteln bzw. -magen (dunkleres und schmackhafteres Fleisch). Wenn's original sein soll, dann nur im Stehen auf einer Piazza mitten in Florenz, in ein Brötchen gedrückt und mit Salz und Pfeffer gewürzt. Manche nehmen inzwischen auch eine Kräutersoße *(salsa verde)* oder Scharfes dazu. Im ländlichen Restaurant gab es und wird es die *trippa* hoffentlich bald

(Fast) alle Köstlichkeiten der Toscana

wieder stilgerecht aus einem glühend heißen Tontöpfchen geben, aus dem Kenner anschließend die noch heiße Soße mit dem weißen toscanischen Brot bis zur Neige auftunken ....

Brot gehört in der Toscana immer auf den Tisch, das ungesalzene, mit herzhaft-knuspriger Kruste und nicht zu weichem Inneren. Es wird nicht nur reichlich zu den Vor- und Hauptgängen gegessen, sondern bildet auch für sich oder in Kombination mit Gemüse eigene Gerichte. Ein Stück Brot abbrechen, leicht salzen und in Olivenöl getaucht – ein Genuss! Oder die *bruschetta,* in manchen Teilen der Toscana *fettunta* genannt: eine auf Holzkohlenglut geröstete, mit Knoblauch eingeriebene und mit Olivenöl reichlich beträufelte, dicke Scheibe Brot. Oder *crostini,* dünne geröstete Brotscheiben (auch frisch werden sie serviert) als *antipasto: neri* sind die schwarz belegten, mit einem Leber- und Milzaufstrich, *bianchi* die weiß belegten mit einer Art hausgemachter Mayonnaise. Dann gibt es natürlich Varianten mit Tomaten, Trüffeln oder Kaviar ...

Altbackenes Brot wird nicht weg geworfen, sondern zu einer der leckersten und traditionellsten Suppen der Toscana verarbeitet: *ribollita,* die ›mehrfach Gekochte‹, aus frischem Gemüse; über altbackenes Brot gegossen, eigentlich eine ganze Mahlzeit, was sie früher für die Bauern auch war. Heute machen

sich nur noch wenige traditionelle, meist ländliche Restaurants die Mühe, eine echte *ribollita* zu kochen.

Sehr wichtig für die toscanische Küche ist das kalt gepresste Olivenöl *(olio extra vergine)*, das neben dem umbrischen als das beste der Welt gilt. Je nachdem, ob es aus den Hügeln von Lucca oder des Chianti, von der Maremma, aus Vinci oder der nördlichen Valdinievole kommt, besitzt das Öl einen anderen, für Experten unverkennbaren Geschmack.

Antipasto: In keiner anderen italienischen Region wird traditionell auf eine solche Vielfalt Wert gelegt. Man kann sich daran satt essen und satt sehen. An den jahreszeitlich unterschiedlichen frischen, meist gerösteten Gemüsesorten, an den in Olivenöl oder *all'agro* (sauer) eingelegten Köstlichkeiten aus Zucchini und Tomaten, Artischocken und Lauch, weißen und grünen Bohnen, an den Salaten, an den Schinken, vornehmlich aus dem Casentino, und an den Wurstwaren vom Schwein, etwa mit Wildfenchelsamen *(finocchiona)* oder ganzen Pfefferkörnern (einfach *salame toscano)* gewürzt, oder an den kleinen, würzigen Wildschwein-Würstchen *(salame di cinghiale)*.

Die Pasta aus dem Süden des Landes hat in der traditionsbewussten Toscana eigentlich ebensowenig Chancen wie der Risotto aus dem Norden, obwohl beide natürlich in den Restaurants angeboten werden. Die Toscaner bevorzugen eben Speisen aus der großen Vielfalt an Gemüsen und Salaten, die der Markt oder der eigene Garten frisch bieten. Eine hausgemachte Gemüsesuppe – und natürlich eine *ribollita* (s. o.) – zieht hier jeder einer Pasta vor. Es sei denn, es ist eine frische hausgemachte.

Auch Schweinebraten, Wild und Lamm mögen die Toscaner, Kaninchen und Huhn nach Jägerinnenart *(alla cacciatora)*. Am liebsten essen sie – meist sonn- und feiertags in ländlichen Lokalen – Geröstetes vom rotierenden Bratspieß *(girarrosto)* oder Gemischtes aus dem Backofen *(arrosto misto)*.

An der Küste und auf den Inseln wird Fisch bevorzugt: *triglie alla livornese* (Seebarben in einer Tomaten- und Olivenölsoße mit feinen Kräutern), gegrillter Fisch und natürlich der berühmte *cacciucco,* die Fischsuppe, die eine ganze Mahlzeit ersetzt und traditionell am besten in Livorno und auf Elba zubereitet wird. Je nach Saison gibt es eine reiche Auswahl an Meeresfrüchten und Fischen. An den Seen und in den Flüssen werden Forellen, Hechte etc. geangelt. Und im Frühjahr fängt man mit speziellen, fein-maschigen Netzen die jungen, zarten Aale *(anguille)*, die zu den teuren Delikatessen zählen.

Unbeschreiblich vielfältig sind die Geschmacksrichtungen beim toscanischen *pecorino,* dem Schafskäse, ob rein aus Schafsmilch oder mit Kuhmilch vermischt – am teuersten aus Pienza und Umgebung. Jedenfalls mit Sicherheit von sardischen Spezialisten produziert, die schon vor Jahrzehnten als billige Arbeitskräfte in die Maremma kamen, sich ihrer Kenntnisse in Sachen *pecorino* erinnerten und später das gute Weideland der südtoscanischen und der Chianti-Hügel für ihre Schafe entdeckten.

Zum Nachtisch oder zwischendurch sollte man *panforte* bestellen, eine Art Pfefferkuchen in vielen Variationen aus etwas Mehl, Butter und Eiern mit reichlich Mandeln und kandierten Früchten, eine Spezialität aus Siena und ursprünglich ein Weihnachtsgebäck. Oder zum Eintunken in *vinsanto* das Mandelgebäck, das mal *cantucci (di Prato)*, mal *biscotti* genannt wird. Zur Kastanien-Zeit im Herbst natürlich Kastanienkuchen *(castagnaccio)*, so lecker, aber auch so schwer, dass man vorher wenig gegessen haben sollte. Das gilt auch für die diversen Mandel- und Walnusskuchen.

Nicht nur Chianti: Der toscanische Wein

Eine Toscana-Reise ohne die Suche nach einem neuen Lieblingswein oder der Begegnung mit einer alten (Wein-) Liebe dürfte es kaum geben. Bei der Vielfalt und der inzwischen erreichten Qualität in dieser Region ist es auch kein Wunder! Zudem kann man hier in Sachen Wein eigentlich keinen Fehlgriff tun. Sind Restaurant oder Trattoria in Ordnung, stimmt schon der offene Hauswein oder der in Flaschen speziell für das Haus abgefüllte, fast immer ein junger Tropfen.

Das Emblem des Gallo Nero, des Schwarzen Hahns auf Goldgrund, tragen die schwereren, vollmundigen Weine des Chianti Classico, die mit mindestens drei oder fünf Jahren als *riserva* am besten munden, obwohl sie inzwischen schon nach 24 Monaten abgefüllt werden dürfen und dennoch die DOC- oder die noch strengere Herkunftsbezeichnung DOCG (s. u.) tragen. Doch auch so manche *vini da tavola,* die ›Tischweine‹ aus dem Gebiet gehören heute zum Teil zu den kostbarsten Produkton der Toscana: Es gibt Winzer, die sich nicht den Regeln der Produktion unterwerfen wollen, d. h. sich die Zusammensetzung ihrer Weine vorschreiben lassen. Sie setzen auf ihren guten Namen und erzielen sogar Höchstpreise für ihre unkonventionellen Tropfen. Das dürfen sie seit der Weinlese 1995, als neue Bestimmungen in Kraft traten, ruhig tun. Denn nun kann jeder seinen Chianti keltern wie er möchte. Aus ist es mit den strengen Regeln des ›Chianti-Erfinders‹ Ricasoli auf seinem Castello di Brolio. Danach war der Chianti eigentlich ein Mischwein aus 75 bis 90 % Sangiovese-Trauben, fünf bis zehn Prozent *Canaiolo nero* und später, bereits modifiziert, auch Cabernet und/oder Merlot und vor allem noch etwas weißen Trebbiano-Trauben, die man traditionell im Weinberg gemeinsam angepflanzt hatte. Die weißen Trauben waren zwar ergiebiger und machten den Wein süffiger, frischer, aber genau diese Geschmacksnote verlangen moderne Weinkenner vom Chianti nicht; er soll reifungsfähig sein, seinen typischen Geschmack reifer Brombeeren entwickeln. Fazit: Nun dürfen Chianti-Weine auch offiziell, ›unter der Hand‹ wurde dies schon länger praktiziert, hunderprozentig aus Sangiovese-Trauben gekeltert sein.

Eine weitere Neuerung, den Wünschen des Marktes folgend: Nun dürfen die Riserva-Weine bereits nach 24 Monaten (früher erst nach 36) in Flaschen abgefüllt werden. Schließlich werden sie heute meistens in kleineren französischen Fässern (*barrique,* 225 Liter Inhalt) aus jungem Eichenholz gereift, die einen intensiveren Kontakt zwischen Wein und Holz ermöglichen. Und schlussendlich dürfen heute die Produzenten ihre Weinlagen genau angeben. Ein Wunder, dass man das erst so spät durchgesetzt hat: Schließlich weiß jeder Weinkenner, wie wichtig die Beschaffenheit des Bodens, die Lage der Weinberge zur Sonne und das Mikroklima für den Wein sind.

›Weinmäßig‹ ist der Chianti streng in sechs Produktionszonen eingeteilt: Herzstück Chianti Classico zwischen Siena bzw. Castelnuovo Berardegna im Süden und Strada in Chianti bzw. San

Casciano im Norden kurz vor Florenz; Chianti Rufina nordwestlich von Florenz, bekrönt vom kleinen Anbaugebiet des Pomino Rosso der Merchesi de´ Frescobaldi, der überwiegend aus Pinot nero gekeltert wird; Chianti Colli Fiorentini im Halbkreis südlich von Florenz angesiedelt, an den Chianti Classico angrenzend; Chianti Colli Senesi dagegen markiert sowohl die Westgrenze des Chianti-Gebietes westlich von Siena von Montaione im Norden (mit dem Anbaugebiet des – weißen – Vernaccia di San Gimignano mittendrin) bis Montalcino im Süden (mit den Edelgewächsen des Rosso di Montalcino und des Brunello di Montalcino (s. u.) sowie des Moscadello di Montalcino in ihrer Mitte) als auch die Ostgrenze zwischen Castelnuovo Berardegna im Norden und Chiusi im Süden; Chianti Colli Aretini nordwestlich und südwestlich von Arezzo, ans Classico-Gebiet angrenzend; Chianti Colli Pisani, ordentlich vermischt mit dem größeren Anbaugebiet des Bianco Pisano di San Torpè. Der Kreis schließt sich Richtung Florenz mit dem Chianti Montalbano, dessen Anbaugebiet bis in die Valdinievole um Montecatini Terme reicht und ein Kleinod in sich birgt: die Weinhänge des Carmignano.

Geradezu würdevoll wie sein Name ist der Vino nobile di Montepulciano, der freilich nicht ganz an seinen Nach-

Ein Caffè oder ein Glas Wein an der Bar: z. B. im Caffè Poliziano in Montepulciano

barn aus Montalcino reicht. Dort gedeiht ein ganz großer, tiefroter Wein, gradlinig und rassig und doch elegant mit reichem Bukett: der Brunello di Montalcino, der sehr lange reifen möchte (manche 20 Jahre und länger), wenn der Jahrgang stimmt. Eine ›Erfindung‹ des Ferruccio Biondi-Santi im 19. Jh., dessen Nachfahren auf drei großen Gütern noch heute höchste Qualitätsweine erzeugen. Aber auch der preiswertere Rosso di Montalcino, jünger zu trinken, spritziger, kann sich sehen lassen.

Der Morellino di Scansano aus der Maremma, der sich sein Anbaugebiet im Osten mit dem Bianco di Pitigiliano teilen muss, ist ein rubin- bis granatroter, trockener Rotwein, hauptsächlich aus Sangiovese-Trauben, leicht und doch rund im Aroma. Die Maremma-Küste lässt sich über eine Weinstraße mit drei DOC-Anbaugebieten erschließen: DOC Montescudaio, DOC Bólgheri und DOC Val di Cornia.

San Gimignanos Vernaccia, von strohgelber Farbe, süffig und voll, ist sicherlich der bekannteste Weißwein der Toscana. Er war der erste, der die Bezeichnung DOC tragen durfte. Die meisten Weinkeller des Gebietes von San Gimignano produzieren aber, s. Vermischung mit dem Chianti-Gebiet, auch Chianti-Weine, wobei der Vernaccia eindeutig ihr Zugpferd bleibt. Dem Vernaccia hart auf den Fersen folgt in der Beliebtheit unter den Weißweinen der weiße, leichte und trockene Galestro, nach dem schiefrigen weißen Boden benannt, auf dem er am besten gedeiht. An der Küste wird zu Fisch unter Kennern gerne der Bianco di Pitigliano aus dem Etruskerstädtchen weit landeinwärts hinter Grosseto empfohlen. In Lucca, Montecatini und Umgebung dagegen der nahe Montecarlo aus einem sehr kleinen Anbaugebiet südlich Péscia, vor kurzem noch über die Grenzen der Provinz hinaus kaum bekannt. (Hier werden neuerdings auch ordentliche Rotweine produziert.)

Nicht zu vergessen: der Vinsanto, dessen Reifung in kleinen Eichenfässern, immer in Berührung mit Wind und Wetter, also meist in luftigen Räumen über dem Weinkeller, sich kein Winzer entgehen lässt. Er ist süß und doch nicht schwer, ein Dessertwein, für den die *cantucci* zum Eintunken geradezu erfunden zu sein scheinen.

Reisen in der Toscana

Florenz und Umgebung

Florenz: Die Wiege der Renaissance und des Humanismus

Stadtplan:
hintere Umschlaginnenklappe
Tipps & Adressen S. 316ff.

Am besten erfasst man Florenz vom Piazzale Michelangelo zu Füßen der Kirche San Miniato al Monte aus, wo sich gegen Abend die Liebespaare und andere Romantiker treffen, denn die Aussicht ist überwältigend. Es ist auf jeden Fall der schönere Weg, Florenz kennen zu lernen, als wenn man sich kopfüber in die Stadt stürzt und üblicherweise in ein Verkehrschaos gerät – auch wenn das Zentrum inzwischen verkehrsberuhigt wurde. Aber die lärmenden und abgasstinkenden öffentlichen Busse sind schon schlimm genug! Dennoch: Florenz muss sein, darf auf keiner Toscana-Reise fehlen. Schließlich hat die Stadt am Arno so viele Kunstwerke zu bieten wie keine andere der Welt – nicht einmal die italienische Kapitale Rom kann da konkurrieren. Und wenn man nicht gerade zur Hochsaison, zwischen Ostern und Ende September, kommt, dann kann man sogar der Stadt selber recht viel abgewinnen.

Ihr historisches Zentrum ist fußgängerfreundlicher geworden, wenn es auch wünschenswert wäre, die reine Fußgängerzone noch weiter auszudehnen als auf den Bereich rund um die Piazza della Signoria bis zum Dom. Doch schon allein in diesem relativ engen Stück Florenz müssten Kunst-Interessierte mehrere Tage verbringen, um wenigstens das Wichtigste kennen zu lernen.

Vom Piazzale Michelangelo also genießt man Florenz fast wie auf einem

Blick auf die Kuppel des Domes Santa Maria del Fiore

Reißbrett: die Torre d´ Arnolfo des Palazzo Vecchio, dahinter den Campanile Giottos und rechts davon die Domkuppel Brunelleschis. Linker Hand erkennt man den Ponte Vecchio, diese Brücke mit ihren pastellfarbenen Häuschen, die wie Schwalbennester an ihr hängen, und den Vasari-Gang, der den Palazzo Pitti (weiter links, vom Piazzale Michelangelo aus nicht zu sehen) über den Arno hinweg im Obergeschoss der Brücke mit den oberen Stockwerken der Uffizien verbindet. Am Horizont schließlich erheben sich die Hügel von Fiesole. Vom Piazzale führt ein angenehmer Weg in wenigen Minuten abwärts in die Stadt, oder man nimmt den Bus Richtung Bahnhof bis zum Dom.

Geschichte

Die ›Wiege der Renaissance und des Humanismus‹, wie Florenz gerne tituliert wird, breitet sich zu Füßen der einst wichtigen Etrusker-Stadt Fiesole aus. Florenz selber ist später als – eigentlich unbedeutende – römische Kolonie entstanden, entwickelte sich allerdings ab dem ersten vorchristlichen Jahrhundert so schnell, dass sie bald den Namen Fiorentina, die Blühende, erhielt. Christlich geworden, hatte Florenz unter den Barbaren-Einfällen zu leiden, zunächst unter den Hunnen und Goten und etwa um 570 unter den Langobarden.

Karl der Große sorgte für einen gewissen Aufstieg; im 9. Jh. war Florenz eine deutsche Markgrafschaft, und da einige kriegerische Ereignisse belegt sind, könnte man auf eine etwas größere politische Bedeutung schließen. Heinrich IV., der sich 1084 in Rom zum Kaiser krönen ließ, biss sich an Florenz die Zähne aus. 1125 konnten die Florentiner das benachbarte Fiesole einnehmen. Als sich zu Beginn des 13. Jh. Welfen (in Italien Guelfen) und Hohenstaufer (Ghibellinen) im Streit um den Kaiserthron zu bekriegen begannen, schlug sich Florenz auf die Seite der Guelfen, war also papsttreu.

Florenz, das zeigte sich bald, war eine bürgerliche Stadt, die gegen den Adel, der ghibellinisch (kaisertreu) war, opponierte. Ab 1250 besaßen die Florentiner eine Volksregierung, 1252 prägten sie, kaiserliche Privilegien ignorierend, ihre eigenen Münzen: den Fiorino bzw. Florin, der jahrhundertelang als allgemeine Währung gelten sollte. Alle Geldgeschäfte von Bedeutung gingen über Florenz, auch die der römischen Kurie. Mochten sich die Bürger der Stadt untereinander aus Gesinnungsgründen noch so sehr bekämpfen – nach außen hin bildeten sie meistens eine funktionierende Kommune. Diese machte sich bald viel fremdes Land zu eigen: 1222 besiegte sie zusammen mit den Guelfen von Lucca die ghibellinischen Pisaner. 1260 schlug jedoch die Stunde der Ghibellinen, die unter der Führung eines gewissen Manfred von Hohenstaufen bei Montaperti siegten. Aber mit dem Tod Manfreds 1266 waren bereits wieder die Guelfen die Herren in Florenz.

Was den guelfischen Florentinern gar nicht gut bekam, waren ihre inneren Zwistigkeiten und die daraus resultierende Spaltung in zwei Lager: Neri (Schwarze) und Bianchi (Weiße), wobei Letztere bald nicht mehr von den feindlichen Ghibellinen zu unterscheiden waren. Was das bedeutete, bekam sogar Dante zu spüren, der 1302 in die Verbannung gehen musste, um dem drohenden Feuertod zu entgehen. 1315 wurde er in Abwesenheit nochmals zum Tode verurteilt, diesmal durch Enthauptung.

Außer den kriegerischen Auseinandersetzungen musste Florenz mit mehreren Epidemien, Hungersnöten, der großen Pest (1348) und Überschwemmungen fertig werden. Schon Ende des 14. Jh. war es mit der eigentlichen Demokratie zu Ende, denn führende Familien der Stadt hatten sie in ihrer Gewalt. Es klingt fast wie Hohn, dass ausgerechnet eine recht junge Patrizierfamilie, die Medici, den Bürgern in ihrer Auflehnung gegen die Vorherrschaft dieser Dynastien helfen sollte (s. S. 22ff.).

Florenz heute

Keine halbe Million Menschen leben heute in der toscanischen Metropole, die nicht nur politisch eine starke Führungsposition inne hat – zum Ärger der anderen Provinzhauptstädte der Region. Kulturell (Museen, Theater, Galerien, Universität und zahlreiche Institute) und wirtschaftlich (Mode, Kongresse, Administration) ist die Arno-Stadt ebenfalls absolut tonangebend. Erst recht touristisch: Täglich kommen in den Wintermonaten durchschnittlich 60 Busse mit Ausflüglern in die Stadt, in der Hochsaison um die 200; während der langen Saison von Ostern bis zum Herbst sind es insgesamt 15000. Rechnet man die einheimischen Pendler (etwa 100000 täglich) dazu, wird bald klar, warum Florenz trotz rigoroser Sperrung mancher Teile des *centro storico* tagtäglich dem Verkehrsinfarkt nahe und im Zentrum leider völlig durch Abgase verpestet ist.

In den monumentalen Palästen wohnen nur noch wenige Florentiner, man hat die kostbare Bausubstanz meist in Museen umgewandelt, in Hotels und Pensionen, Galerien und Kunstinstitute oder in Architekturbüros und Handelsniederlassungen sowie Banken. In den kaum sanierten kleineren Stadtpalästen finden noch immer Studenten aus aller Welt relativ preiswerte Unterkünfte mit wenig Komfort.

Universität (mit mehr als 40000 Studienplätzen in elf Fakultäten) und Kulturinstitute (besonders erwähnenswert: das Deutsche Kunsthistorische Institut), Sprachschulen und Kunstakademien sorgen für die Internationalität der Stadt und dafür, dass sie kaum zur Ruhe kommt: Wenn im Sommer die Florentiner Studenten in die Ferien ziehen, kommen die ausländischen Kunststudenten nach Florenz.

Abends, nachdem die Tagestouristen die Arno-Metropole verlassen haben, schlägt die Stunde der Florentiner. Und wenn Touristen sich möglichst nicht allzu zentral einmieten und den Stadtbummel abseits der Pflicht-Besichtigungen nicht gerade auf die Hauptverkehrszeit verlegen, können auch sie Florenz genießen. Das Florenz der charaktervollen Plätze (s. S. 60) und berühmten Cafés, der engen Straßen mit interessanten Durchblicken, wundervollen Palästen und Kirchen, Museen, die zur Pflichtübung aller Kulturreisenden gehören – und der lockenden Bummelmeilen mit ihren Schmuckgeschäften, Mode-Boutiquen und Eisdielen.

Von der Piazza della Signoria über den Arno zum Palazzo Pitti

Die **Piazza della Signoria** ist der wichtigste profane Platz der Stadt, ihr Regierungsplatz, durch den Abriss mittelalterlicher (ghibellinischer) Wohnhäuser schon im 14. Jh. vergrößert und von den Medici später großzügig, fast überdimensional angelegt, eine wahre Demonstration der Macht. Die leicht buckeligen, hellen Steinmauern des Palazzo della Signoria (auch Palazzo Vecchio genannt), des Regierungspalastes der Medici, bekommt durch die 94 m hohe Torre d' Arnolfo sozusagen den letzten Pfiff. Der markante Turm ist weithin sichtbar und stand Modell für viele andere Stadt- beziehungsweise Rathaustürme. Durch einen Gang im Obergeschoss ist der Palazzo Vecchio mit den Uffizien verbunden, den früheren Amtsstuben der Medici und heute Sitz einer der bedeutendsten Bildergalerien der Welt. Diese wiederum verbindet ein weiterer, der Vasari-Gang, über den Ponte Vecchio hinweg mit dem Palazzo Pitti auf der südlichen Arno-Seite.

Den Westen und Norden der Piazza della Signoria bilden, in Stil und Architektur mehr oder weniger angepasst, neuere Paläste (Fenzi und Uguccione), in denen sich gern besuchte Cafés etabliert haben. Blickfang jedoch sind die Bildhauer-Arbeiten auf dem Platz: der **Neptunbrunnen** des Ammannati von 1576, dem die Florentiner damals ironisch zugerufen haben sollen: »Ammannati, Ammannati, che marmore hai rovinati!« (... welch' einen Marmor hast Du zerstört!). Er steht zwar nicht in der Platzmitte, aber im Mittelpunkt des Geschehens, wenn sich hier am Abend die Jugend trifft. Den Eingang zum Palazzo Vecchio flankieren rechts die Marmorgruppe ›Herkules und Cacus‹ von Bandinelli (1533) und links eine Kopie des ›David‹ von Michelangelo (das Original steht in der Accademia). Im Gegensatz zu Ammannati verstand es Michelangelo in großartiger Weise, sogar aus einem bereits mehrmals ›verhauenen‹ Marmorblock, wie es heißt, 1501 bis 1504 seinen ›David‹ zu formen, jung und edel – als Symbol des Sieges des Kleinen, Schwachen gegen den Riesen, die Übermacht. David stand damals, als die Medici kurzfristig das Feld räumen mussten, für die Florentiner Demokratie,

Beliebter Treffpunkt: der Neptunbrunnen

die gegen Goliath, die Medici also, siegte. Ebenso symbolträchtig ist die Gruppe ›Judith und Holofernes‹, die weiter links vor der Fassade des Rathauses steht, ein Bronzewerk Donatellos von 1460. Links davon, nahe dem Ammannati-Brunnen, eine Kopie des ›Marzocco‹ von Donatello, des Florentiner Löwen, in den Pranken das Wappen von Florenz mit der Lilie. Die runde Platte im Boden erinnert an den revolutionären Pater Savonarola (s. S. 28f.). Dort, wo der Platz links vom Palazzo Vecchio weit zurückspringt, bildet ein Reiterdenkmal den Mittelpunkt: Cosimo I de' Medici, 1594 von Giambologna geschaffen.

Einen ganz anderen Akzent setzt die **Loggia dei Lanzi** 1 mit ihren klaren gotisch-florentinischen Rundbögen (1376–1381), die übrigens der Feldherrenhalle in München Modell stand. Davor ver-

sammeln sich manchmal (wie vor dem Dom) die Pferdedroschken von Florenz. Am eindrucksvollsten wirkt die Loggia, die vom 16. bis zum 18. Jh. die Landsknechte (daher ›dei Lanzi‹) aufnahm, am Abend, die Konturen verschärft durch eine gezielte, sanfte Beleuchtung. Dann machen die Figuren den Eindruck, als lebten sie, würden gleich der Loggia entsteigen und am Geschehen zu ihren Füßen teilnehmen: der bronzene ›Perseus‹ (1545–1554) des Cellini etwa, der gegen Nessos, den Kentauren, kämpfende ›Herkules‹ von 1599 und die Gruppe des ›Raubes der Sabinerinnen‹ (1583) von Giambologna aus gelblichem Marmor, dessen Gipsmodell in der Accademia steht, eine frei stehende *figura* oder *scultura serpentinata*, die sich um sich selber zu winden scheint. Über der Loggia breitet sich die große Terrasse des rechten Uffizien-Armes aus.

Der **Palazzo Vecchio** **2**, auch Palazzo della Signoria oder del Popolo genannt, ist Ausdruck der Macht der Florentiner Kommune vom 14. bis zum 16. Jh.: unnahbar, streng, nur die Fenster verleihen ihm eine gewisse Leichtigkeit. Der restaurierte Wehrgang macht ihn allerdings wieder trutziger. Arnolfo di Cambio soll den Palast bereits 1299 bis 1314 gebaut haben, weitere architektonische Größen haben ihn erweitert und umgebaut, unter anderem Michelozzo, der den Innenhof schuf (1454) und Vasari, der u. a. für die große Treppe verantwortlich zeichnete (1560–1563).

1565 wurde der kleine, erste Innenhof umgestaltet: Anlässlich der Hochzeit Francescos mit Johanna von Österreich hat man die 18 Wandzonen im oberen Teil mit Fresken alt-österreichischer Stadtbilder geschmückt, mit Prag, Wien, Graz, Innsbruck u. a. In der Mitte dieses Hofes steht eines der zauberhaftesten Kunstwerke von Florenz überhaupt: ein geflügelter Knabe mit einem Wasser speienden Delphin, der ihm gerade zu entschlüpfen scheint. Es ist eine Kopie von Verrocchios Meisterwerk (Bronze, um 1476), das im Kanzleisaal des Palazzo steht, mit einer Porphyr-Schale von Battista Tadda (1565).

Piazza della Signoria: Ruhepause mit Blick auf den Palazzo Vecchio

Der Palazzo Vecchio – der ›alte‹ wurde er erst genannt, nachdem Cosimo I im Jahr 1540 den Medici-Sitz in den Palazzo Pitti verlegt hatte – ist heute zum Teil noch immer Rathaus, zum Teil ein großartiges Museum. Seine größten, ständigen Schätze (andere werden in Wechselausstellungen gezeigt) sind einige der ausgemalten Palastsäle: etwa der Saal der Fünfhundert, in dem noch 39 allegorische Darstellungen aus der Geschichte der Stadt und der Medici erhalten sind. Überreich mit Fresken und Statuen ausgestattet ist das Studio Francescos I de' Medici, ein Juwel der Spätrenaissance. Das Studierzimmer Cosimos I, über eine Geheimtreppe erreichbar, haben Schüler Vasaris mit Deckenfresken ausgeschmückt. Im zweiten Stockwerk hat sich insbesondere Ghirlandaio 1481 bis 1485 in Fresken verewigt: im Liliensaal, im Audienzsaal und in der Kapelle.

Die **Uffizien** **3**, erbaut 1560 bis 1580 und später, hat Vasari zum Teil aus bereits vorhandenen Gebäudeteilen zusammengesetzt. Der Bau wurde notwendig, als Cosimo I 1540 aus dem Familienpalast in den Palazzo Vecchio umzog und dort wiederum die Büros (*uffizi*) der städtischen Verwaltung und die Gerichtsämter keinen Platz mehr hatten.

Eine detaillierte Darstellung der Kunstschätze dieser einmaligen Bildergalerie, die der Sammelwut der Medici zu verdanken ist, würde den Rahmen

Statue im Palazzo Pitti, dem größten Palast in Florenz

dieses Bandes sprengen. Die Sammlung zeigt Werke von Ghirlandaio, Uccello, Masaccio, Fra Angelico, Tizian, Botticelli, Leonardo, Piero della Francesca, Filippo Lippi, Michelangelo, Raffael, Perugino, Signorelli, Verrocchio, Giotto, Cimabue, Lorenzetti, Simone Martini, aber auch von Dürer und Lucas Cranach, um nur die wichtigsten Vertreter zu nennen. Eine Warnung scheint angebracht: Zur Hauptsaison, Ostern, im Sommer und im Herbst, kann es durchaus passieren, dass man vergeblich zwei oder drei Tage lang ansteht, um eingelassen zu werden. Deshalb wird eine telefonische Reservierung dringend empfohlen (Tel. 0039055294883).

Wer zu Fuß von der Piazza della Signoria oder von den Uffizien auf die andere Arno-Seite will, muss über den **Ponte Vecchio** 4 gehen und sollte es trotz aller Unkenrufe (»Touristen-Nepp«) tun. Die älteste Brücke von Florenz steht dort, wo es vielleicht schon zur Etrusker-Zeit einen Übergang gab, sicher aber ist, dass die römische Via Cassia an dieser Stelle, der schmalsten des Flusses im Stadtgebiet, eine hölzerne Brücke aufwies, die schon im Jahre 123 einer steinernen weichen musste. Im 13. Jh. bekam der Ponte Vecchio in etwa sein heutiges Aussehen: mit Wohnungen und Läden, insbesondere von Fleischern, die ihre Abfälle kurzerhand in den Arno warfen. Da aber die Medici, die den Verbindungsgang zum Palazzo Pitti hatten bauen lassen, sich auf dem Nachhauseweg zu sehr von dem Geruch belästigt fühlten, verbannten sie die Fleischer per Dekret von der Brücke und siedelten darauf Goldschmiede an. Und so ist der Ponte Vecchio bis heute die Goldschmiede- und Juweliermeile der Stadt geblieben. Stellvertretend für sie alle wurde Benvenuto Cellini, der berühmteste Goldschmied von Florenz, auf dieser Brücke mit einer Büste geehrt.

Wie Schwalbennester hängen die pastellfarbenen Häuschen außen am Ponte Vecchio, in der Mitte auf der Ostseite von einer dreibogigen Loggia unterbrochen, auf der gegenüberliegenden Seite ganz offen: für die Ausblicke auf den Fluss und auf die Paläste an den beiden Ufern – ein sehr beliebter Treffpunkt junger Leute aus aller Welt. Auf der Brücke sind Schmuckwaren aller Güteklassen und Preiskategorien zu haben. Doch am schönsten hier ist der Bummel am Abend, wenn die Kostbarkeiten aus Gold, Silber, Korallen, Perlen und Edelsteinen hinter Holztüren mit schmiedeeisernen Schlössern und Riegeln, die bestimmt schon ein paar Jahrhunderte alt sind, verschwunden sind: Dann sehen die kleinen Juwelierläden selber wie Schmuckschatullen aus.

Über die Läden hinweg zieht sich der so genannte **Vasari-Gang**, vom Westtrakt der Uffizien kommend zum Palazzo Pitti: auf Konsolen um die Casatorre dei Manelli herum und über den Portikus der Kirche Santa Felice. Wer den Vasari-Gang besucht (bei extra angemeldeten Führungen durch die Selbstporträt-Sammlung möglich), kommt in den Bóboli-Gärten am Palazzo Pitti heraus – geradewegs beim Postkarten-Liebling vieler Florenz-Gäste, dem lustig-dickbauchigen Bacchus auf seinem kleinen Wandbrunnen, auf einer Schildkröte hockend. Modell stand der Hofzwerg Cosimos I, obwohl böse Zungen behaupten, die Gesichtszüge seien die des Herzogs persönlich ...

Überwältigend ist der Gesamteindruck des größten Palastes von Florenz, des lang gestreckten **Palazzo Pitti** 5, von der Straße her optisch noch überstiegert durch den zur Fassade hin ansteigenden Platz. 205 m misst der Palast in der Breite; in seiner mit dem dritten Stockwerk erhöhten Mitte ist er 36 m hoch. Die Steinquader der Fassade, deren Länge durch balkon-tragende Gesimse der zurückversetzten Stockwerke noch unterstrichen wird, sind grob behauen und betonen ihrerseits die horizontale Ausdehnung durch Querfugen.

Dass Brunelleschi die Entwürfe für den Stadtpalast geliefert hat, ist nicht gesichert. Jedenfalls begann man 1457 mit dem Bau. Verarmt, mussten die Pitti 1549 ihren Palast – sicher schweren Herzens – ausgerechnet an die Medici verkaufen, genaugenommen an die Frau Cosimos I, Eleonora von Toledo. Die schöne Fürstin ließ ihn 1559 bis 1570 durch Ammannati umbauen, insbesondere immens vergrößern: seitlich und nach oben. Die reiche Ausstattung mit Kunstwerken, die sich auch die nachfolgenden Medici Einiges kosten ließen, bildete den Grundstock für die Galleria Palatina links im ersten Stockwerk. Rechts sind die königlichen Gemächer (1865–1871 Residenz der italienischen Könige), im zweiten Geschoss ist die Galerie der Modernen Kunst untergebracht. 1919 schenkte König Vittorio III den Palazzo Pitti dem Staat, der die Sammlungen der Öffentlichkeit zugänglich machte. Das Silber-, Porzellan- und ein Kutschen-Museum sind im Erd- und Zwischengeschoss zu besichtigen – und auch für Sonderausstellungen und Messen stehen einige Palastsäle bereit.

Für die Sammlungen des Palazzo Pitti ist ein Kunstführer genauso unerlässlich wie für die Uffizien. Wer wenig Zeit oder Interesse hat, sollte wenigstens die Galleria Palatina besichtigen und anschließend in den Garten hinaustreten, der bis zum Forte Belvedere reicht. Schließlich gelten die **Bóboli-Gärten** als eines der prachtvollsten Beispiele italienischer Gartenbaukunst.

Im Frühjahr aber, wenn von Ende April bis Anfang Juli der *Maggio Musicale* stattfindet, werden die Bóboli-Gärten hinter dem Palast zu einem atemberaubend schönen Freilichttheater, in dem Oper und Ballett in höchster Vollendung einem immer wieder faszinierten und sachverständigen Publikum geboten werden.

Nordwestlich des Palazzo Pitti empfiehlt sich ein Bummel durch das Gassengewirr Richtung Arno über die bescheidene Piazza Santo Spirito mit der gleichnamigen Kirche von Brunelleschi (1444–1487) zur Kirche **Santa Maria del Carmine** 6 (ab 1268) – wegen der wundervollen Fresken von Masolino, Filippo Lippi und Masaccio in der Cappella Brancacci: Adam und Eva nach der Restaurierung wieder ohne Feigenblatt (15. Jh.)

Zwischen Piazza della Signoria und Piazza del Duomo

Die wohl berühmteste Bummelmeile, von den Florentinern allerdings schon eine ganze Weile verächtlich ›Pizza-Meile‹ genannt, weil sich hier zahlreiche Schnellimbisse niedergelassen haben, ist die **Via Calzaiuoli** zwischen Piazza della Signoria und Piazza del Duomo. Sie bildet eine relativ kurze Gerade zwischen hohen Palästen, meist aus dem Barock, in denen sich außer Schnellrestaurants und guten Eisdielen vor allem Modegeschäfte (hauptsächlich Kleidung und Schuhe) eingemietet haben. Fast alle bekannten italienischen Markennamen sind vertreten. Im Westen schließt sich die durch Abrisse großräumige Piazza della Repubblica an, im Osten das so genannte **Dante-Viertel** mit seinen mittelalterlichen Gassen und Wohntürmen, einer der beschaulichen Stadtteile und zum Glück zur strikten Fußgängerzone erklärt.

Ein kurzer Abstecher führt von der Piazza della Signoria nach Westen zur Via Porta Rossa, an der linker Hand der schmalbrüstige **Palazzo Davanzati** 7 (ab 1300) steht. Die obere Loggia des nun fünfstöckigen Baus kam im 15. Jh. hinzu. Seit 1956 ist hier das Museo dell' Antica Casa Fiorentina untergebracht. Es zeigt, mit welchem Ehrgeiz Florentiner Bürger Gebrauchsgegenstände und Kunstwerke in ihren nach außen hin meist abweisend wirkenden Häusern angesammelt hatten.

Gleich am Anfang der Via Calzaiuoli, von der Piazza della Signoria kommend linker Hand, steht eine der architektonisch anmutigsten Kirchen von Florenz: **Orsanmichele** 8, meist vom rückwärtigen Eingang an der Via dell' Arte della Lana zu betreten. Wie ein Schatzkästlein steht die gotische Kirche mit ihren großflächigen, mit Maßwerk verzierten Fenstern da, die ihr eine besondere Leichtigkeit verleihen. Wegen seiner geringen Grundfläche macht der Bau den Eindruck, als sei er zu hoch geraten. Die Kirche wird auch San Michele in Orto genannt, weil sie aus einem Oratorium mit Getreidespeicher des 14. Jh. entstand. Das Gnadenbild des Oratoriums soll immer mehr Gläubige angezogen haben, so dass man den Kornspeicher bald aufgab, die offenen Arkadenbögen im Erdgeschoss schloss und eine Kirche aus dem schönen Gebäude machte. Das ungewöhnliche Obergeschoss ist nur von hinten über eine hohe Brücke vom Zunftgebäude der Wollweber aus zugänglich (heute für Ausstellungen eingerichtet).

Ringsum an den Fassaden standen Bildhauerwerke von hohem Rang (meist aus Schutzgründen entfernt), Auftragsarbeiten der verschiedenen Zünfte von Florenz, die sich die Kirche teilten. Die zweischiffige, dunkel gehaltene Halle ist im Inneren über und über mit bunten Glasfenstern, Fresken und Gemälden geschmückt. Doch der Schatz im Schatzkästlein ist der Marmortabernakel, den Orcagna 1349 bis 1359 im besten gotischen Stil zur Verherrlichung des Gnadenbildes Mariae (1347) von Bernardo Daddi schuf.

Beim Weiterschlendern taucht bald der schlanke, rosa, grau und weiß inkrustierte Campanile des Domes rechter Hand auf, und schon steht man auf der Südseite des Domplatzes. Links duckt sich das **Baptisterium San Giovanni** 9, die Lieblingskirche Dantes. Sie ist neben San Miniato al Monte die älteste Kirche von Florenz, 1059 bis 1150 auf einer noch älteren gebaut, die bereits 898 erstmals erwähnt wird. Und diese

Kuppelmosaik im Baptisterium San Giovanni, der Lieblingskirche Dantes

wiederum stand auf einem germanischen Gräberfeld über einer römischen Bäckerei, wie der gefundene Mosaikboden zu bestätigen scheint. Jedenfalls weiß man nicht, ob ein früherer Bau bereits den oktogonalen Grundriss aufwies. Bis zum 19. Jh. war San Giovanni übrigens die einzige Taufkirche von Florenz: Zweimal jährlich gab es hier so genannte Sammeltaufen.

Der Raumeindruck ist gewaltig, weil man von außen wegen des relativ flachen Daches keinen so hohen Kuppelraum vermutet. Byzanz stand Pate für die Kuppelmosaiken (1270 bis ins 14. Jh.), Christus der Weltenrichter ist die Zentralfigur, links unter ihm steht die Kanzel in einer bogenüberspannten Nische. Die einfachen Teile des Mosaikfußbodens stammen aus dem 12. Jh., die raffinierten – ebenso wie die Kuppelmosaiken – aus dem 13. und 14. Jh. Die Wiederholung des Außenschmucks, die streng gegliederte Marmorinkrustation, ist sozusagen das Aushängeschild der so genannten Florentiner Protorenaissance (Vorrenaissance): Eine Wand aus dünnen, verschiedenfarbigen Marmorplatten wird der tragenden Wand aus Bruchstein vorgelegt – in Florenz normalerweise weißer Marmor aus Carrara und grüner aus Prato wie beim Baptisterium, aber der Campanile und Teile des Domes erhielten auch rosafarbenen. (In Pisa wurden übrigens im Gegensatz zu Florenz massive Marmorblöcke benutzt, dafür in Florenz Platten in viel bunterer Mischung).

Doch das Kostbarste am Baptisterium sind mit Sicherheit seine Bronzetüren. Die Südpforte hat Andrea Pisano 1330 begonnen. Charakteristisch sind die 28 Medaillons mit Darstellungen aus dem Leben Johannes' des Täufers. Den herr-

Plätze bestimmen das Leben

Wenn die Florentiner ins Grüne wollen, besuchen sie den **Parco delle Cascine** mit Sportanlagen und einer kilometerlangen Promenade am rechten Arno-Ufer. Oder sie steigen bzw. fahren mit dem Auto abends zum **Piazzale Michelangelo** hinauf, um ihre Stadt von oben zu betrachten und anschließend in einem der Restaurants zu essen. Liebespaare lagern auf der Wiese des **Forte Belvedere**, wohin am Wochenende auch Familien pilgern – mit dem Picknickkorb.

Vor der harmonischen Fassade der Kirche Santa Maria Novella, deren Chorseite den lauten Bahnhofsplatz berührt, breitet sich die ruhige **Piazza Santa Maria Novella** aus, mit Blumen, Ruhebänken und im Südwesten von den Arkaden der Loggia di San Paolo, einem alten Krankenhaus, abgeschlossen. Die begrünte **Piazza San Marco** inmitten des Universitätsviertels und nahe der Accademia ist natürlich von Studenten bevölkert.

Eine wunderbar wohnliche Atmosphäre verbreitet die große, von Platanen geschmückte **Piazza Santo Spirito** vor der gleichnamigen Kirche jenseits des Arno. Beim *Maggio Musicale* wird dort Hardrock gespielt. Leider hat sich hier die Drogenszene niedergelassen, weshalb Razzien an der Tagesordnung sind und man den Besuch am Abend derzeit möglichst meiden sollte.

Wunderschön sind die Loggien auf den drei Seiten der **Piazza Santissima Annunziata** vor der gleichnamigen Kirche, zum Glück inzwischen vom Verkehr befreit und zeitweise Ort eines bunten, ›grünen‹ Marktes.

Die **Piazza Santa Croce** vor der gleichnamigen Kirche, vollkommen umgeben von schmalen Wohnpalästen und Ledergeschäften, lieben die Florentiner vor allem während des *Calcio Storico*, wenn der wenig zimperliche historische Kampf um den Lederball stattfindet. Sonst treffen sich auf dem sonnigen Platz junge Frauen mit Kinderwagen und ältere Bewohner des Stadtviertels.

Die **Piazza della Signoria** ist der große profane Platz der Stadt, in der Beliebtheit bei Touristen dicht gefolgt von der an sich nüchternen **Piazza della Repubblica**, beide mit den wohl teuersten Cafés von Florenz. Die sakrale Komponente bildet die **Piazza San Giovanni/Piazza del Duomo**, auf der Kathedrale und Baptisterium stehen. Nachdem die Autos fast ganz verbannt wurden, hat sich die Piazza zu einem wahren Rummelplatz der Touristen entwickelt. Hier warten die meisten (Pferde-) Droschkenfahrer der Stadt geduldig und häufig recht lange auf Kundschaft.

Genauso touristisch überfüllt ist die **Piazza San Lorenzo**, die täglich von einem Ledermarkt eingenommen wird. Ganz in der Nähe befindet sich nördlich die wirklich besuchenswerte Markthalle *(Mercato Centrale)* mit kleinen Imbissständen für typisch toscanische Gerichte innen und engen Trattorien davor, in denen auch die Marktfrauen zu essen pflegen.

lich verschlungenen Rahmen schuf erst 1453 bis 1461 Vittorio Ghiberti, wahrscheinlich nach Entwürfen seines Vaters, dem bekannteren Lorenzo. Am eindrucksvollsten ist natürlich die Ostpforte, die Michelangelo voller Bewunderung »Paradiespforte« nannte, auch wenn sie vor Ort inzwischen nur noch in allzu glänzender Kopie bewundert werden kann. Das Original befindet sich seit 1988 im Dombaumuseum hinter dem Chor der Kathedrale. Die zehn Felder mit Geschichten aus dem Alten Testament hat Lorenzo Ghiberti 1426 bis 1452 geschaffen, mit einem Gefühl für Perspektive und Raumeindruck, die schon die Renaissance erahnen lassen.

Kein Gedränge herrscht mehr im **Dom Santa Maria del Fiore** 10, weil der Eintritt geregelt wird. Das drittgrößte Gotteshaus Italiens (nach der Peterskirche in Rom und dem Mailänder Dom) wurde auf einer früheren, Santa Reparata geweihten Kirche erbaut, deren Reste ausgegraben und zu besichtigen sind (Treppe abwärts). Feierlich-streng ist die Hauptkirche von Florenz, vom ursprünglichen Bau des Arnolfo di Cambio, 1296 im gotisch-toscanischen Stil konzipiert, trennen ihn Welten. Die Florentiner haben sich mit ihrem Dom auch ganz schön viel Zeit gelassen: Giotto-Turm 1334 begonnen, 1337 von Andrea Pisano weitergeführt, Brunelleschi-Kuppel 1420 bis 1434 (der geniale Architekt ließ über dem Gerüst eine Taverne errichten, um die Bauarbeiter während des langen Aufenthaltes hoch oben bei Laune zu halten!); 1436 weihte Papst Eugenius IV. die Kuppel ein, doch erst 1461 erhielt sie ihre Laterne, und erst 1887 wurde die Fassade vollendet, allerdings im nachempfundenen Stil Florentiner Gotik und in der Farbigkeit an Giottos Glockenturm angelehnt.

Diesen **Campanile** sollte man unbedingt besteigen, wenn die Warteschlange es zulässt. Man wird belohnt mit einem der schönsten Blicke über Florenz mit seinen roten Ziegeldächern und roh-steinernen Türmen. Allerdings: Es sind 414 Stufen nach oben – bis zum Panorama-Umlauf der Domkuppel (extra Eingang durch den Dom) sogar 463.

Die kostbarsten Originale aus dem Dom und dem Baptisterium befinden sich im **Dombaumuseum** 11, die beiden Bronzeflügel der Paradiespforte vom Baptisterium, Michelangelos berühmte ›Pietà‹, Donatellos ›Maddalena‹ und seine herrliche ›Cantoria‹ mit den musizierenden Knaben.

Die östliche Abgrenzung des Dante-Viertels bildet die Via del Proconsolo, 1994 mit neuem Steinbelag frisch herausgeputzt, nachdem hier bei Kanalarbeiten römische Grundmauern entdeckt worden waren. Die Straße bildet eine leichte Kurve zwischen Dom und Piazza San Firenze Richtung Palazzo Vecchio, womit sich der Bummelkreis schließen ließe. Zwei besondere Sehenswürdigkeiten stehen sich in der Via del Proconsolo gegenüber: linker Hand der **Bargello** 12 mit seinem schlanken, 57 m aufragenden Turm, ein wundervolles Beispiel mittelalterlicher Baukunst. Den ersten Regierungspalast von Florenz beschlossen die Bürger der Stadt 1250 als markantes Zeichen ihres Sieges über die Herrschaft des Adels zu bauen. Ab 1261 Sitz der Stadtregierung, 1340 erweitert, 1502 Gefängnis mit Gerichtsrat, ab 1574 erstmals Sitz des *bargello*, des Polizeipräsidenten, und dies bis 1859. Trutziger kann eine Stadtburg kaum ausfallen, der älteste Teil zeigt sich von unten nach oben als strenge *casatorre* (Turmhaus), nur die Wappen der *podestà* schmücken die Mauer zum Hof, den die drei auf Arkaden gestützten Flügel (Anbauten von

1340) abschließen. Über die großzügige Freitreppe an der Turmseite gelangt man in das erste Stockwerk, wo sich das Motiv der Loggia fortsetzt und heute ebenso wie unten Ausstellungsplatz bietet. Denn zur Entlastung der Uffizien wurde der Bargello als erstes italienisches Nationalmuseum nach dem Vatikan eingerichtet. Untergebracht sind hier Skulpturen bedeutender Florentiner Künstler wie Giambologna, Della Robbia (mit zahlreichen Terrakotta-Bildern), Donatello und Brunelleschi.

Gegenüber steht die **Badia Fiorentina** 13 mit ihrem zauberhaft leicht wirkenden, schlanken, sechsseitigen Glockenturm. Die im Gesamteindruck gotische Kirche wurde bereits ab 978 erbaut und bildete im 10. und 11. Jh. das geistige und religiöse Zentrum von Florenz. Daher verwundert es nicht, dass sie immer wieder umgebaut und umgestaltet (im 13. Jh. von Arnolfo di Cambio, im 17. Jh. barockisiert) sowie reich mit Kunstwerken ausgestattet wurde, die sie noch heute zu einem besonderen Anziehungspunkt für Kenner machen. Außerdem ist der hübsche Kreuzgang ein Ruhepol inmitten des ansonsten quirligen Florenz.

Im Santa-Croce-Viertel

Vom Ende der Via del Proconsolo bzw. der Piazza San Firenze schlendert man über den schmalen, von kleinen Restaurants und Ledergeschäften gerahmten Borgo de' Greci zur Piazza Santa Croce, die von feinen und weniger feinen Lederboutiquen und -ateliers umgeben ist, untergebracht in den Erdgeschossen der vielleicht schönsten mittelalterlichen Wohnpaläste der Stadt. Alles in Santa Croce dreht sich um Leder, sogar in Teilen des früheren Klosters. Mehrere Kunstinstitute und Sprachschulen haben sich im Viertel niedergelassen und sorgen durch ihre jungen Teilnehmer für eine lebhafte Atmosphäre.

Die ganze Ostseite des großzügigen, vom Autoverkehr befreiten Platzes nimmt die monumentale Kirche **Santa Croce** 14 ein. Eine relativ hohe Freitreppe führt zu ihrer Westfassade, die erst im 19. Jh. in nachempfundener Gotik fertiggestellt wurde. Ab 1294 entstand Santa Croce anstelle einer von Franziskus von Assisi initiierten Kapelle. Die Pläne stammen wahrscheinlich von Arnolfo di Cambio. So großartig wie der Platz davor ist auch der Raumeindruck innen. Der Dachstuhl ist offen, die Balken bemalt. Den gesamten Chorraum schmücken wunderschöne Fresken, u. a. von Giotto. Gebrochenes Licht fällt durch hohe schmale und bemalte Glasfenster (1320–1450), wohin man sich wendet, man tritt auf Grabplatten und steht vor Grabstätten großer Persönlichkeiten aus der Geschichte, der Kunst und der Literatur Italiens. Darunter Michelangelo, der Maler, Bildhauer, Architekt und Verfasser zahlreicher Stanzen (Verse); Galileo Galilei, der Naturwissenschaftler; Luigi Cherubini und Gioacchino Rossini, die Komponisten; Leonardo Bruni und Niccolò Machiavelli, die Politiker. Dante Alighieri, der verbannte und einst verkannte Dichter, bekam 1829, quasi als Entschuldigung seiner Heimatstadt den monumentalen Kenotaph, ein Scheingrab – denn Dante wurde in Ravenna bestattet. Bereits 1865 erhielt die Nationalbibliothek von Florenz einen Teil von Dantes Asche aus der Grabstätte in Ravenna, doch dieser galt seit 1929 als verschollen. Erst im Sommer 1999 entdeckte ein Angestellter der Bibliothek das Aschesäckchen bei der Neuordnung der Handschriften-Sammlung in einem Regal – was zu

optisch gegliedert, der Blick so schneller zum Chor gelenkt. Dort wieder – im Halbrund – die fünf Bögen und darüber im Halbkreis Christus Pantokrator. Links ist eine Zypresse zu sehen, man befindet sich schließlich in der Toscana! Je eine steile Treppe führt rechts und links hinauf zum Chorraum, abgeschlossen durch den Lettner, auf dessen rechter Ecke die Kanzel lehnt, so dass sie vorne nur noch zwei schlanke Säulen benötigt. Lettner und Kanzel zeigen feinste marmorne Intarsienarbeiten.

Von hier oben sind die Keramikschuppen über der Wölbung des Michelozzo-Tabernakels (1448) im Mittelschiff vor dem Chor besonders schön zu erkennen. Eine Stiftung des Piero de' Medici, des Gichtigen, dessen stolzes Leitwort *semper* (ewig) immer wiederkehrt.

In der Sakristei findet man einen weiteren Höhepunkt Toscanischer Kunst: wunderbare Fresken mit Darstellungen aus dem Leben des heiligen Benedikt, von Spinello Aretino ab 1387 gemalt. Gegenüber dem Eingang beginnt die Geschichte, immer im Uhrzeigersinn erst oben und dann unten zu lesen. Die Mönche in den gemalten Rahmen der Fresken machen das Lesen leicht, denn sie blicken immer dahin, wo die Geschichte weiter geht. Die Kapelle für den Kardinal von Portugal, die Rossellino 1461 links am Seitenschiff baute und die u.a. Luca della Robbia mit fünf Terrakotta-Medaillons in der Kuppel schmückte, hat nichts gemeinsam mit der eigentlichen Ausstattung der Kirche, ist aber ein Juwel der Frührenaissance-Architektur.

Den Höhepunkt von San Miniato hebe man sich aber für den Schluss auf: die Krypta. Eine breite Treppe führt hinter dem Tabernakel hinunter, zwei weitere rechts und links der Chorstufen, hinein in eine feingliedrige, siebenschiffige niedrige Halle mit zierlichem Kreuzgewölbe. Es ist die Grabkirche des heiligen Minias, dessen Gebeine im Altar ruhen und dem diese wunderschöne Kirche geweiht ist.

Von der Piazza della Repubblica zur Piazza Santa Maria Novella

Es ist ein recht geschäftiges und trotz Verkehrsreduzierung lärmiges Viertel mit einigen der trutzigsten Renaissance-Paläste des Florentiner Adels. Mit vielen feinen Mode- und anderen Geschäften sowie Hotels und vor allem Banken.

Die überdimensional wirkende **Piazza della Repubblica** 16 ist der eigentliche ›Salon‹ der Stadt, in seinen Cafés sind die Drinks noch teurer als an der Piazza della Signoria, nicht selten lassen sich auch Damen mit groß-krempigen Hüten und Herren in Nadelstreifen von den livrierten Kellnern bedienen.

Als Florenz 1865 zur Hauptstadt des neuen Vereinten Italien wurde, war die Bauwut an dieser Stelle, an der einst das römische Forum stand, zwecks ›Verschönerung‹ nicht zu bremsen. Das galt zwar für die ganze Stadt, aber hier wurde besonders viel mittelalterliche Bausubstanz abgerissen. Das Marktviertel mit dem angrenzenden Judenviertel wurde zwangsgeräumt und zu dem umfunktioniert, was heute eben diese Piazza della Repubblica darstellt. 1871 war allerdings schon klar. Es war alles umsonst, der alte Kern von Florenz ein Opfer der Spekulationen – Rom wurde endgültig die Hauptstadt Italiens.

Die breite, von Banken gesäumte Via degli Strozzi führt geradeaus auf die Via de' Tornabuoni zu. An der linken Ecke im Kreuzpunkt beider bedeutender, leider noch immer abgas- und lärmgeplag-

Der Arno: Lebensader oder Tod?

Meist fließt er träge durch die Stadt von Ost nach West, ist wegen des mitgeführten Schlammes eher braun denn flussgrün. Im Sommer sonnen sich die Einheimischen an seinen Ufern, sogar der Kanuverein von Florenz hat seinen Stammsitz unterhalb des Ponte Vecchio. Wer es nicht erlebt hat, wird angesichts der friedlichen Bilder nicht begreifen können, wie dieser harmlos wirkende Strom am 4. November 1966 so verheerende Schäden anrichten konnte.

Dick und schmierig trat der Arno-Schlamm über die Ufer und ergoss sich über die Stadt, vermischte sich mit dem Öl zerborstener Heizkessel und zog alles mit sich, was im gesamten Arno-Tal zusammenfloss. Der Domplatz stand unter Wasser, die Piazza della Signoria im Schlamm, Santa Croce war bis zu 7 m darin versunken. Piero Bargellini, der damalige Bürgermeister, der jetzt im Museo Santa Croce mit einer Tafel und einem Gemälde sowie mit einer nach ihm benannten Nebenstraße links von der Kirche geehrt wird, meinte, Florenz habe an einem Tag mehr Schaden durch das Hochwasser erlitten als durch alle Kriege zusammen. Keller, Magazine und Erdgeschoss der Uffizien standen unter Wasser, unermessliche Schätze sind sein Opfer geworden. 20000 Bürger wurden obdachlos, 350000 direkt oder indirekt von der Überschwemmung betroffen, 6000 Geschäfte waren zerstört, 12000 der damals 20000 Autos von Florenz schrottreif.

Aber nicht nur Florenz, die ganze kultivierte Welt war betroffen. Und viele folgten den Rufen Bargellinis. Alte Folianten wurden, von Hand zu Hand gereicht, aus den Archiven gerettet. Als der Arno wieder in sein Bett zurückgekehrt war, musste der gröbste Schmutz, der dick und fettig an den Hausfassaden und den Standbildern, in den Kirchen und an den Palästen klebte, entfernt werden, teilweise mit Spachteln; eine schwere Arbeit, die Tausende junge Leute der Kunst wegen, ohne nach einer Belohnung zu fragen, verrichteten.

Cimabues Kruzifix war im 6–7 m hohen Schlamm versunken, Papst Paul VI. nannte es »das bedeutendste Opfer« der Überschwemmung und betete vor ihm am Weihnachtsabend 1966. 1986 kam das restaurierte Kreuz erst zurück nach Santa Croce, wo man seitdem erschüttert vor seinem Torso steht: Ein Auge war nicht mehr zu retten, ein Fuß auch nicht, die fehlenden Teile hat man bewusst – erhaltende Restaurierung! – nicht wieder hergestellt.

Was haben die Florentiner, was hat der italienische Staat nun getan, damit sich die Katastrophe nicht wiederholt? Nicht viel, nur in Ansätzen etwas für Dammbauten und Kläranlagen, an manchen Teilabschnitten wird das Arno-Bett immer wieder gereinigt und teilweise kanalisiert, was auf Kosten seiner Natürlichkeit geschieht … In Florenz tröstet man sich mit der Statistik: Nur alle 700 Jahre wiederhole sich eine Katastrophe dieses Ausmaßes …

ter Straßen ragt an der gleichnamigen Piazza der **Palazzo Strozzi** 17 in die Höhe. Kein anderer Florentiner Palast besitzt so mächtige Buckelquader, die diese Bezeichnung wirklich verdienen. Kein Wunder: Die Familie Strozzi stand im 15. Jh. den Medici kaum nach. Angeblich wollte der reiche Kaufmann Filippo Strozzi die Medici nicht herausfordern, als er 1489 bis 1538 den Palast von Benedetto da Maiano und später von Cronaca so prächtig bauen ließ. Dennoch beschlagnahmte Cosimo I gleich nach seiner Vollendung den neuen Familiensitz der Strozzi, den sie erst 30 Jahre später zurückerhalten sollten. Er war und bleibt wohl der eindrucksvollste Renaissancepalast von Florenz. Höchste Eleganz zeigt nicht nur der Außenbau mit den nach oben immer flacher werdenden Stockwerksfassaden, sondern auch der Innenhof. Im Palazzo Strozzi finden wechselnde Ausstellungen und kulturelle bzw. gesellschaftliche Veranstaltungen statt, weshalb er praktisch nur dann der Öffentlichkeit zugänglich ist.

Die Westseite des Palastes blickt quasi auf die Mitte der vornehmen Via Tornabuoni, in deren hohen herrschaftlichen Adelspalästen sich die wohl feinsten Modegeschäfte der Stadt stilgerecht eingerichtet haben. Das Südende der Straße führt über die Piazza Santa Trinità mit der gleichnamigen Kirche direkt zum Arno, im Norden bildet der **Palazzo Antinori** 18 aus dem 15. Jh. in perfekter Frührenaissance, leicht schräg gestellt, den Abschluss der Via Tornabuoni. Hier befinden sich nicht nur die Büroräume der berühmten Weinkellerei der Marchesi Antinori und in den oberen Stockwerken die Wohnung der alt eingesessenen Florentiner Adelsfamilie, sondern auch (gleich rechts hinter dem Eingang) die einladende wenn auch recht teure ›Cantinetta Antinori‹. Dem Palast gegenüber steht die Kirche San Gaetano mit der Cappella Antinori, der ersten Gruft der Familie.

Von der Piazza Antinori westwärts erreicht man in wenigen Gehminuten die großzügige, begrünte Piazza Santa Maria Novella. Linker Hand bildet an der Via della Scala die etwas heruntergekommene und lang gestreckte **Loggia di San Paolo** (1489–1498) eines alten Krankenhauses den Platzabschluss, genau gegenüber der wunderschönen Fassade der Kirche **Santa Maria Novella** 19, deren kleinteilige Inkrustation aus weißem und grünem Marmor sehr an San Miniato erinnert. Der Fries aufgeblähter Segel ist das Signum des Giovanni Rucellai, eines reichen Florentiner Kaufmanns, der 1456 die Fertigstellung der Fassade, die 1350 beim Bau der Kirche unvollendet geblieben war, in Auftrag gab und großzügig finanzierte.

Verblüffend ist der Raumeindruck dieser Klosterkirche des Dominikaner-Ordens: Die dreischiffige Basilika ist enorm schmal (fast 100 m lang und nur knapp 29 m breit), ein gotisches Kreuzgewölbe ruht seitlich auf Arkaden, die den Blick auf die Wände der Seitenschiffe freigeben. Von der reichen Renaissanceausstattung sei vor allem Ghirlandaios Freskenzyklus aus dem Marienleben (links) und dem Leben Johannes des Täufers (rechts) in der Apsis hinter dem Hochaltar erwähnt – ein Auftrag von Giovanni Tornabuoni, den Ghirlandaio u.a. mit Hilfe seines Schülers Michelangelo ausführte. Die Kunstgeschichte ist stolz darauf, viele Gestalten der Bilder identifiziert zu haben, die meisten natürlich aus dem Hause Tornabuoni, zu dessen ›Lobpreisung‹ der Auftrag ja auch gedacht war!

Im kleinen Kreuzgang links von der Kirche (der große Kreuzgang ist Klausur), den man **Chiostro Verde** nennt (Grüner Kreuzgang, 14. Jh.), wurden zu ihrem Schutz die bedeutendsten Fresken abgenommen und im früheren Refektorium ausgestellt.

Von Santa Maria Novella aus lohnen zwei kleine Umwege, einmal zum **Palazzo Rucellai** 20 an der gleichnamigen Piazza Ecke Via della Vigna Nuova (auch wegen der schönen Geschäfte in dieser Straße). León Battista Alberti hat diesen wunderbar-eleganten Stadtpalast der Rucellai konzipiert, Bernardo Rossellino (also genau die gleiche ›Besetzung‹ wie bei der Stadt Pienza, s. S. 218ff.) ihn 1446 bis 1451 gebaut. Die Fassade erscheint durch flache Rustica und Pilaster, die sich nach oben auch noch verjüngen, ganz leicht, wie gezeichnet. Ein weiterer architektonischer Trick: Die drei Geschosse werden nach oben immer niedriger. Über dem mittleren Geschoss zieht sich ein Fries mit den gleichen aufgeblähten Segeln wie bei Santa Maria Novella, also mit dem Signum der Rucellai, die den Palast bis heute besitzen, weshalb man sich mit der Bewunderung des Außenbaus begnügen muss.

Quer über die Piazza Goldoni, die sich zum Arno hin öffnet, führt der Weg in den lebhaften Borgo Ognissanti, dessen Mitte die gleichnamige Piazza vor der Kirche **Ognissanti** 21 markiert. Sie wird selten besucht, weil kaum jemand weiß, dass hier Amerigo Vespucci, dem Amerika seinen Namen verdankt, begraben liegt (vor dem zweiten Altar rechts) und dass es hier mehrere wundervolle Fresken Ghirlandaios gibt. Im Kreuzgang aus dem 16. Jh. erzählen Bilder verschiedener Maler Geschichten aus dem Leben des Franz von Assisi; vor allem aber ist hier Ghirlandaios ›Abendmahl‹ *(Cenacolo di Ghirlandaio)* in frischen, herrlichen Farben zu bewundern. Die Sinopien des abgenommenen Fresko (seine Vorzeichnungen) hängen links an der Längswand des Refektoriums.

Weiterhin war Ognissanti das Viertel von Sandro Botticelli, der hier 1445 zur Welt kam, später in der Nähe der Kirche sein Atelier hatte und hier nicht nur eines seiner Meisterwerke (›Heiliger Augustinus‹) hinterließ, sondern auch seine letzte Ruhestätte fand.

Im San-Lorenzo-Viertel

San Lorenzo (nordwestlich des Domes) ist wieder eines der ganz lebhaften Viertel von Florenz mit unglaublich vielen Geschäften, Restaurants und Hotels. Das teilweise verkehrsberuhigte Viertel bildet an sich bereits eine gewisse Attraktion für viele Florenz-Besucher vor allem wegen des ständigen Ledermarktes um die Kirche San Lorenzo herum. Der *Mercato Cantrale* aus der Wende des 19. zum 20. Jh. nördlich der Kirche bietet Kennern hervorragende Einkaufsmöglichkeiten, und wer die echte Florentiner Küche probieren möchte, kann dies (bis 14 Uhr) an den kleinen Imbiss-Ständen im Innern oder um die Markthalle herum tun, wohin auch die Marktfrauen zum Essen gehen. Die kunsthistorischen Höhepunkte des Viertels stehen ganz dicht beieinander: die Kirche San Lorenzo mit den Medici-Kapellen und der Palazzo Medici-Riccardi mit Benozzo Gozzolis berühmtem Fresko.

Die backsteinerne Fassade der **Kirche San Lorenzo** 22 wurde niemals vollendet, denn auch im Florenz der Medici ging manchmal das Geld aus, oder man investierte es gerade lieber in andere Dinge. Brunelleschi konzipierte die Kirche in ihrer heutigen Form, die Fassade plante Michelangelo, ohne sie jedoch fertig gestellt zu haben. Daher erhielt die Kirche früher an bestimmten Festtagen immer eine neue – abnehmbare – Verkleidung. Der Raumeindruck beim Betreten des Gebäudes versöhnt mit der rohen Fassade. Der Innenraum ist von großer Harmonie, so wie ihn Brunelleschi geplant hatte. Die Säulen mit ihren korinthischen Kapitellen tragen weit gespannte Bögen, die sich zu den Seitenschiffen und weiter zu den aneinander gereihten Seitenkapellen öffnen. Die Kassettendecke ist fein ausgearbeitet, der Fußboden aus Marmor, weiß und grau, ganz schlicht. Ein Blick in die Alte Sakristei: Brunelleschi schuf hier 1420 bis 1428 ein architektonisches Renaissance-Kleinod. – Auch in San Lorenzo lohnt sich wegen der zahlreichen Einzelkunstwerke und der Medici-Kapellen unbedingt ein spezieller Kunstführer.

Die Medici ließen sich auf der Chorseite die **Cappella dei Principi** (Kapelle der Fürsten) 23 als Grabstätte bauen (ab 1604). Doch nach der Fertigstellung des Prachtbaus war ihre Zeit als Machthaber in Florenz abgelaufen (der letzte Medici-Herrscher starb 1737). Der Kuppelraum wirkt innen kalt und abweisend. Nach der Domkuppel ist diejenige der Fürstenkapelle die zweitgrößte von Florenz. Von weitem erkennt man sie daran, dass sie im Gegensatz zu Brunelleschis Domkuppel keine weiße Laterne obenauf und keine weißen Rippen besitzt. Übrigens sind die ersten Medici gar nicht in dieser Kapelle, sondern in der Kirche San Lorenzo selber begraben.

Durch einen merkwürdig verschlungenen Gang kommt man in die **Neue Sakristei** (Eingang über die Kapelle; großer Besucherandrang!). Dieser erste Zentralbau von Florenz ist ein Meisterwerk Michelangelos. Er erhebt sich über einem quadratischen Grundriss, ist überkuppelt und in einer kleinen Laterne geöffnet. Die hohe Raumwirkung erzielte Michelangelo dadurch, dass er (1520/30) die Kassetten in der architektonisch relativ niedrigen Kuppel nach oben immer kleiner baute, also durch einen Perspektive-Trick. Die Wände und ihre umlaufenden Gesimse springen ständig vor und zurück. Fast-Weiß und Dunkel-Grau sind tonangebend, von der Kuppel bis zum Fußboden – eine harmonische Raumwirkung! Die monumentalen Grabskulpturen Michelangelos stellen symbolhaft die vier Tageszeiten dar: Morgenröte und Abenddämmerung, Tag und Nacht.

Die beiden Medici Giuliano (Herzog von Nemour) und Lorenzo (Herzog von Urbino) sind eigentlich nur durch ihre Grabmäler hier berühmt geworden. Die bedeutenderen Medici, Lorenzo der Prächtige und sein Bruder Giuliano, der 1478 ermordet wurde, sowie Herzog Alessandro, den 1537 das gleiche Schicksal ereilte, ruhen zwar auch hier, aber ohne entsprechende Grabmonumente.

Der Kreuzgang von San Lorenzo ist eine Oase der Ruhe. Und darin verbirgt sich ein ganz besonderes Werk Michelangelos: die **Biblioteca Laurenziana** 24 von 1524. Die Farben des Lesesaales, Fast-Weiß und Dunkel-Grau, sind die gleichen wie in der Neuen Sakristei, die Gliederung der Fensterfront durch Pilaster könnte klarer nicht sein. Doch die größte Faszination bietet die Treppe zur Bibliothek: Dreigeteilt sind die leicht vor schwingenden Stufen, deren Stützen in Wandschränken versteckt sind – ein erstes Hauptwerk des Manierismus in der Architektur.

An der Nordost-Ecke der Piazza San Lorenzo steht der mächtige **Palazzo Medici-Riccardi** 25 (Eingang an der geschäftigen Via Cavour). Dieser, einer der ältesten Renaissancepaläste von Florenz (1444–1464), der von Michelozzo für Cosimo den Alten errichtet wurde, hat alle Medici-Größen beherbergt, bis Cosimo I 1540 den Umzug in den Palazzo Vecchio vornahm. 1655 kauften die Riccardi den Prachtbau, die ihn noch erheblich vergrößern ließen. Die kostbarsten Schätze der Einrichtung wurden allerdings zu Napoleons Zeit verschleppt, zerstört oder ins Museum gebracht. Überlebt hat nur, was nicht abtransportiert werden konnte, zum Glück auch die Palastkapelle, die Benozzo Gozzoli vollständig mit Fresken vom ›Zug der Heiligen Drei Könige‹ ausmalte. Die Farben sind noch so leuchtend, als seien sie gerade frisch aufgetragen worden. Das haben sie nur zum geringen Teil der Restaurierung von 1993 zu verdanken, denn die Ausmalung galt schon vorher als perfekt. Bis auf das weiße, ›durchtrennte‹ Pferd eines der Drei Heiligen Könige: Beim Einbau der Freitreppe bekam die Wand an dieser Stelle (an der kleinen Eingangstür) einen Knick. Übrigens diente das Konzil von Florenz (1439) Benozzo Gozzoli als Anlass, einige Berühmtheiten seiner Zeit porträthaft darzustellen, u. a. Lorenzo il Magnifico und Piero de' Medici. Neben den Farben beeindruckt die Tiefe und Ausdruckskraft dieser Fresken.

Das Äußere des Palastes, in dem heute einige Verwaltungsbüros untergebracht sind, zeigt einen mächtigen Bau mit einer sehr scharfen horizontalen Dreiteilung durch Stockwerke: schwer, behäbig im Erdgeschoss durch Buckelquader und grobe Fensteröffnungen, darüber eine fast nur angedeutete Rustica-Fassade mit geschosshohen, schlanken Fenstern, bekrönt vom letzten Geschoss mit einer flachen, glatten Fassade, in die sehr flächige Fenster eingesetzt sind. Weit vorkragend ist darüber das schwer wirkende, typische Renaissancedach. Solche Dächer prägen überhaupt die lange **Via Cavour,** die stark befahrene, sehr lebhafte und doch relativ schmale Einkaufsstraße.

Drei Parallelsträßchen hinter dem Palast befindet sich die besuchenswerte **Markthalle** 26 in der typischen Eisenkonstruktion der Jahrhundertwende (1874), auf deren Platz ringsum ebenfalls Markt abgehalten wird.

Im Universitätsviertel von San Marco

Eines der lebhaftesten Stadtviertel von Florenz ist mit Sicherheit das Universitätsviertel rund um die eher bescheidene **Piazza San Marco**. Es wird nicht nur von den Florentiner Studenten bevölkert, sondern während der Semesterferien auch von vielen ausländischen Gaststudenten an den diversen Akademien. Zudem praktisch das ganze Jahr über von Kunstinteressierten, die sich von den Bildern Fra Angelicos im Kloster von San Marco gefangen nehmen lassen, auf Einlass in die Accademia warten oder die von Arkaden geschmückte Piazza Santissima Annunziata mit ihren architektonischen Schätzen genießen.

In einem Atemzug mit der Kirche **San Marco** 27, die 1299 von den Silvestrinen gebaut wurde und seit 1436 dem Dominikanerorden gehört, wird das Klostermuseum genannt. Cosimo der Alte, dessen Zufluchtsstätte hier besichtigt werden kann, war dem Kloster sehr zugetan und hat es daher mit gar nicht klösterlicher Prachtentfaltung ausschmücken lassen (die Fassade allerdings stammt von 1780). Savonarola, dessen Zelle ebenfalls besucht werden kann, lebte hier als Mönch und hielt hier seine erste Predigt. Aber seinen wahren Ruhm verdankt das Kloster dem malenden Dominikaner Fra Angelico, der es um 1440

Garten nahe der Santissima Annunziata

freskierte, in seiner ganz eigenen, sanften und geradezu lieblichen Malweise. Außer den zentralen Klosterräumen wie den Kapitelsaal mit der ›Kreuzigung‹ hat Fra Angelico mehr als 40 Klosterzellen mit seinen Fresken ausgeschmückt. – Übrigens nennt San Marco auch die erste öffentliche Bibliothek Europas sein eigen: wieder eine Stiftung Cosimos.

Großherzog Pietro Leopoldo I von Lothringen hat schräg gegenüber von San Marco in den Räumen des Spitals des heiligen Matthäus eine Kunstschule eingerichtet, die sich zur **Galleria dell' Accademia** 28 entwickelte, nachdem sie zahlreiche Hauptwerke der Uffizien und des Palazzo Pitti (als Entlastung beider Museen) aufgenommen hatte. Hauptsächlich sind es Werke der Florentiner Malerei vom 13. bis 16. Jh., aber auch hervorragende Skulpturen wie Michelangelos viel bewunderter ›David‹ sowie seine ›Sklaven‹. – Der Andrang vor der Accademia ist meistens so groß, dass man stundenlang anstehen muss. Es ist daher angebracht, sich vorher anzumelden. Trost spenden kann ein Besuch im **Museo dell'Opificio delle Pietre Dure** nebenan, 1588 von Ferdinand I als Werkstatt eingerichtet.

Auf der Rückseite liegt die **Piazza Santissima Annunziata**, städtebaulich vielleicht die anmutigste von Florenz: Linker Hand erhebt sich die gleichnamige Kirche mit der vorgesetzten kleinen Loggia, auf sie zu führend und sie optisch flankierend die langen Loggien des Ospedale degli Innocenti und diesen gegenüber diejenigen des Loggiato dei Servi (heute u. a. Hotel). Die Platzmitte markieren zwei zierliche Bronzespringbrunnen und das bronzene Reiterdenkmal des Großherzogs Ferdinand I. Folgt man seinem Blick, schaut man durch die enge Via dei Servi direkt auf die wunderschöne Chorpartie des Domes.

Im Rücken des Reiterdenkmals bleibt die siebenbogige Vorhalle bestimmend, die der 1250 erbauten **Kirche Santissima Annunziata** 29 1444 von Michelozzo vorgesetzt wurde. Einzig und allein, um der Platzidee Brunelleschis, der 1419 das Findelhaus, das **Ospedale degli Innocenti** 30, baute, gerecht zu werden. Dieses erste Waisenhaus Europas ist leicht an den Wickelkindern in den runden Medaillons zwischen den perfekten Rundbogen der Loggia zu erkennen, die von schlanken Säulen getragen werden. Sie sind ein Werk von Andrea della Robbia (1463). Den Abschluss der Loggia nach oben bilden zwei Gesimse, darüber befindet sich nur ein Stockwerk, dessen gerade Fenster von Dreiecksgiebeln bekrönt werden. Das Ospedale ist die erste reine Renaissanceschöpfung Brunelleschis und sicherlich einer der schönsten Profanbauten der Stadt. Links am Findelhaus befindet sich ein Drehfenster, durch das man – ungesehen – die Kinder reichen konnte. Im Kreuzgang setzt sich die klare Bogenarchitektur fort, fünf Arkaden auf jeder Seite, die wieder rekonstruiert wurden. Jetzt werden die Räume des Waisenhauses für eine Gemäldegalerie und wechselnde Kunstausstellungen benutzt.

Die Ecke mit dem Drehfenster stößt auf die Via della Colonna, die vom lang gestreckten Bau des **Museo Nazionale Archeologico** 31, des Archäologischen Museums, flankiert wird, immerhin mit der größten Sammlung etruskischer Funde nach der Villa Giulia in Rom. Auch die berühmte, in Arezzo schmerzlich vermisste bronzene Chimäre steht hier.

Die Via della Colonna führt weiter zur parkähnlichen Piazza d' Azeglio und vor ihr rechts, also südlich, zur **Synagoge**, einem prächtigen Kuppelbau im so genannten syrischen Stil mit einigen neugotischen Elementen, der auch das **Jüdische Museum** 32 beherbergt.

Certosa di Galluzzo

Karte S. 77
Tipps & Adressen S. 318 (Florenz)

■ Certosa di Galluzzo, Certosa di Firenze oder Certosa di Val d' Ema heißt das prächtige Kartäuserkloster, dessen Mönchszellen wie Schwalbennester hoch am steilen Felsen über der stark befahrenen S. S. 2 (Via Cassia) nur 5 km südlich der Porta Romana von Florenz hängen. Grandios ist die Auffahrt, die den Eindruck einer Festung verstärkt, gewaltig im Innenhof die lange Klosterfront mit der integrierten schlichten Kirchenfassade. Böse Zungen behaupten, Niccolò Acciauoli, ein Freund Petrarcas und Boccaccios, habe das Kloster 1341 nur gegründet, um als Seliger in den Himmel zu kommen. Danach wurde es mehrfach umgebaut, besonders schön von Bramante, der den zierlichen Renaissancekreuzgang hinterließ. In der Kirche teilt, typisch für die Kartäuser, eine Querwand den Raum, wodurch eine kleine Vorhalle entsteht. Zum eigentlichen Gotteshaus gelangt man durch eine Seitentür. Ansehen sollte man sich hier das 36-sitzige, geschnitzte Chorgestühl von 1590. Dicke, sehr körperhafte Engelsköpfe schmücken die Räume zwischen den Stühlen. Auf der Unterseite der Sitze blicken dem Besucher strenge Fratzen entgegen.

Die wenigen Zisterziensermönche, die jetzt das Kloster mit der 1948 aufgehobenen Klausur verwalten, sind Spezialisten in Sachen Buchrestaurierung, haben viele der 1966 bei der Arno-Überschwemmung fast zerstörten Folianten aus Florenz gerettet. Im Sommer veranstalten sie mit Hilfe der *Amici della Certosa* gut besuchte Konzerte. Im Klosterkomplex wird zudem ein berühmter Likör hergestellt *(Gocce Imperiale).*

Montelupo Fiorentino

Karte S. 77
Tipps & Adressen S. 341

Dort, wo der Arno noch seinem natürlichen, schlängelnden Lauf überlassen ist und die Pesa in den Arno fließt, nur eine Flussschleife südlich von Artimino, lohnt Montelupo Fiorentino einen Besuch. Nicht nur wegen seiner hübschen, hoch aufragenden Festung, zu der man besser zu Fuß hinauf pilgert, und auch nicht allein wegen der freundlichen Atmosphäre des Städtchens, sondern auch wegen seines Keramikmuseums und dessen Entstehungsgeschichte.

Eine Zeichnung von 1540 presst Montelupo in die Form eines Brennofens, und darin sind kleine Häuser, Werkstätten, Brennöfen mit ihren hohen Kaminen und Keramikplatten, die entlang der Straßen zum Trocknen aufgestellt sind, zu erkennen. Es war die Blütezeit von Montelupo, das allerdings viel früher als die Keramikwerkstatt von Florenz von Bedeutung war. Man vermutet, dass Montelupo bereits seit 1203 zu Florenz gehörte, als hier an der Pesa-Mündung ein Kastell gegen das feindliche Capraia auf der Pistoieser Seite errichtet wurde. – Übrigens hat sich die Erzfeindschaft zwischen den beiden Städtchen so manifestiert, dass sich ihre Bewohner bis heute nicht besonders wohl gesonnen sind ...

1469 wurde in Montelupo der Architekt und Bildhauer Baccio da Montelupo (eigentlich Baccio Sinibaldi) geboren, den man mit einer Straße ehrte. Sie führt Richtung Festung auch am Palazzo Pretorio (links) vorbei, mit Portikus und hübscher Loggia darüber, in dem heute die größte Sehenswürdigkeit des Städtchens zu sehen ist: das **Museo della Ceramica**. 1979 konnte es endlich eingerichtet werden, nachdem man das Rathaus in einen modernen Bau am Stadtrand ausquartiert hatte.

Woher stammen aber die zahlreichen Ausstellungsstücke, mehr als 300 Keramiken aus dem 14. bis 18. Jh.? Es sind Arbeiten, die damals nicht dem Qualitätsstandard entsprachen und aussortiert wurden. Man benutzte sie als Baumaterial für die Fundamente öffentlicher und privater Bauten. Bei der Freilegung eines mittelalterlichen Wasserschachtes als Teil eines alten Weges zum Castello entdeckten Bauarbeiter 1973 die ersten dieser historischen Keramiken, 1975 bis 1976 wurden sie genauer erforscht und zusammengesetzt.

Eine Stadt, deren Wohlstand auf Keramik beruht, hat eine besondere Beziehung zu diesem Material und seiner Geschichte. Viele Freiwillige meldeten sich, um unter fachkundiger Anleitung weiter zu graben, die gefundenen Scherben zu reinigen und den Restauratoren zu überlassen. Und die Stadtverwaltung kam auf eine geniale Idee: Jedem, der eine bestimmte Menge historischer Keramik (in Kubikmeter gerechnet) an oder unter seinem Haus ausgegraben hatte, erlaubte sie die gleiche Menge an Raum anzubauen. Eine unvorstellbare Ausgrabungswut packte die Montelupeser – und die Magazine des Museums quollen allmählich über. Also wurde eine neue Idee entwickelt: Montelupo bietet anderen toscanischen Städten die Möglichkeit, ein Keramikmuseum mit Fundstücken aus seinem Fundus einzurichten – die Ausstellungen organisiert Montelupo, das dadurch auf erhöhte Bekanntheit hofft, die Räume muss die Anwärterstadt liefern. Die Einnahmen aus den Eintrittsgebühren will man sich teilen. Bislang hat sich immerhin schon Montecatini bereit erklärt, nach passenden Räumlichkeiten für diese durchaus moderne Art des *Franchising* zu suchen ...

Von Fiesole ins Mugello

Fiesole

Karte S. 77
Tipps & Adressen S. 316

1 Fiesole, eine schon zu Zeiten der Etrusker bedeutende Siedlung, und das Mugello, die Sommerfrische der Provinz, liegen nördlich von Florenz. Sie schirmen die Stadt von rauen Winden ab und bieten großartige Ausflugsziele sowohl für die Bewohner der toscanischen Metropole als auch für Reisende, die nicht nur auf der Suche nach den großen, urbanen Zentren der Toscana sind, sondern auch ihre ländlichen, ruhigen Seiten schätzen. Kastanienwälder und freundliche Dörfer, der Sieve-Fluss mit seinen zahlreichen, noch recht verwilderten Nebenflüsschen bestimmen das Landschaftsbild. Kein Wunder, dass die Medici auch dem Mugello mit seinem angenehmen frischen Mittelgebirgsklima ihren Stempel aufdrückten: vor allem mit festungsartigen Villen inmitten ausgedehnter Landgüter, die sie zu ihren Lieblingssitzen erklärten.

Noch bevor an die Gründung von Florenz im damals sumpfigen Arno-Tal überhaupt gedacht wurde, florierte auf den Hügeln nördlich davon bereits die etruskische Siedlung *Faesulae.* Unter den Römern erhielt der Ort ein Theater mit Thermen. Erst 1125 wurde Fiesole vom erstarkten Florenz eingenommen, zerstört und später der Provinz einverleibt. Abgesehen von den eigenen Sehenswürdigkeiten bietet Fiesole wohl die schönsten Ausblicke auf die Metropole, von deren Domplatz es nur fünf, allerdings steile und kurvige Kilometer entfernt liegt, und ist ein idealer Ausgangspunkt für Fahrten zu den Villen der Medici und ins Mugello.

Die **Piazza Nino da Fiesole** im Mittelpunkt des Städtchens wird im Osten begrenzt vom hübschen **Rathaus** (ehemaliger Palazzo Pretorio, 14. Jh.) mit seinen zahlreichen, typischen Wappen der *podestà*. Von seiner lang gezogenen Loggia im ersten Stock (meist kann man während der Dienststunden problemlos eintreten) genießt man den schönsten Blick über den Platz hinweg bis zum Kloster San Francesco. Die Piazza ziert am oberen Ende vor dem Rathaus ein doppeltes Bronze-Reiterdenkmal von Oreste Calzolai (1906): Es zeigt Giuseppe Garibaldi und König Vittorio Emanuele II bei der Begegnung von Teano am 26. Oktober 1860.

Die Nordwestecke des Platzes nimmt die **Kathedrale San Romolo** (11.–14.

Bei Fiesole

Jh.) mit ihrem hohen, von Zinnen bekrönten Glockenturm (13. Jh.) ein. Dahinter lohnt das **Museo Bandini** einen Besuch, das Bilder Florentiner Maler aus dem 13. bis 15. Jh. sowie Terrakotta-Werke der Künstlerfamilie Della Robbia und Holzschnitzarbeiten besitzt.

Rechts vom Museum befindet sich der Eingang zum etwas über-restaurierten **Römischen Theater** in der so genannten Archäologischen Zone (*Area Archeologica*). Hier findet man außerdem die Reste der angeschlossenen römischen Thermen und ein kleines, aber recht interessantes Museum mit vorrangig etruskischen Fundstücken. Das Theater in wunderschöner Hanglage etwa 300 m über Florenz stammt aus dem 1. Jh. (mit späteren Umbauten) und bot 3000 Zuschauern Platz. Von der etruskischen Siedlung sind u. a. Reste eines Tempels (3. Jh. v. Chr.) unter der Ruine eines römischen Tempels und ein großes Stück der Stadtmauer (als Nordabschluss der *Area Archeologica*) übrig geblieben.

Zurück geht es zum Hauptplatz, am Dom vorbei in die bald steil aufsteigende Via San Francesco zum schönsten Aussichtsbalkon von Fiesole mit Florenz-Totale (tagsüber im sanften Gegenlicht!) und den Weg hinauf zum **Kloster San Francesco**. Während die Franziskanerkirche auf dem Gipfel des gleichnamigen Hügels steht, erstrecken sich die Klostergebäude den Hang abwärts und beherbergen jetzt zum größten Teil ein Museum. Es zeigt vor allem toscanische Malerei vom 15. und 16. Jh. sowie Sammlungen, die christliche Missionare in Ägypten und China zusammengetragen haben, aber auch archäologische Funde aus Fiesole und Umgebung.

Mugello

Karte S. 77
Tipps & Adressen: San Piero a Sieve S. 361, Borgo San Lorenzo S.302, Vicchio S. 370

Richtig Reisen Tipp

Von Fiesole über San Domenico zu Fuß nach Florenz

Von Fiesole führt (bei der Piazza Nino da Fiesole) die Via Vecchia Fiesolana steil abwärts zwischen hohen Mauern, hinter denen sich alte Villen verstecken, nach Florenz. Der erste Abschnitt des Weges ist mit Steinplatten gepflastert, nach der Kreuzung, an der man links abbiegt, asphaltiert. Bald kommt man an dem Kirchlein Sant' Ansano vorbei. Der Blick auf Florenz wird zwar meistens von Bäumen und Mauern verdeckt, dafür ist der Weg angenehm schattig. Ein skurril anmutendes ›Tor‹ zwischen Villa und Dependance Nieuwenkamp mit merkwürdigen Metallkäfigen zwingt zum Betrachten: Früher war dies ein *riposo de' vescovi*, sozusagen die Sommerfrische der Bischöfe von Fiesole bzw. Florenz, wenn sie in San Domenico zu tun hatten. Weiter geht es an der Villa Albizzi vorbei, dann erblickt man nach etwa 20 Minuten gemütlichen Fußweges das Kloster.

In **San Domenico** (ab 1406) lebte und malte der Mönch Fra Angelico, bevor er 1437 nach Florenz umzog. Leider sind nur noch wenige seiner Arbeiten in San Domenico erhalten geblieben und bedeutende Werke nur in Kopien zu sehen: ›Verkündigung‹ (heute im Madrider Prado) und ›Krönung Mariae‹ (heute im Pariser Louvre). In der ersten Kapelle links hängt das Original ›Madonna mit Dominikanerheiligen‹, zwei Kapellen weiter zeigt ein Foto eine ›Kreuzigung‹, deren Original bis 1878 im Refektorium des Klosters hing (ebenfalls im Louvre).

Schräg gegenüber von San Domenico führt ein schmales Sträßchen abwärts, und man schaut nach wenigen Metern linker Hand auf die hübsche intarsierte Marmorfassade der Klosterkirche sowie auf den dazugehörigen Komplex der **Badia Fiesolana**, Sitz des *Istituto Universario Europeo*. Von der Terrasse vor der Kirche genießt man einen herrlichen Florenz-Blick. Versuchen sollte man einen Besuch des kleinen, zauberhaften Kreuzganges.

Danach geht es den kurzen Weg zurück zur Via San Domenico (Bus nach Florenz). Ein hübscher Spaziergang führt kurz nach der Kreuzung der Via San Domenico mit der Via Boccaccio rechts in die Via Piazzuola, an der zweiten Gabelung in die schmale Via delle Forbici, eingeschlossen zwischen hohen Steinmauern, aus denen uralte Oliven- und Lorbeerbäume wachsen, knorrige Steineichen und wilder Wein. Es lohnt sich, ab und zu nach Fiesole hinauf zu schauen. Ein chinesisch anmutender kleiner Bronzepavillon, einem Schirm nicht unähnlich, ragt aus einer gelben Mauer, die folgerichtig die Villa L' Ombrellino hinter sich versteckt (Nr. 89). Die Villa di Camerata (heute Il Garofano, Nr. 31) gehörte der Familie Dantes, den Alighieri (später den Portinari); an den ›göttlichen Dichter‹ und seine Muse Beatrice erinnert eine Marmortafel. Nahe der Piazza delle Cure kann man dann den Bus Nr. 2 Richtung Dom und Bahnhof S. M. N. nehmen.

Das in Ost-West-Richtung lang gestreckte Tal schlägt einen Bogen am oberen Sieve-Lauf, bevor der Fluss mit einem Knick nach Süden Richtung Arno eilt, in den er sich bei Pontassieve ergießt. Etwa 200 m hoch gelegen, wird das Mugello von höheren, lieblichen Hügeln zwischen 300 und 500 m Höhe nach Norden hin gegen kalte Winde abgeschirmt. Einige Gipfel ragen noch heraus, darunter im Süden der Monte Senario (815 m) und im Norden der Monte Giuvigiana (973 m). Früher wuchsen hier riesige Kastanienwälder, die nur in Teilen erhalten sind.

Fra Angelico (1387–1455) stammte aus dem Mugello, genauer gesagt aus Vicchio, wo man für ihn im Prätoren-Palast ein Museum eingerichtet hat. Giotto (1267–1337) wurde in Vespignano, ganz in der Nähe Vicchios, geboren. Der hübsche, zweibogige Ponte del Cimabue über den Wildbach Ensa zwischen Vicchio und Borgo San Lorenzo, an dem Cimabue (frei nach Lorenzo Ghibertis Vita) den Hirtenknaben Giotto entdeckt haben soll, ist von der S. S. 551 über einen kurzen Schotterweg erreichbar. Auch der berühmteste Goldschmied von Florenz, Benvenuto Cellini, verbrachte zwischen 1559 und 1571 einige Sommer in einem Haus nahe dem Oratorio della Misericordia (der Barmherzigkeit).

Schließlich kamen auch die Medici von hier, so genannte ›Halbbürger von Florenz‹, wie der zeitgenössische Historiker Benedetto Varchi um 1500 diejeni-

Von Fiesole ins Mugello

Die Villen der Medici

Nördlich von Florenz und Fiesole stehen die meisten der von den Medici als Land-Wohnsitz bevorzugten Villen. Über die S. S. 65 von Florenz Richtung Ospedale Careggi (auch per Bus Nummer 14/C von der Piazza Adua am Hauptbahnhof) erreicht man die **Villa Careggi** aus dem 14. Jh. Ursprünglich von Filippo Lippi erbaut, gelangte sie 1417 in den Besitz der Medici. Cosimo der Ältere ließ sie von Michelozzo für die Platonische Akademie um- und ausbauen (ungleichmäßiger Innenhof erhalten). In der Villa Careggi starben zwei bedeutende Medici: 1464 Cosimo der Alte und 1492 Lorenzo der Prächtige.

In der zweiten Hälfte des 19. Jh. wurde die Villa romantisierend umgestaltet, konnte jedoch den leichten Festungscharakter bewahren und ist heute Verwaltungssitz des gleichnamigen Krankenhauses, weshalb man sich dort – will man den Park besichtigen – anmelden sollte.

Westlich von Careggi (weiter mit Bus Nummer 14 und 28, mit diesem auch direkt vom Hauptbahnhof Richtung Sesto Fiorentino) steht die **Villa Castello** im gleichnamigen Florentiner Ortsteil. Sie wurde von den Medici sehr lange bewohnt und ist nun Sitz der *Accademia della Crusca*, der Akademie für die italienische Sprache. Auch hier kann nur der fünf Hektar große Park besichtigt werden: teils italienisch-akkurat, teils manieristisch mit Wasserspielen, Statuen und verschiedenen Wäldchen beziehungsweise Pflanzenarten angelegt, u. a. von Ammannati (die Statuen ›Gennaio‹ sowie ›Ercole e Anteo‹) und Giambologna (Grotten-Architektur) geschaffen und Ende 18./Anfang 19. Jh. vom böhmischen Landschaftsarchitekten Joseph Fritsch umgestaltet.

Die benachbarte **Villa della Petraia** kam 1575 durch Kardinal Ferdinando in den Besitz der Medici, die sie 1576 bis 1590 von Buontalenti verändern ließen. Charakteristisch ist der hohe Wachtturm. Nach den Medici ging die Villa in den Besitz der Lothringer über, Vittorio Emanuele II benutzte sie als Sommerresidenz – aus dieser Zeit stammen der größte Teil des Mobiliars und eine interessante Spielesammlung. Der König ließ den Innenhof mit dem 1636 bis 1648 freskierten Säulengang mit einer Eisen- und Glaskonstruktion überdachen, um den Ballsaal zu erweitern. Direkt an der Villa ist der italienische Garten um einen Brunnen gruppiert, den großen Park hat Fritsch 1836 bis 1850 im englischen Stil mit Bachlauf, künstlichem See und exotischen Pflanzen umgestaltet. Er bildet praktisch die Fortsetzung des Parks der Villa Castello.

Den wohl größten Park, nämlich an die 30 Hektar, besitzt die als **Villa Demidoff** (bei Pratolino, 12 km vom Florentiner Dom entfernt) bekannte Villa des Francesco I de' Medici. Der Park ist über kilometerlange Wege erschlossen. Wenig ist von den fantastischen Wasserspielen übrig geblieben, die Franceso von Buontalenti für seine Geliebte

Villa della Petraia

Bianca Cappello bauen ließ. Ferdinand III. von Lothringen ließ die Villa zerstören, 1872 erwarben die Demidoff das Anwesen und bauten das ehemalige Gesindehaus zur heutigen Villa um. Vom ursprünglichen Park blieben erhalten in der Hauptsache der kolossale ›Apennin‹ von Giambologna, einem bärtigen, müden alten Mann ähnlich, der aus einem künstlichen See zu entsteigen scheint; der Brunnen mit Gott Pan sowie die oktogonale Kapelle, beides von Buontalenti.

Zwei weitere interessante Medici-Villen stehen südlich von Prato. Kurz bevor sich der Ombrone in den Arno ergießt, überquert ihn in Poggio a Caiano eine Brücke, zu deren Verteidigung bereits die Strozzi eine befestigte Villa bauen ließen. 1497 entwarf Giuliano da Sangallo für Lorenzo den Prächtigen eine Villa, die allerdings erst 1513 für dessen Sohn, Papst Leo X., realisiert wurde. 1587 war die **Villa Poggio a Caiano** Tatort zweier Giftmorde: an Francesco I und Bianca Cappello. Poliziano, der Dichter aus Montepulciano, ließ sich durch einen plätschernden Kanal im ausgedehnten Park inspirieren und verfasste hier das Gedicht ›Ambra‹. Am schönsten wirkt die Villa von der Parkseite aus: Dem Erdgeschoss ist ein Arkadengang so vorgebaut, dass es dahinter verschwindet und das erste Stockwerk eine ausgedehnte umlaufende Terrasse erhalten hat. In der

Terrakottafries in der Villa Poggio a Caiano

Mitte wird eine klassische Loggia mit dreieckigem Giebelfeld von vier schlanken Säulen getragen. Der glasierte Terrakottafries darüber (eine Kopie, das wunderbar restaurierte Original ist innen zu sehen) gilt als eines der Hauptwerke von Andrea Sansovino, ist mehr als 14 m breit und nur 0,85 m hoch.

Der Prunksaal (Salone di Leo X) ist wahrlich prunkvoll mit Fresken des 16. Jh. geschmückt (von Andrea del Sarto begonnen, von Alessandro Allori vollendet), die Episoden aus der römischen Geschichte mit Verweisen auf das Leben von Lorenzo Il Magnifico zeigen. Am eindrucksvollsten sind Pontormos Fresken in der Lünette, insgesamt ein Hauptwerk des Florentiner Manierismus (16. Jh.). Vom Obergeschoss hat man einen wunderschönen Talblick nach Süden, im weitläufigen Park seitlich der Villa ist der idealisierte Orangengarten sehenswert.

Wenige Kilometer südlich beherrscht die einer Festung ähnliche **Villa La Ferdinanda** in 450 m Höhe die hügelige Weinlandschaft von Artimino. 1594 plante Buontalenti die Villa als Jagdschloss für Ferdinand I. inmitten des riesigen Jagdreviers am Monte Albano. Den Beinamen ›Villa der hundert Kamine‹ erhielt der harmonische Bau wegen seiner 32 hübschen Schornsteine. Trotz der trutzigen beiden Ecktürme zeigt die Parkseite das aufgelockerte Gesicht einer Landvilla. Auch hier ruht wie in Poggio a Caiano die offene Loggia auf vier schlanken Säulen, aber ohne Unterbrechung der Vertikalen durch ein Giebelfeld. Imposant ist die doppelläufige Freitreppe, deren Aufgänge sich etwa auf halber Höhe vereinen und gemeinsam zur Loggia aufsteigen.

Die Villa beherbergt das kleine Archäologische Museum von Carmignano mit etruskischen Funden aus der Umgebung. Sie ist aber trotz offizieller Öffnungszeiten häufig nur nach Voranmeldung zu besichtigen, weil die Villa für private Feiern vermietet wird beziehungsweise nach der wundervollen Sanierung auch als Kongresszentrum dient. Im früheren Gesindehaus wurde 1987 ein Hotel (Paggeria Medicea) eingerichtet, ein weiteres Nebengebäude wird vom Restaurant genutzt.

gen nannte, die aus dem Mugello stammten: Weil sie an Florenz wegen ihrer Aktivitäten zwar Steuern zu zahlen hatten, aber nicht in der Stadt wohnten. Die Medici besaßen hier ebenso wie um Florenz herum mehrere Villen, zwei davon ließen sie sich später, als sie, an die Macht gekommen, ihre Wohnpaläste bereits in Florenz hatten, standesgemäß prächtig ausbauen: **Trebbio**, südwestlich von San Piero a Sieve, mit dickleibigem Turm und anderen starken Befestigungen durch Michelozzo (1461), in herrlicher Panoramalage in 451 m Höhe inmitten eines ausgedehnten (privaten) Landgutes, dessen Produkte (Öl und Wein) man kaufen kann. Dann **Cafaggiolo**, westlich von San Piero (Privatbesitz), ursprünglich eine Florentiner Festung, die ab 1451 ebenfalls von Michelozzo umgestaltet wurde, diesmal aber für Cosimo den Alten in eine Landvilla. Cafaggiolo gilt als der beliebteste Sommersitz der Medici, auf dem sie illustre Gäste wie die beiden Päpste Pius II. und Eugenius IV. empfingen.

Der Ort **San Piero a Sieve** 2 zieht sich von der Traversa del Mugello, der S. S. 551, den Hang hinauf: Von der kleinen Pfarrkirche, der Pieve San Piero (ab dem 11. Jh.) mit einem zauberhaften Taufbecken von della Robbia ganz in Weiß und Gelb gelangt man über die Piazza Colonna bis zur Fortezza Medicea (16. Jh., Privatbesitz). Dazwischen liegen die Villa Schifanoia (14. Jh.) und die Villa Adami (17. Jh.; heute Städtische Bücherei), nahe dem Sieve erhebt sich außerdem der so genannte Medici-Turm (15. Jh.).

Die Medici-Festung **San Martino**, 1571 nach Plänen von Bernardo Buontalenti erbaut, ist über einen Waldweg oberhalb von San Piero erreichbar und nur nach Absprache (Privatbesitz) zu besichtigen.

Hauptort des Mugello ist – in seinem Scheitelpunkt gelegen – **Borgo San Lorenzo** 3 mit Ziegelbrennereien und Kunstkeramik sowie einer recht bedeutenden Textil- und Möbelindustrie. Seit dem 11. Jh. gehört der Ort zum Bistum Florenz und war bis 1529 eng mit dem Schicksal der toscanischen Hauptstadt verbunden. Die **Pieve San Lorenzo** (10. Jh.) gilt als einer der wichtigsten romanischen Sakralbauten der Provinz Florenz; nach einem schweren Erdbeben im Jahre 1919 hat man sie 1922 aus den alten Steinen wieder aufgebaut. Sehr lombardisch wirkt der sechseckige Turm (1263) über der halbrunden Apsis, einmalig in der Toscana.

Ein Abstecher führt nach **Vicchio** 4, wo Giotto (ganz in der Nähe in Vespignano) und Fra Angelico (Fra Giovanni da Fiesole) das Licht der Welt erblickten. Giottos Geburtshaus **(Casa di Giotto)** wurde zu einem kleinen Museum aufpoliert (ausgeschildert Richtung Borgo San Lorenzo, rechts ab nach S. M. a Vezzano, nach 1,2 km wieder rechts). An der Piazza Giotto befindet sich im Palazzo Pretorio das **Museo Comunale Fra Angelico** mit Werken aus den Kirchen von Vicchio und der Umgebung, u. a. ein ›Johannes der Täufer‹ von Andrea della Robbia, andere Florentiner Terrakotten und abgenommene Fresken aus dem 15. Jh.

Auf der gegenüberliegenden Seite des Sieve Flusses, wo eine einladende *Casa del Prosciutto* an der kleinen Steinbrücke mit Einkaufsmöglichkeiten lockt, geht es die schmale S. P. 41 zwischen bebauten Feldern und Weingärten mit baumhohen Rebstöcken nach Westen weiter und im Bogen nach Südwesten, Richtung Olmo, mit herrlichen Aussichten über die klein-hügelige Landschaft gemächlich nach Fiesole beziehungsweise Florenz zurück.

Zwischen Florenz und dem Meer

Prato: Die Textilmetropole

Stadtplan S. 85
Tipps & Adressen S. 355ff.

■ Zwischen den Zentren von Florenz und Prato liegen lediglich 20 km. Doch viele Toscana-Reisende meiden Prato, weil sie sich unter dessen Beinamen ›Manchester Italiens‹ wahrscheinlich eine hässliche Industriestadt vorstellen, die außer Textilfabriken nichts zu bieten hätte. Nun, diese sind zwar vorhanden, aber nur außerhalb, im Industriegebiet. Hier produziert man allerdings schon lange keine Billigstoffe mehr aus Lumpen, wie nach dem Zweiten Weltkrieg, als Prato seinen Ruhm als Textilstadt begründete. Vor allem bekannte italienische Firmen der Luxusklasse haben hier ihre Fabrikationshallen, ebenso werden bei Prato fast alle so genannten Florentiner Stoffe hergestellt, speziell aber kostbare Wollstoffe in mehr als 14 000 Tuchwebereien in und um die Stadt.

Prato, das nach jahrzehntelangen Kämpfen 1992 seine Selbstständigkeit als Provinz – von der großen Nachbarprovinz Florenz abgetrennt – erreichen konnte, ist auch die Heimat des malenden Mönches Filippo Lippi (1406–1469), der mit seiner Verführung der schönen Nonne Lucrezia (s. S. 87) einen Kirchenskandal ohnegleichen heraufbeschwor. Und Prato besitzt wunderbare sakrale und profane Bauten aus dem Mittelalter und der Renaissance. Und natürlich ist Prato als blühende Industriestadt ein hervorragender Einkaufsplatz: Die Fußgängerzone, die engen Gassen rings um den Dom, bieten alles in bester Qualität, von Stoffen und Modedesign bis zu Lebensmitteln und Antiquitäten.

◁ *Landschaft bei Barga*

Das unregelmäßige Sechseck der Stadtmauer um den mittelalterlichen Kern – mit seiner Nordostseite entlang dem Bisenzio-Fluss, der dem Arno zufließt – birgt in seinem Inneren einige Schätze der Architektur (darunter noch gut ein Dutzend gekappte Turmhäuser) und bedeutende Beispiele der Malerei.

Den ›teutonischen‹ Klotz mit den staufisch gezackten Zinnen, wie manche Historiker das wuchtige **Castello dell' Imperatore** 1 aus dem 10. Jh. nennen, ließ Kaiser Friedrich II. 1237 zum Schutz Pratos erbauen, damit die Stadt – damals schon als Stoff- und Wollhandelsplatz von Bedeutung – ihre Unabhängigkeit bewahren konnte. Im nördlichen Italien sucht man vergebens einen zweiten Befestigungsbau dieser Art. Nach dem Untergang des Staufer-Reiches kaufte das verhasste, Macht heischende Florenz Prato von den Nachfolgern, den Anjou, die in Neapel ihr Hauptquartier hatten und wohl froh waren, die aufmüpfige Kommune los zu sein.

Direkt neben der staufischen Kaiserburg steht der Zentralbau der Kirche **Santa Maria delle Carceri** 2: Giuliano da Sangallo errichtete sie ab 1484 für das wundertätige Marienbild, das an einer Wand des früheren Gefängnisses an dieser Stelle gemalt war. Ganz klar und einfach ist die Zeichnung der Fassade durch grüne Marmorstreifen, schlichteste Renaissance! Die blau grundigen Terrakotta-Medaillons mit der Darstellung der Evangelisten sind natürlich von Andrea della Robbia: Prato konnte sich eben die besten Künstler leisten. Und das sogar zu einer Zeit, als die Pest in der Stadt wütete!

Vom Kastell erblickt man auch schon die Apsis der Kirche **San Francesco** 3.

Man geht um sie herum und gelangt so zur gleichnamigen Piazza (großer Parkplatz). Die weiß-grün quer gestreifte Marmorfassade ist von großartiger Einfachheit und überraschend hoch. Die typisch franziskanisch schlichte und einschiffige Kirche besitzt einen sehr hohen, offenen Dachstuhl mit farblich schön gefassten Balken. Hier ist u. a. Francesco di Marco Datini begraben, nach Filippo Lippi der wohl berühmteste Sohn der Stadt (s. u.). Über den Kreuzgang erreicht man die Cappella Migliorati, 1395 völlig mit Fresken von Niccolò di Pietro Gerini ausgemalt: eine kostbare Ausstattung von großer Plastizität.

Auf dem Weg zum Domplatz öffnet sich linker Hand die **Piazza del Comune**, das profane Zentrum von Prato mit dem **Palazzo Pretorio** 4, der aus mehreren Bauteilen zusammengesetzt wurde: aus Häusern und Türmen des 13. und 14. Jh. Die großzügige Freitreppe kam erst im 16. Jh. hinzu, ebenso die strengen Zinnen und der Glockenturm über der Uhr. Den Sitzungssaal sollte

Prato – Sehenswürdigkeiten: *1 Castello dell' Imperatore 2 Santa Maria delle Carceri 3 San Francesco 4 Palazzo Pretorio 5 Palazzo Datini 6 Dombaumuseum 7 Dom* ***Hotels:*** *8 Art Hotel Museo 9 Flora 10 San Marco 11 Stella d'Italia 12 Paggeria Medicea* ***Restaurants:*** *13 Il Piraña 14 Logli Mario 15 La Vecchia Cucina di Soldano 16 Tonio 17 Da Delfina*

man sich ebenso ansehen wie die **Galleria Comunale** mit ihrer Kunstsammlung vom 14. bis zum 18. Jh.

Am Palazzo Pretorio steht ein Denkmal für Datini, kurz vor dem Ende des 19. Jh. für den Prateser Kaufmann geschaffen, dessen Haus in der Nähe steht (s. u.). Seinerzeit zählte Datini (1330–1410) zu den reichsten Kaufleuten Italiens, ein typischer Sohn seiner kaufmännisch denkenden Heimatstadt. Er gilt als Erfinder des Wechsels und der doppelten Buchführung. 300 Verträge, 500 Kontobücher und mehr als 400 Versicherungspolicen wurden zusammen mit Briefen erst 1870 bei der Restaurierung seines Hauses entdeckt. Sie waren unter der Treppe eingemauert und bilden den kostbaren Grundstock für das Archiv, das Datinis Namen trägt. Doch auch das Wohnhaus ist wegen der herrlichen Innen- und Außenfresken von Niccolò Gerini und Arrigo di Niccolò di Prato einen Besuch wert: der **Palazzo Datini** 5 vom Ende des 14. Jh. Bemerkenswert sind insbesondere die zahlreichen Lilien, die als Dekoration verwendet wurden. Sie zeigen nicht die Florentiner, sondern die französische Lilie der Avignons!

Dass den Pratesern kein Künstler zu teuer war, sieht man auch und insbesondere am **Domplatz**, den man vom Rathausplatz über die kurze Einkaufsmeile Via Mazzoni erreicht. Die Piazza lädt zum Verweilen ein, die Cafés sind so angesiedelt, dass der Blick auf den Dom frei bleibt. Geradezu magisch zieht die Außenkanzel rechts an der Domfassade die Aufmerksamkeit an: die tanzenden Putten von Donatello und Michelozzo, wenn auch in Kopie; das Original wurde im **Dombaumuseum** 6 links untergebracht. Gebaut wurde die zierliche, fast runde Außenkanzel allein zum Herzeigen des heiligen Gürtels, dessen Geschichte herrliche Fresken im Inneren des Doms erzählen (große Kapelle links beim Hauptportal): Maria überließ vor ihrer Himmelfahrt ihren Gürtel dem Apostel Thomas, der ihn später einem Priester schenkte. Dieser gab ihn einem Prateser Kaufmann zur Hochzeit als Mitgift, und dieser wiederum vermachte den Gürtel sowohl den Vertretern der Kirche als auch denen seiner Heimatstadt. Seitdem gibt es zwei Schlüssel für den Gürtelschrein, und nur mit beiden gemeinsam kann er aufgeschlossen werden. Mehrmals im Jahr wird der Gürtel gezeigt: zu Ostern, am 1. Mai, 15. August, 8. September und zu Weihnachten. Ehrensache, dass in einer seit Jahrhunderten fast durchgehend wohlhabenden Stadt der alte Ritus in prunkvollen historischen Kostümen begangen wird!

Der **Dom** 7, der 1211 an der Stelle einer älteren Pfarrkirche von Guido da Como begonnen und mehrfach umgestaltet wurde (Fassade 1385–1456; seit 1653 Bischofskirche), ist durch seine grün-weiße Inkrustation von zauberhafter Leichtigkeit. Nach dem Florentiner Dom kommt einem der von Prato so winzig vor, als sei er für eine Puppenstube bestimmt. Der Turm wirkt durch die nach oben aufgelockerte Folge der Klangöffnungen ebenfalls sehr leicht.

Im Inneren des romanischen Langhauses sind in der Hauptkapelle des fünfteiligen Chores die wohl schönsten Fresken Fra Filippo Lippis erhalten: Szenen aus dem Leben des heiligen Stephan, dem der Dom geweiht ist, und Johannes des Täufers. Im ›Gastmahl des Herodes‹ tanzt eine anmutige Salome: Modell soll die Nonne Lucrezia gestanden haben, Lippis Geliebte! Er hatte sie genau an einem der Tage aus dem Kloster entführt, als alle Welt den heiligen Gürtel auf dem Domplatz bewunderte…

Prato, Palazzo Pretorio

Modisches aus Lumpen

Während Florenz bildende Künstler und Dichter hervorbrachte, regierte in Prato von jeher der nüchterne Geschäftssinn, vor allem während der Zeit des wirtschaftlichen Aufschwungs nach dem Zweiten Weltkrieg. Damals ging es darum, Millionen von Menschen in Europa, die nur Soldatenkluft und Selbstgenähtes kannten, wieder ordentlich einzukleiden. Stoffe gab es zwar, hervorragende Materialien etwa aus London. Aber weil diese unerschwinglich waren, holten die Prateser Lumpen aus aller Welt zusammen und stellten daraus Kleidung zu Billigstpreisen her. Ein unvorstellbarer Boom begann, die Geschäfte florierten, aus den kleinen Zulieferbetrieben wurden Großmanufakturen. Neue Maschinen wurden angeschafft, zusätzliche Arbeitskräfte aus dem armen Süden Italiens geholt. Prato wuchs in Richtung Florenz, natürlich in Form von Mietskasernen der fünfziger Jahre des 20. Jh., also nicht gerade das, worauf man städtebaulich stolz sein könnte. Aber darum ging es nicht: Die zahlreichen Einwohner der Stadt, zwischen 1950 und 1975 von 50 000 auf 160 000 angewachsen, davon mehr als ein Drittel direkt in der Textilindustrie beschäftigt, mussten Wohn- und Schlafplätze erhalten. So schnell wuchs keine andere italienische Stadt, und so reich war damals keine.

Aber die Prateser verloren ihre traditionelle Identität als Textilkünstler. Sie stellten Massenware her, im Akkord und an Maschinen, die sie zu immer höherer Produktivität zwangen. Die Nachteile bekamen sie 1975 zu spüren, als die asiatischen Länder den Weltmarkt der Billig- und Massenproduktion zu erobern begannen. Eine Großfabrik nach der anderen ging in Konkurs, ein Drittel der Textilarbeiter wurde arbeitslos. Wer überleben wollte, kehrte zu den Wurzeln der Prateser Textilindustrie zurück: Spezialisierung, Beschäftigung von kleinen Zulieferanten, Wiederentdeckung des Textilkunsthandwerks. Wie anno dazumal, nun aber mit modernen Maschinen und mit modernem Marketing. Und das scheint wieder und noch immer erfreulich gut zu funktionieren.

In den letzten Jahren entwickelte sich Prato auch zum größten Umschlagplatz für Altkleider. Die Textilien, die bei den Sammlungen in vielen Ländern Europas anfallen, werden zum Großteil nach Prato transportiert und hier nach Qualität und Zustand sortiert. Denn die Prateser verfügen aufgrund ihrer langjährigen Erfahrung mit Textilien über die besondere Fähigkeit, die Zusammensetzung eines Stoffes schon durch bloßes Anfassen zu erkennen. Die sortierte Ware geht entweder an Second-Hand-Läden, nach Osteuropa oder Afrika.

Natürlich besitzt das mit seinem Umland inzwischen auf mehr als 260 000 Einwohner angewachsene Prato eine Schule für Textiltechnik, das *Istituto Buzzi*, das bereits 1886 gegründet wurde und seinen Sitz am Viale della Repubblica hat.

Pistoia

Stadtplan S. 90
Tipps & Adressen S. 350f.

■ 20 km liegen zwischen Prato und Pistoia, über die *Autostrada* oder eine der drei Landstraßen, die die Textilmetropole mit der kleinen Hauptstadt einer recht großen Provinz verbinden: Im Norden grenzt sie an die Emilia-Romagna, im Westen liegen der lebhafte Kurort Montecatini Terme und die Blumenstadt Péscia, im Süden der größte Teil des Monte Albano mit seinen Weinhügeln.

Die mittelalterliche Stadtmauer von Pistoia zeigt ein etwa trapezförmig nach Nordosten verschobenes Viereck mit der Festung Santa Barbara im Südosten. Fast orientalisch wirkt das Marktviertel hinter dem Baptisterium im Zentrum. Mit Buden und Theken, Vordächern und Segeltuchbespannung gegen Sonne und Regen, mit Fisch- und Gemüsemarkt, Haushaltswaren und eben alles, was zum täglichen Leben benötigt wird. Die heute mehr als 100 000 Einwohner zählende Stadt hat sich zu einem blühenden landwirtschaftlichen und industriellen Zentrum entwickelt, das vor allem durch die zahlreichen Baumschulen im Ombrone-Tal international bekannt ist. Doch auch Kupfer- und Schmiedeeisen-Arbeiten sowie Stickereien werden aus Pistoia in die Europäische Union exportiert, und die mechanischen Werkstätten (Eisenbahn- und Autoteile) von Breda weisen volle Auftragsbücher vor. Schon ziemlich lange haben die Gießereien hier Tradition, auch wenn die nicht belegte Behauptung, die Pistole sei in Pistoia ›erfunden‹ worden, trotz der Namensähnlichkeit eher unwahrscheinlich ist.

Pistoias Altstadt wirkt trotz der geringen Ausdehnung urban, mit niedrigen Häuserzeilen und vielen Klein- und Mittelbetrieben. Das Handwerk war nicht immer typisch für Pistoia. Die Stadt beschäftigte sich bereits vor Florenz eher mit Bankgeschäften, und im Gegensatz zum guelfischen Florenz blieb sie kaisertreu, also ghibellinisch. Das konnte auf Dauer natürlich nicht gut gehen, und so durchlebte Pistoia eine ziemlich aufreibende Geschichte. In Kurzform: Als Pistoriae römisch und nicht sehr bedeutend, aber wegen der Lage an der Via Cassia befestigt; Blütezeit Ende 11. Jh. bis 1254 (Friedenszwang durch Florenz); Familienfehden, erneute Belagerung 1306 durch Florenz und Lucca, die Stadtbefestigung wird geschleift, im 14. Jh. folgt die erweiterte Mauer. 1530 Eingliederung in das Großherzogtum Toscana.

Für eine eigenständige, baukünstlerische Entfaltung blieb also wenig Zeit, dafür war die Stadt vielleicht auch zu klein. Der Verlauf der Stadtmauer aus dem 12. Jh., von den Florentiner und Luccheser Truppen 1307 niedergerissen, ist noch recht gut zu erkennen: im Westen entlang dem Corso Antonio Gramsci, der sich nach Süden fortsetzt und bei San Domenico in den Corso San Fedi übergeht, im Halbkreis läuft die ehemalige Mauer im Osten weiter mit der Via dei Baroni, und im Norden muss man sich etwa die Gerade von der Piazza San Lorenzo zur Kirche Sant' Andrea vorstellen.

Die Stadtbefestigung mit ihren vier Eckbastionen und der Fortezza Santa Barbara, wie sie heute zu sehen ist, stammt aus dem späten 14. Jh. und umfasst ein Areal, das dreimal größer ist als das vorgenannte aus dem 12. Jh. Bis heute sind nicht alle Baulücken ›ausgefüllt‹, obwohl die moderne Stadt längst über den Mauerring hinaus gewachsen ist.

Und noch eine interessante Beobachtung: Auch der Verlauf des römischen *oppidum*, der Befestigung an der Via Cassia also, die etwa ein Zehntel des großen Mauerrings ausmachte, ist noch gut zu erkennen, nämlich entlang der Via Abbi Pazienza, del Carmine und delle Pappe im Norden, Via Filippo Pacini im Osten, Via Palestro und Cavour

Pistoia – Sehenswürdigkeiten: *1 Fortezza del Campanile 2 Dom San Zeno 3 Baptisterium 4 Palazzo Vescovile 5 Palazzo del Podestà 6 Palazzo del Comune 7 Ospedale del Ceppo 8 Sant' Andrea 9 San Giovanni Forcivitas 10 Oratorio Sant' Antonio Abate* ***Hotels:*** *11 Milano 12 Patria 13 Il Boschetto* ***Restaurants:*** *14 Il Castagno di Pier Angelo 15 La Limonaia 16 San Jacopo 17 Trattoria dell'Abbondanza*

im Süden, Via Buozzi, Curtatone e Montanara im Westen.

Den absoluten Mittelpunkt Pistoias bildet die **Piazza del Duomo,** ein relativ enger Platz mit einem schlichten Renaissancebrunnen, der noch intimer wirkt, wenn hier Markt abgehalten wird oder wenn Sommerfeste (zum Beispiel *Luglio Pistoiese* mit Palio, Ballett und Blueskonzert) stattfinden. Der einzige Turm am Platz und damit zum Stadtturm deklariert, ist die so genannte **Fortezza del Campanile** 1, 67 m hoch und im unteren Teil wohl noch langobardisch. Er steht ganz dicht am Dom, ohne daran angebaut zu sein: klobig im unteren Bereich, später, im 13. Jh., nach oben hin durch grün-weiße Marmorinkrustationen dem Dom im romanisch-pisanischen Stil angepasst. Die Turmspitze hat sich erst das 16. Jh. geleistet. Eine gewisse Einheitlichkeit gewinnt die geistliche Komponente des Platzes noch durch die (gotische) Marmorverkleidung des Baptisteriums.

Der **Dom San Zeno** 2 gilt als eine der ältesten Kirchen der Toscana. Einige Teile stammen bereits aus dem 5. und 6. Jh. Der Portikus mit den unregelmäßigen Bögen wurde erst 1311 hinzugebaut und führt in eine dreischiffige Basilika, die von Säulen mit unterschiedlichen Kapitellen getragen wird.

Das Mittelschiff schließt mit einem offenen Dachstuhl ab, dessen Balkenkonstruktion eine geradezu farbenfrohe Bemalung aufweist, die noch original erhalten ist. Die Seitenschiffe schließen mit Kreuzrippengewölben ab. Das Kostbarste am Dom aber ist der Silberaltar des heiligen Jakobus, ein Meisterwerk der Silberschmiedekunst mit 628 Figuren, die von verschiedenen Künstlern stammen. Von 1287 bis ins 15. Jh. arbeiteten sie daran. Nach seiner Restaurierung wird der wunderschöne Schrein leider nur selten der Öffentlichkeit gezeigt.

Das **Baptisterium** 3 (unbedingt auf die Laterne über der Kuppel steigen!) hat Andrea Pisano 1338 entworfen. Der gesamte Raumeindruck ist überwältigend, ähnlich dem Baptisterium von Florenz. Außen achte man rechts vor dem Hauptportal auf die kleine Kanzel, einem kleinen Balkon ähnlich: für Predigten im Freien.

Der **Palazzo Vescovile** 4 am Platzrand zwischen Dom und Baptisterium wurde seit dem Ende des 14. Jh. mehrfach umgebaut, bis 1982 die *Cassa di Risparmio* hier einzog, also die Sparkasse.

Der schlicht-schöne Palast rechts vom Baptisterium ist der **Palazzo del Podestà** 5 von 1367, der später als Palazzo Pretorio Sitz des Florentiner Statthalters war und heute einen Teil der Pistoieser Justiz beherbergt. Gericht wurde hier allerdings schon früher gehalten, wie die Inschrift von 1507 auf einer steinernen Gerichtsbank im Innenhof besagt. Erst 1844 bekam der Palast durch Aufstocken und Erweitern sein heutiges Aussehen.

Genau gegenüber steht der **Palazzo del Comune** 6, 1294 begonnen und erst 1385 durch die Aufstockung vollendet. Die Fassade wirkt gerade in der Nähe des klobigen Campanile fast zierlich, weshalb man dann beim Betreten des Palastes von seiner Großräumigkeit überrascht wird. Im Untergeschoss mit dem fünfteiligen Säulengang sind rechts vom Portal alte toscanische und ›modernere‹ Metermaße angebracht. Darüber öffnen sich fünf gotische Fenster, die vier äußeren zweigeteilt mit Maßwerk, das mittlere zu einer Tür heruntergezogen und mit einem luftigen Balkon versehen. Links davon prangt an der Wand ein Mohrenkopf, der zu allerlei Spekulationen verleitet hat, u. a. soll er den 1113 von Pisa besiegten Mauren-

König von Mallorca darstellen. Darüber das Zwischengeschoss mit fast unsichtbaren vier Luken (die beiden rechts zugemauert), in ihrer Mitte hängt das schwere Medici-Wappen mit den päpstlichen Schlüsseln – eine Verneigung vor Leo X. Das 1385 aufgesetzte Stockwerk zeigt wieder fünf gotische Fenster, als Triforien mit Maßwerk ausgearbeitet. – Der Bogengang rechts stellt eine Verbindung zum Dom dar.

Einen Besuch lohnt auch das **Museo Civico**, um zu erkennen, dass es doch einige Pistoieser Maler von Format gab, die leider meistens anonym blieben. Dabei kann man auch im oberen Stockwerk den wunderschönen offenen Dachstuhl mit seiner mächtigen Holzkonstruktion bewundern.

Pistoias weitere Schätze sind im größeren Umkreis um den Domplatz verteilt, aber noch immer bequem zu Fuß zu erreichen: im Norden das **Ospedale del Ceppo** 7 von 1514, das nach Brunelleschis Findelhaus in Florenz konzipiert wurde und dessen Portikus mit einem wunderbaren farbigen Terrakottafries von Giovanni della Robbia und dessen Werkstatt geschmückt ist. Dargestellt sind die Wohltätigkeiten, denen sich das bereits im 13. Jh. gegründete Ceppo-Institut widmete: Krankenpflege, Pilgeraufnahme, Arme einkleiden, Tote bestatten.

Giovanni Pisano hat die kostbarsten Ausstattungsstücke der Kirche **Sant' Andrea** 8 im Nordwesten geschaffen: die Kanzel 1298 bis 1301, die dritte der Pisani-Kanzeln mit herrlich plastischen Reliefs (sechs Darstellungen aus dem Neuen Testament) und das Holzkruzifix hinter dem ersten rechten Altar. Ein anderes Kruzifix (links am ersten Altar)

Der Campanile des Domes San Zeno, eine der ältesten Kirchen der Toscana

Von Pistoia über Vinci nach Montecatini Terme und in die Valdinievole

Quer durch den Monte Albano

Tipps & Adressen: Vinci S. 371, San Miniato al Tedesco S. 360f., Monsummano Terme S. 338

Für gemächliches Autowandern mit Zeit ist das Gebiet genau richtig. Man fährt von Pistoia nach Süden quer durch den Monte Albano über schmale, recht kurvige Landstraßen bis nach Vinci, dem Geburtsort Leonardos. Es ist eine der schönsten Straßen der nördlichen Toscana, die hier sehr südtoscanisch wirkt. Südtoscanisch, weil sich ähnlich wie dort Mischwälder, Weinberge und Ölbäume abwechseln und das Landschaftsbild prägen. Und da das Gebiet durch klein-hügelige Strukturen und Terrassenbau weniger dem kalten Wind ausgesetzt ist, halten sich die Schäden durch Winterfrost in Grenzen: Nur wenige Ölbäume sind sogar 1984/85 erfroren, man findet noch viele knorrige alte Exemplare.

In **San Baronto** überquert man den Kamm und damit auch den Hauptwanderweg des Monte Albano. Über **Lamporecchio**, das angeblich kommunistischste Dorf der Toscana und vielleicht ganz Italiens, führt ein kleiner Abstecher nach **Larciano,** wo 1972 ein kleines Museum (Funde aus der Umgebung, u.a. eine Nonnenmumie mit Münze zwischen den Zähnen) in der restaurierten Festung mit dem 36 m hohen Turm eingerichtet wurde. Diesen zu besteigen lohnt sich vor allem wegen des herrlichen Rundblickes von oben (Custode im Haus daneben).

Oder man fährt direkt nach Vinci über eine noch kurvenreichere und landschaftlich sehr reizvolle Straße. 1,5 km vor dem Städtchen weist ein Schild zur **Casa Natale di Leonardo**, zum ver-

meintlichen Geburtshaus des Universalgenies Leonardo da Vinci. Es steht inmitten von silbrig glänzenden Ölbäumen, zu deren Füßen im Frühsommer ein roter Teppich großblättrigen Klatschmohns blüht. Im bescheidenen Steinhaus sind Andenken an den großen Künstler und Wissenschaftler ausgestellt, man kann hier auch ausgewählte Leonardo-Literatur kaufen.

Angesichts der hübschen Hanglage des befestigten Ortes in lichtdurchfluteter Landschaft erstaunt es, dass **Vinci** **1** in nur 97 m Höhe liegt. Die *casatorre*, das Turmhaus der Conti Guidi (13. Jh.), hatten die Handwerker der Stadt im Handstreich besetzt und zum Rathaus umfunktioniert. 1949 wurde es restauriert, und heute ehrt man darin den bedeutendsten Sohn Vincis, Leonardo (1452–1519), mit einem eigenen Museum. (Hier findet übrigens am 15. April, dem Geburtstag Leonardos, eine große Feier statt.) Ausgestellt sind Modelle

nach Zeichnungen Leonardos, der sich aus der handwerklichen Tradition heraus um eine gewisse Industrialisierung zur Erleichterung der Arbeit bemüht hatte: Werkzeuge mit Kraftübertragung, Wasserpumpen, Bagger, Bohrmaschinen, Ölpressen, aber auch eine bedrohlich wirkende Kriegsmaschine sind zu sehen, weiterhin ein Fahrrad und ein ›Flugapparat‹. In den hohen Gewölben der früheren Weinkellerei unterhalb der Festung wurde sozusagen ein Gegen-Museum eingerichtet (privat), das **Museo Ideale Leonardo da Vinci,** u. a. mit Kunstwerken, die man als Persiflage auf Leonardos Schaffen ansehen könnte, etwa deren Vermarktung in der Werbung.

Südwestlich von Vinci, in **Cerreto Guidi** 2, das die Guidi bereits im 12. Jh. an Florenz verkauft hatten, ließ Großherzog Cosimo de' Medici 1565 über den Ruinen des Kastells eine Villa erbauen. Ihre imposante, von Buontalenti geplante Treppe wird voller Bewunderung Ponte de' Medici genannt (Brücke der Medici) – sie verband die Medici-Villa mit den weiter unten liegenden Villen. Im letzten Weltkrieg vom Militär als Quartier benutzt und recht heruntergewirtschaftet, wurde in der Villa inzwischen ein Museum mit einigen Originalstücken und Möbeln aus der Medici-Epoche eingerichtet. In der Pfarrkirche des Dorfes befindet sich u. a. ein sechsseitiges Taufbecken von Andrea della Robbia (1511), das an jenes von San Piero a Sieve (s. S. 81) erinnert. In Cerreto Guidi soll übrigens Paolo Giordano Orsini 1576 seine Ehefrau Isabella erwürgt haben.

Ein kurzes Stück südwärts und dann am Arno entlang nach Westen folgt eine schöne kurze Strecke, die nach **Fucécchio** führt, das sich den Hang vom Fluss aufwärts zieht. Ein geschäftiges Städtchen, das wegen seiner Lage schon für die Langobarden von militärischer und wirtschaftlicher Bedeutung war.

Im Museo Leonardo da Vinci

Nur 4 km sind es dann über den Arno und die Bahnlinie hinweg nach San Miniato Basso, das vom wunderschön auf einem dreiteiligen Bergrücken gelegenen **San Miniato al Tedesco** **3** überragt wird. Bereits 783 als langobardisch erwähnt, 1046 Geburtsort der Mathilde von Canossa, erhielt San Miniato 1218 durch Friedrich II. eine Kaiserburg, deren **Turm** sie um Jahrhunderte überdauerte. Den Beinamen *tedesco* (= deutsch) verdankt San Miniato dem deutschen Kaiser. Dass dieser Name aber seit dem Zweiten Weltkrieg gerne verdrängt wird, ist der Tatsache zuzuschreiben, dass ein übereifriger deutscher Offizier den Turm damals sprengen ließ ... Inzwischen wurde er sehr schön restauriert und lohnt unbedingt den Aufstieg über die 129 Stufen, denn ohne ihn verpasst man den schönsten und oftmals in Bildern festgehaltenen Blick über den Ort und weit in die hier hügelige Arno-Landschaft.

Unterhalb des Friedrich-Turms steht an einem schönen, schattigen Platz der **Dom**, dem die lange Bauzeit vom 12. bis zum 19. Jh. architektonisch nicht gerade gut bekommen ist. Wand an Wand mit ihm befindet sich das **Museo Diocesano** mit Bildern aus dem 13. bis 19. Jh. sowie dem Kirchenschatz San Miniatos mit schönen Goldschmiede-Arbeiten und kostbaren Ornaten. Die Scala del Duomo führt abwärts zur lang gestreckten **Piazza della Repubblica** (normalerweise als Parkplatz genutzt), die während der drei letzten November-Wochenenden ebenso wie der Domplatz Schauplatz der bedeutendsten Trüffelmesse der Toscana wird, auf der alle typischen Produkte der Umgebung (also nicht nur Trüffeln) von den Herstellern beziehungsweise Sammlern ausgestellt und verkauft werden.

Rechts an der Piazza della Repubblica geht es zur Kirche **San Francesco** (1276, 1404–1480 erweitert). Hier stand früher das Oratorium des Florentiner Märtyrers Minias, des Patrons von San Miniato. Wichtig zu wissen: Selten sind die Kunstschätze einer Kirche in der Toscana so penibel – auch noch handschriftlich – erläutert. So findet man sich leicht durch die Vielzahl von Ölbildern und Fresken, u. a. von Niccolà di Pietro Gerini und vom namenlosen ›Meister von San Miniato‹. Doch allein schon der Eindruck beim Betreten des schlichten Kirchenraumes ist den Besuch wert!

Links vom Platz zieht sich die Hauptstraße schlängelnd durch die Stadt, bald steht man vor dem **Palazzo Comunale**, dessen neuzeitliche Fassade nicht sehr einladend wirkt. Dennoch sollte man den Besuch nicht auslassen; die Beamten sind zu den Amtsstunden normalerweise bereit, den Ratssaal aufzusperren, der u. a. folgende Kostbarkeiten birgt: ›Madonna mit Kind‹ aus der Giotto-Schule, Wappen als Freskendekoration und Relieftafeln (14. Jh.), alles betont dunkel gehalten, mit viel Rotbraun und Blau. Und aus den beiden rundbogigen Fenstern hinter dem Bürgermeistersitz blickt man ganz weit nach Süden in die hügelige Landschaft.

Über den lang gestreckten Kamm kommt man zur **Piazza Buonaparte**: Napoleon war 1796 hier zu einem privaten Besuch. Quer über die Piazza XX Settembre mit dem Krankenhaus geht es dann weiter und hinaus aus der Stadt auf schmaler Straße nach Osten und im hohen Bogen nach Norden Richtung Ponte a Elsa. An der großen Straßenbiegung genießt man einen wunderschönen Blick zurück auf San Miniato.

Die Route führt weiter Richtung Norden, zunächst nach Fucécchio, dann über die 436, eine ruhige Landstraße am östlichen Rande des naturgeschützten, ehemaligen Sumpfgebietes der **Cer-**

Richtig Reisen
Tipp

Vom Vestibül in die Hölle

Die Grotta Giusti ist eine natürliche Tropfsteinlandschaft mit mehreren weiten Räumen. Je weiter man in die Höhle eindringt, desto wärmer wird die Luft. Von 27 auf 35,2 °C steigend, weshalb die Grotten frei nach Dantes ›Göttlicher Komödie‹ die wahrlich sinnvollen Namen ›Vestibül‹, ›Paradies‹, ›Fegefeuer‹ und ›Hölle‹ bekamen. Unterhalb der ›Hölle‹ entspringt die Thermalquelle, die sich zu einem *limbo* genannten See ausweitet. Die Luftfeuchtigkeit wird durch die Wärme auf 90 % gesteigert. Je nachdem, wie schwer die Patienten vorher ›gesündigt‹ haben, also nach der Schwere ihrer rheumatischen Leiden, müssen sie, in weiße Tunika und mit Holzpantinen bekleidet, 40 bis 50 Minuten in der ›Hölle‹ sitzen. Im ›Vestibül‹ werden sie anschließend von Badewärtern abgetrocknet und in eine frische, wohlig warme Tunika gesteckt. In Decken gehüllt, fahren sie im Aufzug in die Kuranstalt hoch, wo sie je nach Krankheitsbild Thermalbad oder -dusche erhalten, wieder abgetrocknet und zu den Ruhezimmern begleitet werden. 30 bis 40 Minuten Ruhe ist Pflicht, dann können noch die verschriebenen Fango-Packungen, Unterwasser-Massagen, etc. angewendet werden. Eine aufreibend-intensive Kur, die aber schon Wunder gewirkt haben soll: Verdi soll begeistert gewesen sein, und auch Garibaldi war hier.

Das Thermalhotel ›Grotta Giusti‹ ist übrigens aus der Villa (18. Jh.) der Familie des Poeten Giuseppe Giusti entstanden, 1978 völlig umgestaltet und immer wieder renoviert worden. Die 68 Zimmer sind großzügig und mit direkter Thermalwasser-Versorgung ausgestattet. Die Atmosphäre des Hotels ist familiär, die freundlich eingerichteten Gesellschaftsräume haben stuckierte Decken, gemütliche Ledersessel und Cotto-Böden. Das Personal ist gut geschult, die Küche bietet Vollpension ohne feste Menüs, man kann praktisch alles haben, vor allem Toscanisches, und natürlich Diätkost.

Das Hotel ›Grotta Giusti‹ ist auch ein guter Tipp für Durchreisende oder für Leute, die ein paar geruhsame Tage in fast vollständiger Abgeschiedenheit in einer ganz besonderen Atmosphäre verbringen möchten. Denn jeder kann sich für einen aktiven Höhlenbesuch anmelden. Mit oder ohne Krankenschein.

baie, das von zahlreichen Entwässerungskanälen durchzogen ist. Ein Dorado für Naturfreunde und Ruhesuchende.

Das an sich wegen seiner zahlreichen Schuhfabriken allzu schnell gewachsene, gesichtslose **Monsummano Terme** 4 im Nordwesten des Monte Albano, dessen Flanke von Steinbrüchen angeknabbert scheint (teilweise wieder mit Bäumen bepflanzt), ist wegen seiner beiden Heilgrotten dennoch einen Besuch wert. Die **Grotta Giusti** wurde erst 1849 bei Steinbrucharbeiten entdeckt und brachte dem Ort bald den Beinamen *Terme* ein (s. Tipp S. 98). Auf dem kurzen Weg nach Montecatini (noch vor der Autobahn) kommt man an der **Grotta Parlanti** vorbei, die ebenfalls um die Jahrhundertwende (19./20. Jh.) entdeckt wurde, und der eine Familienpension als Kuranstalt angegliedert ist.

Montecatini Terme und die Valdinievole

Karte S. 94/95
Tipps & Adressen: Montecatini Terme S. 339f.

Der Toscana bedeutendster und einer der wichtigsten Kurorte Italiens wirft seine Schatten auf eine wunderschöne Umgebung: Kaum jemand kennt die Valdinievole, das ›Wolkental‹, wie es noch immer wegen der ständig umnebelten Flüsschen heißt, die dem früheren Sumpfgebiet zueilten, bis es trocken gelegt und urbar gemacht wurde. Gewiss waren die Nebelwolken ein romantischer Anblick, der Dichter und Maler inspirierte, aber weder für die Gesundheit der Bevölkerung noch für den Fremdenverkehr förderlich. Geblieben ist nur der fast märchenhaft klingende Name des Flüsschens Nievole (im Osten des Gebietes) und des gesamten, recht hügelreichen ›Tales‹ Valdinievole. Es reicht im Südosten bis Lamporecchio und Larciano, im Südwesten umfasst es das alte Sumpfgebiet von Fucécchio (die Cerbaie) und verläuft an der Linie Monsummano – Chiesina Uzzanese über die Autobahn bis Montecatini Terme. Die Fortsetzung führt weiter in die nördlichen Hügel mit den zauberhaft gelegenen Ortschaften Colle und Buggiano, Massa und Cozzile, Uzzano und das größere Péscia mit dem benachbarten Collódi, hinauf bis zu den so genannten Valli Pesciatine, also in etwa zwischen den Flüssen Nievole und Péscia, im Westen begrenzt von der Provinzgrenze mit Lucca, im Süden mit der von Pisa.

Seinen Ruhm als Thermalort hat **Montecatini Terme** 5, dessen heilbringende Wasser schon in der Antike bekannt waren, aber nach der Renaissance in Vergessenheit gerieten, dem aufgeklärten Fürsten Peter Leopold von Habsburg-Lothringen zu verdanken. Er ›baute‹ nicht nur große Teile der Toscana um, sondern nahm sich auch der Valdinievole und damit Montecatinis an. Er ließ die Thermalquellen von Spezialisten neu fassen und veranlasste den Bau des Königlichen Bades (Bagno Regio) 1773, der Terme Leopoldine und der Badeanstalt Tettuccio 1779. Logisch, dass seine Anwesenheit in Montecatini gekrönte Häupter, Dichter und Musiker nach sich zog, eben die ›Mode-Menschen‹ seiner Zeit.

Montecatini, eine lebhafte Stadt, die gut von ihren Kurgästen (im Jahr mehr als 800 000) lebt, weiß sich vor ihnen zu verbeugen: Das Hotel- und Kurpersonal ist gut geschult, die perfekt funktionierenden Kuranlagen sind gepflegt, Diätköche verstehen ihr Handwerk, die verkehrsberuhigte Kurzone besitzt einen immens großen Kurpark (eine halbe Million Quadratmeter) mit uralten, prachtvollen Bäumen, vor allem ausladenden Zedern. Die Italiener finden es köstlich, in Gesundheit versprechender Atmosphäre mit einem Glas in der Hand, an dem warmen, wahrlich nicht wohl schmeckenden Wasser zu nippen. Das Tettuccio (›kleines Dach‹), das längst keine Quelle mit kleinem Schutzdach mehr ist, hat sich zur schönsten

Richtig Reisen
Thema

Illustre Gäste

Viele Berühmtheiten haben im Tettuccio schon Linderung für ihre Leiden gesucht

Wenn Giuseppe Verdi Ärger mit seiner Leber hatte, packte er kurz entschlossen seine Koffer und reiste nach Montecatini. Die Liste der illustren Gäste ließe sich erweitern um den Herzog von Windsor, den Schah von Persien und Farah Diba, die Großherzöge von Luxemburg und die Königin von Schweden, die Königin von Marokko und Ingrid von Dänemark, Ibn Saud von Arabien, Gracia und Rainier von Monaco, Rose Kennedy und andere Gestalten der politischen Welt. Aus der Welt des Theaters, der Musik und des

Films seien noch Gäste genannt wie Spencer Tracy und Mary Pickford, Douglas Fairbanks und Katherine Hepburn, Gary Cooper und Orson Welles, Lina Cavalieri und Dina Galli, Toscanini und Benjamino Gigli, Vincenzo Bellezza und Luisa Tetrazzini, Mascagni und Puccini und Leoncavallo, der übrigens in Montecatini starb, wie 1957 auch Christian Dior. Denn manchmal, lästern die Leute von Montecatini, kommt eben auch die beste Kur zu spät ...

Verdi trat, als Privatmann sozusagen, die letzten zwei Jahrzehnte seines Lebens aus purem Vergnügen, wie es heißt, auf der Bühne der Thermen auf. Und im alten Gasthaus ›Locanda Maggiore‹ schrieb er die Musik zum letzten Akt von ›Othello‹. Im selben Zimmer soll Puccini den zweiten und dritten Akt von ›La Bohème‹ komponiert haben.

Zahlreiche italienische Schriftsteller, Dichter und Journalisten, Minister und Parlamentarier kamen hierher und kommen noch immer. Natürlich waren auch die Medici häufige Gäste. Einer von ihnen dürfte in keiner guten Erinnerung geblieben sein: Cosimo I, der erste Herzog der Toscana, gab 1554 den Befehl: »Man zerschlage und zerstöre es bis auf den Grund der ganzen Mauer«, um Pisa, dem Montecatini Alto samt 24-türmiger Befestigung hoch über den Thermen gehörte, zu schaden. Später freilich zeigte er Reue, als es seiner Frau Gemahlin so schlecht ging, dass ihr der Leibarzt das heilende Wasser von Montecatini verschrieb, nämlich das von Tettuccio.

Also änderte der Herzog kurz entschlossen seine Meinung und gab die Parole aus: »Man sehe zu, dass es wieder hergestellt werde, aber von jemandem, der es versteht, um dass das Geld vorteilhaft ausgegeben und nicht in Diebereien vergeudet werde.«

und größten Therme von Montecatini gemausert. Von den farbigen Kachelwänden schauen einen kurverwöhnte Gestalten im antikisierenden Stil an, die natürlich ebenfalls Wasser trinken. An manchen von ihnen ließe sich der Hinweis auf eine Idealfigur ablesen ...

Aldous Huxley beschrieb Montecatini in seiner 1921 erschienenen Novelle ›Nach dem Feuerwerk‹ mit bissigem Zynismus als Tummelplatz von Ungeheuern, als einen »Ort der Strafe, nicht nur der Heilung«: »Zwei-Zentner-Frauen quellen aus ihren Stühlen, alte Männer watscheln wie voll gefressene Bären durch die Wandelhallen, andere stolzieren wie Pfaue hinter den eigenen, prallen Bäuchen her – andere schwanken ausgemergelt und gallengelb zu den polierten Messinghähnen, wo ihnen gelangweilte Brunnenfeen das salzige, lauwarme Wasser zapfen.« – Nun, Huxley war damals 26 Jahre jung, das Kurpublikum aber eines, das erst kam, wenn es fast schon zu spät war. Heute soll das Durchschnittsalter der Kurgäste bei 50 bis 55 Jahren liegen. Vor allem die Italiener sind es, die lieber vorbeugen als heilen.

Die rote Zahnradbahn führt vom Kurgebiet alle halbe Stunde in nur zehn Minuten hinauf nach **Montecatini Alto** **6**, das im Kern vollständig unter Denkmalschutz steht und Fußgängern vorbehalten ist. Die Piazza Giuseppe Giusti, nur ein paar Schritte von der *funicolare* (Zahnradbahn) entfernt, ist lang gestreckt und leicht abfallend. Sie erinnert ein wenig an die berühmte Piazzetta von Capri. Die umliegenden Cafés sind nicht ganz so anspruchsvoll, aber dafür fühlen sich auch die Einheimischen hier noch wohl. Die Attraktion des Ortes ist kein Gebäude, sondern eine kulinarische Spezialität, die *fettunta* (woanders *bruschetta* genannt), das auf Holzglut geröstete toscanische Weißbrot, mit

Knoblauch eingerieben und mit Olivenöl beträufelt, etwas Salz drauf – fertig. Wenn kurz nach Ostern hier oben in Montecatini Alto das *fettunta*-Fest gefeiert wird, dann duftet es fast bis zum Thermalort runter nach frischem Knoblauchbrot ... Passend dazu wird in den netten Straßencafés der trockene Weißwein von Montecarlo getrunken, der südwestlich von Montecatini gedeiht.

Am oberen Ende der Piazza steht an der schmalen Via Leone, gleich links, ein großes Holzkruzifix mit schauerlich realistischen Marterwerkzeugen. Ein schöner Promenaden-Rundweg führt zu den wenigen Sehenswürdigkeiten wie den Resten der Festung und garantiert ringsum herrliche Ausblicke in die umgebenden Täler, auf die mondäne Kurstadt unten und zu den kleinen befestigten Dörfern der Valdinievole weiter oben.

Fährt man von Montecatini nicht mit der *funicolare*, sondern mit dem Wagen die kurvige Landstraße hoch, kommt man an die kurze Abzweigung zur **Grotta Maona**, die Mitte des 19. Jh. entdeckt wurde, eine Tropfsteinhöhle mit eindrucksvollen Stalagmiten und Stalaktiten, speziell an ihrem Ende, wo sie Namen bekamen wie steinerner Wald und Säule, Wasserfall und Beine eines Riesen. Im Freien befindet sich ein einladendes Café, manchmal Kulisse für Freiluft-Veranstaltungen.

Zwei winzige Nachbardörfer folgen, beide aus stark befestigten Burgen entstanden, ganz typisch für die nördliche Valdinievole: Massa und Cozzile. **Massa** 7 bildet in 223 m Höhe auf seinen beiden Graten ein Ypsilon aus engen Gassen, die von kleinen Wohnhäusern und Plätzen begrenzt werden. Man betritt es durch die Porta ai Campi (14. Jh.; mit angebautem Oratorio della Campagna, 18. Jh.), die folgerichtig auf die umgebenden Felder hinaus führte. Auf der kleinen Piazza Cavour stehen gleich zwei Kirchen beisammen, San Michele und Maria Assunta mit ihrer dreibogigen Vorhalle, deren klobiger romanischer Glockenturm (12. Jh.) den Platz überragt. Ein winziger Lebensmittelladen, ein schmächtiger Palazzo Pretorio mit den sechs Medici-Kugeln im Wappen, viele steile Treppengassen – alles in allem ist Massa ein angenehmer Ort in herrlicher Hügellage.

Noch winziger ist das benachbarte **Cozzile** 8 in 411 m Höhe mit einer einzigen Dorfstraße, der Via dei Martiri, die zur Chiesa San Giacopo (13. Jh., 1526 restauriert) mit dem wehrhaften Campanile führt, ein Teil der einstigen Festung. Die Kirche wurde im 19. Jh. ›gotisch‹ wieder aufgebaut und könnte schon wieder eine Restaurierung brauchen. Die hübsche Porta Nuova a Mezzogiorno daneben stammt noch aus dem 12. Jh. und öffnet sich zu einem Weg, der heute lediglich in einen kleinen Olivengarten führt und zu einem Spaziergang einlädt.

Hier und in den anderen Dörfern der Valdinievole trifft man neuerdings auf Malschüler, die in kleinen Gruppen unter Anleitung eines Künstlers aus Montecatini heraufkommen – eine touristische Idee, die schon recht viele Anhänger gefunden hat, und zwar in allen Altersklassen. Nicht nur die kleinen Festungen innen wie außen faszinieren, sondern natürlich auch die ausgedehnten Wälder der Umgebung mit den schönen Edelkastanien und den im Frühjahr betäubend duftend blühenden Akazien.

Buggiano 9 erreicht man, indem man auf einem aussichtsreichen Bergsträßchen zwischen Ölbaumterrassen ein Stück nach Süden fährt. Der Ort besteht aus vier Teilen, die sich im Laufe der Jahrhunderte aus dem ursprünglichen Castello entwickelten, als die Bewohner erstens mehr Platz und zweitens weiteren Boden für die Landwirtschaft benötigten: Colle oben, Castello 2 km abwärts Richtung Tal, Borgo a Buggiano an der S. S. 436 westlich von Montecatini und ganz unten Ponte Buggianese.

Colle überrascht mit einer schmalen Piazza namens Cavour, die die Bewohner leider völlig zuparken. In der Via Natali steht zwischen den Häusern 4 und 6 eine kleine Barockkapelle, und zwei Gassen weiter engt im Sommer eine unglaubliche Hortensienpracht den Weg fast völlig ein. Colle ist ein Ort für Leute, die gerne selber entdecken und Ruhe suchen.

Von außen ist kaum erkennbar, wie weitläufig das befestigte Dorf **Buggiano Castello** innerhalb seiner Mauern ist, das wie die anderen besser nur zu Fuß erobert wird. Ganz oben im Ort breitet sich ein überraschend geräumiger, rechteckiger Platz aus, dessen Umgebung in den letzten Jahren wunderschön saniert wurde. Durch die Baulücke im Osten ist der Blick auf Montecatini Terme und Alto sowie auf die bewaldeten Berge von Pistoia frei. Nach Westen zu, durch einen Rundbogen am ehemaligen Bischofspalast, ist Uzzano zu sehen und die schmale Hügelkette von Lucca.

Die dreischiffige Basilika ist Teil eines Benediktinerklosters von 1083. Im Inneren überrascht sie mit architektonischen Unregelmäßigkeiten: Während das Südschiff von vier Säulen getragen wird – eine davon besitzt ein ausdrucksstarkes Kapitell mit Tieren an den vier Ecken (zwei Löwen, ein Lamm, ein Ziegenbock) und Menschen dazwischen –, ruht das Nordschiff auf zwei oktogonalen Pfeilern. Das Taufbecken aus Marmor neben einem ebenfalls marmornen Pult, das ein Adler auf seinen Schwingen trägt, stammt aus dem Jahre 1342. Weitere Kostbarkeiten, eine Sammlung von Silber, Holzskulpturen, Gemälden und Stoffen muss man sich vom Custoden im Pfarrhaus nebenan zeigen lassen (gegen Gebühr).

Borgo a Buggiano hat sich zu einem Vorort von Montecatini entwickelt, mit keinen besonderen Merkmalen. Der Abstecher nach **Ponte Buggianese** (4,5 km) aber lohnt wegen Pietro Annigoni. Der zeitgenössische Maler hat sich sowohl in der Wallfahrtskirche Santa Maria del Buon Consiglio nördlich des Ortes als auch in der Pfarrkirche im Zentrum ein Denkmal gesetzt: Ab 1967 schmückte der ›Maler der Königinnen‹ die Innenräume beider Kirchen. Seinen Beinamen trugen ihm die Porträts der ›oberen Zehntausend‹ ein, gekrönter Häupter und Päpste, die er für sie malte; auch sind nicht wenige Villen mit seinen Fresken ausgeschmückt. Sein Porträt der Königin von England ging übrigens als Briefmarke um die Welt. In Ponte Buggianese entstand im Laufe der Jahre, Stück für Stück, ein gewaltiger Freskenzyklus von etwa 160 m^2. Die Themen: ›Grablegung‹ und ›Auferstehung Christi‹ sowie die Propheten Jeremias und Isaias. Annigonis Schüler Stefanelli und Pistoiesi malten die ›Verkündigung‹ und das ›Abendmahl‹.

Zurück nach Borgo a Buggiano und von dort wieder hinauf ins 275 m hoch gelegene, befestigte Dorf **Uzzano** 10. Den Wagen sollte man unten in der Nähe des Tores stehen lassen. Nur im Juni, beim *Giugno Uzzanese*, steht der ganze Ort Kopf, an der Bergstraße findet kein Wagen mehr einen Parkplatz, wenn zur *Festa dell´ Amore* eingeladen wird, mit Tanz auf der kleinen Piazza. Sonst herrscht auch hier wie in den anderen Dörfern der nördlichen Valdinievole beschauliche Stille.

Von der Piazza mit der romanischen Kirche und dem Palazzo Pretorio erblickt man schon die Treibhäuser von Péscia weit unten im Péscia-Tal, man schaut auf die Ausläufer der Garfagnana, den Fluss und die markanten Ölbäume.

Péscia und Collódi

Karte S. 94/95
Tipps & Adressen: Péscia S. 344f.
Collódi S. 313

Die Blumenstadt **Péscia** 11 ist durch den gleichnamigen Fluss zweigeteilt. Von Uzzano kommend, gelangt man in den neueren Teil, den man den ›sakralen‹ nennen könnte, betrachtet man die andere Seite als die profane, als das Zentrum der weltlichen Macht. Einem Triumphbogen gleich wirkt die **Porta Fiorentina**, die Einfahrt in den von hohen Bauten des 17. bis 19. Jh. geprägten sakralen Stadtteil.

Gegenüber dem **Ospedale Santi Cosma e Damiano** aus dem 18. Jh. (mit modernem Anbau) steht die kleine **Chiesa Sant' Antonio Abate** (Mitte 14. Jh.), die im Chor Fresken aus dem Leben des Abtes Antonius und anderer Heiligen besitzt (15. Jh.). Nur etwa 150 m weiter bietet die **Chiesa di San Francesco** aus dem 14. Jh. ein ziemlich barockisiertes Bild. Von der ursprünglich schlichten gotischen Hallenkirche sind nur die drei Chorapsiden mit geradem Abschluss erhalten geblieben sowie einige Fresken im oberen Teil und im Deckengewölbe. Sonst dominieren die fünf Barockaltäre und die große barocke Kapelle im Norden. Rechts vor dem Chor aber befindet sich die größte Kostbarkeit der Kirche: das Franziskus-Tafelbild von Bonaventura Berlinghieri (1235). Die übergroße, sehr schmale Gestalt des Franziskus zeigt ihre Wundmale, sechs Bilder (je drei zu beiden Seiten) erzählen seine Lebensgeschichte.

Auf romanischen Grundmauern ruht der **Dom** aus dem 17. Jh. (Fassade 19. Jh.) mit dem klotzigen Campanile von 1306. Schon seit 1726 ist er Bischofssitz.

Ein schöner, schlichter Natursteinbau auf dieser Seite des Flusses ist der **Palazzo Pretorio**. Der zweistöckige Bau wird von vier großen Gewölbebögen getragen, die Platz- und Talfassade haben jeweils nur vier Fenster. So entsteht der Eindruck einer Festung.

Geradezu wohnlich, aufgeräumt, wirkt auf der anderen Flussseite die lang gestreckte **Piazza Grande** oder **Piazza Mazzini** im zweifellos schöneren Stadtteil von Péscia. Eigentlich ist es eine in Nord-Süd-Richtung verlaufende Marktstraße, aber eine von seltener Geschlossenheit. Dieser wahre ›Salon‹ der Stadt ist sicherlich einer der schönsten (und doch wenig bekannten) Plätze der Toscana. An den Flanken im Westen und Osten reiht sich Palazzo an Palazzo, nichts Protziges, höchstens drei- bis vierstöckig, hellocker, bräunlich getüncht. Darin in den Erdgeschossen viele Bars, kleine Geschäfte und Bäckereien (die nahe der Kirche mit den besten *cantucci*). Im Sommer sind die Schatten spendenden Markisen weit vorgezogen oder die grünen Klappläden mittags zum Schutz gegen die Sonne geschlossen.

Die Schmalseiten bilden im Norden der Palazzo dei Vicari und im Süden die Kirche Madonna di Piè di Piazza (›am Fuße des Platzes‹). Im **Vikarenpalast** aus dem 13./14. Jh., auf der Seite des Palazzo del Comune über eine großzügige Treppe zu erreichen, wurde das Rathaus untergebracht. Wer den Wächter freundlich bittet, darf – wenn keine Sitzung stattfindet – den Ratsherren-Saal im ersten Stockwerk besichtigen.

Richtig Reisen
Tipp

Valleriana Trekking

Collódi Castello, das enge befestigte Dorf auf dem schmalen Grat oberhalb der Villa Garzoni in Collódi, ist Ausgangspunkt für eine herrliche Wanderung ins nördliche gebirgige Péscia-Tal mit seinen dichten Kastanienwäldern: über den Monte Verruca (546 m) zum Monte Telégrafo (705 m) und mit einem Rundkurs zum Monte Granaio (1043 m) und La Bastia (1107 m), dann zurück zum Monte Lignana (863 m) über Sorana und Castelvecchio im Herzen der so genannten Svizzera Pésciatina.

Gutes Schuhwerk und Proviant sind für die anstrengende, aber herrliche Tageswanderung notwendig, die den hübschen Namen ›Valleriana Trekking‹ (eine hier häufig – rosa – blühende Blume: Rote Spornblume) trägt. Nähere Informationen erhält man im Rathaus von Péscia und in der Villa Garzoni in Collódi.

Die Wappenfresken der Vikare sind schön restauriert, ein Wappen zeigt drei Delphine, einer von ihnen mit einer Krone: das Stadtwappen von Péscia. Der Legende nach soll man in der Flussmündung des Péscia einen Delphin gefunden haben. Links hinter dem Rathaus führt eine schmale Straße zu einem hübschen Platz mit dem **Palazzo del Podestà** und dem **Museo Civico**, das eine Mineraliensammlung und archäologische Funde aus der Valdinievole besitzt.

Zurück zur Piazza Grande und ihrem bescheidenen Kirchenbau der **Madonna di Piè di Piazza** an der Südseite. Eigentlich ist er, vom Platz her gesehen, nur ein schmaler Querraum, 1447 von Andrea Cavalcanti erbaut und in den letzten Jahren behutsam restauriert, vor allem die schwere, dreiteilige Kassettendecke im Inneren. In ihrer Mitte zeigt ein ovales Medaillon auf altrosa Grund eine Madonna mit Kind in schönem blauen Gewand. In den Kleidern der Heiligen dominieren die Farben Blau, dezentes Gold und gedämpftes Rot.

Hinter dem Bahnhof von Péscia hat der größte Blumenmarkt der Toscana seinen neuen Standort erhalten. Wer die duftende Pracht auf dem **Mercato dei Fiori** erleben möchte, muss sehr früh auf den Beinen sein. Im Sommer werden hier täglich rund drei Millionen Schnittblumen umgesetzt: Nelken hauptsächlich und Gladiolen. Doch in den Treibhäusern blühen auch im Herbst und Winter Nelken. Um seinem Ruf als Blumenstadt gerecht zu werden, hat Péscia übrigens ein Forschungszentrum für Blumenzucht eingerichtet.

Blumen allein sind es aber nicht, die das fruchtbare Péscia-Tal, das seit dem frühen Mittelalter landwirtschaftlich genutzt wird, bedeutend machen. Die Baumschulen für Ölbäume bedecken die Ausläufer der Garfagnana, unten im Tal werden Spargel und anderes Gemüse gezüchtet. Für die Schönheit der Landschaft und für den Umweltschutz weniger förderlich als für die wirtschaftliche Gesundheit der im wahrsten Sinne des Wortes florierenden Gemeinde sind die wenigen noch arbeitenden Papierfabriken entlang des oberen Péscia-Laufes. Das gilt noch mehr für die ebenfalls dort arbeitenden Gerbereien sowie die Betriebe zur Verarbeitung von Aluminium und Kupfer.

Bis nach **Collódi** 12 zum ›Geburtsort‹ Pinocchios, sind es von Péscia aus keine 5 km mehr. Das Haus von Carlo Lorenzini, dem berühmten ›Vater‹ Pinocchios, steht links bei der Einfahrt in den Ort, von Süden kommend, in der Via delle Cartiere 62. Nur eine Tafel erinnert an den Kinderbuchautor, dafür beginnt 200 m weiter der **Pinocchio-Park**. Hier dreht sich alles um den recht anarchistisch denkenden, tollkühnen Holzbengel und seine Erlebnisse.

Von seinem Ruhm profitiert auch die **Villa Garzoni** (1630 und 18. Jh.) gegenüber. Sie zieht sich mit ihrem wunderschönen, in den letzten Jahren leider nicht mehr sehr gepflegten, ausladenden Park weit den Hang hinauf bis ins befestigte Dorf (Castello) darüber, das selber viel älter ist als die Villa. Der Park der Villa Garzoni gilt als eine der raffiniertesten Gartenanlagen der Toscana, mit Wasserspielen und Kanälen, Terrassen und Treppen, teils fein säuberlich geordneten Blumenbeeten, teils verwilderten Laubengängen und Hecken, die die ›gepflegten‹ Teile zu überwuchern vortäuschen. In Wahrheit ist nämlich alles schon vom Markgrafen Romano Garzoni so erdacht worden, der sich Villa und Park anlegen ließ. Kein Wunder, dass diese Anlage im 18. Jh. voller Bewunderung in einem Atemzug mit Versailles und Schönbrunn genannt wurde.

Die zahlreichen, hohen, Hallenkirchen mit vielen Fenstern ähnelnden Gebäude, die das obere Péscia-Tal nicht gerade schmücken, aber sein Bild am Fluss entlang bestimmen, sind Papierfabriken aus dem 19. Jh. Man begegnet ihnen von Péscia bis nach Villa Basilica. Zum Teil wurden sie inzwischen aufgegeben, vorerst zwei davon zu attraktiven Hotels umfunktioniert, zum Teil aber für die Verarbeitung von Altpapier wieder aktiviert. Je nachdem, welche Farbe das Altpapier hatte, das zur Wiederverwendung (meist als grobes Verpackungsmaterial) ›ausgewaschen‹ wird, färbt sich dann der Fluss weiß oder gelb, rötlich oder braun … Eine Augenweide bleiben

Die Prunktreppe führt zur Villa Garzoni

dagegen die dichten Kastanienwälder ringsum, die Vorboten der wilden Garfagnana.

Westlich von Collódi, über ein schmales Sträßchen erreichbar, erhebt sich das kleine Dorf **San Gennaro** 13 in 249 m Höhe inmitten von Ölbaum-Terrassen, der Ort einer sensationellen Entdeckung: Am 28. Dezember 1999 stellte Professor Carlo Pedretti von der amerikanischen University of California in Los Angeles in der wissenschaftlichen RAI Uno-Sendung ›Superquark‹ den Terrakotta-Engel der Pieve di San Gennaro (12. Jh.) als das Werk des jungen Leonardo vor. Schon früher war das Werk der Schule Verrocchios zugeschrieben worden, also Leonardos Lehrmeister. Der z.T. noch farbig gefasste Engel greift sich mit der rechten Hand ans Herz, mit der Linken rafft er sein Gewand zusammen. So entstand eine leichte Biegung des jugendlich-schlanken Körpers. Von besonderer Pracht ist das lange, gelockte Haar, so elastisch in der Wirkung, dass dies keinem anderen aus der Verrocchio-Schule als Leonardo da Vinci zugeschrieben werden konnte – so der *professore.* – Bei aller Begeisterung für den fast mannshohen Engel sollte man nicht versäumen, im Inneren der Pfarrkirche auch die schöne Kanzel von 1162 zu bewundern und außen die schlichte romanische Fassade.

Pinocchio
Der hölzerne Bengel

Seit Jahrzehnten stehen schon die selben Händler zwischen Pinocchio-Park und Villa Garzoni und verkaufen ihn von Ostern bis Ende Oktober, jedes Jahr aufs Neue: Pinocchio in klein mit kurzer Nase, Pinocchio mittelgroß, Pinocchio als Spielriese mit zwei Nasen – zum Auswechseln. Bekanntlich je nachdem, ob Pinocchio die Wahrheit sagte oder nicht ...

Viele leben nicht schlecht vom hölzernen Bengel, dem ein gewisser Carlo Lorenzini, ehemals wohnhaft in Collódi und besser bekannt als Carlo Collódi, literarisches Leben einhauchte. Federico Fellini, der unvergessene Regisseur des italienischen Films, schrieb einmal: »Pinocchio ist wahrhaftig Italiens großes Buch. Für mich ist es größer als Manzonis ›Verlobte‹, ein Buch, das nie aufhört, uns zu nähren, uns zu trösten: ein kleines, so vollkommenes Universum mit seinen Gesetzen, die wir nie mehr verleugnen werden.«

Carlo Collódi wurde 1826 in Florenz als Sohn eines Kochs und einer Frau aus Collódi geboren, die sich um elf Kinder zu kümmern hatte. Carlo Lorenzini konnte dennoch Rhetorik und Philosophie studieren, wurde zunächst Bibliothekar, dann politisch engagierter Journalist und schließlich Kinderbuch-Autor. 1881 begann er ›Pinocchio‹ in Fortsetzungen für die Kinderzeitschrift ›Giornale dei Bambini‹ zu schreiben, zwei Jahre später erschien die Geschichte als Buch. Als Collódi 1890 in Florenz starb, war er bereits ein weltberühmter Mann. Fellinis Urteil hätte ihm wahrscheinlich dennoch sehr geschmeichelt, schließlich sind Manzonis ›Verlobten‹ der erste und berühmteste Roman Italiens!

Lucca: Reichtum durch Seide

Stadtplan S. 110/111
Tipps & Adressen S. 332ff.

■ Die Luccheser, die im Gegensatz zu den Florentinern als heiter und ausgeglichen gelten, aber auch als geschäftstüchtig und fleißig, vielleicht auch ein wenig geizig, promenieren am liebsten auf dem Stadtwall. Die hohen, Schatten spendenden Platanen, die im Winter, blattlos, skurrile Formen zeigen, sind schon die zweite Bepflanzung. Inzwischen wäre der breite Wall sogar für Autos befahrbar, aber das sieht man nicht so gern, dafür flitzen um so lieber Radfahrer zwischen den Fußgängern herum.

Keine andere Stadtbefestigung bietet solche schönen Ausblicke, sowohl auf die Stadt selber mit den roten Ziegeldächern ihrer fast durchweg restaurierten Häuser, als auch auf die umgebenden Hügel im Norden, das Vorland der Apuanischen Alpen im Westen und den Monte Pisano im Süden – eine feingliedrige Hügellandschaft.

Typisch für die Luccheser Palazzi sind ihre Backsteinmauern, und an vielen wurden die mittelalterlichen Strukturen wenigstens zum Teil freigelegt, als man sie aufwendig restaurierte. Auch die Dächer der Häuser zeigen die Farbe von Cotto, meist einen dunklen rötlichen Ton.

Stadtgeschichte

Die Geschichte Luccas begann mit *Luk*, das im Etruskisch-Ligurischen so viel bedeutete wie Sumpf, der hier durch den Sérchio gebildet wurde. Auf einem Inselchen entstand Luccas Kern. Die römische Via Francigena (Frankenstraße) führte an der Stadt vorbei, sie verband seit dem 6. Jh. das lombardische Pavia mit Rom und brachte daher auch Lucca enorme wirtschaftliche Vorteile. Schon als römische Kolonie (ab 180 v.Chr.) und später als römische Stadt genoss sie hohes Ansehen. Mit dem Untergang des Römischen Reiches wurde sie von den Goten als die Hauptstadt Tusciens betrachtet, was auch die Langobarden hinnahmen, bis die Karolinger diese Funktion Florenz zusprachen.

Tyrannische Fürsten regierten die Stadt im 13. und 14. Jh., dennoch blühten Handel und Handwerk. Der Handel mit schweren, kostspielig verarbeiteten Seidenstoffen füllte Luccas Banken und machte die Stadt bis ins 19. Jh. fast durchgehend mehr oder weniger unabhängig. 1847 wurde sie Teil des Großherzogtums Toscana, 1860 ein Teil des Vereinten Italien.

Stadtbesichtigung

Woher man auch immer kommt, erst muss man durch die mächtige Stadtmauer beziehungsweise durch eines ihrer vier festungsartigen Tore. Die elf (ursprünglich zwölf) herzförmigen Bastionen ragen bedrohlich weit in die Ebene hinein, übrigens dort, wo früher Wachttürme standen, die beim letzten, dritten Mauerbau integriert wurden. Alles in allem eine imposante Befestigung, die sich Lucca 1544 bis 1645 leistete, nachdem die Stadt durch den Seidenhandel reich geworden war – ein gigantisches Investitionsobjekt und auch eine Arbeitsbeschaffungsmaßnahme. 4,2 km lang ist die elliptische Mauer, 12 m hoch, an der Basis bis zu 12 m breit. Sechs Millionen Ziegelsteine sollen an der Mauer verbaut worden sein, die übrigens nie eine Belagerung erlebte. Als einziger gefürchteter Feind galt nur der Sérchio, der Fluss mit seinen ständig drohenden Überschwemmungen.

In Lucca kann man sich leicht orientieren. Betrachtet man den Stadtplan, so sind darauf die drei alten Befestigungsanlagen gut zu erkennen: Die römische Mauer aus dem 2. vorchristlichen Jahrhundert verlief im Süden entlang des heutigen Corso Garibaldi, im Osten entlang der Via della Rosa und Via dell' Angelo Custode, im Norden – das Amphitheater lag außerhalb – in einem leichten Bogen von der Via Mordini zur Via degli Angeli und über die heutige Piazza Sant' Agostino hinweg im rechten Winkel zum Wall, die Westflanke bildete der Verlauf der Via Galli Tassi.

Die mittelalterliche Mauer (bis 1265) hatte im Süden den gleichen Verlauf (Corso Garibaldi), im Osten reichte sie bis zum Kanal der Via del Fosso, knickte mit der Via Santa Gemma Galgani nach Norden ab, wo sie das Amphitheater einbezog und bis zur Bastion Santa Croce verlief, um von da in gerader Linie

im Süden auf die Bastion San Paolino zu stoßen. Um 1600 schließlich wurde Lucca lediglich im Osten erweitert, und zwar um den Bereich östlich vom Kanal.

Parken im Zentrum ist für Fremdfahrzeuge inzwischen praktisch verboten, Parken auf den ausgewiesenen Plätzen an den Stadttoren ist teuer, aber am Rande des Walls kann man seinen Wagen kostenlos abstellen. Am besten man reist, um Lucca in Ruhe genießen zu können, mit der Bahn oder dem Bus an. Der Busbahnhof befindet sich innen an der Porta Vittorio Emanuele im Westen, der Bahnhof vor dem Wall südlich der Porta San Pietro, dem geeignetsten Ausgangspunkt für einen Rundgang.

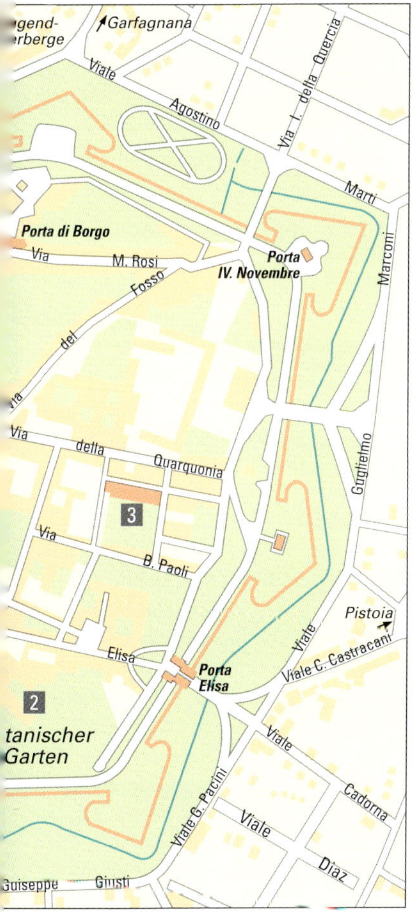

Vom Tor aus sollte man gleich auf den Stadtwall steigen und diesen schönen schattigen Weg nach rechts bis zur nächsten Rampe abwärts gehen, um auf die Via dell' Arcivescovado zu gelangen. Linker Hand schaut schon die Rückseite des Domes **San Martino** 1 auf dem gleichnamigen Platz aus dem Häusergewirr heraus: Im 6. Jh. gegründet, im 8. bereits Bischofssitz, im 12. und 13. grundlegend umgestaltet, innen im 14. und 15. Jh. neu ausgestattet und im 19. restauriert – all diese Veränderungen hat der Dom relativ unbeschadet überstanden. Die reich gegliederte Fassade ist asymmetrisch: Zum Campanile hin, der bei Erweiterungsarbeiten im 13. Jh. stehen geblieben war, werden die Bögen der Vorhalle und der Galerien darüber schmaler. Der Turm selber ragt fünf Stockwerke über die Fassade hinaus, im ersten Stock auf jeder Seite eine Klangöffnung, dann zwei, drei und in den beiden obersten Abschnitten je vier Bögen. Besonders hübsch ist das Wechselspiel von weißem und rotem Stein an den Eingängen des Domes, ansonsten schwarz-weiß inkrustiert. Guido oder Guidetto da Como, einer der vielen Comasker Steinmetzen, die dieses typisch lombardische Kunsthandwerk bis in den

Lucca – Sehenswürdigkeiten:
1 Dom San Martino 2 Botanischer Garten 3 Museo Nazionale VIlla Guinigi 4 Palazzo Guinigi/Torre Guinigi 5 Piazza del Mercato 6 San Frediano 7 Palazzo Mansi 8 Casa Puccini 9 San Michele in Foro 10 Piazza Napoleone
Hotels: *11 Locanda L'Elisa 12 La Luna 13 Universo*
Restaurants: *14 Antica Locanda del Angelo 15 Buatino 16 Buca di Sant'Antonio 17 Gíglio 18 Osteria Baralla*

Idylle über den Dächern von Lucca

Norden Europas als ›Baukolonne‹ transportierten, hat sich in den ersten drei reich verzierten Zwerggalerien an der Fassade 1204 verewigt. Er sollte später auch einige Skulpturen der Vorhalle schaffen. Demselben Steinmetz begegnet man noch an der Kirche San Michele (s. S. 115f.).

Die dreischiffige Pfeilerbasilika macht innen zunächst einen sehr dunklen Eindruck. Sehenswert ist links im Chorraum ein Giambologna-Altar, weil er als eine Art Predella das Relief mit dem Stadtbild von Lucca zeigt: schon mit einer mächtigen, aber noch nicht vollendeten Mauer. Vier Bastionen und die kämpferisch-trutzige Silhouette der hohen Geschlechtertürme sind schön zu erkennen. Im linken Querarm hat sich der Sienese Jacopo della Quercia gleich zweimal ein Denkmal gesetzt: erstens in der Jünglingsgestalt Johannes' des Evangelisten (1410), der genau betrachtet einen zu großen Kopf und einen zu langen Oberkörper hat – ein perspektivischer Trick, weil die Statue ursprünglich an einem erhöhten Platz stehen sollte und sie dann der Blick von unten hinauf richtig gerückt hätte – zum zweiten aber in einem der vielleicht zauberhaftesten Grabmäler der Frührenaissance, dem Grabmal der Ilaria del Carretto (inzwischen in einer Seitenkapelle aufgestellt), der zweiten Frau des Paolo Guinigi, Herr von Lucca, die im jugendlichen Alter im Kindbett starb. Man sollte um dieses Meisterwerk della Quercias (1406) herumgehen und es von allen Seiten genau betrachten: Der Kopf zeigt Gewicht, drückt sich sichtbar in die beiden marmornen Kissen; das Gewand hängt seitlich fließend herunter, den Gesetzen der Schwerkraft folgend; die spitzen Schuhe schieben das Gewand hoch; das Hündchen als Symbol der ewigen Treue liegt ruhig zu Füßen.

Luccas größte Kostbarkeit, ein religiöser Schatz, hat seinen Platz ebenfalls im

Dom: *Volto Santo*, das ›heilige Antlitz‹, ein Holzkruzifix in einem zierlichen oktogonalen Tempelchen von Matteo Civitali (1484), links im vierten Joch des Langhauses. Die Legende erzählt: Der heilige Nikodemus soll es aus einer Libanonzeder geschnitzt haben, ein Jude hatte es versteckt, dann wurde das Antlitz entdeckt und erdolcht, aus einer Wunde floss Blut, das wiederum Wunder wirkte. Ein Boot soll das Kruzifix 782 im Nordwesten der Toscana bei Luni (heute Ligurien) an Land, ein Ochsengespann es alleine, ohne Führer weiter nach Lucca gebracht haben. Und hier wurde es so berühmt, dass es auf lucchesischen Münzen geprägt und damit bald in ganz Europa bekannt war. Kunsthistoriker aber schätzen, dass das *Volto Santo*, nach einem älteren Vorbild, erst im 11. Jh. geschaffen wurde, höchstwahrscheinlich tatsächlich im orientalischen Raum. Der bärtige Christus mit den Mandelaugen aus fast schwarzem Holz ist bekleidet, Gürtel und der schmale Saum sind vergoldet. Jedes Jahr am 13. September wird das Kruzifix prächtig geschmückt und auf einem Ochsenkarren von Lucchesern in mittelalterlichen Kleidern durch die Altstadt gezogen.

Ein Abstecher für Naturfreunde in die Südostecke der Altstadt führt in den **Botanischen Garten** 2. Ihn ließ Elisa Baciocchi, Napoleons Schwester und Fürstin von Lucca, 1820 einrichten. Ein Jahr zuvor hatte sie auch die Pinakothek im Palazzo Mansi (s. u.) gestiftet.

Dann bleibt man parallel zur Mauer und kommt, nach Norden schlendernd, zur ausladenden Villa Guinigi. Diesen Prachtbau ließ 1413 Paolo Guinigi, damals *signore* von Lucca, bauen. Als er hier lebte, stand das Haus noch außerhalb der Stadtmauern aus dem 13. Jh., heute aber innerhalb der Renaissance-

Die Steineichen auf der Torre Guinigi

mauer. In den edlen, schön renovierten Räumen wurde das **Museo Nazionale Villa Guinigi** 3 mit archäologischen Funden aus Lucca und Umgebung sowie eine Sammlung von Malerei und Skulpturen aus dem 13. bis zum 18. Jh. eingerichtet, die einen Besuch wert sind.

Von der Villa Guinigi geht es entlang der Via Quarquonia Richtung Via Guinigi und in diese dann links hinein, um Ecke Via Sant' Andrea auf den wohl berühmtesten Turm der Stadt zu stoßen, dessen Markenzeichen die Steineichen auf dem Dach sind. Der Turm gehört zum **Palazzo Guinigi** 4 aus dem Ende des 14. Jh., die *casaturre* der reichen Kaufmannsfamilie. Wer sich einen totalen Überblick über die schöne Backsteinstadt, von Straßen und Gassen in römischem Schachbrettmuster durchzogen, verschaffen möchte, muss den Turm erklettern (230 Stufen!).

Am Ende der Via Guinigi kann man links in die Via Mordini abbiegen und

Das Mosaik an der Fassade von San Frediano

gleich wieder rechts in die schmale Gasse, die direkt auf das perfekte Oval der **Piazza del Mercato** 5 über dem römischen Amphitheater führt. 56 Bögen sind hier insgesamt zu sehen, davon vier größere, die früheren Eingänge ins Oval, von denen nur noch einer original römisch ist (beim *caffèlatte*-Geschäft). Das Mittelalter hat die stabilen Grundmauern der Zuschauertribünen für den Bau von Wohnhäusern benutzt, aber auch innen wurde der Platz wegen Baulandmangel zugebaut und erst im 19. Jh. durch Abriss wieder frei gemacht. Die kleinen, recht modischen Geschäfte besitzen zum größten Teil zwei Eingänge, einen an der außen umlaufenden Via dell' Anfiteatro, einen innen auf dem Platz. Die Häuser sind zwei- bis fünfstöckig, ganz unregelmäßig, je nachdem wie finanzkräftig die Bauherren waren. Einige Gebäude wurden nach hinten aufgestockt, denn spätestens seit der Freistellung des Ovals durfte der generelle Charakter nicht mehr verändert werden. Die Farben der Fassaden bewegen sich zwischen Hell- und Dunkelocker in allen verbleibenden Variationen, grüne, gräuliche, bräunliche Holzklappläden, abblätternder Putz – der Charme des leicht Heruntergekommenen…

Ein kurzer Schlenker nach Nordwesten, über die beliebte Einkaufszeile der **Via Fillungo** hinweg, auf die Kirche **San Frediano** 6 am gleichnamigen Platz nahe dem Stadtwall zu. Sie steht so nahe am Wall, dass bei den notwendigen Umbauten im 13. Jh. die Fassade nach Osten rücken musste, um nicht gegen die Stadtmauer zu blicken. Schmal und hoch ist San Frediano, im oberen Teil der Fassade leuchtet ein großes, goldgrundiges Mosaik in byzantinischem Stil mit Christus in der Mandorla, von zwei Engeln flankiert und zwölf Aposteln ›getragen‹ (im 19. Jh. grell restauriert).

Innen wiederholt sich der Eindruck von außen, das Mittelschiff sei für seine geringe Breite zu hoch geraten. Die zweite Kapelle rechts ist der heiligen Zita geweiht, der Schutzpatronin Luccas und der Dienstmädchen: Die junge Magd, ein armes Mädchen aus dem 13. Jh., hatte eine hartherzige Herrschaft, die ihr verbot, zur Messe zu gehen. Zita ließ sich jedoch nicht beirren, ging heimlich in die Kirche, und jedesmal während ihrer Abwesenheit kam die Muttergottes und erledigte die Arbeiten der Magd... – Übrigens wohnte in der Via San Frediano 8 südlich der Kirche zeitweise Niccolò Paganini (1782–1846).

Zurück auf der Via Fillungo lohnt es sich, auf dieser ein Stück nach Süden zu bummeln zwischen hohen, herausgeputzten Stadtpalästen hindurch. An vielen Gebäuden sind bei der Restaurierung mittelalterliche Bauteile, vor allem Backsteinbögen freigelegt worden. Unter den eher einfacheren Läden fallen einige traditionelle Stoffgeschäfte auf. Anschließend sollte man nordwestlich über die Via Santa Giustina die Porta San Donato anpeilen. Bald ist der **Palazzo Mansi** 7 erreicht, jener Familie Mansi, die auch die berühmte Villa Mansi bei Segromigno (s. S. 117f.) besaß. Außen schlicht, innen prunkvoll ausgestattet und u.a. Sitz der **Pinakothek**, deren Sammlung von Elisa Baciocchi 1819 gestiftet und von Großherzog Leopold II. reich mit Bildern beschenkt wurde.

Auf dem Rückweg Richtung Dom werden Musikfreunde der **Casa Natale di Puccini** 8, dem Geburtshaus des weltberühmten Musikers, einen Besuch abstatten wollen, das in einer beschaulichen Ecke Luccas steht. Dies ist auch der Sitz der Fondazione Giacomo Puccini, die u.a. für die zahlreichen Musikveranstaltungen der Stadt verantwortlich zeichnet (s. S. 116).

Weiter über die Via San Paolino erblickt man bald an der Stelle des einstigen römischen Forums (daher der Name *in Foro*) die ab dem 12. Jh. errichtete Kirche **San Michele in Foro** 9 – eine Bürgerkirche als Gegenpol zur Bischofskirche, dem Dom. ›Piazza della Catena‹ (Kettenplatz) nennen die Luccheser den Platz vor ihrer Lieblingskirche, wegen der dicken Bronzeketten als Abgrenzung. Es ist ein schöner, großer Platz, den keine Autos stören sollen.

Ihre Kirche ließen die Luccheser mit besonderer Liebe zum Detail ausstatten. Für die Ausarbeitung der hohen Fassaden beauftragten sie Guido da Como, der das Gebäude ringsum mit Carraramarmor verkleidete. Schlank sind die Blendarkaden unten, die Zwerggalerien oben werden von figuralen Säulen getragen, fast jede ist anders gestaltet, bis hoch zu den beiden obersten, schmaleren ›Etagen‹, die eine Scheinfassade bilden. Insgesamt ist die Westfassade also fünfstöckig und vom Schutzpatron, dem Erzengel Michael sowie zwei Engeln bekrönt. Bis zum 14. Jh. zogen sich die Arbeiten hin; als sie beim oberen Teil des Mittelschiffes angelangt waren, fehlte wohl das Geld für die Marmorverklei-

Musikalisch fruchtbar

Die *Sagra Musicale Lucchese* (Musikfestival) von April bis Juni in diversen Kirchen der Stadt zeigt, dass Musik in Lucca Tradition hat. Doch wer weiß schon, dass hier zwei weltberühmte Komponisten das Licht der Welt erblickten: Luigi Boccherini (1743–1805) und Giacomo Puccini (1858–1924).

Den Lucchesern war Puccini, der Sohn des Domkapellmeisters, auf der Orgel zu stürmisch – er musste seinen Traumberuf als Organist bereits mit 17 Jahren aufgeben. Dafür sollte er zu einem der größten Opernkomponisten der Welt werden. In der Via di Poggio am Corte San Lorenzo 9 ist sein Geburtshaus mit einer reichen Handschriftensammlung zu besichtigen, hier steht auch das Klavier, auf dem er ›Turandot‹ komponierte.

Puccini-Tour: Man fährt den Sérchio hinauf bis kurz vor Borgo a Mozzano und biegt in Diécimo links ab, folgt dem Pedogna-Bach in Richtung Pescaglia bis **Gello dei Puccini** in 371 m Höhe: Hier steht das Stammhaus der Puccini, und hier hielt sich der Maestro einen Monat vor seinem Tod am 26. Oktober 1924 auf. Auch in diesem angenehm-schlichten Landhaus wurde ein Museum mit dem Klavier, auf dem Puccini einen Teil von ›Madame Butterfly‹ komponierte, eingerichtet.

In **Chiatri**, auf dem Gipfel des Monte Chiesa, erwarb Puccini eine alte Villa, um hier seine ›Tosca‹ in Ruhe zu erschaffen. Da es aber seiner Frau und seinem Sohn zu einsam war, blieb er nur kurze Zeit in Chiatri.

Die wohl bekannteste Puccini-Gedenkstätte befindet sich jedoch in **Torre del Lago** am Lago Massaciúccoli, auch Lago Puccini genannt. In seiner dortigen Villa wurde er zusammen mit seiner Frau Elvira und Sohn Tonio in einem zu einer Kapelle umgestalteten Zimmer beigesetzt. Ein anderer Raum ist einer weniger bekannten Leidenschaft des Komponisten gewidmet: Jagdgewehren, mit denen er auf Wasserhühner schoss.

dung – die blanken Backsteinmauern sind zu sehen. Die Madonna am Südwestpfeiler wurde von Matteo Civitali, dem gebürtigen Luccheser Bildhauer und Architekten geschaffen: zum Dank für die Verschonung Luccas vor allzu großen Verlusten während der großen Pestepidemie von 1476 bis 1480.

Zwei kurze Querstraßen weiter südwestlich öffnet sich die großzügige **Piazza Napoleone** 10. Die Platanen wurden bereits im Auftrag von Elisa Baciocchi von einem französischen Gartenarchitekten gepflanzt: Napoleon hatte seiner Schwester 1799 Lucca samt Umgebung als Fürstentum überreicht. Nur die Bäume entlang der Via Vittorio Veneto sind dem Ausbau des bereits 1578 errichteten, nun so ausladenden Palazzo della Provincia zum Opfer gefallen.

Von Lucca in die Garfagnana und die Alpi Apuane

Eines der interessantesten und am wenigsten bereisten Gebiete der Toscana dürften die bewaldete Garfagnana und die fast nur durch ihren Marmor bekannten Apuanischen Alpen sein. In der Garfagnana sind die Attraktionen eher natürliche: von Akazien durchsetzte Kastanienwälder, die im Frühjahr weiße Blüten tragen und einen betäubenden Duft ausströmen. Stundenlang kann man hier wandern. In der Nähe der Dörfer mussten allerdings zum Teil ganze Waldstücke dem Terrassenanbau für Gemüse, Wein und Ölbäume weichen. Die Vegetation ist insgesamt von unglaublicher Dichte und Üppigkeit, die Luft klar. Bis 600 m Höhe gedeihen Olivenbäume, Wein, Kastanien und Pinien, von 600 bis 1000 m noch Kastanien, darüber Buchen und Nadelhölzer. Ab etwa 1300 m breitet sich eine Art Almland mit Disteln (Golddisteln von besonderer Pracht!) aus, Osterglocken und anderen Blumen. Der Herbst ist aber die eigentliche Garfagnana-Zeit: Die Kastanien sind reif, der Wein wird gelesen, Pilze schießen aus dem Boden, und das Wild darf gejagt werden. Wildschwein mit Pilzen ist dann eines der typischen Hauptgerichte, mit Kastanienmus, und zum Nachtisch Kastanienkuchen in allen Variationen.

Die Villen von Lucca

Karte S. 118/119
Tipps & Adressen: S. 333 (Lucca)

Gleich drei der berühmtesten toscanischen Villen können auf dem Weg in die Natur besichtigt werden.

Um 1800 hat sich die Schwester Napoleons, Elisa Baciocchi, Prinzessin von Lucca und Piombino, die Villa Orsetti in Márlia zum Sommersitz ausbauen lassen. Den Beinamen **Villa Reale** 1, die Königliche, erhielt die Villa, als nach der Einigung Italiens Vittorio Emanuele II sie in seinen Privatbesitz nahm, um sie dann dem Bruder des letzten Königs von Sizilien zu überlassen, Prinz Carlo. Romantikerherzen mögen höher schlagen, denn hier lebte der Prinz, wegen seiner Ehe mit der Bürgerlichen Penelope Smith enterbt, und hier wurden beide in der Privatkapelle im Park beigesetzt. Ihr Sohn wiederum hatte das Anwesen verkommen lassen und schließlich an die Grafen Pecci-Blunt verkauft, die es vor dem völligen Verfall retten konnten. Ihre Nachkommen besitzen die Villa mit der unruhigen Geschichte noch immer und gelten als große Gastgeber für Persönlichkeiten aus Kultur und Politik. Weshalb nur der Park der Öffentlichkeit zugänglich bleibt.

Die **Villa Mansi** 2 stand bereits im 16. Jh., wurde um 1600 renoviert und um 1700 vom Hofarchitekten Filippo Juvarra in der zum Teil noch heute gültigen Form prachtvoll umgestaltet, Parkanlage inbegriffen. Die Parkseite zeigt eine klare Fassadengliederung: je zwei Seitentrakte mit einem leicht trutzigen Charakter, zweistöckig über der ebenen Etage; der Mitteltrakt ist leicht zurückversetzt, eine doppelläufige Freitreppe führt zur Loggia, die von drei großzügigen Bögen im so genannten Palladio-Motiv getragen wird. Darüber erhebt sich eine Etage, die die Seitentrakte überragt, deren Dächer ihr rechts und links als Terrassen dienen. Zwischen den Loggiasäulen stehen Statuen, auch in den Nischen der obersten Etage und auf den Balustraden der Terrassen. Sie verleihen dem barockisierten Bau eine spürbare Eleganz. – Was das Äußere verspricht, hält die Villa Mansi innen: Die Einrichtung aus der Barockzeit und aus dem venezianischen *Settecento* ist komplett erhalten, die Gemäldegalerie birgt kostbare Werke, u. a. von Bernardo Bellotto und Pietro Longhi.

Eine Zypressenallee führt auf den Park der **Villa Camigliano** bzw. **Torrigiani** 3 zu, die man durch ein hohes Gitter erkennen kann. Riesig wirkt die Villa (1600), obwohl das oberste Geschoss auflockernd wie ein Pavillon auf dem Dach hockt. Der Eingang auf der Park- beziehungsweise Schauseite ist schmaler als bei der Villa Mansi, nur ein Bogen bildet die Eingangsloggia, darüber sitzt eine zweite Loggia. Die untere Etage und der Mittelteil sind mit Rustica verkleidet, was die massige Wirkung verstärkt. Auch hier zieren Figuren die Nischen und Balustraden, auch hier befindet sich eine Sammlung italienischer, französischer und flämischer Maler aus dem 17. und 18. Jh. sowie wertvolles Porzellan.

Ponte della Maddalena, Bagni di Lucca und Barga

Tipps & Adressen: Bagni di Lucca S. 301, Barga S. 301f.

Eigentlich heißt sie **Ponte della Maddalena** 4, ist die zweite Sérchio-Brücke von Borgo a Mozzano und steht jetzt mit ihren Füßen im Stausee. Der Volksmund aber erzählt, der Teufel persönlich habe sie in einer einzigen Nacht gebaut, weshalb sie eine etwas verwegene Form aufweise: schwungvoll im hohen Bogen nach oben strebend. Also nennt man sie *Ponte del Diavolo*, die Teufelsbrücke. Sie stammt wohl aus dem 11. oder 12. Jh. und soll von Markgräfin Mathilde in Auftrag gegeben worden sein. In ihrer Mitte macht die Brücke einen richtigen ›Katzenbuckel‹ für die einst funktionierende Schifffahrt, durch den letzten klei-

nen Bogen im Westen fährt die Schmalspur-Bahn Lucca – Aulla. Mit ihr zu fahren bereitet übrigens ein besonderes Vergnügen, das sich Leute mit genügend Zeit unbedingt leisten sollten.

Nur rund 6 km sind es entlang der S. S. 12, ein Stückchen weg vom Sérchio nach Osten Richtung Abetone, bis **Bagni di Lucca** 5. In den ›Bädern von Lucca‹ hat Heinrich Heine den Kurort verewigt, der damals freilich noch eher ein verträumtes Badestädtchen war. Heine weilte hier im Herbst 1828 und meinte, er habe nie ein reizenderes Tal gesehen. Die Schönheit der Landschaft, die Thermalwasser und die gute Luft brachten den Bädern von Lucca schon im 18. Jh. einen gewissen Ruf in intellektuellen und wohlhabenden Kreisen ein, vor allem bei den Engländern, die es als chic ansahen, sich hier kurieren zu lassen.

Vom mittelalterlichen Dom überragt: Barga

Bagni di Lucca ist zweigeteilt: Das Ortsbild von **Villa**, unten am Lima-Fluss, wird von relativ prunksüchtigen Bauten geprägt (Casino und Villen des 18. und 19. Jh.), eine lange Platanenallee zieht sich hinauf zum »lieblichen Hügel« von **Caldi**, wo zum Teil verlassene Badehäuser wieder aufgemöbelt werden, denn seit Jahren ist Generalüberholung angesagt. Die Hoffnung, ihr Casino wieder zu eröffnen, dürften die Bagnilucchesen allerdings aufgegeben haben, weil der italienische Staat mit der Vergabe von Konzessionen recht streng umgeht.

So muss sich Bagni di Lucca auf seine guten Kurmittel (19 Thermalquellen von 38 bis 54 °C, Thermalgrotte und mit Thermalwasser durchsetzter Fango) besinnen und versuchen, durch Mundpropaganda aus dem Dornröschenschlaf geweckt zu werden. Italiener haben den alten/neuen Kurort wieder gerne angenommen. Jetzt wartet er auf die Wiederentdeckung durch die Engländer, die ihn einst bevorzugten. Die Chancen stehen nicht gut, obwohl die Garfagnana sozusagen fest in englischer Hand ist. Im Gegensatz zu den Deutschen haben einige Briten der Garfagnana die Treue gehalten: Barga, nur 23 km von Bagni entfernt, ist ein ›britisches Nest‹. Weil das Gebiet früher sehr arm war, wanderten viele Bewohner in die USA und nach Großbritannien aus, vor allem nach Glasgow. Dem guten Ruf des Ortes folgend, kamen dann die ersten Engländer und erzählten weiter von der Schönheit des Sérchio-Tales.

Außer winzigen, leicht überschaubaren Orten gibt es nur wenige Städtchen in der Garfagnana. Dazu gehört das Handwerkszentrum **Barga** **6**, das in 410 m Höhe steil am Hügel aufgeschichtet liegt und vom mittelalterlichen Dom überragt wird. Steile, enge, gepflasterte Gassen führen von der großzügig angelegten Unterstadt durch den älteren Kern hinauf. Den Wagen parkt man am besten unten auf der überdimensionalen, von Zedern bestandenen Piazza mit dem Denkmal für Antonio Mordini.

Grandios ist der breite Aufgang, der plötzlich aus dem Gassengewirr zum Domplatz, einer ausladenden Bergterrasse, emporsteigt. Ebenso grandios ist der Blick ringsum über die Wälder der

Garfagnana bis zu den Apuanischen Alpen und natürlich hinab auf Barga. Der herausgeputzte weiße Travertin des Domes leuchtet im Sonnenlicht so stark, dass er blendet. Schon im 9. Jh. wurde mit dem Bau der dreischiffigen Basilika begonnen, bis ins späte 15. Jh. dauerten die Arbeiten. 1920 erlitt der Dom enorme Schäden durch ein starkes Erdbeben, die allerdings behoben wurden.

Die wohlproportionierte Pfeilerbasilika zeigt sich wieder im reichen romanisch-lombardischen Stil. Die Alabasterfenster lassen ein angenehm diffuses Licht durch, nur die drei Apsiden des Chores haben bunte Glasfenster. Das unumstrittene Prachtstück des Domes ist jedoch die steinere Kanzel auf der rechten Seite des Mittelschiffs, die Guido da Como zugeschrieben wird, dem man ja schon mehrfach im Lucchesischen begegnet ist. Sie wird vorne von zwei Löwen und hinten links von einer hockenden Gestalt getragen. Das vordere linke Kapitell ist besonders fein ausgearbeitet mit zwei Adlern, einem geflügelten Menschenkopf und einem Widder. Da es im Inneren des Domes von Barga recht dunkel ist, können die Augen nur Stück für Stück diese schöne Steinmetzarbeit aufnehmen, was die Entdeckung besonders spannend macht.

Nun hat man die Wahl: Man kann von Barga 3,5 km den aussichtsreichen Bergkamm zum Sérchio zurückfahren oder in Nordost-Richtung oben bleiben und dann die Haarnadelkurve bei Ponte di Catagnana wieder nach Westen nehmen, um nach 6,3 km (wunderschöne Aussicht!), kurz vor dem Sérchio auf **Castelvecchio Páscoli** 7 zu stoßen. Der politisch engagierte Dichter Giovanni Páscoli (1855–1912) lebte und arbeitete 1895 bis 1912 in dem nach ihm benannten Ort, genauer im Ortsteil **Caprona**. Die Villa, in der er bis kurz vor seinem Tod zusammen mit seiner Schwester Maria wohnte, beherbergt heute das Páscoli-Archiv, und dies in ausgesprochen panoramischer Lage.

Grotta del Vento

Karte S. 118/119
Tipps & Adressen: S. 302 (Barga)

8 Von Barga aus über den Sérchio hinweg kommt man nach 15 km (oder bei der Rückfahrt ab Gallicano ca. 12 km vom Fluss) zur 1963 entdeckten Grotta del Vento. Sie befindet sich zwar im Herzen der Apuanischen Alpen, ist aber nur von der Garfagnana aus erreichbar. Ein reißender Bach hat sich seinen Weg gebahnt, das Sträßchen folgt ihm mühsam unter ausladenden Felswänden mit Tunnels und Brücken. Wenn Fornovolasco erreicht ist, hat man eine schöne Fahrt hinter sich, mit winzigen Weilern an den Berghängen, Einsiedeleien, typischen Trattorien, die oft nur am Wochenende und an Feiertagen ihre Spezialitäten wie Zicklein, Bachforellen, Wildschwein und guten Schafskäse anbieten.

Dass die ›Grotte des Windes‹ gerne besucht wird, beweist außer den beiden Trattorien in der Nähe das Zentrum mit Selbstbedienungsrestaurant und Verkaufsausstellung von kunstgewerblichen Gegenständen, Wanderkarten etc.

Etwa 3,5 km lang ist das stark verzweigte Karstsystem der Grotte, teilweise mit Tropfsteinen und mehreren Seen. Wem 132 m Höhenunterschied zuviel und 10,7 °C im Verhältnis zu den sommerlichen Außentemperaturen zu wenig sind, wer kein festes Schuhwerk und keine warme Jacke dabei haben sollte, kann sich für die einstündige Führung entscheiden. Wer richtig ausgerüstet ist, wird Freude am längsten, dreistündigen Spaziergang durch die Höhlenwelt haben.

Grotta del Vento

Castelnuovo di Garfagnana

Karte S. 118/119
Tipps & Adressen: S. 306f.

Von **Gallicano** folgt man der großen Sérchio-Kurve nach Norden bis **Castelnuovo di Garfagnana** 9. In der trutzigen Rocca (ab 13. Jh.) residierte von 1522 bis 1525 der Dichter Ludovico Ariost (Verfasser des ›Rasenden Roland‹) angeblich recht lustlos als Gouverneur der Este aus Ferrara. Auf dem mit Kopfstein gepflasterten Platz der Rocca mit dem schlicht-schönen Torbogen, der sich zur Fußgängerzone öffnet, treffen sich die Bauern und Handwerker des Städtchens und der Umgebung. Hier wird Markt abgehalten, Politik, die kleine und die große, besprochen. Castelnuovo in 270 m Höhe, am Zusammenfluss von Sérchio und Túrrite Secca gelegen, ist der historische Hauptort der Garfagnana, weshalb der 1504 geweihte Dom einige wertvolle Kunstwerke birgt, u.a. eine Terrakotta-Gruppe aus der Della-Robbia-Schule (›Josef und zwei Engel‹).

Man kann in Castelnuovo di Garfagnana recht typisch nordtoscanisch essen und echte Produkte der Garfagnana einkaufen, vor allem Käse und Wurst, aber auch spezielle hier angebaute Getreidesorten und Hülsenfrüchte.

Quer durch die Apuanischen Alpen an die Marmorküste

Karte S. 118/119
Tipps & Adressen: Carrara S. 304f., Massa S. 336f. Pietrasanta S. 345, Camaiore S. 303

Von Castelnuovo di Garfagnana sind es knappe 40 km auf kurvenreicher, faszinierender, aber anstrengender Bergstraße quer durch die **Alpi Apuane** in westlicher Richtung bis nach Massa (nördlich) oder Seravezza (südlich).

Dem engen Lauf des Túrrite Secca ab Castelnuovo immer aufwärts folgend, kommt man zu einem kurzen Tunnel. Bisher ist die Straße leidlich gut, dann lässt sie zu wünschen übrig, weshalb genügend Zeit einzuplanen ist. Nach dem Tunnel zweigt eine Straße rechts über Arni nach Massa ab, eine andere zur langen Galleria del Cipollaio links ab, danach geht es kurvenreich hin und her, bis nach Seravezza – und von dort durch die Versilia-Hügel zum Edel-Badeort Forte dei Marmi (s. S. 130ff.). Das ist in etwa auch der Weg, auf dem früher die Marmorblöcke transportiert wurden, die beispielsweise Michelangelo für seine Statuen brechen ließ.

Wer auf der rechten Abzweigung bleibt, fährt oben nach einem weiteren kurzen Tunnel geradeaus, Richtung Massa. Auf dieser Strecke tauchen bald die weißen Wunden der Marmorbrüche von **Arni** 10 auf. Diese größten Marmorvorkommen der Welt gehören hauptsächlich zur Provinz Lucca und sind für das gesamte Gebiet von erheblicher wirtschaftlicher Bedeutung. Das gilt übrigens auch für die wichtigsten Badeorte der Versilia von Forte dei Marmi bis Viaréggio. Die nördlich davon beginnende Doppelprovinz Massa-Carrara profitiert hauptsächlich durch ihre Häfen, Marmorverarbeitung und -handel.

Das ›weiße Gold‹ der Toscana war schon bei den Römern begehrt. Niemand weiß, wie groß die Marmorvorkommen eigentlich sind: schätzungsweise 50 x 15 km Fläche, aber wie tief? Mehr als eine Million Tonnen werden jährlich abgebaut. In den siebziger Jahren des 20. Jh. waren die Ölscheichs die besten, weil zahlungskräftigsten Kunden, jetzt haben sie entweder keinen Bedarf mehr, oder sie legen ihr Geld anders an.

Weil er so kostbar ist, wird der Marmor heute nicht mehr wie in der Renaissance einfach aus dem Berg gesprengt, sondern mit modernen, mit Industriediamanten besetzten Stahlseilen oder -sägen herausgeschnitten. Der Abtransport erfolgt nicht mehr mit der Bahn (ab 1876) oder der Drahtseilbahn (von 1930), sondern mit schweren aber wendigen Lastwagen, deren Fahrer beim Bewältigen der spitzwinkeligen, steilen Serpentinen wahre Meisterleistungen vollbringen. Ihr normales Transportgut: Marmorblöcke von je 30 Tonnen Gewicht.

Carrara 11 trägt seine Entstehung im Namen: *Kar* hieß im Altligurischen einfach Stein. So nah an der römischen Kolonie Luni (direkt hinter der Grenze zum heutigen Ligurien) entwickelte sich das friedliche Dorf bald zu einem gefragten Marmorzentrum. Im Mittelalter war es ein Zankapfel zwischen den Herrschenden: Byzanz wollte es haben und die Langobarden, 1235 wurde es freie Kommune (das Rad im Wappen von damals trägt Carrara noch heute), Grafschaft unter den Malaspina, Herzogtum unter den Este, 1859 Anschluss an das Königreich Italien. Dass ausgerechnet in Carrara 1945 ein Anarchistenkongress stattfand, verwundert nicht: Die Marmorarbeiter hatten schon lange vergeblich versucht, ihre Rechte und ihre eigenen Variationen des Kommunismus durchzusetzen.

Ein Spaziergang durch Carrara liest sich wie ein Gang durch seine Anarchistengeschichte: Erinnerungstafeln bedeutender Köpfe und Ereignisse, spezielle Bibliothek zum Thema, Anarchistendruckerei, Anarchistencafé, Demonstrationsplatz (Piazza Alberigo). Carrara war und bleibt eine Stadt, die keine wirkliche soziale Ruhe kennt – nur sieht es ihr der unbefangene Besucher nicht an.

2500 Menschen arbeiten in den Marmorbrüchen, früher waren es mehr als 7500. Zwei Drittel der Stadtbevölkerung von Carrara, das sind 40 000 Menschen, leben vom Marmor. Der Rest von der Werft und dem Hafen, der immerhin der drittwichtigste Italiens ist, gemessen an den Umschlagmengen. Mehr als hundert Marmorsägereien, meist Kleinbetriebe, arbeiten in Carrara und Umgebung. Hier wird der Marmor mit einem ›Gatter‹ in Platten jeder Dicke zersägt, langsam und gespenstisch laut.

Natürlich hat sich die Stadt durch ihren relativen Wohlstand in den letzten Jahrzehnten stark entwickelt und dies architektonisch leider nicht gerade harmonisch. Aber der mittelalterliche Kern mit den engen Gassen hat seinen Charakter bewahren können. Schön ist der **Dom** (11.–14. Jh.) mit seiner Fassade im Pisaner Stil aus grau-weißem und grünem Marmor. Der untere, romanische Bereich mit dem bescheidenen Portal ist rechts und links mit je vier Blendbögen verziert, die in der Mitte auf einem Pilaster ruhen. Der obere Bereich zeigt schon gotische Spitzbögen mit Maßwerk, und die markante, fein gegliederte Rosette in der Mitte wird von einer zu beiden Seiten hin abfallenden Zwerggalerie (oder Treppengalerie) flankiert. Als wollte sich diese hübsche Fassade verstecken, schaut sie weg vom bescheidenen Platz, dem der Dom nur seine Südseite zukehrt.

Die dreischiffige Basilika mit einem Drei-Konchen-Chor wird von schlanken Säulen getragen; die einfachen Tellerbasen stehen in reizvollem Gegensatz zu den unterschiedlichen (römischen)

Auch Marmor hat eine Richtung

Von einem Dickschädel sagt man in Carrara, er habe den *contro* im Kopf: Er setzt jedem Schlag den größten Widerstand entgegen. Genau wie der Marmor: *Contro* heißt die Marmorfläche, die senkrecht zur Gesteinsschicht verläuft, also schwer zu ›knacken‹ ist. *Verso* dagegen bedeutet ›in Richtung‹, also parallel zur Gesteinsschicht.

Bei der Marmorbearbeitung, ob am Bau oder im Kunstatelier, ist die ›Steinrichtung‹ nicht nur ein ästhetisches Problem, sondern insbesondere ein statisch bedeutendes! In dem italienischen Werk ›Il marmo … ieri e oggi‹ steht beispielsweise geschrieben: »Es ist betrüblich, einen schönen Block aus Statuario von einem namhaften Bildhauer misshandelt zu sehen, dem, weil er auf diesem Gebiet ungenügende Erfahrung hat, es nicht gelingt, die Ausdrucksmöglichkeiten auszunutzen, die ihm das Material bietet. Das ist so unangenehm, wie wenn man ein ausgezeichnetes Fleischstück mühsam kauen muss, weil ein Metzger, der von seinem Handwerk nichts versteht, es falsch geschnitten hat.« Einem Toscaner dürfte in beiden Fällen das Herz brechen!

Geologisch gesehen soll es an die 50 Marmortypen geben. Schließlich ist Marmor ›nur‹ ein kristallines Kalziumkarbonat (= Kalk), das durch Spuren von Metallsalzen verschiedene Färbungen und Maserungen erhält.

Blattkapitellen. Vor wenigen Jahren wurde der ›Plüsch‹, der an den Wänden hing, heruntergerissen. Nun zeigt sich die Kirche in wohltuender Schlichtheit: Ein paar Freskenreste an den Seitenwänden, eine kleine Marmorkanzel mit zartfarbenen Einlegearbeiten (16. Jh.), ein paar Marmorstatuen an den Wänden, die zum ausrangierten Hochaltar aus dem 14. und 15. Jh. gehören. Den zierlichen Campanile (33 m hoch) aus dem 13. Jh. schmücken romanische Galerien, den großen Brunnen vor dem Dom hat Baccio Bandinelli gebaut, aber nie vollendet.

Im ehemaligen **Malaspina-Schloss** mit seinen wuchtigen Wehrgängen ist nach der Zusammenlegung mit dem fürstbischöflichen Renaissancepalast 1769 die Kunstakademie untergebracht worden. Man kann sie, ebenso wie einige Marmorbrüche, auf Anfrage besichtigen.

Von den fast 400 Brüchen von Carrara arbeiten noch etwa ein Dutzend. Als besonders interessant erweist sich der Weg nach **Colonnata**, gepflastert mit Schleifereien, kleinen und größeren Steinbrüchen sowie Bildhauerwerkstätten.

Die einzige staatliche italienische Berufsschule für Marmorverarbeitung steht natürlich in Carrara. Besonders stolz ist das moderne Carrara aber auf das Gebäude der Industrie- und Handelskammer im geschäftigen Teil zwischen Dom und dem begrünten und von Villen flankierten Viale zum Meer, also Richtung Marina di Carrara. Die einheimischen Badenixen lassen sich dort vom weißen Marmorstaub nicht stören, mit internationalem Tourismus tut man sich da eher schwer.

Eine kleine Passstraße (7 km) führt vom 100 m hoch gelegenen Carrara über 226 m Höhe wieder etwas abwärts nach **Massa** 12, das sich an den Monte Belvedere (895 m) schmiegt. Die heutige Hauptstadt der Doppelprovinz Massa-Carrara steht noch ganz unter dem Diktat der Malaspina: natürlich nicht wie vom 15. Jh. bis 1790 in deren politischer Gewalt, sondern städtebaulich im Schatten ihrer Burg, die den besten Überblick über die Stadt und deren Seebad hinter dem Pinienwald bietet.

Im Südosten steht die **Rocca**, zu der Stufen hoch führen, im Zentrum an der Piazza Aranci der **Palazzo Malaspina** von 1560, heute Präfektur, mächtig und fast Furcht erregend in seinen düsteren Brauntönen. Der Innenhof dagegen zeigt wunderbare Arkadengänge der Renaissance. In dieser Zeit wurde auch die gesamte Innenstadt verändert, indem man Häuser, die den neuen, geraden Straßen im Wege standen, kurzerhand abreißen ließ. Der Faschismus fand oder schuf hier ebenfalls geeignete Bauplätze für seine Größenwahn-Architektur ...

Zwischen Malaspina-Palast und den Berghängen blieb die Altstadt eingezwängt mit ihren kleinen Handwerker-Häusern. Handwerksbetriebe gibt es noch heute reichlich, man hört Hämmern und Sägen den ganzen Tag – Siestazeit ausgenommen. – Auch von Massa führt eine von vielen Serpentinen geprägte Bergstraße, 15 km lang und mit Panoramagarantie, zu den Steinbrüchen von Arni. Nur 4,5 km – durch eine von alten Bäumen bestandene Allee – sind es bis zum Badeort Marina di Massa (s. S. 130).

11 km trennen Massa von **Pietrasanta** 13, das für das handwerkliche Können seiner Marmorbildhauer bekannt ist. Einige Spezialisten bearbeiten auch Onyx. Doch die Hauptsache ist das Kopieren historischer Gestalten und Statuen von Weltrang (mit Vorliebe Michelangelos ›David‹), traditionelle Formen überhaupt, in jeder erwünschten Größe, in jeder Steinart.

Die nur 3 km vom Meer entfernte Festungsstadt an den Abhängen der Apuanischen Alpen ist eine Luccheser Gründung (1255). Als besonders sehenswert gilt hier der **Dom** (Collegiata di San Martino) von 1256 bis 1258. Er wurde 1330 erweitert und im 18. Jh. von der Großfürstin Christine von Lothringen, der Witwe Ferdinands I., mit zahlreichen Kunstwerken ausgeschmückt. Ganz mit Marmor verkleidet zeigt sich die weiße, schlichte Fassade, in der sich eine große Rosette öffnet. Im Norden steht der Campanile neben dem Dom, sein Marmorsockel aus dem Mittelalter erhielt im 18. Jh. einen eigenartigen Backsteinaufsatz. Den Nordabschluss des lang gestreckten Domplatzes, der eine hübsche Kulisse in der von Zinnen bekrönten Mauer darüber erhält, bildet die **Chiesa di Sant'Agostino** aus hellem Travertin mit einer gotischen Zwerggalerie über dem Eingang. Im 15. Jh. diente sie bedeutenden Familien aus Pietrasanta als Grabkirche.

Statt die 8 km direkt nach Camaiore kann man auf einer gleich langen, aber bergwärts führenden, sehr hübschen Strecke über das Dörfchen **Valdicastello Carducci** 14 fahren, dem Geburtsort des Schriftstellers und Nobelpreisträgers Giosuè Carducci (1835–1907), dessen Namen der Ort inzwischen trägt. Dieser Umweg lohnt sich aber allein schon wegen der herrlichen Ausblicke und der wunderschönen, alten Ölbäume, die auf Erdterrassen stehen.

Auch **Camaiore** 15 hat Lucca 1255 als befestigten Stützpunkt ausbauen lassen. Die **Badia** (Abtei) aber stammt schon aus dem 8. und 11. Jh., und die **Pieve**, die Pfarrkirche auf dem Schleichweg durch die Berge nach Lucca, ist romanisch. Nur die **Kollegiatskirche** kam 1278 unter Luccas Herrschaft hinzu. – Auch Camaiore hat seinen Lido, den Hausstrand (s. S. 132).

Direkt hinter Marina di Carrara beginnt Ligurien und damit ein Stück gemeinsamer Geschichte der beiden Regionen Toscana und Ligurien, deren schönste Zeugnisse man in der Lunigiana, im hügel- und dörferreichen Nordwestzipfel der Toscana, findet. Gesammelt und wunderschön aufbewahrt im Museum der Burgruine von **Pontrémoli** 16: vor allem vor-ligurische Stelen.

Kunsthandwerksschüler in Pietrasanta

Die toscanische Küste, Pisa und Livorno

Die Badeorte der Riviera della Versilia

Die toscanische Küste, sozusagen die Fortsetzung der ligurischen Riviera im weiten Golf von Genua nach Südosten, ist ein Dorado für Strandfans. Sie bietet nicht nur kilometerlange, breite, meist feinsandige Strände – zwischen Marina di Carrara und Viaréggio 32 km! – sondern dort auch die berühmten, bunt bemalten *bagni*, die Badeanstalten mit ihren kleinen hölzernen Häuschen, die sich italienische Familien (vorrangig für die Frauen und Kinder) Jahr um Jahr für die gesamte Saison zu mieten pflegen, und wo man sich alle Jahre wieder trifft. Im Hintergrund: dichte Pinienwälder und die Apuanischen Alpen, die mit ihren Marmorbrüchen aussehen, als seien sie das ganze Jahr über mit Schnee bedeckt.

Eigentlich heißt sie Riviera della Versilia erst südlich von Cinquale, aber das brauchen Urlauber ja nicht so bitter ernst zu nehmen wie die einheimischen Touristiker, die leider sehr im Kommunalen verhaftet bleiben und nicht die schöne Küste als Ganzes zu sehen vermögen. Verkehrstechnisch ist die Versilia hervorragend erschlossen: Die stark befahrene S. S. 1, die alte Via Aurelia nach Rom, die Autobahn A 12 und die von Mussolini begonnene Küstenstraße, schnurgerade, breit, ampelübersät und im Sommer viel befahren; von Marina di Carrara im Norden bis nach Viaréggio im Süden. Am Meer bleibt nur der Streifen für die berühmten *bagni* vor dem tiefen Sandstrand, auch für Cafés und Restaurants, übrig. Jenseits der Küstenstraße dehnen sich ostwärts die eigentlichen Badeorte aus.

◁ *Strandvergnügen in Forte dei Marmi*

Von Marina di Carrara bis Lido di Camaiore

Tipps & Adressen: Carrara S. 304f., Marina di Massa S. 335f., Forte dei Marmi S. 326f., Pietrasanta S. 346, Camaiore S. 303

Marina di Carrara 1 ist wegen seines unübersehbaren Marmorstaubs und des nahen Riesenhafens nicht gerade einladend, aber bei den Einheimischen recht beliebt. Das gilt auch für den ortseigenen Yachthafen. Anders **Marina di Massa** 2 mit seinem 10 km langen und bis zu 100 m breiten, feindsandigen Strand. Wellenbrecher schützen ihn, ausladende Pinien spenden Schatten. Der Nordabschnitt, **Portaccia**, ist den Campern vorbehalten. Für Vergnügungsmöglichkeiten aller Art und für Sport (auch Reiten und Galopprennbahn) ist gesorgt. Vom kleinen Flughafen in Cinquale, an der Grenze zur Provinz Lucca und zur eigentlichen Versilia, können Rundflüge unternommen werden.

Der bescheidene aber sehr familienfreundliche Badeort **Cinquale** 3 (oder Marina di Montignoso, wie er ebenfalls heißt) ist vom Star der Versilia nur durch einen schmalen Bach getrennt. Ab hier rühmt sich die Versilia des Hinterlandes mit den schönsten Olivenhainen der Toscana, nämlich denen von Strettoia, Vallecchia, Capriglia und Valdicastello Carducci. **Forte dei Marmi** 4, der Edel-Badeort der Versilia – mit nahem Golfplatz – gilt bei den Italienern als ein ausgesprochenes Familienferienziel. Freilich für Leute, die es bezahlen können – oder hier sogar ihre eigenen Villen besitzen. Echte Großhotels sucht man vergebens, die Hauptrolle spielen hier Ferienwohnungen und frühere Villen, in denen familiäre Hotels eingerichtet wurden. Was für deutsche Urlauber unvorstellbar wäre, ist bei Italienern eine Selbstverständlichkeit: Ferienhäuser und -wohnungen sind meist nur für den ganzen Sommer, mindestens aber für einen Monat zu mieten. Die Vermieter, ebenso wie die Hoteliers, leben von der kurzen Saison so gut, dass es für den Rest des Jahres reicht. So hält Forte dei Marmi, die ›feinste Perle der Versilia‹ im Winter einen zufriedenen Schlaf.

Durch die Bebauung mit Villen blieb viel Grün erhalten, von rund 100 m^2 Land (Garten) sind nur 20 bebaut; Privathäuser dürfen höchstens zwei-, Hotels höchstens dreistöckig aufsteigen. So bleibt der Eindruck einer dichten, grünen Pineta erhalten, und die höchstens 27 000 Sommergäste fallen nur am Strand auf. ›Echte‹ Bewohner zählt Forte rund ein Drittel dieser Gästezahl. Viele toscanische Familien und illustre Gäste haben hier ein zweites Zuhause. Und praktisch alle Straßen von den Bergen zum Strand sind in Privatbesitz.

Der 4 km lange Strand ist tief und gepflegt, die Badehaus-Landschaft eine Augenweide, die Mole, eine beliebte Passeggiata-Meile, 300 m lang. Die Hotels bieten besten Service und familiäre Atmosphäre, die Restaurants sind gut bis sehr gut, in den Hügeln ländlich-typisch. Man muss sich zu ihnen durchfragen, manche haben nur an den Sommer-Wochenenden geöffnet. Mittwochs findet ein gut besuchter großer Markt statt, der Ortskern um die hübsche kleine, aber trutzige Festung ist sauber und übersichtlich, mit sehr feinen Modegeschäften. Aber: Für einen Sommerurlaub in Forte dei Marmi muss man etwa 30 % mehr an Kosten einplanen als in den übrigen Badeorten der Versilia.

Ein kurzer Blick auf die Geschichte: Forte dei Marmi, ›Festung des Marmors‹, entstand als Verladehafen für Marmor. Die Verbindung mit den Marmorbrüchen bestand in einer *lizza*, einer Art Rutschbahn. Nach dem Bau der Festung durch Leopold I. 1788 entwickelte sich der Ort schnell. Villen schossen aus dem Boden, Stars und Geldadel ließen sich hier nieder. 1890 war Forte schon ›traditionell‹ der Badeort der ›besseren

Die Riviera della Versilia

Gesellschaft‹. Was bis heute so geblieben ist. ›Man‹ trifft sich auch am Wochenende in Forte.

Hinter **Fiumetto**, das man kaum wahrnimmt, beginnt gleich **Marina di Pietrasanta** 5, ein eher bescheidener Ferienort mit zahlreichen Ferienhäusern und einfacheren Hotels. Das Gleiche gilt für das anschließende **Lido di Camaiore** 6, das sehr grün ist und einen herrlichen, großen Kinderspielplatz in der dichten Pineta, dem Pinienwald, besitzt. Die Strandpromenade steigt terrassenartig an, der Montagsmarkt bietet einige Abwechslung. Mehr braucht's nicht, denn praktisch ist der Ort mit Viaréggio zusammengewachsen, das von allem genug hat.

Viaréggio

Karte S. 131
Tipps & Adressen: S. 369f.

7 Im Karnevalsort Viaréggio, dem größten Badeort der Versilia und der tyrrhenischen Küste, herrschen Schwung und Übermut. Betrachtet man die Geschichte, stellt sich heraus, dass die Stadt noch recht jung ist: Herzogin Maria Luisa Bourbon-Parma verlieh dem Fischer- und Seefahrerort Anfang des 19. Jh. Stadtrechte, ließ einen ›ordentlichen‹ Stadtplan aufstellen und das erste Hafenbecken anlegen. Daraus entwickelte sich eine kommerzielle und touristische Hafenstadt mit vier Werften,

In Viaréggio, dem größten Badeort der Versilia

einem Fischerei- und einem Yachthafen. Der herrliche, tiefe und nur sehr leicht abfallende, feinsandige Strand machte bald von sich reden. Zur Jahrhundertwende (19./20. Jh.) war nicht nur der von sportlichen und folkloristischen Veranstaltungen, Theater und Musik begleitete Karneval geboren, etabliert war Viaréggio auch als Erholungsort mit gesundem Meeresklima. Prachtbauten im Jugend- und klassizistischen Stil wurden errichtet wie das Nobelhotel ›Principe di Piemonte‹ und das ›Royal‹. Auch das ›Gran Caffè Margherita‹ mit seinen grün gekachelten Kuppeln entstand in dieser Pionierzeit. Hier pflegte u. a. Puccini zu verkehren, der mit einer bronzenen Skulptur gleich vor dem Eingang geehrt wird.

Heute bevölkern im Sommer etwa 80 000 Menschen die schöne, klar gegliederte Stadt, die sowohl urban-geschäftig als auch urlaubsmäßig-sportlich und unternehmungslustig wirkt. Unter die wenigen Einheimischen mischt sich ein internationales Touristenpublikum. Viele kommen mit dem eigenen Boot an. Denn der Yachthafen am Ende des Burlamacca-Kanals vom Lago Puccini ist ein beliebter Treffpunkt auf den Kreuzfahrten zwischen dem Süden der tyrrhenischen Küste sowie Sardinien und Sizilien und der ligurischen Riviera im Norden.

Im Zentrum der Stadt stehen die Lagerhäuser mit den Figuren des berühmten Karnevals von Viaréggio. Der Karneval ist für seine Betreuungsgesellschaft und die Stadt alle Jahre ein gutes Geschäft – trotz des immensen Aufwandes. Denn andere Orte kaufen oder leihen sich hier hinterher ganze Wagen aus, manchmal mitsamt Mannschaft. Bis nach Venezuela sind so manche Schausteller gekommen. (Im September beginnen alljährlich die Arbeiten für die neue Karnevalssaison, dann müssen die alten Wagen und Figuren verschwunden sein.)

Durch Macchia und Pineta zum Lago Puccini

Parallel zum Meer, das hier eine schöne, dicht bewachsene Düne abschließt, verläuft der Viale degli Tigli schnurstracks durch die **Macchia Lucchese** bis zur Provinzgrenze mit Pisa. Hier zweigt der Viale rechts zum Meer nach Marina di Torre del Lago und links durch eine schnurgerade Lindenallee nach Torre del Lago Puccini und zum See ab, der eigentlich **Lago di Massaciúccoli** 8 heißt. Der **Viale degli Tigli** ist eine echte Natursehenswürdigkeit: Uralte Linden begrenzen die Allee, die durch eine Pineta mit breitschirmigen, riesigen Pinien führt. Darunter breitet sich dichte Macchia aus und mittendrin stehen Hütten und kleine Sommerrestaurants. Überall begegnet man Ausflüglern mit Picknickkörben, und vielen Radfahrern. Dieser Wald geht zunächst in die **Macchia di Migliarino** und südlich der Sérchio-Mündung in die aus Sumpfwald bestehende **Tenuta di San Rossore** über. Gemeinsam sind sie ein bedeutender Naturpark. Schließlich handelt es sich hier um den letzten Rest einer Lagunenlandschaft, die noch im 18. Jh. etwas Venezianisches an sich hatte: Eine breite, von Schilf bewachsene Düne trennte die Lagune vom Meer, darauf lebten Jäger und Fischer. Später verlandete das Gebiet durch Ablagerungen der zahlreichen Gebirgsbäche, 1750 wurde die Pineta gepflanzt, im 19. Jh. mussten Kanäle für die Wasserregulierung sorgen und halfen gleichzeitig, die hier wütende Malaria zu verdrängen. Übrig blieben ein fruchtbarer Landstrich und ein fischreicher See – der Lago di Massaciúccoli, an dessen Westufer sich Puccini, aus Lucca kommend, niederließ. Im Sommer werden in seinem Namen Musikfestspiele veranstaltet, sein Haus in **Torre del Lago** ist als Museum und Mausoleum zu besichtigen. Die Restaurants am See leben gut vom Weltruf des Komponisten.

Der See ist zwar nur 6,9 km^2 klein, aber der größte der Toscana. Er macht einen etwas verwilderten Eindruck, obwohl er künstlich in Form gehalten wird. Im Norden geht der Lago Puccini in zahlreiche Kanäle über, beispielsweise in den Burlamacca nach Viaréggio. Andere Kanäle sind mit Schilf bewachsen und die Ufer mit vielen Fischerhütten bebaut, aus denen die feinmaschigen Auslegenetze zum Fang der Fische und der begehrten *anguille* (Miniaale) wie große Moskitonetze über dem Wasser hängen. März bis Juli ist hier Fangsaison, dann dürfen die Netze abgesenkt werden, und es wird reiche Beute gemacht. Unüberhörbar sind manche Bewohner des Sees und seiner Kanäle: Frösche, Vögel und Enten aller Art, aber auch die unvermeidlichen Moskitos. – Im Sommer kann man mit einem Ausflugsboot über den See fahren und ihn so intensiver erleben.

Am Lago di Massaciúccoli

Pisa

Stadtplan S. 136/137
Tipps & Adressen S. 347ff.

■ Die Visitenkarte der flachen Arno-Stadt ist der ›Platz der Wunder‹ mit dem ›schiefen Turm‹, die Piazza dei Miracoli mit der *torre pendente*. Doch Pisa führt auch ein interessantes Eigenleben abseits dieses sakralen Platzes: Die Handelsstadt hat eine Monopolstellung in Sachen Yachtwerften. Entlang dem Arno bis zu seiner Mündung in Marina di Pisa stehen kleinere Werften, ebenso an den Kanälen hinter Tirrénia. Mehr als 25 000 Studenten studieren an der zweitgrößten Universität der Toscana (nach Florenz) sowie mehreren Sprach- und Fachschulen. Als Straßen- und Eisenbahnknotenpunkt mit Verbindungen vom Nordwesten Italiens nach Rom und in den Osten des Landes ist die Stadt zusätzlich bedeutend. Den Flughafen neideten die Florentiner den Pisanern von Anfang an: Der internationale Aeroporto Galileo Galilei ist nämlich das ganze Jahr über frei von Nebel. Mit der Hafenstadt Livorno verbindet Pisa ein schiffbarer Kanal, was weitere Vorteile bringt. Und da der Badeort Tirrénia zur Provinz gehört, sind auch die Einnahmen aus dem Fremdenverkehr nicht zu verachten. Gewinne erzielt die Provinz auch mit Alabastervorkommen (Volterra) und geothermischen Bodenschätzen (Larderello).

Geschichte

Die bedeutendsten Bauten Pisas wurden bis 1284 begonnen, was eine einfache historische Erklärung hat: Am 6. August des Jahres hörte die Stadt auf, eine Seerepublik zu sein. Denn Genua hatte Pisa vor dem Meloria-Riff bei Livorno vernichtend geschlagen. So ging eine glorreiche Epoche zu Ende, die sehr viel versprechend begonnen hatte.

Wahrscheinlich war der Lagunenort schon von den Etruskern bewohnt. Zur römischen Zeit wurde er ein wichtiger Flottenstützpunkt mit Siedlungen am nördlichen Arno-Ufer (Bagni di Nerone: Reste einer Therme aus dem 2. Jh.). Im 4. Jh. war Pisa unter langobardischer Herrschaft (Funde aus der Zeit im Museum von San Matteo) Bischofssitz, und im 8. und 9. Jh. blieb es mehrfach bei Sarazenen-Überfällen relativ unbeschadet. Damit beherrschte die Stadt militärisch wie wirtschaftlich das Mittelmeer. Ab dem 11. Jh. war der Expansionsdrang der Pisaner gewaltig: Eroberung Sardiniens, Bündnis mit den Normannen gegen die Sarazenen, 1064 gipfelnd in der Seeschlacht bei Palermo. Zum Dank für die Vernichtung der heidnischen Flotte erhielt Pisas Kirche vom Papst die Insel Korsika und die neuerliche Erhebung zur Bischofsstadt. Kolonien und Stützpunkte an der Südküste Kleinasiens entstanden, in Südspanien und Nordafrika. 1098 leistete sich Pisa den ersten Kreuzzug nach Jerusalem.

Dem Handel war dies natürlich förderlich: Pisa exportierte Holz, Eisen und Lederwaren, seine Werften erlangten Weltruhm, die Flotte besaß mindestens 300 Galeeren. Doch der Orient befruchtete auch das geistige Leben, was ein Chronist 1115 weniger positiv sah: »Wer sich nach Pisa begibt, sieht dort Ungeheuer. Diese Stadt wird von Heiden, Türken, Libyern und Parsen besudelt, und die unzüchtigen Chaldäer durchstreifen ihr Land.« In Wahrheit war die Verschmelzung von islamischer Kultur und

Jugendherberge
Via Cammeo
Campo Sportivo
Dombauhütte
Via Contessa
Strada S
4
2
3
Pza. del Duomo
Pza. Manin
Via Andrea Pisano
1
6
22
Via Card. Maffi
Pta. Lucca
Via Capponi
S. Torpe
Via S. Caterina
Via S. Guiseppe
Pta. S. Maria
5
S. Giorgio
Via Giunta Pisano
Pisano
Via Lucaghini
Maria
Via la Faggiola
Via Martiri
Via Carducci
Ospedale di S. Chiara
Via Diotisalvi
Cliniche Universitarie
Via Roma
Pza. Cavallotti
V. d. Mille
Via Coesica
Pza. Buonamici
8
10
Via Trainini
Via Gabba
Bonanno
Via Savi
7
S. Sisto
Pza. d. Cavalieri
9
Via Oberdan
Via U. Dini
Via Vanni
Via
Pisano
Via
Santa
Via P. Paoli
24
Via S. Frediano
Via Tavoleria
Via S. Franc
Risorgimento
Via Roma
Via
Nicola
Via
14
Via Curtatone
Borgo Stretto
25
12
13
23
21
Via Trieste
Via E. Fermi
Pal. Reale
Lungarno Pacinotti
Pza. Garibaldi
Teatro Ver
Via Pale
Torre Ghibellina
Via Volturno
11
Ponte di Mezzo
Lungarno Med
Lungarno Gambacorti
15
Pza. XX. Settembre
Pal. Gambacorti
Arsenale d. Galee
18
Ponte Solferino
Lungarno Simonelli
16
Arno
Lungarno Ga
Cittadella
Via
Via
Via Mazzini
Via A. Mario
Via S. Bernardo
Via S. Martino
Lungarno Sonnino
Italia
Via S. Paolo
Via d. Carmine
Pza. S. Paolo
Via F. Niosi
Via
S. Martino
Ponte d. Cittadella
S. Antonio
Via A. Manzoni
Via Saicasciani
Via di Pta. a Mare
Crispi
Via Mazzini
Corso
Via Pascoli
Via Giord. Bruno
19
Via Bixio
S. Antonio
Pza. Vitt. Emanuele II
S. Piero a Grado, Livorno
Via Vecchia Livornese
Viale Cesare Battisti
Via Curtatone e Montanara
Viale Bonaini
Guer
Viale Gramsci
Via Puccini
Via Colombo
Via della Spina
Via A. Fratti
Haupt-bahnhof
20
Via A. Vespucci
Via F. Corridone
Via F. da
17

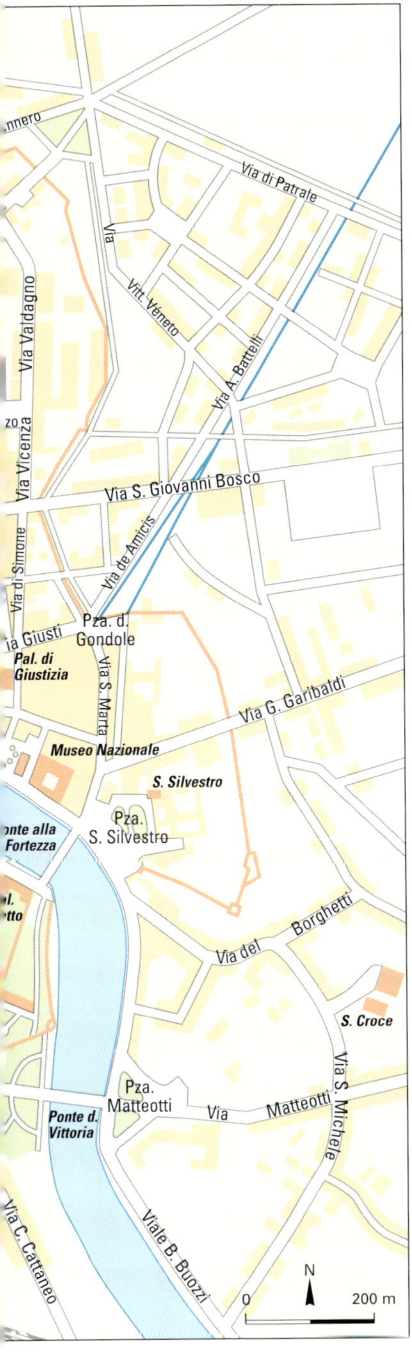

der klassischen Tradition Pisas das Beste, das ihr und Europa passieren konnte. Auf naturwissenschaftlichem und künstlerischem Gebiet allemal. Was die Kunstgeschichte als pisanisch-romanischen Stil bezeichnet, entstand aus überlieferten langobardischen Formen sowie arabischen und armenischen, also orientalischen Vorbildern.

1137 wurde die Seerepublik Amalfi durch Pisas Flotte vernichtet, 1161 das erste See- und Handelsrecht erlassen. Das 12. Jh. erlebte eine starke Bevölkerungszunahme und die Ausdehnung der Stadt, die sich hinter ihrer hohen Mauer mitsamt Gärten und Ackerland verschanzte. *Casetorri* entstanden, die turmartig befestigten Wohnhäuser, auch Geschlechtertürme genannt. Sie fügen sich später in Gesamtkomplexe ein, die noch erkennbar sind beispielsweise an der Via San Martino, Via Santa Maria und am Arno.

Schleichend kündigte sich der Untergang an: Pisa, die Seemacht, verlor das Meer. Der Hafen versandete, was die militärische wie wirtschaftliche Vormachtstellung der Stadt enorm schwächte. Dann geschah im Jahr 1284 besagtes Debakel mit Genua; Lucca und Montecatini

Pisa – Sehenswürdigkeiten:
1 Campanile 2 Dom 3 Baptisterium 4 Camposanto 5 Sinopienmuseum 6 Dombaumuseum 7 Botanischer Garten 8 Palazzo dei Cavalieri 9 Santo Stéfano dei Cavalieri 10 Palazzo dell' Orologio 11 Ponte di Mezzo 12 Piazza Vettovaglie 13 Piazza Uomobuono 14 Piazza Dante 15 Loggia di Banchi 16 Santa Maria della Spina 17 Ausgrabungsgelände des historischen Hafens 18 Medici-Arsenal
Hotels: *19 D'Azeglio 20 Jolly Hotel Cavalieri 21 Royal Victoria 22 Gronchi*
Restaurants: *23 Osteria dei Cavalieri 24 Osteria La Mescita 25 Caffè Pasticceria Salza*

wurden zwar 1314 und 1315 noch eingenommen, aber Pisas Schlagkraft ließ nach. Der Verzweiflungskampf gegen das verhasste Florenz endete 1406 mit der Unterwerfung Pisas. Dass die Stadt kaisertreu blieb (im Gegensatz zum papsttreuen Florenz), rettete sie 1494 bis 1509 noch einmal, aber nur kurzfristig: Karl VII. verhalf ihr zur Unabhängigkeit. Dann wurde sie wieder florentinisch und blieb es bis zur Einigung Italiens.

Cosimo I scheint Pisa geschätzt zu haben, er erhob es 1542 zur Universitätsstadt und zum Sitz seiner Stiftung des Militärordens der Cavalieri di Santo Stéfano (1563). Drei Jahre zuvor wurden sogar die Werften im Auftrag Cosimos aufpoliert. Was danach politisch mit Florenz geschah, passierte auch ›seinem‹ Pisa – und ist den Pisanern bis heute ein Dorn im Auge. Daher: Als Florentiner (aber auch als Luccheser) leistet man sich in Pisa lieber keine Parksünden…

Tipp zur Anreise: Pisa ist so handlichklein, dass man es gut zu Fuß entdecken kann und daher am besten mit Zug oder Bus anreist. Motorisierte Reisende können ihren Wagen nahe dem ›Platz der Wunder‹ auf einem teuren Parkplatz oder auf einem der preiswerteren Parkplätze außerhalb der Stadtmauer abstellen. Diese ist fast komplett erhalten und zeigt die Form eines Schmetterlings. Nur im Südosten musste die hohe Stadtmauer Erweiterungsbauten Richtung Bahnhof weichen.

Piazza dei Miracoli

Kein Wunder, dass man die große Wiese im Nordwesten der Altstadt ›Platz der Wunder‹ (Piazza dei Miracoli) nennt: So viele Kunstschätze auf einem einzigen Platz findet man auch in der sonst so kunstreichen Toscana nicht noch einmal. Den besten Überblick verschafft man sich natürlich vom schiefen Campanile aus. Was seit Weihnachten 2001 wieder möglich ist, wenn auch eingeschränkt. Von oben wirkt der Platz trotz der architektonischen Schönheit seiner Bauten eher kühl, was wohl vom Baumaterial, dem hellen Travertin und den weißen Dächern, kommt.

Pisas **Campanile** 1 bleibt der schönste Glockenturm weit und breit. Er wäre sicherlich auch ohne seine ›fallsüchtige‹ Haltung eine touristische Attraktion geworden, aber keine so begehrte. Früher, als dies noch ohne Einschränkung möglich war, bestiegen jährlich an die 700 000 Touristen den Turm – trotz der teueren Eintrittskarten. Nun dürften es aus Sicherheitsgründen weniger werden.

Grundsteinlegung war 1173 unter dem Dombau-Architekten Bonanno, dessen Namen man jetzt in einem Sarkophagfragment links vor der Eingangstür zum Turm eingemauert findet (der Überlieferung nach soll Bonanno unter seinem Turm begraben liegen). 1185 waren erst drei Stockwerke errichtet, und das gesamte Bauwerk neigte sich nach Süden. Für Bonanno, der nach Sizilien abreisen musste, war das sicher keine verblüffende Erscheinung: Er kannte den Schwemmlandboden Pisas und wusste, dass er unsicher war. Ab dem vierten Stockwerk baute Giovanni di Simone, die Neigung leicht korrigierend, weiter. Fertig gestellt wurde der nun 8-stöckige Turm mit den wundervollen umlaufenden Arkadenbögen vom zweiten bis zum siebten Geschoss aber erst 1350 vom Sohn Andrea Pisanos, von Tommaso, der die offene Glockengalerie draufsetzte.

Nordwestlich, dicht beim Campanile, steht der **Dom** 2, eine recht orientalisch wirkende Kirche. Ihren Bau be-

Die Piazza dei Miracoli mit Campanile, Dom und Baptisterium

schloss man 1063 nach dem Sieg über die Sarazenen und der Eroberung Palermos. Da die Fassade von der Stadt weg auf das Baptisterium gerichtet ist, wurde praktisch von Anfang an das Portal am südöstlichen Querarm neben dem Chor (also direkt auf das Baptisterium zu) als Eingang benutzt: die Porta Ranieri mit ihren wundervollen, plastischen Bronzereliefs von Bonanno. Dieses schönste Werk am Pisaner Dom ist die einzige nach dem großen Brand von 1595 erhaltene der vier Bronzetüren, die Bonanno für den Dom schuf. Die 24 Tafeln mit den Geschichten aus dem Leben Christi sind von ergreifend schlichter Schönheit. – Viel mehr Beachtung finden im Allgemeinen die von Besucherhänden glänzend geriebenen Gestalten am linken Teil des Hauptportals an der Westfassade: Hündchen, Frosch und zwei Eidechsen. Wer sie berührt, sagt nämlich die Legende, findet die Erfüllung seiner schönsten Wünsche und Träume.

Der Dom erweckt durch die Betonung der Horizontalen den Eindruck eines antiken griechischen Tempels. Kein Wunder, denn sein erster Baumeister, Busketos, war ein Pisaner aus Griechenland (sein Grabmal befindet sich an der linken Seite der Fassade). 1118 wurde der Dombau unvollendet eingeweiht und erst Ende des 13. Jh. durch Rainaldo fertig gestellt, der ebenfalls an der Fassade verewigt ist (mit einer Tafel rechts über dem Mittelportal).

Das gesamte Formenspiel der so genannten pisanischen Architektur ist außen abzulesen: am Langhaus Blendbögen unten, in denen sich stufenweise eingeschnittene Rhomben mit schmalen romanischen Fenstern abwechseln; im oberen Teil sind es Lisenen, unter dem Gesims wieder Rhomben, Kreise und gerade Fenster im Wechselspiel; und die oberste Stufe, die Seitenwände des Mittelschiffes der Basilika, zeigt eine Mischung: abwechselnd Rhomben,

Problemfall schiefer Turm

Zweihundertvierundneunzig Stufen hat die steinerne Wendeltreppe um den hohlen Kern. Genaugenommen war er nur bis vor wenigen Jahren hohl, als man einen Zwischenboden einzog und eine Messstation einrichtete, um das Schicksal der *torre pendente* unter Kontrolle zu bekommen. Jetzt weiß man es genau: Im Laufe der Jahrhunderte machte der Turm drei sich überlagernde Bewegungen mit. Erstens hat er sich nach Süden geneigt, ist zweitens als Ganzes im Boden eingesunken und hat sich Richtung Südwesten um die eigene Achse gedreht. Fazit: Im Norden ist er 55,22 m hoch, im Süden nur 54,52; die Abweichung von der Senkrechten beträgt 4,42 m und nahm jährlich zunächst nur um 1,2 mm zu. 1982 trat Beruhigung ein, die strengen Maßnahmen zu seiner Rettung begannen zu greifen: Hochhäuser wurden in ganz Pisa verboten, weil der lose Untergrund nur höchstens eine Belastung von einem Kilogramm pro Quadratzentimeter verträgt (beim Campanile sind es im Süden bis zu zwölf!); Grundwasser darf seit 1970 im Umkreis von 3 km vom Domplatz nicht entnommen werden – was zur Stabilisierung des Wasserspiegels und zur Verringerung der Neigung führte.

Dann begann der Campanile doch wieder zu ›fallen‹: Unter Wehgeschrei der ganzen Stadt ließ ihn Rom 1990 aus Sicherheitsgründen schließen. Erst im Jahr 2000 brachten neue Ideen – eigentlich die simpelsten! – den fallsüchtigen Turm nicht nur zum Stehen, er konnte damit sogar etwas aufgerichtet werden – um 44 cm. Genug, um ihn Weihnachten 2001 wieder der Öffentlichkeit zugänglich zu machen, wenn auch noch immer aus Sicherheitsgründen in eingeschränktem Maße. Der ›Trick‹: Man entzog dem Erdboden auf seiner Nordseite mit sehr feinen Bohrungen Sand und Kies, hielt dabei den Turm mit starken Stahlseilen fest und legte ihm zu Füßen zusätzlich 600 Tonnen Bleigewichte – alles zusammen sorgte dafür, dass sich der Boden auf der Nordseite verdichtete, der Turm sozusagen nachkam und sich so weit aufrichten konnte, dass es den Fachleuten reicht.

Der Volksmund erzählt, der Architekt des Campanile habe am Ende der Bauarbeiten bei einer öffentlichen Zeremonie seinen Lohn kassieren sollen. Das Volk, die Ratsherren und der Klerus waren versammelt – vor dem kerzengeraden Turm. Der Bürgermeister aber wollte den Baumeister um sein Geld prellen und erklärte feierlich, er solle doch auf den schnöden Mammon verzichten – schließlich habe er zu Ehren und zum Ruhme Gottes gearbeitet. Der Architekt drehte sich daraufhin zornig um und rief seinem Werk zu: »Komm, Turm, und folge mir nach!« Entsetzt sah die versammelte Menge, wie sich der Campanile seinem Schöpfer zu neigte. Hastig versprach darauf der Bürgermeister, den verdienten Lohn nachzuzahlen, wenn der Baumeister den Turm zum Stehen bringen würde. Das

Einstweilen ist der Niedergang des schiefen Turms gestoppt

geschah – aber aufgerichtet wurde er nicht mehr: als Mahnung auch für künftige Stadtväter, keinen Architekten um sein Honorar zu prellen ...

Eine zweite Geschichte um den schiefen Campanile ist weltbekannt: Dass Galileo Galilei, 1564 in Pisa geboron, am schiefen Turm die Fallgesetze entdeckte. Er erkannte während seines Studiums der Naturwissenschaften, dass alle Gegenstände, unabhängig von ihrem Gewicht, mit der gleichen Geschwindigkeit nach unten fallen. Ein Stein fällt genauso schnell wie ein Stück Blei. Auch eine Feder fällt genauso schnell nach unten. Das Problem dabei ist, es darf keine Luft da sein. Damals hatte er aber noch keine Geräte, mit denen er hätte ein Vakuum erzeugen können. So musste er sich auf Versuche mit Steinen beschränken. Er ist auf den schiefen Turm gestiegen und hat von der Spitze verschieden große Steine herabfallen lassen. Sein Helfer stand entweder unten und musste beobachten, ob die Steine wirklich gleichzeitig unten auftrafen, oder er musste die Steine fallen lassen. Dieser und andere Versuche kosteten ihn nicht nur seine Professur, erst an der Pisaner Universität, später in Padua. Seine experimentellen Beweise der Kopernikus-Lehre brachten Galileo außerdem den päpstlichen Bann und die Verbannung nach Arcetri oberhalb von Florenz, wo er 1642 starb.

Die Kuppel des Baptisteriums

Rundbogenfenster, Kreise etc. zwischen den halbrunden Pilastern. Alles mit geometrisch geschnittenen, grünen und weißen Marmorsteinen eingelegt, intarsiert. Die Fassade dagegen zeigt die reine, konstruierte Formensprache der Pisaner Romanik, die danach nur noch ›typisch pisanisch‹ genannt wird. Unten stark gliedernde Pilasterordnungen mit Rhomben und Kreisen in den Rundbögen, darüber eine vierstöckige Konstruktion aus Zwerggalerien bzw. Blendarkarden, im Wechsel je eine gerade und darüber eine abgetreppte.

Der Raumeindruck innen ist nicht allein durch die Fünfschiffigkeit grandios. Antike Elemente sind hier die 68 Säulen, die Pisa nach der Sarazenen-Schlacht aus Magna Graecia (Süditalien und Sizilien) angeschleppt hatte. Die Kanzel, die heute links vor dem Hochaltar steht, schuf Giovanni Pisano 1302 und 1311 (40 Jahre nach der Vollendung der Kanzel des Baptisteriums durch seinen Vater Nicola). Weil die mittelere Stütze aus drei Frauengestalten zusammengesetzt ist, besitzt Giovannis Kanzel insgesamt elf ›Träger‹. Er schuf sie teils aus grauem und rotem Granit, zwei von ihnen werden von je einem reißenden Löwen getragen, andere von menschlichen Figuren. Von einer unglaublich präzisen Dynamik sind die Reliefbilder der Felder darüber, die Geschichten aus dem Leben Christi erzählen – Giovannis eindrucksvollstes, vielleicht auch am besten ausgearbeitetes Werk. Die Figuren scheinen sich geradezu aus den Feldern lösen zu wollen.

Ein akustisches Wunder ist das **Baptisterium** **3** gegenüber. Die größte Taufkirche der Welt hat den stolzen Umfang von 107,5 m. Finanziert wurde sie von 34 000 Familien Pisas, zumindest zu Baubeginn. Innen ist man vom vollkommen romanischen Raumeindruck überwältigt. Die großen Skulpturen an den Wänden sind die Originale von außen –

zum Schutz vor schädlichen Umwelteinflüssen hierher gestellt. Wunderschön ist die Betonung der Linienführung vom oktogonalen Taufbecken in der Mitte aus, und zwar durch grüne Marmorstreifen, die sich an allen Wänden als Horizontalbetonung fortsetzen. Das riesige Taufbecken, das Guido Bigarelli da Como 1246 verziert haben soll, zeigt recht orientalische Ornamente, die sich im Boden des schlichten Altarraumes dahinter wiederholen. Fast wird der Blick von der sechseckigen Kanzel auf sieben Stützen an der linken Ecke abgelenkt, da sie ein wenig im Dunkeln steht. 1255 bis 1260 hatte sie Nicola Pisano geschaffen. Drei der dunklen Granitsäulen werden von Löwen getragen, die Mittelsäule ruht auf geduckten menschlichen Gestalten – die symbolhaft die Last der Kirche tragen. Zum ersten Mal wird aus der von der Architektur bestimmten Skulptur der Romanik eine belebte, bewegte Darstellung. Pisano sieht man in den Feldern seiner Kanzel, die das Leben und Sterben Christi darstellen und durch zierliche Säulenbündel getrennt sind, sein Studium antiker Skulpturen an. Denn so viel Plastizität hatte es in Reliefarbeiten seit der Antike nicht gegeben. Im Übrigen ist diese Kanzel die erste, die nicht an der Wand lehnt, sondern frei steht.

Die Custoden pflegen im Baptisterium die hervorragende Akustik des Raumes zu demonstrieren. Sie schließen die Türe, fordern völlige Stille im perfekten Rund, der Singsang beginnt leise, wird lauter und wieder leiser, man hört einen Nachklang wie von einem ganzen Orchester. – Direkt hinter dem Baptisterium erhebt sich die Torre Santa Maria, wo ein Gang über die Stadtmauer von Pisa beginnen kann.

Fast garantiert ist nach dem Rummel auf der Piazza dei Miracoli die Ruhe im großartigen **Camposanto** 4, dem historischen, von außen so schlichten Friedhof mit seinem schönen Maßwerk innen. Er darf sicher als der eindrucksvollste Friedhof der Toscana wenn nicht ganz Italiens bezeichnet werden. Die Graberde wurde auf 53 Kähnen aus dem Heiligen Land hierher gebracht. Schließlich hatte die damalige Seemacht keine Transportprobleme. Der Camposanto, was so viel bedeutet wie heiliges Feld, wurde als letztes sakrales Bauwerk auf dem Platz 1278 durch Giovanni di Simone begonnen. Da aber der Baumeister 1284 im Krieg gegen Genua gefallen war, dauerte es Jahrhunderte, bis wenigstens die Außenmauern standen: 1358 war noch nicht einmal das Fundament der Nordwand ausgehoben, nur die Südwand aus Marmor war schon fertig. Die berühmten Fresken wurden erst im 14. Jh. aufgetragen, darunter einige wunderschöne Werke von Benozzo Gozzoli und der ›Triumph des Todes‹ eines unbekannten Meisters.

Dass die Fresken, die früher den gesamten Komplex überzogen, abgenommen sind, hat man der zerstörerischen Wut des Zweiten Weltkrieges zu ›verdanken‹: Am 27. Juli 1944 wurde Pisa bombardiert und zur Hälfte zerstört. Das Dach des Camposanto fing ebenfalls Feuer, das Blei darin löste sich auf, floss schwer und vernichtend über die Fresken. Bereits ab 1945 wurde restauriert, gerettet, was noch zu retten war. Dabei entdeckte man die Sinopien, die darunter liegenden Rötelzeichnungen, die sich oft als kostbarer als die Bilder selber erwiesen. Denn sie stammen aus des Künstlers Hand, zeigen sein ganzes Können in charakteristischen Linienführungen – die Fresken haben nach solchen Vorzeichnungen zum größten Teil Schüler und Helfer auf den frisch aufgetragenen Putz gemalt. – Der bedeutendste Teil der Si-

Detail aus dem Fresko ›Triumpf des Todes‹ im Camposanto

nopien des Camposanto befindet sich nicht hier, sondern gegenüber im großartig eingerichteten Sinopienmuseum im früheren Santa-Chiara-Hospital (s. u.).

Außer den zahlreichen Fresken und Grabmälern sind noch zwei Ketten an der inneren Westwand des Camposanto interessant: die Hafenketten von Pisa, von den Genuesern zum Zeichen des Sieges über die Rivalin mitgenommen. Die linken Ketten wurden 1352 an Florenz weiter gereicht, das sie erst 1848 an Pisa zurückgab – die rechten erhielt die Stadt 1860 von der ›Generosa Genova‹, wie geschrieben steht, direkt zurück.

Gegenüber zeigt das **Museo delle Sinopie** 5 die Vorzeichnungen der Fresken vom Camposanto. Sinopien heißen sie, weil die rote Erdfarbe aus Sinope am Schwarzen Meer stammt. Sehr gelungen ist zudem die moderne Architektur des Museums innen, die immerhin Raum für riesengroße Bilder schaffen musste, ohne allzu viel Platz zu verschwenden und die kunsthistorisch wertvolle Bausubstanz des früheren Hospitals von Santa Chiara (13. Jh.) zu beeinträchtigen.

Ebenfalls wunderschön, wenn auch eher bescheiden ist dagegen neben dem Campanile das neuere **Museo dell´Opera del Duomo** 6. Es zeigt u. a. Arbeiten von Giovanni Pisano. Auf der anderen Seite des Campanile befand sich von Anfang an das niedrige, lang gestreckte Gebäude der **Dombauhütte**. Und noch heute sitzen darin die Hüter des Domplatzes, vor allem des Glockenturms, rechts unten befindet sich das Informationsbüro, wo auch die Eintrittskarten für den gesamten Komplex verkauft werden.

Zwischen Domplatz und Arno

Dieser Stadtspaziergang führt zunächst in Höhe des Schiefen Turmes, am Dom-Museum vorbei in die lebhafte Via Santa Maria mit ihren vornehmen Geschäften bis zur kleinen Piazza Cavallotti. Links geht es durch die enge Via Luca Ghini zum sehenswerten, wenig besuchten **Orto Botanico** 7, dem Botanischen Garten. Auf der anderen Platzseite gegenüber führt die Via dei Mille zur dreieckigen kleinen Piazza Buonamici, die in die kurze Via Corsica übergeht. Und schon steht man auf der **Piazza dei Cavalieri,** einem großartigen Platz, städtebaulich im sonst sehr engen historischen Bereich Pisas überraschend großzügig und kunsthistorisch ein Kleinod. Außerdem handelt es sich wahrscheinlich um den Ort des römischen Forums.

Von der Via Corsica kommend, erblickt man die schönste Platzseite, nämlich den **Palazzo dei Cavalieri** 8 mit seiner Sgraffiti-Fassade und der wohlproportionierten doppelläufigen Freitreppe. Den mittelalterlichen Kommunalpalast ließ Cosimo I (zum Dank nicht nur dafür steht seine Statue direkt davor) von Vasari 1562 umbauen, um darin den Ritterorden von Santo Stéfano unterzubringen. Unter Napoleon wurde daraus eine Eliteuniversität mit dem schlichten Namen *Scuola Normale Superiore*, die bis heute existiert.

Daneben steht die ebenfalls von Vasari 1565 bis 1596 errichtete Renaissancekirche **Santo Stéfano dei Cavalieri** 9, deren Fassade Giovanni de' Medici skizziert haben soll. Die mit einer schweren Kassettendecke abgeschlossene Kirche birgt rechts und links vom Chor zwei wohlklingende, schöne Orgeln mit historischen Registern, außerdem zahlreiche Trophäen von der berühmten Schlacht von Lepanto (1571): türkische Fahnen und einige Holzfiguren der gegen die Türken siegreichen Galeeren des Ritterordens. Schräg gegenüber, auf der anderen Seite des Palazzo dei Cavalieri, stehen zwei durch einen Torbogen im Knick verbundene Turmhäuser, vom Ritterorden zusammen gefasst zum **Palazzo dell' Orologio** 10. Er ist hübsch anzusehen, war seinerzeit aber bestimmt kein angenehmer Ort: Links befand sich das mittelalterliche Staatsgefängnis, rechts der so genannte Hungerturm, wo man u. a. Graf Ugolino della Gherardesca verhungern ließ und sich Pisa lebende Adler als Wappentiere hielt. Gegenüber dem Palazzo dei Cavalieri runden weitere Renaissancepaläste das schöne Bild des fast ovalen Platzes ab, teils Sitz der Universität, teils der Region Toscana.

Sichtbar mittelalterlich schlängelt sich die lange Via Ulisse Dini mit einigen gekappten Turmhäusern an der kleinen Piazza San Felice vorbei zum Borgo Stretto, der gar nicht so *stretto*, also eng ist, sondern mit seinen Arkadengängen eine einladende Einkaufsstraße bildet, mit der verlockenden ›Bonboniere Federico Salza‹ (seit 1898) und ›Lo Sfizio‹ daneben, wo man Süßes oder anderes leckeres Knabberzeug kaufen kann. Der Borgo Stretto endet auf der quadratischen, lebhaften Piazza Garibaldi direkt am Arno und direkt vor dem **Ponte di Mezzo** 11, wo alljährlich der *Gioco del Ponte* stattfindet. Von der Brücke schaut man auf die beiden Arno-Ufer mit ihren großzügigen Palästen, eine Uferbebauung, die in der Toscana ihresgleichen sucht und eine herrliche Kulisse abgibt für die traditionsreichen Feste *Regata di San Ranieri, Regata Storica* und den *Gioco del Ponte* (s. S. 147).

Einladende Plätze

Auch Pisa ist wie Florenz die Stadt der Plätze: sakrale wie die Piazza dei Miracoli, profane wie die Piazza dei Cavalieri, auch der kleinen, heimlichen, oder der großen und doch wohnlichen. Von der

Piazza Garibaldi ein Stückchen nördlich, parallel zum Borgo Stretto, führt (gleich links) ein Durchschlupf zur **Piazza Vettovaglie** 12, eingezwängt in ein Quadrat aus heruntergekommenen, von Arkaden getragenen und geschmückten Stadtpalästen mit abblätterndem Putz. Das war bis vor wenigen Jahren der bunte Marktplatz von Pisa. Schade, dass man ihn versetzt hat, wenn auch verständlich! Der Markt dehnte sich in die umgebenden Gassen und vor allem über die **Piazza Uomobuono** 13 aus. Doch geblieben ist die besondere Atmosphäre des noch immer dicht bewohnten Stadtteils. Überall *casetorri*, hoch oder gekappt, immer funktionell eingebaut und genutzt. Metzgereien ringsum, Bäckerläden, kleine Trattorie und Bars, die Kleinigkeiten für wenig Geld für Zwischendurch anbieten, auf Wunsch auch frisch zubereiten. Man kann hier daher eine gemütliche und noch preiswertere Rast einlegen als nahe dem Campanile.

Die Via Domenico Cavalcà führt im Westen zur lang gestreckten, begrünten **Piazza Dante** 14 mit der ersten Universität der Toscana, die 1329 aus einer Rechtsschule aus dem 12. Jh. entstand. Ein lebhafter Platz mit netten Stadthäusern, preiswerten, einfachen Bars und Trattorie, ein beliebtes Studentenviertel.

Südlich des Arno

Der Corso Italia führt vom Ponte di Mezzo schnurgerade zur ovalen **Piazza Vittorio Emanuele II** mit ihren zahlreichen Cafés und Bars, der anschließende kurze, aber breite und begrünte Viale Gramsci zum Bahnhof. Hier, südlich des Arno, obwohl zum größten Teil noch innerhalb der Stadtmauer, haben, je weiter man zum Bahnhof strebt, moderne Zeiten ›aufgeräumt‹.

Interessanter ist der Bereich, der näher am Fluss liegt: etwa die **Piazza XX Set-**

Das Arno-Ufer mit dem Kirchlein Santa Maria della Spina

Richtig Reisen
Thema

Spiele mit Tradition

Juni ist der Monat der Feste in Pisa. Dann finden gleich drei verschiedene traditionelle Wettkämpfe statt. Am bekanntesten und buntesten ist wohl der *Gioco del Ponte*: 150 Jahre lang war das Spiel auf der Brücke verboten, das seine Wurzeln im 12. Jh. hat. 1953 wurde es wieder aufgenommen, doch erst seit 1982 findet es regelmäßig statt – und wird mit mehr Begeisterung denn je gefeiert: 750 Pisaner in historischen Kostümen treffen sich nach einem ausführlichen Zug durch die Stadtteile Mezzogiorno (südlich des Arno) und Tramontana (nördlich des Arno) als ›feindliche‹ Lager. Ihre Kämpfer müssen auf dem langen Ponte di Mezzo über dem Arno einen im wahrsten Sinne des Wortes schweren Sieg erringen: Mitten auf der Brücke steht ein Karren auf Schienen, den jeweils eine kleine ausgewählte Gruppe den Gegnern zuschieben muss. Das ist ein Drücken, ein Geschrei! – Und die Zuschauer auf den Tribünen zu beiden Seiten des Flusses schreien kräftig mit. Ansporn muss schießlich sein. Die Arno-Ufer sind farbenfroh geschmückt, kein Stadtteil will sich vom anderen übertrumpfen lassen. Termin: letzter Juni-Sonntag, es kann aber auch der erste Juli-Sonntag werden.

Am 17. Juni wird am Namenstag des heiligen Ranieri, des Stadtpatrons, eine Regatta auf dem Arno veranstaltet: *Regata di San Ranieri*, das wohl traditionsreichste Bootsrennen der Toscana.

Erst 1954 entstand dann die Idee, nach dem Muster dieser Regatta einen Wettkampf der vier mittelalterlichen Seerepubliken Pisa, Genua, Amalfi und Venedig zu veranstalten – zur Erinnerung an die wichtigsten historischen Ereignisse. Der Probelauf fand ein Jahr später statt, die offizielle Taufe jedoch erlebte das Fest erst 1956 in Pisa. Seitdem ist alle vier Jahre abwechselnd eine der vier früheren Seerepubliken Gastgeberin der farbenprächtigen *Regata Storica*, normalerweise jeweils am ersten Sonntag im September. Der eigentlichen Regatta geht in Pisa ein großartiger Umzug voraus, vom Domplatz durch die ganze Stadt – mit Fahnenschwingern natürlich, sonst wäre es kein toscanisches Fest!

tembre mit der **Loggia di Banchi** 15 (1603–1605), dem früheren Tuchmarkt der Stadt am Palazzo Gambacorti, eines *signore* von Pisa, der hier 1393 ermordet wurde. Den nach ihm benannten Lungarno Gambacorti entlang spazierend, sieht man bald, direkt am Arno-Hochufer, ein paar gotische, reich verzierte Spitzen aufragen: die Rückseite des Kirchleins **Santa Maria della Spina** 16. Der ›Dorn‹ (*spina*), der ihr den Namen gab, ist nicht mehr hier aufbewahrt, und auch die Kirche selber stand früher ein paar Meter tiefer auf dem Arno-Kies. Als sie vom Fluss zu sehr bedroht wurde, versetzte man sie 1871 auf das Hochufer.

Wie ein kostbarer Schrein wirkt sie, ist vor allem an der Straßenfront reich dekoriert, u. a. mit dreizehn Tabernakeln für die Figuren von Jesus und den zwölf Aposteln. Dieses Wunderwerk der Architektur wird der Pisano-Schule zugeschrieben (ab 1325), nähert sich aber schon sehr der französischen Gotik an.

Als die italienischen Staatsbahnen beschlossen, den Bahnhof von Pisa zu erweitern und im Januar 1998 mit den Aushubarbeiten begannen, mussten sie gleich die Archäologen rufen: Haben sie den alten – bereits im Mittelalter versandeten – **Hafen** 17 Pisas entdeckt? Rund 400 m^2 groß ist das ausgegrabene Areal beim Bahnhof, also mitten im neueren Stadtteil südlich des Arno. Die zehn bisher entdeckten Schiffe sind offensichtlich an dieser Stelle im Wasser versunken und danach mit einer Schlammschicht bedeckt worden. Dadurch wurden sie zur Freude ihrer Entdecker hervorragend konserviert, und man spricht bereits von einem ›maritimen Pompeji‹, das bekanntlich im Jahr 79 von Vulkanasche bedeckt wurde und daher ebenfalls gut erhalten ist. Die neuesten Funde in Pisa werden allerdings auf das 3. bis 5. Jh. datiert. Sie sollen Aufschluss geben über die Schifffahrt ihrer Epoche ebenso wie über die Handelsströme der Zeit.

Einige der Schiffe hatten sogar noch ihre Ladung an Bord. So fand man an die 400 Amphoren mitsamt noch immer dicht schließenden Deckeln. Darin Oliven und Nüsse, Kirschen und Trockenfrüchte, ja sogar Trockenfisch und Spuren von Wein! Auch Gegenstände des täglichen Gebrauchs und Kleidungsstücke wurden gefunden: Ledersandalen und Nadeln, Tongeschirr und Schreibtafeln aus Wachs. Tierknochen weisen darauf hin, dass die Seeleute Rinder oder Schafe bei sich führten, um sich unterwegs mit Frischfleisch versorgen zu können. Besonders wertvoll sind jedoch Navigations- und Bordinstrumente, die noch funktionstüchtig sein sollen. Die bereits präparierten Fundstücke werden im früheren **Medici-Arsenal** 18 ausgestellt.

Die Umgebung von Pisa

Karte S. 149
Tipps & Adressen: Pisa S. 347ff., Marina di Pisa S. 336, Tirrénia S. 368f.

San Giuliano Terme und Calci

Die S. S. 12 dir, eine mit alten Bäumen bestandene Straße, führt von Pisa fast gerade nach Nordosten bis zum hübschen Kurort **San Giuliano Terme** 1, das mit seinen nostalgischen Kuranstalten und den hohen Bäumen durchaus eine Pause lohnt. Lang ist es her, dass Percy Shelley auf dem nach ihm benannten Largo zur Piazza San Michele in Foro mit gleichnamiger Kirche flanierte. Ein verstoßener britischer Romancier in einem romantischen toscanischen Kurort, der sich zwischen Therme und Gipfel ›Il Kafé Haus‹ leistete, dessen weder rein italienische noch deutsche Schreibweise bis heute Stilblüten treibt. Ein reines Sommervergnügen, wie man der offenen Bauweise unschwer ansehen kann. Obwohl restauriert, ist das Arkadencafé heute nur noch Erinnerung: Seit 1938 befindet sich die Badeanstalt im Besitz der italienischen Sozialversicherung. Das mit ›Albergo Terme‹ prahlende, bescheidene Haus in der Nähe dürfte keinen ausländischen Kurgast mehr locken. Aber der Ort selber hat von seinem romantischen Anstrich nichts verloren, die alten, Schatten spendenden Alleebäume sind von besonderer Pracht.

Eine weitere Attraktion liegt etwa 10 km südöstlich: die **Certosa di Pisa** 2 bei Calci. Das 1366 gegründete Kartäuserkloster wurde im 17. und 18. Jh. zwar stark verändert (barocke Kirche), aber die beiden Kreuzgänge aus dem 15./16. Jh. sind stilecht erhalten geblieben. Und allein die angenehme Lage des ausladenden Komplexes zu Füßen des Monte Pisano lohnt den Besuch.

San Piero a Grado

3 Eine wunderschöne alte Platanenallee führt entlang dem linken Arno-Ufer zur ehemaligen Flussmündung Richtung Meer. Über dem Fluss zwischen den Bootswerften und Fischerhäusern hängen die feinmaschigen Netze zum Fang der *anguille* oder *cee*, wie sie bei den Pisanern heißen, der winzigen, neu geborenen Aale, die während der Fangsaison von Mai bis Oktober aus der – teuren – Spezialitätenküche Pisas nicht weg zu denken sind.

Von der Platanenallee zweigt eine kurze Stichstraße nach San Piero a Grado ab. Eine Fassade sucht man vergebens, die drei Schiffe der romanischen, doppel-chorigen Basilika enden im Osten in drei runden Chorapsiden, im Westen hat nur das Mittelschiff eine runde Apsis. Die Formensprache der frühen pisanischen Romanik ist von schöner, harmonischer Einfachheit. Das Kostbarste an Grados Kirche sind jedoch zweifelsohne die Fresken, von denen sie übersät ist: Deodato Orlandi schuf sie wahrscheinlich um 1300. In der Architektur-Malerei passte er sich wunderbar der durch den Stein vorgegebenen Formen an, sparte keinen Bogenzwickel und keinen Pfeiler aus. Die Szenen aus dem Leben des Kirchenpatrons Petrus sind folgerichtig in der großen mittleren Zone zu lesen.

Auf seinem Weg von Antiochia nach Rom, heißt es, sei der Apostel Petrus im Jahre 44 hierher an die Arno-Mündung verschlagen worden. Diese befand sich damals bereits nicht mehr bei Pisa direkt, sondern war von den Flussablagerungen weiter hinaus geschoben worden und vom Stadtzentrum bereits gute 5 km entfernt.

Die Badeorte der Pisaner

Der Naturpark der **Tenuta di San Rossore** 4 mit dem berühmten Gestüt für Rennpferde endet an der Arno-Mündung, die zehn folgenden Kilometer bis zum Canale Navicelli vor Livorno sind fest in der Hand von Sonnenanbetern und Schwimmern, sozusagen Pisas letzte Bastion am Meer. Im Hintergrund, ganz nahe an die Küste gerückt, dehnt sich die wunderschöne, naturgeschützte **Tenuta di Tómbolo** 5 aus, deren breitschirmige Pinien, zu dichten Wäldern zusammengewachsen, den besonderen Reiz dieser Strandorte ausmachen. Privatvillen und Hotels, Campingplätze und Sportanlagen stehen beziehungsweise verstecken sich im Schatten der Bäume.

Nach **Marina di Pisa** 6 biegt man vom Arno kommend links zum Meer ab. Bald tauchen ein paar Pfahlbauten über

Die Umgebung von Pisa

dem Wasser auf, Restaurants, die fast nur Spezialitäten aus dem Meer bieten. Erfrischend unkompliziert sind die Besitzer dieser einfach eingerichteten Lokale. An sommer-heißen Tagen werden die Strohrollos heruntergelassen und die Fenster ›auf Zug‹ gestellt. Der Sandstreifen von Marina di Pisa ist sehr schmal, riesige Steinblöcke sollen ihn vor weiterem Verlust und hohen Wellen schützen. Der einfache Badeort ist relativ preiswert und bei den Pisanern sehr beliebt, auch als Wochenend- und Feierabendziel.

Anders **Tirrénia** 7, dessen tiefer, feiner und sacht abfallender Sandstrand keinen Schutz braucht. Er zeigt sich als ein relativ junger Badeort aus der Retorte, aber gekonnt entwickelt. Nur ein Hotel besitzt durch einen Planungstrick (erst als Kongresszentrum vorgesehen) ein eigenes Strandbad: ›Gran Hotel Continentale‹. Alle anderen Hotels und Pensionen stehen jenseits der Hauptstraße, des 4 km langen Viale del Tirrenio – im Pinienwald. Hier finden sich auch die Privathäuser der Pisaner, Ferienhäuser und Apartments sowie die Campingplätze jeder Kategorie. Geschäfte, Friseurläden, Restaurants, Sportzentrum, Golfplatz, Diskotheken, Bars, Kino.

Nur wenige Strandabschnitte sind frei zugänglich bzw. kommunal. Man kann aber Kilometer lang am Wasser entlang, also vor den einladenden *bagni,* spazieren gehen. Diese Badeanstalten aller Couleur flankieren den Strand mit ihren Restaurants, Kabinen, Spielplätzen, Liegestühlen, Bars etc. – In Tirrénia fehlt es an nichts für den typischen Strandurlaub. Ca. 1800 Gästebetten stehen im Sommer zur Verfügung, eine Wintersaison gibt es aber praktisch nicht, kaum ein Haus bleibt dann geöffnet. Preislich bewegt sich Tirrénia zwischen Forte dei Marmi und Viaréggio, ist also nicht gerade billig. Während im Juli meistens Ausländer den Strand bevölkern (außer an den Wochenenden), ist im August die Umgangssprache fast ausnahmslos Italienisch.

Tirrénia hat sozusagen einen Wurmfortsatz im Süden, den Badeort **Calambrone** 8 mit einfacherer Infrastruktur. Dieser zählt zu den preiswertesten Badeorten der toscanischen Küste.

San Piero a Grado, erbaut im Stil der frühen pisanischen Romanik

Livorno und die Riviera degli Etruschi

Livorno ist eine merkwürdig geformte, lang gezogene und sehr schmale Provinz: Im Norden verläuft die Grenze am Rand der Provinzhauptstadt Livorno, im Osten zieht sie sich südwärts entlang der Autobahn nur wenige Kilometer vom Meer entfernt bis Cécina, umrahmt die küstennahe Maremma Pisana und trifft kurz vor Follónica wieder auf das Meer. Zur Provinz Livorno gehören die zweitgrößte Stadt der Toscana gleichen Namens mit dem wichtigsten Hafen, ebenso der Hafen von Piombino und die Inseln Elba, Gorgona, Capraia, Pianosa und Montecristo. Nicht zu vergessen: die abwechslungsreiche Riviera degli Etruschi mit bekannten Ferienorten wie Castiglioncello (hier malten einige Macchiaioli ihre toscanischen Landschaftsbilder), Marina di Cécina, Marina di Castagneto Donorático und San Vincenzo. Im Süden kommt man ins Etrusker-Land, etwa zu den Nekropolen von Populónia über dem alten Hafen von Baratti. Im Norden reichen die Hügelketten bis ans Meer, steigen jedoch zum größten Teil nicht höher als 150 beziehungsweise 250 m an, gipfelnd im nur 379 m hohen Monte Pelato. Die Küstenstraße muss sich teilweise zwischen den Hügeln hindurch schlängeln zu den Badeorten, die entweder von steilen Felsen umrahmt sind oder breite, sandige Abschnitte besitzen.

Livorno

Karte S. 153
Tipps & Adressen: S. 331f.

1 Nach der vernichtenden Schlacht gegen Genua 1284 waren für Pisa Freiheit und Größe vorbei. Livorno dagegen entwickelte sich zur stärksten Rivalin. Dabei hatte Pisa selber im 10. Jh. das frühere Fischernest zu einer Hafenstadt ausgebaut. Gerade der Schwemmsand, der zur Verlandung des Pisaner Hafens in der Arno-Mündung geführt hatte, brachte Livorno am offenen Meer den richtigen Baugrund.

1421 kauften die Medici Livorno, denn sie benötigten dringend einen Militärstützpunkt und eine Hafenstadt. Hohe Investitionen folgten, 1571 wurde ein neuer Hafen gebaut und mit ihm die Stadt architektonisch völlig umgekrempelt. So entstand die heutige Altstadt, vom Fosso Reale – einem breiten Kanal – umflossen, der auch die **Fortezza Nuova** (1590) zu einer Insel macht. All das genau gegenüber dem mediceischen Hafen, also schön übersichtlich: Die Via Grande durchzieht die Altstadt, in deren Zentrum der **Dom** (1594–1606, nach dem Krieg den alten Plänen entsprechend wieder aufgebaut) an der Piazza Grande steht. Sie bildete einst mit der Piazza Municipio eine Einheit: den militärischen Paradeplatz der Medici. Seit 1990 besitzt Livorno hier eine ausgedehnte, einladende Fußgängerzone.

Politik hat in Livorno Tradition: 1921 wurde im Teatro San Marco die Kommunistische Partei gegründet, im Gefängnis, einem ehemaligen Dominikanerkloster, war der spätere Staatspräsident Sandro Pertini als Widerstandskämpfer eingesperrt.

Der Geburtsort des Malers Amedeo Modigliani (1884–1920) hat es, mit Pisa als stetige Rivalin, schwer, eigenes Profil zu zeigen. Der Gesamteindruck: eher Amsterdam denn Venedig, zwar von Haupt- und Nebenkanälen durchzogen, aber viele von ihnen sind überbaut.

Grandios ist aber die Festung zum Schutz des Hafens, der allmählich bedeutender wird. Im 18. Jh., als Pisa schon lange keinen eigenen Hafen mehr besaß, war der von Livorno der wichtigste an der toscanischen Küste. Menschen aus aller Welt lebten hier, trieben Handel und fuhren zur See. Der Zweite Weltkrieg setzte dem Wohlstand ein vorübergehendes Ende, denn je wichtiger eine Stadt, desto sicherer war ihr der erbarmungslose feindliche Angriff. Wenig ist daher vom historischen Kern übrig geblieben, den die Medici als Idealstadt ausbauen ließen. Mehr dagegen von den breiten Straßenzügen des Faschismus: sauber aufgereihte, oft mit Marmor verkleidete, protzige Bauten, die heute vielfach von Banken besetzt sind.

Immerhin ist Livorno ein wichtiges Handels- und Industriezentrum und von einem ›Chemiegürtel‹ umschlossen. Raffinerien und die Eisenverarbeitung schaden der Umwelt am meisten. Am saubersten sind noch die Werften. Die *Accademia Navale* ist die wichtigste Marineuniversität des gesamten Mittelmeerraumes. Daher beherrscht noch heute – ›weißes‹ – Militär das Straßenbild. Und Livorno hat sich zu einer Ausbildungsstadt entwickelt. Schüler aller Altersklassen, Italiener wie Ausländer, beleben die Stadt und haben eine besondere Infrastruktur gefördert: Die meisten Gästebetten stehen in kleinen Hotels, Pensionen und Privatunterkünften.

Die Küste von Livorno bis Piombino

Karte S. 153
Tipps & Adressen: Castiglioncello S. 307f., Cécina S. 309f., Castagneto Carducci S. 305, San Vincenzo S. 362, Populónia S. 352f., Piombino S. 346f.

Livorno besitzt auch eine lange Badetradition: Schon im ausgehenden 19. Jh. entstanden im Stadtteil **San Jacopo** entlang der Promenade des Viale Italia *bagni*, die zu den ersten Italiens zählen. Ihnen gegenüber stehen die Villen der Reichen in ausladenden Gärten: ein wenig Zuckerbäckerstil, ein wenig Bauhausarchitektur. Außer den Badeanstalten befinden sich am Meer Bootshafen und Vergnügungspark, Aquarium und Galopprennbahn sowie Sportplätze. Die Stadt dehnt sich weit nach Süden aus und geht in die Badeorte **Ardenza** und **Antignano** über. Um sie muss man an heißen Wochenenden einen großen Bogen schlagen wie um das Ausflugsziel Nummer eins, den Wallfahrtsort **Montenero**: Das hügelige Hinterland am Monte Burrone (193 m hoch) ist dicht mit immergrüner Macchia bewachsen, blühend und duftend im Frühjahr und Sommer, im Herbst reich an köstlichen Beeren.

Castiglioncello 2 besitzt eine Bilderbuch-Mini-Bucht: sichelförmig mit schmalem Sandstrand, an dessen Rand sich bunte Badehäuschen drücken. Sehr privat, sehr italienisch wirkt der Ort insgesamt, der noch mehrere Felsenbuchten mit zum Teil nur aufgefülltem Sand aufweist. Viele Privat-Sommervillen und kleine Hotels verstecken sich im hohen Pinienhain. Südlich davon beginnt eine wunderschöne alte Pineta, die sich, wenn auch recht schmal, bis nach Marina di Bibbona hin zieht.

Vada 3, eigentlich ein gesichtsloser Industriehafen, besitzt einen herrlich tiefen, fast weiß-sandigen Strand, der an warmen Wochenenden eine wahre Invasion erlebt. Besonders dicht und schön sind die Pinienwälder an der Flussmündung der Cécina mit dem wenig feudalen Badeort **Marina di Cécina** 4, dessen schmaler Strand nicht besonders feinsandig ist. Aber der Ort hat seine italienischen Fans, die nichts auf ihn kommen lassen. – Jenseits von Landstraße und Bahnlinie geht es auf eine sehr schöne Besichtigungstour: Folgt man dem unregulierten Lauf der Cécina entlang der Staatsstraße 68 nach Osten, ist nach 40 km Volterra erreicht (s. S. 280ff.).

Lang und breit ist der Strand von **Marina di Bibbona** 5 und mit einer kleinen Festung geschmückt, die einst Livornos Seemacht stützte. In dieser Gegend stehen weniger geordnete *bagni*, es geht alles einfacher und lockerer zu, Sonnenschirme, vielleicht auch Liegestühle sind am weichsandigen, langsam abfallenden Strand zu mieten; er ist ideal für Kinder und Nichtschwimmer.

An der nächsten Abzweigung geht es von der Hauptstraße wieder ab nach Osten beziehungsweise nach links: Genau 4,8 km lang ist die hohe, schnurgerade Zypressenallee bis zum kleinen **Bólgheri** 6. Rechts und links säumen sie Olivenhaine, in die Reitwege führen. In den kleinen Geschäften des Dörfchens findet man Wildschweinwürstchen und -schinken aus dem umgebenden Waldund Farmland sowie den guten und meist sehr teuren Wein von Bólgheri. Alles ist hier ein wenig teurer als unten am Meer, aber alles auch ein bisschen aufwendiger hergestellt und als Souvenir besonders hübsch verpackt.

Zurück zur Küstenstraße. Flach abfallende Strände zeigt **Marina di Castagneto Carducci** 7 (auch Donorático Mare genannt), zu dem eine übertrieben breite Straße führt. Die Pinien rücken hier schon näher ans Meer, dahinter beginnen die fruchtbaren, bestellten Äcker mit den Colline Metallífere als Kulisse. Eine kurvige und aussichtsreiche Straße verläuft ost- und südostwärts durch die bewaldeten Hügel an der Ostflanke des Capo di Monte (522 m hoch) und des Monte Calvi (646 m) auf rund 20 km abwärts Richtung Suvereto. Man fährt teils durch dichten Wald, der ab und zu durch Lücken abwechslungsreiche Ausblicke zum Meer und nach Piombino bietet.

Am Beginn dieser Bergstraße liegt der zweigeteilte Wohnort des italienischen Dichters ›des neuen Italien‹, Giosuè Carducci: **Castagneto Carducci** 8 in 194 m Höhe, schon ein nettes, mittelalterlich geprägtes Städtchen mit sehr engen Gassen. (Man kann auch von

Die Riviera degli Etruschi

Bólgheri auf einer schmalen Parallelen direkt hierher fahren.) Oben auf der Piazza Alberto steht man vor dem Haus, in dem Carducci (1835–1907) aufwuchs und das man besichtigen kann. Man kann es sich danach auf dem Platz gemütlich machen bei einem *vino* oder *caffè* und den Blick über die dichten Wälder hinweg bis ans Meer genießen.

Suvereto 9 aber wirkt so, wie man sich ein Bergnest aus dem Mittelalter vorstellt: steingepflasterte, steile, enge Gassen, mit Zinnen geschmückte Paläste und Torbögen. Das Rathaus mit seinem Uhrturm und der Freitreppe unter einer klaren Loggia sowie die romanische Chiesa di San Giusto aus dem 10. und 12. Jh. sind außerdem eindrucksvolle Sehenswürdigkeiten.

Richtung Venturina fährt man in Cafággio wieder ein Stück nach Nordwesten ab und kommt so nach Campiglia Maríttima, von wo aus die **Miniera di San Silvestro** 10 erreichbar ist (gut ausgeschildert). Hier wurde im Jahr 2000 eines der interessantesten Bergwerksmuseen der Toscana fertiggestellt und zusammen mit der weiter oben liegenden **Rocca di San Silvestro**, einem verlassenen Silber- und Kupfer-Bergwerksstädtchen, im 10. bis 13. Jh. immerhin die Münze von Lucca und Pisa, zu einem Archäologischen Park ausgebaut. Hier kann man nicht nur Interessantes zum Bergbau und zum Alltagsleben in einem derart spezialisierten Dorf des Mittelalters erfahren, sondern an manchen Tagen auch selber an den kleinen Schmelzöfen experimentieren; eigentlich richtet sich das Angebot an Schulklassen, aber niemand schickt einen erwachsenen Neugierigen weg... Gutes Schuhwerk nicht vergessen! Kopfschutz und Gummimantel bekommt man am Museum und wird damit durch ein kilometerlanges Bergwerk geführt. Wer Muße hat und gerne wandert, sollte hier einen ganzen Tag einplanen – gute Wandertipps gibt es von den rührend bemühten Mitarbeitern des Parks bzw. Museums.

Zurück zur Aurelia, kommt man automatisch nach **San Vincenzo** 11 in einem Steineichen- und Pinienwald mit

In Castagneto Carducci

einem bis zu 20 km langen Sandstrand. Die rein touristische Erschließung der ›Riva degli Etruschi‹ hat sich bereits vor mehr als zwei Jahrzehnten die italienische Busgesellschaft LAZZI geleistet. Mit knapp 2000 Ferienbetten in Bungalows, Wohnungen und Hotels – und sehr großem Freizeit- und Sportangebot. Bei deutschen Reiseveranstaltern gehört der Komplex zum Standardangebot, weshalb während der Saison die Hauptsprache hier das Deutsche ist.

Von San Vincenzo aus kann man fast schnurgerade 22 km nach Piombino fahren. Doch ein kurzer Abstecher (5 km) nach Populónia zu Füßen des 286 m hohen Monte Massoncello und vor dem zauberhaften **Golfo di Baratti** ist Pflichtübung eines interessierten Toscana-Reisenden. Nirgendwo ist die Be-

zeichnung dieser Küste als **Riviera degli Etruschi** so gerechtfertigt wie hier.

Populónia 12 war als *Pupluna* der wichtigste etruskische Verarbeitungs- und Umschlagplatz für die Kupfererze aus den Colline Metallífere und für das Eisenerz aus Elba. Zur Römerzeit avancierte es gar zur Hauptlieferantin Roms. Denn die Römer fanden die Schlackeberge der Etrusker, deren Verfahren zur Verhüttung von Eisen nicht ausgereift genug waren, um alles ausschöpfen zu können. So nahmen sich die römischen Experten der noch gehaltvollen Schlacke an, verstanden jedoch offensichtlich auch nicht sehr viel mehr von der Verarbeitung und hinterließen ihrerseits neue, wenn auch nicht mehr ganz so wertvolle Schlacke. Aber in ungeheurer Menge: schätzungsweise 2 Mio. t lagen auf einer Fläche von 200 000 m² und bedeckten auch die etruskischen Nekropolen am Meer und schützten sie gleichzeitig vor weiterem Verfall.

Als Italien für die Kanonenkugeln des Ersten Weltkrieges Eisen brauchte, besann man sich auf die Schlacke von Populónia, und bei ihrer Prüfung stelle sich heraus, dass sie noch 54 % Eisen enthielt. Bald strömten auch Archäologen und Grabräuber an den Golf von Baratti, denn unter den Schlackebergen fand man die etruskischen Nekropolen.

Heute hat man die etruskischen Nekropolen, Reste von Eisenverhüttungsplätzen und auch einfach schöne Landschaftsdetails zu einem großen Archäologischen Park zusammengefasst, den man in Teilen oder als Ganzes besichtigen kann; das kostet bis zu drei oder vier Stunden! Das Besondere an diesem Park ist zudem, dass man durch eine in

An der Küste bei Populónia

die Bewohner des Dörfchens schon seit vielen Jahren sehr ärgert.

Denn fast niemand, der die etruskische Nekropole direkt gegenüber dem kleinen Sandstrand von Baratti besucht, hebt den Blick nach Populónia selber oder fährt gar hinauf, was wirklich schade ist. Hier, 181 m über dem Meer, gehen die Uhren zwar nicht anders, nur scheint es in Populónia niemand eilig zu haben. Das Museum mit den wenigen hier verbliebenen Fundstücken aus den Nekropolen ist zwar nicht überwältigend, gehört aber bei einem Besuch Populónias einfach dazu. Ein paar nette kleine Geschäfte mit den üblichen Souvenirs, eine Bar und eine kleine – teure – Kneipe haben den kleinen Ort in den letzten Jahren aus seinem Dornröschen-Schlaf wach geküßt – aber nicht allzu heftig.

Piombino 13 liegt in der Mitte der toscanischen Küste, die bergige Halbinsel ragt wie ein Fühler ins Tyrrhenische Meer, zu dessen Inseln ständige Fährverbindungen bestehen. Im frühen Mittelalter Rivalin Populónias, das damals sogar Bischofssitz war, im 12. und 13. Jh. ein Festungsort der Pisaner, erlebte Piombino später wechselnde Herrscher und wurde 1814 endgültig der Toscana zugeschlagen.

Schon der Name sagt's: *Piombo* heißt Blei, hier wurde Metall aus Elba verarbeitet; im 19. Jh. fand eine durchgreifende Industrialisierung statt. Und obwohl der Erzabbau auf Elba der von der EU diktierten Vergangenheit angehört, bestimmen noch immer Hochöfen das Stadtbild Piombinos. Dennoch ist die Altstadt recht hübsch und der Blick auf das nahe Elba ohnehin. Aber Piombino gehört nicht zu den verlockenden Stationen, die Konkurrenz ist groß in der schönen Toscana mit ihren vielen Gesichtern.

ihre ursprüngliche Form zurückversetzte Landschaft wandert, nur die allernotwendigsten Wege werden immer wieder gemäht. So können die Wiesen und Hänge vom frühen Frühjahr an in prachtvollen Farben erblühen, überall duftet es nach Minze und Oregano.

Manche Gräber der *Necropoli Arcaia* und des nahen *Poggio La Porcareccia* kann man nur gebückt betreten. Besonders schön ist die einem Haus ähnliche *Tomba di Bronzetto di Offerente*, imposant das Rund der *Tomba dei Carri* (7. Jh. v. Chr.) mit 28 m Durchmesser, monumental die Bauweise des Grabes *Tazze Attiche* (5. Jh. v. Chr.), eine Mischung aus ›Kirche‹ und Sarkophag. Alle Gräber tragen die Namen ihrer wichtigsten Funde, die zum größten Teil das Archäologische Museum von Florenz bereichern, nicht das von Populónia, was

Durch die Küsten-Maremma: Von Follónica bis Orbetello

Dieser Küstenabschnitt der Maremma gehört bis zur Grenze mit der Region Latium im Süden zur großflächigen Provinz Grosseto. Flussmündungen, Bäche und Kanäle prägen das Landschaftsbild ebenso wie die grüne Pineta del Tómbolo und der vielleicht schönste Naturpark der Toscana, der Parco Naturale della Maremma, auch Monti dell' Uccellina genannt.

Die frühere Insel Monte Argentario, ein Berg mit einem schönen Hafenort und einem begehrten Ferienhafen, ist durch drei Dämme mit dem Festland verbunden. Dazwischen liegt in der Lagune das hübsche, aber von Stechmücken geplagte Orbetello und auf dem Festland gegenüber ein etruskisches Wunderwerk der Ingenieurbaukunst, die *Tagliata Etrusca*, die den damaligen Hafen vor Verlandung schützte.

Einst galt das Land zwischen Follónica und über die Grenze zum Latium hinweg bis vor Tarquinia als verflucht, weil durch Malaria verseucht. Die Provinz Grosseto lebt aber heute nicht schlecht vom Hinterland der inzwischen trocken gelegten Maremma (von *marittima* = meernahe). Das intensiv landwirtschaftlich genutzte Gebiet ist sehr fruchtbar, Haupteinnahmequellen sind Getreide- (wie zur Römerzeit, vor der Versumpfung) und Weinanbau, Pferde- und vor allem Rinderzucht (weiß-graue, riesige *maremmane*). Die Cowboys der Maremma, die *butteri*, sind meist wie die Schäfer der Toscana bereits vor Generationen aus Sardinien eingewandert. Die Hügel des Hinterlandes gelten als begehrtes Jagdgebiet, in den Flüssen und den zahlreichen Kanälen zur Entsumpfung des Gebietes schlagen die Herzen der Hobbyangler höher, wird auch kommerzielle Fischerei betrieben.

Auch von ihren Stränden lebt die Maremma nicht schlecht, die man in diesem Bereich Küsten-Maremma nennt: Punta Ala ist der Retortenort mit dem größten Yachthafen des *Mare Tirreno* und ein Golferdorado, das man freilich bezahlen können muss – Castiglione della Pescáia dagegen der gewachsene Fischerort, noch immer hauptsächlich mit regionalem Tourismus.

Zwischen Follónica und Castiglione della Pescáia

Karte S. 160/161
Tipps & Adressen: Follónica S. 325f., Punta Ala S. 358, Castiglione della Pescáia S. 308f.

Das industriell geprägte **Follónica** 1 mit seinen modernen Häusern und dem schmalen Strand ist alles andere als eine Schönheit. Ein dichter Pinienwald erstreckt sich weiter südlich zwischen der Landstraße und dem Meer, dort haben sich einige Campingplätze etabliert: preiswerte Urlaubsmöglichkeiten trotz der Nähe zum Edel-Ferienort Punta Ala.

Auf beiden Seiten des Alma-Flusses führt je eine Straße zur Spitze der Halbinsel, nach **Punta Ala** 2 inmitten eines der dichtesten und größten zusammenhängenden Pinienwälder der Toscana. Punta Ala ist vor allem für Bootsferien (großer Yachthafen) und Golfspieler (Golfplatz zwischen den Hotels) interessant. Hier findet man die teuersten

Im Fischerort Castiglione della Pescáia

Strandbäder der Toscana! Der moderne Ferienort besteht aus vier Hotels der Luxusklasse und vielen feinen Apartmenthäusern und Villen, Golfplatz, Yachthafen, Kongresszentrum, Sportanlagen, Cafés, Restaurants, Geschäften. Punta Ala war früher nur eine geografische Bezeichnung, ein General Mussolinis baute sich an erhöhter Stelle ein Schlösschen – das war alles. Der Mailänder Ingenieur Pesenti hatte das Gebiet nach dem Zweiten Weltkrieg erworben und erschlossen. Es folgten Landverkauf, der Bau von Privatvillen und 1960 das erste Hotel. Inzwischen finden hier Golfmeisterschaften und Reitturniere statt, Segelregatten und Kongresse. Alles, was gut und teuer ist, gibt es in Punta Ala, das sich selber rühmt, teurer als Forte dei Marmi und die sardische Costa Smeralda zu sein. Und den Yachthafen darf man mit seinem Wagen, so ›man nicht dazu gehört‹, erst gar nicht anfahren, ja man bekommt richtige Probleme, wenn man an der geschlossenen Schranke ankommt und eine Wendemöglichkeit sucht…

Ganz anders gibt sich **Castiglione della Pescáia** 3. Der Fischer- und Hafenort in und an der Mündung des Bruna-Flusses liegt am Rande ausgedehnter Pinienwälder, die bis nahe an den Strand reichen. Aber oben auf dem Poggio Petriccio (342 m hoch) thront das hübsche Castello (ab dem 10. Jh.). Von dort oben ist am besten zu erkennen, was die wahre Schönheit des bei italienischen Familien sehr beliebten Badeortes ausmacht: Der Fluss, in den sich vorher zahlreiche Kanäle ergießen, bildet hier eine breite, lagunenartige Mündungslandschaft, teilt Castiglione in Alt- und Neustadt. Fischerkähne schaukeln in der Flussmündung und so manche Urlauberboote. Weit und breit ist keine Industrie in Sicht, die das Meer oder die

Luft verschmutzen könnte. Castiglione della Pescáia bietet eine schöne heile Ferienwelt mit einer netten neuen Meerespromenade zum Bummeln, vielen Restaurants und Bars, Pensionen und einem Campingplatz am Südufer. Ein durch und durch italienischer Ferienort, den ein paar fremde Genießer nicht aus der Ruhe bringen dürften.

Zum tief Durchatmen ist die **Pineta del Tómbolo** 4, die sich am Meer entlang bis an die Ombrone-Mündung hinzieht. Der Name sagt's: Pinien über Pinien. Die Strände davor gehen ineinander über: **Marina di Grosseto**, das aus einfacheren Hotels besteht, aber eine hübsche neue Promenade direkt am Strand bekommen hat und ein guter Einkaufsplatz ist; daran anschließend das schlichte **Principina a Mare** mit Campingplätzen.

Parco Naturale della Maremma

Tipps & Adressen: S. 298 (Alberese)

5 Das letzte Stück relativ wilder Maremma zwischen Principina a Mare im Norden und Talamone im Süden wurde (nicht nur, weil hier im Winter viele Zugvögel Station machen) zum Naturpark erklärt: **Parco Naturale della Maremma** oder Parco Naturale Monti dell´ Uccellina. Fast undurchdringliche Steineichen-Wälder und Macchia gehören auf den Hügeln dazu, große Weideflächen, einst für wilde, jetzt für frei lebende, gezüchtete Pferde und Rinder, und die sumpfige Mündung des Ombrone, der im Norden eine zerfranste Tümpel- und Seenlandschaft bewahren durfte.

Die Küsten-Maremma: Von Follónica bis Orbetello

la Palazzina
Bruna
Rigo
la Pecáia
Monte Leoni
616 m
Pagánico
Sasso d'Ombrone
Póggio Chiaramonte
277 m
Ombrone
Porrona
Casalino
Monteglovi
Montelaterone
Campagnático
Cinigiano
Montepescali
Capannelle
Sovata
Fattoria Acquisti
Via Aurélia
Póggio Sugello
267 m
Póggio Bisorgno
643 m
Stribugliano
Parco Faunistico del Monte Amiata
San Gorgio
Pianetti
Melacce
l'Abbandonato
Rovine di Roselle
Granaione
Podere di Póggio Miliotto
Bruno
Macchiascandona
Salica
Ombrone
le Costarelle
152 m
Arcille
Cana
Vallerona
Chiocciolaio
Ístia d'Ombrone
Trasubbie
Santa Caterina
Roccalbegna
Polveráia
Fortezza Medicea
GROSSETO
Museo Archeologico e d'Arte della Maremma
Maiano
Preselle
Cancellone di Sopra
Tenuta Pingrosso
Montorgiali
Póggio Alti
651 m
la Pecora
130 m
Murci
Rocchette
la Mozza
Usi
Santa Maria di Rispéscia
Pancole
Mozzapiedi
Póggio Lardo
263 m
Podere Bronzone
Poggioferro
Albegna
Spergoláia
Ombrone
Cima Poggi
340 m
Fonte al Cárpine
Scansano
Alberese
Colele Mosfatto
271 m
Podere Corso
Patrignone
Satúrnia
Póggio alle Calle
174 m
Casa Vernacchi
Pereta
Salaioli
Póggio Lecci
417 m
Monti dell'Uccellina
Parco Naturale della Maremma
5
Monte Cornuto
246 m
il Bacino
San Crescenzio
Vivaio
Montemerano
Casa Valentina
Monte Aperto
247 m
Magliano in Toscana
Manciano
la Marta
la Sgrilla
Fonteblanda
Osa
Póggio Raso
106 m
Póggio Lepraio
98 m
Fornace
Talamone
San Donato
Doganella
Sgrillozzo
Elsa
Marsiliana
Casa Guardiola
San Donato Vécchio
Albegna
la Polverosa
Monte Cavallo
234 m
Poggialti
271 m
Albínia
Radicata
Tómbolo della Giannella
Casa Marruchetone
Lago Acquato
le Quattro Strade
Póggio del Leccio
354 m
Lagaccioli
Póggio Vaccaro
151 m
Laguna di Ortobello
Punta Livídónia
Santa Liberata
Ortobello
8
Ortobello Scalo
il Giardino
10
Capalbio
6
Porto Santo Stéfano
Riserva Naturale della Duna Feníglia
la Mándria
Cala Grande
Monte Argentário
Convento dei Padri Passionisti
Giardino dei Tarocchi
Garavicchio
Tómbolo di Feníglia
Cosa
Via Aurélia
Cala d'Uomo
il Telégrafo
635 m
7
Porto Ércole
Ansedónia
9
Lago di Burano
Casa Spinosa
Riserva Naturale Lago di Burano
Péscia Romana
Graticciara
Punta Avoltore
Punta di Torre Ciana
Marina di Péscia Romana
Ísola di Giannutri
Ísola di Giannutri
1
73
223
322
323
74

In **Alberese** befindet sich das Informationszentrum mit dem Ticketverkauf, denn den Park kann man nur gegen Gebühr zu festgelegten Zeiten und nur zu Fuß betreten bzw. mit dem parkeigenen Bustransport bis zum letzten möglichen Punkt fahren und dann weiter auf eigene Faust oder geführt wandern. Dabei Hügelkuppen besteigen, Festungsruinen anpeilen, im Fluss Schildkröten mit goldenen Tupfen beobachten oder den unglaublich schönen, von Dünen gesäumten Strand aufsuchen, der von hellem, feinkörnigen Sand ist. Weit und breit kein Kiosk, keine Bar. Also muss man etwas zu essen und zu trinken mitnehmen (und den Abfall wieder in den Rucksack packen!).

Monte Argentario

Karte S. 160/161
Tipps & Adressen: Porto Santo Stéfano S. 354, Porto Ércole S. 353f., Orbetello S. 343f.

Einen richtigen Inselcharakter hat der Monte Argentario natürlich nicht, weil er über zwei natürliche Sandbänke, im Norden den Tómbolo della Giannella, im Süden über den Tómbolo di Feniglia, einen streng geschützten Naturpark mit uralten hohen Pinien und in der Mitte über einen Damm (La Diga) jeweils mit dem Festland verbunden ist. Und weil der Argentario eigentlich ein massives Vorgebirge darstellt, zeigt er eine recht ausgezackte Küstenlinie, die fast überall steil ins Meer abfällt und an der sich kleine Buchten ausgebildet haben. Auf den Spitzen der Landzungen stehen Verteidigungstürme, Zeugen einer wechselvollen Geschichte.

Ganz dicht mit Macchia und Pinienwald bewachsen, ist der Monte Argentario und auch daher landschaftlich eine Augenweide. Vom Charakter her recht dunkel, wären nicht die zwei zauberhaft hellen, großzügigen Hafenbuchten von Porto Santo Stéfano, dem Hauptort im Nordwesten und von Porto Ércole im Osten. Nur 26 km lang ist die Küstenstraße, die im Süden vom höchsten Gipfel, dem 635 m hohen Monte Telégrafo, teilweise unterbrochen wird.

Schon im Altertum wurde dem Monte Argentario viel Aufmerksamkeit gewidmet: Die Etrusker vom nahen Cosa hüteten diesen Besitz, die Phönizier haben angeblich Porto Ércole gegründet, unter den Römern soll die Insel einem berühmten römischen Bankiersgeschlecht, den Domizi Enobardi, genannt Argentarii (weil sie viel Silber besaßen) gehört haben, daher der Inselname Monte Argentario (Silberberg). Das ganze Mittelalter hindurch bis 1557 gehörte das Gebiet der Republik Siena, danach bis 1800 (unter Filippo II) Spanien, das die mächtigen Festungen errichten ließ. Danach wurde es dem Reich Etruria und später dem Großherzogtum Toscana zugeschlagen.

Porto Santo Stéfano 6 entstand erst um 1600 durch Einwanderer aus Ligurien, der Toscana und Süditalien. Noch heute ist die Stadt Hauptort und wirtschaftliches Zentrum des Argentario, See- und Fischereihafen zugleich. Und inzwischen leben viele der rund 15 000 Einwohner recht gut vom Tourismus. Die Häuser ziehen sich von den beiden Häfen die steilen Hänge hoch. Auch außerhalb der touristischen Saison herrscht hier Leben, die Bewohner sind relativ zurückhaltend, aber doch gastfreundlich. Fast aus den Fugen gerät das Städtchen allerdings am Ende des *ferragosto*, beim großen Sommerfest mit riesigem Feuerwerk. Und jeden Morgen findet ein gut besuchter Fisch-

Blick auf Porto Santo Stéfano

markt statt, zu dem auch Toscaner vom Landesinneren kommen, um die bekannt-frische Ware einzukaufen.

Das kleine, lebhafte **Porto Ércole** 7 besitzt einen hübschen Yachthafen, von zwei trutzigen Kastellen und einem Fort (Militärsperrgebiet) gekrönt, die totalen Überblick über das großzügige, natürliche Hafenbecken bieten. In Porto Ércole, das wie die Lagune von Orbetello mehr schlecht als recht mit der Moskitoplage zurecht kommt, und auch am langen, feinsandigen Strand von Giannella haben sich viele reiche Italiener und andere Europäer niedergelassen, Villen gebaut, die sie nur ein paar Wochen im Jahr bewohnen. – Eine grüne Lunge und eine Wohltat fürs Auge ist der Tómbolo di Feniglia, ein unter Naturschutz gestellter Pinienwald, nur zu Fuß oder mit dem Fahrrad zu erkunden.

Orbetello 8 schließlich, mitten in der Lagune beziehungsweise im gleichnamigen Naturschutzgebiet, ist ein recht verschlafenes Nest mit urbanem Charakter und bei italienischen Feriengästen sehr beliebt, weshalb es mehrere Hotels, Strandbäder, Restaurants und Kinos besitzt. Sehenswert sind hier die spanischen Befestigungsanlagen (16.–18. Jh.) und der gotische Turm (14. Jh.), übrigens ein gutes Beispiel Sieneser Baukunst, und vielleicht noch die archäologische Sammlung im Palazzo della Pretura (auf Anfrage zu besichtigen), obwohl diese in Ansedónia (s. u.) eine erhebliche Konkurrenz bekommen hat.

Orbetello sieht man seine klare städtebauliche Konzeption an: gerade Straßenzüge mit bescheidenen bis herrschaftlichen Wohnpalästen, nichts Protziges, einfach, aber relativen Wohlstand signalisierend. Zur Zeit der Spanier war Orbetello Hauptort des Präsidialstaates, 1708 fiel es an Österreich und 1736 an die Bourbonen von Neapel, 1808 wurde es Etrurien angegliedert, 1815 schließlich dem Großherzogtum Toscana.

Cosa Ansedónia und der Burano-See

Karte S. 160/161
Tipps & Adressen: Ansedónia S. 344 (Orbetello), Capálbio S. 303

Porto Santo Stéfano und Porto Ércole sind ebenso wie Orbetello geeignete Ausgangspunkte für Ausflüge zu den wichtigsten Etrusker-Städten der Toscana (und auch Latiums) sowie in unberührte Naturlandschaften.

Ansedónia 9 liegt nur einen Katzensprung vom Monte Argentario entfernt auf dem Festland am Ende des Tómbolo di Feniglia. Es ist nicht wegen seiner Villen und des Strandes wichtig, sondern wegen einer besonderen Sehenswürdigkeit etruskischen Ursprungs: Die *Tagliata Etrusca* ist ein in den Felsen gehauener Kanal, der bis heute den Zu- und Abfluss des Wassers so reguliert, dass eine Versandung des einstigen Hafengebietes verhindert wird. Wie der Kanal genau funktioniert, ist noch immer nicht vollkommen erforscht, es bleibt ein – geheimnisvolles – Meisterwerk der etruskischen Ingenieurbaukunst! Hätten die Pisaner ihren Hafen auf ähnliche Weise beschützt – vielleicht hätten sie niemals auf ihre Glorie als Seemacht verzichten müssen…

Ansedónia liegt auf dem Gebiet der ehemaligen Stadt *Cosa*, die die Römer 280 v. Chr. dem etruskischen Stadtstaat Vulci abgenommen hatten. Ab 273 v. Chr. römische Kolonie, jedoch wahrscheinlich schon im 5. nachchristlichen Jahrhundert zerstört. Auf Cosas Grundmauern errichtet, erlebte Ansedónia eine wechselvolle Geschichte: von den Franken erobert, von Karl dem Großen den Benediktinern zum Lehen gegeben, Ende des 10. Jh. von den Sarazenen eingenommen, die 1100 ihrerseits vertrieben wurden, und 1330 völlig von Siena zerstört.

Der mittelalterliche Turm am Strand trägt den Namen Puccinis, weil der große Musiker hier Teile der ›Tosca‹ komponierte. Doch viel wichtiger ist das Museum im interessanten Ausgrabungsgebiet von Cosa, einem Hügel, auf dem 2500 Familien der römischen Kolonie gelebt haben sollen. Das Museum zeigt Funde, die bei den Ausgrabungen 1947 bis 1971 gemacht wurden: Mosaiken und Inschriften, zahlreiche Glasscherben, Elfenbein- und Bronzefiguren, Amphoren, Münzen und mehrere Torsi sowie eine etwa 60 cm hohe Faunfigur aus Marmor. Geschmackvoll präsentiert in einer Innenarchitektur aus Holz und Plexiglas, die in angenehmem Widerspruch zur ausgestellten Antike steht. Rings um das Museum breitet sich das Ausgrabungsfeld aus, von uralten Ölbäumen und hohen Affodills mit ihren zarten weißen Blütendolden überwuchert. Jeden Schritt begleitet der Duft von winzigen Kamillenblüten. Zu sehen sind Reste des Forums und der Akropolis, von Tempeln und Wohnhäusern sowie ein Stadttor und wunderbar angelegte, mit großen Steinen gepflasterte Straßen.

Im Südosten schließt sich der **Lago di Burano** mit seinem sumpfigen Schilfgebiet an. Hier hat der WWF auf 300 Hektar Land ein Tierreservat eingerichtet, hauptsächlich für Wasservögel, Stachel- und Wildschweine, Fischotter und Kormorane, das streng geschützt und deshalb normalerweise nur Experten zugänglich ist.

Nördlich des Lago di Burano liegt auf einem anmutigen Hügel nur 14 km vom Meer **Capálbio** 10, einst ein verrufenes Banditennest in intakten mittelalterlichen Mauern. Heute leidet es nicht zuletzt wegen der romantisierenden Banditengeschichten, aber vor allem wegen

Skulptur von Niki de Saint-Phalle im Giardino dei Tarocchi

der hervorragenden Trattorie an Wochenenden an notorischer Parkplatznot, weshalb man besser während der Woche kommen sollte. Die berühmteste Gestalt Capálbios war der, natürlich schnauzbärtige, Brigantist Domenico Tiburzi, der 1896 unter mysteriösen Umständen ums Leben kam. Unterhalb von Capálbio befindet sich, leider schlecht ausgeschildert, dicht an der Grenze zum Latium, eine Sehenswürdigkeit besonderer Art, zumindest eine für die Toscana erstaunliche: der **Giardino dei Tarocchi** der 2002 verstorbenen französischen Künstlerin Niki de Saint-Phalle. Riesige, großbusige und begehbare Frauenskulpturen, mit Spiegelstücken und bunten Glasmosaiken geschmückt, auch ein ganzer Spiegelturm und Mobiles stehen verstreut in einem dichten Macchia-Wald – eine schön verspielte Skulpturen-Landschaft, unübersehbar unter dem Einfluss der in der Toscana sehr beliebten Tarroque-Spielkarten.

DORIA
VENDESI
c/o SILIO

Der Toscanische Archipel

Elba

Was wäre Elba ohne sein Maskottchen Napoleon beziehungsweise ohne dessen kurzen unfreiwilligen Aufenthalt hier? Es hätte zumindest einige historische Gedenkstätten in den Palästen weniger, in denen der abgedankte Kaiser residierte; auch eine Einsiedelei würde kaum Romantikerherzen höher schlagen lassen, wenn nicht bekannt wäre, dass sich hier Napoleon heimlich mit seiner Geliebten und dem gemeinsamen Sohn getroffen hatte.

30 000 Menschen leben auf der größten toscanischen Insel (224 km²). Über 12 000 Gästebetten in rund 300 Hotels und Pensionen und mehr als 15 000 Privatbetten gibt es – Platz genug für über zwei Millionen Touristen im Jahr, ein Fünftel des gesamten Aufkommens der Toscana. Immerhin: Mehr als 50 % der Elba-Touristen sind Italiener. Sie kommen vor allem im Hochsommer, die meisten Ausländer dagegen in der Vor- und Nachsaison, etwa im Mai und Oktober, den an sich schönsten Monaten des Jahres – dann, wenn die Insel duftend erblüht und danach, wenn die Weinlese stattfindet und sich die Tische in den guten Restaurants unter Wild- und Pilzgerichten biegen.

Elbas Hotellerie gilt als ausgezeichnet strukturiert, mit Häusern in allen Kategorien, aber alle preislich etwas höher als im toscanischen Durchschnitt angesiedelt. Fast überall wurde so niedrig gebaut, dass die umgebenden Baumwipfel die Häuser überragen, mit einer einzigen Ausnahme in Portoferraio, und die bezieht sich ausgerechnet auf ein Verwaltungsgebäude der Stadt. Wassersport – insbesondere Tauchen, Segeln, Schwimmen und Wasserski – ist das wichtigste Anliegen der Elba-Urlauber, die hier bei fast garantiertem Schönwetter normalerweise eher Ruhe denn Rummel suchen. Sehr begehrt sind die Strände und Buchten, auch viele kleine, einsame, nur mit einem Boot vom Meer her zugängliche. Während der sommerlichen Saison kann man die Insel, deren Küstenlänge insgesamt 147 km beträgt, auch auf organisierten Bootsausflügen umrunden.

Die meisten Elbaner arbeiten in Portoferraio: im Hafen, in den Geschäften und Restaurants oder im Handel und im Tourismus, der inzwischen die besten Möglichkeiten bietet. Doch viele Einheimische finden an ihrem Arbeitsort keine Wohnung, weil mehr als 1000 Apartments an Touristen vermietet werden, die für die kurze Urlaubszeit insgesamt mehr zu zahlen bereit sind als die jährlichen Mieteinnahmen ausmachen würden. Hinzu kommt die Wasserknappheit im Sommer, und zwar inselweit: Während für die Privathaushalte zeitweise Wassersperre besteht, werden die Hotels rund um die Uhr mit dem kostbaren Nass versorgt. Freilich müssen auch diese – sicherheitshalber – noch eigene Reserven haben.

Elbas Hauptstraßen sind gut ausgebaut, auch wenn sie zum überwiegenden Teil sehr kurvenreich sind. Wer die Insel umrundet, braucht selten mehr als 140 km zu fahren, mit Stichstraßen vielleicht weitere 45 km. Die Strecke im Norden (zwischen der äußersten West- und der Nordostspitze) führt über Marciana Marina, Prócchio, Portoferraio und Porto Azzurro (ca. 65 km), mit einem Abstecher nach Capolíveri (3 km); anschließend Umrundung der kleinen, aber bergigen Halbinsel von Capolíveri (ca. 20 km). Die Südtour beginnt in Portoferraio und verläuft über Lacona, Marina di Campo, Cávoli zur nordwestlichen Punta Polveráia (ca. 55 km). Querverbindungen: Marina di Campo – Marciana – Marciana Marina (sehr kurvige 25 km), Marina di Campo – Prócchio (10 km), Portoferraio – Lacona (10 km).

Portoferraio

Tipps & Adressen: S. 354f.

1 Im ›Eisenhafen‹ kommen die meisten Elba-Touristen mit der Fähre an. Der Hauptort Portoferraio ist bereits seit der Zeit der Etrusker der wichtigste der Insel, als diese mit der Ausbeutung der Eisenerze Elbas begonnen hatten und es von hier aufs Festland nach Populónia (s. S. 156f.) zur Verhüttung transportierten.

Portoferraio ist ein schönes altes und lebhaftes Städtchen, eine gute Visitenkarte der Insel. Es klettert vom groß-bogigen natürlichen Hafenbecken den Hausberg hinauf bis zum Palazzo dei Mulini an der mediceischen Doppelfestung, einem der beiden offiziellen Sitze Napoleons auf Elba. Breite, geradezu theatralisch wirkende Treppengassen führen hinauf und bestimmen das Bild Portoferraios, dessen Häuser von einer mächtigen mediceischen Mauer eingeschlossen sind.

Von der Hafeneinfahrt kommend, blickt man direkt auf das Stadttor, das eher wie ein Schlupfloch in der Mauer wirkt. Dahinter – fast überraschend – öffnet sich die quer liegende, großzügige und doch provinziell-nett wirkende **Piazza Cavour**. Mit ihren Geschäften, Cafés und Restaurants bietet sie das typische südländische Bild eines Hauptplatzes, ist lebhaft und viel befahren, besonders an Markttagen.

Der nächste Platz liegt gleich dahinter, die **Piazza della Repubblica**, an deren linkem Rand die Via Garibaldi beginnt,

Elba

Napoleons Nachlass

Am 4. Mai 1814, nach seiner Abdankung in Fontainebleu, landete Napoleon I. als Souverän der Insel auf Elba. Ein Kaiser, der die halbe Welt zu regieren gewohnt war, musste sich ab jetzt mit einem so kleinen Eiland begnügen! Nun, Napoleons Tatendrang war auch hier offensichtlich nicht zu bremsen: Als er am 26. Februar 1815 Elba wieder verließ, um sein früheres Weltreich, wenn auch nur für kurze Zeit, wieder zu erobern, hatte die Insel eine funktionierende Verwaltung und die Ansätze für eine bis heute florierende Landwirtschaft (Obst- und Weinanbau) sowie industrielle Einrichtungen zur Förderung der Eisenerze. Auch der intensive Abbau von Mineralien beziehungsweise Edelsteinen soll auf diese Zeit zurückgehen. Pyrit, Quarz, Turmalin, Azurit, Serpentin und Hämatit sind sozusagen die Spezialitäten Elbas, wie man u. a. bei der Besichtigung des Museo Minerario in Rio Marina erkennen kann. In vielen Geschäften wird heute eine große Auswahl glitzernder und von der Natur schön geformter Steine angeboten.

die wiederum in einer der breiten Treppengassen endet, die zur Festung hinauf führt. Doch gleich zu Beginn der Treppengasse geht es rechts in die kleine Via della Misericordia mit der winzigen Kirche **Santo Cristino**, des Schutzpatrons der Insel. Der Blick von der barocken Kirche auf die Festung ist recht hübsch. Und hinter einem schweren Vorhang findet man innen die Totenmaske Napoleons und eine Kopie seines Sarkophages.

Zurück zur Treppengasse und hoch durch einen Torbogen gelangt man in die **Palazzina Napoleonica dei Mulini**, einen mediceischen Palast, den Napoleon zu seiner Residenz ausbauen ließ (1814–1815). Die Wohnräume Napoleons können besichtigt werden. Ein Kleinod ist die Bibliothek, die der gerade abgedankte und dann wieder zurückgerufene Kaiser der Gemeinde von Portoferraio vermacht hatte. – Von der ersten Parkanlage direkt an der Villa dei Mulini genießt man einen herrlichen Rundblick.

Auf halber Höhe befindet sich im Kulturzentrum De Laugier in der früheren, geichnamigen Kaserne die **Pinacoteca Foresiana** mit Stichen und Gemälden sowie Skulpturen aus dem 16. bis 19. Jh., die Portoferraio dem Sammler Mario Foresi zu verdanken hat. Und unten am Hafen, am Ende der Medici-Mole, wurde das restaurierte mediceische Salzmagazin mit der trutzigen **Torre della Linguella** zum sehenswerten **Archäologischen Museum** ausgebaut.

An der Meerseite von Portoferraio liegen die Quellen der **Terme di San Giovanni**, wo Rheuma und Hautkrankheiten kuriert werden.

Etwa im Scheitelpunkt der großen Bucht (mit Portoferraio im Visier) erreicht man die römischen Ruinen der **Villa delle Grotte**, von der erst wenig (1964–1968) ausgegraben wurde, aber die Lage der Villa des römischen Präfekten Publius Acilius Attianus aus dem 2. Jh. ist bestechend schön.

Auch wer sich nicht allzu sehr für Napoleon interessiert, besucht die **Villa Napoleonica** in **San Martino**, nur 6 km von Portoferraio entfernt (Busverbindungen). Napoleon ließ dort seine Residenz über der bestehenden Villa aufbauen. Der Name Villa Napoleonica stammt allerdings erst von 1851, als der russische Prinz Demidoff das Anwesen erwarb und daraus ein napoleonisches Museum machte. Mit Teilen der Originaleinrichtung und einem ›Ägyptischen Zimmer‹, in dem an einer Wand, durch eine Glasplatte geschützt, Napoleon selber gekritzelt hatte: »Cum quit … felix« – wo auch immer, er sei glücklich. Interessant sind in dieser Gedenkstätte zwei Blätter, die eine deutsche Inschrift tragen, die »Stufenleiter des Aufstiegs und Niedergangs Napoleons«: Napoleon als korsischer Knabe, Glücksritter in Paris, Konsul, Kaiser der Franzosen, Rückzug aus Russland, Vertreibung aus Deutschland. – Von der Terrasse der Villa genießt man einen schönen Blick auf den Hafen von Portoferraio.

Streifzüge durch den Westen

Karte S. 169
Tipps & Adressen: Prócchio S. 357, Marciana und Marciana Marina S. 334f., Marina di Campo S. 335

Der Westen der Insel steigt zu ihrem höchsten Punkt, dem dicht bewaldeten Monte Capanne auf, auf den Bergkuppen hocken kleine Bergarbeiternester mit steilen Treppengassen – eine wahre Idylle! Die schroffe Küstenlinie zeigt meist steil abfallende Felsen, die höchstens kleineren oder gar winzigen Buchten Platz bieten. Die Natur ist wild, die mediterrane Macchia von intensivem Duft.

Von Portoferraio geht es nach Westen Richtung Prócchio. **Le Ghiaie** heißt der Hausstrand von Portoferraio, ein netter Kiesstrand zu Füßen der Festung. Über Acquaviva führt die Route zum Capo Enfola, Ginsterbüsche, die im Frühjahr einen betäubenden Duft verströmen, rechts und links, bis man plötzlich zu beiden Seiten das Meer hat. Denn der Isthmus von **Enfola** ist ganz schmal, beiderseits erstrecken sich kleine felsige Buchten. Das Kap erreicht man in wenigen Minuten, aber nur zu Fuß. Stark duftet hier der mit Macchia bedeckte Boden des Pinienwaldes, der sehr an die grünen Wälder der Maremma auf dem Festland erinnert.

Fein ist der Strand von **Prócchio** 2, vielleicht einer der schönsten öffentlichen der Insel, mit den typischen Einrichtungen eines Badeortes wie Kabinen, Duschen, Verleih von Schirmen und Liegen etc. Die Nachbarbucht **Biódola** mit gröberem, aber hellem Sandstrand und schönen Hotels gilt als eine von Elbas Prachtbuchten, weshalb sie während der Saison vollkommen überlaufen ist.

Die Straße windet sich erst über der Steilküste und führt wieder ans Meer hinab. Das schönste Seebad – und bei den Italienern vom Festland wohl am beliebtesten – dürfte **Marciana Marina** 3 sein, das inzwischen wegen des florierenden Tourismus auf rund 1800 Einwohner angewachsen ist. Auch hier reichen die Pinienwälder bis ans Meer, den Bootshafen bewacht ein dekorativer Turm, die Häuser abseits des eher bescheidenen kiesigen Strandes – beson-

Bei den Festlands-Italienern als Urlaubsort überaus beliebt: Marciana Alta

ders hübsch entlang der Via Cotone am östlichen Ende des Ortes – stehen auf kantigen Felsen. Wo diese Platz lassen, liegen kleine, bunt bemalte Boote. Im Hintergrund dehnen sich die Weinhänge von Marciana aus und man erkennt den höchsten Gipfel der Insel, den Monte Capanne (s. u.).

Marciana 4 selber (358 m hoch) ist wahrscheinlich Elbas hübschester Bergort, überragt von einer malerischen Burgruine, der Fortezza Pisana, zu der man durch den ganzen Ort hindurch bummeln kann. Aber auch die Auffahrt mit dem Wagen außen herum ist möglich. Eng und steil sind die Gassen und

Treppen des Bergnestes, Blumentöpfe mit riesigen Hortensien verengen sie noch mehr. Mittendrin befindet sich das **Museo Archeologico**, das vorgeschichtliche Funde und solche aus der Etrusker- und der Römerzeit besitzt.

In Marciana beginnt der steile, wunderschöne Aufgang zur **Madonna del Monte** 5. Eine gute Stunde sollte hierfür berechnet werden. Erst geht es über eine Treppengasse, dann über Felder und durch dichten Wald mit prächtigen Esskastanien und Akazien hindurch. Diesen anstrengenden Weg nehmen auch viele Gläubige am 15. August, wenn sie zu Elbas wichtigster Wallfahrtskirche pilgern, die 1595 neben einer Einsiedelei errichtet wurde, weil sie ein wundertätiges, auf einen Granitblock gemaltes Madonnenbild aus dem 15. Jh. birgt.

Die meisten Besucher aber steigen hinauf wegen einer recht romantischen Geschichte, die sich an der Kirche in 630 m Höhe abgespielt hatte. Hier, an der erfrischenden Quelle und dem schönen Halbrund (Exedra), unter uralten Kastanienbäumen, traf sich am 1. September 1814 Napoleon mit seiner polnischen Geliebten, der Gräfin Maria Walewska, und dem gemeinsamen Sohn Alexander. Heimlich und nur für zwei Tage. Denn Napoleon hatte nicht nur die Intoleranz seiner Gemahlin Marie Louise zu fürchten, die ihrerseits einen Besuch angekündigt hatte, sondern auch die Gefühle der streng gläubigen Inselbevölkerung zu achten. Er wollte seine Beliebtheit bei den Elbanern nicht aufs Spiel setzen, zudem hätte eine öffentliche Romanze nicht zu seiner Auffassung von staatsmännischem Auftreten gepasst.

Marciana ist auch Ausgangspunkt der Gondelbahn auf den **Monte Capanne** (1018 m). Wer keine Angst vor den schaukelnden kleinen Gondeln hat (nur für eine bis zwei Personen), sollte die Fahrt nicht versäumen. Abwärts geht es auf recht gemütlichen, aber auch steilen Wegen, man hat die Wahl. Der Aufstieg zu Fuß von der Bergstation auf den Gipfel ist eher etwas für Geübte. Keine Frage, dass man von dort oben den schönsten und weitesten Rundblick über fast die ganze Insel genießen kann!

Nur 3 km entfernt und durch eine enge Schlucht von Marciana getrennt, liegt das kleinere **Poggio** inmitten eines dichten Kastanienwaldes in 330 m Höhe. Enge Treppengassen durchziehen auch dieses ehemalige Bergarbeiterdorf, das terrassenförmig angelegt ist.

Zurück zur Küste und weiter nach Südwesten: Steil fallen hier die Felsplatten zum Meer hin ab und bilden herrliche Liegeplätze zum Sonnen und Genießen. Für Einsamkeitsfanatiker das wahre Paradies. Wo sich ein wenig Macchia an die glatten Felsen klammert, duftet es intensiv nach Rosmarin. Aus allen Felsritzen quillt das köstliche Kraut heraus: zarter Kriechrosmarin oder buschiger Rosmarin mit dicken Nadeln. Der Boden ist hier so karg und trocken, dass man sich fragt, woher die Pflanzen die Kraft zum Wachsen nehmen.

Fetovaia, eine tiefe Bucht mit kleinem Sandstrand, ist besonders reizvoll, kleinere Boote suchen hier Zuflucht hinter der natürlichen Mole. Dann folgen vor und in **Cávoli** mehrere kleine Buchten. **Marina di Campo** 6 ist in ihrer Mitte das Zentrum der Südküste, ein altes Fischerdorf, das sich touristisch zwar stark entwickelt hat, ohne jedoch im Kern seinen ursprünglichen Charakter ganz abgelegt zu haben. Es besitzt einen herrlichen Sandstrand und als dessen Abgrenzung die längste Promenade der Insel, eine geeignete *passeggiata*-Meile für Einheimische wie Touristen. Die Hotellerie ist ausgewogen, ebenso Art und Anzahl der Restaurants, und es gibt zahlreiche Ferienwohnungen zu mieten, außerdem die wohl begehrtesten Campingplätze Elbas.

Zu Marina di Campo gehört auch der 3 km entfernte kleine Flugplatz der Insel. Marina liegt übrigens innerhalb des Gemeindegebietes von Campo nell' Elba, dem früher bedeutenden Granitabbaugebiet der Insel. Einen Besuch wert sind hier die winzigen Dörfer **Sant' Ilario in Campo** mit seinen Granitbrüchen und **San Piero in Campo** mit seiner romanischen Kirche mit ihren verblassten Fresken. Im Vorort **Segagnana** lohnt ein Besuch des Acquario dell'Elba, wo man Mittelmeerfauna bestaunen kann.

Bummeltour durch den Osten

Karte S. 169
Tipps & Adressen: Capolíveri S. 304, Porto Azzurro S. 353, Rio Marina S. 359, Cavo S. 309

Den Osten Elbas, vielleicht wegen der Nähe zu Portoferraio, kennen auch viele ausländische Gäste eher als den Westen. Vor allem das frühere Bergarbeiter-Nest Capolíveri und der ausnehmend hübsche Fischerort Porto Azzuro sind beliebte Ausflugsziele mit einer verlockenden Gastronomie. Und die verlassenen Bergwerke (teils zu Museen umfunktioniert) bieten nicht nur Mineraliensammlern einen geeigneten Tummelplatz.

Von der Ebene von Lacona schiebt sich eine Landzunge fast 3 km weit nach Süden bis zur Punta della Stella. Im Westen ist der schöne, sehr beliebte **Golfo della Lacona** ausgebildet, im Osten der **Golfo Stella** mit Elbas größter Sandbucht, der **Spiaggia Grande**.

Porto Azzurro

Sie ist ein Magnet für Wochenendausflügler.

Ein Anziehungspunkt ganz anderer Art findet sich auf der östlichen Halbinsel Calamita (bis 413 m hoch): das frühere Bergarbeiterdorf **Capolíveri** **7** in 167 m Höhe inmitten von Weinbergen. Es bereitet wahres Vergnügen, durch die Gassen des Dorfes in herrlicher Aussichtslage zu schlendern, sich auch mal von den Düften aus einem kulinarischen Tempel zu einer Pause verleiten zu lassen – auch wenn man hier etwas tiefer in die Tasche greifen muss…

Das Bergwerk von **Calamita** ist zwar, weil die EU-Bestimmungen es so verlangten, stillgelegt worden, doch alle Einrichtungen für den Erzabbau stehen noch so da, als wollte man am nächsten Morgen mit der Arbeit fortfahren. Von der Punta Calamita, ganz im Süden der Halbinsel, wird berichtet, dass Seefahrer

noch immer einen höllischen Respekt vor diesem Gebiet hätten, weil man sich hier wegen der starken Kräfte der großen Magnetitvorkommen auf keine Kompassnadel verlassen könne.

Kein Wunder, dass **Porto Azzurro** 8 bei Touristen, vor allem bei deutschen Urlaubern, so beliebt ist: Erstens besticht es durch seine Lage an einer vor dem rauen Nordwind geschützten Bucht. Zweitens gibt es in der Umgebung mehrere Strände, mit und ohne Sand, flach und steil abfallend. Außerdem beginnt hier ein Unterwasser-Sportparadies, das sich bis zur Punta dei Ripalti im Südosten der Halbinsel Calamita hinzieht. Und der Ort selber zeigt sich als Bilderbuch-Schönheit mit Pfahlbauten-Restaurants am Hafen, in dessen Wasser bunt bemalte Boote schaukeln. Alles im Schatten der vom spanischen König Philipp III. 1603 errichteten Fortezza di Portolongone, auch wenn diese heute als Strafanstalt dient. Ebenfalls als Reminiszenz aus spanischer Zeit gilt die Wallfahrtskirche **Madonna di Monserrato** (17. Jh.) am Monte Castello nördlich von Porto Azzuro: Die hier verehrte Marienfigur ist eine Kopie der schwarzen Madonna im katalanischen Montserrat unweit von Barcelona und ist vor allem am 8. September, dem Geburtstag Mariä, ein gut besuchtes Wallfahrtsziel. Man kann von Porto Azzuro eine kurze Wanderung dorthin einlegen, auch wenn die Kapelle sonst geschlossen bleibt. Aber ihre Lage ist ausnehmend hübsch und der Weg dahin ebenfalls!

Rio nell' Elba 9 in 178 m luftiger Höhe inmitten des Gebirgszuges, der im Nordosten eine Halbinsel bildet, ist mit seinen steilen, engen und verwinkelten Gassen noch recht ursprünglich geblieben. Es soll einer der ersten bewohnten

Richtig Reisen
Thema

Schlemmerparadies Elba: Fisch spielt die Hauptrolle

Was im Mittelmeerraum gar nicht selbstverständlich ist, nämlich dass man auf einer Insel Fisch gut zubereiten kann, gilt zum Glück für Elba. Hier bekommt man in überraschend vielen Restaurants hervorragende Gerichte aus Fischen und Meeresfrüchten. Die *cacciucco*, die reichhaltige Fischsuppe Livorneser Tradition, die eine ganze Mahlzeit ersetzen kann, ist hier mindestens so gut wie in Livorno, manchmal variiert man sie mit verschiedenen Krustentieren.

Sehr pikant ist eine Art Fischpüree namens *pasato di pesce*, sehr beliebt der *riso nero*, der mit Tintenfischfarbe schwarz gefärbte Reis, der daher einen recht herben Geschmack hat. Eine Besonderheit ist der marinierte Heilbutt (*zerro marinato*). Calamari, Langusten und Tintenfische werden gerne als eine Art Eintopf mit Gemüse zubereitet, so genannte Lippfische kross ausgebacken (*tordi arrosti*), und sehr häufig gart man Fisch in Silberfolie (*pesce al cartoccio*), um darin den leckeren Saft aufzufangen.

Zum Nachtisch bevorzugen Elbaner sehr süße Kuchen wie die *schiaccia briaca*, ein nussiges Gebäck mit Rosinen, in schweren Aleatico-Wein getränkt – daher *briaca*, von *ubriaca* = besoffen. Im Herbst kommt der *castagnaccio* auf den Tisch, ein ganz schön schwerer, wenn auch meist hauchdünner Kastanienkuchen.

Elbas Weine: Sie haben ihren ureigenen Geschmack, und wer sich einmal an sie gewöhnt hat, mag sie nicht mehr missen. Leicht und trocken, ein richtiger Fischwein, ist der Procanico aus der Trebbiano-Traube, ähnlich der Rosato verschiedener Trauben. Zum Rostbraten (es gibt auf Elba nicht nur immer frischen Fisch, sondern auch gute Fleischgerichte) empfehlen die Elbaner ihren roten Sangiovese, der es ›in sich haben‹ kann wie der schwere Aleatico zum Dessert. Und wer's mag, bekommt sogar einen Elbaner Sekt, trocken oder süß.

Flecken Elbas gewesen sein. Die Ruine der **Fortezza Volterraio** (11. Jh.) steht auf einer etruskischen Akropolis. In der Nähe gab es bereits in der Antike mehrere Erzgruben. Bis zur Schließung der neuzeitlichen Gruben bildeten Rio nell' Elba und Rio Marina die Haupt-Industriezentren der Insel. Zumindest für Mineralienfreunde blieb in **Rio Marina** 10 noch etwas davon übrig, nämlich das **Museo Minerario Elbano** im Rathaus mit rund 650 Beispielen der auf Elba gefundenen Mineralien und Erze.

Bleiben wir bei den Bergleuten: Ganz im Nordosten der Insel, in **Cavo** 11, können Erzgruben besichtigt werden. Hier steht auch die Kirche der Bergleute, Santa Barbara. Cavo umgeben dichte Pinienwälder, aber auch sonnige, sandige Buchten.

Insel Gíglio

Tipps & Adressen: S. 328

Keiner weiß bis heute so recht, wie die Existenz Giglios geologisch zu erklären ist. Man könnte durchaus behaupten, die Insel sei ein Stück der Gallura, der nördlichen Granitlandschaft von Sardinien, denn die Felsen gleichen sich verblüffend. Man könnte auch die Mufflons, die auf dem kleinen Bergrücken hinter dem Strand von Campese leben, als weiteren Beweis nehmen. Denn sie stammen aus Sardinien und haben sich hier mühelos vermehrt.

Gíglio ist ein rundherum einfach zauberhafter Granitfels: zum Anfassen, zum Beschnuppern, zum Schauen und Staunen. Ein Paradies für Wasserratten, möglichst mit eigenem Boot. Auch ein Schlauchboot tut's, denn es geht nur darum, die Insel auf der Suche nach einer einsamen Bucht zu umrunden. Und sie ist ja nicht groß (21,21 km^2). Autos sind nicht gern gesehen, und im Sommer ist deren Transport auf die Insel eingeschränkt, weshalb man den Wagon besser in einer sicheren Garage in Porto Santo Stéfano lässt.

Nachdem der Abbau von Granit, einst vor allem bei Bildhauern begehrt, aus Transportgründen unrentabel geworden war, entdeckte die daraufhin verarmte Insel erst 1965 den Fremdenverkehr. Und man ging es behutsam an, sichtbare Fehler sind kaum gemacht worden. Nun leben die meisten der 1700 Insulaner hauptsächlich vom Tourismus, der vor allem auf Badegäste eingestellt ist. Denn Gíglio liegt in einer Schönwetterzone, mehr als 15 Regentage im Jahr sind normalerweise selten. Wassermangel wird daher wiederum zum Problem, das die Gigliesen mit Zis-

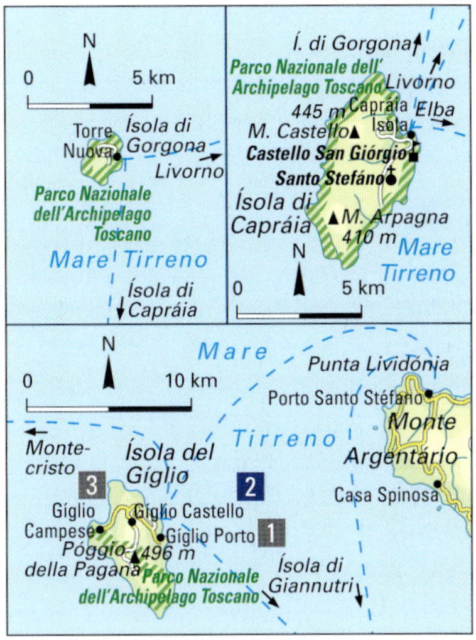

Gíglio und die kleineren Inseln

ternen und einer Meerwasser-Entsalzungsanlage lösen. Und die wenigen Hotels versorgen sich selbst mit dem kostbaren Nass. So freut man sich natürlich unterwegs auf dem ›trockenen‹ Gíglio, wenn man ein paar schmale ›Wasserstürze‹ an den terrassierten Berghängen entdeckt.

1200 war die Insel noch in sienesischem Besitz, 1330 schon pisanisch, im 16. Jh. mediceisch, und zwar als wichtiger Stützpunkt gegen die Sarazenen. Fischer aus Sizilien und Neapel wurden in Marina, dem heutigen Gíglio Porto, angesiedelt. Die einheimische, bäuerliche Bevölkerung, die niemals zur See fuhr oder fischte, zog sich ins *castello* zurück und lebte sehr ärmlich. Den Wein (ein schwerer, robuster Ansonaco) allerdings, erzählt man sich auf der Insel, habe man niemals ausgehen lassen, auch damals nicht. Den einzigen Sieg von Bedeutung errangen die Gigliesen

Richtig Reisen Thema

Schlitzohrige Gigliesen

Den Gigliesen, heißt es, sitzt der Schalk im Nacken, und so werden über sie hübsche Geschichten kolportiert. Etwa: Mit 496 m ist der Poggio della Pagana der höchste Punkt der Insel. Da aber die italienische Regierung nur Bergorte in Höhe ab mindestens 500 m finanziell unterstützt, kamen die Gigliesen tatsächlich auf die Idee, ihren höchsten Berg in einer Nacht- und Nebelaktion mit Steinen aufzustocken – was zu ihrem Bedauern aufflog.

Was ist schon ein wahrer Name? Auf Gíglio auf keinen Fall der Taufname. Gigliesen rufen sich nur bei ihrem Spitznamen. Wer Pech hat, trägt sogar noch den Spitznamen seines Vaters oder Großvaters. Ein Beispiel für die Namen, die sich die Inselbewohner einfallen lassen: Biagio etwa wird zu Bugio oder Bagio (man nimmt es nicht so genau), was doppelsinnig sowohl Lüge oder Schwindelei beziehungsweise Klingelbeutel oder kirchliche Sammelbüchse bedeutet. Denn der Alte pflegte, weil es früher ja keine Straßenbeleuchtung gab, abends mit dem Leuchter von *cantina* zu *cantina* zu ziehen und außerdem allerlei Geschichten zu erzählen, deren Wahrheitsgehalt – nun ja...

gegen die Tunesier: Sieben tunesische Schiffe sollen die Insel angegriffen haben, nach einer anderen Version waren es zwölf algerische Piratenschiffe, gesichert ist nur das Datum, der 18. November 1799. Die Feinde landeten in Campese, erklommen die Burg auf dem Bergrücken Il Franco – doch dank San Mamiliano konnten sie von den Bewohnern ins Meer zurückgedrängt werden. Der Arm des Heiligen, der zu Lebzeiten Bischof von Palermo war, wird als Reliquie hoch verehrt und alljährlich am 18. November beim Festzug gezeigt. Wer nicht an den hilfreichen Heiligen glaubt, behauptet, ein günstiger Wind habe die tunesischen Schiffe vom Ufer abgetrieben.

Seit der italienische Staat beschlossen hat, aus dem toscanischen Archipel einen streng geschützten Naturpark zu machen, haben die Gigliesi noch mehr Probleme als sonst mit der römischen Obrigkeit. Sie wollen sich nämlich nicht gerne vorschreiben lassen, wie sie mit ihrem Land und dem Fischereirecht ringsum umgehen sollen. Auch wollen sie die sehr strengen Auflagen für Neu- und Umbauten am liebsten ignorieren, obwohl sie sonst nicht gerade zu schlimmen Bausünden neigen. Aber sich etwas von oben vorschreiben zu lassen , das mag man hier überhaupt nicht...

Rund um die Insel

Eigentlich braucht man auf der Insel kein eigenes Fahrzeug, denn erstens sind – trotz des Auf und Ab der Landschaft – die Entfernungen gering, zweitens verbindet ein Bus regelmäßig alle drei Ortschaften miteinander. Von Gíglio Porto nach Gíglio Castello sind es gerade mal 6 km, weiter nach Gíglio Campese nochmals 6,5 km, von Porto direkt nur 8,4 km. Und fährt man alle Inselstraßen ab, so kommen insgesamt nur 13,5 km zusammen.

Die kleinen Fährschiffe von Porto Santo Stéfano kommen in **Gíglio Porto** 1 an, einer gelungenen Mischung aus Fischer-, Hafen- und Ferienort mit bunt bemalten und weißen Häusern, kleinen Pensionen und eher einfachen Restaurants. Der Linienbus steht schon am Hafen und nimmt die Neuankömmlinge auf. Er fährt meist zuerst in das 495 m hoch gelegene Dorf **Gíglio Castello** 2, das einen ganz eigenen Zauber ausstrahlt. Ein echter Gigliese stammt übrigens immer nur aus Castello. Die Bewohner von Porto sagen: »Die Leute von Castello sind Gigliesen, wir sind Portolani.«

Den Eingang zum befestigten Dorf bildet ein Granitfels, der so in die Mauer integriert wurde, als schwebe er zwischen Gasse und Himmel. Am Brunnen vor der Kirche sieht man ganz genau, wie hier das kostbare Wasser gesammelt wird: Kein Tropfen, der das Dach berührt, kann sinnlos versickern, das Regenwasser wird in Leitungen direkt von der Dachrinne in den Brunnen geführt.

Die intakte Mauer des trutzigen Castello lässt nur durch ein paar Gucklöcher Blicke ins Tal zu. Enge, verwinkelte Treppengassen mit zahlreichen Stützbögen verstärken das Gefühl, in einem Irrgarten zu sein. Immer wieder muss man hochschauen, um etwa eine kühne Bogenspannung zu bewundern oder Grün, das aus kleinen Fensterluken quillt. Dicht beisammen stehende Steinhäuser, einige mit schmiedeeisernen Balkonen. Dicke Kastanienbalken tragen die Decken der Innenräume, quer zu ihnen schlanke Pinienbalken, mit denen sich überraschend große Räume schaffen ließen. Jedes Haus in Castello hat seine eigene *cantina*, den Vorratskeller, der gleichzeitig der Weinkeller ist, meist direkt aus dem Granitfelsen geschlagen und nur selten mit Bausteinen überwölbt. Eine Weinpresse steht in einer Ecke, daneben kleine Fässer: der Wein für den Eigenbedarf. Kein Tropfen verlässt die Insel!

Oben in Castello weht die frische Meeresbrise am intensivsten, manchmal aber besonders kräftig. »Tu sei come il ponente« – du bist wie der *ponente*, sagen die Gigliesen über einen leicht aufbrausenden Menschen. Wie der Westwind, der unerwartet über die Insel fällt, sie aber genauso plötzlich wieder verlässt, nach höchstens 24 Stunden. Im Sommer bietet er auf jeden Fall eine angenehme Abkühlung.

Von Castello aus kann man herrlich wandern, natürlich auch zum höchsten Gipfel, dem **Poggio della Pagana** (496 m). Vom Frühjahr bis zum Hochsommer ist die intensivste Blütezeit auf Gíglio: Weiß, gelb, lila, blau leuchten die Wildblumen, rot, fast schreiend der Klatschmohn. Maulbeerbäume und duftende Feigen, die im September zusammen mit dem Wein reif werden, vereinzelt Feigenkakteen, wilde Kirschen, immergrüne Steineichen und hohe Korkeichen setzen Akzente als charaktervolle Landschaftsgestalter. In den kleinen Weinbergen stehen winzige Bauten mit Kuppeldächern: die Weinpressen, immer aus Granit, innen eine aus dem Stein geformte Vertiefung, in der den Trauben der köstliche Saft entzogen wird. Er fließt in einer Öffnung am Boden heraus und wird zum Gären in einer anderen Granitkuhle oder einem transportablen Gefäß gesammelt.

Gíglio Campese 3 ist der einzige richtige Badeort der Insel, dafür ein besonders hübscher mit einem schönen Sandstrand in der ausladenden, von einer kleinen Festung geschützten Bucht. Hier findet man ein relativ großes Hotel und zahlreiche Ferienwohnungen, die im Sommer fest in italienischer Hand sind.

Die kleineren Inseln

Da die Inseln **Gorgona** (2,23 km²) und **Pianosa** (10,25 km²) als Strafanstalten genutzt werden, sind sie nur mit Sondergenehmigung zu besichtigen und lohnen den Aufwand eigentlich nicht.

Ein interessantes Reiseziel ist dagegen **Montecristo** (10,39 km²) mit einem Benediktinerkloster aus dem 16. Jh., das Alexandre Dumas zu seinem Roman ›Der Graf von Montecristo‹ inspirierte und dadurch zu einem wahren Magnet machte. Eine Insel, die außerdem reizt mit ihrer zerklüfteten Küste und dem höchsten Granitgipfel, der bis 645 m aus dem Meer emporsteigt. Montecristo ist bei einem der organisierten Bootsausflüge von Elba oder Gíglio aus zu erreichen. Denn normalerweise darf man die

Strandleben in Gíglio Campese

unter strengem Naturschutz stehende Insel nicht auf eigene Faust anfahren.

Die bewohnte Insel **Capraia** (19,5 km^2; rund 300 Einwohner) mit ihren steilen Felsenküsten ist vulkanischen Ursprungs und unter passionierten Unterwassersportlern kein Geheimtipp mehr. Doch auch kleine historische Attraktionen hat die Insel zu bieten: die inzwischen restaurierte Kirche Santo Stéfano aus der Eremitenzeit der Insel (4. Jh.), einige Häuser aus dem 15. Jh. und die Himmelfahrtskirche aus dem 11. und 12. Jh. in der kleinen Hafensiedlung sowie das Castello di San Giorgio (15. Jh.) auf der Spitze von Bricco. Privatzimmer und ein kleines Hotel stehen den Touristen zur Verfügung, und die Schiffsverbindungen mit Portoferraio auf Elba und (über Gorgona) mit Livorno fördern zumindest im Sommer den Fremdenverkehr.

Giannutri (2,62 km^2; höchste Erhebung 88 m) gilt als wahres Unterwasser-Paradies. Durchaus sehenswert sind jedoch auch die Ruinen einer römischen Villa aus dem 1. Jh. Im Sommer erreicht man die Insel per Boot von Porto Santo Stéfano über Gíglio.

Von der Küsten-Maremma nach Osten

Die Maremma

Der Name Maremma wird gerne mit *amaro*, bitter, übersetzt aufgrund der harten Arbeit ihrer Bewohner und des Leidens in den sumpfigen, einst von Malaria versuchten Gebieten. Er kommt aber von *maríttima*, meernahe. Die Landschaft erstreckt sich von der Küste weg, in Höhe von Massa Maríttima, über Grosseto als Mittelpunkt bis in die Region Latium, nach Tuscania und Tarquinia, den beiden bedeutenden Etrusker-Städten kurz vor Rom. Sie entspricht damit im Großen und Ganzen der Provinz Grosseto. Einer sehr ländlichen Provinz mit nur zwei bedeutenden Städten: der Hauptstadt Grosseto fast im Zentrum und Massa Maríttima im Norden. Die Maremma ist Etrusker-Land, mit einigen interessanten und mehreren leider geplünderten oder gar völlig verschütteten Nekropolen. Und mit typisch etruskischen Gründungen auf hohen Tuff-Graten wie Pitigliano und Sovana, deren heutiger Charakter innen freilich vom Mittelalter geprägt wurde.

Massa Maríttima

Tipps & Adressen: S. 337

1 Das städtebauliche Juwel am südlichen Rand der Colline Metallífere lebt sozusagen von seiner geologischen Schräglage, die sich besonders hübsch in seinem Zentrum, dem Domplatz zeigt. Zweimal im Jahr steht Massa Maríttima im Mittelpunkt des Interesses: Im Mai und August wird das historische Spiel *Balestra del Girifalco*, das Armbrust-Schießen auf einen hölzernen Falken in prächtigen Renaissancekostümen, gespielt. Einmal zu Ehren des heiligen Bernhard von Siena (1380–1444), der in Massa Maríttima zur Welt kam, zum anderen in Erinnerung an die Gründung der Freien Kommune.

Die kleine Stadt war im Mittelalter Zentrum des Bergbaus in den metallreichen Hügeln. 1310 entstand hier der ›Codice Minerario Massatano‹, der in der Stadtbibliothek aufbewahrt wird: das erste modifizierte Bergbaugesetz. Wie Grosseto litt die Stadt damals stark unter der Malaria, Ende des 18. Jh. wurden kaum noch 400 Einwohner gezählt. Erst das 19. Jh. brachte wieder Schwung in den Bergbau, der allgemeinen Industrialisierung folgend. Im 20. Jh. hingegen tauchten – trotz der Trockenlegung der Sümpfe ringsum (ab 1930) – neue Entvölkerungsgefahren auf: erst durch die starke Bombardierung im Zweiten Weltkrieg, dann durch die endgültige Schließung der Minen. Nun setzen die Stadtväter auf eine touristische Zukunft.

Die Altstadt (*città vecchia*) aus dem 13. und 14. Jh. rings um den Dom bietet durch die kompakte Struktur besondere städtebauliche Reize, ebenso die ›Neustadt‹ (*città nuova*) bei der Burg. Von mittelalterlichen Bauten umgeben ist die unregelmäßige **Piazza Garibaldi**. An ihrer Südseite steht der Dom mit seiner romanischen und pisanisch-gotischen Baudekoration leicht erhöht. Zu ihm führt, fast theatralisch, eine breite Treppe hinauf, die auch den Campanile und den Bischofspalast einbezieht.

Das augenfälligste Kunstwerk in der dreischiffigen Basilika des **Domes** dürfte das Taufbecken aus einem einzigen Travertinblock sein, das Giroldo da Como 1267 schuf.

Die Piazza umstehen auch der **Palazzo Pretorio** (ab 1255) mit dem **Museo Archeologico** und der Pinakothek mit den größten Schätzen der Stadt. Weiter der **Palazzo Comunale** aus mehreren Turmhäusern (ab 1250) und die **Casatorre Biserno**. Alle zusammen bilden einen schönen mittelalterlichen, sehr wohnlichen Platz mit einer Atmosphäre, die man etwas länger, etwa in einem Straßencafé sitzend, genießen sollte. Ein Bummel durch die Altstadtgassen führt zu einigen, teils in den Felsen hinein ge-

bauten Läden, die Mineralien, fantasievollen Schmuck und anderes Kunsthandwerk der Region verkaufen.

Die ›Neustadt‹ mit der **Fortezza dei Senesi** (1355) liegt höher, enge, steile Gassen führen zu ihr hinauf. Unübersehbar ist der **Arco dei Senesi** (1337) mit seinem kühnen Bogen zur Festung. – Mit dem Wiederaufbau beziehungsweise der Sanierung von Massa Maríttima ist man schon im 19. Jh. sehr behutsam umgegangen und tut es weiterhin. Nur 1774 bis 1845 wurde – schlimm genug – beim Bau des Krankenhauses ein Teil der Festung zerstört.

Eine besondere Attraktion ist sicher das Bergbau-Museum, das **Museo della Miniera**, das leider häufig geschlossen bleibt oder nur auf Anfrage zu besichtigen ist. Es befindet sich am abschüssigen Südrand der Altstadt in einer stillgelegten Stollenanlage.

Grosseto

Karte S. 185 und 190
Tipps & Adressen: S. 329f.

2 Der Vergleich mag hinken angesichts der Größe, aber auch das flach in der Landschaft liegende Grosseto besitzt eine bewundernswerte Stadtmauer und wird deshalb von manchen Liebhabern ›Klein-Lucca‹ genannt. Im frühen Mittelalter war die heutige Provinzhauptstadt im Schwemmland des Ombrone ein kleines Kastell an der Aurelia, einer der letzten Stützpunkte der Römerstraße vor ihrem Ziel Rom. 935 wurde Grosseto Bischofssitz. Den ersten zaghaften wirtschaftlichen Aufschwung erlebte es nach einer wechselvollen Geschichte erst unter den Großherzögen der Toscana. Die Malaria blieb aber im Nacken: Je nach Zustand der Entwässerungskanäle bildete sie eine kleinere oder eine größere Gefahr. Erst die Trockenlegung des Sumpfgebietes der Maremma (ab 1930) brachte durch die fruchtbar gewordenen Ländereien Wohlstand, und die florierende Landwirtschaft zog auch einige Industrien nach sich. Für die Alliierten im Zweiten Weltkrieg ein Grund mehr, die Stadt heftig zu bombardieren.

Die Stadtbefestigung mit ihren sechs Bastionen und den beiden Haupttoren ließen die Medici 1574 bis 1593 bauen. Sie umschließt das historische Zentrum, dessen sakralen wie profanen Mittelpunkt die **Piazza Dante** mit dem Denkmal für Leopold II. (1846) bildet. Hier steht der Dom aus dem ausgehenden 13. Jh. mit der im Sieneser Stil angepassten Fassade aus dem 19. Jh. Es war die Zeit, in der Grosseto einige Baulichkeiten mehr im historisierenden Stil erhalten sollte: etwa das Rathaus am Domplatz, einem Florentiner Palast nachempfunden, sowie den Palast der Provinzregierung im Stil des Rathauses von Siena, sogar die Farben sind gleich (unten weiß und oben backsteinrot).

Im **Museo Archeologico e d' Arte della Maremma**, seit 1999 erheblich erweitert und im alten Palast des Tribunals aus dem 19. Jh. untergebracht, befinden sich zahlreiche Funde aus den etruskischen Nekropolen der Umgebung, aus Vetulónia, Vulci, Roselle, Populónia und Pitigliano sowie maremmanische Funde aus der Villanova-Kultur.

Die moderne Stadt zeigt in den Auslagen der Geschäfte, meist großartig in mittelalterlichen Palästen eingerichtet, die aktuelle *alta moda* aus Florenz; zur *passeggiata*-Zeit erkennt man leicht, dass Grosseto eine wohlhabende, liebenswerte Stadt ist – mit auffallend vielen, sehr modebewussten jungen Menschen.

Im Dom von Grosseto

Ausflüge zu etruskischen Nekropolen

Karte S. 185
Tipps & Adressen: Vetulónia S. 369

Während von den Nekropolen von **Roselle** (10 km von Grosseto entfernt), einer der Städte des etruskischen Zwölferbundes, nur noch wenig zu sehen ist, lohnt **Vetulónia** 3 mit Umgebung am Fuße des Poggio Bruno (369 m) einen Tagesausflug (ca. 22 km). Das Dorf selber in herrlicher Panoramalage besitzt noch ein imposantes Stück der zyklopischen Mauern aus der Etrusker-Zeit und einige mittelalterliche Häuser. Das etruskische *Vatluna* war wegen der reichen Bodenschätze in seiner Umgebung im 7./6. Jh. v. Chr. ein bedeutendes Mitglied des Zwölferbundes.

In der Via Garibaldi befindet sich das kommunale **Museo Archeologico Antiquarium** mit einigen Funden aus der Umgebung, die wichtigsten bereichern freilich wie so oft die größeren, staatlichen Sammlungen.

Das Ausgrabungsfeld der etruskischen Stadt (dem Hinweis *Scavi Città* folgen) mit einem Wohnbereich, der zur Römerzeit entstand (3.–1. Jh. v. Chr.), lohnt einen Blick wegen der schönen *Via Decumanum* und der Reste von Handwerksläden, die offenbar bereits über fließend Wasser und Toiletten verfügten (nur bei gutem Wetter zu besichtigen).

Auf dem Weg dorthin locken gelbe Hinweisschilder bereits zu den wichtigsten ausgegrabenen Nekropolen, die wegen Einsturzgefahr allerdings nur zum Teil betreten werden dürfen (welche, das kann sich ändern): **Tumulo Etrusco della Pietrera** (7. Jh. v. Chr.) mit einem langen Dromos (= Gang), der zum zentralen Scheinkuppelbau mit zwei Nebenkammern führt; **Tomba del Diavolino** II oder O Pozzo dell' Abate mit quadratischer Grabkammer am Ende des offenen Dromos.

Rund um den Monte Amiata

Eine der schönsten Touren durch eine relativ unbekannte Toscana beginnt in Grosseto und führt durch Etrusker-Land mit Städtchen, die damals und im Mittelalter bedeutend waren und heute eine Augenweide sind, allein schon durch ihre beherrschende Lage. Die Nekropolen des Gebietes, meist schwer zu erreichen, lohnen bei gezieltem Interesse ganze Tagesausflüge und das Studium einer ausführlichen Literatur über die Etrusker (s. S. 381). Es geht kreuz und quer durch die Maremma mit ihren dichten bewaldeten Hügeln, die eindrucksvoll-schlichte Silhouette des höchsten Gipfels der Toscana, des 1738 m hohen Monte Amiata, fast immer im Visier.

Satúrnia und mittelalterliche Dörfer

Karte S. 190/191
Tipps & Adressen: Satúrnia S. 363

Bis Manciano in 444 m Höhe geht es eigentlich nur um die schöne Fahrstrecke ab Grosseto, um das Auf und Ab durch die Maremma zwischen dem Ombrone- und dem Albegna-Lauf, über den Bergkamm von Scansano (500 m) hinweg. Kurz vor Manciano zweigt die Route nach links Richtung Satúrnia ab. Zu Füßen des Städtchens etruskischen Ursprungs, das wohl auf noch älteren Mauern steht, erblickt man die weißen Sinterterrassen der **Cascate del Mulino** 1 an der alten Mühle: Sprudelnd und warm und gar nicht so übel riechend wie erwartet, fallen die Wasser der Schwefeltherme in kleinen Stufen herab, sammeln sich in Becken, in denen man sich wie in einer Naturbadewanne räkeln und gleichzeitig etwas für die Gesundheit tun kann. Einheimische und Durchreisende nehmen hier in der freien Natur ein kostenloses Thermalbad.

Entspannung pur in den Cascate del Mulino

Fünf Autominuten weiter sprudelt die Schwefeltherme mit einer konstanten Temperatur von 37,5 °C aus der Erde direkt in einen kleinen Vulkankrater, den man zu einem großen Hotelpool umfunktioniert hat. Das abfließende Thermalwasser wird in zwei Kanäle geleitet, die in schnellem Lauf den Cascate del Mulino zueilen. In den letzten Jahren entstand hier ein anspruchsvolles Erste-Klasse-Hotel mit Schönheits- und Gesundheitspark; auch Tagesgäste sind willkommen, was nicht unbedingt für Ruhe sorgt. Ein zweites Becken wird mit weniger Schwefelwasser versorgt, man kann darin zügig schwimmen, ohne, wie bei Thermalwasser üblich, schnell zu ermüden.

Das Städtchen **Satúrnia** 2 liegt auf einem Travertinplateau über der Therme. Bis 280 v. Chr. gehörte es zum Gebiet des etruskischen Stadtstaates Vulci und lohnt einen Besuch um so mehr, als es tatsächlich noch Etruskisches zu bieten hat, im Gegensatz etwa zum nahen Marsigliana d' Albegna, dessen reichhaltiges Gräberfeld nach dem Abschluss der Ausgrabungsarbeiten (die wichtigsten Funde kamen ins Archäologische Museum nach Florenz) wieder eingeebnet wurde.

Satúrnia, das alte *Avrinia*, war von der Villanova-Kultur (ca. 950–450 v. Chr.) bis in die römische Zeit hinein kontinuierlich besiedelt, bedeutend zwar, aber wohl niemals reich. Leider sind die meisten Funde ›verloren gegangen‹, zumindest der Wissenschaft und der Allgemeinheit. Nur ein geringer Teil fand einen gebührenden Platz im Archäologischen Museum von Florenz. In Satúrnia ist eine kleine Privatsammlung zu sehen: die **Collezione Pietro Aldi**, die im Schloss untergebracht ist. Wer nur den freundlichen, recht verschlafenen Ort genießen möchte, ist hier richtig: Vor dem Schloss wachsen riesige Kastanienbäume in den toscanischen Himmel, die bei sommerlicher Hitze wohltuenden Schatten spenden.

Links unterhalb des Schlosses führt ein Weg zu einem Torbogen: Hier beginnt die römische **Via Clodia**, vom klaren Rund der **Porta Romana** überspannt. Es lohnt sich, die zumindest noch zu Beginn mit großen Steinplatten gepflasterte alte Straße abwärts Richtung Therme zu schlendern, man kann von hier aus auch bis zu den Kaskaden laufen. Auch die Reste eines römischen Aquäduktes hat Satúrnia zu bieten.

Zu den etruskischen Nekropolen

Um die etruskischen Gräber zu besichtigen, muss man schon größere Anstrengungen auf sich nehmen. Am besten macht man sich zu Fuß auf, die Nekropole **Piàn di Palma** 3 zu besuchen – mit gutem Schuhwerk und möglichst einer Flasche Trinkwasser ausgerüstet. Dieser etwa zweistündige Ausflug ist etwas für Naturfreunde, denn man wird hier keine großartigen Baudenkmäler finden, sondern eher bescheidene, aber im herrlichen tiefen Macchia-Wald gelegene Einzelgräber. Der steile Weg zum Albegna-Graben nördlich von Satúrnia ist recht steinig, auf der anderen Seite muss man wieder hinauf auf ein Plateau, das wie jenes von Satúrnia eine aufragende Travertininsel im Tuffsteingebiet bildet. ›Steinharte‹ Inseln, in denen man nicht, wie in dem weichen Tuff, Gräber aushöhlen konnte. Hier findet man daher auch andere Grabformen: die so genannten Tumuli (s. S. 192). Viele von ihnen wurden im Laufe der Jahrhunderte zerstört. Die Beschilderung in diesem frei zugänglichen archäologischen Park ist teilweise recht dürftig, doch nach und nach entdeckt man im Gestrüpp die Plattengräber. Immer wieder muss man Gatter öffnen und über Disteln steigen – aber die Mühe lohnt sich auf jeden Fall.

Manciano und Pitigliano

Tipps & Adressen: Pitigliano S. 351f.

Man kann den Bogen direkt nach Sovana schlagen (32 km), oder zurück zur Hauptstraße fahren und die wenigen Kilometer nach **Manciano** 4 wählen. Dieses Städtchen hat sich mit seinen verschachtelten Steinhäusern, den schmalen, verwinkelten Gassen und einer malerischen Piazza sein mittelalterliches Aussehen bewahrt, wie so viele kleine Orte in diesem Landstrich.

Fahrtziel ist aber an der S. S. 74 erst einmal **Pitigliano** 5. Die mittelalterliche Stadt liegt in 313 m Höhe hoch oben auf einem Tuffplateau, das vollkommen ausgehöhlt zu sein scheint. Der hohe,

Die Grabtypen der Etrusker

Normalerweise bauten die Etrusker ihre Totenstädte in den Fels, meistens in den weichen Tuff hinein. Ein Grab neben das andere, zum Teil mit mehreren Grabkammern, die wiederum weiter im Felsen ausgehoben wurden. Einige der Gräber bauten sie fast wie kleine Paläste aus wie die Tomba Ildebranda südlich von Sovana (s. S. 194f.).

Dort, wo die Etrusker keinen Tuff vorfanden, sondern beispielsweise Travertin wie in Piàn di Palma, verlegten sie im 6. und 5. vorchristlichen Jahrhundert ihre Gräber in den Boden. Große Travertinplatten wurden für die Kammerwände und die Decke verwendet, ob tief im Boden eingelassen, oder einfach darauf gestellt. Dann umgab man dieses Gebilde zusätzlich mit einer Mauer, die sich nach oben verjüngte und schließlich eine Art Kuppel ergab (Scheinkuppel). Darauf wurde wiederum Erde gehäuft, bis das Grab völlig bedeckt war. So entstanden die Tumuli, Grabhügel. Um große Grabanlagen mit mehreren Nebenkammern zu schaffen, wurden die Tumuli tiefer in den Boden eingelassen. Zugänglich waren sie über einen langen, kunstvoll gemauerten Gang (Dromos).

Die Tomba Ildebranda südlich von Sovana

Das alte Städtchen Sovana wurde wunderschön restauriert

von tiefen Schluchten umgebene Felsrücken muss den Etruskern besonders gut gefallen haben, genaugenommen war er für sie wohl wie geschaffen, um darauf eine Stadt zu errichten. Denn Hauptargument des etruskischen Städtebaus war schließlich eine strategisch günstige Lage.

Man fühlt sich schon vor dem netten Albergo Guastini an der **Piazza Petruccioli** ins Mittelalter oder in die Renaissance versetzt. Hier stehen Palazzi und Tore, Festungsmauern und Brunnen – als hätte sich seit Jahrzehnten ein umsichtiger Denkmalpfleger um die interessante Stadt bemüht.

In den Tuffsteinhöhlen unter ihren Häusern bewahren die Bewohner von Pitigliano u. a. ihren schmackhaften und berühmten Wein auf, den trockenen Bianco di Pitigliano, nicht anders als ihre etruskischen, römischen und mittelalterlichen Vorfahren.

Im Mittelalter herrschte hier die Familie Orsini, deren Palast aus dem 14. Jh. und die Säule mit dem so genannten Orsini-Bären aus dem Jahr 1490 davor immer noch die Piazza zieren. In der **Fortezza Orsini** lockt ein wenig besuchtes Kleinod: das **Museo Civico Archeologico**.

In der Nähe des Poggio Strozzoni stehen noch die Ruinen der **Villa Orsini**, deren Garten aus Tuffstein behauene Sitzbänke und Figuren hatte. Der relativ kleine mittelalterliche **Dom** erhielt im 18. Jh. eine barocke Fassade und wurde 1970 restauriert. Über den Vicolo Manin gelangt man in das ehemalige jüdische **Ghetto** mit Synagoge und Matze-Öfen, Zeugen einer blühenden jüdischen Gemeinde im 15. Jh.

Sovana und seine Nekropolen

Karte S. 190/191
Tipps & Adressen: Sovana S. 367f.

Nach einer kurvenreichen Strecke durch dichte Laubwälder erreicht man **Sovana** 6 in 291 m Höhe und hoch über dem Tal des Fiora. Die Miniaturstadt sitzt, wie vergessen von ihrer Umwelt, einsam auf einem kleinen Tuffplateau, das man in immer engeren Serpentinen erklimmen muss. Fast möchte man glauben, ein Bildhauer habe diesen städtebaulichen Winzling aus dem Felsplateau gehauen, so organisch fügt sich Sovana in die Landschaft ein.

Sovana war schon zur Jungsteinzeit besiedelt, später im etruskischen Magistrat von Vulci vertreten, nach der Eroberung durch die Römer *municipium*. Erst im 6. Jh. wurde es christianisiert und bald Diözese, ab dem 7. Jh. sogar Bischofssitz. Nach der Zerstörung von Roselle wurde Sovana Hauptsitz der Grafen Aldobrandeschi. Zwischen 1020 und 1030 wurde hier Hildebrand, der spätere Papst Gregor VII., geboren. Unter Hildebrand I. besaß die Grafschaft Sovana um die Jahrtausendwende »so viele Burgen wie das Jahr Tage hat«, heißt es in einem Ortsprospekt. Den Höhepunkt seiner Geschichte erlebte Sovana aber im 13. Jh. unter den beiden Grafen Guglielmo und Omberto, die in Dantes ›Göttlicher Komödie‹ verewigt sind. In dieser Zeit lebte hier auch Graf Ildebrandino der Rote, Held der berühmten Schlacht von Montaperti im Jahre 1260.

1558 ging Sovana an das Großherzogtum der Medici, die aufgrund der häufig auftretenden Malaria in dieser Region kein großes Interesse daran hatten. 1777 verlor Sovana den Bischofssitz an Pitigliano, 1783 wurde es Sorano eingemeindet. Heute ist das Städtchen wunderhübsch restauriert und saniert, eine Augenweide und durch zwei kleine Hotels sogar eine empfehlenswerte Station für Leute, die die Gegend erkunden wollen, zu Fuß oder mit dem Wagen.

Im Osten ist Sovana von der **Rocca Aldobrandesca** begrenzt, im Westen von der Kathedrale, dem früheren Bischofssitz. Die für ihren Namen doch recht winzige Piazza Maggiore (eigentlich Piazza del Pretorio) ziert der **Palazzo Pretorio** (12./13. Jh.) mit den Wappen seiner Richter und Kommissare aus der Zeit der Sienesen und der Medici (1482–1686). Die eingemauerte Säule rechts vom Eingang diente dazu, öffentliche Bekanntmachungen anzubringen. Daneben steht die drei Jahrhundert jüngere Kirche **Santa Maria**, die eines der wenigen frühromanischen Kunstwerke der Toscana birgt, ein Ziborium, einen Altarbaldachin aus Travertin (8./9. Jh.). Das schmale Turmhäuschen mit der Uhr, in dem heute das Postamt untergebracht ist, entpuppt sich bei näherem Hinsehen als der **Palazzo dell' Archivio** aus dem 14. Jh.

Die Piazza und die beiden Straßen zum anderen Ende des Städtchens, Via di Mezzo und Via del Duomo, sind seit der groß angelegten Restaurierung von Sovana zum größten Teil wieder wie um 1580 im Fischgrätmuster gepflastert. Man kann durch die beiden Sträßchen einen Rundkurs gehen. Die Via del Duomo führt zum Dom aus dem 8. Jh., links steht das Geburtshaus des Papstes Gregor VII. (Inschrift). Der **Dom San Pietro** steht an der höchsten Stelle von Sovana und besticht durch seine architektonische Schlichtheit, die allerdings von den Comacini, meisterhaft arbeitenden Steinmetzen aus Como, im lombardischen Stil gestaltet wurde. Das Portal wirkt wie ein fein ziseliertes Mosaik, das aus unerfindlichen Gründen bei den Umbauarbeiten vom 12. bis ins 14. Jh. auf die Seite gesetzt wurde.

Die **Nekropole** von Sovana erstreckt sich unterhalb des Städtchens über 2,5 km auf einem Tuffsteinrücken oberhalb des Calesina-Laufes: von der Grotta Pola im Westen bis zur Tomba del Tifone im Osten. Die Gräber entstanden zwischen dem 7. und dem 1. vorchristlichen Jahrhundert und weisen daher die verschiedensten Typen auf: Tempelchen und Häuser, Gräber und Kammern, Nischen und Tympana etc. Um sie alle zu besichtigen, müsste man sich für mehrere Tage in Sovana niederlassen, was freilich keine schlechte Wahl wäre.

Die sicherlich schönsten Gräber stammen aus der so genannten hellenistischen Spätzeit der etruskischen Kultur im 3. Jh. Die meisten kann man nur zu Fuß erreichen. (Man sollte den Wagen am besten unten an der Straße stehen lassen, um nicht jedesmal wieder den anstrengenden Weg nach Sovana hochlaufen zu müssen.) Da der Tuff leicht verwittert und die Macchia alles schnell überwuchert, haben die Gräber zum Teil zwar schwer gelitten, aber nichts von ihrer Faszination verloren.

Am eindrucksvollsten ist sicherlich die **Tomba a Tempio Ildebranda**, wie der Name andeutet in Tempelform und nach dem Taufnamen des Papstes Gregor VII., Hildebrand, benannt, jenes Papstes, der Kaiser Heinrich IV. zum Gang nach Canossa zwang. Säulen mit prächtigen Kapitellen aus Menschen- und Pflanzenmotiven trugen früher die schwere Kassettendecke, inzwischen steht nur noch eine einzige Säule, von den anderen sind lediglich Stümpfe übrig geblieben. Vieles, das lose herum lag, wurde nach Florenz ins Archäologische Museum verfrachtet. Die Grabkammer wiederum ist überraschend klein und soll nur einen einzigen Toten aufgenommen haben. – Vom Podium der *tomba* (am Poggio Felceto) genießt man einen herrlichen Blick auf das ganze Tal.

Auch von den acht kannelierten Säulen der **Grotta Pola**, etwa zehn Gehminuten weiter am **Poggio Prisca**, ist nur noch eine übrig geblieben, sie stützten gemeinsam eine aus dem Felsen gehauene Kassettendecke, die jetzt überhängt. Hinter dem Dromos stößt man auf eine rund 20 m lange, unterirdische Grabkammer, in der reiche Funde gemacht wurden.

Auf dem Weg zum Monte Amiata

Karte S. 190/191
Tipps & Adressen: Sorano S. 367

Città del Tufo heißt das gesamte Areal zwischen Sovana und Sorano, in dessen Nähe man neuerdings die interessante **Area Archeologica di Vitozza** zugänglich gemacht hat (Località San Quirico, rund 6 km südöstlich von Sorano). Funde beweisen, dass hier bereits in der Jungsteinzeit gesiedelt wurde, dann entdeckten die Etrusker das fruchtbare enge Tal, später kamen die Römer. Die auffälligsten Spuren hinterließen aber christliche Einsiedler, die sich die fast ›fertige‹ Felsenstadt aneigneten. An die 200 Grotten waren bewohnt oder wurden als Grabstätten benutzt, man hat sie heute ordentlich beschildert, weshalb man genau erfährt, wer wann wo gewohnt hat. Das geht so durch die ganze Schlucht, die man entlangspazieren kann, in die Grotten und Festungsruinen aus der Zeit der Medici, die diese bereits im 16. Jh. zerstört hatten, um sie nicht den allzu nahen, feindlichen Orsini zu überlassen. Nach rund einer Stunde er-

Sorano besitzt noch einen intakten mittelalterlichen Stadtkern

reicht man die besonders sehenswerte etruskische *colombaia* (Taubenschlag). Manche Experten meinen allerdings, sie stamme erst von den Römern und sei von ihnen für Ascheurnen benutzt worden, also für die weniger aufwendige Art der Bestattung.

Der Weg zum Monte Amiata führt zu trutzigen Festungsstädtchen mit großartigen Ausblicken. Als Erstes taucht **Sorano** 7 auf, auf einer Tuffbergnase in 379 m Höhe über dem Lente-Fluss thronend, wie Sovana mit einem intakten mittelalterlichen Stadtkern, aber fast überdeckt vom gesichtslosen neuen Teil. Auch in Sorano residierten erst die Aldobrandeschi und dann die Orsini, 1608 wurde es Teil des Großherzogtums Toscana. Die **Fortezza Orsini**, 1552 erbaut, bildet den Südabschluss des historischen Kerns – eine richtig trutzige Militärarchitektur der Renaissance mit einem zentralen *maschio* (Turm). In der **Collegiata di San Nicola di Bari** aus dem 12. Jh. sind das Travertin-Taufbecken von 1563 und ein eindrucksvolles Kruzifix aus dem 17. Jh. sehenswert. Überall sieht man in Sorano Wappen an den historischen Hauswänden, akkurat gearbeitete Fenster- und Türrahmen. Und auch in Sorano gab es im ausgehenden Mittelalter ein Viertel für die große jüdische Gemeinde.

Die Provinzstraßen schlängeln sich in nördlicher Richtung immer höher hinauf, bei Selva erreichen sie fast 930 m Höhe (Monte Calvo), dann geht es wieder ein Stück abwärts und man bleibt bis Castel del Piano unter der 700 m-Marke.

Den Ort **Santa Fiora** 8 schmückt im Zentrum ein trutziger Festungsturm, unterhalb liegt der private **Parco della Peschiera**, an der Straße vor ihm steht ein riesiger öffentlicher Waschtrog, an dem man noch häufig Frauen bei der Großwäsche sieht. Das Wasser sprudelt aus der Mauer des Parks dahinter. Wie das genau funktioniert, kann man sehen, wenn man den steilen Weg gegenüber zum Dorf hinaufgeht: Hinter der Mauer breitet sich ein klarer Teich aus, dessen überlaufendes Wasser in einer breiten Kaskade in den Trog stürzt.

In der Kirche **Sant'Agostino** steht in einer Nische links vor dem Chor eine anmutige hölzerne Madonna aus der Schule von Jacopo della Quercia. Sie trägt den Jesus-Knaben auf dem Arm, ihre Haltung zeigt die typische spätgotische S-Kurve. Das Gesicht der Madonna hat liebliche Züge, ihr rotbraunes Kleid

wird teilweise von einem dunkelgrünen Umhang mit matt schimmerndem Goldrand bedeckt. Auf den blonden Haaren sitzt eine grüne Krone.

Über dem Eingangstor zur Festung von **Arcidosso** 9 (679 m) drohen die fünf voluminösen Kugeln des Medici-Wappens (später waren es sechs) fast herauszukullern, so mächtig wirken sie. Es ist nicht einfach, sich in diesem Festungsort zurecht zu finden, denn er besteht praktisch nur aus verwinkelten Treppengassen zwischen hohen Häusern, die kaum einen Durchblick ermöglichen. Aber es bereitet Vergnügen, hier einen Versuch der Orientierung zu wagen. Ohne besondere Höhepunkte, einfach so.

Von **Castel del Piano** (637 m) geht es dann die letzten 12 km schnell aufsteigend zum höchsten Berg der Toscana, dem 1738 m hohen **Monte Amiata**: Ein erloschener Vulkan, was man seiner klaren Form noch gut ansehen kann. Für die südliche Toscana ist er ständiger Orientierungspunkt in der Landschaft. Im Winter fällt hier häufig Schnee, so dass sogar Aufstiegshilfen für Skifahrer zu finden sind. Sonst ist der Monte Amiata eher eine beliebte Sommerfrische.

Ausflugstipp: Östlich der Provinzgrenze kurzer Abstecher ins Sienesische zur Abbadia San Salvatore und nach Radicófani (s. S. 224f.).

Die süd-östliche Toscana

Das Land der befestigten Dörfer

Landschaftlich gehört die südöstliche Toscana mit dem breiten Chiana-Tal (italienisch Val di Chiana oder Valdichiana) im Osten an der Grenze zu Umbrien zu den sehenswertesten Gebieten der Region. Befestigte Dörfer, teilweise urbane Kleinodien des Mittelalters oder der Renaissance, die meist markante Hügelkuppen einnehmen, dicht bewaldete Hügel, die hier etwas höher sind als im Chianti und dennoch teilweise von Wein bewachsen, und schließlich die sanft geformten lehmigen Crete-Hügel kurz vor Siena, auf deren mit Wildkräutern übersäten Weideflächen Schafe gezüchtet werden, machen den Reiz der Region aus.

Für die Reiseplanung lohnen sich vom Standort aus Sternfahrten, denn insbesondere während der langen Saison vom Frühjahr bis zum Herbst tut man sich hier mit der spontanen Buchung einer Bleibe schwer. Und ohne Fahrzeug sind die Ausflüge kaum zu schaffen, denn die Anbindung mit öffentlichen Verkehrsmitteln lässt in dem an sich dünn besiedelten Gebiet einiges zu wünschen übrig. In der Valdichiana sind nur Chiusi und Sinalunga mit der Bahn erreichbar.

Chianciano Terme

Karte S. 202/203
Tipps & Adressen: S. 311f.

1 Der zweitwichtigste Thermalort der Toscana (nach Montecatini Terme) hat sich in den letzten Jahrzehnten so gut entwickelt, dass er als geeigneter Standort für die Erkundung der Region angesehen werden darf. Wer nicht in einem der hier so zahlreichen Ferienhäuser wohnen möchte, sondern ein Hotel bevorzugt, findet in Chianciano Terme mit seiner ausgewogenen Hotellerie ein passendes Quartier in jeder Preislage. Die schwefel- und jodhaltigen Quellen des Ortes waren bereits den Etruskern bekannt. Der Blick nach Südwesten auf den Monte Amiata und die umliegenden Hügel mit ihren im Mittelalter und zur Zeit der Renaissance entstandenen Städtchen oder ihren ausgedehnten Weinbergen zeigt: Hier lebt man abseits von Industrie, abseits von jeder Umweltverschmutzung, in einer Lage, die allein schon aus Chianciano einen heilklimatischen Kurort gemacht hätte. Hinzu kommen aber, s. o., auch die unterschiedlichen Thermen, deren Wasser sich speziell zur Heilung von Lebererkrankungen eignet.

Chianciano Terme ist ein freundlicher, angenehmer Aufenthaltsort. Vielleicht gerade deshalb, weil er inmitten des Reichtums an kunsthistorischen und historischen Sehenswürdigkeiten so unglaublich bescheiden wirkt. Hier geht das Leben trotz Thermaltourismus seinen ganz normalen Gang, die Einheimischen halten sich an ihre althergebrachte Lebensform, an ihre Traditionen, ohne sich allzu sehr um die Fremden zu kümmern. Diese treffen sich tagsüber im ausladenden Kurpark oder bei den Kuranwendungen in den Therapiezentren, abends bei der obligatorischen *passeggiata* auf der geräumigen Piazza und suchen dort vielleicht, wie die Leute von Chianciano auch, die Cafés auf. Spät abends gibt es *aste*, die ebenfalls obligatorischen Versteigerungen, die in italienischen Kurorten sehr beliebt sind.

◁ *Das Festungsstädtchen Buonconvento*

Ländliches Ferienhausidyll in Chianciano Terme

Fast greifbar nah breitet sich auf einem Hügel **Chianciano Alto** 2 aus, das häufig übersehen wird. An kunsthistorischen Sehenswürdigkeiten hat der Ort zwar wenig zu bieten, ist aber ein schönes Beispiel mittelalterlichen Städtebaus mit ein paar Renaissanceergänzungen. Den Wagen sollte man auf dem großen Parkplatz vor dem Tor stehen lassen, weil man sonst Gefahr läuft, plötzlich auf einer mit dem Wagen unüberwindbaren Treppengasse zu landen. Überhaupt sind die Gässchen so eng und verwinkelt, dass auch dem besten Autofahrer bald der Angstschweiß auf der Stirn steht und er nicht weiß, ob die nächste Hausecke heil bleibt. Bürgersteige gibt es nicht, haarscharf geht es entlang der Hauswände und um unübersichtliche Ecken, die schmalen, steilen Gassen hinauf und hinunter – als Fußgänger hat man gewiss mehr vom Ort. Wenige aber hübsche Souvenirläden und Boutiquen laden zum Einkaufsbummel ein, und die Lokale sind hier auf jeden Fall origineller und preiswerter als die im benachbarten Kurort.

Man darf Chianciano nicht verlassen, ohne eines der neuesten Museen der Toscana und den ganzen Stolz der einheimischen Hobbyarchäologen besichtigt zu haben: das **Museo Civico Archelogico**. Es verdankt seine Entstehung der Privatinitiative eben der örtlichen Hobbyarchäologen, die Jahrzehnte lang gegraben, freigelegt und gesäubert haben, was vor allem die Etrusker im Umfeld Chiancianos hinterlassen hatten. Archäologen des Denkmalamtes halfen ihnen nur bei der Sichtung und Zuschreibung, und sie durften fast alles hier vor Ort behalten. Der größte Schatz: ein zusammengebrochenes Fürstengrab, das unter seinen Trümmern alles erhalten hat, was dem wohl bedeutenden Toten beigelegt wurde. Es musste lediglich wieder zusammengesetzt werden.

Montepulciano

Tipps & Adressen: S. 341f.

3 Die Perle der Renaissance, wie **Montepulciano** gerne tituliert wird, liegt auf einer Tuffsteinkuppe in 605 m Höhe in einer weithin offenen, nur leicht gewellten Landschaft. Trutzige Mauern umgeben das Städtchen, das bereits im 6. vorchristlichen Jahrhundert von den Einwohnern Chiusis errichtet wurde, die sich vor den Barbareneinfällen hierher in Sicherheit gebracht hatten. Die Römer gaben dem Ort den Namen *Mons Politianus*, und noch heute werden die Bewohner der Stadt Poliziani genannt.

Daher war es für den hier geborenen Humanisten und Dichter Agnolo Ambrogini (1454–1494) eine Selbstverständlichkeit, als Pseudonym den Namen Poliziano zu wählen. Der geschätzte Rhetoriker lehrte an der Florentiner Universität griechische und lateinische Literatur, später wurde er am Hofe des Lorenzo de' Medici Kanzler und – ein Zeichen besonderen Vertrauens – Lehrer der Fürstensöhne Piero und Giovanni. Historisch herausragende Bedeutung jedoch erlangte Poliziano als Philologe: Er führte die textkritische Methode ein und schrieb das italienische Drama ›La Favola d' Orfeo‹ – das Drama, mit dem sich in der italienischen Literatur der Übergang vom mittelalterlichen Mysterienspiel zum weltlichen Schauspiel vollzog.

In seiner architektonischen Geschlossenheit und Harmonie ist Montepulciano eine der schönsten Städte der Toscana. Und ihre Einwohner sorgen dafür, dass es auch so bleibt: Der Domplatz hat wieder seinen ursprünglichen Cotto-Belag im Fischgrätmuster, die Re-

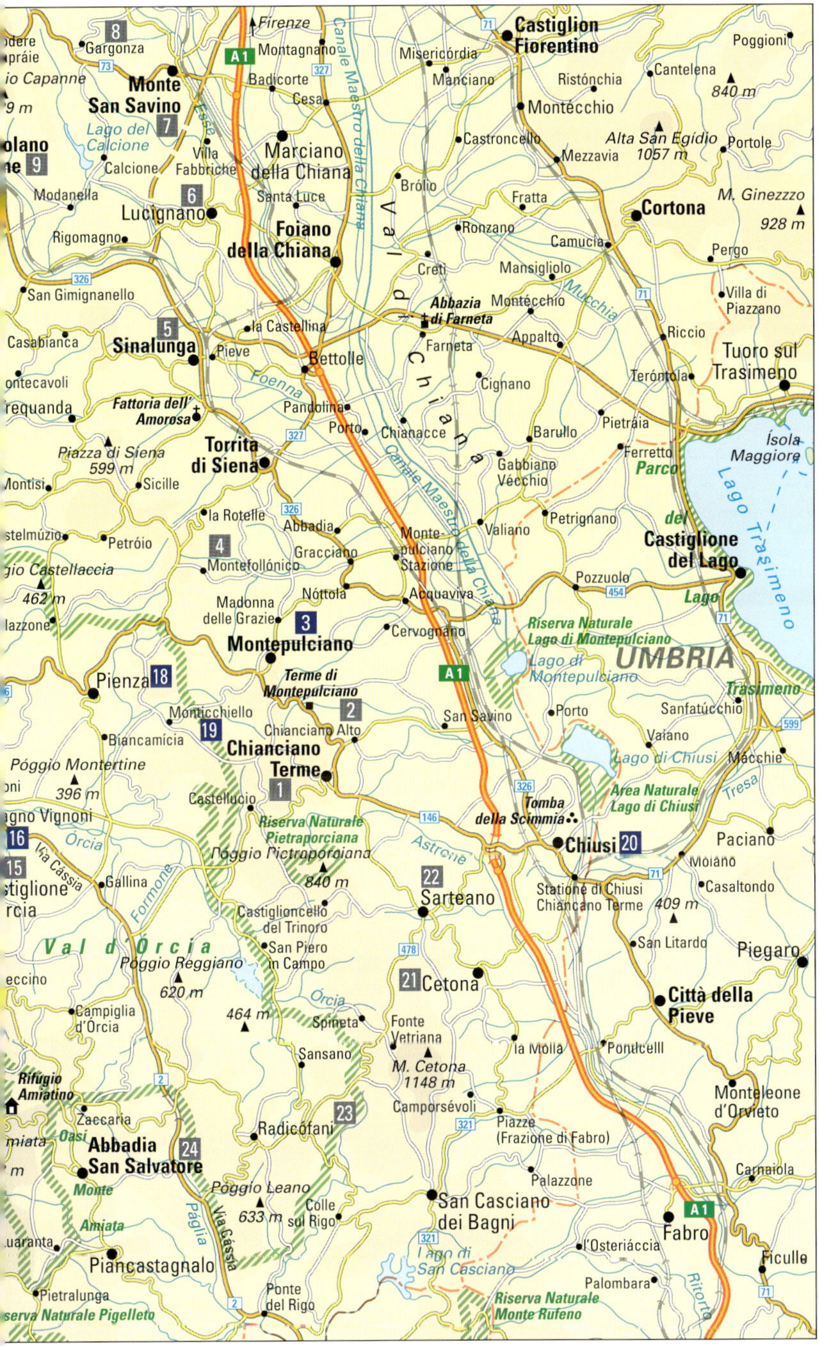
Firenze
Canale Maestro della Chiana
Castiglion Fiorentino
Poggioni
Gargonza
8
Montagnano
A1
Misericórdia
Cantelena
Monte San Savino
Badicorte
Manciano
Ristónchia
840 m
Cesa
Montécchio
Lago del Calcione
7
Villa Fabbriche
Marciano della Chiana
Castroncello
Alta San Egídio 1057 m
Portole
Calcione
Mezzavia
Brólio
M. Ginezzzo 928 m
Modanella
6
Santa Luce
Fratta
Cortona
Lucignano
Foiano della Chiana
Ronzano
Rigomagno
Camucia
Pergo
Creti
Mansigliolo
Val di Chiana
San Gimignanello
Mucchia
Villa di Piazzano
Abbazia di Farneta
Montécchio
5
la Castellina
Casabianca
Sinalunga
Farneta
Appalto
Riccio
Pieve
Tuoro sul Trasimeno
Bettolle
Terórtola
ontecavoli
Foenna
Cignano
Fattoria dell' Amorosa
Pandolina
Pietráia
Ísola Maggiore
Porto
Barullo
Torrita di Siena
Chianacce
Ferretto
Parco
Piazza di Siena 599 m
Gabbiano Vécchio
Lago Trasimeno
Sicille
la Rotelle
del
Abbadia
Petrignano
Valiano
Castiglione del Lago
Petróio
4
Monte-pulciano Stazione
Gracciano
gio Castellaccia 462 m
Montefollónico
Pozzuolo
Nóttola
Acquaviva
Lago
Madonna delle Grazie
3
Riserva Naturale Lago di Montepulciano
Cervognano
Montepulciano
Lago di Montepulciano
UMBRIA
Terme di Montepulciano
Pienza
18
Trasimeno
2
Monticchiello
Porto
Sanfatúcchio
San Savino
19
Chianciano Alto
Vaiano
Biancamícia
Chianciano Terme
Lago di Chiusi
Mácchie
Póggio Montertine 396 m
Tresa
1
Area Naturale Lago di Chiusi
Castellucio
Tomba della Scimmia
gno Vignoni
Riserva Naturale Pietraporciana
Orcia
Paciano
16
Chiusi
20
Póggio Pietraporciana 840 m
Astrone
Via Cassia
Moiano
15
Gallina
22
Stazione di Chiusi Chianciano Terme
Casaltondo
stiglione rcia
Formone
Sarteano
409 m
Castiglioncello del Trinoro
San Litardo
Val d'Orcia
San Piero in Campo
Piegaro
Póggio Reggiano 620 m
21
Cetona
Città della Pieve
eccino
Orcia
Campiglia d'Orcia
464 m
Spineta
Fonte Vetriana
la Molla
Ponticelli
Sansano
M. Cetona 1148 m
Rifugio Amiatino
Monteleone d'Orvieto
Camporsévoli
Zaccaria
23
Piazze (Frazione di Fabro)
Oasi
Radicófani
Abbadia San Salvatore
24
Carnaiola
Monte
Palazzone
Póggio Leano 633 m
Colle sul Rigo
San Casciano dei Bagni
A1
Amiata
Páglia
Via Cássia
Fabro
uaranta
Lago di San Casciano
l'Osteriáccia
Piancastagnalo
Ficulle
Palombara
Ritorto
Pietralunga
Ponte del Rigo
Riserva Naturale Monte Rufeno
serva Naturale Pigelleto

Richtig Reisen
Tipp

Vino Nobile di Montepulciano

Viele italienische Dichter haben den guten schweren Rotwein des Städtchens gelobt, den rubinroten *Vino Nobile di Montepulciano*. Den vielen *cantine*, den tiefen, gewölbten Weinkellern unter den alten Palazzi, entgeht man in Montepulciano nur schwer. Die kleinen Gläschen, in denen der Wein hier ausgeschenkt wird, gestatten es, sich durchzuprobieren. In der **Cantina Contucci** an der Piazza Grande (Eingang an der abwärts führenden Straße links) gibt es außer dem schmackhaften Wein einen grandiosen Blick vom kleinen Garten aus (Eintritt frei): auf die Ebene des Chiana-Flusses und auf die ziegelroten Dächer der etwas neueren Unterstadt. – Diese Cantina ist wie die meisten von Montepulciano gut ausgerüstet: Wenn einem der Wein zusagt, kann man ihn sich auch ins Ausland verschicken lassen.

Montepulcianos Weine werden in DOC- und DOCG-Weine eingeteilt. Der *Nobile* gehört zu den DOCG-Weinen und wird aus mindestens 70 % Sangiovese-Trauben gekeltert, aus Canaiolo Nero (maximal 20 %) und nochmals maximal 20 % anderen Trauben, die aber nicht zu den besonders aromatischen Sorten zählen dürfen. Der Wein muss mindestens zwei Jahre in Holzfässern lagern und 12,5 % Vol. erreichen, der Riserva muss mindestens drei Jahre Lagerung aufweisen und 13 % Vol. erreicht haben. Ein DOC-Wein ist dagegen der einfachere *Rosso di Montepulciano* aus den gleichen Trauben wie der *Nobile*, jedoch leicht tanninig und 11,5 % Vol. leicht. Er darf erst nach dem 1. März des auf die Weinlese folgenden Jahres ausgeschänkt werden.

Montepulcianos Weine sind so begehrt, dass sie fast nur noch in Groß-Kellereien hergestellt werden. Ein kleiner Produzent macht daher seit Jahren von sich Reden: Arnaldo Crociani. Denn er gehört zu den bekanntesten Persönlichkeiten unter den Poliziani, ist ein gefragter Mann beim traditionellen Fassrennen *Bravio delle Botti* (s. u.), weil er wie kein anderer die Weinfässer zu rollen verstehen soll. Doch im normalen Leben ist er Winzer, auf seinem kleinen Weingut produziert er einen köstlichen *Nobile* sozusagen in Handarbeit, den man in seiner Cantina probieren und kaufen kann. Wenn Crociani Zeit hat und bei Laune ist, zeigt er gerne sein ganz privates kleines Weinmuseum in seiner Cantina unter dem Verkaufsladen.

naissancefassaden der schönen Palazzi ihren warmen, bräunlichen Ton, alles wirkt gepflegt, sauber, wenn auch durch die enge Bebauung entlang der schmalen Gassen teilweise recht drückend. Trotzdem ist Montepulciano ein lebhaftes Handels- und Dienstleistungszentrum mit rund 14 000 Einwohnern, die in einem gewissen – sichtbaren – Wohlstand leben.

Eine lange Hauptstraße durchzieht die Altstadt. Man betritt sie beispielsweise durch die wehrhafte **Porta delle Farine**. Der lange **Corso**, der mehrere Namen trägt, ist von Palazzi gesäumt, und durchzieht das historische Zentrum bis zur **Porta al Prato** mit dem toscanischen Wappen und dem Marzocco, dem Löwen von Florenz. Weitere wichtige Straßen (Via del Poggio, Via Ricci, Via San Donato) umschließen den Ortskern mit dem Domplatz, der **Piazza Grande**. Sie wird von unregelmäßig gesetzten Häusern aus verschiedenen Epochen umstanden: dem **Palazzo Nobili Tarugi** im Renaissancestil Sangallos (1520), dem **Palazzo Contucci** (1519 von Sangallo für den späteren Papst Julius III. errichtet) sowie dem **Palazzo Comunale** (1440 1465) nach Entwürfen von Michelozzo. Mit seinen Zinnen und Pechnasen und einem viereckigen Turm ähnelt er dem Palazzo Vecchio von Florenz, auch wenn er wesentlich kleiner ist. Und wie jener ist er noch immer das Rathaus der Stadt. Der Aufstieg auf den Turm lohnt sich (im Rathaus darum bitten): Man hat einen hinreißend schönen Blick über Stadt und Umgebung bis hin zum Trasimenischen See im Osten, nach Pienza im Westen, Siena im Norden und zum Monte Amiata im Südwesten.

Der **Dom** mit seiner unvollendeten Fassade ist eher bescheiden, birgt aber ein Schmuckstück: ein sehr farbiges Triptychon mit Mariä Himmelfahrt von Taddeo di Bartolo aus dem beginnenden 15. Jh. In der Via Ricci steht der Palazzo Neri-Orselli, ein Backsteinbau aus dem 14. Jh. mit dem **Museo Civico**, das neben einigen Funden aus der Umgebung Montepulcianos auch eine Pinakothek (›Crociani‹) besitzt.

Montepulciano ist fraglos das lebhafteste und liebenswerteste Städtchen der südöstlichen Toscana, mit guten Einkaufsmöglichkeiten und empfehlenswerten, wenn auch nicht ganz billigen Restaurants und Trattorie. Vom 14. bis 16. August und am letzten Sonntag im August gerät Montepulciano aber aus den Fugen: erstens beim historischen Minnefest, bei dem mittelalterliche Verse und Lieder unter einem Bäumchen (*arboscello*), daher *Bruscello* genannt, vorgetragen werden, zweitens beim Weinfässerrennen, dem *Bravio delle Botti*: Die Vertreter der acht ›feindlichen‹ Stadtteile (nach der Gemeindeverfassung von 1374) rollen ihre fünf Doppelzentner schweren Weinfässer durch die steilen, engen Gassen, ein gar nicht ungefährliches Unterfangen, bei dem die Favoriten mit großem Geschrei angespornt werden. Anschließend gedenkt man bei einem historischen Umzug des Stadtpatrons. 16 Vertreter der Stadtgebiete ziehen in Renaissancekostümen, begleitet von Fahnenschwingen und Trommelwirbel, durch die Straßen. Höhepunkt des Festes aber ist das abendliche Festmahl in den malerischen Gassen rings um die Piazza Grande. Gefeiert wird – von allen gemeinsam – natürlich der Stadtteil, dessen Vertreter Sieger beim Fässerrollen geworden ist.

Unterhalb der Stadt, durch eine etwa 150 m lange Zypressenallee (eine Art Kriegerdenkmal für die Gefallenen des Ersten Weltkrieges) zu erreichen, steht die Kirche **Madonna di San Biagio**: ein architektonisches Juwel, das unver-

kennbar die Handschrift von Antonio da Sangallo trägt. Der 1518 aus Travertin begonnene Zentralbau in schönstem Renaissancestil mit zwei klar gegliederten Türmen, von denen nur einer vollendet wurde, erhielt im Barock nur ein Presbyterium mit goldverziertem Stuck und Fresken. San Biagio, von der Bevölkerung *Tempio della Madonna del buon viaggio* genannt, die Kirche der Reisenden sozusagen, konnte durch die Spendierfreudigkeit vieler namhafter Reisender (s. Liste im Innenraum) restauriert werden. Sie steht inmitten einer fast immergrünen Wiese, die oftmals von Schafen bevölkert wird und von der sich eine einmalige Aussicht in die südtoscanische Landschaft bietet.

Gegenüber der Kirche, zu Füßen des Hanges, über den die schmale Via San Biagio steil nach Montepulciano hinauf führt, steht die **Canonica**, das frühere Haus der Domherren, ihre zierliche Loggia ist auf San Biagio gerichtet. In den Kellergewölben darunter wurde eine Cantina mit Weinverkostung und -verkauf eingerichtet. Daneben, in einem schönen Garten unter hohen Bäumen mit ausladenden Kronen, hat sich das freundliche Restaurant ›La Grotta‹ etabliert, wo typische Gerichte der Südost-Toscana zubereitet und natürlich ein guter *Nobile* ausgeschänkt wird.

Von Montepulciano nach Buonconvento

Karte S. 202/203
Tipps & Adressen: Montefollónico S. 340f., Sinalunga S. 367, Monte San Savino S. 339, Asciano S. 301, Buonconvento S. 302f.

Im Volksmund die Kirche der Reisenden: Madonna di San Biagio

Auf dem Weg nach Pienza liegt **Montefollónico** 4: Hierher fahren viele, nicht, um das ummauerte mittelalterliche Dorf mit seinen grob behauenen Steinhäusern und den engen Gassen zu bewundern, sondern wegen eines Spitzenrestaurants: ›La Chiusa‹, inzwischen mit ein paar sehr exklusiven Apartments.

Zurück zur Hauptstraße und weiter nach Norden über Torrita di Siena nach **Sinalunga** 5, wo Garibaldi 1867 während der Vorbereitung für seinen Marsch nach Rom verhaftet wurde. Es ist ein hübscher Ort auf einem Hügel in 364 m Höhe, und ein tüchtiger dazu. Überhaupt: Sinalunga, Lucignano, Monte San Savino, das sind Ortsnamen, die für Reichtum durch Viehzucht stehen. Denn von den Gütern der Umgebung kommen die besten weißen Rinder der Toscana, die berühmten *chianine* aus der Valdichiana, unentbehrlich für eine echte *bistecca fiorentina*. Auf den Farmen werden hier nicht nur Rinder gezüchtet, sondern auch Federvieh, Forst- und Landwirtschaft mit modernsten Mitteln betrieben, aber auf relativ kleinen Ländereien, die sich häufig im Besitz des Stadtadels befinden, wie eh und je.

Man versteht hier aber nicht nur viel von der Landwirtschaft, sondern auch von der Veredelung der Rohwaren. Wie Sinalunga verarbeitet auch **Lucignano** 6 vor allem Gemüse, Wein und Öl. Auch hier ist die Lage typisch, ein Hügel bis 400 m über dem Chiana-Tal, und ein gutes Beispiel für die Entstehung vieler Dörfer in der südöstlichen Toscana aus einer mittelalterlichen Burganlage (13. Jh.): in diesem Fall also elliptisch verlaufende Ringe, dazwischen Treppengassen. Das Zentrum bilden die beiden Kirchen San Francesco (13. Jh.) und die Collegiata (1594) sowie das Rathaus.

Monte San Savino 7 in 331 m Höhe ist aus einem Kastell der Ubertini her-

Henze und die »Kulturarbeit in einem ländlichen Zusammenhang«

Einmal jährlich im Hochsommer (meist letztes Juliwochenende bis Mitte August) verwandelt sich die Piazza Grande von Montepulciano in eine Theaterkulisse – für die Veranstaltungen, die beim **Cantiere Internazionale d' Arte** keinen Platz im Teatro Poliziano finden. Initiator dieser Musikfestspiele ist der deutsche Komponist Hans Werner Henze, generell sehr engagiert in seinen Bemühungen, der Musik eine neue gesellschaftliche Funktion zuzuweisen. Seit 1976 wird Montepulciano so einmal jährlich kulturelles Zentrum für bekannte und kaum bekannte Künstler, für Neulinge und einfach für Interessierte aus aller Welt.

»Kulturarbeit in einem ländlichen Zusammenhang«, nannte Henze die Idee des Musikfestivals. Denn dahinter steckt mehr als Kulturarbeit im üblichen Sinne: Der ganze Ort hat durch Henzes *Cantiere* neue Impulse bekommen, wurde ermutigt, zu einer neuen Identität zu finden.

An der Piazza Grande in Montepulciano

Montepulciano vor Henze – obwohl dem damaligen Bürgermeister Coloianni und den Förderern des Festivals vielleicht sogar noch mehr Ehre gebührt –, das war eine vor sich hin schlummernde, leicht verfallene Kleinstadt von nur 6000 Einwohnern mit profilloser Kulturszene. Fast hatte Montepulciano den Zauber seiner Renaissanceherrlichkeit verspielt. Doch im Montepulciano von heute wird die umfassende Idee spürbar, auch andere kulturelle Bedürfnisse und Fähigkeiten der Bürger zu fördern und zu verwirklichen.

Die Stadt bietet keine theoretische, museale Theaterkulisse, sondern eine lebendige, in den täglichen Ablauf integrierte Kulturarbeit, die Wirkung zeigt. Ein Beispiel: Seit 1980 bildet die Musikhochschule den aktiven Kern des neuen Musiklebens von Montepulciano. Und was noch wichtiger erscheint: Die Schüler tragen über die Musik ein neues, aufgeschlossenes Verhältnis zur Kunst in die Jahrhunderte alten Steinhäuser, die eher aussehen, als könne man aber auch gar nichts an ihrer Tradition ändern. Viele junge Leute, die längst in die Großstädte gezogen wären, versuchen nun, neue soziale und kulturelle Strukturen zu entwickeln. Und siehe da, das Städtchen kann seit Jahren auch einen beachtlichen wirtschaftlichen Aufschwung verzeichnen.

Dennoch: Die finanzielle Unterstützung überregionaler Geldgeber bleibt notwendig, ja lebenswichtig für Montepulcianos *Cantiere*, obwohl der Ort mit etwa 2 % seines Gesamthaushaltes den höchsten Anteil einer toscanischen Stadt für ihre Kulturarbeit leistet. Ein Drittel dessen, was die Musikwerkstatt kostet, trägt die Gemeinde selber. Bürgermeister und viele Bürger sehen in der kulturpolitischen Arbeit nämlich eine persönliche Verpflichtung.

vorgegangen. Seine starken Mauern machen einen fast abweisenden Eindruck. Doch tritt man durch eines der Stadttore, am besten durch die Porta Sangallo gegenüber dem netten, gleichnamigen Hotel, so gelangt man in eine freundliche Stadt. Rechts öffnet sich gleich der lang gestreckte Marktplatz und beweist allmorgendlich, dass Monte San Savino ein Einkaufsparadies für Wurst und Schinken ist, die hiesigen Metzger sind stolz auf ihre Produkte. Auch das übrige Handwerk wird hier groß geschrieben. Die Palazzi sind relativ einfach, die Gassen schmal und schattig, einige Antiquitätenläden bieten Möbel aus aufgelösten Landgütern an.

Den einzigen bedeutenden Palast hat Antonio da Sangallo um 1516 für den reichen Kardinal Del Monte gebaut, auch die Loggia gegenüber – als Stiftung für die Händler des Städtchens. Wenn der Kardinal hier seine Feste feierte, wurden diese zu einem öffentlichen Ereignis.

Eine schmale Serpentinenstraße führt nach 6,5 km von der Staatsstraße rechts hinauf durch einen dichten Wald nach **Gargonza** 8. Das Kastell, seit dem Ende des 16. Jh. im Besitz der Familie des Grafen Roberto Guicciardini (aber mütterlicherseits der Corsari Salviati), stand bereits im 13. Jh. Damals gehörte es zu Florenz. Dante wohnte hier in seinen ersten Exiltagen beim Grafen Ubertini.

Bis zum Ende des Zweiten Weltkrieges wurden in Gargonza Forst- und Landwirtschaft in großem Stil mit 60 bis 70 Landarbeitern betrieben. Dann begann die Landflucht, 1960 musste die Schule aus Mangel an Schülern geschlossen werden, 1974 zeichnete Conte Guicciardini selber die ersten Pläne zur Rettung des *castello*.

Zunächst ging es um die Konservierung der alten, baufälligen Gebäude.

Durch den Tourismus vor dem Verfall gerettet: Castello di Gargonza

(Von der 9000 m² großen Fläche innerhalb der trutzigen Mauern sind 3000 m² bebaut.) Dann wurde die Kanalisation komplett neu angelegt, moderner Komfort mit fließendem Wasser, Heizung und Telefon hielt Einzug. 1984 waren die Restaurierungsarbeiten und die Einrichtung von 84 Gästebetten in den 19 Häusern praktisch abgeschlossen, doch Erhaltung und Management dieser wunderschön gelungenen Ferienwohnungen und des Kongresszentrums lasten schwer auf dem Budget der Wiederbeleber.

Manche bedauern, dass aus einem einst intakten Dorf ein touristisches Objekt wurde – aber wie sonst hätte das befestigte *castello*, das bereits dem Verfall preisgegeben war, erhalten werden können? Die Denkmalpflege war einsichtig und ausnahmsweise, so Graf Guicciardini, auch finanziell geradezu großzügig.

Über die S. S. 73 geht es nach Süden auf die 326. Mit den nackten Hügeln der Crete im Blick, ist bald das kleine Thermendreieck auf dem sprichwörtlich flachen Land von **Rapolano Terme** 9 erreicht. Zusammen mit der auf alten Grundmauern top-modernen Terme Querciolaia und der Terme San Giovanni Battista, die eigentlich nur aus dem freundlich-familiären Kurhotel gleichen Namens besteht, ist hier ein angenehmes Kurensemble entstanden, das von italienischen Krankenkassen getragen wird.

Über die S. S. 438 an der Ostflanke der Crete vorbei kommt man nach **Asciano** 10, dem an sich bescheidenen Hauptort der Crete sowie Zentrum der Schafzucht und der Pecorino-Herstellung. Doch Asciano hat sich in den letzten Jahren ordentlich herausgeputzt, und seine drei Museen bergen Schätze aus den Kirchen und Ausgrabungsstätten der Umgebung: das **Museo Etrusco** in der früheren Kirche San Bernardino am Corso Matteotti etruskische

Funde von der Nekropole Poggiopinci aus dem 5. bis 1. Jh. v. Chr.; das **Museo Cassioli** in der alten Volksschule in der Via Mameli Bilder und Zeichnungen von Amos Cassioli und seinem Sohn Giuseppe (19./20. Jh.); schließlich das **Museo d´Arte Sacra** in einem aufgelösten Oratorium an der Piazza Fratelli Bandiera Werke Sieneser Malerei des 14. bis 15. Jh. sowie schöne Holzskulpturen aus der selben Zeit. Schließlich ist noch die Abbazia di Monte Oliveto Maggiore nur einen Katzensprung entfernt (s. u.).

Allein die Lage inmitten der eindrucksvollen und doch eigentlich durch Erosion zerstörten Landschaft der **Crete** ist einen Halt in Asciano wert. Auf dem lehmigen Boden wird zwar nur mühsam Getreide angebaut, oder die Hügel werden als Weideland für Schafe genutzt. Aber an ihrem Ruhm als berühmteste sanfte Hügellanschaft der Toscana, sicher als ihre fotogenste, dürfte niemand rütteln. Wie schlanke Bleistifte ragen vereinzelt Zypressen am Horizont in den Himmel, Zypressenalleen führen im Zickzack auf ein einsames Gehöft zu. Alles so, als habe man dem Betrachter bewusst ein ›fertiges‹ Bild präsentieren wollen. Es ist eine Kunst-Landschaft im sprichwörtlichen Sinne. Kein Wunder, dass man hier allenthalben Malschülern begegnet…

Eine schöne Provinzstraße führt von Asciano genau nach Süden an besonders steilen, ausgewaschenen Graten vorbei zur backsteinroten, festungsgleichen **Abbazia di Monte Oliveto Maggiore** 11 in 273 m Höhe. Durch ein trutziges Tor (mit einer wunderbar einfachen Trattoria) gelangt man in die Parklandschaft des 1313 gegründeten Benediktinerklosters des Olivetanerordens, der strengere Regeln als der Hauptorden beachtete. Man kann die Klosteranlage trotz Klausur zum größten Teil besichtigen. Sehenswert ist vor allem der Kreuzgang mit Signorellis (1497/1498) und Sodomas (1505–1508) 36 Fresken, die Sze-

Kreuzgang der Abbazia di Monte Oliveto Maggiore

Beeindruckend in ihrer Kargheit: die Crete bei Asciano

nen aus dem Leben des Ordensgründers Benedikt zeigen. Besonders hübsch ist die Darstellung, wie er sein Elternhaus verlässt und von seiner jüngeren Schwester Scholastika mit Hündchen ein Stück des Weges begleitet wird.

Leider darf die wertvolle Bibliothek im Obergeschoss des Klosters, zu deren Rettung und Auswertung 1954 ein spezielles Institut gegründet wurde, wegen eines verwegenen Diebstahls nur noch durch zwei Gucklöcher in der Tür betrachtet werden. – Man kann sich im Kloster sogar, nach Geschlechtern getrennt, für ein paar Tage einmieten und im Restaurant davor echt toscanisch speisen. Ein Verkaufsladen bietet zudem das Übliche wie Klosterlikör, Bücher und Postkarten.

Die Straße Nummer 451 führt direkt nach **Buonconvento** 12 an der Via Cassia. Das Festungsstädtchen in 147 m Höhe, von Siena als Bollwerk errichtet, erlebte seine Blütezeit bereits im 13. Jh. Noch immer ist es ganz ummauert, wie zu der Zeit, als der deutsche Kaiser Heinrich VII. hier am 24. August 1313 an Fieber starb, kurz nachdem er im Lateran in Rom zum Kaiser gekrönt worden war. Auf seinem Rückweg nach Pisa, wo er gegen das kaiserfeindliche Florenz ziehen wollte, machte er in Buonconvento Station. Die größte Sehenswürdigkeit des Städtchens dürfte das Sakralmuseum im eleganten Palazzo Ricci Soccini sein, das u. a. Gemälde großer Meister wie Duccio und Lorenzetti beherbergt.

Montalcino

Karte S. 202/203
Tipps & Adressen: S. 338f.

13 Das Städtchen mit dem weich klingenden Namen zu kennen, war bis 1980 sozusagen nur eine Verpflichtung für Weinkenner, denn nach ihm wurde der

teuerste Wein der Toscana benannt: *Brunello di Monatalcino*. Seitdem aber hat Montalcino eine weitere Attraktion, geeignet, den intakten mittelalterlichen, ummauerten Ort zumindest auch bei Theaterfreunden in aller Welt bekannt zu machen: das *Festival Internazionale dell' Attore*, das Festival der Schauspieler, eigentlich aller Mitwirkenden, auch der Laien. Im Juli und August verwandelt sich Montalcino für sechs Wochen zu einer einzigen und einzigartigen Bühne. Die dicht aneinander gedrängten Häuser lassen nur schmalen Gassen Platz, schlanke Türme ragen aus dem scheinbaren Gewirr, kleine Plätze schaffen wenige Freiräume.

Gespielt wird im Hof der herrlichen Fortezza, in einer aufgelassenen Kirche, auf dem Marktplatz – und im Kino. Und zwar hauptsächlich traditionelles Theater, dafür bietet sich die mittelalterliche Kulisse des Ortes sozusagen an. Dennoch wird auch Experimentelles gezeigt. Die Akteure sind nicht nur Profischauspieler, auch der Nachwuchs darf zeigen, was er kann, und ebenso können Laien an den vielen Kursen teilnehmen. So werden die Zuschauer, wenn sie wollen, zu Schauspielern. Dabei kann der vielleicht berühmteste Wein der Toscana, eben der *Brunello di Montalcino*, ein schwerer, vollmundiger Rotwein der Spitzenklasse, oder seine leichtere Variante, der *Rosso di Montalcino*, durchaus helfen, die ersten Hemmungen abzulegen. Treffpunkt: die ›Fiaschetteria‹, ein Weinlokal mit der originalen Einrichtung von 1880, direkt am Hauptplatz. Diese und Montalcino überhaupt sind natürlich auch ohne Festival einen Besuch wert.

In den letzten Jahren wurde hier viel restauriert, die mittelalterlichen Strukturen wunderbar wieder hergestellt. Außer der trutzigen **Fortezza**, die man erklettern darf und in deren Cantina man die lokalen Weine ausgeschänkt bekommt und ein paar kulinarische Spezialitäten probieren und kaufen kann, bietet sich natürlich ein Bummel durch das hübsche Städtchen an mit dem Auf und Ab seiner Gassen. Geradezu übertrieben hoch wirkt der schlanke Turm des Rathauses und hat so manche Fotografen zur Verzweiflung gebracht, weil sie ihn kaum zu ›fassen‹ bekommen. Aus den gotischen Kirchen Montalcinos und der Umgebung sind die bedeutendsten Bilder der Sieneser Schule inzwischen im wunderschön in den früheren Klosterräumen von Sant´Agostino eingerichteten **Museo Civico e Diocesano** an der Via Ricasoli zu bewundern.

Die Ausblicke in die Umgebung, vor allem von der Burgmauer aus, sind von besonderem Reiz. In den umliegenden Wäldern lassen sich wunderschöne Spaziergänge unter Steineichen und Kastanienbäumen unternehmen.

Größter Anziehungspunkt der südöstlichen Toscana bleibt jedoch die 10 km südlich von Montalcino liegende **Abtei Sant' Antimo** 14. Karl der Große persönlich soll die Benediktinerabtei gegründet haben. Im 12. Jh. wurde die Kirche im französisch beeinflussten Zisterzienserstil neu aufgebaut und präsentiert sich heute als eines der am besten erhaltenen Exemplare romanischer Klosterbaukunst Italiens. Und dies auch noch in wundervoller Lage: einsam in einem kleinen Tal zwischen Feldern, Wald und Olivenbäumen. Die hellen Steine aus Muschelkalk und Travertin passen vollkommen in diese verträumte Landschaft.

Nach seiner langjährigen Restaurierung ist Sant' Antimo mittlerweile zu einem Pilgerziel für Toscana-Reisende geworden. Löwen und Fabeltiere zieren die romanischen Portale, die sorgfältig restauriert wurden. Säulen mit Alabasterkapitellen tragen den dreischiffigen Innenraum, über den Säulen befindet sich eine von gotischen Arkaden überwölbte Galerie – das Matronäum, einst Platz für die Frauen, wenn sie am Gottesdienst teilnahmen. Vom Kloster ist nur noch der Kapitelsaal zu sehen, auf der Südostseite des Komplexes wurde das winzige karolingische Ursprungs-Kirchlein von späteren Zutaten befreit. – Was die wenigsten beachten: Der Ort **Castelnuovo** oberhalb auf einem Hügel besitzt in seinen engen Gassen recht sehenswerte Renaissancepaläste.

Von Montalcino nach San Quirico d' Orcia

Karte S. 202/203
Tipps & Adressen: San Quirico d'Orcia S. 361f.

Östlich von Sant'Antimo steht an der 323, bevor sie mit der Via Cassia zusammenkommt, in markanter Höhe (540 m) über dem Orcia-Tal das kleine, von einer Rocca überragte **Castiglione d' Orcia** 15. Hier wurde 1412 der Maler Lorenzo di Pietro, genannt ›Il Vecchietto‹ gebo-

ren. Ein hübscher, backsteinerner Ort mit einem schlicht-schönen Travertinbrunnen (1618) auf der nach dem berühmtesten Sohn der Stadt benannten Piazza. In der **Pieve SS. Stefano e Degna** befinden sich drei bedeutende Madonnendarstellungen: immerhin von Il Vecchietto, Pietro Lorenzetti und Simone Martini. In der steil aufragenden **Rocca d' Orcia** mit imposantem polygonalem Turm oberhalb des Ortes machte Friedrich I. mehrmals Station.

Ein Kleinod ganz anderer Art ist ein winziges Stück weiter nördlich und abseits der Via Cassia das beschauliche **Bagno Vignoni** 16, für das man sich ein wenig Zeit nehmen sollte. Es verwundert nicht, dass diese Oase der Ruhe Tarkowski zu seinem Film ›Nostalgia‹ inspirierte. Das Thermalwasser ist konstant 51 °C warm und wird seit der Renaissance in einem großen Becken mitten im Ort gespeichert, in dem früher auch gebadet wurde.

Zur Zeit der Republik von Siena waren es verwundete Soldaten, die sich hier auskurierten, aber auch die heilige Katharina von Siena und Lorenzo Il Magnifico sollen ebenso wie Papst Pius II. gerne in Bagno Vignoni geweilt haben. Seit 1900 ist das Baden in dem Thermalbecken aus hygienischen Gründen verboten, man muss dafür die Kurabteilungen der beiden Hotels aufsuchen oder die öffentliche Kuranstalt.

Im Wasser des Thermalbeckens spiegelt sich auf einer Schmalseite eine Art offene Wandelhalle, gegenüber das steinerne Kurhaus, aus dessen Fenstern mittags die Wäsche zum Trocknen hängt. Rechts mag ein breiter Palast mit schönen Steinquadern erstaunen: die sommerliche Kurresidenz der Piccolomini, deren Mondsichelwappen über dem eher bescheidenen Eingang auszumachen ist. Kein Geringerer als Rossellino, der für Pius II. u. a. Pienza plante, zeichnete auch für diese spezielle Kur-Architektur verantwortlich. Heute beherbergt der Renaissancepalast mit schöner Repräsentativhalle im ersten Stockwerk das freundliche Hotel ›Le Terme‹, das vor allem italienische Kurgäste anspricht.

Eher touristisch geht es dagegen am Rande des kleinen Zentrums im Vier-Sterne-Hotel ›Posta Marcucci‹ zu, aber hier können auch Tagesgäste das Ther-

Bagno Vignoni

Richtig Reisen
Tipp

Die kleinen Thermen der Provinz Siena

Montecatini Terme ist die Nummer eins unter den Kurorten der Toscana, dicht gefolgt von Chianciano Terme, der ersten Wahl bei Leberleiden. Doch außer diesen beiden Paradepferden besitzt die Region eine Menge kleinerer bis kleinster Thermen, speziell in der Provinz Siena, im weiten Umkreis um den Monte Amiata, der bekanntlich vulkanischen Ursprungs ist und daher die Gegend mit Thermalwasser verwöhnt.

Alle Kurorte sind spezialisiert auf Balneotherapie, Fango und Inhalationen. Außer diesen in den letzten Jahren tatkräftig von der Region mit einem Sonderprogramm auch finanziell unterstützten und ausgebauten Thermen bietet das Gebiet versteckte, von den Einheimischen als ihr Geheimnis gehütete *bagnacci*, das sind meistens nur einfache Kuhlen im Boden, mit schwefligem Thermalwasser gefüllt: herrliche Naturbadewannen!

Die historischen Thermalorte der Etrusker und Römer erhielten in der Renaissance neuen Aufschwung. Papst Pius II., der Erbauer von Pienza und ein großer Badefreund, dessen Familie Piccolomini sich überall dort verewigt hat, wo das Wappen mit den vier Mondsicheln zu sehen ist, ließ beispielsweise **Bagni di Petriolo** (südlich von Siena am schmalen Farma-Lauf, bevor er sich in den Ombrone ergießt; s. Abb. rechts) zu einer kleinen Festung ausbauen. Vom modernen, architektonisch reizvollen, sonst aber wenig einladenden Kurhotel oben an der Schnellstraße lässt sich die alte Therme wunderbar überschauen. Unten am Fluss holen sich diejenigen ein wenig Gesundheit per Thermalwasser, die dafür nicht zahlen wollen oder können: unter der Kaskade stehend, die dem Fels mit 43 °C entspringt, oder liegend in den kleinen warmen Tümpeln mitten im Fluss. – Petriolos Thermalwasser soll das schwefelhaltigste der gesamten Region sein und sich daher besonders für die Heilung von Knochen-, Muskel- und Gelenkkrankheiten eignen.

Fast totale Ruhe herrscht in **Rapolano Terme** mit der modernst ausgebauten historischen *Terme Antica Querciolaia* und dem netten Hotel mit Therapiezentrum und Schwimmbad der *Terme San Giovanni Battista*.

Bagno Vignoni mit seinem 51 °C warmen Thermalwasser kann man sich als komfortable oder romantische Oase der Ruhe gut vorstellen (s. S. 215f.).

Das mittelalterliche **San Casciano Bagni** in herrlicher Panoramalage mit einem ausgedehnten Park aus uralten Steineichen, Kastanien und Pinien erhielt den Zusatz *Bagni* wegen seiner Therme mit 43 °C warmem Thermalwasser.

Zu den eher bescheidenen Badeorten gehören die **Terme San Filippo** in Castiglione d' Orcia und die **Terme di Montepulciano** zu Füßen von Montepulciano (im Vorort Sant' Albino).

malbecken in wunderschöner Lage vor dem breiten Hügelpanorama der Südost-Toscana benutzen.

Bagno Vignoni gehört zum größeren **San Quirico d' Orcia** 17 in 424 m Höhe, das etruskischen Ursprungs ist. Arezzos und Sienas Bischöfe stritten sich bereits um 550 um den Platz in strategisch günstiger Lage über der Via Francigena beziehungsweise in diesem Streckenabschnitt der Via Cassia. Der Ort wechselte seine Zugehörigkeit mehrfach, bis er 1772 an Montalcino ging, zu dessen Diözese er immer noch gehört. Hier wurde 1154 im Beisein Friedrichs I. Barbarossa von einem Abgesandten des Papstes Adrian IV. seine Krönung zum Kaiser beschlossen, was heute im Juni mit einem pompösen Fest begangen wird. Als Durchgangsort der Heere, Kaiser (auch Friedrich II. hielt hier Hof), Päpste und anderer berühmter Männer herrschte San Quirico d' Orcia über ein großes Gebiet mit mehreren Städtchen. Geblieben ist eine relativ bescheidene Gemeinde, die vor allem von ihren kleinen und mittleren Industriebetrieben lebt.

Ein Bummel lohnt sich wegen der angenehmen Atmosphäre des gepflegten und in den letzten Jahren großartig sanierten Ortes und seiner vor allem sakralen Sehenswürdigkeiten. Einzigartig sind die Portale der Stiftskirche, der **Collegiata di Osenna** (12./13. Jh.) mit ihren figural skulptierten romanisch-gotischen Portalen (13. Jh.); Atlanten stehen auf Löwen und ein romanisch-lombardisches Portal aus dem 12. Jh. zieren verknotete Rundpfeiler. Sehr sehenswert ist auch der monumentale barocke **Palazzo Chigi** neben der Kirche, der nach langer Zeit der Restaurierung endlich seiner Bestimmung als Kulturzentrum übergeben wurde. Man hatte ihn 1679 für Kardinal Chigi erbaut, in dessen

Familienbesitz sich praktisch der ganze Ort bis heute befindet.

Die Kirche **San Francesco** am Hauptplatz soll der heilige Franziskus selber begonnen haben. Daneben liegen die einladenden **Orti Leonini**, ein zweigeteilter Park in italienischem (unten) und englischem (oben) Stil, in dem im Herbst alljährlich eine Skulpturenausstellung junger Künstler veranstaltet wird. Dann ist noch die klobige, mehreckige **Porta Cappuccini** (12.–15. Jh.) einen Blick wert.

Pienza

Karte S. 202/203
Tipps & Adressen: S. 345

18 Eine *città ideale*, eine Idealstadt, wollte der 1405 im damaligen Corsignano geborene Enea Silvio Piccolomini, der spätere Papst Pius II., bauen lassen. Pienza, das sich in 491 m Höhe aus der leicht gewellten Ebene erhebt, erhielt denn auch den Namen des Papstes – Pienza, die Stadt des Pius.

Bei Pienza

Als der gelehrte Humanist Piccolomini 1458 zum Papst gewählt wurde, erinnerte er sich seines inzwischen recht verfallenen Familienbesitzes und kam auf den Gedanken, dass sich an der Stelle des alten Corsignano ein vollkommenes städtebauliches Kunstwerk wohl hübsch ausnehmen könnte. Einer der besten Florentiner Baumeister seiner Zeit, Bernardo Rossellino, schien dem Papst geeignet, seinen Traum in die Wirklichkeit umzusetzen – nach den Plänen des ganz Großen unter den Renaissancearchitekten, Leon Battista Alberti. Papst Pius gelang es, nicht zuletzt durch List und sogar durch gesellschaftliche Erpressung, seinen Freunden – Kardinälen, Bischöfen, bedeutenden Adeligen – die Idee einer ›idealen Stadt‹ so schmackhaft zu machen, dass sie gar nicht anders konnten, als sich am Projekt Pienza zu beteiligen. Mit erheblichen finanziellen Mitteln, vor allem, wenn man bedenkt, dass es sich ja nur um einen Sommersitz handeln sollte.

Ganz am Rande sei erwähnt, dass weder der Papst noch sein Architekt die Vollendung ihres gemeinsamen Werkes erlebten, weshalb nur das Zentrum um den Hauptplatz so gebaut wurde, wie es sich die beiden vorgestellt hatten. Dennoch: Den Charakter einer wahren Renaissancestadt erhielt Pienza und konnte ihn dank der Bemühungen ihrer Einwohner auch behalten, nur eben im Puppenstubenformat. Trotz der Miniausmaße besitzt Pienza eine stark urbane Atmosphäre, so wie sie Alberti auf dem Reißbrett geplant hatte, einer der wenigen Architekten, die das Glück hatten, ihre Gebäude nicht in ein fertiges städtebauliches Konzept einfügen zu müssen, sondern selber eines planen zu dürfen. Alberti, der Vorläufer der modernen Städteplaner! Er zeichnete Straßen und Plätze, Palazzi, Kirchen und Brunnen, im Zentrum die Piazza Pio II: ein Meisterwerk der Perspektive, der Harmonie, fast wie eine Theaterkulisse. Und ein wenig Theater ist sicher dabei gewesen, Pracht- und Machtentfaltung, die gesehen, erlebt werden sollte. Aber ganz im Sinne des Humanismus, in dem der Mensch Mitte und Maß aller Dinge war: die Stadt als Haus für ihre Bewohner, die Piazza sozusagen als Audienzsaal.

Alberti und Rossellino hatten für solche Großzügigkeit zwar viel Sinn, aber wenig Platz auf dem Hügel über dem alten Corsignano. Daher befreiten sie sich von der mittelalterlichen Technik, Baukörper isoliert, ohne kompositionelle Beziehung zueinander aufzustellen (siehe Pisa, Piazza dei Miracoli), auch von der damals noch üblichen Konstruktion rechteckiger, geschlossener und daher mächtig wirkender Plätze (siehe Volterra), ebenso von der Form des planmäßig geschwungenen Arenarundes (siehe Il Campo, Siena). In Pienza hat man zum ersten Mal, vielleicht nicht nur aus Raumnot, die Monumente in ihrer Individualität als Komposition gesehen, eine kompakte Baugruppe geschaffen. Die besondere Raumwirkung wurde aber auch durch einen perspektivischen Trick erzielt: Der Platz war abschüssig und für die geplanten Baukörper zu klein. Also gehen, vom Rathaus gesehen, die Fronten der Seitenpaläste auseinander, es entstand ein nach hinten breiteres Trapez. Damit nicht genug: Der Dom wurde ein Stück in das Trapez vorgerückt, so dass die Seitenpaläste den Eindruck machen, als führten sie ins Unendliche weiter. Damit gelang es, den relativ kleinen Platz optisch zu vergrößern. Die weißen Marmorstreifen in der Pflasterung aus Fischgrätmuster (aus roten Backsteinen) laufen auf den Dom zu und ziehen den Blick des Betrachters zusätzlich an.

Schaut man vom Rathaus auf die klar gegliederte Domfassade, hinter der sich eine sehr gepflegte dreischiffige Hallenkirche verbirgt, wie sie Pius in Deutschland kennen gelernt hatte, befindet sich auf der linken Seite der gelbliche **Bischofspalast** und Sitz der Domherren, heute mit kleinem Museum. Rechts steht der **Piccolomini-Palast**, dem Florentiner Palazzo Rucellai nachempfunden. Allerdings so komponiert, dass die Arkaden der drei offenen Loggien übereinander, auf der Seite der herrlichen, ›hängenden Gärten‹, als Rahmen für die anmutige Landschaft des Orcia-Tales dienen sollten.

Vor dem Palast steht der Renaissancebrunnen von Rossellino, dem Dom gegenüber das Rathaus, der **Palazzo Pubblico**. Er ist zweistöckig-klein, aus hellem Travertin, dafür mit geradezu überdimensional hohem Turm, von dem aus man einen grandiosen Blick über das Orcia-Tal genießen kann (während der Amtsstunden im ersten Stock um Erlaubnis bitten).

Der **Corso Rossellino** durchzieht das historische Zentrum zwischen den beiden Stadttoren, aber in einem kurvigen Verlauf, so dass man nicht von einem Tor zum anderen schauen kann und damit nochmals eine nicht vorhandene Größe des Städtchens vorgetäuscht wird. An dieser Hauptstraße können Feinschmecker ganz schön viel Geld lassen: Pienza hat sich nämlich in den letzten Jahren zu einem wahren Paradies für Schlemmer entwickelt. Nicht wegen der Restaurants, sondern vor allem wegen der guten Einkaufsmöglichkeit typischer Erzeugnisse. Eine echte Pienza-Spezialität ist der *cacio*, ein würziger *pecorino*, also ein Schafskäse, aber von besonderer Güte, nach einer Jahrhunderte alten Tradition hergestellt. Am ersten Septembersonntag findet alljährlich die *Fiera del Cacio* statt, die traditionelle Käsemesse von Pienza. Wie vor Jahrhunderten, als die Schafzüchter der ganzen Umgebung, die auf den Ländereien der Piccolomini und der anderen Großgrundbesitzer als Halbpächter lebten und arbeiteten, nach Pienza kamen, um den Käse zu verkaufen, den sie nicht für den Eigenbedarf benötigten. Am besten kauft man heute na-

Der Dom von Pienza

türlich beim Hersteller, was überhaupt kein Problem ist, denn in der Südost-Toscana locken überall Schafzüchter auf ihre kleinen und größeren Landgüter, aber auch Winzer und Olivenölproduzenten mit meist noch per Hand geschriebenen Hinweisschildern.

Nur 500 m, außen entlang der Stadtmauer (Hinweisschild), geht man bis zur alten Pfarrkirche des Ursprungsortes von Pienza, zur **Pieve di Corsignano** (11./12. Jh.). In ihrem Taufbecken wurde auch der spätere Papst Pius II. getauft. Das Portal ist ein schlichter Rundbogen mit figuralem Türsturz, das Biforienfenster darüber wird von einer menschlichen Figur gestützt, die den Eindruck erweckt, eine sehr schwere Last zu tragen. Vor dem Kirchlein plätschert ein Brunnen, liefert klares Wasser aus der gemauerten Felswand. Schön ist es hier unter den alten, ausladenden Kastanien, ringsum Ölbäume und Eichen – der geeignete Platz für eine Ruhepause nach der Besichtigung von Pienza, vielleicht mit frisch eingekauftem toscanischem Brot, *pecorino* und dem schweren Rotwein der Gegend.

Monticchiello

Karte S. 202/203
Tipps & Adressen: S. 342f.

19 Ein anderes urbanes, allerdings nicht geplantes, sondern allmählich gewachsenes Kleinod ist Monticchiello in 546 m Höhe in seinen intakten Mauern. Der kleine Ort hoch über dem fruchtbaren Tresa-Tal hat sich um die antike *villa rustica* der Cleli herum entwickelt. Schon der Name weist darauf hin, denn er ist aus *Mons Cleli* oder *Mons Clelus* entstanden. Steht man auf dem leicht abfallenden Platz vor der kleinen Pfarrkirche, kann man es sich kaum vorstellen, welche bewegte Geschichte dieser heute so ruhige Ort im Laufe der Jahrhunderte erleben musste.

Die erste Erwähnung bezieht sich auf die Pieve Santa Maria allo Spino (753), etwa 2 km entfernt. Unter den Langobarden wurde sie der Badia San Salvatore am Monte Amiata angegliedert. 973 kam sie zum Hause der Aldobrandeschi. Schon zu einem kleinen Ort entwickelt, riss die römische Kirche Monticchiello an sich und gab es dem Deutschen Ritterorden zum Lehen. 1240 wurde es mit Hilfe Sienas freie Kommune, das zu ihrem Schutz die 900 m lange Mauer mit 17 Türmen bauen ließ. Monticchiello blieb Siena treu und verteidigte wiederum 1553 als Grenzfeste die Republik – immerhin gegen die Truppen Karls V. Am Eingangstor kann man noch heute die ›Wunden‹ sehen, die damals Kanonenkugeln des Feindes hinterlassen haben. In neuerer Zeit zeigten die Leute von Monticchiello wieder Mut: Am 6. April 1944 war der Ort Schauplatz eines dramatischen Widerstandskampfes.

Monticchiello heute, das ist ein kleiner Ort der südöstlichen Toscana, in nur etwa einem Drittel seiner mittelalterlichen Mauern, der sich allerdings durch eine kulturelle Veranstaltung einmal im Jahr ins Scheinwerferlicht rückt. Für sein *Teatro Povero*, armes Theater, weil es mit einfachsten Mitteln arbeitet, bildet auch dieser Ort eine einzigartige Kulisse. Fast die Hälfte der 300 Einwohner des Bauernstädtchens ist Mitte bis Ende Juli auf den Beinen, um Stücke in Szene zu setzen, die von der bewegten Geschichte erzählen oder von aktuellen Sorgen. Leidenschaftlich wird gespielt, in stimmungsvollen Gassen, auf Treppen und kleinen mittelalterlichen Plätzen, die wunderbar restauriert wurden und sich um eine kleine Kirche gruppieren, die man hier stolz Kathedrale nennt. Diese Kirche **S. S. Leonardo e Cristoforo** besitzt sogar mehrere Schätze: ein Gemälde von Pietro Lorenzetti (1320), ein hölzernes Kruzifix (15. Jh.) und Fresken verschiedener Schulen des 14. und 15. Jh.

Steil ist der Weg nach Monticchello

Chiusi

Karte S. 202/203
Tipps & Adressen: S. 312f.

20 Von Monticchiello geht es über Chianciano weiter nach Südosten und jenseits von Autobahn und Bahnlinie nach Chiusi, das aufgrund seiner Lage an der Grenze zu Umbrien oft übersehen wird. Dabei war das heute relativ kleine Chiusi als *Chamars* einer der mächtigen etruskischen Stadtstaaten und bietet heute neben einem archäologischen Museum und Nekropolen auch die Möglichkeit, selbst unter der Stadt auf etruskische Spurensuche zu gehen.

Man hat den Eindruck, in einem von der Welt vergessenen Nest gelandet zu sein. Kaum jemand kommt hierher, um sich das Städtchen oberhalb des neueren Chiusi Scalo, der Bahnstation, anzuschauen, dabei ist es sogar recht hüsch, irgendwie unverdorben. Hauptanziehungspunkt ist das **Archäologische Museum**, das hinter der klassizistischen Fassade mit den vier kannelierten Säulen die kostbaren etruskischen Funde aus der Umgebung zeigt. Nur etwa ein Zehntel der Sammlungen kann in dem kleinen Museum ausgestellt werden, die Magazine sind zum Überquellen voll, und die Restauratoren haben noch eine Menge Arbeit mit noch nicht gesichteten oder präparierten Stücken. Allein 350 etruskische Urnen bleiben vor der Öffentlichkeit verborgen.

Chiusi wurde von den Etruskern völlig unterhöhlt – und die heutigen Bewohner, munkelt man recht ungeniert, graben fleißig weiter, um neue etruskische Funde ans Tageslicht zu bringen, auch wenn es eigentlich nicht erlaubt ist!

Dort, wo der Glockenturm des Domes steht, haben die Etrusker einen Wasserbehälter aus dem weichen Tuff geschlagen, zwischen den einzelnen Kammern Gänge gebohrt, die bislang erst zu einem Teil freigelegt wurden. Diese unterirdische etruskische ›Unterwelt‹ kann vom **Dommuseum** aus begangen werden.

Mit entsprechender Organisation kann man in Begleitung eines Museumscustoden die nahen Nekropolen besichtigen, die als einzige im Gebiet der heutigen Toscana freskiert sind. Hinter einer schweren Steintür verbirgt sich die **Tomba del Colle** aus dem 5. vorchristlichen Jahrhundert mit einem faszinierenden Fresko, das ein Wagenrennen zeigt: Jeweils zwei schlanke Pferde ziehen einen Rennwagen, von dem ein Peitsche schwingender Etrusker die Rösser antreibt. Die **Tomba della Scimmia** erhielt ihren Namen von dem Fresko, das einen kleinen Affen zeigt, der Liebling aller Besucher: Er ist an einen Baum gebunden und wartet beim Totenfest, wie es üblich war, auf seinen Auftritt. Man sieht den Verstorbenen unter einem Baum sitzen und zuschauen.

Um sich einen Eindruck davon zu verschaffen, wie die Gräber ursprünglich aussahen, bevor sie entweder ausgeraubt oder von den Archäologen geleert wurden, sollte man die **Tomba della Pellegrina** besichtigen, das Grab der Pilgerin: Nach seiner Restaurierung wurden die Gegenstände wieder unter die Fresken mit den griechischen Sagenmotiven gestellt, die Sarkophage ebenso wie die Ascheurnen.

Chiusi Scalo, 3 km vom Etrusker-Ort entfernt, hat sich zu einem regen Handelsstädtchen entwickelt: ziemlich gesichtslos, zu schnell gewachsen, ein Verkehrsknotenpunkt an der Bahnlinie Florenz – Rom mit Abzweigung nach Cortona und Arezzo. Es eignet sich aber hervorragend für Einkäufe, beispielsweise für Ferienhausmieter in der Umgebung. Ganz in der Nähe von Chiusi Scalo liegt der **Lago di Chiusi**, eine bei den Einheimischen beliebte Sommer- und Wochenendidylle, ruhig und sozusagen mit eigenem Autobahnanschluss.

Von Chiusi zur Abbadia San Salvatore

Karte S. 202/203
Tipps & Adressen: Radicófani S. 359

Zurück Richtung Monte Amiata. In der Nähe von **Cetona** 21 westlich des Chiana-Tales in 384 m Höhe fand man Spuren menschlicher Besiedlung aus der Mittelsteinzeit (bis 4. vorchristliches Jahrhundert). Die **Collegiata-Kirche** (13. Jh.) im Ort birgt als größte Kostbarkeit das Fresko ›Himmelfahrt Mariä‹, das Pinturicchio zugeschrieben wird.

Historisch mit Cetona eng verbunden war über Jahrhunderte das größere **Sarteano** 22, das bereits 525 m hoch liegt. Trutzig überragt von seiner Festung (ab dem 10. Jh.), die von den Sienesen 1467 bis 1474 grundlegend verändert und ausgebaut wurde. In der Kirche **San Francesco** befindet sich eines der seltenen Werke von Giacomo di Mino del Pelliciaio, das Triptychon ›Madonna mit Kind und den Heiligen Johannes und Bartholomäus‹.

Auf der Weiterfahrt durchquert man eine merkwürdig ›zerfressene‹ Landschaft, als habe ein Riesenbagger das Mittelgebirge mit großen Klauen angenagt und das Innere bloßgelegt: fast eine Mondlandschaft, entstanden durch Erosion. Es folgen baumlose Hügel, Ackerland und Weideflächen, Weizen wiegt sich im Sommer hell im Wind, dazwischen weinrote Luzernenfelder, für die Toscana so typische, satt-dicke Pflanzen, die kniehoch werden. Nur vereinzelt blüht im Frühjahr Ginster, aber dann von prallgelber Farbe. Man kann weit blicken. Plötzlich taucht jenseits des Orcia-Tales **Radicófani** 23 auf. Es thront in 718 m Höhe auf kleinem Plateau, und der Turm ist mit Zinnen bekrönt. An der weitläufigen Festung haben viele Besitzer gebaut, u. a. Päpste, Kaiser und die Medici.

Hinter Radicófani ändert sich das Landschaftsbild: Dichte Laubwälder, die auf dem weichen Tuff besonders gut zu gedeihen scheinen, prägen ab jetzt die Umgebung. Jenseits der Via Cassia, schon in luftiger Höhe (822 m), befindet sich **Abbadia San Salvatore** 24 mit dem gleichnamigen Kloster. Die ungewöhnliche Saalkirche des Klosters mitten im Städtchen lohnt ebenso die Fahrt wie ihre Krypta, die aus dem 8. Jh. stam-

36 Säulen tragen die Gewölbe in der Krypta der Abbadia San Salvatore

men könnte und von einem wahren Säulenwald getragen wird. Der Ort ist Ausgangspunkt für Wanderungen in der herrlichen Umgebung, der Ostflanke des Monte Amiata, die bei italienischen Familien schon lange als beliebte Sommerfrische gilt.

Im Monte-Amiata-Gebiet kann es Leuten mit Zeit ein besonderes Vergnügen bereiten, einfach drauf loszufahren, einem unauffälligen Schild zu folgen, einem von Zinnen bekrönten Turm entgegen, der auf einem bewaldeten Gipfel hockt. Um zum Beispiel **Piancastagnaio** zu entdecken. Eine imposante mittelalterliche Festung rechts vom Stadttor weckt Erwartungen: Die **Rocca Aldobrandesca** besitzt quadratische Wohntürme und einen kleinen Wachturm – mit dem Gipfel des Monte Amiata vor den Augen.

Oder zu Füßen des 1193 m hohen Monte Labbro, sozusagen einem Nachbarn des Monte Amiata mit seinen 1378 m, einen Naturpark mit großen Tiergehegen aufzusuchen, die nur einheimischen Arten, dafür aber außer Mufflons und Hirschen, Rehen und Damwild sowie Gamsen auch Appenin-Wölfen vorbehalten sind. Es lohnt sich bestimmt, für den 180 ha großen **Parco Faunistico**, der im Monte-Amiata-Gebiet überall gut ausgeschildert ist und zu dem mehrere Wege führen, genügend Zeit einzuplanen, also etwa einen halben Tag. Denn außer den Tieren hat man hier hügelige Weideflächen und dichte Wälder, sogar einen wundervoll wilden Bachlauf unter Naturschutz gestellt. Dies alles für sich oder in sachkundiger Begleitung zu entdecken, kann ein besonderes Erlebnis werden. Eine familiäre Trattoria unterhalb der strengen Parkverwaltung sorgt außerdem für das leibliche Wohl der Besucher.

Valdichiana, Arezzo und das Casentino

Die östliche Valdichiana

Bereits die Medici legten im 16. Jh., als sie ihre Interessen von der Stadt Florenz stärker auf den Flächenstaat Toscana verlagerten, die Sümpfe des Chiana-Tales trocken und machten es damit zu einem sehr fruchtbaren Gebiet. Sogar auf der Autobahn bereitet es Vergnügen, dieses Tal zu durchfahren. Auch wenn vom früheren Chiana-Fluss wegen der trocken gelegten Sümpfe nur noch ein kanalisiertes Rinnsal geblieben ist. Im Süden gleich hinter Chiusi erstreckt sich der kleine Lago di Chiusi und weiter nördlich der noch kleinere Lago di Montepulciano. Beide sind fischreich und ihre Ufer schilfbedeckt. Doch weil sie scharf an der umbrischen Grenze liegen, haben sie in puncto Tourismus im nahen, Richtung Perugia gelegenen, riesenhaften Lago di Trasimeno einen starken Konkurrenten.

Um Chiusi herum sieht das Land teilweise aus, als habe man zu seiner Veränderung Riesenbagger planlos herumfahren und Erdmassen verschieben lassen – ein trauriger ›Zivilisationsstempel‹, der durch Regen- und Winderosion verstärkt wird. Rechts und links vom Chiana-Fluss, nach Norden zu, zeigt das Gebiet üppiges Grün, das Weide- und Ursprungsland der *chianine*, der weißen Rinder, der besten Fleischlieferanten der Toscana.

Cortona

Tipps & Adressen: S. 314

■ Schon von weitem ist Cortona zu sehen, liegt es doch wunderbar auf vier Terrassen am Hang des Monte Sant'Egidio in 494 bis 650 m Höhe. Den Wagen muss man unten vor dem Stadttor stehen lassen, sonst kann man sich der Faszination der städtebaulich so interessanten, ursprünglich etruskischen Siedlung nicht hingeben. Am Beispiel Cortona lässt sich gut vorstellen, wie sicher sich hier die Etrusker gefühlt haben mochten, wie ihre Stadt ausgesehen haben mag und was die Römer daraus machten. Oder das Mittelalter, nachdem die Stadt 1411 in den Machtbereich von Florenz kam. Spätere Jahrhunderte haben kaum vermocht, im Altstadtbereich gravierende Änderungen durchzusetzen. So ist Cortona im Charakter am ehesten eine mittelalterliche Stadt geblieben.

An der 2800 m langen Stadtmauer lassen sich noch zahlreiche Reste aus der Etrusker-Zeit finden. In der Nähe entdeckte man mehrere etruskische Nekropolen, eine wahre Sensation war die Nekropole Melone del Sodo I, 2 km Richtung Arezzo, mit Grabbeigaben, die nun oben im Museum zu sehen sind.

Das Gefälle der Gassen Cortonas ist so stark, dass mit Gummi besohltes Schuhwerk für den Stadtgang wegen Rutschgefahr unentbehrlich ist. Man muss in Cortona entweder klettern oder über unebene beziehungsweise mit unregelmäßigen Steinplatten belegte Wege gehen oder Treppen steigen. Fast wirken die Gassen düster, denn, obwohl zumindest die Hauptgassen so breit sind, dass durchaus zwei Fahrzeuge nebeneinander Platz hätten, sind die Stadtpaläste doch so hoch, dass kaum ein Sonnenstrahl auf das auch noch dunkle Steinpflaster fällt. Auf einen sensiblen Menschen mag Cortona daher kalt und verschlossen wirken.

Aber die Bewohner der Stadt machen eher den Eindruck, sich in dieser Atmo-

◁ *Palio della Balestra in Sansepolcro*

sphäre besonders wohl zu fühlen. Es herrscht buntes Treiben in den dunklen Gassen und vor allem dort, wo sie sich zu Plätzen treffen oder ausweiten. An diesen Orten scharen sich morgens Frauen um kleine Marktstände, sparen sich den Weg in die auch hier typisch gesichtslose Unterstadt mit ihren großen Supermärkten. Aus den vielen Werkstätten in den Altstadtgassen erklingt emsiges Sägen, Hämmern und Schleifen.

Generell ist die Lage der Stadt faszinierend, sie bietet ein Totalpanorama der Valdichiana. Aber besonders schön ist die Aussicht von der oberen Piazza del Duomo. Doch es gibt in Cortona – so verschwenderisch können Städtebauer sein – noch zwei weitere, noch höhere, noch großartigere Ausblicke über das Tal: von der ehemaligen Medici-Festung (16. Jh.) in 651 m Höhe und von der Terrasse des Santuario di Santa Margherita.

Cortona selber ist kompakt und übersichtlich, und außerdem nicht sehr groß. Zunächst sollte man zum Hauptplatz hochsteigen, zur **Piazza della Repubblica** und damit zum **Palazzo Comunale** 1, dem Rathaus (1236 erstmals erwähnt) mit seiner monumentalen Freitreppe. Durch die steile Hanglage wirkt sie für den Ankommenden von unten noch gewaltiger, als sie in Wahrheit ist.

Einen schönen Komplex bilden Rathaus und der dahinter liegende ehema-

Cortona – Sehenswürdigkeiten: *1 Palazzo Comunale 2 Museo dell' Accademia Etrusca 3 Museo Diocesano 4 San Francesco 5 Santa Maria delle Grazie al Calcinaio 6 Le Celle* ***Hotels:*** *7 Relais Il Falconiere 8 San Michele 9 Italia* ***Restaurants:*** *10 Dardano 11 La Locanda del Molino*

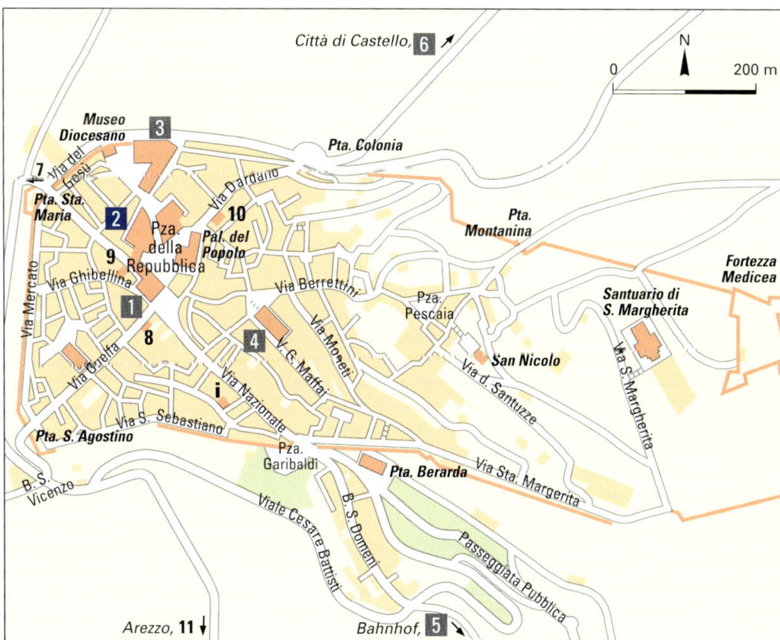

lige **Palazzo Casali** (später Palazzo Pretorio) der Adelsfamilie, die Cortona im 14. Jh. aufblühen ließ. In seinen schönen Sälen befindet sich das **Museo dell' Accademia Etrusca** 2 (mit ägyptischer Sammlung), das in den letzten Jahren zu einem wahren Juwel der toscanischen Museenlandschaft ausgebaut wurde. Das kostbarste und historisch bedeutendste Stück der recht umfangreichen etruskischen Sammlung ist eine bronzene Grablampe mit 16 Schnäbeln. Kaum zu glauben, dass hier 57 kg bestes Kunsthandwerk aus dem 5. vorchristlichen Jahrhundert von der Decke hängen! Die Gemäldegalerie beherbergt Bilder aus dem Mittelalter bis in die Neuzeit, vor allem eine ›Geburt Christi‹ von Luca Signorelli (ca. 1445/1450–1523), der in Cortona zur Welt kam und als der Vorläufer Michelangelos, sogar in der Sixtinischen Kapelle, gilt. Auch der Maler Pietro da Cortona, eigentlich Pietro Berettini (1596–1669), stammt aus Cortona, wie bereits sein Künstlername verrät.

Vom Museum ist es nicht weit zur **Piazza del Duomo** mit der herrlichen Aussicht über das Chiana-Tal. Der **Dom Santa Maria**, dem man es trotz starker Veränderungen ansieht, dass seine Anfänge bis ins 11. Jh. zurückreichen, ist nach ewigen Restaurierungsarbeiten wieder zugänglich, aber ohne besondere Sehenswürdigkeiten. Da bietet gegenüber das **Museo Diocesano** 3 umso mehr, nämlich eine reiche Gemäldesammlung, einer relativ kleinen Stadt wie Cortona kaum zuzutrauen. Natürlich ist Signorelli mehrfach vertreten. Schön sind auch die Werke sakraler Goldschmiedekunst aus dem 16. Jh.

Eine typische Gasse aus dem Mittelalter ist die **Via del Gesù** (zwischen der Porta Santa Maria und dem Dom) mit ihrem Steinplattenpflaster und den auf Holzkonstruktionen vorkragenden oberen Stockwerken an den altehrwürdigen Häusern.

Fra Elia, auf dessen Spuren man in Cortona öfters trifft, war einer der letzten Weggefährten von Franz von Assisi und derjenige, der die sterblichen Überreste des Heiligen vor Reliquiensammlern rettete: So gründlich verbarg er den Sarkophag in der Grabkirche von Assisi in Umbrien, dass man ihn erst im 19. Jh. nach anstrengender Grabungsarbeit wieder fand. Elia Coppi, wie der Pater mit bürgerlichem Namen hieß, fand selber aber kaum Freunde in der Runde der fanatischen Franziskaner im Cortona des 13. Jh. Als er hier in **San Francesco** 4 starb, wurde sein Leichnam vor die Stadt geworfen, wo sich keifende Hunde um ihn gestritten haben sollen, bis man ihn wieder aufnahm und schließlich in der Krypta der Kirche, die Pater Elia begonnen hatte zu bauen, zur letzten Ruhe brachte. Die Leute von Cortona, sagt man, lassen sich auch sieben Jahrhunderte später nicht gerne an diese nicht gerade glorreiche Geschichte erinnern…

Genau unterhalb von Cortona, im Süden der Stadt, steht ein schöner klarer Renaissancekuppel- bzw. Zentralbau aus dem 15. Jh., die ›Schuster-Kirche‹ **Santa Maria delle Grazie al Calcinaio** 5. Man nennt sie so nach dem Becken, den die Schuster der Stadt damals benötigten, um das Leder in Kalkmilch für die Gerbung vorzubereiten. Der Sienese Francesco di Giorgio Martini soll im Auftrag von Signorelli die Kirche für die Zunft der Schuhmacher geplant haben. Für die schönen Glasfenster konnte er Guglielmo de Marcillat (oder seine Schule) gewinnen, der auch die Domfenster in Arezzo geschaffen hatte. Einige Bilder steuerten Signorellis Schüler bei.

Auf vier Terrassen am Hang des Monte Sant'Egidio gelegen: Cortona

Franz von Assisi selber hat in der Nähe 1211 das später von den Kapuzinern übernommene Kloster **Le Celle** 6 (nördlich der Stadt, Richtung Santa Margherita den Hinweisen folgen) gegründet. Im Laufe der Jahrhunderte wurde das Kloster im Wald an der Flanke des Monte Sant'Egidio ständig erweitert, es hängt geradezu wild-romantisch über dem reißenden Bach. Man kann Francescos Zelle aufsuchen (außer zur Mittagszeit meistens zugänglich), in der er noch kurz vor seinem Tod gewohnt haben soll. Jedenfalls ist der gesamte Klosterkomplex in seiner wunderschönen Umgebung ein angenehmer Ort der Ruhe.

Ausflug nach Umbrien

Karte S. 233

Der südlich von Cortona gelegene **Lago Trasimeno** stellt für toscanische Verhältnisse geradezu ein Meer dar. An seinem westlichen Ufer liegt auf einer kleinen Landzunge **Castiglione del Lago** 1. Der Ort thront recht hübsch in 305 m Höhe auf einem Felsen über dem größten See Umbriens, umgeben von einer von Zinnen bekrönten Mauer.

Imposant ist die **Rocca del Leone** (Löwenburg), in deren Innenhof im Sommer kulturelle Veranstaltungen stattfinden. Sie ist sichtbar vom Rest des Städtchens getrennt, wo an der Piazza Gramsci den **Palazzo della Corgna** (16. Jh.) manieristische Fresken von Pomarancio (nach 1550) zieren, mit mythischen Szenen wie dem ›Urteil des Paris‹. Nahe der Piazza Mazzini, der ›guten Stube‹ von Castiglione del Lago, birgt die klassizistische Kirche **Santa Maria Maddalena** eine ›Thronende Madonna‹ des Perugino-Schülers Eusebio da San Giorgio (um 1500), die früher wegen ihrer Qualität sogar Raffael zugeschrieben wurde, und ein Fresko eines unbekannten Meisters der Sieneser Schule (14. Jh.).

Richtig Reisen *Tipp*

Die schönsten Antiquitätenmärkte im Chiana-Tal

Die Städte im oberen Chiana-Tal sind eine Fundgrube für Antiquitätenfans. Hier haben sich gute Fachgeschäfte und Restaurierungswerkstätten etabliert. Wer den Hinweisen auf Antiquitätenmärkte folgt, wird selten enttäuscht. Außerdem werden hier regelmäßig die wohl bekanntesten Antiquitätenmessen der Toscana abgehalten. Nachfolgend nur die zwei schönsten und interessantesten Beispiele.

Jedes erste Wochenende des Monats wird in **Arezzo** von der Piazza Grande bis zum Dom und in den Seitengassen der wohl größte Antiquitätenmarkt der Toscana abgehalten, am bekanntesten ist der Markt im September, denn er findet gleichzeitig mit der historischen *Giostra del Saracino* statt.

Der Antiquitätenladen von Ivan Bruschi direkt neben der Kirche San Francesco ist weit über Europas Grenzen bekannt (der Export wird problemlos organisiert). Aber wer Ivan Bruschi sympathisch ist, darf bei ihm zu Hause seine Privatsammlung genau gegenüber der Kirche Santa Maria della Pieve besichtigen. Und gleichzeitig einen typischen Palast an der Wende zwischen Mittelalter und Renaissance kennen lernen, mit einer wunderschönen Dachterrasse.

Zwischen dem 25. August und dem 15. September lohnt in **Cortona** ein Besuch der *Mostra Mercato del Mobile Antico* in den Renaissancesälen des Palazzo Vagnotti, die seit 1961 regelmäßig stattfindet.

Am Nordwestzipfel des Sees, bei **Borghetto** (9 km), schlug Hannibal in der berühmten ›Schlacht am Trasimenischen See‹ 217 v. Chr. das römische Heer, indem er die Römer im dichten Nebel in einen Hinterhalt lockte und umzingelte. Die rührigen Historiker des Ortes haben eine Rundtour ausgearbeitet, die zu den wichtigsten Punkten der Schlacht und anderer historischer Ereignisse führen. Sie werden anhand von Schautafeln und einer kleinen Broschüre (im örtlichen Informationsbüro erhältlich) erklärt, so dass man alles auch auf eigene Faust nachvollziehen kann.

Zwischen Cortona und Arezzo

Karte S. 233
Tipps & Adressen: Castiglion Fiorentino S. 307

Genau auf halber Strecke zwischen Cortona und Sinalunga steht die **Abbazia di Farneta** 2, ganz nahe dem Chiana-Rinnsal. Don Sante Felice entdeckte am 1. März 1973 unter seiner kleinen romanischen Abteikirche ›Linda‹, einen zwei Millionen Jahre alten, 4,20 m hohen Elefanten. Er brachte ihn in die Paläontologische Sammlung der Universität Florenz, von wo er nie wieder zurückkam. Dem greisen Pater Felice blieben nur die Postkarten, die ihn, den letzten Etrusker, wie er sich selber nennt, mit Linda zeigen. Aber unter seinem Pfarrhaus hat er ein kleines Museum eingerichtet, das zahlreiche andere Funde enthält. Besonders sehenswert sind die beiden Terrakottafiguren der Apostel Petrus und Paulus (14. oder 15. Jh.).

Die kleine Kirche hat eine bewegte Baugeschichte. Funde aus dem Tertiär und Quartär beweisen, dass die Hügel des Chiuccio über dem Chiana-Tal bereits in der Steinzeit besiedelt waren. Dann kamen die Etrusker und nach ihnen die Römer. Aus einem anscheinend dem Bacchus geweihten römischen Tempel holten sich die Schwarzen Benediktiner (die Cassineser) das Material für den Bau ihrer Kirche, T-förmig, wie bei ihnen üblich.

Vor der Westfassade sind zwei römische Säulen aufgestellt, beide aus orientalischem, grauen Granit. Don Sante hatte die eine in einem Bauernhaus von Farneta horizontal eingemauert gefunden, die andere in einer Mauer des Pfarrhauses. Im Inneren der Kirche geht es so weiter mit dem Spolienmaterial: Der Fuß des Weihwasserbeckens besteht aus zwei römischen Kapitellen, eines in schönster korinthischer Form.

Als Don Sante Felice 1937 nach Farneta kam, fand er eine schlichte, fast schon namenlose und unbekannte Kirche vor. Das 18. Jh. hatte ihr übel mitgespielt: Umbauten, Verkürzung um 14 m, Abriss des Glockenturms. Der emsige Geistliche fand u. a. an der Außenwand eines Bauernhauses einen Inschriftenstein mit folgendem Text: »Dieser Glockenturm wurde von Abt Ado im Jahr 1100 begonnen.« Und mit anderen Steinen aus dem ›Steinbruch Farneta‹ wurde u. a. das großherzogliche Gutshaus in Chianacce gebaut …

In dem Architekten Guido Morozzi, dem späteren Leiter des Denkmalschutzamtes von Florenz, fand Don Sante einen Komplizen und Helfer. Sie mauerten die überflüssigen Fenster der Kirche zu, klopften den Putz ab, rissen den dreifarbigen Zementboden heraus und ersetzten ihn durch bodenständige Terrakotta, bauten neue Altarstufen und Altäre, präparierten den hölzernen ›Auferstandenen Christus‹ aus dem 16. und 17. Jh. und stellten dabei fest, dass er von Niccolò di Smeraldo Salvi aus Lucignano geschnitzt wurde, der fast eine Zwillingsfigur für Castiglion Fiorentino geschaffen hatte.

Die östliche Valdichiana

Aber die Krönung der Arbeit dürfte die Wiederentdeckung der Krypta aus dem 9. und 10. Jh. unter dem Dreiconchenchor sein. Sie war voller Wasser, Abfälle und Kadaver, übersät mit Schlangen. Das Volk nannte den Ort nur ›die Gräber‹. Da es damals keinen Zugang aus dem Innenraum gab, mussten die Erdarbeiten und die Beseitigung des Unrats vom dahinter liegenden Acker aus erfolgen. 1940 konnte man erstmals die Krypta wieder betreten, und man begann mit der aufregenden Wiederentdeckung nach viereinhalb Jahrhunderten des völligen Vergessens. Heute, nach der vorbildlichen Restaurierung, betritt man die Krypta wieder vom Chorraum aus und wird unvermittelt von einer Katakomben-ähnlichen Atmosphäre eingefangen: Tonnengewölbe und ein mittleres Kreuzgewölbe werden von römischen Säulen getragen, der Grundriss zeigt zehn Absiden. Besonders erwähnenswert ist eine der römischen Säulen. Sie hat eine Basis aus rotem Assuangranit und ein romanisches Kapitell, das unter anderen Figuren einen menschlichen Kopf mit Hörnern zeigt, so, wie man ihn von etruskischen Gottheiten auf den Toren von Volterra und Perugia sowie vom etruskischen Leuchter in Cortona kennt. Zwischen dem Zentral- und dem Nordraum ist unten in der Mauer eine römische Grabstele zu sehen, waagerecht eingemauert; ihren Text muss man von unten nach oben lesen.

Nach den Benediktinern gehörte Farneta 1500 bis 1783 den Olivetanern. Großherzog Peter Leopold von Lothringen, der die Chiana-Ebene endgültig trockenlegen ließ, löste das Kloster schließlich auf. Don Sante Felice konnte durchsetzen, dass Farneta wieder zur Abtei erhoben wurde. Am 9. Juni 1974 überreichte der Abt des Klosters Monte Oliveto Maggiore dem unermüdlichen Pater das Wappen der Olivetanermönche in Terrakotta, das nun über der Seitentür des Querschiffs angebracht ist.

Südlich von Castiglion Fiorentino, rechts der Landstraße und über einen 3 km langen, schmalen Weg zu erreichen, thront dekorativ auf kleinem Hügel in 363 m Höhe das **Castello di Montécchio Vesponi** 3 aus dem 11. bis 13. Jh. mit seinem weithin sichtbaren, hohen Turm und dem von Zinnen bekränzten Mauergürtel.

Im Mittelalter war die Burg Wohnsitz des berüchtigten Söldnerführers Sir John Hawkwood im Dienste von Florenz, dem die Sienesen Schreckliches nachsagen, während die Aretiner bewundernd seinen Namen nennen. Hier soll er nach seinen abenteuerlichen Kriegszügen gestorben sein. Heute, in privaten Händen und saniert, ist die trutzige Festung ein beliebtes Ausflugsziel.

Castiglion Fiorentino 4, wahrscheinlich römischen Ursprungs, hat ähnlich wie Cortona eine hübsche Hanglage, ist aber bedeutend kleiner, obwohl es sich inzwischen ebenfalls jenseits seiner mittelalterlichen Mauern weit ins Tal ausgedehnt hat. Die beiden imposanten Stadttore könnten noch heute geschlossen werden. Castiglion Fiorentino ist eine lebhafte Provinzstadt mit sauberen, in ihrem Verlauf vom Mittelalter geprägten Gassen, an denen meist schöne wenn auch renovierungsbedürftige spätere Renaissancepaläste stehen. In der **Pinacoteca Comunale** am Rathausplatz wird eine erstaunlich große Gemäldesammlung gezeigt. Gegenüber öffnet sich eine harmonische ›vasarianische‹ Loggia (um 1560), die einen hinreißenden Blick ins Chiana-Tal bietet.

Arezzo

Stadtplan S. 236
Tipps & Adressen: S. 299f.

Die Mutter berühmter Söhne, wie Arezzo u. a. gerne tituliert wird, schmiegt sich in 296 m Höhe in ihren mediceischen Mauern an die Ausläufer des Casentino. Einer ihrer bedeutendsten Söhne war Gaius Maecenas, ein Etrusker mit römischem Geist, einer der Großen Italiens. Er, der im Jahre 8 v. Chr. starb, galt u. a. als Förderer von Vergil und Horaz. Wegen seiner Großzügigkeit nennt man noch heute Förderer, vor allem von Künstlern, von Maecenas abgeleitet Mäzene.

Doch Arezzo hat noch eine Reihe weiterer großer Söhne hervorgebracht. Etwa den Benediktinermönch Guido d'Arezzo (ca. 990–1050), der als Erfinder der Intervall-Notenschrift gilt. Und Francesco Petrarca (1304–1374), der Repräsentant des Humanismus (s. S. 28). Auch Pietro Aretino (1492–1556) stammt, wie sein Name verrät, von hier, ein Schriftsteller, der sich durch Schmähbriefe und satirische Komödien sowie durch seine ›Kurtisanengespräche‹ zu Lebzeiten nicht überall besonders beliebt gemacht hatte. Bedeutend ist auch sein Briefwechsel mit berühmten Zeitgenossen in den Jahren 1537 bis 1557.

Schließlich Giorgio Vasari (1511–1574), durch seine ›Viten der Künstler‹ vor ihm und zu seiner Zeit als ›Vater der Kunstgeschichte‹ bezeichnet. Doch Vasari war mehr als nur ein fleißiger Sammler von Lebensdaten und -geschichten: Er war auch Maler sowie einer der größten Architekten und Baumeister seiner Zeit. Man muss nicht weit gehen, um seine Spuren in Arezzo zu finden: An der Piazza Grande zeigt sich der Glockenturm des Palazzo della Fraternità dei Laici fast filigran; der monumentale Palazzo delle Logge mit seiner klaren Bogenarchitektur (Loggia del Vasari), so wie man ihn ›zur Ehre und zum öffentlichen Nutzen der Stadt‹ von Vasari bauen ließ; sein eigenes Haus, das Vasari halbfertig erwarb und daher nach seinem Geschmack ausgestalten und vollenden konnte, erhielt von ihm auch wunderschöne Fresken.

Stadtgeschichte

Schon zur Zeit der Etrusker war Arezzo ein bedeutender Stadtstaat innerhalb des Zwölferbundes. Im 4. Jh., bereits Bischofssitz, wurde die Stadt berühmt für ihre Keramikproduktion, vor allem für die so genannten Korallenvasen (s. Archäologisches Museum). Auch langobardisch war Arezzo und dann kurz freie Kommune. In dieser Zeit, um 1200, wurde eine neue Stadtmauer errichtet, die Ende des 13. Jh. abwechselnd gegen die Florentiner und die Sienesen Schutz bieten sollte. 1298 unterlag Arezzo in der blutigen Schlacht bei Campaldino der Rivalin Florenz. Eine dritte Stadtbefestigung wurde nötig, nach mehrmaligem Hin und Her wurde Arezzo schließlich 1384 von einem Söldnerführer an Florenz verkauft – eine Schmach, die bei den geschichtsbewussten Aretinern noch immer tief sitzt. Auch wenn die Medici erst später (1538–1560) die vierte Stadtmauer bauen ließen, die bis heute das historische Zentrum umschließt – übrigens ein kleineres als 1317.

Mit dem Bau der ersten Eisenbahnstrecke Florenz – Rom (1826–1866) und später der parallel dazu verlaufenden

Arezzo – Sehenswürdigkeiten: *1 Museo Archeologico 2 Römisches Amphitheater 3 San Francesco 4 Santa Maria della Pieve 5 Piazza Grande 6 Palazzo del Tribunale 7 Palazzo della Fraternità dei Laici 8 Loggia del Vasari 9 Palazzo Pretorio 10 Casa Petrarca 11 Dom San Donato 12 Fortezza Medicea 13 Palazzo Comunale 14 Museo Statale d' Arte Medioevale e Moderna 15 Casa Vasari* ***Hotels:*** *16 Continentale 17 Europa 18 Minerva 19 Cecco* ***Restaurants:*** *20 Buca di San Francesco 21 Le Tastevin 22 Logge Vasari 23 Vecchia Osteria Antica Agania 24 Bar Bostoli 25 Caffè dei Costanti*

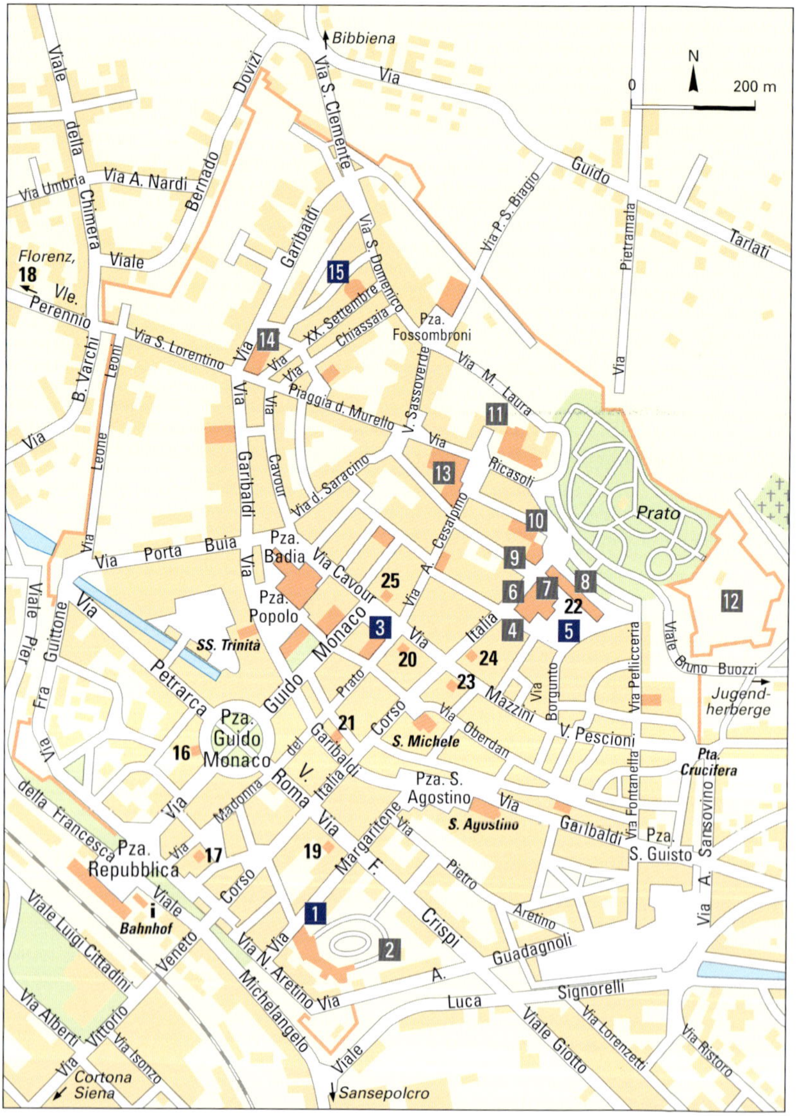

Autobahn wuchs die wirtschaftliche Stellung von Arezzo, bis dahin in der Neuzeit am Rand des toscanischen Geschehens; die Stadt konnte sich erneut entwickeln.

Heute ist Arezzo, die Hauptstadt der gleichnamigen Provinz im Nordosten der Toscana, ein bedeutendes Zentrum der Möbelherstellung und der Region, wichtigster Antiquitätenort mit großem monatlichen Markt. Das historische Zentrum ist, für Fußgänger besonders freundlich, fast durchgehend frei von Verkehr. Die Entfernungen sind nicht groß, so dass man die einzelnen Sehenswürdigkeiten ohne Wagen sehr gut erreichen kann. Vor allem würden sich Autofahrer um den Genuss bringen, in der fast flachen Stadt ohne nennenswerte Steigungen zwischen den eher schlichten und doch eleganten Palästen mit ihren einladenden Geschäften, Bars und noch einigen wirklich echt-urigen Lokalen zu schlendern.

Besichtigung

Man sollte den Rundgang im Süden vor dem Bahnhof, gleich an den *Viali*, dem Alleen-Ring beginnen, wo zwei Kopien der Chimäre zu sehen sind. Das Original hatten bereits die Medici zusammen mit anderen beweglichen Zeugnissen der etruskischen Vergangenheit Arezzos bei Umbauarbeiten entdeckt und nach Florenz bringen lassen (jetzt im Archäologischen Museum). Jenseits der *Viali* steht an der Via Margaritone das **Museo Archeologico** 1, eines der besonders schön eingerichteten Museen in einem architektonischen Rahmen, der besser nicht hätte ausfallen können: im ehemaligen Benediktinerkloster, das teilweise auf den Grundmauern des römischen Amphitheaters errichtet wurde. 1934 zog hier das Museum ein. Im Zweiten Weltkrieg zerbombt, wurde es großartig wieder aufgebaut und neu eingerichtet. Es enthält außer antiken Münzsammlungen etruskische, griechische und vor allem aretinische Vasen von besonderem Wert: die so genannte Korallenkeramik. Ihren hübschen Namen erhielt sie wegen ihres rötlichen Tones, sie ist mit zartesten Reliefs bearbeitet und unglaublich dünnwandig. Das war jahrhundertelang sozusagen die Spezialität Arezzos und vom ersten vorchristlichen bis zum ersten nachchristlichen Jahrhundert eine der wichtigsten Handelswaren der Stadt. Den Grundstock für das Archäologische Museum bildete die Sammlung der Laienbruderschaft unter der Obhut dominikanischer Mönche, deren Sitz sich an der Piazza Grande befand.

Das **Römische Amphitheater** 2 entstand wohl zwischen dem zweiten und ersten vorchristlichen Jahrhundert und bot bis zu 10 000 Zuschauern Platz. Mit seinen 122 m Länge dürfte es das größte Etruriens gewesen sein. 1362 kam es in den Besitz von Bernardo Tolomei, dem Begründer des Olivetanerordens am Monte Oliveto, dessen Mitglieder gegen Ende des 15. Jh. auf einem Teil der früheren Tribünen das Kloster errichteten.

Die Via Margaritone hoch steigend, gelangt man nach links in die Via Francesco Crispi. An der Kreuzung mit dem **Corso Italia**, der Hauptstraße des historischen Zentrums, biegt man nach rechts ab. Überall befinden sich Geschäfte und in den Seitengassen kleine Trattorie. Links von der Via Oberdan folgt die Kirche **San Francesco** 3 an der gleichnamigen Piazza, Arezzos sicher bedeutendstes Gotteshaus, allein durch die Chorfresken Piero della Francescas: Man gab dem Malergenie Piero

Altarbild von Pietro Lorenzetti in der Kirche Santa Maria della Pieve

den Namen der Kirche, in der er sein Hauptwerk vollbrachte. Die Kirche steht nach Arezzos Erweiterung, die *Viali* inbegriffen, genau im Zentrum der Stadt. Was man hier nach den Jahrzehnte dauernden Restaurierungen im Chorraum sieht, ist ein Meisterwerk der Perspektive. Von 1452 bis spätestens 1465 soll Francesco diese Fresken gemalt haben, bevor er nach Urbino ging, wo der zweite Schwerpunkt seines Schaffens begann. Die Aretiner mogeln ihn gerne zu den berühmten Einheimischen. Wie sie es auch mit Michelangelo, der aus Caprese stammt, mit Paolo Uccello, der eigentlich di Dono hieß und aus Pratovecchio kam, und auch mit Masaccio aus San Giovanni Valdarno tun. Obwohl auch Piero ›nur‹ in der Nähe, in Sansepolcro, geboren wurde, irgendwann zwischen 1410 und 1420. Die 500. Wiederkehr seines dagegen gesicherten Todesjahres wurde 1992 daher sowohl in Arezzo als auch in Sansepolcro ganz groß gefeiert.

Im Freskenzyklus des Chores von San Francesco, der ›Legende vom wahren Kreuz‹, zeigt sich, dass Piero die Perspektive vollkommen beherrschte. Doch dies dokumentiert auch seine erhaltene Schrift ›De prospectiva pingendi‹. Die Fresken wurden erst zu Beginn des 20. Jh. wieder entdeckt und freigelegt und seitdem mehrmals restauriert und immer wieder mit allen nur erdenklichen Maßnahmen vor Feuchtigkeit und weiterem Verfall geschützt. Erst seit Frühjahr 2000 gelten die Restaurierungsarbeiten als beendet; nun können jeweils kleinere Gruppen in den Chorraum eingelassen werden, damit man sich den großartigen Fresken in Ruhe widmen kann. Die berühmte Stadtansicht von Arezzo als Sinnbild für das himmlische Jerusalem bildet übrigens den Hintergrund des Freskos ›Ausgrabung der drei Kreuze‹ (etwa in der Mitte der linken Seitenwand).

Gegenüber der Kirche pflegen viele Aretiner in dem außerordentlich beliebten historischen ›Caffè dei Costanti‹ ihr Frühstück im Stehen einzunehmen, und zur Aperitifzeit ihren Drink, vielleicht mit ein paar Kleinigkeiten zum Knabbern. Neben der Kirche befindet sich ein weltberühmter Antiquitätenladen (›Antiquario Bruschi‹, s. auch S. 232).

Zurück zum Corso Italia und links bis zur Kirche **Santa Maria della Pieve** 4, Arezzos ältester Kirche. Der Vorgängerbau als Pieve, also Pfarrkirche, ist bereits 1008 aktenkundig. Ihr ›Turm der hundert Löcher‹ mit in Wahrheit nur 80 Klangöffnungen, erhielt seine heutige Form bereits 1330. Besonders eindrucksvoll ist die Fassade (12. Jh.) zum schmalen Corso Italia hin (daher schwer als Ganzes zu erfassen) mit der wegen Zersetzung des Sandsteins recht mitgenommenen vorgesetzten zweiten Schicht (13. Jh.) aus Zwerggalerien bzw. Blendarkaden.

Auf der rückwärtigen Chorseite der Pieve, ebenfalls mit markanter Zwerggalerie, die dem Rund der Außenhaut folgt, öffnet sich die wirklich großartige **Piazza Grande** 5. Zwar ohne besondere Akzente und großen Schwung wie etwa der Campo von Siena, aber auch dieser Platz ist der leichten Hanglage exzellent angepasst: ein unregelmäßiges Rechteck, kein rechter Winkel drängt ihm Symmetrie auf.

Man kann sich keinen schöneren Rahmen für Arezzos größtes historisches Fest im September vorstellen, das Sarazenen-Turnier, die *Giostra del Saracino*, wenn im meist schönen spät-sommerlichen Licht die acht Reiter als Vertreter der vier alten Stadtteile mit ihren schweren Lanzen gegen die ›Sarazenen‹ – hölzerne Puppen – ziehen. Die Piazza Grande von Arezzo ist überhaupt ein echter ›Salon‹, wie ihn das Mittelalter im Zentrum des städtischen Geschehens brauchte und sich schuf, auch wenn dieser Platz eher am Rande liegt, nämlich im Nordosten der Stadt und zu Füßen ihres nicht sehr hohen Festungshügels mitsamt Kathedrale.

Im Wesentlichen ist der fast trapezförmige Platz so geblieben, wie er im Mittelalter (13. und 14. Jh.) gebaut wurde, mit schmalbrüstigen Häusern und hohen *casatorri*, nur die Nordseite wurde später von Vasari verändert. Die Chorpartie der Pieve bildet den Südwesten des Platzes. Sie konnte nur hier angrenzen, weil sie als die Tauf- und Volkskirche im Gegensatz zum höheren Dom im Zentrum stehen musste, nahe beim Volk. Neben ihr erhebt sich der **Palazzo del Tribunale** 6 aus dem 17. Jh., der Justizpalast; rechts von ihm der zierliche **Palazzo della Fraternità dei Laici** 7 (einer religiösen Laien-Bruderschaft), in dessen Fassade Gotik (ab 1262) und Renaissance (1433, Bernardo Rossellino) eine zauberhafte Ehe eingegangen sind, vollendet durch das Glocken- und Uhrtürmchen von Vasari.

An der Nordostflanke des Platzes steht der **Palazzo delle Logge** (1573–1595) mit der so genannten **Loggia del Vasari** 8, unter der man wunderschön flanieren oder im Café sitzen kann. Die Südostseite der Piazza Grande prägt der schmale **Palazzo Lappoli** mit seinem hohen Turm, die kürzere Südseite der **Palazzo Cofani** mit einem ebenfalls von Zinnen bekrönten, aber niedrigeren Turm. Das weiße Streifenmuster des

Fassade des Palazzo Pretorio

Steinpflasters sollte wohl eine Waagerechte des Platzes vortäuschen. Die breite, im Nordwesten besonders ausgeprägte, vorspringende Treppenfront jedenfalls gibt ihm ein wahrlich monumentales, großzügiges Gesicht. Wenn die Fassaden der ungleichmäßig vorspringenden, schmalen und unterschiedlich hohen mittelalterlichen Häuser gegen Abend von den warmen Sonnenstrahlen beschienen werden, bekommen ihre Farben – zwischen Grau, Ockergelb und Rotbraun sind so ziemlich alle Erdfarben vertreten – einen wohltuend warmen Ton. In der Basilika San Francesco zeigt das Fresko von Piero della Francesca in der ›Kreuzeslegende‹ die gleiche Atmosphäre, das gleiche Farbenspiel: Arezzo, wie es war, und wie es ist.

Der Loggia Vasaris, die sich über den Platz hinaus bis zur Via de' Pilati hinzieht, der Verlängerung des Corso Italia (an der Ecke: Erinnerungstafel an Vasari), kann man nach links folgen und stößt auf den **Palazzo Pretorio** 9, der aus drei Gebäuden besteht (ab 1290). Bis 1926 diente der Komplex als Gefängnis und wurde nach den Restaurierungsarbeiten Sitz der Stadtbibliothek mit einer bedeutenden Handschriften-Sammlung.

Um die Ecke steht links die **Casa Petrarca** 10. Das Gebäude aus dem 16. Jh. mit der *Accademia Petrarca* ist nicht identisch mit dem Geburtshaus Petrarcas. Man weiß nur, dass dieses in der Via dell' Orto stand, aber nicht genau wo. Petrarca, der in Florenz und Avignon aufwuchs, hat seine Vaterstadt später nur noch einmal auf der Durchreise besucht. Das stört die Aretiner freilich nicht weiter, wenn sie ihre Stadt stolz *Città di Petrarca* nennen. Seit 1974, dem 600. Todesjahr des Humanisten, wird hier übrigens ein begehrter Petrarca-Preis für Literatur vergeben.

Gegenüber der Casa Petrarca steigt man ein kurzes Stück bergauf zum einladenden Stadtpark, in den der **Dom San Donato** 11 integriert ist. 1510 wurde das Gotteshaus vollendet, der Campanile erst 1857 bis 1869 angefügt. 1900 bis 1914 erneuerte man die Fassade. Innen besticht der Dom durch seine herrlich strahlenden Glasfenster. Geschaffen hat sie (wie auch die Deckenfresken der ersten drei Mittelschiffgewölbe) der Franzose Guillaume de Pierre de Marcillat

(1518–1524), der hier so bewundert wird, dass man ihn gar zum Ehren-Aretiner erklärte. Ein besonderes Kleinod ist das Fresko ›Maria Maddalena‹ von Piero della Francesca, neben dem Kenotaph für den Bischof Guido Tarlati (gest. 1327), auf der linken Seite zu finden.

Der von Kindern und Jugendlichen gern besuchte Stadtpark, auch Prato genannt, dehnt sich in schöner Panoramalage (mit weitem Blick ins Casentino hinein) bis zur **Fortezza Medicea** 12 aus. Cosimo I de' Medici ließ sie an der Stelle des alten Stadtteils auf dem Colle di San Donato, wie der Domhügel genannt wird, errichten, als der gesamte Mauergürtel durch Francesco da Sangallo erneuert wurde (1538–1569).

Zurück zum Dom, dann nach Westen zum eher bescheidenen **Palazzo Comunale** 13, der ab 1330 entstanden ist und mehrfach fast bis zur Unkenntnis verändert wurde. Via Ricasoli und Piaggia di Murello führen zum **Museo Statale d' Arte Medioevale e Moderna** 14, im bereits 1445 begonnenen, wunderschönen Palazzo Bruni-Giocchi untergebracht. Es besitzt eine bedeutende Sammlung mittelalterlicher Bilder und Skulpturen, eine reiche Majolikasammlung sowie eine ›moderne‹ Abteilung mit Werken von der Renaissance bis zu den Macchiaioli.

Ein Stück die Via Ricasoli zurück und hinein in die Via XX Settembre im Nordwesten des Altstadtkerns. Oben auf der linken Straßenseite steht das Wohnhaus Vasaris, die **Casa Vasari** 15. 1540 erwarb Giorgio Vasari, der in der Nähe geboren wurde, das nicht sehr pompöse Gebäude im Rohbau und baute es nach seinem Geschmack aus. Er bewohnte den *piano nobile*, den er reich und liebevoll mit Fresken und Ölgemälden ausstattete. Besonders hübsch ist das Schlafzimmer mit den Musen ausgefallen. Die Muse der Liebeslyrik Erato zeigt darin das Porträt der jungen Frau Vasaris, Nicolosa aus der reichen Familie Bacci, die u. a. die Fresken von San Francesco finanzierte.

Die Via XX Settembre zurück, die in die Via Cavour übergeht und weiter zur großen Piazza del Popolo. Über Eck befindet sich die Piazza San Francesco mit ›Pieros‹ Kirche, und rechts führt die geschäftige Via Guido Monaco über die gleichnamige Piazza (mit einem Denkmal für den musikalischen Mönch) hinweg direkt auf den Bahnhofsplatz, den Ausgangspunkt der Stadtbesichtigung zurück.

Das Casentino nördlich von Arezzo

Kurz hinter Arezzo ergießt sich der Chiana-Fluss in den Arno, der ab hier Richtung Nordwesten verlaufend ein breites Tal, die Valdarno, bildet. Diese Ebene prägen ausgedehnte industrielle Ansiedlungen. Dafür ist das Casentino östlich des jungen Arno, hinter dem dicht bewaldeten Bergrücken des Pratomagno bis zum Tiber-Tal an der Grenze zu Umbrien um so schöner, sauberer – ein rundum intaktes Stück Natur im nordöstlichen Zipfel der Toscana. Und ein historisch wie kunsthistorisch interessantes dazu. Kenner der Region nennen das Casentino ›Toscana Minore‹, die kleine, unscheinbare Toscana.

Das Casentino, sagen die Aretiner, wurde stets als eine ›leckere Beute‹ angesehen, natürlich insbesondere von den machtgierigen Florentinern. Dante, der hier als junger guelfischer Ritter bei Campaldino kämpfte (s. u.), dann als

Das Casentino östlich von Arezzo

Verbannter lebte, lobte die Burgen der Herren Guidi von Poppi, die zum Teil die schönsten Punkte auch noch heute krönen. Bibbiena und ähnlich fette Grundbesitze gehörten dagegen den Tarlati und Ubertini aus Arezzo. In der Nähe des Bergmassivs von Poppi wurde am 11. Juni 1289 jene Schlacht entschieden, die den jahrhundertelangen Kämpfen zwischen Guelfen und Ghibellinen ein Ende setzte: Florenz besiegte Arezzo, Dante war dabei, und Bischof Ubertino musste sein Leben lassen. Sein Helm, nach anderen Überlieferungen gar sein Kopf, wurde in einem Triumphzug als Trophäe nach Florenz getragen.

Bibbiena und Poppi

Tipps & Adressen: Bibbiena S. 302, Poppi S. 352

Verlässt man Arezzo im Norden auf der S. S. 71, trifft man bald auf den oberen Arno-Lauf, dem man durch das waldreiche Casentino in Schlangenlinien folgen kann, vorbei an kleinen Sommerfrische-Orten. Und an so hübschen Kirchen wie die Pieve a Siestina voller Fresken der Aretiner Schule (15. Jh.) oder die Pieve a Socana mit einem etruskischen Heiligtum unter den strengen romanischen Mauern mit achteckigem Glockenturm.

Der erste größere Ort auf der Strecke ist **Bibbiena** 1, als *Vipena* etruskischen Ursprungs, dann Feudalsitz der Bischöfe von Arezzo, weshalb hier noch etliche Adelspaläste stehen. Das Paradestück: der Palazzo Dovizi (16. Jh.). Heute ist Bibbiena das vielleicht bedeutendste Industrie- und Handelszentrum des Casentino, ohne in seiner Struktur viel Schaden erlitten zu haben, sieht man von den gesichtslosen Neubauten am Ortsrand ab. Zu einigem Wohlstand gekommen, haben die Bibbiener großräumig mit Restaurierungsarbeiten des historischen Zentrums begonnen. Einen herrlichen Ausblick ins Casentino genießt man von der höchsten Terrasse (mit Parkplatz) aus, besonders auf das Nachbarstädtchen Poppi.

Bis Pratovécchio weitet sich das Casentino. Der Teil der hellen Ausläufer des Tosco-Emilianischen Apennin wirkt jetzt fast wie ein Amphitheater. Ein kurzes Stück auf der S. S. 70, und man kommt nach **Poppi** 2, in das antike *Papium*. Vom kleinen Marmorbrunnen im Zentrum schlängelt sich die Via Cavour, von Bogengängen und Palästen mit unregelmäßig vorspringenden Fassaden geschmückt, zur Kirche **San Fedele** hoch, die man auch La Badia nennt. Es ist die größte Kirche des Casentino, mit sechs kostbaren Renaissancealtären im Hauptschiff. In ihrer Krypta befinden sich die Gebeine des Beato Torello, des Schutzpatrons von Poppi und des Casentino.

Die langen *portici* von Poppi, die Bogengänge, die sich durch die ganze Stadt ziehen, gehören den verschiedensten Stilepochen an, meist sind sie gedrungen, als sollte möglichst wenig Sonnenlicht ins Erdgeschoss gelangen. Ihre Säulen und Pfeiler sind teils geradezu unförmig grob, teils sehr grazil. Die Paläste, die diese *portici* schmücken, zeugen vom Geschmack und Geld der Familien, die sie erbauten und bewohnten. An einem dieser Häuser, dem **Palazzo Ranucci** wenige Schritte von der Badia entfernt, wird an Eleonore erinnert. Die Tochter des Francesco de' Medici und spätere Gemahlin des Vincenzo Gonzaga, Fürst von Ferrara, war hier zu Gast.

An beherrschender Stelle, auf dem höchsten Hügel von Poppi, haben die

Herren des Gebietes, die Conti Guidi, ihre Burg errichtet: Das **Castello dei Conti Guidi,** auch Palazzo Pretorio genannt (13. Jh.), ist nicht nur ein wahres Schmuckstück, es ist das wichtigste Kastell dieses Grafengeschlechts im Casentino und eines der am besten erhaltenen Baumonumente der Toscana. Dazu eines der trutzigsten, ein wundervolles Stück Mittelalter.

Nur wenig wurde an der ursprünglichen Architektur des Castello Guidi (1261–1265) verändert, lediglich von Arnolfo di Cambio, der als vermeintlicher Sohn des von Vasari genannten Architekten Lapo Tedesco ein paar Erweiterungsbauten leitete. Von Zinnen bewehrt ist der Fassadenabschluss ebenso wie der Turm und die umgebende Mauer mit dem vorgezogenen Tor – auch dieses mit Zinnen. Über den wieder instand gesetzten Burggraben gelangt man in das Kastell. Ein Blick in den Innenhof zeigt wundervoll intaktes Mittelalter: mit Wappen geschmückte Wände, kühn geschwungene Steintreppe und Holzgalerien.

Von besonderer Schönheit sind die Fresken in der Burgkapelle – von ganz besonderem Wert aber ist die Bibliothek, der ganze Stolz des Ortes: Grundstock war die Sammlung des Grafen Fabrizio Rilli Orsini. Am 1. Dezember 1825 vermachte er 9000 Folianten und 200 Handschriften feierlich der Stadt Poppi. Hinzu kamen die Bibliothek von Camáldoli und die der Kapuziner von Poppi. Insgesamt besitzt die Bibliothek heute mehr als 20000 Folianten und Handschriften aus dem 10. bis 15. Jh.

Der Platz vor dem Castello wurde zu einer großen luftigen Parkanlage umgestaltet, eine Dante-Büste ziert sie und der Marzocco, der Florentiner Löwe auf einer Säule. Schön ist der Blick ins Tal des jungen Arno und auf Bibbiena, von Glyzinien bedeckt die Pergola vor dem früheren Reitstall, jetzt Restaurant (gegenüber der freundlichen Herberge ›Casentino‹). Hier ein wenig zu verweilen bei einem schlichten Mahl oder einem *caffè* wäre bestimmt keine schlechte Idee. Auch nicht, sich hier einzuquartieren.

Die Abteien von Camáldoli und La Verna

Karte S. 242
Tipps & Adressen: Caprese Michelangelo S. 304

Von Poppi führt eine kurze Provinzstraße zurück auf die S. S. 71; von ihr wiederum fährt man links ab nach **Camáldoli** 3, wo der heilige Romuladus (952–1027) den Grundstein für eine Einsiedelei legte und damit für das Stammhaus der Camaldoleser Benediktinermönche. Den Platz hat er besonders gut ausgesucht: inmitten eines wunderschönen, alten und dichten Mischwaldes, wie es nicht mehr viele davon in Italien gibt. Zum Klosterkomplex in 816 m Höhe gehören das Hauptgebäude mit Hospiz, Kirche, Kreuzgängen, Apotheke und Gästetrakt. Außerdem fast 300 m höher und 6 km weiter die Einsiedelei, das **Eremo di Camáldoli** mit den Zellen der Eremiten, die Frauen bis heute nicht betreten dürfen, sowie der barockisierten Kirche San Salvatore. Camáldoli wurde nicht zuletzt von Lorenzo Il Magnifico besonders gefördert, als kulturelles und geistiges Zentrum zugleich, mit Sitz einer humanistischen beziehungsweise neuplatonischen Akademie.

Von Poppi oder Camáldoli lohnt sich ein Abstecher nach **Pratovécchio** 4, dem vermeintlichen Geburtsort des Frührenaissancemalers Paolo Uccello

Richtig Reisen *Tipp*

Die Cucina Povera im Castello di Sorci

Im kleinen Castello di Sorci (ab 10. Jh.) nahe Anghiari wird allmorgendlich die Pasta handgemacht und ein Tagesmenü zusammengestellt, das der Tradition der *cucina povera*, der armen Küche der Toscana, folgt. Nur echte toscanische Hausmannskost kommt auf die einfach gedeckten Tische. Täglich wird ein neues mehrgängiges Menü angeboten, dazu toscanischer Landwein, alles zu einem recht niedrigen Festpreis. Wer keinen Platz reserviert hat, muss sich zumindest an den Wochenenden und an Feiertagen wieder mit knurrendem Magen zurückziehen.

Auf dem weitläufigen Gelände des Castello kann man vor und nach dem reichhaltigen Essen ein wenig spazieren gehen. Hier stehen auch die kleinen Bauernhäuser, die, in Ferienwohnungen eingeteilt, teilweise vermietet werden. In dem einer hohen Festung ähnlichen Schloss, das die Besitzer bewohnen, werden kulturelle und kulinarische Veranstaltungen organisiert, wobei das Kulinarische durchaus als Teil der toscanischen Kultur verstanden wird. Außerdem verkauft man an den Wochenenden im kleinen Laden Produkte der Toscana und des nahen Umbrien wie Wein und Grappa, Wurst und Schinken, Käse und Gebäck und natürlich die hausgemachte Pasta der *locanda* des Castello.

Seit 1995 ist das Castello di Sorci Sitz eines Kulturzentrums, das sich außer mit der *cucina povera* mit der reichen Vergangenheit Arezzos und seines Hinterlandes beschäftigt. Außerdem aber werden aretinische Dichter und Schriftsteller gefördert, die hier Lesungen halten oder ihre Werke in Zusammenarbeit mit dem aretinischen Verlag Edizioni Gente d'Arte publizieren können.

beziehungsweise Paolo di Dono (um 1397–1475), der gerne mit der Perspektive spielte.

Von Camáldoli fährt man über den Passo Fangaggi (1234 m) wieder nach Südosten, trifft in **Badia Prataglia** auf die S. S. 71, und fährt dann auf einer Provinzstraße südwärts nach **La Verna** 5 am Monte Penna (1283 m), einem der wichtigsten Orte franziskanischer Verehrung, wo der heilige Franziskus 1224 auf dem ›rauen Felsen‹ seine Wundmale empfing. Einst war dies ein Ort der Stille, heute findet man eher einen Rummelplatz für Wallfahrer und andere Reisende. Das größte Gedränge herrscht am 4. Oktober, dem Franziskus-Tag.

Die erste Kirche erbaute hier Franziskus selber 1216 bis 1218: **Santa Maria degli Angeli** (links auf dem Weg in den Klosterkomplex), mit einigen Della-Robbia-Terrakotten, von denen es im Kloster insgesamt 15 gibt. Besonders schön ist die ›Madonna mit dem Stieglitz‹ im Museum des Refektoriums.

Die **Chiesa Maggiore** rechts am großen Platz stiftete 1348 Graf Tarlato di Pietramala zusammen mit seiner Frau,

Besitzer des Kastells Chiusi; die Vollendung und Weihe der Kirche fand erst 1568 statt. Auch hier sind mehrere Arbeiten der Della Robbia zu bewundern, u. a. das Wappen der Wollweberzunft, am Lamm und der Florentiner Lilie zu erkennen. Diese reiche Zunft sorgte hauptsächlich für die Fertigstellung der Kirche. Links von ihr befindet sich die Cappella della Pietà (ab 1532) mit einer herrlichen Terrakottapietà von Giovanni della Robbia auf dem Altar.

1578 wurde der **Corridoio delle Stigmate** vor dem Eingang der Grotte gebaut, in der sich Franziskus seine Kammer eingerichtet hatte, ein bedeutender Ort des Gebetes für die Franziskanermönche (täglich um 14 und 1 Uhr), aber von keiner besonderen kunsthistorischen Qualität. Anders die **Cappella delle Stigmate** (1263) selber, an der Stelle errichtet, an der Franziskus die *stigmate*, die Wundmale empfangen hatte: mit schönen Arbeiten von Della Robbia und einer Reliefdarstellung der Stigmatisierung. – Männer können im perfekt funktionierenden Franziskanerkloster übernachten, Frauen im Frauenkloster zu seinen Füßen.

Über Chiusi della Verna fährt man nach **Caprese Michelangelo** 6 weiter, das den Beinamen zu Ehren Michelan-

gelo Buonarrotis trägt, der hier am 6. März 1475 geboren wurde. Nicht, dass der Ort besonders attraktiv wäre, und im Palazzo del Podestà gibt es nur Gipsabdrucke der bekanntesten Werke Michelangelos. Aber die Lage ist hübsch, und ein paar Originale zeitgenössischer lokaler Künstler bereichern das Museum innen und außen.

Anghiari und Sansepolcro

Karte S. 242
Tipps & Adressen: Anghiari S. 298f., Sansepolcro S. 362f.

Dem oberen Tiber-Tal (Valtiberina), nach Süden folgend, fährt man bis **Anghiari** 7, das in steiler Hanglage in 429 m Höhe über dem im Osten breiten Tal liegt. Das kleine Provinzstädtchen hat ein interessantes Kulturleben: Seit 1978 wird hier der Internationale Kulturpreis von Anghiari verliehen, an Handwerker des Ortes und an Leute aus der toscanischen Provinz, die mit den Bewohnern von Anghiari in Diskussionsrunden zusammentreffen. Antiquitätenfreunde finden hier sonntags einen preisgünstigen Markt, allgemein Neugierige eine recht interessante städtebauliche Komponente in dem nur scheinbaren Gewirr von Gassen, Kirchen und Palästen.

In der Via Mameli befindet sich ein Kulturzentrum mit einem sehr langen Namen, das **Museo Statale delle Arti e Tradizioni Popolari dell' Alta Valle del Tevere**. Es besitzt abgenommene Fresken, Bilder und Skulpturen sowie liturgische und Haushaltsgegenstände aus der oberen Valtiberina. In der Via Fenci dagegen, im **Museo della Confraternità della Misericordia**, sind nur religiöse Kunstwerke ausgestellt, die von der Bruderschaft der Barmherzigkeit gesammelt wurden.

Vom Rathaus, das 1384 begonnen wurde, ziehen sich – unterbrochen durch die beiden Stadtmauern – mehrere Plätze hinunter zur Piazza Grande und weiter bis zum schnurgeraden **Stradone**: das Werk des Aretiner Bischofs Guido Tarlati, der die Welt 1321 so – strategisch gesehen – in Ordnung bringen wollte. Aufgelockert wird die Gerade durch Plätze, Loggien und Loggiabrunnen – für die Leute von Anghiari heute ein herrlicher *passeggiata*-Bereich. Die Fortsetzung des Stradone führt ebenso schnurgerade ins Tal, über

Hoch über dem Tiber-Tal gelegen: Anghiari

das ›Schlachtfeld von Anghiari‹, auf dem 1440 die Entscheidungsschlacht zwischen Florenz und Arezzo stattfand, die Leonardo da Vinci in Florenz im Palazzo Vecchio bildlich nachzuvollziehen suchte (im Saal der Fünfhundert).

Auf der Fortsetzung der Geraden über den Tiber hinweg gelangt man zur Ostseite der Valtiberina, nach **Borgo Sansepolcro** 8. Anders als Anghiari wirkt Sansepolcro in 330 m Höhe sehr geordnet. Die einzige Straße, die nicht wirklich gerade verläuft, ist denn auch die älteste, die heutige Via XX Settembre von der Porta Fiorentina im Westen zur Porta Romana im Osten. Man darf sich aber durch das Schachbrettmuster der Straßen nicht irritieren lassen: Es beruht nicht auf einer römischen Siedlung, sondern zeugt in diesem Fall von der ständigen Erweiterung der Stadt, insbesondere im Osten. Hier hatten sich viele Handwerker niedergelassen, das war und ist Tradition geblieben und in den Gassen des Städtchens noch immer spürbar. Hauptsächlich werden hier Spitzen und raffinierte Goldschmiedearbeiten sowie Armbrüste hergestellt. Sogar eine Schule für die Spitzenproduktion findet man mitten im Städtchen. Und die Armbrüste werden wirklich benötigt: mindestens beim traditionellen Armbrust-Schießen.

Ganz im Nordosten liegt vor der Zwingburg das Arme-Leute-Viertel mit der Kirche der Barmherzigkeit, der Chiesa della Misericordia. Zwischen dieser Kirche und dem Rathaus steht in der Via Aggiunti die **Casa di Piero della Francesca**, das Geburtshaus des Malers (1415–1420) und engagierten Ratsherren von Sansepolcro. Das Gebäude wurde wie die ganze Stadt anlässlich Pieros 500. Todesjahres 1992 restauriert und zu einem Kulturzentrum, naturgemäß spezialisiert auf die Piero della Francesca-Forschung, ausgebaut.

Sansepolcro, nach dem Heiligen Grab in Jerusalem benannt (*sepolcro* = Grab), war im Mittelalter eine der großen freien Kommunen, bis die Medici kamen. Die Demokratie hat hier also ebenso wie das Handwerk Tradition. Kein Wunder, dass ausgerechnet gegenüber dem Rathaus mit der Prachtloggia der Medici ein Partisanenmuseum eingerichtet wurde. Das sehenswerteste Haus von Sansepolcro ist aber mit Gewissheit das herrlich ausgestattete Stadtmuseum, das **Museo Civico e Pinacoteca Comunale** mit den Schätzen des Doms, Bildern und abgenommenen Fresken. Hauptwerk, falls angesichts der wundervollen Tafelbilder und Fresken eine Auswahl überhaupt möglich ist, dürfte die ›Auferstehung‹ von Piero della Francesca sein. Besonders gelungen ist die Lösung, auch bei geschlossenem Museum durch die durch Panzerglas geschützte offene Holztür zur Hauptstraße hin, die über eine kurze Treppe von zwei Seiten erreichbar ist, dieses Bild bewundern zu können. So stolz ist man in Sansepolcro darauf, dass man es auch ohne Eintritt zumindest tagsüber zeigt.

Von Citerna nach Montérchi

Karte S. 242
Tipps & Adressen: Montérchi S. 299 (Anghiari)

Auf schmalen Sträßchen geht es wieder auf die Westseite des Tales mit ihrer kleinhügeligen Landschaft bis **Citerna** 9 in Umbrien hinauf, mit herrlichen Talblicken und dunklen Gassen innerhalb einer mächtigen Stadtmauer. Dann auf kleinen Nebenstraßen zurück ins Toscanische nach **Montérchi** 10 in 350 m Höhe. Die kleine, unscheinbare Friedhofskapelle – die wohl bald gänzlich in

Richtig Reisen *Thema*

Piero della Francesca

Seine Welt blieb zeitlebens das Gebiet in und um seine Geburtsstadt Sansepolcro, heute gerne Borgo Sansepolcro genannt. Mit wenigen Ausnahmen arbeitete Piero della Francesca, oftmals als genialster Maler der Frührenaissance bezeichnet, nur hier. In zwei Manuskripten hat er seine Gedanken zur Kunst niedergelegt: ›De Prospectiva pingendi‹ (Über die Perspektive) und ›Libellus de V corporibus regularibus‹ (Über fünf regelmäßige Körper). Aus den Titeln dieser Schriften geht bereits hervor, welche große Bedeutung die perspektivische Raumdarstellung und die klare, strenge Form der Gestalten für Pieros Kunst hatten. So zeigen etwa die Umrisslinien seiner Frauenfiguren häufig die Form eines Dreiecks. Der Linearperspektive widmete er eingehende Studien, zeichnete auch Schnitte und Aufrisse von Köpfen, die er als geometrische Körper behandelte. Diese stilisierte Regelmäßigkeit erklärt (nach Wolfgang Braunfels: Kleine Italienische Kunstgeschichte) die kraftvolle und gelassene Ruhe seiner Idealgestalten.

Drei Wesenszüge kennzeichnen Pieros Kunst: eine dichte Maloberfläche mit an Nuancen reicher Farbigkeit, der Aufbau des Bildes nach den Gesetzen von Proportion und Perspektive, der eben für jene Ruhe der Gestalten und Szenen sorgte, der enge Zusammenhang seiner Werke mit den politischen Ereignissen seiner Zeit und die Darstellung von ›Männern und Frauen aus dem Volk‹.

Piero gilt als ein perfekter Ausführender dessen, was seine Auftraggeber wollten, allerdings mit einer eigenen Vertiefung der Themen. »Er schuf Menschen eigener Prägung, deren Kennzeichen ihre Stille und ihr Ernst gewesen ist ... Die Vielfalt Italiens .... kommt auch darin zum Ausdruck, dass eine solche Kunst sich in dem kleinen Sansepolcro ohne alle Vorläufer entfalten konnte und auch ohne Nachfolger blieb«. (Braunfels)

Vergessenheit geraten sein wird – war früher ein ganz bedeutendes Wallfahrtsziel. An ihrer Stirnseite befand sich eines der berühmtesten Fresken von Piero della Francesca, die ›Madonna del Parto‹ (Schwangere Madonna, etwa 1452–1455). Sie zeigte eine anmutige Muttergottes, die stolz und unmissverständlich durch den Schlitz ihres Kleides auf ihren Bauch deutet. Seit seiner erneuten Restaurierung befindet sich das abgenommene Fresko nun in der früheren Volksschule mitten im Ort, sicherer aufbewahrt als in der allein stehenden Friedhofskapelle. Übrigens fand man bei der jüngsten Restaurierung heraus, dass der halbrunde Aufsatz über dem Fresko eine spätere Zutat war – so wurde er entfernt, was manche enttäuschen mag, denn irgendwie hatte man sich daran gewöhnt, schien es doch gut zum Bild von diesem Bild zu passen...

Siena und das Chianti

Siena: Die gotische Metropole der Toscana

Stadtplan S. 254/255
Tipps & Adressen: S. 363ff.

Siena breitet sich auf drei Hügelrücken aus, den so genannten Terzi di Città, die sich in ihrem Zentrum auf dem Campo treffen. Eine hohe Mauer umschließt die Stadt noch heute, man kommt nur durch eines ihrer Tore in sie hinein. Über der Mauer ragen aus dem Häusergewirr einige Türme heraus, vor allem die Torre del Mangia, der Rathausturm, sowie die Kuppel und der schwarz-weiß gestreifte Campanile des Domes.

Für Sienesen keine Frage: Ihre Stadt ist die schönste der Toscana, wenn nicht gar ganz Italiens und überhaupt, jedenfalls gilt sie zu Recht als die gotische Metropole der Toscana – im Gegensatz zur ewigen Gegenspielerin Florenz, die als Renaissancestadt apostrophiert wird. Und es ist eine Stadt, die man als Fußgänger genießen kann, denn bereits 1956 haben die Sienesen zugunsten ihres historischen Stadtkerns darauf verzichtet, diesen für den Straßenverkehr so zu erschließen, wie es manche Geschäftsleute und Händler zur schnelleren wirtschaftlichen Entwicklung der Stadt für nötig hielten: Der Kern wurde eine – fast reine – Fußgängerzone.

Siena ist so gut wie unverändert gotisch geblieben. Die Renaissance, prägend für Florenz, ging eher spurlos an Siena vorüber, als hätte man hier dieses Zeitalter in puncto Architektur kaum mitbekommen. Nicht zum Nachteil der Stadt! Charakteristisch sind hohe Backsteinpaläste, so hoch im Verhältnis zu den engen Gassen, dass kaum ein Sonnenstrahl auf das Pflaster fällt. Die Fassaden sind daher großzügig mit Fenstern gegliedert, damit wenigstens durch sie genügend Licht in das Innere der Häuser gelangt. Trumpf ist der so genannte Sieneser Bogen, eine eigenständige Fensterform: Ein Spitzbogen sitzt auf einem flachen Rundbogen oder auf drei gotischen Spitzbögen mit Dreipass, im Zwischenraum ist Platz für Schmuck, normalerweise ein Wappen.

Zahlreiche Paläste schmücken die schöne Stadt. Denn wer vom Landadel Bürgerrecht erwerben oder behalten wollte, musste einen Palazzo in Siena errichten. An die 50 Adelsfamilien kauften sich auf diese Weise ein und bestimmten somit den zauberhaft urbanen Charakter der Stadt, in der jeder noch schöner als der andere bauen wollte.

Unübersehbar dominiert der Campanile
◁ *des Domes das Panorama von Siena*

Stadtgeschichte

Zur Etrusker- und Römerzeit dürfte Siena oder ihre Vorläuferin nicht gerade bedeutend gewesen sein. Aber da sie schon 313 Bischofssitz wurde, darf man auf eine urbane Besiedlung zur späteren Kaiserzeit schließen. Wappen und Wahrzeichen Sienas jedenfalls, wie in Rom, beruhen auf einer Gründungsgeschichte, die erst im Mittelalter nachgewiesen werden konnte: Senius und Aschinus, Söhne des Remus, gründeten auf der Flucht vor ihrem Onkel Romulus hier das *Castello Senio*. Die römische Wölfin hatten sie bei sich, das Wahrzeichen Sienas (wie Roms). Und das Wappen der Stadt, die *balzana*, trägt die Farben der Satteldecken beider Brüder: weiß für Senius' Pferd, schwarz für das des Aschinus.

Spätestens ab 1114 befehdeten sich Florenz und Siena. Es ging um die Sicherung der Handelswege und um Wegzölle. Florenz war guelfisch, also papsttreu, Siena ghibellinisch, kaisertreu. Verdankte doch Siena Friedrich Barbarossa (1186) die Rechte der Münzprägung, der Gerichtsbarkeit und der Wahl der Konsuln. Insgesamt fuhren die Bürger nicht schlecht damit: Die Regierung, die das freie Siena 1236 bildete, der ›Rat der Vierundzwanzig‹, bestand nur noch zur Hälfte aus adeligen Ghibellinen, vier aus jedem Stadtdrittel, und aus zwölf *popolani* des Großbürgertums. Der Bürgermeister, der *podestà*, bekam ab 1252 aus Gründen der Ausgewogenheit einen *capitano del popolo* an die Seite, der für die Sicherheit der Stadt zuständig war. 1260 siegte Siena bei Montaperti über Florenz. Der kleine, Zypressen bestandene Hügel knapp ein Dutzend Kilometer östlich von Siena wird heute selten besucht, obwohl dieser Sieg im Bewusstsein der Sienesen Jahrhunderte lang tief verwurzelt blieb. Auch wenn es 1269 Florenz gelang, wiederum Siena zu besiegen, und es dann noch häufig Kriege gegen einander gab, bis Siena 1555 endgültig kapitulierte.

In ihrer größten Not pflegten sich die gläubigen Sienesen an die Madonna zu wenden, auch im Kampf gegen Florenz. So legten sie dem Altarbild im Dom (›Madonna mit den großen Augen‹, wie Duccios ›Maestà‹ genannt wird, heute im Dombaumuseum) den Stadtschlüssel zu Füßen. Die Jungfrau half: Das Gemetzel am Montaperti nahm für die Florentiner ein schreckliches Ende, 10 000 wurden getötet, 12 000 gefangen. Dante schrieb später, der Arbia-Fluss habe sich rot gefärbt. ›Stadt der Jungfrau‹ nannte sich Siena fortan, trotz der Exkommunizierung durch den Papst, der sich an den Kaisertreuen rächte: Weil die Sieneser Bankiers im Kirchenbann standen, zahlten die Kreditnehmer nicht ...

Siena blieb die Stadt der Jungfrau: Thronende Madonna im Dom, thronende Madonna im Palazzo Pubblico (die ›Maestà‹ von Simone Martini in der Sala del Mappamondo). Natürlich spielt auch beim Palio die Madonna eine besondere Rolle: Am 2. Juli findet das Rennen zu Ehren der Madonna di Provenzano statt, am 16. August zu Ehren der Madonna dell' Assunta.

Den Reichtum an Schätzen der Malerei, Bildhauerei und der Baukunst verdankt Siena einer, historisch gesehen, kurzen, für die Stadt jedoch langen Friedenszeit: Von 1287 bis 1355 regierte die Stadt der Rat der Neun (*consiglio dei noveschi*), aus neun reichen Kaufleuten bestehend. Der Adel war ausgeschlossen. Die Neun hatten erkannt, dass Frieden die Voraussetzung für gute Geschäfte ist. Und gute Geschäfte machten die Stadt reich, mit ihrem Vermögen konnte sie sich ihrer Verschönerung widmen.

Siena engagierte dafür u. a. Duccio di Buoninsegna und Simone Martini, beide jeweils Schöpfer einer ›Maestà‹ (s. o.). Was Pietro und Ambrogio Lorenzetti im Siena des 14. Jh., in der Nachfolge

Siena – Sehenswürdigkeiten: *1 San Domenico 2 Santa Caterina 3 Fontebranda 4 Baptisterium 5 Dombaumuseum 6 Dom Santa Maria 7 Ospedale di Santa della Scala 8 Pinacoteca Nazionale 9 Palazzo Chigi-Saracini 10 Campo 11 Palazzo Pubblico 12 Palazzo Sansedoni 13 Palazzo Piccolomini 14 Loggia del Papa 15 Piazza Tolomei 16 Piazza Salimbeni* ***Hotels:*** *17 Certosa di Maggiano 18 Jolly Hotel Excelsior 19 Park Hotel Siena 20 Villa Scacciapensieri 21 Athena 22 Chiusarelli 23 Palazzo Ravizza* ***Restaurants:*** *24 Antica Trattoria Papei 25 Il Grattacielo 26 Medio Evo 27 Nello La Taverna*

N
0
200 m
Arezzo
S. Francesco
Fonte Ovile
Porta Ovile
20, Camping, Bahnhof
TERZO DI CAMOLLIA
Via del Comune
Via degli Orti
Via dei Baroncelli
Via delle Vergini
Via del Fosso
Pza. Provenziano
S. Maria del Provenzano
Provenzano Salvani
V. Lucherini
Salvani
Via del Giglio
Vic. degli Orbachi
S. Donato
Pza. dell' Abbadia
Via dell' Abbadia
V. d. Referno
V. del Moro
S. Christopherus
V. d. C. Angiolieri
V. d. Vento
V. d. Calzoleria
Sallustrio
S. Vigilio
V. San Vigilio
V. d. Donzelle
Banchi di Sotto
Pza. S. Giovanni
Bandini
Rossi
26
25
15
16
12
13
i
Banchi di Sopra
Via dei Termini
Pza. dell' Indipendenza
Via Terme
Via Becch
Via di Vallerozzi
Via d'Olive
Via del Pian d'Olive
Fonte Nuova
V. di Fontenuova
Via del Lavatoio
Vic. Borgofranco
Via della Stufa Secca
Via Montanini
Via dei Cavallerizzo
Via del Malavotti
V. Pianigiani
Via Incrociata
Costa d. Cavalletto
Via dei Pittori
Via della Galluzza
Via di Forcone
Vic. del Macina
Vic. d. Costaccino
Via di S. Catarina
Vicolo Palla a Corda
Via della Sapienza
Costa S. Antonio
Camporegio
2
Vic. d. Tiratolo
3
Pza. Giacomo Matteotti
Via del Paradiso
Via Curtatone
Pza. Antonio Gramsci
Via Garibaldi
19
Vic. d. Sportello
Viale Frederico Tozzi
Viale
La Lizza
18
22
Via dello Stadio
Stadio Comunale
Pza. S. Domenico
1
Viale Cesare Maccari
Viale Rinaldo
Viale Venticinque
Viale dei Mille
Fonte

17↗
Pza. S. Spirito
Via S. Girolamo
S. Giorgio
Via di Pantaneto
Vicolo degli Orefici
S. Martino
Vicolo dell' Oro
Salicotto
Via Magalotti
Via Porrione
Via Rialto
Via del Contradi
Via del Sole
Via del
Vicolo della Fortuna
Vicolo della Manna
TERZO DI S. MARTINO
di
Fontanella
Via di Porta Guistizia
Via di Malcontenti
d. Luparello
Pza. del Mercato
24
11
Via Giovanni Duprè
Convitto Tolomei
Via Pier Andrea Mattioli
S. Giuseppe
Via
S. Agostino
Vic. S. Salvatore
Via d. Ugurgieri
Vic. d. Pietre
della Fonte
V. d. Sambuco
Casato
Lombarde
V. d. Fonte
Vicolo di Percennesi
Sotto Casato
Costa Larga
Via S. Agata
Prato di S. Agostino
Via di Sopra
9
8
Via S. Pietro
Chiasso
d. Campane
Via del Castoro
Città
Via
Orto Botanico
Via Tito Sarrocchi
Vicolo della Tartuca
Via delle Cerchia
Via di Castelvecchio
V. d. Castoro
Poggio
5
Pza. Jacopo della Quercia
Via del Capitano
Pza. Postierla
Via di Stalloreggi
S. Lucia
Agnese
6
Pza. del Duomo
TERZO DI CITTÀ
Tommaso
V. d. Fusari
7
Vic. di S. Girolamo
Franciosa
di Vallepiatta
Via del Fosso di S. Ansano
Pza. delle Duo Porte
23
Pza. d. Selva
S. Sebastino
21
Via Mascagni

Richtig Reisen
Thema

Die Feindschaft der 17 Contrade

An jeder Straßenecke fallen sie auf: kleine Keramiktafeln mit Wappen, meist in Tiergestalt. Sie zeigen an, zu welcher *contrada*, was in etwa mit ›Stadtteil‹ zu übersetzen ist, der Straßenzug gehört. Die 17 *contrade* hatten früher (ihre Zahl stieg zeitweise bis auf 80) weitgehende Verwaltungsvollmachten, Gerichtsbarkeit u. ä. Die wichtigsten Aufgaben liegen heute im sozialen und gesellschaftlichen Bereich, in der Jugendarbeit, Altenpflege, Veranstaltung von Festen und an erster Stelle in der Vorbereitung und Durchführung des Palio (s. S. 38f.). Die Grenzen der 17 heutigen *contrade* hat übrigens die bayerische Prinzessin Violante 1729 durch eine Verordnung festgelegt. Fremde haben – unter Fremden versteht man auch die Mitglieder anderer *contrade* – im geistigen Nerv einer *contrada* nichts verloren, am wenigsten während der Palio-Zeit.

Alle zwei Jahre werden in einer *contrada* Wahlen abgehalten. Jeder, der über 18 Jahre alt ist, kann gewählt werden, insgesamt 40 ehrenamtliche Mitglieder, denen der *capitano* vorsteht, auch *duce* genannt. Man ist sich in Siena bewusst, dass ohne die Tradition des Palio die *contrade* nicht bis in unsere Tage überlebt hätten. Trotz des starken gesellschaftlichen und sozialen Engagements. Sie brauchen den ›Kampf‹, den Willen zu siegen, der sie zusammenhält.

Feindschaft? Ein wenig schon, aber sehr zivilisiert. Natürlich zieht man bei der Wahl eines Mitarbeiters oder der Vergabe einer begehrten Arbeit einen aus der eigenen *contrada* vor! Aber trotz größter Emotionen und unbändiger Aufopferung beim Wettlauf hat es in den sechs Jahrhunderten seit Bestehen des Palio im Wettkampf insgesamt nur drei Tote gegeben: 1619, 1620 und 1719.

Duccios in der Malerei einführten, sollte bis ins 15. Jh. als ›Sieneser Schule‹ fortgeführt werden: die wirklichkeitsnahe Darstellung von Stadtarchitektur und Landschaft, zum Beispiel die Darstellung der ›Guten Regierung‹ in den Fresken im Palazzo Pubblico. Man sieht darin wohlhabende Kaufleute in der Stadt, gotische Paläste, von hohen Türmen überragt – und in der sanft gewellten Hügellandschaft befestigte Dörfer und Landgüter, Bauern bei der Arbeit, die geometrischen Muster der bestellten Äcker an den Hängen und – wie hingetupft – ausladende Pinien.

Die berühmtesten Bildhauer und Baumeister jener Zeit, Nicola und Giovanni Pisano, rief man ebenfalls nach Siena. Die Pisano-Kanzel im Dom zählt zu den besonders wertvollen Schätzen der Stadt, deren Paläste zum größten Teil ebenfalls aus dieser Friedenszeit stammen.

Dem Größenwahn freilich waren die Sienesen verfallen, als sie beschlossen, den Dom so zu verändern, dass er mit dem von Pisa konkurrieren könnte: Der

alte Bau sollte nur noch das Querschiff des neuen Domes bilden! Das wird noch heute deutlich an der Südseite, dort, wo sich der Eingang zum Dombaumuseum befindet: Der Raum zwischen der Südwand des Domes und dem hohen Bogen hinter dem Museum sollte das Langhaus des neuen Domes bilden. Zu mehr als diesen Bauteilen kam es freilich nicht: 1348 dezimierte die Pest die Bevölkerung Sienas auf ein Drittel. Ebenso schnell versiegte die Finanzkraft der Stadt und damit waren Macht und Herrlichkeit – und auch die Bauwut – dahin.

In der Neuzeit erging es Siena fast wie im Mittelalter: Als die Frankenstraße an Bedeutung verlor, weil es bequemere Wege durch die trockengelegten Sumpfgebiete gab, fiel die schöne Stadt wirtschaftlich zusammen. Heute führt die Autobahn Florenz – Rom in hohem Bogen an Siena vorbei, die hervorragende (kostenlose) *superstrada* Florenz – Siena wirkt fast schon wie eine Entschuldigung dafür.

Stadtbesichtigung

Wer mit dem Wagen anreist, sollte ihn am besten in einer abgeschlossenen Hotelgarage oder auf einem der übersichtlich gekennzeichneten Parkplätze abstellen, etwa an der Fortezza Medicea oder im Oval des Stadio Comunale, wenn kein Spiel stattfindet. Im Zentrum wäre ein Wagen nur lästig, weil fast ganz Siena schon seit langem eine Fußgängerstadt ist und man sie ohnehin nur zu Fuß begreifen kann. Busreisende steigen inzwischen nicht mehr an der Kirche San Domenico aus, sondern eher an der Buszentralstation der Lizza ein Stück weiter; mit Überlandverbindungen erreicht man von hier praktisch die gesamte Toscana. (Der Bahnhof liegt weit unten an der umgebenden Hauptstraße, von wo ein Transfer nach oben besteht.)

Von der Mauer hinter der Unterkirche von San Domenico genießt man einen der schönsten Blicke auf Siena, über die tiefe Schlucht hinweg zum Terzo di Città, hoch aufsteigend, backsteinrot; darüber thront der weiße Marmor des Domes und links im Hintergrund der Rathausturm mit seinem weißen Travertinaufbau.

Drei Hügel, steil abfallend und y-förmig zueinander stehend, hatten die Sienesen für ihre Stadt zur Verfügung. Das ergab natürliche Stadtdrittel, die *terzi*: Terzo di Città im Westen, Terzo di San Martino im Südosten, Terzo di Camollia im Nordosten. Im Kreuzpunkt, in einer Vertiefung: Il Campo, das ›Feld‹, der Platz der Plätze (s. S. 266f.).

Keine andere toscanische Stadt hat es so durchdacht, so gekonnt geschafft, sinnvoll Hinweisschilder anzubringen. An jeder wichtigen Straßenkreuzung findet man kurze und prägnante Wegangaben: zum Dom, zum Campo, zur Kirche San Francesco, zum Busparkplatz, zu den nummerierten Parkplätzen etc. In Sienas Altstadt kann man sich nicht verlaufen. Es sei denn, man ist der Meinung, von einem zum nächsten Stadtteil gelangen zu können, ohne über den Campo zu gehen. Mitnichten! Die Bergrücken der *terzi* sind durch tiefe Einschnitte voneinander getrennt, die es in sich haben ... Man sollte sich vor dem Stadtgang den Plan genauer ansehen und wird bald erkennen, wie groß die Höhenunterschiede sind. Etwa: Campo am Rathaus 318,9 m, Dom 346,4 m. Logisch, dass man aufsteigen muss. Piazza San Domenico 335 m, Casa Santa Caterina 326,4, die Fontebranda 295, Porta Fontebranda dahinter 286,8 m. – Mit Gummi besohltes Schuhwerk ist wegen der zum Teil mit Kopfstein gepflasterten Gassen eher angebracht denn Stöckelabsätze...

An der **Piazza San Domenico** steht die mächtig ausladende Hallenkirche **San Domenico** **1**, erbaut 1225 bis 1254. Darin rechts, auf der Westseite, das einzige authentische Bild der heiligen Katharina von Siena (Fresko um 1380, im Barock eingerahmt). Die Kapelle der Heiligen ist in der Mitte der Südseite eingelassen (1488) und wurde 1526 von Sodoma mit Fresken zur Lebensgeschichte Katharinas ausgestattet, an der Schauwand die Kopfreliquie der Heiligen. Die Unterkirche, im 14. Jh. zur Errichtung des Querschiffes als Fundament notwendig geworden, ist sowohl rechts gleich nach der Katharinen-Kapelle über eine steile Treppe als auch direkt von außen zu erreichen. Sie wird heute als Kultur- und Konzertzentrum benutzt und ist meistens nur bei Veranstaltungen zugänglich. Herrlich ist die Raumwirkung der hohen Backsteingewölbe, die auf mächtigen Bündelpfeilern ruhen!

Mit dem Terzo di Città im Blick geht man links von San Domenico erst in die

Via Camporeggio mit der schön restaurierten Häuserzeile zur Linken, um dann in spitzem Winkel nach rechts die steile Treppe anzupeilen. An der Ecke stößt man auf die Chorseite der kleinen Kirche **Santa Caterina** 2. Der Wallfahrtsort im Haus der Katharina von Siena ist immer gut besucht und fast immer bedrückend eng, aber sehenswert. Das Haus musste wegen der Hanglage etwas kompliziert gestaltet werden und ist durch eine weitere kurze Treppe mit der Via Santa Caterina verbunden. Man kann beide Wege wählen, um auf die andere Seite der Schlucht zu gelangen, und von beiden Seiten kommt man auch zur **Fontebranda** 3, zum wohl schönsten Brunnenhaus Sienas. Solche Brunnen machten die Stadt bei Belagerungen autark. Denn wer genügend Wasser hat, kann lange ausharren. Besonders schön sieht der einer Festung ähnelnde Brunnenbau, der in der jetzigen Form mit Spitzbögen und Zinnenkranz bereits 1246 stand, von unten aus, wenn man das mächtig aufsteigende Querschiff von San Domenico dazu nimmt. Denn das Ensemble bietet städtebaulich gesehen eine ausgefallene Perspektive.

Die Via Fontebranda verläuft am Brunnen vorbei – einmal hinab und hinaus zum gleichnamigen Stadttor, einmal hinauf Richtung Campo. Wählt man den Weg hinauf Richtung Zentrum, durchquert man einen eher reichen Stadtteil: das Gebiet der **Contrada dell' Oca**, der mächtigsten Sienas. Dort, wo man durch einen Hausbogen (Arco di Porta Salaria) treten muss, verengt sich die Straße stark. Sie stößt anschließend auf die **Via di Città**, die sich zusammen mit den **Banchi di Sopra** als Hauptgasse durch das historische Zentrum zieht, der Rundung des Campo parallel folgend.

Der Domkomplex

Bevor man sich dem Campo widmet, sollte man einen Schlenker zum sakralen Zentrum der Stadt einfügen – es sei denn, man spart es sich für einen Extra-Besuch auf. Dazu zweigt man von der Via di Città nach rechts ab und biegt gleich wieder rechts in die Via dei Pellegrini. Sie führt direkt zur **Piazza San Giovanni**. Ein paar breite Stufen führen zum **Baptisterium** 4 hoch. Auch hier findet man eine städtebaulich sehr gute, für Siena typische Lösung: quasi das Stapeln von Gebäuden übereinander. Denn die Taufkirche bildet die untersten Bauteile des Komplexes Baptisterium, Krypta, Dom. Überraschend ist angesichts der breiten Fassade die geringe Tiefe des Baptisteriums – sein Bau war 1316 notwendig geworden bei der geplanten Erweiterung des Domes (ähnlich der Unterkirche von San Domenico). Dass die Pfeiler so voluminös sind, ist

Taufbecken im Baptisterium

klar: Schließlich müssen sie sehr viel Gewicht tragen. Die leider übermalten Fresken aus dem 15. Jh. sind zu vernachlässigen; wichtigstes Kunstwerk des Baptisteriums ist das 1417 begonnene Taufbecken, an dem gleich mehrere Künstler gearbeitet haben: Jacopo della Quercia, Donatello, Ghiberti und Giovanni Turino, ein jeder von ihnen ein Renaissancemeister eigenen Stils. Und dennoch wirken die Szenen aus dem Leben Johannes des Täufers als homogene Einheit.

Eine steile Treppe führt links vom Baptisterium nach oben. Zuerst zur so genannten **Cripta delle Statue**, eigentlich die Krypta des Doms, die lange Zeit die vom Dom außen entfernten Statuen barg, die heute im Dombaumuseum untergebracht sind.

Am oberen Ende der Treppe gelangt man auf die **Piazza Jacopo della Quercia** mit den überdimensionalen Maßen des geplanten und nie vollendeten Neuen Domes. Im einzigen fertigen Teil befindet sich das wunderschöne **Dombaumuseum** 5, dessen Sammlung unter den vielen Kostbarkeiten Sieneser Malerei auch zwei der größten Schätze Sienas birgt: den Duccio-Saal

Die Domfassade mit den charakteristischen Streifen

Aussichtsplatz über dem Bogen, dem *facciatone*, der die Fassade des Neuen Domes überwölben sollte. Von hier liegt einem ganz Siena zu Füßen: das Halbrund des Campo und der schlanke Turm des Rathauses, der wie der Zeiger einer Sonnenuhr seinen Schatten, langsam wandernd, über den Platz wirft. An erhöhten Punkten thronend, die Kirchen: San Domenico, backstein-wuchtig, mit von Zinnen bekröntem Turm, hinter dem Dom im Nordwesten; auf der anderen Seite des Domes im Südosten die Basilica dei Servi oder Santa Maria dei Servi; im Nordosten das Kloster San Francesco, dessen schlichte Fassade mächtig aufsteigt.

mit der ›Maestà‹ und die schönsten Holzschnitzereien von Jacopo della Quercia.

Im zweiten Stockwerk kommt man durch die Sala dei Parati mit reich geschmückten Messgewändern zu einer kleinen Flügeltür mit der Aufschrift ›Scala del Facciatone‹: 60 Stufen Wendeltreppe, die sich lohnen! Im ersten Abschnitt gelangt man unter den großen Bogen des Neuen Domes und steht genau gegenüber der Südwand der Kathedrale. Der Campo ist, von hier rückwärts schauend, nur zum Teil zu erkennen. Links führt nochmals eine beängstigend enge Wendeltreppe zum schönsten

Lässt man den Blick über die drei Stadthügel schweifen, ist leicht zu erkennen, wie sehr Siena nur im Zentrum urban ist und das Land sich durch die Schluchten in die Stadt hinein zu fressen scheint. Weit reicht der Blick über die Hügellandschaft, bis hin zum markanten Schattenriss des Monte Amiata. Am eindrucksvollsten aber sind die Dächer von Siena. Dicht aneinander ziehen sich die Häuserzeilen aus Siena-Backstein mit Siena-roten Tonziegeln an den Hügelkämmen entlang, machen da einen Bogen mit, um sich wieder gerade zu stellen oder über Treppengassen Kontakt zur nächsten Gasse am Hang zu bekommen. Der Blick fällt in viele gepflasterte Innenhöfe, in deren Mitte ein Ziehbrunnen oder ein einziger ausladender Baum steht, bevorzugt Zedern. Die schönste Zeder ragt aus dem früheren Klosterhof von San Francesco, wo heute Teile der Universität untergebracht sind (die juristische Fakultät, Wirtschafts- und Bankwissenschaften). In einem angeschlossenen Bau mit dem Oratorio

Richtig Reisen *Tipp*

Brunnentour durch Siena

Die Brunnen von Siena sollten die Stadt in Belagerungszeiten autark machen. Sie sind eine städtebauliche Meisterleistung, durch kilometerlange Kanäle miteinander verbunden. Doch auch wegen ihrer Architektur verdienen sie besondere Beachtung.

Während die Fonte Gaia auf dem Campo, ursprünglich ein Werk della Quercias, keine echte Funktion hatte, sondern lediglich ein Zierbrunnen war und geblieben ist, bildet die prächtige und trutzige Fontebranda zu Füßen von San Domenico das Musterbeispiel eines Sieneser Brunnenhauses. Drei Bögen, gotisch gespitzt, jeweils ein höherer über einem niedrigeren, tragen es, darüber liegt fein gegliedert ein Rundbogenfries, von einem geometrisch verzierten Zinnenkranz bekrönt. Stark befestigt, das war wichtig, vor allem bei diesem nachweislich ältesten Brunnenhaus Sienas (erste Dokumente von 1081, 1193 vergrößert). Weshalb diese wehrhafte Bauweise?

Siena ist schon immer arm an Wasser gewesen (heute wird die Stadt mit Überlandleitungen vom Monte Amiata versorgt). Zu allem Überfluss hatten sich die Sienesen ab dem 13. Jh. auch noch auf die Verarbeitung von Wolle, Seide und Leder spezialisiert, Handwerke, die viel Wasser verbrauchten. Die drei Hügel der Stadt aber bestehen aus Kalk- und Tonböden, weshalb man sehr tief bohren musste, um auf Wasser zu stoßen. Der gesamte Untergrund der Stadt wurde ausgehöhlt, um das Quellwasser weiterzuleiten. 25 km lang sollen die so genannten *bottini* sein, die tonnengewölbten Wassergalerien. Die Ingenieure hatten viel zu tun: das nötige Gefälle berechnen, Lüftungsschächte einplanen, schließlich die Brunnen dorthin setzen, wo sie vor Feinden sicher sein konnten.

San Bernardo davor haben die Carabinieri in den Räumen rings um den kleinen Kreuzgang ihren Sitz.

Wieder unten auf der Piazza Iacopo della Quercia angelangt, sollte man nicht durch das Südportal gegenüber in den **Dom Santa Maria** 6 eintreten, sondern zur Hauptfassade im Westen vorgehen. Denn sie ist seine Schauseite im besten Sinne, manche erinnert sie zwar zu sehr an Zuckerbäckerstil, aber insgesamt ist sie doch imposant. Der Bau des Domes, der an der höchsten Stelle der Stadt steht (346,4 m), wurde um 1210 begonnen und bis ins 14. Jh. fortgeführt. Seine Fassade (1284–1297), eine völlige Neukonzeption von Giovanni Pisano mit späteren Änderungen bis ins 14. Jh., ist fast schon im Sinne der französischen Gotik stark figural geschmückt.

Bereits auf der Terrasse zum Westportal fallen die Sgrafitti-ähnlichen Bilder auf, die den Bodenbelag überziehen. Außen sind es zwar Kopien, innen aber die Originale aus dem 15. Jh. Die ältes-

Die eigentlichen Quellbrunnen mussten verteidigungsbereiten Festungen gleichen, weil sie meistens in den Tälern zwischen den Hügeln lagen, oft sogar außerhalb der Mauern. Nicht nur als Spender für Trinkwasser für Mensch und Tier waren die Quellen wichtig, sondern auch zum Löschen von Bränden, die besonders in Kriegszeiten die Stadt bedrohten. Es entstanden daher neben den öffentlichen auch viele private Brunnen, und natürlich hatte jede *contrada* möglichst einen eigenen. – Neuerdings werden Neugeborene mit dem Quellwasser des eigenen Stadtteils getauft, symbolhaft für die lebenslange Zugehörigkeit zu einer *contrada*.

Die schönsten Brunnen

Fontebranda (s. o.) Ecke Via Santa Caterina und Via Fontebranda, westlich des Campo.
Fonte Gaia auf dem Campo, eine Kopie von Tito Sarrocchi (1868), das recht ramponierte Original von Jacopo della Quercia befindet sich unter der rückwärtigen Loggia des Rathauses.
Fonte Nuova im Norden der Stadt, 1298 bis 1303 errichtet und bis ins 16. Jh. hinein umgestaltet.
Fonte Ovile von 1262, mit Erweiterungen im 14. und 15. Jh., an der Porta Ovile im Nordosten weit unterhalb von San Francesco, auf einem schönen Weg durch kleine Gärten erreichbar.
Fonte della Contrada del Bruco, als Brunnen von San Francesco gebaut, unterhalb der Via dei Rossi mit weitem Bogen; seit 1513 Brunnen von San Bernardino, 1878 von der *contrada* der Raupe restauriert und wieder in Funktion gesetzt.
Fonte del Casato unterhalb der Treppengasse, die vom Casato di Sotto hinter dem Campo, am Palazzo Ugurieri mit seiner beigebraun stuckierten Fassade vorbei, zum Vicolo del Fonte abwärts führt.
Fonte di San Maurizio (1531 und 1583) im Südosten Richtung Basilica dei Servi di Maria an der Kreuzung Via San Martino mit der Via San Girolamo.
Fonte di Cerbaia im Nordwesten der Stadt unterhalb der Via di Montluc, ab dem 13. Jh., mit Renaissanceaufbauten.
Ziehbrunnen im Innenhof der Pinakothek im **Palazzo Buonsignori** an der Via San Pietro.
Ziehbrunnen im rückwärtigen Hof des **Palazzo Chigi-Saracini** an der Via di Città nahe dem Campo.

ten Bilder wurden zum Schutz vor kratzenden Schuhsohlen mit dicken Kartonagen abgedeckt und werden nur an hohen Feiertagen gezeigt, etwa eine Woche vor Mariä Himmelfahrt. Ansonsten sind abwechselnd einige Bilder frei gelegt und mit Kordeln abgesichert, damit Kunstinteressierte in den Genuss ihres Anblicks gelangen. Die ältesten Bilder wurden in den Marmor (Punkt für Punkt) eingeritzt, die Rillen dann mit Teer ausgefüllt. Die jüngeren Bilder sind eine Art Einlegearbeit aus verschiedenfarbigem Marmor, zum Beispiel ›König David‹ im letzten Rund vor dem Chor: schwarz, rot, weiß.

Der Sieneser Dom gehört zu den am prächtigsten ausgestatteten Kirchen der Toscana. Wunderbar hat ab 1503 Fra Giovanni da Verona das Chorgestühl von 1363 bis 1397 intarsiert. Wenn man es mit Hilfe des Münzautomaten beleuchtet, kann man besonders gut die perspektivischen Spielereien erkennen: schräg geöffnete Fenster, eine weite Landschaft dahinter, Straßenzüge, viel

Detail der reich verzierten Fassade des Domes Santa Maria

Architektur und Stilleben. Die zweite Rückenlehne von rechts zeigt Dürers ›Hasen‹ – man sieht, dass die Technik der Vervielfältigung durch Druck inzwischen verbreitet war, die Künstler konnten beliebte Vorlagen für ihre Arbeit nutzen. Ursprünglich bestand das Chorgestühl aus 90 Sitzen, von denen rechts und links nur noch 36 erhalten geblieben sind. Das mittlere, nicht intarsierte, sondern nur geschnitzte Chorgestühl ist später, 1567 bis 1570, entstanden.

Prachtvoll leuchtet das runde Glasfenster über dem Chor, das nach einem Entwurf von Duccio 1287/1288 geschaffen wurde und die Themen Tod, Himmelfahrt und Krönung Mariä behandelt.

Die Kanzel (1266–1268), an der Nicola Pisano mit Gehilfen, darunter Sohn Giovanni, gearbeitet hat, ist die zweite der berühmten Pisano-Kanzeln nach Pisa (Baptisterium, 1259) und vor Pistoia (Sant' Andrea, 1298–1301) und wieder Pisa (Dom, 1302–1311). Sienas Kanzel zeigt eine noch genauere Ausarbeitung charaktervoller Köpfe, ›Menschen von der Straße‹, die Gefühle, vor allem Ängste zeigen, daher schon sehr französisch-gotisch bewegt, aber nicht verniedlicht, sondern real wirken. – Im August fallen für kurze Zeit Sonnenstrahlen so auf die Kanzel, dass sie in ihrer ganzen Zartheit und Feinheit wie durchsichtig wirkt. Auch wenn es besonders schön wäre – das war sicher nicht die Absicht Pisanos, denn die Kanzel stand ursprünglich in der Mitte der Vierung, nicht wie jetzt links vor dem Chorraum, auf den nun die Blicke der vier Löwen der Kanzel gerichtet sind.

Links in der Kirche hat Francesco Todeschini Piccolomini, der spätere Papst Pius III. zum Andenken an seinen Onkel Papst Pius II. 1495 die so genannte **Libreria Piccolomini** einziehen und ausstatten lassen. Speziell, um darin dessen wertvolle Handschriftensammlung aufzunehmen. Leben und Wirken des

Papstonkels, der mit bürgerlichem Namen Enea Silvio de' Piccolomini (1405–1464) hieß und u. a. den Bau der Stadt Pienza veranlasste, zeigen wunderbar erhaltene Fresken von Pinturicchio (1502/1503). Der Zyklus beginnt rechts neben dem Fenster. Auch hier ist das Spiel mit der Perspektive zu erkennen. Und eine Mondsichel als Schmuckornament: das Wappen der Piccolomini, das in Siena häufig zu sehen ist.

Vom Ospedale della Scala zum Campo

Dem Dom gegenüber steht der mächtige Komplex des **Ospedale di Santa Maria della Scala** 7 aus dem 13. und 14. Jh. Der Name ist einfach zu erklären: Dieses frühere Krankenhaus wurde gegenüber der – damals noch höheren – Domtreppe errichtet (Treppe = ital. *scala*). Nach jahrzehntelangen Überlegungen (auch: Wohin mit dem zentralen Krankenhaus?) begann man 1988 mit dem Umbau des großen Komplexes für das reiche **Museo Archeologico,** gleichzeitig wurden Räume und Säle für Ausstellungen und Tagungen vorwiegend zum Thema Zeitgenössische Kunst umfunktioniert. Schon immer zu besichtigen war die **Sala del Pellegrino** des Krankenhauses, die im Freskenzyklus von Domenico di Bartolo und anderen Malern nach ihm Szenen aus den Aufgabenbereichen des Ospedale zeigen: natürlich Krankenpflege, aber auch die Betreuung von Waisen und die Verteilung von Almosen.

Die Via del Capitano geht an der Kreuzung mit der Via di Città in die Via San Pietro über und führt zur **Pinacoteca Nazionale** 8, seit 1932 im früheren Palazzo Buonsignori. Sie zeigt eine reiche Sammlung mit Malereien Sieneser Künstler und ist zudem normalerweise ein herrlich ruhiger, weil wenig besuchter Ort – mit einem schönen Renaissancebrunnen im Innenhof.

Zurück zur **Via di Città** und dieser nun nach rechts folgend, schlendert man zwischen den vielleicht schönsten Stadtpalästen Sienas hindurch. Es ist auch die Bummelmeile der Stadt überhaupt mit einladenden Geschäften und Restaurants. Menschenmassen schieben sich meistens durch die Fußgängerzone, nicht nur Einheimische und Touristen, auch viele Studenten, italienische und ausländische. Denn in Siena haben sich mehrere Institute etabliert, die italienische Kultur, Sprache und Musik vermitteln möchten. Vor allem Musik: Die **Accademia Chigiana** im wunderschönen **Palazzo Chigi-Saracini** 9 existiert bereits seit 1932 und ist eine Stiftung, deren kostbare Ausstattung, vor allem die Gemäldegalerie, leider nur mit Sondergenehmigung besichtigt werden kann. Die Musikstudenten haben es einfacher: Sie üben unter manch' streng blickender Dame aus der Renaissance und dürfen sich in den Pausen die Kostbarkeiten des Palastes in Ruhe ansehen. – Für Fremde bleibt der rückwärtige Hof mit seinem schönen Renaissancebrunnen. Der Palast, bereits im 12. Jh. begonnen, wurde im 14. Jh. in seine heutige Form gebracht, wobei er damals u. a. die schönen Sieneser Fenster erhielt. Im 18. Jh. folgte die grundlegende Restaurierung.

Schräg gegenüber befindet sich der **Piccolomini-Palast delle Papesse**, für Caterina Piccolomini, die Schwester von Papst Pius II., 1460 bis 1465 ganz im Stile der Frührenaissance, sehr florentinisch, gebaut (seit 1999 Zentrum für Zeitgenössische Kunst).

Bald öffnet sich rechter Hand der schmale Chiasso del Bargello. Wer nicht zu schnell vorbei eilt, erblickt die **Torre del Mangia**, den herrlichen Rathausturm Sienas mit seinem so leicht wirkenden Glockenaufsatz. Die Treppengasse abwärts führt hinab zum **Campo** 10, dem wohl schönsten Platz der Toscana. Wie eine Muschel liegt er hier oben dem Betrachter zu Füßen, fällt sichtbar ab zum Rathaus, was die weißen Travertinstreifen des Pflasters, die sich unten treffen, noch verstärken. Ringsum – die Rathausseite ausgenommen – Restaurants und Cafés, die sich im Erdgeschoss der Paläste eingenistet haben und zu den teuersten Sienas zählen.

Die Schönheit und vor allem die Harmonie des Platzes sind kein Zufall. Bereits 1309, manche Historiker meinen schon früher, wurden Vorschriften erlassen, wie die Hausfassaden auszusehen hätten. 1359 wurde gar eine ›Verschönerungsbehörde‹ eingerichtet. Galerien, Vorsprünge und Vordächer waren verboten, und nur zwei- und dreibogige Fenster nach dem Muster des Palazzo Pubblico erlaubt. Hohe Ämter wurden verliehen, Schulden erlassen – all' dies, damit den betroffenen Bürgern genügend Geld

blieb, um die vorgeschriebenen Verschönerungsmaßnahmen durchzuführen.

Mitten auf dem Platz steht die von Tauben umschwirrte Kopie der Fonte Gaia (Original oben im Rathaus), der beliebte Treffpunkt von Jung und Alt, von Einheimischen wie Touristen.

Der **Palazzo Pubblico** 11 oder auch **Palazzo Comunale**, das Rathaus, wurde 1297 begonnen (der Palazzo Vecchio in Florenz erst 1299!). Ursprünglich ist nur der mittlere Block mit drei Geschossen. Das Obergeschoss kam 1305 hinzu, die Seitenflügel 1307. Die **Torre del Mangia**, der 102 m hohe, alles überragende Turm, obwohl er an der niedrigsten Stelle der Stadt 1325 bis 1344 errichtet wurde, hat 1680 eine herrliche Travertinbekrönung erhalten, die ihm optisch eine unglaubliche Leichtigkeit verleiht. Leider ist die Besteigung des Turmes wegen Überfüllung nicht immer möglich, doch man sollte es nicht auslassen. Gleichzeitig mit dem Turmaufsatz erhielt der Unterbau des Palazzo eine Travertinfassade, darüber die Backsteingeschosse mit Fenstern und Portalen, wie sie uns in ganz Siena begegnen. Vielsagend für Siena: Über dem riesigen Medici-Wappen beherrscht der Strahlenkranz des heiligen Bernardino mit dem Christus-Monogramm IHS die Fassade. Das ungeliebte mediceische Zeichen der Eitelkeit einer Dynastie in einer eitlen Stadt (Dante meinte, in ganz Italien gäbe es nicht so eitle Menschen wie in Siena) überstrahlt vom Symbol des Stadtheiligen, der gegen die Eitelkeit predigte.

Das **Museo Civico** im Rathaus ist aus mehreren Gründen einen Besuch wert, u. a. wegen der Sala del Mappamondo mit den Fresken von Simone Martini (besonders sehenswert die ›Maestà‹, 1315) und der Sala della Pace mit den Fresken von Ambrogio Lorenzetti: ›Die gute Regierung‹ und ›Die schlechte Regierung‹, Letztere nur in Teilen erhalten (1337–1339) Von der offenen Loggia im Obergeschoss auf der Rückseite des Rathauses (mit dem stark verwitterten Original der Fonte Gaia von Jacopo della Quercia) bietet sich ein wunderschöner Blick über den alten Marktplatz und das Terzo di San Martino mit der Basilica dei Servi di Maria hinweg auf die umgebenden Weidehügel.

Auf dem Campo

Sienas größter Mäzen: Eine Bank

Mittags treffen sich auf der wohnlichen Piazza Salimbeni gut gekleidete Herren zu Füßen des marmornen Ökonomen Sallustio Bandini (1677–1760; s. Abb. S. 271) und schlendern zur Bar gegenüber: die Angestellten der Bank, die Sienas größter Mäzen war und ist.

Das Wappen mit den drei Bienenkörben ähnelnden Gebilden – die Hügel von Siena darstellend? – taucht überall in der Stadt auf. Mittlerweile sogar in ganz Italien und weltweit. Es ist das Wappen des Bankhauses *Monte dei Paschi di Siena*, Sienas bedeutendster Bank. Die von den drei Bankpalästen eingerahmte Piazza Salimbeni wirkt geradezu erhaben, museal. Kein Wunder, dass manche Touristen glauben, sich vor einem bedeutenden Museum zu befinden und eintreten wollen. Links steht der Renaissancepalast Tantucci, der travertinweiße gotische Palazzo Salimbeni mit seinen spitzbogigen Fenstern in der Mitte, rechts der Renaissancepalast Spanocchi (mit den Schalterräumen der Bank), dessen Namengeber Pius II. im 15. Jh. in Geldsachen zur Hand ging.

Was von der Piazza Salimbeni aus so erhaben wirkt, erweist sich auf der Rückseite des Komplexes (von der kleinen Piazza Abbadia aus) als uneinnehmbare Festung: Schwer stützt sich das mächtige Gemäuer der Rocca Salimbeni (der Festungsturm) an den leicht geneigten Abhang. Im unteren Teil ist sie völlig fensterlos, oben von Zinnen bekrönt. Sie ist der vierte Bauteil des Gebäudekomplexes und von der Piazza Salimbeni aus nicht zu erkennen.

Am 4. März 1472 gab der Große Rat von Siena die Statuten einer neuen Institution bekannt: Die Stiftung bekam den Auftrag, den Bürgern zinsgünstige Kredite zu gewähren, sozusagen ein Balanceakt gegen die Wucherzinsen mancher Privatbanken. Gewinne durften nur für soziale Projekte oder zur Aufstockung des Eigenkapitals gemacht werden. Während zunächst nur Viehzüchter von den günstigen Krediten für ihre Weiden (daher Monte dei Paschi, ›Berg‹, ›Haufen‹ im Sinne von ›Vermögen der Schafhirten‹) profitierten (erst zu 7,5 und später sogar nur 5 % Zinsen), gab es später auch Gelder für den Getreideanbau.

Eine der ältesten und reichsten Banken Italiens hat ihre Tradition, verwurzelt im Süden der Toscana, bis heute bewahrt. Hinzu gekommen sind, im Sinne von Mäzenatentum, die Wohnungsbaufinanzierung und vor allem die Restaurierung kulturhistorisch bedeutender Bausubstanz. So besitzt Monte dei Paschi di Siena in der Stadt und in der gesamten Toscana zahlreiche Villen und Paläste, außerdem sogar ein historisches Weingut im Piemont.

Die Bank mit weltweit, inklusive aller Beteiligungen, mehr als 20 000 Mitarbeitern hat trotz der eigentlich schwierigen Kunden (Kleinbauern und Viehzüchter sowie lokale Leichtindustrie wie Herstellung von Möbeln, Schuhen und Kleidung), die mehr oder weniger ständig mit Geldproblemen ringen, immer gute Geschäfte gemacht. Und zwar in der Hauptsache mit hochverzinslichen Staatspapieren.

Die Bank als Mäzen heute: Neben dem Autohersteller Fiat und der Florentiner Versicherungsgesellschaft La Fondiaria (die sich inzwischen in deutschem Besitz befindet) hat Monte dei Paschi di Siena große Teile des Etrusker-Projekts der Toscana finanziert und beteiligt sich an den meisten Aktivitäten der Region, die mit Kunstförderung oder -erhalt zu tun haben. Inzwischen nicht nur, weil Mäzenatentum in Italien traditionell immer großes Ansehen brachte, sondern auch, weil 1982 ein Gesetz in Kraft trat, das die steuerliche Abzugsfähigkeit von Spenden festschreibt.

1972, zum 500-jährigen Bestehen der Bank, wurde die architektonische Pracht des Komplexes an der Piazza Salimbeni vollendet: durch geschickte Verbindung von drei der vier historischen Bauelemente mit dem modernen Werkstoff Beton. Die Rocca Salimbeni wurde mit dem Palazzo Salimbeni verbunden und dieser wiederum mit dem Palazzo Tantucci. Die unterschiedlichen Höhen der Stockwerke wurden durch den schneckenförmigen Verlauf der Betongalerien so ausgeglichen, dass alle vom Aufzug her erreichbar sind. Der entstandene Lichthof bekam einen Backsteinfußboden mit einer dreistufigen Vertiefung darin, um den Forumcharakter, den Treffpunkt der Bank zu markieren.

In einem Raum unter dem Backsteingewölbe des Erdgeschosses der Rocca wurde das historische Archiv der Bank untergebracht mit allen Schriften, Schuldscheinen, Verträgen etc.: eine lückenlose Bankgeschichte seit der Gründung, also über mehr als 500 Jahre. Im angrenzenden Raum befindet sich der Studiensaal des historischen Archivs, den eine geschwungene Betondecke mit einem schmalen Lichtstreifen in der Mitte prägt.

Unterhalb des Gebäudekomplexes, der auf der Rückseite bis zum Unterbau der gegenüberliegenden San Donato-Kirche reicht, befindet sich der moderne Konferenzraum mit edler Lederbestuhlung und ganz wenigen, nur punktuell angestrahlten Kunstwerken. Hinter einer Geheimtür gelangt man in die private Pinakothek der Bank, um die sie so manches Museum beneiden dürfte. In der Hauptsache mit Sieneser Kunstwerken und Schätzen angefüllt, etwa ein von Giuseppe Zocchi 1739 für Maria Theresia gemalter Palio. Ein eigener Saal ist den Manieristen gewidmet.

Dass der ›Salon‹ der Bank, ihr Repräsentationssaal im Obergeschoss der Rocca, von besonderer Pracht ist, braucht eigentlich nicht mehr erwähnt zu werden. Dafür aber der Blick vom Turm: die ganze Stadt überschauend, etwa zwei Etagen tiefer als vom Rathausturm, dafür aber irgendwie eindringlicher, Siena ist fast zum Anfassen nahe, das Rot der Dächer intensiver, die umliegenden Hügel erscheinen weiter entfernt.

Schräg gegenüber dem Palazzo Pubblico (vom Rathaus aus gesehen rechts der Fonte Gaia) drückt der herrliche **Palazzo Sansedoni** 12 dem Platz seinen Charakter auf. Er entstand 1339 durch die Zusammenfassung verschiedener Privathäuser, ganz im Sinne der ›Verschönerungsbehörde‹, denn er folgt der Rundung des Platzes in vollendeter Form. Heute befindet er sich im Besitz des Bankhauses Monte dei Paschi di Siena (s. S. 268f.).

An die Nordostecke des Platzes stößt ein mächtiger Bau mit einer Fassade aus Buckelquadern zu den Banchi di Sotto: der **Palazzo Piccolomini** 13. Die Piccolomini haben die Renaissance in die gotische Stadt gebracht, zwar mit auffälligen Bauten, aber ohne damit den gotischen Charakter nachhaltig verändert zu haben (vgl. auch Palazzo delle Papesse und Loggia del Papa). Bernardo Rossellino baute den Palazzo Piccolomini in Anlehnung an den Palazzo Rucellai in Florenz. Er wirkt düster und schwer und birgt in seinen repräsentativen Räumen das Staatsarchiv. Der Besuch lohnt wegen einer besonderen Kostbarkeit: einer Sammlung kunstvoller Einbandtäfelchen der Rechnungsbücher der Sieneser Finanzverwaltung von 1258 bis 1659, gestaltet von Giovanni di Paolo und den Brüdern Lorenzetti. Das 1775 gegründete und 1885 neu geordnete Staatsarchiv umfasst insgesamt über 60 000 Pergamente ab 736, Buchdeckel, Testamente etc.

Zwischen Campo und Piazza Salimbeni

Gleich um die Ecke Richtung Via del Porrione steht die großbogige **Loggia del Papa** 14, 1462 im Auftrag von Papst Pius II. zu seiner eigenen und der Verherrlichung seiner Verwandten, der Piccolomini, errichtet.

Die Banchi di Sotto zurück, dann im spitzen Winkel rechts in die Banchi di Sopra einbiegen und ihrem großzügigen Bogenverlauf folgen, bis sie sich zu einem kleinen, engen Platz öffnen: **Piazza Tolomei** 15 mit der Sieneser Wölfin auf einer hohen Säule in der Mitte, die längere Zeit restauriert wird, der Christopherus-Kirche rechts (früher Sitz des Rates der Republik Siena, noch vor dem Palazzo Pubblico) und dem gleichnamigen Palazzo auf der linken Seite. Dieser Palast gilt als der älteste erhaltene Profanbau Sienas und entstand schon 1205. Nur sein Erdgeschoss wurde 1267 einer Festung ähnlich umgestaltet. Jetzt wirkt er, zweifach aufgestockt, schmaler und dennoch sehr robust. Nur die Rückseite zeigt noch, wie uneinnehmbar diese kleine Stadtfestung ursprünglich war. Nach der neuesten Restaurierung hat hier die Sparkasse von Florenz ihren Sitz – und einen Platz weiter, an der **Piazza Salimbeni** 16, *die* Bank von Siena, Monte dei Paschi di Siena (s. S. 268f.).

Ausflug in die Montagnola

Karte S. 275
Tipps & Adressen: Sovicille S. 368

Genau so hübsch wie das Chianti, aber noch lange nicht so überlaufen (und zum Teil ›verdorben‹) ist die **Montagnola** südwestlich von Siena, mitten drin das hübsche kleine, mittelalterliche **Sovicille**. Schöne Landsitze ringsum bieten angenehme Aufenthaltsmöglichkeiten. Vor allem bei Wanderfreunden, Reitern und Ausflüglern mit Mountainbikes dürfte sich das bald herumgesprochen haben, denn viele Wege durch dichten, auch im Sommer angenehm kühlen Wald sind markiert, einige Weingüter produzieren immer besseren

Denkmal für Sallustio Bandini auf der Piazza Salimbeni

Wein und die Dörfer (Sovicille selber) und Weiler (z. B. Toiano und Torri) sind ebenso schön anzuschauen wie die kleinen romanischen Kirchen (Pernina und Ponte allo Spino) oder Klöster (Eremo di Lecceto oder Torri mit zauberhaftem dreistöckigen Kreuzgang), Burgen (Celsa oder Capraia) und bescheidene, nicht minder schöne Landvillen wie Cetinale.

Westlich der kleinhügeligen, bewaldeten Montagnola erstrecken sich die **Colline Metallífere,** die ›metallreichen Hügel‹. Sie ziehen sich Richtung Küste bis zur Pisaner Maremma und besitzen ein 200 km² großes geothermisches Feld mit dem Zentrum **Larderello**. Hier werden im Jahr etwa 650 Megawatt Strom erzeugt (u. a. für die Versorgung des Eisenbahnnetzes Mittelitaliens). Die Colline Metallífere sind von dichter Macchia, knorrigen alten Eichen und fast glattstämmigen Steineichen bedeckt, überall duftet es nach wilden Kräutern. Viele, meist versteckt liegende kleine Bauerngehöfte sind hier inzwischen in fremden Händen, und es wird überall immer mehr *Agriturismo* betrieben, Ferien auf dem Bauernhof.

San Galgano

■ Zunächst fährt man von Siena zur Porta Fontebranda hinaus Richtung Grosseto, biegt dann rechts ab auf die S. S. 73 Richtung Massa Maríttima und folgt ihr ins Merse-Tal nach Südwesten vorbei an den Abhängen der Montagnola und teilweise in engen Schleifen entlang der Ostausläufer der Colline Metallífere zum historisch-kunsthistorisch bedeutenden Ausflugsziel San Galgano, das einsam auf einer flachen Ebene zu Füßen des Montesiepi-Hügels liegt. Ihr Dach ist der Himmel und ihr Boden eine kräuterduftende Wiese – eine wahrlich eindrucksvolle, romantische Ruine.

Entstanden ist das ehemalige Zisterzienserkloster aus einer Einsiedelei für den heiligen Galgano (1148–1181). Als dieser im Jahre 1185 von Papst Lucio III. heilig gesprochen wurde, stand bereits eine runde Kapelle zu seinen Ehren auf dem nahen Hügel. Ambrogio Lorenzetti hatte sie mit Fresken ausgemalt. Wenige Jahre später kamen die ersten Mönche vom Kloster Casamari hierher, in ihrer Begleitung französische Ordensbrüder aus Clairvaux und Adelige aus Siena. Die einen brachten das künstlerische Können, die anderen das nötige Geld, um eine bereits so hervorragend geplante Klosteranlage zu finanzieren. Um

1224 konnte mit dem Bau begonnen werden, der etwa 80 Jahre gedauert haben soll.

Die Zisterziensermönche von San Galgano wurden zu Impulsgebern im kulturellen, wirtschaftlichen und natürlich religiösen Sinne im gesamten Gebiet der Sieneser Maremma. Warum dann das Kloster im 15. Jh. plötzlich jegliche Bedeutung verlor und im darauf folgenden verlassen wurde, ist noch immer ungeklärt. 1776 fiel der Campanile in sich zusammen, 1789 wurde das Kloster säkularisiert, im Folgenden dienten seine Steine als Baumaterial. Vom Kloster geblieben sind die Sakristei, der Kapitelsaal und die Schreibstube.

Das rote Backsteingewölbe der Kirche ruhte auf mächtigen Pfeilern aus weißem Travertin. Sie sind stehen geblieben ebenso wie die Wände der dreischiffigen Basilika und die Gewölbeansätze. Besonders beeindruckend ist der Blick vom Hauptschiff zum Chor, der mit seinen Fensteröffnungen wie ein Scherenschnitt wirkt – besonders am Morgen im Gegenlicht.

1961 bekam ein Zisterziensermönch aus Rom, Pater Romualdo Gilli, die Erlaubnis, nach San Galgano überzusiedeln und die Abteiruine wieder zum Leben zu erwecken. Er baute ein paar Zellen aus und begann damit die Wiederbelebung des Klosters, nun aber für den Olivetanerorden. Dieser erklärte San Galgano zu einem Ort klösterlicher Abgeschiedenheit. Eine kleine Werkstatt (u. a. Ikonenmalerei und Stickerei) wurde eingerichtet; ab und zu erklingt Musik, denn auch kleine, konzertante Veranstaltungen stehen ebenso mit auf dem Programm wie Ausstellungen.

In der Ruine San Galgano

Von Siena nach San Gimignano und Volterra

San Gimignano und Volterra werden meistens in einem Atemzug genannt, gehören bei Ausflügen und Rundreisen immer gemeinsam ins Programm. Dabei können zwei Städtchen, auch wenn sie beide im Kern mittelalterlich geblieben sind, kaum verschiedener sein. San Gimignano hat die UNESCO entdeckt, gerettet, saniert, aber leider auch etwas über-restauriert. Wegen der hoch aufragenden Geschlechtertürme wird es gerne als das ›Manhattan der Toscana‹ bezeichnet. Volterra dagegen mag wegen seiner hohen, geradezu würdigen Paläste etwas düster und ernst wirken.

Über Monteriggioni nach Colle Val d' Elsa

Karte S. 275
Tipps & Adressen: Monteriggioni S. 342, Colle Val d'Elsa S. 313

Von Siena führt die Route über die gewundene S. S. 429 nach **Monteriggioni** 1, das auf einem kleinen Hügel thront. Der einstige Vorposten Sienas gegen Florenz, 1203 in 274 m Höhe (heute über der *superstrada*) gegründet, steckt noch immer in einem mächtigen Mauerring, den früher 16 Tor- und Wachttürme krönten. Dante nannte sie »Giganten, die in der Hölle stehen« – heute sind es nur noch elf. Sonst ist fast alles intakt geblieben: die 570 m lange Mauer und der Charakter des mittelalterlichen Castello mit der kleinen Kirche im Übergang von der Romanik in die Gotik.

Zwei Plätze, versetzt hintereinander, bestimmen das Bild des winzigen Dörfchens, auf dessen Parkplatz unterhalb der Mauer man seinen Wagen abstellen sollte. Ein kleines, fast feines Hotel (›Monteriggioni‹), ein berühmt-gutes Restaurant (›Il Pozzo‹), eine Enoteca mit Weinen der Umgebung und eine Trattoria, ein gut sortiertes Antiquitätengeschäft, eine nicht sonderlich einladende Bar. Das ist alles, und doch für einen so kleinen Ort eine ganze Menge, die für die Beliebtheit Monteriggionis sowohl bei den Einheimischen als auch bei Durchreisenden spricht. Erstaunlich viel Platz bleibt für Obst- und Gemüsegärten innerhalb der Mauer, herrliche Ausblicke sind sicher, und ringsum stehen Olivenbäume und Weinstöcke. Monteriggioni ist wirklich ein Ort, den man auf einer Toscana-Reise einplanen sollte.

Nach dem Besuch Monteriggionis sollte man nun nicht auf die *superstrada* überwechseln, sondern die direkte, enge Verbindungsstraße wählen, die nach Colle Val d' Elsa führt. Gleich unten kommt die Abzweigung nach **Abbadia a Isola** 2. Den Namen erhielt das einstige kleine Zisterzienserkloster im 11. bis 12. Jh. wegen seiner damaligen Lage – einsam, wie eine Insel inmitten eines Sumpfgebietes. Der lombardisch-romanische Stil der dreischiffigen Basilika mit drei runden Apsiden überrascht hier, mitten in der Toscana. Sechs Joche bilden das Langhaus, abwechselnd von rechteckigen Pfeilern und halbrunden Pilastern sowie von Rundpfeilern getragen. Einige Freskenreste sind zu entdecken, im linken Seitenschiff eine sogar recht gut erhaltene ›Mariä Himmelfahrt‹. Die Kapitelle sind schlicht, nur rechts im Chor erkennt man zwei menschliche Gestalten. Unter dem Hochaltar breitet sich eine einfach restaurierte Krypta aus. –

Das Restaurant ›Il Pozzo‹ in Monterriggioni

Im Haus rechts von der Fassade wird der Schlüssel zur einsamen Kirche verwahrt, dem interessierten Fremden wird meist mit erstauntem Blick geöffnet. Denn, so meinen die Custoden, das Schönste an der Abbadia a Isola sei ohnehin der Blick auf Monteriggioni über die Weizen- und Maisfelder hinweg.

Ein historischer Hinweis am Rande: Zwischen Colle Val d' Elsa und Monteriggioni in der Ebene, also etwa auf dem Gelände der Isola-Abtei, schlug Florenz 1269, neun Jahre nach der vernichtenden Niederlage von Montaperti, Siena.

Weiter geht es immer parallel zur *superstrada*, und bald erreicht man **Colle di Val d' Elsa** 3, das schon von weitem zu sehen ist. Zwar ist es gerade in der Toscana nicht ungewöhnlich, dass zu einer meist mittelalterlichen Oberstadt eine neuere Unterstadt gebaut wurde, aber Colle di Val d' Elsa ist bereits auf dem lang gestreckten Hügel oben zweigeteilt: ganz oben das Castello, der älteste Teil von Colle Alto mit Häusern und Türmen aus dem Mittelalter und der Renaissance. In der Hauptstraße des Castello, Via Castello 63, kam 1232 angeblich Arnolfo di Cambio, u. a. der Dombaumeister von Florenz, zur Welt. Dieses Turmhaus aus dem 13. Jh. steht in guter Nachbarschaft: Der **Palazzo Pretorio** wurde im 13. und 14. Jh. errichtet (heute Museum). Der **Dom** stammt von 1603, und birgt u. a. Werke von Giambologna und Giuliano da Maiano.

Von Bögen überspannt ist die **Via delle Ronite** in diesem höchsten Teil von Colle, parallel dazu verläuft die fast völlig überwölbte mittelalterliche **Via delle Volte**, die genau 110 m misst. Sie ist so niedrig, dass man beim Durchschlendern ständig das Gefühl hat, sich bücken zu müssen ...

Den Zugang zu beiden Gassen findet man gleich rechts nach dem Eingang zum Castello, noch vor dem **Palazzo del Capitano** aus dem 15. Jh., einem schlichten Bau, der an seinen beiden kleinen Balkonen zu erkennen ist. Zwischen dem befestigten Castello und dem ›Vorhof‹ steht der **Palazzo Campana**, den Giuliano di Baccio d' Agnolo 1539 errichtete. Trennend und verbindend zugleich ist der Torbogen des Palastes, mit der Schauseite zur Via Campana hin, wo rechter Hand das Rathaus steht, mit dem mächtigen, sechs-kugeligen Medici-Wappen das Straßenbild bestimmend. Die Straße endet an der Piazza Santa Caterina, die sich bereits auf leicht abschüssigem Gelände ausbreitet. Von der Terrasse des Hotels ›Arnolfo‹ vor der Kirche genießt man einen hinreißenden Blick in die Val d' Elsa. Hinter der Kirche macht die Via Campana einen Knick und führt immer steiler abwärts in die Unterstadt.

Die **Porta Volterrana** weist natürlich Richtung Volterra, ist stark mit zwei vorspringenden Bastionen befestigt und trägt unverkennbar die Handschrift des Festungsbaumeisters Sangallo.

Der Fußweg führt von Colle Castello über die Via delle Romite abwärts. Mit den eingebauten Stufen ist diese Backsteinstraße bis zu 2,5 m breit und führt direkt nach Colle Piano oder Basso: mit garantierter Aussicht auf die Stadt und die Landschaft. Schnell ist unten die fast quadratische **Piazza Arnolfo** erreicht. Hinter feinsten Spitzengardinen verheißt hier die ›Antica Trattoria‹ kulinarische Verwöhnung. Doch auch preiswertere, einfachere Trattorie bietet diese angenehme Unterstadt von Colle.

Von Siena nach San Gimignano und Volterra

Die Casetorri in San Gimignano: ehemals Statussymbole und Wehrtürme

Überhaupt: Man fühlt sich in Colle di Val d'Elsa gut aufgehoben. Die Kristallverarbeitung hat dem Städtchen zu neuzeitlichem Wohlstand verholfen, dafür musste die Unterstadt allerdings rings um den Kern ihr historisches Gesicht weitgehend aufgeben: Glas und bunt gestrichene Stahlkonstruktionen hielten hier Einzug.

San Gimignano

Karte S. 275
Tipps & Adressen S. 359f.

4 Die kleine Stadt der hohen Türme, San Gimignano, ist von Colle di Val d' Elsa fast zum Greifen nahe, die weltberühmten Geschlechtertürme des ›Manhattan der Toscana‹ schon von weitem zu sehen. Die schmalen Landstraßen bieten beim langsamen Autobummeln gute Gelegenheit, die noch feingliedrigere Hügellandschaft in diesem Teil der Region auf sich einwirken zu lassen. Und: San Gimignano ist, wenn man darin übernachtet und sich für die Besichtigung Zeit nimmt, viel besser als sein Ruf. Kaum hat ein Teil der Touristen (der Fremdenverkehr ist neben dem Vernaccia, dem herben Weißwein, die Haupteinnahmequelle) bei anbrechender Dunkelheit den Ort verlassen oder sich in die Hotels zurückgezogen, spürt man wieder die Atmosphäre eines mittelalterlichen, fest ummauerten Städtchens.

Dreifach ist der Mauergürtel, eng sind die Gassen, hoch die Wohnhäuser und Paläste, noch höher freilich die *casetorri* (Geschlechtertürme) – rechteckig, klobig, fast fensterlos. Eben kleine private Festungen der im Mittelalter reichen Woll-, Wein- und Gewürzhändler. Erbaut zum Schutz gegen die Nachbarn, die der ›falschen‹ Partei angehörten – auch in San Gimignano bekämpften sich Guelfen und Ghibellinen. Zwar konnte sich die Stadt bereits im 12. Jh. als freie Kommune durchsetzen, doch untereinander waren sich die Geschlechter spinnefeind. Und daran änderte auch die Machtübernahme durch Florenz 1353 nichts.

72 Türme ragten einst aus dem mittelalterlichen Gewirr der Gassen empor,

übrig geblieben sind 15, von denen 14 sichtbar sind. Die privaten Türme durften freilich die beiden Stadttürme (des Palazzo del Podestà mit 51 und des Palazzo Comunale mit 54 m) nicht überragen. So wurden des öfteren aufmüpfige Bürger zum Abtragen heimlicher Aufstockungen verurteilt.

Eine wohl geordnete, im Sinne des Fremdenverkehrs durch die UNESCO-Sanierung über-ordentliche, im Charakter aber nach wie vor mittelalterliche Kleinstadt empfängt den Besucher, der sie normalerweise durch die **Porta San Giovanni** im Süden betritt. (Parkplätze gibt es entlang der westlichen Stadtbefestigung und im Südwesten; das Informationsbüro mit Hotelbuchung und Wechselstube befindet sich auf dem Domplatz.) Vom südlichen Tor aus spaziert man die Via San Giovanni hoch. In der ehemaligen kleinen romanischen Kirche (Haus Nummer 69, rechts) ist heute die Weinhandlung der ›Fattoria Tollena‹ untergebracht, in der man vielleicht die erste Bekanntschaft mit dem typischen Wein des Städtchens, dem *Vernaccia di San Gimignano,* machen könnte. Der Durchgang zum Garten hinten ist frei zugänglich und bietet einen hinreißend schönen Blick ins Elsa-Tal bis nach Colle di Val d' Elsa.

Kurz darauf folgt das gekonnt in den mittelalterlichen Mauern eingerichtete Hotel ›Bel Soggiorno‹ mit gutem Restaurant und ähnlichem Panoramablick. Noch einige Schritte bergan, und man steht im Zentrum des kleinen Städtchens, auf der etwa dreieckigen **Piazza della Cisterna**. Ihren Mittelpunkt bildet der Renaissancebrunnen, dessen Travertinränder die tiefen Spuren der Seile zeigen, mit deren Hilfe Jahrhunderte lang die schweren Wassereimer hochgezogen wurden. Rechts steht das Hotel ›Cisterna‹ mit Restaurant, einfacher zwar und doch ähnlich anspruchsvoll wie das Erstgenannte, gegenüber das bescheidenere Hotel ›Leon Bianco‹. San Gimignano bietet also eine außerordentlich gute Hotelinfrastruktur im Zentrum, und die Cafés stellen ihre Tische und Stühle einladend auf die schöne Piazza, sobald ein Sonnenstrahl darauf fällt.

Aber schöner noch ist die **Piazza del Duomo**, auch sie unregelmäßig, weder Quadrat noch Dreieck und von Treppen geprägt. Eine breite Treppe führt zur einfachen Domfassade, niedrigere Stufen zum früheren Kreuzgang links. Der steile Treppenaufgang zum Palazzo del Popolo mit dem durchgehenden, so genannten Dante-Saal, kann normalerweise nur noch über das Museo Civico mit der Pinakothek im selben Gebäude durch den Kreuzgang betreten werden, weil er in den Museumskomplex mitsamt der Torre Grossa, dem mächtigen Stadtturm, integriert ist.

Zur Piazza della Cisterna hin steht die erste öffentliche **Loggia** der Toscana (Ende 13./Anfang 14. Jh.), sie bildet das Untergeschoss des **Palazzo del Podestà** (1239, vergrößert 1337) mit seinen guelfischen Zinnen und dem angebauten Turm der Useppi, später der Chigi (1280).

Auf der Piazza del Duomo in San Gimignano

Städtebaulich geradezu raffiniert ist der **Voltone**, der große Bogen gegenüber dem Dom (=Collegiata), der beide Plätze trennt und gleichzeitig verbindet. Schließlich rundet der mächtige Doppelturm eines Familienpalastes (der Salvucci, 13. Jh.) das imposante Bild des Domplatzes ab. Alles in allem: Koexistenz von kirchlicher Macht und weltlichem Einfluss.

Die **Collegiata Santa Maria** aus dem 12. Jh. (neuerdings für Besucher nur durch den Eingang auf der Kreuzgangseite links zu betreten) gilt aufgrund der fast vollständig erhaltenen Ausstattung als eines der Schmuckstücke der Toscana. Fresken, wohin man schaut: Bildergeschichten aus dem Alten Testament im linken Seitenschiff von Bartolo di Fredi (ca. 1367). Und die Bilder aus dem Neuen Testament im rechten Seitenschiff, um 1350 in der Nachfolge Simone Martinis entstanden. Sie gelten als einer der monumentalen Zyklen Sienesischer Malerei. Die Innenseite der Hauptfassade hat Benozzo Gozzoli etwa um das Jahr 1421 mit dem ›Martyrium des heiligen Sebastian‹ freskiert. Vor dem Querschiff im Süden befindet sich die Kapelle der heiligen Fina, der Schutzpatronin von San Gimignano. Ihre Fresken stammen zum Teil von Domenico Ghirlandaio und zeigen die Geschichte des Lebens und des Todes der Stadtheiligen (1482).

Dante war 1319 im **Palazzo Comunale** zu Besuch, weshalb der Ratsherrensaal im *piano nobile* nach ihm benannt wurde. Dante sollte damals einen erneuten Streit zwischen den verfeindeten Parteien schlichten. Im Palazzo ist das Städtische Museum mit der Pinakothek untergebracht, weshalb man hierfür etwas mehr Zeit einplanen sollte.

Draußen, rechts vom Dom, weist ein Weg ›Al Castello‹, zur Ruine der Rocca, die jetzt von einem angenehmen Stadtpark umgeben ist, der im Sommer auch als Freilichtbühne benutzt wird. Es bereitet richtiges Vergnügen, die Rocca-Ruine zu erklettern. Zum Abschied gibt es von hier nämlich den schönsten Blick auf San Gimignano – und meistens auch noch Ruhe vor dem Rummel des Touristentreibens im Zentrum.

Certaldo

Karte S. 275
Tipps & Adressen S. 310f.

5 Man kann von San Gimignano direkt nach Volterra fahren oder eine kleine Landstraße nach Certaldo, ein Umweg, der zwar viel Zeit beansprucht, aber sich unbedingt lohnt. Denn Certaldo ist ein wenig besuchter, ruhiger, mittelalterlich geprägter Ort – und die Stadt des Dichters Boccaccio.

Giovanni Boccaccio, der bedeutendste Sohn dieser Stadt, sollte erst lange nach seinem Tod zu Ruhm und Ehren kommen: 1313 als uneheliches Kind geboren, 1375 in Certaldo gestorben, hat er es zwar in Florenz bis zum Kämmerer im Rathaus gebracht, aber sein ›Decamerone‹ (im Jahr der Pest 1348 entstanden) verhalf ihm nicht aus seiner ewigen finanziellen Not. Das Haus, in das Boccaccio sich 1361 vermeintlich zurückgezogen und das er bis zu seinem Tod bewohnt haben soll, ist heute als Studienzentrum und Museum eingerichtet (**Casa del Boccaccio**). – Wenigstens die Souvenirverkäufer des kleinen historischen Ortes über dem neueren verdienen nicht schlecht am späten Ruhm des Dichters.

Dieses Certaldo Castello oder Alto in nur 130 m Höhe über dem Elsa-Tal und der neueren Unterstadt gelegen, wurde ursprünglich von Florenz als Bollwerk gegen Siena ausgebaut und wirkt noch heute wie eine kompakte, uneinnehmbare Festung: Certaldo Castello wurde nach den Zerstörungen des Zweiten Weltkrieges behutsam restauriert und zählt zu den sehenswertesten Städtchen der Toscana. Eine einzige Straße auf einem Hang mit steil aufragenden Mauern – das ist fast alles. Eine Seite liegt immer im Schatten. Den Beginn der Via Boccaccio markiert der hübsche, von Zinnen bekrönte **Palazzo Strozzi Ridolfi** (13./14. Jh.), heute ein angenehmes kleines Hotel-Restaurant mit einem zauberhaften Innenhof – der richtige Ort für eine Siesta nach dem Essen.

Oben am Ende der mit Backsteinen gepflasterten Straße steht, leicht nach links versetzt von dieser Achse, der **Palazzo del Vicario**, das historische Rathaus aus Backstein mit weit offener Loggia. Die Fassade schmücken Wappen (einige von Della Robbia) all jener, die hier das Sagen hatten, außerdem aus unerklärlichen Gründen auch das Konterfei eines Kleinkindes. Der Bau um den harmonischen Renaissanceinnenhof wurde zu einem Museum restauriert und führt auch zur ältesten Kirche von Certaldo, **SS. Tommaso e Prospero** (13. Jh.). Deren spätgotische Fresken haben im Laufe der Zeit schwer gelitten, denn teilweise wurde die Kirche sogar als Töpferwerkstatt benutzt. Immer wieder einladend ist rechts des Palazzo del Vicario (auch Palazzo Pretorio genannt) das ›Albergo Osteria del Vicario‹. Es ist im früheren Rektoratsgebäude mit einem zierlichen romanischen Kreuzgang (ca. 1210) untergebracht, der an schönen Tagen vom inzwischen ganz feinen Restaurant mitbenutzt wird: ein herrlicher Aussichtsbalkon und ein wahres Genießerplätzchen.

Man kann die Fahrt nach Westen fortsetzen und gelangt über Gambasi Terme auf kleinen Landstraßen zur S. S. 439, die von Norden direkt auf Volterra zuführt. Beim Auf und Ab durch die hügelige Landschaft tauchen noch öfter die Türme von San Gimignano auf.

Volterra

Karte S. 275
Tipps & Adressen S. 371f.

6 *Velathri*, eine der wichtigsten Städte des Zwölferbundes Etruriens, wurde

In Volterra, der Hauptstadt des Alabasters

von den Etruskern auf den Resten der älteren Villanova-Kultur errichtet. Ihre höchste Blütezeit erlebte die Stadt im 4. vorchristlichen Jahrhundert, wie die zahlreichen Grabfunde beweisen. Der über 7 km lange etruskische Mauergürtel muss damals wohl außer den Wohnhäusern und öffentlichen Gebäuden auch das Weide- und Ackerland umschlossen haben. So war die Stadt auch in Belagerungszeiten autark. (Die späteren, mittelalterlichen Mauern sind bedeutend enger um den Stadtkern gezogen worden.) 260 unterwarf sich *Velathri* den Römern und blieb auch unter ihnen als *Volaterra* bedeutend, wie unschwer am imposanten römischen Theater abzulesen ist.

Das Mittelalter aber sah Volterra von internen Machtkämpfen zwischen kirchlichen und weltlichen Herrschern erschüttert, die Renaissance erlebte immer wieder rebellierende Volterraner gegen die Medici, was wenig fruchtete: Mit der Herrschaft des Großherzogtums der Toscana begann der unaufhaltsame Verfall der Stadt, der bis ins ausgehende 18. Jh. andauerte. Auch die Wiederaufnahme der Alabasterverarbeitung im 16. Jh. verhalf Volterra zu keinem besonderen Aufschwung mehr, diente lediglich künstlerischen Zwecken. Trotz-

Richtig Reisen *Tipp*

So erkennt man echten Alabaster

Die Volterraner selber sind äußerst darum bemüht, ihr Handwerk nicht in Verruf zu bringen. Hier wird man also selten einen Fehlkauf tätigen. Aber in den typischen Souvenirzentren kann es schon passieren, dass man auf Imitate herein fällt.

Alabasterimitationen aus Kunststoff lassen sich am einfachsten erkennen, weil sie ein geringeres spezifisches Gewicht haben, also sehr viel leichter sind als Alabaster. Oft werden sie auf einen kleinen Sockel aus Alabaster gestellt, der dann den Stempel ›echt‹ trägt (was ja nicht ganz gelogen ist).

Imitationen aus Alabasterpulver und Kunstharz sind schon schwerer von echten Alabastergegenständen zu unterscheiden. Dennoch: Nur die Oberfläche des richtigen Alabasters glitzert kristallin. Imitationen sind matt und klingen (beim leichten Anschlagen mit einem Bleistift oder dem Fingernagel) tönern (wie Ton oder Gips).

dem wuchs die Zahl der Werkstätten von acht oder neun im Jahre 1780 auf mehr als 60 zu Beginn des 19. Jh.

Die ersten ›Handelsreisenden‹ machten sich auf, Hersteller und gleichzeitig Verkäufer von Alabastergegenständen, die bis in die entferntesten Winkel Europas kamen, um dort ihre Waren anzubieten. Den Anstoß gab die Schulwerkstatt des sowohl künstlerisch genialen als auch wirtschaftlich denkenden Marcello Inghirami, die zwar nur 1791 bis 1799 bestand, aber mehr als 100 Schüler unter der Anleitung in- und ausländischer Meister ausbildete. 1870 erlahmte die Produktion, Europa hatte andere Sorgen, Frankreich und Preußen, damals zwei wichtige Kunden, bekriegten sich. Das 20. Jh. brachte technische Neuerungen und damit die Wiederbelebung der traditionsreichen Alabasterindustrie von Volterra: Die elektrische Drehscheibe hielt Einzug in die Werkstätten. Nach den Weltkriegen hat sich die Produktion wieder mehr auf künstlerische Arbeiten verlegt: ›Souvenirs‹, Schmuck, Kopien alter Kunstwerke, Alabasterblumen und -früchte, Vasen, Lampenfüße, Rahmen. Für manche purer Kitsch, für andere Mitbringsel mit Tradition.

Das Material, ein mineralischer Gips (schwefelsaures Kalziumhydrat), wird im Tagabbau in unterirdischen Gruben gewonnen. Die beiden Gruben von Volterra (in Santa Luce und Castellina Maríttima), etwa 20 km Luftlinie entfernt Richtung Meer, besitzen ein Netz von Gängen, das mehr als 25 km messen soll. Hier wird die beste Alabasterqualität abgebaut, der so genannte weiße Statuenalabaster von Castellina, rein, opalbleich, fast durchsichtig, leicht gestreift wie Onyx, selten von dunklen Adern durchzogen. Zeigt er aber leichte, tiefschwarze Adern, wird er Opalalabaster oder der ›Schiefrige von Castellina‹ genannt. Abstufungen in allen Farben und Effekten, so genannte Blondachate

Das Amphitheater in Volterra

und Gelalabaster, auch Marmor in allen Schattierungen bis zu Grün und Rötlich werden gefunden, je näher die Vorkommen bei Volterra liegen. Also: Die eigentlich beste Qualität ist am weitesten von der Stadt des Alabasters entfernt.

Fast 250 Betriebe verarbeiten Alabaster in und um Volterra, 800 Beschäftigte finden hier Arbeit; 80 % der Werkstätten sind Kleinbetriebe mit bis zu drei Mitarbeitern. Schlendert man durch Volterra, hört man aus fast allen Gassen ein leises Klopfen und Schleifen. Die Alabasterschule (seit 1822), in der Nachfolge der Inghirami-Schule, kann sich über Nachwuchsmangel nicht beklagen.

Volterra besitzt ein großes Parkhaus unterhalb der Piazza dei Martiri della Libertà. Insgesamt sind Parkplätze und Sehenswürdigkeiten der Stadt hervorragend ausgeschildert, so dass man erst gar nicht in Versuchung gerät, mit dem Wagen in das verkehrsberuhigte Zentrum vorzustoßen.

Einen Stadtgang sollte man an der **Porta a Selci** im Süden (von der S. S. 68 kommend), zu Füßen der riesenhaften **Fortezza Medicea** beginnen, die Lorenzo Il Magnifico 1472 bis 1475 bauen ließ. Seit 1880 ist sie eine der am strengsten bewachten Strafvollzugsanstalten Italiens. Hinter dem Tor beginnt die Via Don Minzoni. Hier steht nach etwa 250 m rechts das berühmte **Museo Etrusco Guarnacci**, das allein über 600 Deckel etruskischer und römischer Graburnen besitzt. Thematisch übersichtlich geordnet sind auch Schmuckgegenstände, Spiegel und Vasen. Sehr schön anzuschauen ist Nummer 105 im Saal VII/Erdgeschoss, eine Alabasterurne, die ein Pferd und zwei geflügelte Gestalten in der Mitte zeigt, rechts und links davon Reiter und Begleiter.

Balze, die schlimmere Variante der Crete

Den Nordwesten Volterras bedrohen seit Jahrhunderten die Balze, tief eingeschnittene Grate und Abbrüche, vom starken Wind und Regen ausgewaschen. Nach jedem Regenguss drohen sie erneut ein Stück des Bodens zu verschlingen, auf dem die Stadt erbaut wurde. So rissen sie bereits Zeugnisse aus der Villanova- und der Etrusker-Kultur in den Abgrund. Nichts kann inmitten dieses kargen, zerfurchten Hügelgebietes mehr Halt finden, nichts wachsen.

Im Nordosten von Volterra zeigt sich, dass häufig auch ganze Teile der Stadt mitgerissen wurden: Die Kirche San Giusto knapp an der etruskischen Mauer und der Porta Menseri ist bereits die dritte gleichen Namens, immer wieder weiter Richtung Zentrum neu aufgebaut, um sie vor erneutem Absturz zu schützen. Doch anscheinend haben sich die Balze an dieser Stelle etwas beruhigt. Die Kirche wurde vor kurzem renoviert.

Inzwischen ist die kaum aufzuhaltende Naturkatastrophe freilich zu einer Attraktion für Volterra-Besucher geworden, ähnlich wie die weit harmloseren Crete für Siena.

Der Via Gramsci folgend, zweigt der Rundgang nach rechts Richtung Porta Fiorentina ab. Kurz vor dem Tor biegt man in die Via Panoramica ein, die links an der Stadtmauer entlang führt und hält, was ihr Name (›Panoramaweg‹) verspricht: Rechts sieht man tief unten das **Römische Theater**. Die Gasse steigt steil an, wobei sich immer schönere Aussichten auf die Volterraner Hügellandschaft bieten, und macht dann einen Knick nach links zum Zentrum. In der Via del Mandorlo kann eine der besten Alabasterwerkstätten besichtigt werden (›Rossi‹).

Über die Via Ricciarelli, nach links, gelangt man zur **Piazza dei Priori**, dem Herzen der mittelalterlichen Stadt. Kompakt und doch großzügig, der Platz der weltlichen Macht (auf der Rückseite, am Domplatz, konzentriert sich die geistliche Macht). Der **Palazzo dei Priori** war von Anfang an (1208) fast so geplant, wie er sich heute präsentiert, und ist damit das älteste noch erhaltene Rathaus der Toscana (mit einigen gotischen Umbauten, vor allem der Fenster 1254). Er gleicht einer Festung und besitzt nur wenige Fenster im Erdgeschoss. Etwas großzügiger, lichter sind die oberen drei Stockwerke gestaltet.

Der **Palazzo del Pretorio** (auch: del Podestà bzw. del Popolo) steht mit seiner dreigeteilten Loggia gegenüber. Er ist aus mehreren privaten Palästen und Wohntürmen aus dem 12. und 13. Jh. entstanden. Der eingebaute Turm trägt oben das Porcellino, eine Art Wahrzeichen Volterras – in den Wäldern ringsum leben noch heute viele Wildschweine.

Wunderbar restauriert zeigt sich der **Palazzo Incontri** um die Ecke, beste

Renaissance des 15. Jh. Darin hat heute die Sparkasse von Volterra ihren repräsentativen Sitz.

Am Campanile des Domes vorbei erreicht man den **Domplatz**, den das Oktogonal des **Baptisteriums** schmückt, das zeitweise als Ausstellungsraum benutzt wird und dann problemlos besichtigt werden kann. Lange war Volterra Bischofssitz, was man dem **Dom Santa Maria Assunta** gegenüber nach vollendeter Restaurierung wieder ansieht. Die dreischiffige Basilika stammt aus dem 12. Jh. und wurde mehrfach umgebaut. Fast erdrückend wirkt die schwere, farbig gefasste Kassettendecke des Hauptschiffes, und wenig passend scheinen die stuckierten Kapitelle der Granit vortäuschenden Säulen. Sehr schön ausgearbeitet ist dagegen die rechteckige Kanzel, die von vier Fabelwesen getragen wird – zwei Löwen, einem Kalb und einem Kalb mit menschlichem Kopf. Eine Besonderheit ist die in kräftigen Farben gefasste hölzerne Großplastik, die Gruppe der ›Kreuzabnahme‹ aus dem 13. Jh. Sie steht in einer flachen Nische rechts vom Hauptchor.

Hinter dem Baptisterium führt eine schmale Gasse abwärts zur Via Porta dell' Arco und zur **Porta Etrusca**, dem etruskischen Stadttor, das in die römischen Mauern eingebaut wurde. Es stammt aus dem 4. vorchristlichen Jahrhundert und besitzt innen und außen rund 100 Jahre jüngere Bögen. Durch die schweren Steinquader im unteren Bereich wirkt das Tor recht wuchtig. Die drei verwitterten Köpfe am äußeren Bogen könnten Zeus und die beiden Dioskuren zeigen – gesichert ist es nicht. Jedenfalls werden sie häufig als das Sinnbild Volterras abgelichtet. Im Zweiten Weltkrieg wurde das Tor, um die drohende Sprengung durch die deutschen Truppen wegen der nahenden Alliierten abzuwehren, von den Volterranern völlig zugemauert und später wieder frei gelegt. – Blick aufs Land: Man hat die so genannte Volterrana zu Füßen und schaut bei gutem Wetter angeblich bis zum Meer.

Steigt man die Via Porta dell' Arco wieder hinauf, also Richtung Zentrum zurück, passiert man hohe Häuser mit Alabasterwerkstätten im Erdgeschoss. Und man sollte auf das Steinpflaster achten, das voller versteinerter Muscheln ist.

Von Volterra fährt man anschließend am besten die schöne S. S. 68 über Colle Val d' Elsa und weiter die S. S. 2, also die Via Cassia, über Monteriggioni nach Siena zurück. Oder schlägt, wofür man aber genügend Zeit einplanen sollte, einen Bogen auf schmalen Landstraßen über Cásole d'Elsa, Mensano und über die S. S. 541 hinweg nach Pievescola mit seiner großartigen, mit Loggien geschmückten Papstvilla (heute feudales Hotel) und durch die waldreiche Montagnola über Sovicille zurück nach Siena.

Beliebtes Mitbringsel: Grappa

Das Chianti-Land zwischen Siena und Florenz

Chianti ist für die meisten Toscana-Urlauber das Synonym für eine Bilderbuchlandschaft mit sanft gewellten, von Weingärten und Olivenbaumpflanzungen überzogenen Hügeln, mit Burgen und Schlössern, großen Gütern und kleinen Gehöften, weiten Sonnenblumenfeldern. Dabei besteht das Gebiet noch etwa zur Hälfte aus wilder Macchia mit undurchdringlichen Steineichenwäldern, Lorbeer und Erdbeerbäumen.

Ein hervorragender Ausgangspunkt für Reisen ins Chianti, das sich zwischen Florenz und Siena in Nord-Süd-Richtung und zwischen den Tälern von Arno und Pesa in Ost-West-Richtung ausdehnt, ist Siena. Die Statistiken zeigen jedoch, dass viele Toscana-Urlauber Ferienhäuser auf dem Land bevorzugen und gleich einen längeren Aufenthalt im Chianti buchen, das bereits auf eine lange Ferienhaustradition zurückblickt. Nirgendwo wurden so viele Landgüter unter die früheren Halbpächter aufgeteilt, nirgendwo so viele dieser Bauernhäuser gerettet, restauriert. So wurde aus dem Chianti ein für den Fremdenverkehr hervorragend erschlossenes Gebiet.

Eine Rundfahrt durch das Chianti sollte mindestens folgende Punkte erfassen: Von Siena über die S. S. 222 nach Quercegrossa mit einem Abstecher ins kleine San Leonino, weiter nach Castellina in Chianti, Greve und Radda in Chianti. Von dort zur S. S. 408 Richtung Gaiole in Chianti und zum einsamen Castello di Meleto, auf der S. S. 484 weiter zum trutzigen Castello di Brolio und ins dörfliche Castelnuovo di Berardenga. Die S. S. 326 führt schließlich über den kleinen historischen Hügel von Montaperti zurück nach Siena. Insgesamt kommen so etwa 120 km zusammen.

Die Chiantigiana, die Chianti-Straße

Karte S. 287
Tipps & Adressen: Castellina in Chianti S. 306, Greve in Chianti S. 328f.

Man verlässt Siena in nördlicher Richtung, um auf die S. S. 222, die so genannte Chiantigiana zu gelangen. Sie ist die schönste Verbindungsstraße zwischen Siena und Florenz und verläuft östlich der römischen Via Cassia, der heute sehr stark befahrenen S. S. 2.

Erste Station ist das unscheinbare **Quercegrossa** 1, der Geburtsort des feinsinnigen Künstlers Jacopo della Quercia (1371–1438), der wunderschön realistische Bildwerke schuf, vor allem in Marmor und Holz. Sein vielleicht schönstes Werk ist das Grabmal der Ilaria im Dom von Lucca, bei dem er den weißen Marmor zu einem scheinbar fließendweichen Stoff formte. In Jacopos früherem Wohnhaus, dem so genannten Castello, sind einige recht hübsche Ferienwohnungen eingerichtet worden (von Siena kommend links vom Ortszentrum).

Ein kurzer Abstecher führt ins verträumte Nest **San Leonino** (2 km) mit seiner kleinen romanischen Pieve. Immerhin mit einem Altartisch von Jacopo della Quercia und anderen Werken der Sieneser Schule aus dem 15. Jh. Auch hier findet man ein hübsches Landhotel in der Nähe (›Belvedere San Leonino‹).

Dann folgt schon, in 578 m Höhe und das Chianti überschauend, **Castellina in Chianti** 2. Umgeben von Wein- und anderen landwirtschaftlichen Gütern, Schlössern und Burgen, eine Art touristisches Zentrum für das Chianti-Gebiet. Zahllose Ferienhäuser sind hier zu mieten, und es stehen gute Landhotels in jeder Kategorie rings um den Ort, wo man auch mehrere ländliche Restaurants und gute Lebensmittelläden findet.

Castellina ist im Kern um die mächtige Rocca herum gewachsen, ein hübsches Provinznest. Im Mittelalter war es eine der freien Kommunen im Chianti und Mitglied der *Lega del Chianti* (s. S. 293). Durch das sehr kleine *centro storico* windet sich die Hauptstraße, die jetzt Fußgängern vorbehalten ist. Zur Altstadt gehören ebenso ein dunkler Bogengang und der Platz vor der Rocca darüber. Nur mittags lässt sich die Sonne in der Fußgängerzone blicken, denn die zweistöckigen Häuser rücken recht eng zusammen. Bis tief in den Herbst hinein stehen farbenfroh bepflanzte Blumentröge vor den Türen, an den Fenstern hängen Geranien und prächtig blühende Kapuzinerkresse. Die beiden Türme, die aus dem Häusergewirr herausragen, sind Reste der Befestigungsanlage von 1400, die allerdings bereits 1478 zum größten Teil zerstört war.

Alles in allem ist Castellina ein guter Standort, der außerdem weite Ausblicke

Das Chianti-Land

Hier findet die Weinmesse des Chianti Classico statt: Greve in Chianti

bis nach Monteriggioni und Siena bietet, dessen Türme und Kuppeln gut zu erkennen sind. Am fantastischsten ist natürlich der Blick vom hohen Turm der Rocca von Castellina, falls man ihn besteigen darf. Die Belohnung für den anstrengenden Aufstieg: Das ganze Chianti liegt einem zu Füßen, denn man befindet sich ja an einem der höchsten Punkte des Gebietes. Die Rocca wurde in den letzten Jahren wieder hergerichtet, und im Sommer finden hier – durch die Initiative eines deutschen Galeristen – Ausstellungen und andere Veranstaltungen statt.

Der nahe Monte Calvario im Nordwesten Castellinas birgt einen etruskischen Grabhügel innerhalb einer später römischen Siedlung, die bereits im 6. oder 7. Jh. zerstört worden sein soll. In einer Aufzeichnung von 1924 (›Notizie Storiche di Castellina in Chianti‹) steht zu lesen, 1904 seien noch in den fast vollständig ausgeraubten Gräbern unter dem *tumulus* Bronzebeschläge mit Ornamenten (Opfer- und Schlachtszenen) sowie ein Löwenkopf gefunden worden. Doch interessant ist auch der *tumulus* selber: Je ein Korridor führt aus den vier Himmelsrichtungen fast bis zur Mitte des Hügels, wo sich die eigentlichen Grabkammern befinden. Während die südliche Kammer nur in Spuren erhalten ist, besteht die nördliche aus zwei hintereinander liegenden Räumen. Die östliche Grabkammer hat vom Hauptraum aus je einen weiteren Seitenraum, und die westliche stößt noch weiter vor, indem sich nach dem verzweigten Raum ein weiterer geradeaus anschließt. – Vorsicht bei Regenwetter: Falls man überhaupt hineinkommt, wird es glatt und man kann leicht ausrutschen.

Die Chiantigiana schlängelt sich durch die Weinhügel mit ihren dicht bewaldeten Kuppen abwärts Richtung Florenz nach **Greve in Chianti** **3** mit seinem berühmten Marktplatz. Er bildet ein großes Dreieck, das sich zur Kirche hin verjüngt. Die Häuserreihen besitzen vorgebaute Bogengänge, darüber breiten sich große Terrassen aus, sozusagen für die Fortsetzung des Familienlebens ins Freie – irgendwie öffentlich und doch privat. Natürlich zum Markt hin, zum Hauptgeschehen im Ort, der in diesem landwirtschaftlich bedeutenden Zentrum noch immer wöchentlich abgehalten wird. Auch die Weinmesse des Chianti Classico findet hier statt, im September, mit Volksfeststimmung und vielen Probierständen. Und selbstverständlich findet man unter den Bogengängen Lebensmittelläden mit den Spezialitäten des Chianti, eine kleine Trattoria, einen Bäcker, Cafés und sogar ein kleines Hotel – ein zweites steht etwas versteckt in einer Platzecke.

Durch die Monti del Chianti

Karte S. 287
Tipps & Adressen: Radda in Chianti S. 358

Jetzt schlägt man von der Chiantigiana am besten einen Bogen nach Osten und fährt wieder südlich auf die so genannten ›geografischen‹ Chianti-Hügel (Monti del Chianti) zu. Die Ausblicke sind hier, an der Wasserscheide zwischen den Flüsschen Pesa und Arbia, weit und hinreißend schön, die Hügel ringsum dicht bewaldet mit Eichen und Steineichen, Edelkastanien und undurchdringlicher Macchia. Ab und zu hängen im Frühjahr duftende Akazien-Zweige über den Straßen und leuchten im Spätsommer die roten Beeren der Erdbeerbäume aus dem Waldrand heraus.

Quer durch die nicht allzu hohen Berge erreicht man zunächst **Radda in Chianti** **4**. In 603 m Höhe ist es das höchst gelegene Städtchen des Chianti-Gebietes. Als ein Kastell der reichen und mächtigen Grafen Guidi (Stammsitz in Poppi im Casentino, s. S. 243f.) stach es den Florentinern natürlich sehr ins Auge, bis sie es 1203 einnehmen konnten.

Eine lang gezogene Ellipse bildet den Grundriss der mittelalterlichen Ortsstruktur, Mauerreste sind in Häuser integriert. Der **Palazzo del Podestà** hat schon fünf Jahrhunderte erlebt. Eine Sehenswürdigkeit besonderer Art steht am Rand, die **Ghiacciaia**, ein gemauerter Eiskeller (Hinweise im Ortszentrum beachten), in dem heute ein einladender Schmuckladen untergebracht ist. Man kann zu den Geschäftszeiten einen Blick in die perfekte Konstruktion werfen.

Im regen Radda kann man überhaupt gut einkaufen: Wein, Olivenöl, Schinken und Wurst, alles echt toscanisch, garantiert von den umgebenden Chianti-Hügeln. Und ein paar kleine Lokale locken mit ihren Spezialitäten. Nicht zuletzt kann man hier wunderbar in den historischen Mauern der ›Fattoria Vignale‹ logieren und sich in angenehmem Ambiente verwöhnen lassen.

Entlang der ›Burgenstraße‹

Karte S. 287
Tipps & Adressen: Gaiole in Chianti S. 327

Die Querverbindung weiter nach Osten führt zur S. S. 408 und nach **Gaiole in Chianti** **5**, dem dritten Weinort der historischen Lega, der nur noch in 356 m Höhe liegt. Es ist ein nettes Städtchen mit noch besseren Einkaufsmöglichkeiten als in Radda. Die lang gestreckte Hauptstraße wurde in eine schöne, einladende Piazza umgestaltet und täuscht

darüber hinweg, dass Gaiole eigentlich auf mehreren kleinen Hügeln gebaut wurde, die durch Brücken miteinander verbunden sind.

Diesen im Mittelalter reichen Ort konnte sich Florenz erst im Jahr 1308 zu eigen machen. Die zahlreichen Burgen und Schlösser der nächsten Umgebung beweisen, dass Gaiole bereits im Mittelalter nicht nur ein bedeutendes landwirtschaftliches Zentrum, sondern auch eine Handelsmetropole war. Im Übrigen befindet man sich hier an der ›Strada dei Castelli del Chianti‹, der eigens für Touristen ausgeschilderten Burgenstraße (Prospekt mit Routenvorschlägen im Touristenbüro auf dem neuen Hauptplatz von Gaiole kostenlos erhältlich), die allerdings so viele Abzweigungen aufweist, dass man sich schwer damit tut, einer klaren Linie zu folgen. Muss ja auch nicht unbedingt sein, denn es ist

Früher ein Kloster, heute eine feine Herberge: Castello di Spaltenna

praktisch überall schön. Da sich viele der charakteristischen Landsitze der Toscaner – vom 12. Jh. an – im Privatbesitz befinden, können nicht alle besichtigt werden. Dafür bieten einige ein Restaurant, eine Enoteca mit Weinverkauf an oder gar die Möglichkeit zur Übernachtung.

Anfangen kann man die Besichtigung bei der befestigten **Badia a Coltibuono** 6, von Radda kommend direkt an der Kreuzung mit der S. S. 408 auf einer kurzen Stichstraße nach Norden (links) erreichbar. Hier, in 628 m Höhe,in einem der ältesten Klöster der Toscana, das aus dem Jahre 770 datiert, soll von den Vallombroser Mönchen der erste Chianti-Wein kultiviert worden sein. Was bis in unsere Zeit gerettet wurde, stammt jedoch zum größten Teil aus dem 15. Jh. Die wunderschönen Fresken im früheren Refektorium – heute Bibliothek – sind ein Jahrhundert später entstanden und können nicht besichtigt werden, weil das Weingut privat bewohnt wird.

Napoleon säkularisierte das Kloster, 1842 kam es in den Besitz der Stucchi Prinetti. Piero Stucchi und sein Verwalter Claudio Marenghi empfangen alljährlich bekannte Weinkenner und organisieren zur kulturellen Belebung des Chianti im August und zeitweise auch im Herbst Konzerte im früheren Kreuzgang. Außerdem geben sie sporadisch eine eigene ›Hauszeitung‹ heraus.

Die Produkte des weitläufigen Landgutes können in der unter der Leitung der berühmten italienischen Kochbuch-Autorin Lorenza de´ Medici und ihres Sohnes Paolo Stucchi modernisierten Trattoria im Nebengebäude gekostet und unten vor dem Eingang auch gekauft werden.

Nur 1 km westlich von Gaiole liegt ein winziges befestigtes Kloster aus dem 13. Jh. mit späteren Nebengebäuden, heute **Castello di Spaltenna** 7 genannt. Die romanische Kirche der Burganlage stand schon im 11. Jh., darin wird ein hölzernes Kruzifix aus dem 14. Jh. aufbewahrt, das Wunder wirken soll. Inzwischen ist im ehemaligen Klosterkomplex aus einem schlichten Hotel-Restaurant eine feine, teure Herberge geworden: Durch den strengen und doch verträumten Innenhof mit Brunnen gelangt man in die beiden Räume des Restaurants. Der große Kamin im Hauptraum strahlt auch dann Wärme aus, wenn er nicht brennt, die aufgereihten Weinflaschen die Zuversicht, hier gut aufgehoben zu sein. Gekocht wird bodenständig und doch recht verfeinert. Übernachten kann man in einem der wenigen, geschmackvoll restaurierten Zimmer in den früheren Klosterzellen oder in den geräumigeren Apartments der Nebengebäude, allesamt mit Blick ins Arbia-Tal. Dazwischen breitet sich ein großer Pool aus, und ringsum gibt es viel Auslauf.

Südlich von Gaiole folgt eine Burg der anderen, manche aus kleinen Klöstern oder Festungen entstanden oder von vornherein als Landvilla konzipiert. Gleich südwestlich von Gaiole beherrscht das **Castello di Vertine** 8 die Hügellandschaft, östlich der S. S. 408 das mittelalterliche Anwesen von **Barbíschio** 9. Eine Augenweide ist im Süden das mächtige **Castello di Meleto** 10 mit seinem wunderhübschen Renaissanceinnenhof. Davor die Cantina, in deren Verkaufsladen man nicht nur die Weine des Gutes, sondern auch andere Spezialitäten erwerben kann. Im Schloss selber wurden einige Zimmer zur Vermietung ausgebaut, unterhalb des Rosengartens ein paar Apartments.

Die Landschaft weithin bestimmend hockt auf einem Hügel weiter südlich an der S. S. 484 das **Castello di Brolio** 11 in 533 m Höhe. Auf einer Lichtung darunter erstreckt sich der Weingarten des Landschlosses. Seit 1147 befindet sich das durch Anbauten der Jahrhundertwende in ›historisierenden Formen‹ noch imposantere Gebäude in Familienbesitz. Böse Zungen behaupten, Graf Bettino Ricasoli habe diese Verschönerungen des Jahrhunderte alten Familienbesitzes durchführen müssen, um seiner lebenslustigen Frau, die in den Festräumen des Florentiner Adels zu Hause war, einen ›gebührenden Rahmen‹ zu verschaffen. Weiterhin erzählt man sich von dem Grafen, er habe den Chianti als Weinsorte ›erfunden‹: durch seine geschickte Vermischung von roten und weißen Trauben, damals aus 70 bis 80 % Sangiovese und Canaiolo, einer uralten toscanischen Rebe, mit zwei weißen, dem toscanischen Trebbiano und dem Malvasia.

Der Blick von der Burg, die teilweise für sehr viel Geld vermietet wird, ist überwältigend: nach Siena, Volterra und zum Monte Amiata. Die Aussicht genießen und die berühmten Weinkeller besichtigen darf man auf Anfrage, der Garten oberhalb der Mauer und die Kapelle sind außer in der Mittagszeit zur allgemeinen Besichtigung freigegeben (an der Glocke links vom mächtigen Tor ziehen). Die weißgrauen Travertinmauern steigen so trutzig am Ende der Zypressenallee auf, dass man befürchten könnte, davon erdrückt zu werden. Geht man um die Mauer links vom Eingang herum, Richtung Tal, erkennt man erst die eigentliche Burganlage aus rotem Sandstein, mit neugotischer, fensterreicher Fassade, die von Zinnen bewehrt ist.

Weiter südlich (11 km) folgt schließlich das wehrhafte **Castelnuovo Berardenga** 12, ein überdimensionales, privates Anwesen noch heute, beherrscht von der Villa Chigi-Saracini (der Familie, die den gleichnamigen Palast in Siena besaß; s. S. 265) inmitten einer riesigen Parkanlage. Auch hier hat der Fremdenverkehr mit Ferienwohnungen und Restaurant Einzug gehalten.

Die S.S. 326 führt im Westen nach **Montaperti** 13 und weiter nach Siena.

Die Lega del Chianti

Im Jahr 1270 gründeten die freien Gemeinden Castellina, Radda und Gaiole unter der Schirmherrschaft von Florenz einen Schutzbund gegen Siena und Pisa. Das Oberhaupt der so entstandenen Lega war der Bürgermeister von Radda, dessen Wappen einen schwarzen Hahn *(gallo nero)* auf gelbem Feld zeigte. Seit 1924 ist der Gallo Nero auch Schutz- und Qualitätszeichen des berühmten Consorzio del Vino Chianti Classico. Dass dies nun nicht mehr weltweit gültig ist, liegt daran, dass man es versäumt hatte, das Markenzeichen zu schützen und ein schlauer Kalifornier italienischer Abstammung zum Erstaunen der Weinwelt den Prozess um die globale Vermarktung des Namens gewann!

Dabei hatte schon Cosimo III, Großherzog der Toscana, der Lega del Chianti 1716 den weltweit ersten Herkunftsschutz als Weinanbaugebiet verliehen und an strenge Bestimmungen geknüpft. 1932 wurde, weil Winzer inzwischen auch außerhalb des Classico-Gebietes Chianti produzierten, eine weitergehende Einteilung vorgenommen. Sieben Chianti-Zonen gibt es seitdem, für den wenig ambitionierten Weintrinker sicherlich verwirrend: das klassische Anbaugebiet des Chianti Classico – identisch mit dem Gebiet der Lega zuzüglich Greve – und die sechs so genannten Hügelweine, die im Wappen den Putto tragen (Chianti Putto), nämlich Chianti Colli Fiorentini südlich von Florenz, Chianti Colli Senesi für Siena, Chianti Colline Pisane bei Pisa, Chianti Montalbano westlich von Florenz und südlich von Montecatini, Chianti Rufina nordöstlich von Florenz und Chianti Aretino bei Arezzo.

1967 wurde der Chianti Classico zu einem DOC-Wein erhoben, also mit kontrollierter Herkunftsbezeichnung. Inzwischen, seit 1984, mit noch strengeren Bestimmungen für Anbau und Erzeugung zu einem DOCG-Wein, also mit kontrollierter und garantierter Herkunft. DOCG-Weine dürfen im Gegensatz zu den DOC-Weinen nicht offen verkauft werden.

Aus den drei Lega-Gemeinden haben sich berühmte Weinbauzentren entwickelt (Radda, Gaiole und Castellina), die zumindest den Fremden nicht unbekannt sind, die hier Ferienwohnungen und -häuser entweder besitzen oder mieten.

Wenigstens ein Kurzbesuch des von Zypressen bestandenen Hügels muss sein, dem für Siena bedeutendsten Schlachtfeld. Denn hier besiegte es die Rivalin Florenz am 4. September 1260 in einer blutigen Schlacht. Kaum ein Sieneser bleibt auch im 21. Jh. davon unberührt. In Dantes ›Göttlicher Komödie‹ kann man über die Schlacht nachlesen (Hölle, 32. Gesang). Wie über vieles andere auch, dem man in der Toscana täglich begegnet.

Information

Unterkunft

Restaurant

Sehenswert

Museen

Einkauf

Nachtleben

Unterhaltung

Feste

Aktivitäten

Strand

Verkehr

Tipps & Adressen

Inhalt

Tipps & Adressen von Ort zu Ort

In Klammern finden Sie jeweils die Abkürzung der Provinz, zu der der Ort gehört: Arezzo (AR), Florenz (FI), Grosseto (GR), Livorno (LI), Lucca (LU), Massa-Carrara (MS), Pisa (PI), Pistoia (PT), Prato (PO), Siena (SI)

Reiseinformationen von A bis Z

Tipps & Adressen von Ort zu Ort

Preiskategorien Hotels
Die hier verwendete Kategorisierung bezieht sich auf die Preise für ein Doppelzimmer ohne Frühstück.

sehr teuer:	ab 350 €
teuer:	ab 200 €
moderat:	ab 100 €
günstig:	ab 60 €
sehr preiswert:	ab 40 €

Preiskategorien Restaurants
Die Kosten beziehen sich auf ein Drei-Gang-Menü mit Vorspeise, Pasta (Teigwaren) und Hauptgang ohne Getränke.

sehr teuer:	50–80 €
teuer:	30–40 €
moderat:	18–25 €
günstig:	13–18 €

Kirchen bleiben normalerweise zur Mittagszeit zwischen 12/12.30 und 15/16 Uhr (manchmal auch länger) geschlossen. Andere Öffnungszeiten sind bei den Tipps & Adressen von Ort zu Ort angegeben. Leider werden viele weniger exponierte Gotteshäuser der Toscana nur zu Messezeiten geöffnet. Manche – wenige – Pfarrer lassen sich jedoch auch zu anderen Zeiten gerne von Neugierigen stören; das erkennt man daran, dass an der Kirchen- oder Pfarrhaustür ein Anschlag mit ihrer Telefonnummer zu finden ist.

Die Touristenämter der Provinzen heißen Azienda di Promozione Turistica (APT), in einigen Städten Azienda Autonoma per il Turismo (AAT), in kleineren Orten Pro Loco oder einfach Informazioni.

Zurechtfinden/Orientierung
Bei Städten sind Touristeninformation, Sehenswürdigkeiten, Bahnhöfe, Busbahnhöfe, Hotels und Restaurants im jeweiligen Stadtplan im Reiseteil eingetragen.

Alberese (GR)

Karte: E2
PLZ 59010
Einwohner: 300

Parco Naturale Regionale della Maremma Centro Visite, Anmeldung im Besucherzentrum, Piazza del Combattante 17, Tel. 05 64 40 70 98, Fax 05 64 40 72 78, parcomarqgol.grosseto.it, geöffnet tgl. 8–17.30 Uhr (vorher erkundigen, da sich die Zeiten des Öfteren ändern).
100 km² groß ist der streng geschützte Naturpark, in dem Pferde und die großen Maremma-Rinder frei leben und der nur zu Fuß begangen werden kann; man wird nach Anmeldung im Besucherzentrum mit dem parkeigenen Bus hinein gefahren und findet dort sieben hervorragend ausgeschilderte Wanderungen von 4 bis 12 km Länge, Dauer 3–6 Stunden.

Anghiari (AR)

Karte: H6
PLZ 52031
Einwohner: 6 000

im Rathaus

Oliver Hotel, Via della Battaglia 16, Tel. 05 75 78 99 33, Fax 05 75 78 99 44, moderat.
Modernes Mittelklassehotel am Ortsrand.

La Meridiana, Piazza IV Novembre 8, Tel. 05 75 78 83 65, Fax 05 75 78 79 87, info@hotellameridiana.it, sehr preiswert. Zentral gelegenes, einfaches Stadthotel.

Locanda di Castello di Sorci, Località San Lorenzo 25, Tel. 0575 789066, lsorci@ats.it, günstig.
Urige Landtrattoria mit festem Menü, südlich von Anghiari, So total überlaufen, also reservieren (!), Mo geschl.

Museo Statale delle Arti e Tradizioni Poppolari dell´Alta Valle Tevere/Museo Taglieschi
Palazzo Taglieschi, Piazza Mameli 16, geöffnet tgl. 9–13 Uhr, im Sommer länger, z. T. bis 18.30 Uhr, freier Eintritt.
Eine Art Volkskundemuseum zur Tradition und Kunst des oberen Tibertales; bedeutende Sammlung von Holzskulpturen vom 13. bis 16. Jh.
Museo della Confraternità della Misericordia, Via F. Nenci 13, geöffnet auf Anfrage (Tel. 0575 789577), freier Eintritt.
Dokumente zur Wohltätigkeit der Bruderschaft, interessant eine Sammlung von Ex Voti und Volkskunst vom 18. bis zum Beginn des 20. Jh.
Madonna del Parto, in Monterchi, Vecchia Scuola Elementare, Via Reghia 1, geöffnet Di–So 10–13 und 14–19, im Winter bis 17 Uhr.
Piero della Francescas berühmte ›Schwangere Madonna‹ aus der kleinen Friedhofskapelle von Monterchi hat hier nach ihrer totalen Restaurierung eine neue, ausgesucht angenehme und sichere Bleibe gefunden.

Bus mehrmals täglich von/nach Arezzo

Arezzo (AR)

Karte: G6
PLZ 52100
Stadtplan: S. 236
Einwohner: 92 000

APT, Piazza Stazione 28/della Repubblica, Tel. 05 75 37 76 78, Fax 0 57 52 08 39, info@arezzo.turismo.toscana.it

Minerva, Via Fiorentina 6, Tel. 05 75 37 03 90, Fax 05 75 30 24 15, info@hotelminerva.it, moderat.
Modernes Hotel am Stadtrand direkt beim Kongresszentrum (mit Parkplatz!), Richtung Florenz/Autobahn.
Cecco, Corso Italia 215, Tel. 0 57 52 09 86, Fax 05 75 35 67 30, günstig.
Modernisiertes altes Haus in zentraler Lage; mit traditioneller Pizzeria.
Continentale, Piazza Guido Monaco 7, Tel. 0 57 52 02 51, Fax 05 75 35 04 85, info@hotelconti nentale.com, günstig.
Freundliches schlichtes Stadthotel am zentralen Platz zwischen Bahnhof und der Kirche San Francesco.
Europa, Via Spinello 43, Tel. 05 75 35 77 01, Fax 05 75 35 77 03, günstig.
Beliebtes, schlicht-modernes Hotel nahe dem Bahnhof innerhalb der Stadtmauer.

Jugendherberge: Ostello Villa Severi, Via Redi, Tel. u. Fax 0 57 52 90 47.

Buca di San Francesco, Piazza San Francesco 1, Tel. 0 57 52 32 71, teuer.
Restaurant in historischen Gewölben an der Kirche San Francesco, leider überlaufen und nicht mehr so gut wie früher.
Le Tastevin, Via de' Ceni 9, Tel. 0 57 52 83 04, teuer.
Rustikal-elegantes Ambiente mit Pianobar; typische Gerichte der Toscana, gute Vorspeisen, hausgemachte Süßigkeiten.
Logge Vasari, Via Vasari 19, Tel. 0 57 52 58 94, teuer.
Direkt an der Piazza Grande unter den Arkaden der Vasari-Loggia, etwas touristisch, aber im Sommer sitzt man sehr angenehm unter der offenen Loggia.
Vecchia Osteria Antica Agania, Via Mazzini 10, Tel. 05 75 29 53 81, moderat.
Einstiges Milieulokal, heute noch immer urige Kneipe mit hervorragender Aretiner Küche; seit drei Generationen in Familienbesitz.

Bar Bostoli, Corso Italia 61, Tel. 05 75 35 57 57.
Sieht wie eine alte Apotheke aus (war auch eine ab 19. Jh.), ist aber eine köstliche Mischung aus Bar, Delikatessenladen und preiswertem Schnellimbiss – im ersten Stockwerk fast feines Restaurant, für die Einheimischen aber mit preiswerterem Mittagstisch.
Caffè dei Costanti, Piazza San Francesco 19.
Traditionelles Café gegenüber der Kirche San Francesco mit hervorragendem Eis; im Sommer bis Mitternacht geöffnet; Treff der Aretiner.

Basilika di San Francesco, Piazza San Francesco, geöffnet tgl. 8.30–12 und 14.30–18.30 Uhr.
Piero della Francescas berühmtestes Werk, die Freskierung der Hauptchorkapelle der Kirche zum Thema ›Die Legende vom wahren Kreuz‹, die ihm seinen Namen *della Francesca* einbrachte; nach Jahrzehnten der Restaurierung wieder zugänglich (zeitweise bei großem Andrang mit reguliertem Einlass).
Casa Petrarca, Via dell´Orto 28, geöffnet Mo–Fr 10–12 und 15–17, Sa 10–12 Uhr (außer 1.–25. Aug.), freier Eintritt.
Im nur vermeintlichen Wohnhaus des Humanisten Francesco Petrarca, das allein schon sehenswert ist, befindet sich auch ein Petrarca-Kulturzentrum.
Casa Vasari, Via XX Settembre 55, geöffnet werktags außer Di 9–19, So und feiertags 9–12.30 Uhr, freier Eintritt.
Das an sich bescheidene Wohnhaus, von Vasari in seiner Heimatstadt selbst eingerichtet und geschmückt.
Chiesa di Santa Maria della Pieve, Corso Italia, geöffnet tgl. 8–13 und 15–18.30 Uhr.
Die Lieblingskirche der Aretiner, mit dem ›Turm der tausend Löcher‹.
Duomo San Donato, Piazza Duomo, am Parco Comunale Fortezza Medicea, geöffnet im Sommer 7–12 und 15.30–19.30, im Winter bis 18.30 Uhr.
Großartig sind im erst 1510 vollendeten Dom vor allem die Glasfenster und die Deckenfresken des Franzosen Guillaume de Pierre de Marcillat, entstanden 1518–1524.

Museo Archeologico ›Mecenate‹, Via Margaritone 10, geöffnet werktags 9–14, Do und Sa 9–19, So 9–13, am 1. So. des Monats bis 19 Uhr (1. 1., 1. 5., 25.12 und Ostern geschl.).
Im ehemaligen Konvent San Bernardo direkt am römischen Amphitheater großartig aufgebautes und ausgestattetes Archäologisches Museum mit Sammlungen aus der Vorgeschichte bis in die römische Epoche Arezzos: Bildhauerkunst und Vasen, vor allem die feinen rötlichen, so genannten Korallenvasen aus der Blütezeit Arezzos, ein vom 1. Jh. v. bis 1. Jh. n. Chr. wichtiges Handelsgut.
Museo Statale d´Arte Mediovale e Moderna, Via San Lorentino 8, geöffnet Di–Sa 9–19, So 9–12.30 Uhr.
Mittelalterliche Bilder und Skulpturen, reiche Majolikasammlung; die ›Moderne‹ reicht von der Renaissance bis zu den Macchiaioli.

Antiquario Bruschi, Piazza San Francesco 1.
Der beste Antiquitätenkenner und Sammler von Arezzo, mit Privatmuseum (s. S. 232).
Jeden ersten Sonntag des Monats verwandelt sich Arezzo in einen großen **Antiquitätenmarkt**, den berühmtesten der Toscana, die daran nun wahrlich nicht arm ist.

Erster Sonntag im September: Wetteifern der historischen Stadtteile im Lanzenstechen (Giostra del Saracino), eines der farbenprächtigsten toscanischen Feste auf der Piazza Grande in Arezzo.

Bogenschießen: Club Arcieri, Via Garibaldi 170, Tel. 05 75 32 04 18.
Trekking: Club Alpino Italiano, Via San Giovanni Decollato 37, Tel. 05 75 35 58 49.

Bahn und **Busse** in dichter Folge nach Florenz und Cortona – Chiusi. Auch ins Casentino nach Bibbiena und Poppi.

Asciano (SI)

Karte: F5
PLZ 53041
Einwohner: 6400

Ufficio Turistico Comunale, Corso Matteotti 18, Tel. 05 77 71 95 10 (nur Mai–Okt.) sowie **Ufficio Turistico delle Crete Senesi,** Monte Oliveto Maggiore (im Klosterkomplex).

Abbazia di Monte Oliveto Maggiore, 9 km südlich von Asciano, geöffnet tgl. 9. 15–12 und 15.15–17, im Sommer bis 17.45 Uhr (Eintritt kostenlos, aber nur in die Kirche und den Großen Kreuzgang).
1313 gegründetes Benediktinerkloster in herrlicher Lage in den Crete, dessen Kreuzgang von Signorelli und Sodoma 1497–1508 mit wunderschönen Fresken mit Geschichten aus dem Leben Benetikts ausgemalt wurde; die kostbare Bibliothek ist aus Sicherheitsgründen nicht zu besichtigen.

Museo Etrusco, Corso Matteotti 46, geöffnet Di–So 10–12.30, Mitte Juni–Mitte Sept. auch 16.30–18.30 Uhr (gemeinsames Ticket mit dem Museo Cassioli).
Kleine Sammlung etruskischer Funde aus dem 5.–1. Jh. v. Chr. von der Nekropole Poggiopinci: Urnen und Keramiken sowie Bronzearbeiten und Schmuck. In der früheren Kirche San Bernardino eingerichtet.
Museo Cassioli, Via Mameli, geöffnet Di 9–12.30, Mitte Juni–Mitte Sept. auch 16.30–18.30 Uhr (gemeinsames Ticket mit dem Museo Etrusco).
In der alten Volksschule untergebrachte Sammlung von Bildern und Zeichnungen von Amos Cassioli (1832–1892) und seinem Sohn Giuseppe (1865–1942).
Museo d´Arte Sacra, Piazza Fratelli Bandiera, geöffnet auf Anfrage beim Ufficio Turistico Comunale, freier Eintritt.
Im ehemaligen Oratorio della Compagnia di Santa Croce sind ausgewählte Werke Sieneser Malerei aus dem 14.–15. Jh. ausgestellt, insbesondere ›Erzengel Michael mit zwei Engeln‹ von Lorenzetti und eindrucksvolle Holzskulpturen.

Wochenmarkt an der Via Amendola jeden Samstag 8–14 Uhr.

Asciano liegt an der nur wenig befahrenen **Bahnlinie** Siena – Grosseto. **Busse** der TRAI-IN verbinden Asciano vor allem zur Hauptverkehrszeit mit Siena.

Bagni di Lucca (LU)

Karte: C8
PLZ 55021
Einwohner: 7000

APT Lucca, Viale Umberto I 139, Tel. 0583805508, Fax 05 83 80 78 77.

Bridge Hotel, Piazza di Ponte e Serraglio 5a (1,5 km westlich), Tel. u. Fax 05 83 80 53 24, moderat.
Kleines Hotel mit nur zwölf Zimmern ohne Restaurant.

Kajak: Fuori Rotta, Località Fabbriche di Carregine, Tel. 058385802.

Busse mehrmals täglich nach Lucca.

Barga (LU)

Karte: B9
PLZ 55051
Einwohner: 10 000

Pro Loco, Piazza Angelio 3, Tel. 05 83 72 34 99.

Il Ciocco, Via Castelvecchio Pascoli, Tel. 05 83 71 91, Fax 05 83 72 31 97, Fax 05 83 72 31 97, ricevimento @ciocco.it, teuer.
Großer Ferienkomplex in den Bergen mit Hotel, Ferienhäusern, Camping; viele Freizeit- und Sportangebote.
La Pergola, Via Sant'Antonio, Tel. 05 83 71 12 39, Fax 05 83 71 04 33, moderat.
Kleineres Hotel (23 Zimmer) mit gutem Restaurant.

Casa Páscoli, Castelvecchio Páscoli, Località Caprona, geöffnet Di–So im Sommer 10–13 und 15–18.30, im Winter 10–13 und 14.30–17 Uhr.
Bibliothek und Archiv des Schriftstellers u.a. mit Manuskripten, Briefen und Fotografien Páscolis (1855–1912).
Grotta del Vento, Fornovolasco, 15 km westlich von Barga, geöffnet tgl. 10–18 Uhr, im Winter manchmal geschlossen; nur mit Führungen zu besichtigen.
Ca. 3,5 km langes Karst-Grottensysten mit Tropfsteinen und mehreren Seen, auf drei verschiedenen Routen von einer bis drei Stunden begehbar.

Radfahren: MTB Giornale di Barga, Tel. 05 83 72 30 03.

Busse mehrmals täglich nach Lucca.

Bibbiena (AR)

Karte: G7
PLZ 52011
Einwohner: 11 400

APT Arezzo, Via Berni 25, Tel. u. Fax 05 75 59 30 98.

Brogi, Piazza Mazzoni 3–7, Tel. 05 75 53 62 22, Fax 05 75 53 62 23, moderat.
Kleineres Stadthotel mit 10 Zimmern und Restaurant im Ortszentrum.
Relais Il Fienile, Località Gressa 6 km nördlich von Bibbiena, Tel. 0575 593396, Fax 0575 569979, info@relaisilfienile.it, moderat.
Romantisches kleines Anwesen (nur 6 Zimmer) mit Blick ins Tal und auf die Berge, Pool im Garten.
Borgo Antico, Via Dovizi 18, Tel. 05 75 53 64 45, borgoantico@bramit.com, günstig.
16 Zimmer kleines Stadthotel ohne Restaurant.

Radfahren: MTB Club Casentino, Via Carlo Marx, Tel. 05 75 59 42 31.

Borgo San Lorenzo (FI)

Karte: E/F8
PLZ 50032
Einwohner: 16 000

Park Hotel Ripaverde, Viale Giovanni XXIII 36, Tel. 055 8496003, Fax 055 8459379, moderat.
Modernes Hotel in verkehrsgünstiger Lage am Stadtrand, mit Fitnessraum und Sauna sowie gutem Restaurant ›L´O di Giotto‹.
Villa Ebe, Via Ferracciano 11, Tel. 0 55 84 57 07, Fax 0 55 84 85 67, moderat.
Freundliches Stadthotel.
Degli Artisti, Piazza Romagnoli 1, Tel. 05 58 45 90 41, sehr preiswert.
Zentral gelegene Pension.

Feriolo, an der S. S. 302/Via Faentina 32 (15 km südwestlich), Tel. 0 5 58 40 99 28, teuer.
Lokale Kost auf einer geradezu urigen kleinen mittelalterlichen Festung, im Sommer an Wochenenden viel Betrieb, sonst richtig gemütlich.

Golf: Poggio dei Medici Golf & Country Club, 18 Löcher, Via San Gavino 27, 50038 Scarperia, Tel. 0558430436, Fax 055 8430439.

Busse mehrmals täglich zwischen Borgo San Lorenzo und Florenz.

Buonconvento (SI)

Karte: F4
PLZ 53026
Einwohner: 3000

Consorzio Valle Senesi dell´ Ombrone, Località Le Segalaie 180, S. S. 223, 53010 San Rocco A Pilli (Sovicile), Tel. 05 77 348521, Fax 0577 348531, www.vallisenesi.com, info@vallisenesi.com.
Vermittlung von interessanten Ferienwohnungen und -häusern auf gepflegten Landgütern in den sienesischen Tälern des Ombrone und Autovermietung.

Roma, Via Soccini 14, Tel. 0577 806021, Fax 05 77 80 7284, günstig.
Kleineres renoviertes Hotel-Restaurant mit freundlich eingerichteten Zimmern sowie guter und relativ preiswerter Küche.

Museo d´Arte Sacra della Val d´Arbia, Via Soccini 18, geöffnet Do–Di 10.30–13 und 15–19, Nov.–Febr. nur Sa und So 10–13 und 14–17 Uhr.
Ein wunderschönes, neu im eleganten Palazzo Ricci Soccini eingerichtetes Sakralmuseum mit Meisterwerken aus dem 14.–18. Jh., darunter Gemälde von Duccio di Buoninsegna, Ambrogio Lorenzetti, Matteo di Giovanni u. a. m.

Camaiore (LU)

Karte: B8
PLZ 55041
Einwohner: 30 500
s. auch Lido di Camaiore

Villa Gli Astri, Località Nocchi, Via di Nocchi 35, Tel. u. Fax 0584 951590, moderat.
Zauberhaftes kleines, familiär geführtes Hotel in einer geschichtsträchtigen Villa aus dem 17. Jh. mit nur 12 Zimmern in einem wunderschönen Garten mit Pool, auf Wunsch kann das – typisch toscanische – Abendessen gemeinsam eingenommen werden (festes Menü), auch auf der Veranda, April–Sept. geöffnet.

Locanda Le Monache, Piazza XXIX Maggio 36, Tel. 0584 989258, teuer–moderat.
Gemütliche familiäre Atmosphäre mitten im historischen Camaiore mit perfekter Küche, vornehmlich mit Spezialitäten des Hinterlandes und vom Holzkohlengrill (große Portionen), mit ausgesuchten Weinen; mit einigen einfachen Zimmern.
La Dogana, Località Capezzano Pianore, Tel. 0584 915159, teuer–moderat.
Sehr gute Land- und Meeres-Küche, perfekte Weinauswahl in einem hart an der Durchgangsstraße stehenden und dennoch gemütlichen familiengeführten Restaurant mit einer Art Wintergarten. Zu empfehlen: sowohl das *Menù Mare* als auch das *Menù Terra.*

Tipp: Ausflug ins ligurische Pontrémoli, Museo delle Statue-Stele della Lunigiana, Castello del Piagnaro oberhalb von Pontrémoli, geöffnet Di–So im Sommer 9–12 und 16–19, im Winter 9–12 und 14–17 Uhr.
Im mittelalterlichen Kastell wunderschön geordnete archäologische Funde aus der Lunigiana im Grenzgebiet zwischen Ligurien und der Toscana; wichtigste Zeugnisse der Alt-Ligurer sind die Grabstelen aus der Bronzezeit (5. Jh. v. Chr.).

Busse vor allem nach Lido di Camaiore im Sommer in dichter Folge.

Capálbio (GR)

Karte: F1
PLZ 58011
Einwohner: 3900

Informazioni turistiche, Tel. 0564 896611.

Da Maria, Via Nuova 3, Tel. 0564 896014, teuer.
Toscanische Küche mit frischer Pasta und deftigen Fleischgerichten in fast uriger Trattoria-Atmosphäre, zu Preisen, die der guten Qualität und den großen Portionen entsprechen.

Il Giardino dei Tarocchi, Località Garavicchio, www.nikidesaintphalle.com, geöffnet ca. Mitte Mai–Mitte Okt. tgl. 14.30–19.30 Uhr, im Winter nur für Gruppen auf Anmeldung bzw. jeden 1. Sa des Monats 9–13 Uhr (dann Eintritt frei)
Die 2002 verstorbene französische Künstlerin Niki de Saint Phalle hat sich hier zu Füßen von Capálbio einen eigenen Kunstpark geschaffen, in dem ihre teils skurrilen, auf jeden Fall farbenfrohen Großfiguren zu bewundern und zu begehen sind.

Capolíveri/Elba (LI)

Karte: B2
PLZ 57031
Einwohner: 3 100
Information, Anreise, Einkaufen und Feste s. unter Elba S. 314ff.

Antares, Località Lido, Tel. 05 65 94 01 31, Fax 05 65 94 00 84, antares @elbalink.it, moderat.
Kleines Hotel in schöner grüner Lage direkt am Meer, nur Ende Apr.–Mitte Okt. geöffnet.
Frank's, Località Narengo, Tel. 05 65 96 81 44, Fax 05 65 96 84 05, moderat.
Einfaches, aber sehr beliebtes Familienhotel vor eigenem, schmalem Strand; etwas abseits gelegen.
Lacona, Località Lacona Lido, Tel. 05 65 96 40 54, Fax 05 65 96 41 89, moderat.
Großer Hotelkomplex mit angeschlossenen Apartments, Pool, Tennisplätze, nur 100 m vom langen schönen Sandstrand.

Il Chiasso, Via Nazzario Sauro 13, Tel. 05 65 96 87 09, sehr teuer–teuer.
Beliebtes, charakteristisches, daher überlaufenes kleines Abendlokal im Herzen des hübschen Dorfes.

Bergsport: Elba Free Climbing Club, Località Badisugarello 19, Tel. 05 65 96 70 16.
Radsport: Gruppo Costa dei Gabbiani, Stradone S. Fermo 13, Tel. 05 65 96 84 02.
Tauchen: Mandel Diving Center, Località Morcone, Tel. 05 65 93 50 30, Fax 05 65 93 59 31, diving@mandelclub.com.

Caprese Michelangelo (AR)

Karte: G/H7
PLZ 52033
Einwohner: 1600

COO.VAL.TOS, Località il Cerro 120 B, Tel. 05 77 79 35 53 und 05 77 79 35 79.

Fonte Galletta, Località Alpe Faggeto 6 km westlich, Tel. 05 75 79 39 25, moderat.
Kleines Hotel (19 Zimmer) mit relativ preiswerter Trattoria in einem schönen Steinhaus in 1177 m Höhe, vielleicht das beste Restaurant der Gegend mit lokalen Spezialitäten, bekannt für gutes Chianina-Fleisch und leckere Süßspeisen.
Il Cerro, Strada Fossa da Bagno, Tel. 05 77 79 39 23, teuer–moderat.
Beste Hausmannskost: Hasenragout, Steinpilze, Kastanienkuchen, alles typisch aus den aretinischen Bergen; am Wochenende überfüllt.
Il Rifugio, Località Lama 367, 2 km westlich, Tel. 05 75 79 39 68, günstig.
Echt toscanische Trattoria mit guter Weinauswahl.

Palazzo del Podestà, geöffnet Di–Fr 10–17, Sa und So 10–18 Uhr.
Michelangelo-Museum mit Gipsabdrücken seiner berühmtesten Skulpturen und Werken zeitgenössischer einheimischer Künstler.

Carrara (MS)

Karte: A9
PLZ 54033
Einwohner: 65 300

APT Massa Carrara, Via Genova 1, Marina di Carrara, Tel. 05 85 63 25 19, s. auch Marina di Massa.

Die beliebtesten Hotels stehen entlang der Küstenstraße, die während der Saison allerdings recht laut sein kann, und sind dennoch schnell ausgebucht.
Miramare, Marina di Carrara, Via Colombo 23, Tel. u. Fax 05 85 63 47 43, moderat.
La Pineta, Marina di Carrara, Viale Colombo 119bis, Tel. u. Fax 05 85 63 33 90, günstig.
Carrara, Località Avenza, Via Petacchi 21, Tel. 0 58 58 56 16, Fax 0 58 55 03 44, info@hotelcarrara.it, günstig.
Nur 32 Zimmer großes, relativ preiswertes

Hotel mit Restaurant für die Hausgäste am Abend.

Il Muraglione, Località Avenza, Via Fivizzano 13, Tel. 0 58 55 23 37, sehr teuer.
Elegantes Restaurant mit wenigen Plätzen, traditioneller Küche; Gerichte vom Holzgrill, frische Fische und Meeresfrüchte.
L'Enoteca, Viale Verrazzano 11/e, Tel. 05 85 63 44 20, sehr teuer– teuer.
Bar, Enoteca und Osteria im Erdgeschoss, den ganzen Tag geöffnet, abends speist man elegant (und teurer) im Untergeschoss; typische Spezialitäten wie Risotti und gefüllte Tintenfische, ausgelöstes Kaninchen mit Kräutern, geschmorter Stockfisch.
Venanzio, Località Colonnata, Piazza Palestro 3, Tel. 0585 758062, teuer.
Winziges Restaurant (moderne Einrichtung) mit lokalen, innovativ veränderten Gerichten der Apuanischen Alpen (berühmt: *lardo di Colonnata*, ein marmorweißer Speck), ansonsten hausgemachte Pasta und im Herbst Steinpilze. Ein In-Lokal im alten Marmorarbeiternest hoch über Carrara, das trotz der Preise meist ausgebucht ist, also Vorbestellung wichtig!
Antica Osteria del Poggio, Località Castelpoggio, Via Emilia 21, Tel. 0 58 53 16 31, moderat.
Familiäre Trattoria mit sowohl traditioneller als auch innovativer Kuche – mit sehr guten Kräuterpasteten und köstlichen Lammgerichten.
Da Roberto, Via Apuana 6, Tel. 0 58 57 06 34, günstig.
Familiäres Restaurant, in dem sich während der Woche vor allem Geschäftsleute treffen zu Hausmannskost nach alten lokalen Rezepten wie Bohnensuppe, Kalbsgulasch mit frischem Saisongemüse oder Schnitzel mit Steinpilzen.

Segeln/Surfen: Club Nautico, Marina di Carrara, Tel. 05 85 78 51 50.
Reiten: ANTE, Via Ceccardi 41, Tel. 05 85 77 71 27.
Trekking: Club Alpino Italiano, Via Giorgi 4, Tel. 05 85 48 80 81.

Busse zwischen Carrara und Marina di Carrara im Sommer in dichter Folge.

Castagneto Carducci (LI)

Karte: C4
PLZ 57022
Einwohner: 8 300

Ufficio Informazioni, Via della Marina 8, Località Marina di Castagneto, Tel. u. Fax 05 65 74 42 76, castagneto.turismo@info.it (nur Mai–Sept., auch für Donorático)

Zi´ Martino, Località San Giusto 264, Tel. 0565 766000, Fax 0565 763444, info@zimartino.com, moderat.
Familiär geführtes modernes, blitz-sauberes wenn auch an sich unscheinbares Hotel an der Straße von der Küste nach Castagneto Carducci, mit sehr beliebter Trattoria zu sehr moderaten Preisen.

Camping: International Camping Etruria, Marina di Castagneto-Donorático, Tel. 05 65 74 42 54, Fax 05 65 74 44 94, www.campingetruria.it.
Direkt am Strand, Dünengelände und Pinien, Kinderanimation, Sportangebot, keine Hunde.

Bagnoli, Località Bagnoli 13, Tel. 0565 763630, teuer.
Angenehme Familientrattoria mitten im Wald (3,5 km befahrbarer Waldweg) in einem alten Bauernhaus mit einer Art Wintergarten und herrlicher Pergola davor, genau das Richtige für den Hochsommer. Spezialität: Wildschwein u. a. aus dem Wald.
Zi´ Martino, s. Hotel

Casa del Carducci, Via Carducci, geöffnet Mo–Sa 16–18.30 Uhr, oder per Telefon 0565 765032.
Erinnerungsstücke im früheren Wohnhaus des Dichters.

Castellina in Chianti (SI)

Karte: E6
PLZ 53011
Einwohner: 2700

im Rathaus

Villa Casalecchi, Località Casalecchi di Sotto 18 (1 km südlich vom Ortszentrum), Tel. 05 77 74 02 40, Fax 05 77 74 11 11, www.venere.it, info@villacasalecchi.it, teuer.
Angenehmes ältliches, z. T. renoviertes Hotel in einer Villa inmitten einer parkartigen Steineichenlandschaft in herrlicher Panoramalage, mit Pool und Tennis; ein Haus mit besonderer Atmosphäre, etwas für Ruhesuchende, geöffnet März–Nov.
Belvedere San Leonino, Località San Leonino (9 km südlich), Tel. 05 77 74 08 87, Fax 05 77 74 09 24, www.hotelsanleonino.com, info@hotelsanleonino.com, moderat.
Umgebauter Bauernhof in zauberhafter Hügellage beim Dörfchen San Leonino, Rundumblick ins Chianti; Frühstück, gemeinsames Abendessen (toscanische Küche) nach Absprache.
Salivolpi, Via Fiorentina 89 im Nordosten von Castellina, Tel. 05 77 74 04 84, Fax 05 77 74 09 98, www.hotelsalivolpi.com, info@hotelsalivolpi.com, moderat.
Am Rande von Castellina in leichter Hügellage, in einem geschmackvoll umgebauten kleinen Gutshof mit Pool, nur 19 Zimmer, kein Restaurant, aber die Hausgäste können in San Leonino (s. o.) einen Tisch für das gemeinsame Abendessen reservieren lassen.

Camping: Camping Piscina Luxor Quies, Castellina Scalo, Tel. 05 77 74 30 47
Auf einem mit Steineichen bewaldeten Hügel, in kleinen Terrassen angelegt; mit öffentlichem Freibad.

Albergaccio di Castellina, Via Fiorentina 63, Tel. 05 77 74 10 42, teuer.
Gemütliches kleines Restaurant in einem schönen Steinhaus mit Spitzengardinen, dessen Küche zum Besten des Chianti gehört (verfeinert, sehr fantasievoll, zu Preisen, die es wert sind).
Il Pestello, Località Sant'Antonio al Ponte, Tel. 05 77 74 02 15, teuer.
Am Wochenende besonders gut besuchte Landtrattoria (wegen des *girarosto,* des Drehspießes über dem Holzfeuer) in einem wunderschön restaurierten Steinhaus draußen an der Landstraße, inzwischen wohl wegen der großen Beliebtheit etwas überteuert.
Antica Trattoria La Torre, Piazza Castello, Tel. 05 77 74 02 36, teuer–moderat.
Einst eine Top-Adresse, jetzt eher normale Trattoria, dennoch das – inzwischen total umgebaute – In-Lokal des Dorfes.

Die **Nekropole** am Poggio Etrusco nahe dem Hotel Salivolpi ist frei zugänglich, wenn der Eingang nicht nach heftigen Regengüssen unter Wasser steht.

Gut bestückte **Enotheken** haben sich inzwischen in Castellina niedergelassen, bei denen man diverse Chianti-Lagen kaufen kann (nur selten probieren). In den Lebensmittelgeschäften und Metzgereien entlang der Hauptstraße des historischen Kerns bekommen Ferienwohnungsmieter alles, was sie benötigen.

Busse mehrmals täglich nach Siena und zu den Orten entlang der Chiantigiana zwischen Florenz und Siena.

Castelnuovo di Garfagnana (LU)

Karte: B9
PLZ 55032
Einwohner: 6100

Pro Loco, Loggiato Porta 10, Tel. 05 83 64 10 07, Tel. u. Fax 05 83 64 43 54.

Da Carlino, Via Garibaldi 13, Tel. 05 83 64 42 70, Fax 0 58 36 26 16, moderat.

Komfortables zentrales Hotel mit eigenem Parkplatz, Garten und Restaurant (Via Garibaldi 15), ganzjährig geöffnet.
La Lanterna, Località Piano Pieve, Le Monache 300/b, Tel. u. Fax 0 58 36 22 72, günstig.
Kleines Landhotel (22 Zimmer), mit relativ preiswertem Restaurant, eigenem Parkplatz und Kinderspielplatz; im Jan. geschl.

Triti, Via Roma 29, Tel. 0 58 36 21 56, teuer–moderat.
Traditionelles Restaurant, das aus einer Osteria hervorgegangen ist, mit den Spezialitäten der Garfagnana; hausgemachte Pasta, im Herbst gegrillte, gebratene oder geschmorte Steinpilze.
Da Giaccó, Località Lago di Isola Santa, Tel. 05 83 66 70 48, moderat–günstig.
Gemütliche Trattoria am kurvenreichen aber lohnenden Weg (herrliche Steinformationen, Felsspalten u. ä.) zu den Steinbrüchen von Arni oberhalb von Massa, 13 km westlich von Castelnuovo, mit Spezialitäten vom Holzkohlengrill, vor allem Zicklein, Pilze und Trüffel.
Locanda Marchetti, Via Fulvio Testi 10, Tel. 0 58 36 31 57, günstig.
Osteria unter einer alten Loggia mitten im Ort; den ganzen Tag gibt es etwas Kleines zu essen, immer deftig und typisch für die Garfagnana, z. B. Gerichte aus Kastanienmehl.
Vecchio Mulino, Via Vittorio Emanuele 12, Tel. 0 58 36 21 92, günstig.
Ein herrlicher Laden, in dem man steingemahlenes Mehl aus Kastanien, Buchweizen und Mais kaufen und außerdem hervorragend in der Osteria speisen kann – wenn man die deftige Kost der Garfagnana mag: mit Schinken, Innereien und Buchweizenmehl.

Radfahren: MTB Garfagnana, Tel. 0 58 36 22 17.
Reiten: Sport Club Il Ciocco, Adresse s. Barga, Tel. 05 83 71 91.
Trekking: Garfagnana Vacanze, Piazza Erbe 1, Tel. 0 58 36 51 69 und Comunità Montana della Garfagnana, Via Vittorio Emanuele, Tel. 0 58 36 51 69 und 05 83 64 49 11 sowie Club Alpino Italiano, Via Vittorio Emanuelle, Tel. 0 58 36 50 92.
Golf: Golf Club Garfagnana, 6 Löcher, Località Braccicorti, 55100 Pieve Fosciana (LU), Tel. u. Fax 05 83 64 42 42

Castiglion Fiorentino (AR)

Karte: G/H5
PLZ 52043
Einwohner: 11 800

Pinacoteca Comunale, Via del Cassero, geöffnet Di–So 10–12.30 und 15.30–18, im Sommer 16–18.30 Uhr.
Möbel und Sakralkunst (12.–15. Jh.) mit einer Sammlung toscanischer und umbrischer Malerei sowie etruskischen Funden aus der Umgebung. Glanzstück ist ein hölzernes Kruzifix, das dem Maestro di San Francesco zugeschrieben wird.
Castello di Montécchio Vesponi, auf dem Hügel von Montécchio südlich von Castiglion Fiorentino, geöffnet nur Mo (und auch das ist unsicher, weil privat) um 9, 10, 11 und 12 Uhr.

Bus und **Bahn**: Castiglion Fiorentino ist Station an der alten Strecke Chiusi – Arezzo.

Castiglioncello (LI)

Karte: B6
PLZ 57012
Einwohner: 3500

Ufficio Informazioni, Via Aurelia 967, Tel. 05 86 75 2291, Fax 05 86 75 24 94, castiglioncello@multinet.it; nur in der Saison (Juni–Sept.) geöffnet.

Villa Godilonda, Via Biagi 16, Tel. 05 86 75 20 32, Fax 05 86 75 11 77, www.italbusiness.it/godilonda, godilonda@tiscalinet.it, teuer.
Reizende Jugendstilvilla im Park, die zu einem ganz feinen Hotel umgebaut wurde (Zimmer noch nicht alle top!), ein früherer Society-Treff, der es wieder werden soll.

Mit Pool zwischen Villa und dem Treppenabgang zur eigenen Sandbucht; kein Restaurant.
Villa Parisi, Via Monti 10, Tel. 05 86 75 16 98, Fax 05 86 75 11 67, teuer.
Leicht verstaubte Villa mit nur 22 Zimmern, aber in schöner Lage in einem Park mit Pool und Tennis über der Felsenküste (mit eigenem Abgang zum Meer); geöffnet März–Okt., Restaurant nur Juni–Sept.
Atlantico, Via Martelli 12, Tel. 05 86 75 24 40, Fax 05 86 75 24 94, hatlant@tin.it, moderat.
Kleineres Hotel mit Dependance in der Nähe, nur März–Okt. geöffnet.
Noch zwei einfachere Urlaubshotels:
Guerrini, Via Fellini 13, Tel. u. Fax 05 86 75 20 47, günstig.
Park, Via Fellini 19, Tel. u. Fax 05 86 75 22 29, sehr preiswert.

Camping: Tripesce, Vada, südlich des Ortes, Tel. 05 86 78 80 17, Fax 05 86 78 91 59.
Direkt am Strand, Mattendächer, Kinderanimation, Spielplatz, Sportangebot, Fahrradverleih, keine Hunde.
Baia del Marinaio, Vada, Campo ai Fiori 2, südlich des Ortes, Tel. 05 86 77 01 64, Fax 05 86 77 01 64.
400 m zum Strand. Bäume und Mattendächer, Kinderanimation, schöner Spielplatz, Pool, Planschbecken, Sportangebot, Hunde erlaubt.
Rifugio del Mare, Vada, südlich des Ortes, Tel. 05 86 77 00 91, Fax 05 86 77 02 68.
700 m zum Strand, Baumbestand, Kinderanimation, Pool, Sportangebot, Fahrradverleih, Hunde werden in einem separaten Zwinger untergebracht.

Nonna Isola, Via Aurelia 556/558, Tel. 05 86 75 38 00, teuer –moderat.
Nur zwei kleine Räume hat dieses Fischrestaurant, das zwar an der Durchgangsstraße steht, aber den Halt unbedingt wert ist: frischeren Fisch gibt es nirgendwo in Castiglioncello und Umgebung! Einfach aber perfekt zubereitet, gute trockene Weine.
Gattabuia, Via Gramsci 32, Rosignano Marittimo, Tel. 05 86 79 97 60, günstig.
Wer der Küstenschwüle entfliehen möchte, sollte unbedingt nach Rosignano Marittimo fahren und sich in der hervorragenden winzigen Trattoria mit köstlicher, täglich frisch gemachter Pasta ländlich-kulinarisch verwöhnen lassen. Im Untergeschoss eines kleinen historischen Stadthauses im Ortszentrum, mit kleinem Garten nach hinten und einem ausgesuchten Weinkeller im früheren *pozzo* (Brunnen).

Tauchen: Chioma Beach Diving Center, Via Aurelia km 300/Lido del Chioma, Tel. u. Fax 05 86 75 46 35, chioma@iol.it.
Jimmy Sub, Via Aurelia 250, Rosignano Solvay, Tel. 05 86 76 01 15, Fax 05 86 76 00 78.

Busse während der Saison nach Livorno und entlang der Küste.

Castiglione della Pescáia (GR)

Karte: D3
PLZ 58043
Einwohner: 7500
Saison: die Zeit um Ostern, Badesaison: Mitte Juni bis Mitte Sept.

Ufficio Informazioni, Piazza Garibaldi 6, Tel. 05 64 93 36 78, Fax 05 64 93 39 54.

Riva del Sole, Località Riva del Sole, Tel. 05 64 93 36 25, Fax 05 64 93 56 07, www.rivadelsole.it, info@rivadelsole.it, moderat.
Riesige Ferienanlage aus modernem Hotel mit komfortablen Zimmern und eher ältlichen Bungalows zwischen Straße und Strand inmitten des hohen Pinienwaldes, mit beheizbarem Pool und vielen Sportangeboten, sehr familienfreundlich; gutes Restaurant und preiswerte Pizzeria, Supermarkt u. a. Läden. Nur Ostern bis Okt. geöffnet; das Personal ist mehrsprachig und sehr versiert.
L'Approdo, Via Ponte Giorgini 29, Tel. 05 64 93 34 66, Fax 05 64 93 30 86, approdo@maremmatoscana.it, günstig.
Größtes Haus des ausgesprochenen Badeortes; ganzjährig geöffnet.
Sabrina, Via Ricci 12, Tel. 05 64 93 35 68,

Fax 05 64 93 35 92, günstig.
Nur Juni–Sept. geöffnet, Restaurant nur für die Hausgäste.

Pierbacco, Piazza della Repubblica 23, Tel. 0564 933522, teuer.
Restaurant mit ländlichem Ambiente, im Sommer schön im Freien zu sitzen – aber durchschnittliche Küche.
Osteria del Buco, Via del Recinto 11, Tel. 0564 934460, moderat.
Ab 18 Uhr geöffnete traditionelle Osteria mit Maremma-Spezialitäten im Untergeschoss eines mittelalterlichen Hauses an der Stadtmauer.

Enoteca von Luciano Lenzi, Piazza Orsini 18: Auswahl von mehr als 2000 Weinen aus aller Welt.

Segeln/Windsurfen: in Riva del Sole (s. Hotels) und im Club Velico Molo di Levante, Tel. 05 64 93 70 98.

Cavo/Elba (LI)

Karte: B3
s. auch Rio Marina
PLZ 57030
Information, Anreise, Einkaufen und Feste s. unter Elba S. 314ff.

Maristella, Via Kennedy 4, Tel. 05 65 94 98 59, Fax 05 65 93 11 09, maristella@elbacom.it, moderat.
Familienhotel im Berghof, mit gutem Restaurant.
Pierolli, Lungomare Kennedy 1, Tel. 05 65 93 11 88, Fax 05 65 93 10 44, günstig.
Kleineres freundliches Hotel (22 Zimmer) an der Meerespromenade.

Cécina und Marina di Cécina (LI)

Karte: B/C5
PLZ 57023
Einwohner: 26 000

Ufficio Informazioni, Viale Galliano, Marina di Cécina, Tel. 0586 622844 und Piazza S. Andrea 6, Marina di Cécina, Tel. 0586 620678 (nur Juni–Sept. geöffnet).

Agrihotel Elisabetta, Località Collemezzano, Via Tronto 10–14, Tel. 0586 661096, Fax 0586 661392, www.agrihotel-elisabetta.com, info@agrihotel-elisabetta.com, teuer–moderat.
Familäres, von deutschsprachigen Süditalienern geführtes Landhotel mit großem Pool inmitten eigener Wein- und Olivenbaumgärten mit Blick aufs Meer (ca. 7 km von Cécina), geräumige komfortable Zimmer und riesige Apartments; sehr gute Küche (besonderes Vorspeisenbüffet!), im Sommer sitzt man auch auf der großen Terrasse vor dem Restaurant. Mitte März–Ende Okt. geöffnet.

Camping: Mareblu, Cécina Mare, Via dei Campilunghi, Tel. 05 86 62 91 91, Fax 05 86 62 91 92, www.montaperto.it/mareblu, mareblu@sysnet.it.
350 m zum Strand, Pinienwald, Kinderanimation, Spielplatz, Pool, Planschbecken, Sportangebot, Fahrradverleih, Hunde erlaubt.
Delle Gorette, Cécina Mare, 2 km nordwestlich des Ortes, Tel. 05 86 62 24 60, Fax 05 86 62 00 45.
150 m zum Strand, Laub- und Nadelbäume, Kinderanimation, Spielplatz, Pool, Sportangebot, Hunde erlaubt.
Le Tamerici, Cécina Mare, südlich des Ortes, Tel. 05 86 62 06 29, Fax 05 86 62 24 96, www.letamerici.it, tamerici@etrurianet.it.
400 m zum Strand, Bäume, Kinderanimation, Spielplatz, Sportangebot, Fahrradverleih, keine Hunde.
Valle Gaia, Casale Maríttimo, im Landesinneren, Tel. 05 86 68 12 36, Fax 05 86 68 35 51, www.multinet.itvallegaia, lacasetta.vallegaia@pop.multinet.it
Hervorragende sanitäre Ausstattung. 9 km zum Strand, Bäume und Hecken, Kinderanimation, Spielplatz, Pool, Planschbecken, Sportangebot, Hunde erlaubt.
Le Esperidi, Marina di Bibbona, Via dei Cavalleggeri Nord 25, Tel. 05 86 60 01 96, Fax 05 86 60 01 19.

Direkt am Strand, Pinienwald und niedrige Bäume, Kinderanimation, Spielplatz, Sportangebot, Fahrradverleih, keine Hunde.
Casa di Caccia, Marina di Bibbiona, Via del Mare 22, Tel. u. Fax 05 86 60 00 00.
Direkt am Strand, Pinien und Eukalyptus, Kinderanimation, Spielplatz, keine Hunde.
Il Gineprino, Marina di Bibbona, Via dei Platani, Tel. u. Fax 05 86 60 05 50.
300 m zum Strand, Pinienhain, Kinderanimation, Pool, Planschbecken, Sportangebot, keine Hunde.
Del Forte, Marina di Bibbona, Via dei Platani, Tel. 05 86 60 01 55.
500 m zum Strand, Laubbäume und Pinien, Kinderanimation, Pool, Planschbecken, Spielplatz, Sportangebot, keine Hunde.
Pappasole, Carbonifera bei Vignale Riotorto, Tel. 0 56 52 04 20, Fax 0 56 52 03 46, www.pappasole.li.it, pappasole@etruscan.it.
200 m zum Strand, Laub- und Pinienbäume sowie Mattendächer, Kinderanimation, Spielplatz, Pool, Planschbecken, Sportangebot, Fahrradverleih, Tauchschule, Hunde erlaubt.

Scacciapensieri, Via Verdi 22, Tel. 0586 680900, teuer.
Feines, von Michelin mit einem Stern bedachtes Restaurant in einem edlen Stadtpalazzo, mit berühmt-guter Fischküche, aber auch guten Fleischgerichten und großer toscanischer Weinauswahl.
Antica Cécina, Via Cavour 17, Tel. 0586 681528, moderat.
Urige Trattoria mit lokalen Spezialitäten im Stadtzentrum, von jungen Wirtsleuten mit viel Engagement geführt.

Certaldo (FI)

Karte: D6
PLZ 50052
Einwohner: 15 800

Pro Loco, Via Boccaccio; kleines freundliches, nicht immer geöffnetes Informationsbüro nahe dem Boccaccio-Haus.

Osteria del Vicario, Via Boccaccio, Tel. 05 71 66 82 28, Fax 05 71 66 86 76, moderat.
Gemütliches kleines Hotel im ehemaligen Vikarenpalast mit Dependance und sehr gutem Restaurant (teuer, neuerdings kreativ verfeinerte toscanische Küche) und Garten im zauberhaften romanischen Kreuzgang.
Il Castello, Via della Rena 6, Tel. u. Fax 05 71 66 82 50, günstig.
Kleines Hotel mit ambitioniertem Restaurant (toscan. Küche) in einem mittelalterlichen Palast mit wunderhübschem Garten.

Jugendherberge: Posto Tappa, Località Fiano, Via de'Gasperi, Tel. 05 71 66 11.

Restaurants in den Hotels **Castello** und **Osteria del Vicario** (s. o.).
La Tinaia, Via Boccaccio 35, Tel. 05 71 66 71 35, günstig.
Eher bescheidenes Pizzeria-Ristorante in Backsteingewölben, Panoramalage über der Stadtmauer.

Casa del Boccaccio, Via Boccaccio 18, geöffnet 9–12 und 16–19, im Winter 15–18 Uhr.
Im mittelalterlichen Haus direkt an der Hauptgasse des historischen Zentrums eingerichtetes Forschungszentrum über den Dichter, der hier starb; auch Boccaccio-Bibliothek; angenehmes Ambiente.
Palazzo del Pretorio, Piazza del Comune, geöffnet außer Mo wie die Casa Boccaccio (s. o.).
Der auch Palazzo del Vicario genannte Palast, der seine heutige Form im 15. Jh. erhielt, besitzt beachtenswerte Fresken und eine Sammlung interessanter archäologischer Funde aus etruskischer und romanischer Zeit sowie abgenommene Fresken aus dem Mittelalter, Ölgemälde, ein reiches Archiv und Zeichnungen zeitgenössischer Künstler zum Thema Boccaccio; besonders schön ist die von Benozzo Gozzoli und Giusto d'Andrea freskierte Cappella della Giustizia.

Reiten: Gruppo MTB, Via Don Minzoni.

Trekking: Gruppo Trekking DODO, Tel. 0 55 66 41 33.

Busse in regelmäßigen Abständen auf der Strecke zwischen Empoli und Poggibonsi nach Certaldo, ins historische Zentrum muss man zu Fuß gehen oder einen der wenigen Busse nehmen.

Chianciano Terme (SI)

Karte: G4
PLZ 53042
Einwohner: 7 200

APT, Piazza Italia 67, Tel. 0 57 86 36 48, Fax 0 57 86 32 77, www.chianciano.turismo.toscana.it, apt@ftbcc.it.

Kursaison und damit Öffnung der meisten Hotels: Ostern/Mitte Apr. bis Ende Okt. Die Hotellerie von Chianciano Terme ist generell preiswerter als in der übrigen Toscana und bietet dennoch einen guten Standard; es liegt wohl daran, dass der Ort nicht gerade als ›Kunstperle‹ gilt. Aber für Kurgäste wie für Kunstreisende mit großem Ausflugsprogramm ein sehr geeigneter Standort.
Grand Hotel Ambasciatori, Viale della Libertà 512, Tel. u. Fax 0 57 86 43 71, www.italiaabc.com, ambasciatori@barbettihotels.it, moderat.
Modernes Hotel mit beheizbarem Pool auf Panoramaterrasse und gutem Restaurant.
Grand Hotel Excelsior, Via Sant'Agnese 6, Tel. 0 57 86 43 51, Fax 0 57 86 32 14, www.grandhotelexcelsior.it, excelsior@ftbcc.it, moderat.
72 Zimmer großes, angenehmes Paradehaus in der Stadt mit beheizbarem Pool und gutem Restaurant; Ostern bis Oktober geöffnet.
Michelangelo, Via delle Piane 146, Tel. 0 57 86 40 04, Fax 0 57 86 04 80, hotelmichelangelo@libero.it, moderat–günstig.
Ordentliches Haus mit beheizbarem Pool und schattigem Park am Stadtrand, Ostern/Mitte Apr. bis Anfang Nov. geöffnet.
Mediterraneo, Via Guido Baccelli 22, Tel. 0 57 86 42 56, Fax 0 57 86 01 84, moderat–günstig. Einfacheres Stadthotel.

Ansonsten findet man in Chianciano Terme eine große Anzahl einfacherer Stadthotels, meistens sogar mit ordentlichem Restaurant für die Hausgäste. Beispielsweise an der den Ortskern umfahrenden Hauptstraße:
Dolomiti, Viale della Libertà 206, Tel. 0 57 86 37 57, günstig (19 Zimmer).
Da Giancarlo, Viale della Libertà 37, Tel. 0 57 83 12 30, sehr preiswert (8 Zimmer).

Gallo Nero, Via delle Piane 54, Tel. 0 57 86 36 80, moderat.
Freundliche Restaurant-Pizzeria in zentraler Lage.
La Tavernetta, Piazza Gramsci 15, Tel. 0 57 83 12 49, moderat–günstig.
Nahe dem Tor zum historischen Zentrum von Chianciano an der Bushaltestelle gelegen: kein schöner Platz, aber innen angenehme Restaurant-Pizzeria mit lokalen Spezialitäten; bis früh um 3 Uhr geöffnet.

Museo Civico Archeologico ›Delle Acque‹, Via Dante 8, geöffnet Di–So 9.30–13 und 16–19 Uhr.
Eines der neuesten archäologischen Museen der Toscana mit Funden der Hobbyarchäologen von Chianciano, die seit Jahrzehnten graben und freilegen; ihr Stolz und ihr Paradestück ist ein komplett erhaltenes etruskisches Fürstengrab.

Wochenmarkt: jeden Mittwoch

Tourenräder und **Mountainbikes** werden über die Hotels organisiert.
Das APT von Chianciano Terme bzw. der Valdichiana hat eine hervorragende Broschüre herausgebracht, die sich speziell an Radwanderer wendet, auch in deutscher Sprache: Radtouren in der Toscana zwischen dem Valdichiana-Tal und der Val d'Orcia (12 Touren mit genauer Beschreibung, Schwierigkeitsgrad, Weglänge, Sehenswürdigkeiten, Natur umd Umwelt etc.). Außerdem darin: die Adressen der

Radverleiher. Kostenlos in den Verkehrsbüros erhältlich.
Wanderer finden ebenfalls eine gut gemachte handliche Broschüre mit neun Touren: Itinerari in Val d'Orcia. Vorerst nur in italienischer Sprache, aber die Symbole sind für jedermann verständlich und die Karten klar.
Der nächste **Golfplatz** befindet sich bei Bettole: Club Esse, Tel. 05 77 62 41 97 (zwei weitere Golfplätze liegen in der benachbarten Region Umbrien).
Reiten in San Casciano dei Bagni (Centro Le Murate), Tel. 057 8583 09 und in Celle sul Rigo (Il Poggio), Tel. 057853748.
Tennis Club Chianciano, Via Veneto 14, Tel. 057862675.

Gute **Busverbindungen** mit Montepulciano (mit Haltestelle vor Alt-Chianciano) sowie Chiusi Scalo, also dem Bahnhof von Chiusi mit **Bahnanbindung** an Arezzo und Florenz nach Norden bzw. nach Süden Richtung Rom. Busse fahren auch über Bettole nach Florenz und Arezzo sowie über Sinalunga nach Siena; außerdem Mitte Juni bis Anfang Sept., also zur Badesaison, nach Marina di Grosseto, Castiglione della Pescáia und Follónica.

Chiusi (SI)

Karte: H/G4
PLZ 53043
Einwohner: 8600

Ufficio Turismo, Via Porsenna 67, Tel. 05 78 22 76 67.

Il Patriarca, Località Querce al Pino (4 km westlich), Tel. 0578 27 4407, Fax 0578274594, moderat.
Nur 18 Zimmer kleines Hotel mit Park und Parkplatz.
La Fattoria, Località Paccianese am Lago di Chiusi (3,5 km nördlich), Tel. 05782 14 07, Fax 057820644, lafattoria@ftbcc.it, moderat.
Sehr freundliches, schön restauriertes Haus mit wenigen Zimmern direkt am See mit hervorragendem Restaurant.

Camping: Delle Piscine, Sarteano, A1 Ausfahrt Chiusi, Tel. 0 57 82 69 71, Fax 05 78 26 58 89, www.evols.it/bagnosanto, bagnosanto@krenet.it.
Teils Pappeln, Kinderanimation, zwei Pools und Planschbecken mit Thermalwasser, keine Hunde.

La Fattoria, teuer, s. Unterkunft; hervorragendes Restaurant, familiäre Atmosphäre direkt am Lago di Chiusi, mit toscanischen Spezialitäten, hausgemachte Pasta *(picci).*
Zaira, Via Arunta 12, Tel. 0 57 82 02 60, moderat.
Typisches Restaurant im historischen Zentrum Chiusis mit Trattoriaatmosphäre und einem Weinkeller in den Tuffgängen und -grotten (sollte man sich ansehen!).

Museo Archeologico Nazionale, Via Porsenna 93, geöffnet Mo–Sa 9–14, So und feiertags 9–13 Uhr.
Eines der bedeutendsten Museen für etruskische Kultur, mit reichen Funden aus Chiusi und Umgebung; gesonderte Sammlung der nach 1930 entdeckten Stücke; Vermittlung des Besuchs der nahen Nekropolen Tomba della Scimmia, delle Pellegrine und del Colle nach Vereinbarung, möglichst drei Tage im Voraus (Tel. 057820177).
Museo della Cattedrale, Piazza Duomo, geöffnet im Winter Mo–Sa 9.30–12.45, So auch 16.15–17.30, im Sommer tgl. 9.30–12.45 und 16.15–18.30 Uhr.
Bedeutende Sammlung von Chorälen und Codices aus dem 15. Jh. mit wunderschönen Miniaturen, außerdem sakrale Möbel und Schmuck, Gemälde (15.–17. Jh.) und auch vorgeschichtliche Funde. Interessant ist ebenfalls der Untergrund der Kirche aus etruskischer Zeit.

Wochenmärkte: Chiusi dienstags, Chiusi Scalo montags.

La Bussola Inn, Località Macciano an der S. S. 146; Tanz und Musik, Pianobar für spätabends.

Von Chiusi Scalo führt die alte **Bahnverbindung** nach Castiglione del Lago/Lago Trasimeno und weiter nach Norden über Cortona und Castiglion Fiorentino nach Arezzo (bis Florenz). Auf der gleichen Strecke verkehren auch **Überlandbusse**. Auf der neuen Bahnlinie ist Chiusi Scalo unter Umgehung aller Zwischenstopps direkt mit Florenz (bzw. Rom) verbunden. Die Züge fahren zur Hauptverkehrszeit praktisch im Stundentakt.

Colle di Val d'Elsa (SI)

Karte: D/E6
PLZ 53034
Einwohner: 19 300

Pro Loco, Via Campana 43, Tel. 05 77 92 27 91, Fax 05 77 92 26 21.

Arnolfo, Via Campana 8, Tel. 05 77 92 20 20, Fax 05 77 92 23 24, moderat.
Traditionelles Hotel im historischen Zentrum direkt an der Stadtmauer; das berühmte Michelin-Restaurant (s. u.) wurde davon getrennt.
La Vecchia Cartiera, Via Oberdan 5–9, Tel. 05 77 92 11 07, cartiera@chiantiturismo.it, moderat.
Nettes Hotel mit dazu gehörendem sehr gutem und nicht teurem Restaurant ›La Cartiera‹, das im Juli/Aug. nur So geöffnet wird.

Arnolfo, Via XX Settembre 52, Tel. 05 77 92 05 49, sehr teuer.
Von Michelin inzwischen sogar mit zwei Sternen bedachtes Restaurant mit nur wenigen Tischen und kreativer internationaler Küche, im Sommer abends Service auch im Freien auf der Panoramaterrasse; vier teure Zimmer.
L'Antica Trattoria, Piazza Arnolfo 23, Tel. 05 77 92 38 47, sehr teuer– teuer.
Hervorragende einheimische Küche mit ausgesuchten Weinen in einem gepflegten Stadtpalazzo im Zentrum der Unterstadt; im Sommer Service unter einer schattigen Pergola auf der Piazza. Gutes Preis-Leistungs-Verhältnis.
La Cartiera, moderat, s. Unterkunft; gute Hausmannskost in zentraler Lage.

Palazzo Pretorio mit Museo Archeologico Ranuccio Bianchi Bandinelli, geöffnet im Sommer Di–Fr 10–12 und 18–19, Sa/So 10–12 und 16.30–19.30 Uhr, im Winter kürzer, Anfrage unter Tel. 05 77 91 21 11.
Nach dem lokalen Archäologen benanntes Archäologisches Museum mit Funden aus Colle und Umgebung.

Busse nach Poggibonsi bzw. Siena

Collódi (PT)

Karte: C8
PLZ 51014
Einwohner: 1800
s. auch unter Péscia

Gambero Rosso, Via San Gennaro 1, Tel. 05 72 42 93 64.
Osteria direkt beim Pinocchio-Park mit toscanisch-italienischen Spezialitäten; trotz Touristenandrang relativ preiswert und überraschend gut, auch Kindermenüs.

Parco di Pinocchio, im Winter 9–18, im Sommer 8–21 Uhr.
Da lachen Kinderherzen und solche von fantasievollen Erwachsenen; die Geschichten Pinocchios, als große Wandreliefs oder – teils begehbare – Figuren inmitten eines schattigen Waldes direkt am wilden Bach.
Giardino Villa Garzoni, geöffnet im Winter tgl. 9–16.30, im Sommer 8–20 Uhr.
Eine der raffiniertesten Gartenanlagen Italiens, die sich von der Villa am Castello di Collódi bis zur Straße abwärts zieht; leider in den letzten Jahren nicht mehr sehr gepflegt. Mit Schnellrestaurant und Souvenirverkauf. Die Villa selber ist privat bewohnt.

Colonnata (MS)

s. Carrara

Cortona (AR)

Karte: H5
Stadtplan S. 229
PLZ 52044
Einwohner: 22 500

APT, Via Nazionale 42, Tel. 05 75 63 03 52, Fax 05 75 63 06 56

Relais Il Falconiere, Località San Martino 370 (3 km nördlich von Cortona), Tel. 0575612679, Fax 0575612927, www.italfalconiere.com, ilfalcon@ilfalconiere.com, teuer.
Ganzjährig geöffnetes, auf einem weitläufigen historischen Landgut aus dem Jahre 1600 mit Cortona-Blick schön gelegenes Relais & Chateaux-Hotel aus mehreren kleinen Gebäuden und verschiedenen, teils mit Antiquitäten ausgestatteten Zimmern, Kapelle mit Bad in der Krypta inbegriffen; mit fantastischem Restaurant in der früheren Limonaia (verfeinerte toscanische Küche). Eigene Wein- und Olivenölproduktion; Verkostung in der Cantina und Verkauf selbst gemachter Marmeladen.
San Michele, Via Guelfa 15, Tel. 0575604348, Fax 0575630147, moderat.
In einem Palast des 16. Jh. im Altstadtkern untergebracht, ohne Restaurant.
Italia, Via Ghibellina 5, Tel. 05 75 60 02 54, Fax 05 75 63 05 64, moderat.
Typisches Stadthotel im historischen Zentrum.

Jugendherberge: Ostello San Marco, Via Maffei 57, Tel. 05 75 60 13 92.

Il Falconiere s. Hotels.
La Locanda del Molino, Località Montanara, 8 km östlich von Cortona, Tel. 05 75 61 41 92, teuer.
Eine echt toscanisch gebliebene Trattoria mit nur acht sehr hübschen Zimmern direkt am Bach, der früher die Ölmühle antrieb.
Dardano, Via Dardano 24, Tel. 0575601944, günstig.
Überraschend preiswerte, familiengeführte Trattoria mit echten toscanischen Gerichten und ordentlichem Hauswein.

Palazzo Pretorio mit dem **Museo dell´Academia Etrusca,** Piazza Signorelli 9, geöffnet Di–So 10–13 und 16–19 Uhr.
Ein bedeutendes Museum zur etruskischen Kultur, u. a. mit dem 57 kg schweren etruskischen Bronzeleuchter mit 16 Schnäbeln aus dem 5. Jh. v. Chr. und einer ägyptischen Sammlung.
Museo Diocesano, Piazza del Duomo 1, geöffnet Di–So 9–13 und 15–17, im Sommer bis 18.30 Uhr.
Große Werke der toscanischen Malerei aus dem 14.–16. Jh. sind hier ausgestellt, u. a. von Beato Angelico, Luca Signorelli und Pietro Lorenzetti.

Cortona ist eine gute Einkaufsstadt für **Antiquitäten** und für **Fleisch-** und **Wurstwaren** aus dem Chiana-Tal.
Antica Drogheria, Via Nazionale 3: gute Auswahl an Weinen, Grappe und Likören sowie anderen lokalen Spezialitäten in der früheren, sehr hübsch restaurierten historischen Drogerie.

Cortona liegt an der alten, häufig befahrenen **Bahnstrecke** Florenz – Arezzo – Chiusi und weiter nach Rom.
Busse verkehren parallel zur Bahnstrecke auf der S. S. 71 in dichter Folge.

Elba (LI)

Karte: A/B2/3
Einwohner: 30 400
s. auch unter Capolíveri, Cavo, Marciana, Marina di Campo, Porto Azzurro, Portoferraio, Procchio, Rio Marina

Agenzia per il Turismo dell´ Archipelago Toscano, Calata Italia 26, 57037 Portoferraio (LI), Tel. 05 65 91 46 71/2, Fax 0565916350, www.arcipelago.turismo.toscana.it, info@mail.arcipelago.turismo.toscana.it.

Flugverbindungen: Der kleine Flugplatz von Marina di Campo ist mit Pisa verbunden, zeitweise auch mit anderen europäischen Städten.

Busse: Die größeren Orte der Insel sind von Portoferraio aus mit den Linienbussen von ATL erreichbar, die einsam gelegenen allerdings nicht, man ist dann auf einen Wagen oder ein Motorrad angewiesen – oder auf ein Fahrrad. Über Busverbindungen zwischen den Ortschaften Elbas informiert ATL, Tel. 0565914392; die Verbindungen sind während der Saison von Ende Mai bis Ende September sehr gut, sonst richten sich die Fahrpläne überwiegend nach den Schulzeiten.

Bootsverbindungen mit dem Festland: Im Sommerhalbjahr sehr dichte (praktisch stündliche) Fähr- und Schnellbootverbindungen zwischen Piombino und Portoferraio (Fähre 60, Schnellboot 30 Minuten), auch mit Rio Marina, Porto Azzurro und mit der kleinen Nachbarinsel Pianosa. Im Sommer sollte man die Fähre lieber vorbuchen; Auskunft über das APT bzw. Buchung über die Schiffsgesellschaften: **Moby Line** (für Fähren Piombino – Portoferraio – Piombino), Via Ninci 1, Portoferraio, Tel. 0565918101, Fax 0565916758; **Toremar** (für die Fähren Piombino – Rio Marina – Porto Azzurro – Pianosa; für Aliscafi/Schnellboote Piombino – Cavo – Portoferraio), Piazzale Premuda, Piombino, Tel. 0565918080; Banchina IV Novembre, Porto Azzurro, Tel. 056595004; Calata Voltoni 20, Rio Marina, Tel. 0565962073.

Preisniveau: Wichtig für Leute mit schmalem Geldbeutel: Grundsätzlich gilt – Ausnahmen bestätigen allerdings auch hier die Regel –, dass man in Elbas Hotels und in den Restaurants mehr zahlen muss als auf dem Festland – Elba ist eine vom meistens höherpreisigen Tourismus geprägte Insel. Dafür gibt es erstaunlich gute Campingplätze, die man sich je nach Anspruch am besten aus dem aktuellen ADAC-Campingführer Südeuropa aussucht.
Adresse des elbanischen Hotelverbandes, dem die meisten Häuser angehören: Associazione Albergatori Isola d'Elba, Calata Italia 20, Tel. 0565915555, Fax 0565917865.

Keine Frage, dass man auf Elba eine große Auswahl an **Mineralien** kaufen kann. Man darf aber auch selber buddeln. Wo, sollte man beim Touristenamt erfragen, da sich die Standorte ändern können. Auch ist es wichtig zu erfahren, was man überhaupt sammeln darf. Im Juni findet normalerweise in Rio Marina die Mineralienausstellung ›I Fiori della Terra‹ (Blumen der Erde) statt, wo man sowohl Mineralien bewundern als auch kaufen bzw. tauschen (!) kann. Informationen bei der Gemeindeverwaltung, Tel. 0565962009.

Der **August** ist der Monat der Patronatsfeste auf Elba, die meistens mit Sportveranstaltungen, Umzügen, gastronomischen Angeboten und Feuerwerk begangen werden. Z. B. in Campo nell'Elba am 7. für San Gaetano, in Marciana Marina am 12. für Santa Chiara, in Rio Marina am 16. für San Rocco. Am 8. **September** wird von Portoferraio aus die Madonna del Monserrato auch mit einer langen Prozession zur Wallfahrtskirche begangen. Ganz groß wird das Weinfest in Capolíveri am letzten Septembersonntag gefeiert. Dabei werden alte Traditionen des Weinbaus und der Landwirtschaft dargestellt, die besten Rekonstruktionen werden prämiert. Natürlich finden vor Elba auch Segelregatten statt, besonders beliebt ist das ›Trofeo Velico Amerigo Vespucci‹, das Portoferraio im September zusammen mit der lokalen Sektion der Lega Navale Italiana (Information per Telefon, 0565917744) veranstaltet. Im **Oktober** sind die Mountainbikefahrer dran mit dem ›Granfondo Elba Ovest‹, das von Marina di Campo aus veranstaltet wird; Information: Società Ciclistica Elba Ovest, Tel. 0565978004.

Elba ist ein wahres **Wassersportparadies**, in den meisten Küstenorten gibt es die entsprechenden Angebote etwa für Segeln und Surfen sowie **Tauchen**, z. B.: Tauchen in Cavo, Porto Azzurro, Marciana Marina und Morcone/Capolíveri. Alle auch über die Internetadresse www.scuba.it zu erreichen. Informationen über **Segelferien** auf Elba erhält man unter www.segelferien.de bzw. u. a. über Segelzentrum Elba, 57037 Porto-

ferraio, Villa Marmori im Vorort Bagnaia, Tel. 05 65 96 10 90, Fax 05 65 96 11 84, info@segelzentrum.de und Scuola Vela Elba Charter/Segelschule Elba Charter, 57030 Prócchio, Via degli Olivi 9, Tel. u. Fax 05 65 90 78 38, segelschule@elba-link.it
Auch **Wanderer** kommen auf Ihre Kosten, sie quartieren sich mit Vorliebe in den kleinen Bergdörfern ein, meist privat. Aber auch von den Küstenorten sind die Wege nicht allzu weit zu so schönen Ausgangspunkten wie Marciana, um z. B. den Monte Capanne zu besteigen, über www.elbalink.it erhält man weitere Sportadressen und -informationen.

Fiesole (FI)

Karte: E7/8
PLZ 50014
Einwohner: 14 800

Ufficio Informazioni, Via Portigiani 3–5, Tel. 0 55 59 87 20, Fax 0 55 59 88 22, info.turismo@comune.fiesole.fi.it.

Villa San Michele, Via Doccia 4, Tel. 0 55 67 82 00, Fax 0 55 5 67 82 50, www.orientexpresshotels.com, reservation@villasanmichele.net, sehr teuer.
Der absolute Luxus in und um Florenz, ein ›Leading Hotel of the World‹ in einem ruhig gelegenen Renaissancekloster unterhalb von Fiesole mit dem schönsten Panoramablick auf Florenz; hervorragendes Restaurant.
Villa Aurora, Piazza Mino da Fiesole 39, Tel. 05 55 01 00, Fax 05 55 95 87, www.logicad.net/aurora, teuer.
Am Hauptplatz gelegenes, traditionelles Hotel mit Florenz-Blick.
Villa Fiesole, Via Beato Angelico 35, Tel. 0 55 59 72 52, Fax 05 55 91 33, www.villafiesole.it, info@villafiesole.it, teuer.
Angenehmes, liebevoll eingerichtetes Hotel an der Straße (kann tagsüber etwas laut sein) direkt unterhalb der Villa San Michele, in einer früheren Serraia (Orangerie) untergebracht, mit Nebengebäude; kleines Restaurant für die Hausgäste.
Bencistà, Via da Maiano 4, Tel. u. Fax 05 55 91 63, bencista@uol.it, moderat.
Freundliches, familiäres Hotel unterhalb von Fiesole im Grünen (nur Halbpension).

Camping: Camping Panoramico (7 km nördlich), Tel. 0 55 59 90 69, Fax 05 55 91 86
Schmale Terrassen um einen steilen Hügel, schattig, teilweise schöne Ausblicke auf Florenz.

Museo Bandini, Via Dupré 1, geöffnet Sommer 9–19, Winter 9.30–16.30 Uhr, 1. Di des Monats geschl.
Florentiner Malerei 13.–15. Jh., Terrakotta von Della Robbia sowie Holzskulpturen.
Area Archeologica, Museo Civico, Antiquarium Costantini, Via Portigiani 1, geöffnet im Sommer 9–19, im Winter 9.30–16.30 Uhr, 1. Di des Monats geschl.
Römisches Amphitheater mit diversen Ausgrabungen, kleinem Museum mit den vor Ort und in der Umgebung gemachten Funden.
San Francesco, Via San Francesco, geöffnet im Sommer 10–12 und 15–18, im Winter bis 17 Uhr.
Im Kloster bedeutende Malereien aus dem 15. und 16. Jh., außerdem eine etnografische Sammlung der Missionare aus Alt-China und Ägypten.

Estate Fiesolana mit Musik, Tanz und Theateraufführungen, Juni–Sept.

ATAF **Bus**linie 7 verbindet den Bahnhof Florenz mit dem Hauptplatz von Fiesole (Piazza Mino da Fiesole), je nach Tageszeit zwei- bis viermal stündlich.

Firenze/Florenz (FI)

Karte: E7
Stadtplan: hintere Umschlaginnenklappe
PLZ ab 50100
Einwohner: 375 000

APT, Via Cavour 1r, Tel. 0 55 29 08 32, Fax 05 52 76 03 83, www.firenze.turismo.toscana.it, infoturismo@provincia.fi.it und info@firenze.turismo.toscana.it. Büros: Aeroporto Amerigo Vespucci, Piazza Stazione 4 (Bahnhof S. M.M.), Via Cavour 1r, Borgo Santa Croce 29r

Regency, Piazza d'Azeglio 3, Tel. 0 55 24 52 47, Fax 05 52 34 67 35, www.regency-hotel.com, sehr teuer.
Eine der ruhigeren Adressen von Florenz abseits des Zentrums und doch noch innerhalb der Viali an der schönen grünen Piazza d´Azeglio.
Anglo American, Via Garibaldi 9, Tel. 0 55 28 21 14, Fax 0 55 26 85 13, www.framon-hotels.com, teuer.
Angenehmes, sehr gepflegtes Haus am Rande des lauten Zentrums nahe dem Arno; schönes Jugendstilambiente.
Brunelleschi, Piazza Santa Elisabetta 3, Tel. 05 52 73 70, Fax 0 55 21 96 53, www.hotelbrunelleschi.it, teuer.
Zentrales Hotel in mehreren historischen Palästen zwischen der kleinen Piazza Santa Elisabetta und der lauten Via dei Calzaiuoli; internationales Publikum.
Croce di Malta, Via della Scala 7, Tel. 0 55 21 83 51, Fax 0 55 28 71 21, www.crocedimalta.it, teuer.
Modernes Ambiente in restaurierten historischen Mauern zwischen Bahnhof und Zentrum.
J and J, Via di Mezzo 20, Tel. 05 52 63 1 21, Fax 0 55 24 02 82, www.jandjhotel.com, teuer.
Romantikhotel in einem Kloster des 16. Jh. mitten in der Stadt mit nur 15 Zimmern und fünf Apartments, ohne Restaurant.
Monna Lisa, Borgo Pinti 27, Tel. 05 52 47 97 51, Fax 05 52 47 97 55, www.monnalisa.it, teuer.
Aus einer antiquitätengeschmückten Pension wurde eine begehrte Hoteladresse mit besonderer Atmosphäre; nicht in allen Zimmern Vier-Sterne-Komfort; nahe dem Dom.
Grand Hotel Cavour, Via del Proconsolo 3, Tel. 0 55 28 24 61, Fax 0 55 21 89 55, www.hotelcavour.com, moderat.
Wunderschön restaurierter Hotelpalast zwischen Bargello und Piazza Signoria, dennoch ruhig mit herrlicher Dachterrasse, die auch als Frühstücksterrasse benutzt wird; angeschlossenes Restaurant Beatrice und Jugendstildekoration (Fresken und Kassettendecke von Galileo Chini).
Le Due Fontane, Piazza della SS. Annunziata 14, Tel. 0 55 21 01 85, Fax 0 55 29 44 61, moderat.
Zentral und doch ruhig am schönen Annunziata-Platz gelegenes Stadthotel ohne Schnörkel, aber auch ohne Restaurant.
Porta Rossa, Via Porta Rossa 19, Tel. 0 55 28 75 51, Fax 0 55 28 21 79, moderat.
Etwas enges, sehr beliebtes Hotel im Zentrum nahe Piazza della Signoria, ohne Restaurant.

Jugendherberge: Villa Camerata, s. Camping Villa Camerata
Die **Campingplätze** in und um Florenz sind im Internet zu erreichen über www.florencecamping.com
Camping Italiani e Stranieri, Viale Michelangelo 80 (zu Füßen des Piazzale Michelangelo), Tel. 05 56 81 19 77.
Vor allem von Jugendlichen stark frequentierter Platz mit Florenz-Panorama; inmitten von Olivenbäumen, aber mit wenig Schatten.
Camping Villa Camerata, Viale Righi 2/4, Tel. 0 55 60 03 15.
Günstiger Übernachtungsplatz zwischen Florenz und Fiesole um die Jugendherberge herum.
Norcenni Girasole Club, Figline Valdarno, südöstlich Florenz, vom Ort aus Richtung Siena, Via Norcenni 7, Tel. 0 55 95 96 66, Fax 0 55 95 93 37, www.ecvacanze.it, girasole@ecvacanze.it.
Hervorragende sanitäre Ausstattung. Bäume und Mattendächer, Kinderanimation, Spielplätze, überdachbarer, beheizbarer Pool, Planschbecken, Sportangebot, Fahrradverleih, Fitnesscenter mit Sauna und Massage, schalldichte Disko, Hunde erlaubt.

Enoteca Pinchiorri, Via Ghibellina 87, Tel. 0 55 24 27 77, sehr teuer.
Einziges Zwei-Sterne-Restaurant (Michelin) von Florenz, in einem großartig erhaltenen Renaissancepalast mit kühlem In-

nenhof (im Sommer die beliebtesten Plätze); französisch-toscanische Küche vom Feinsten, perfekter Service, ausgesuchter Weinkeller mit Raritäten; auch preislich ganz oben angesiedelt.
Cantinetta Antinori, Piazza Antinori 3, Tel. 055 29 22 34, teuer.
Im Renaissancepalast der alteingesessenen Adels- und Winzerfamilie Antinori; sehr gemütlich eingerichtete kleine Enoteca/Weinprobierstube mit köstlichen toscanischen Kleinigkeiten zum Essen.
Omero, Località Arcetri (wenige Kilometer südlich), Via Piàn de'Giullari 11r, Tel. 055 22 00 53, teuer.
Typisches Landgasthaus in den südlichen Hügeln über Florenz, bei Florentinern sehr beliebt, vor allem am Wochenende; riesiges Vorspeisenbuffet, echte toscanische Gerichte; im Sommer Terrassenservice.
Paoli, Via dei Tavolini 12, Tel. 055 21 62 15, teuer.
Eines der bekanntesten Restaurants zwischen Dom und Piazza Signoria mit Freskenimitationen (13. Jh.), die dem charakteristischen Lokal ein besonderes Ambiente verleihen; ordentliche toscanisch-italienische Spezialitäten.
Cantinetta dei Verrazzano, Via de'Tavolini 18/20, Tel. 055 26 85 90, teuer–günstig.
Drei Räume, jeweils im Stil einer Bar, einer kleinen Trattoria und einer Osteria eingerichtet, aus der Idee einer Probierstube für die Weine des Castello di Verrazzano entstanden, mitten in Florenz, mit einem Eingang an der Fußgängerzone der Calzaiuoli. Kleine Gerichte und Häppchen, Focaccia aus dem Holzofen und köstlicher Espresso. Eine Kombination aus drei verschiedenen Betrieben: der Bäckerei Galli, der Kaffeerösterei Piansa und der Metzgerei Falorni.
Penello, Via Dante Alighieri 4r, Tel. 055 29 48 48, moderat.
Typische Trattoria im Dante-Viertel mit hervorragend zubereiteten toscanischen Spezialitäten, meist überfüllt.
Toto, Via Borgo Sant'Apostoli 6, Tel. 055 21 20 96, moderat.
Uriges Restaurant, versteckt im Altstadtzentrum zwischen Uffizien und Ponte Vecchio; mit Holzfeuergrill für die *bistecca fiorentina* und andere toscanische Spezialitäten; historischer Rahmen, freundlicher Service, manchmal hektisch.
Angiolino, Via Santo Spirito 36r, Tel. 055 239 89 76, günstig.
Noch echte, sehr beliebte Trattoria im Santo-Spirito-Viertel mit *crostini* und *ribollita* etc. zu guten lokalen Weinen, oft überfüllt.
Le Mosacce, Via Proconsolo 55r, günstig.
Winziges, uriges Lokal (nahe Bargello) mit kleinem Verkaufsstand für belegte Brötchen.
Trattoria Da Sergio, Piazza San Lorenzo 8, kein Telefon, günstig.
Urige kleine Kneipe hinter dem Markt praktisch gegenüber der Kirche San Loreno, wo man eng mit den Marktleuten zusammen hockt und echt-florentinische Küche bekommt.
Trattoria Marione, Via della Spada 27r, günstig.
Von Florentinern in der Mittagspause gut besuchte, kleine Trattoria nahe dem Palazzo Strozzi.

Cafés/Eisdielen: Rivoire, Piazza della Signoria, teuer. Das Café am Rathausplatz mit Tischen im Freien; direkter Blick auf den Palazzo Vecchio.
Gilli, Piazza della Repubblica, edel und teuer. Mit Tischen im Freien unter Markisen; seit 1773.
Paszkowski, Piazza della Repubblica, teuer. Direkt neben dem Gilli; 21–1.30 Uhr (außer Mo), mit Pianobar.

Badia Fiorentina, Via del Proconsolo (gegenüber dem Bargello), geöffnet werktags 16.30–18.30, So 10.30–11.30 Uhr.
Bereits 978 begonnene, heute rein gotisch wirkende Kirche, die im 11./12. Jh. das gesitige und religiöse Zentrum von Florenz bildete; daher ist sie reich mit Gemälden ausgestattet, eine wahre Pinakothek.
Battisterio San Giovanni, Piazza San Giovanni, geöffnet werktags 12–18.30, So und feiertags 8.30–13.30 Uhr.
1128 erbaute Taufkirche von Florenz, die bis ins 19. Jh. die einzige der Stadt war (Sammeltaufen), wunderbar inkrustiert mit

grün-weißem Marmor und den berühmten Bronzetüren, dem Dom gegenüber die Paradiespforte (Kopie, Original im Dombaumuseum).

Biblioteca Laurenziana: werktags 9/10–13 Uhr, im Winterhalbjahr ab ca. 15. Sept. normalerweise geschlossen.
Eines der raffiniertesten Werke von Michelangelo (1524) ist die Treppe zur schlicht-schönen Bibliothek mit ihren vorschwingenden Stufen, deren Stützen in Wandschränken versteckt sind und sie damit zu einem Hauptwerk des frühen Manierismus in der Architektur machen.

Campanile del Duomo, Piazza Duomo, geöffnet tgl. 8.30–19.30 Uhr.
Giottos Glockenturm (Entwurf 1334) des Domes ist nicht nur schön anzuschauen – man sollte ihn wegen des wunderbaren Blicks über Florenz besteigen.

Cappella Brancacci in Santa Maria del Carmine, Piazza del Carmine, geöffnet werktags außer Di 10–13, So und feiertags 13–17 Uhr (nur jeweils höchstens 20 Personen auf einmal).
Weltberühmt sind die Renaissancefresken von Masaccio und seinem Meister Masolino (1424), die Filippo Lippi 1480 vollendete; nach der unendlich langen Restaurierung sind Adam und Eva bei der ›Vertreibung aus dem Paradies‹ wieder ganz ohne Feigenblatt zu sehen.

Certosa di Galluzzo, Località Galluzzo, an der Via Cassia S.S. 2 ca. 5 km südlich von Florenz, geöffnet Di–So 9–12 und 15–17/18 Uhr (Winter/Sommer).
Prächtiges, ab 1341 erbautes Kartäuserkloster, u. a. von Bramante (Renaissancekreuzgang) umgestaltet, Barockkirche mit Chorgestühl von 1590; die heutigen ›Besitzer‹, die Zisterziensermönche, sind geschickte Buchrestauratoren.

Cupola del Duomo, Piazza del Duomo (Eingang durch die Kathedrale links), geöffnet Mo–Fr 8.30–19, Sa 8.30–17, jeden 1. Sa des Monats nur bis 15.20 Uhr.
Die von Brunelleschi 1436 geschaffene Kuppel kann bestiegen werden und bietet einen ähnlich schönen Blick wie vom Campanile.

Ognissanti, Piazza Ognissanti, geöffnet Di–Sa 9–12 Uhr (kann sich ändern).
In der Kirche Grablege des Seefahrers Amerigo Vespucci, nach dem Amerika benannt wurde; im früheren Refektorium das Cenacolo (Abendmahl) von Domenico Ghirladaio, mitsamt dazu gehörender Sinopie.

Orsanmichele, Via dei Calzaiuoli, Eingang Via delle Arte della Lana, geöffnet außer 1. und letzter Mo des Monats Mo–Fr 9–12 und 16–18, Sa und So 9–13 und 16–18 Uhr.
Die frühere Kirche der Wollzunft (im 14. Jh. aus einem Getreidespeicher mit Oratorium entstanden) gehört zu den sakralen Kleinodien von Florenz und besitzt im Inneren u. a. ein kostbares Marmortabernakel von Orcagna (1349–1359) für das Gnadenbild der Madonna (1347) von Bernardo Daddi.

Santa Croce, Piazza Santa Croce, geöffnet im Sommer werktags 9.30–17. 30, im Winter 8–12.30 und 15–17.30, So nur 15–17 Uhr.
Die 1295 von Arnolfo di Cambio begonnene große Franziskanerkirche gilt als das Pantheon der Toscana mit den Grabstätten italienischer Berühmtheiten. Angeschlossen ist außer der bereits historischen Lederschule (mit Verkauf!) über einen Extra-Eingang rechts von der Kirchenfassade im aufgelassenen Kloster das **Museo di Santa Croce**, das u. a. die kleine, architektonisch wertvolle, von Brunelleschi entworfene Pazzi-Kapelle enthält sowie eine bedeutende Sammlung florentiner Kunstwerke, darunter im früheren Refektorium außer Fresken das nach der verheerenden Arno-Überschwemmung gerettete Kruzifix des Cimabue.

San Lorenzo, Piazza San Lorenzo, geöffnet tgl. 7–12 und 15.30–18.30 Uhr.
Die bereits vom Mailänder Bischof Ambrosius 393 geweihte Kirche wurde im Auftrag Cosimos I von Brunelleschi vergrößert, ohne dass die Fasssade jemals fertig gestellt worden wäre. Im Kreuzgang links (übrigens ein herrlicher Ort der Stille!) befindet sich im ersten Geschoss die von Michelangelo konstruierte Biblioteca Laurenziana (s. o.), auf der Chorseite befinden sich die berühmten Cappelle Medicee (s. S. 320f.).

San Miniato al Monte, Via Monti alle Croci (oberhalb des Piazzale Michelangelo), geöffnet im Sommer tgl. 8–12 und 14–19, im Winter 8–12 und 14.30–18 Uhr.
Eine der schönsten Kirchen von Florenz mit grün-weißer Marmorinkrustation im so genannten romanisch-florentiner Stil (11.–13. Jh.), innen mit kostbarem Tabernakel von Michelozzo; in der Kapelle des Kardinals von Portugal erzählen die Fresken von Spinello Aretino die Lebensgeschichte des heiligen Benedikt.
Santa Maria del Fiore, Piazza del Duomo, geöffnet werktags 10–17, Do und 1. Sa des Monats nur bis 15.30, So und feiertags 13.30–17 Uhr (es dürfen nur höchstens 800 Menschen auf einmal eintreten/Drehkreuzkontrolle).
Die gotische, von Arnolfo di Cambio 1296 entworfene Kathedrale von Florenz steht auf der viel älteren Kirche Santa Reparata (Ausgrabungen innen im westlichen Bereich), ihre Kuppel schuf Brunelleschi 1463, ihre Westfassade wurde erst im späten 18. Jh. vollendet.
Santa Maria Novella, Piazza Santa Maria Novella, geöffnet werktags 7–12 und 15.30–18, Sa nur bis 17, So 15.30–17 Uhr.
Kirche und Dominikanerkloster von 1246–1360 mit herrlich inkrustierter weißgrüner Marmorfassade und großartigen Bild- und Schnitzwerken aus der Renaissance im Inneren; im ›Chiostro Verde‹, dem Kreuzgang des Klosters, befindet sich das **Museo di Santa Maria Novella,** geöffnet tgl. außer Fr 9–14 Uhr, mit Fresken von Paolo Uccello und seiner Schule.
Villa Careggi, Viale Pieraccini 17, Località Careggi (Bus Nr. 14/C ab Hauptbahnhof); die Medici-Villa ist nicht dem Publikum zugänglich, es kann nur der Park des heutigen Krankenhauses besichtigt werden.
Im 14. Jh. erbaute Festung von Filippo Lippi, ab 1417 im Besitz der Medici, die sie unter Cosimo d. Ä. von Michelozzo für seine Platonische Akademie zu einer Villa umbauen ließen; im 19. Jh. romantisierend umgestaltet, heute Verwaltungssitz des Krankenhauses.
Villa Castello, Via di Castello, Località Castello westlich von Careggi (weiter mit Bus Nr. 14 und 28, mit diesem auch direkt vom Hauptbahnhof Richtung Sesto Fiorentino); auch hier kann nur der Park besichtigt werden (geöffnet wie Villa Petraia, s. u., gemeinsame Eintrittskarte).
In der Medici-Villa Castello verbrachte Cosimo I seine Jugend und seinen Lebensabend, 1535 wurde der Park angelegt und Ende 18./Anfang 19. Jh. vom böhmischen Landschaftsarchitekten Joseph Fritsch umgestaltet. Heute Sitz der Accademia della Crusca.
Villa della Petraia, Località Castello, geöffnet März 9–17.30, Apr., Mai, Sept., Okt. 9–18.30, Juni–Aug. 9–19.30, Nov.–Febr. 9–16.30 Uhr, 1. u. 3. Mo des Monats geschlossen (gemeinsame Eintrittskarte mit Castello, s. o.).
Seit 1575 im Besitz der Medici, die sie 1576–1590 von Buontalenti mit hohem Wachturm verändern ließen. Im 19. Jh. wurde der Innenhof mit dem freskierten Säulengang (17. Jh.) geschlossen. Vittorio Emanuele II benutzte die Villa als Sommerresidenz (Originalmobiliar und Spielesammlung aus dieser Zeit). Der italienische Garten ist um einen Brunnen gruppiert, der große Park wurde im 19. Jh. im englischen Stil verändert, als Fortsetzung des Parks der Villa Castello.
Villa Demidoff, Vaglia-Pratolino, geöffnet März sowie Okt. So und feiertags 10–18, Mai–Sept. Do–So 10–20 Uhr.
1569 von Francesco I de´ Medici erworbenes Landgut, dessen Villa von den Lothringern später zersört wurde; der russische Prinz Demidoff ließ das Pagenhaus in eine Villa umbauen und den großartigen Park mit künstlichen Grotten und Brunnen anlegen.

Wer sich die Wartezeit vor den Kassen der staatlichen Museen von Florenz und dann auch für den Eintritt ersparen möchte, sollte sich schon vor der Reise für den Besuch von Uffizien, Accademia, San Marco, Bargello, Museo Archeologico, Palazzo Pitti, Museo Davanzati sowie Opificio delle Pietre Dure anmelden: Tel. 00 39 055 29 48 83 (Mo–Fr 8.30–18.30 und Sa 8.30–12.30 Uhr).

Capelle Medicee, Piazza Madonna degli Aldobrandini, geöffnet Di–Sa 8.15–17, So

(nur 1., 3. und 5. des Monats) 8.15–17, feiertags 8.15–13.50 Uhr.
Die Neue Sakristei von Michelangelo sowie die so genannte Prinzenkapelle bilden gemeinsam die Capelle Medicee, die Medici-Kapellen mit den Grabstätten mehrerer Medici.

Casa Dante, Via Santa Margherita 1, geöffnet 9.30–12.30 und 15.30–18.30 Uhr, im Sommer nachmittags unsicher, Mi geschl.
Im vermeintlichen mittelalterlichen Elternhaus des großen Dichters werden Dokumente aus seinem Werk und seiner Zeit in Florenz gezeigt; ein angenehmes kleines Museum, das wenig besucht wird.

Galleria d´Arte Moderna, Piazza Pitti Di–Sa und 1., 3., 5. So des Monats 8.15–13.50 Uhr.
Galerie für Moderne Kunst im Palazzo Pitti.

Galleria degli Uffizi, Piazzale degli Uffizi 6, geöffnet Di–So 8.30–18.50, Sa bis 22 Uhr (Tickets vororganisieren).
Die bedeutendste Gemäldegalerie der Toscana, eine Gründung von Francesco I de'Medici (1581), heute mit Meisterwerken der Malerei vom 13.–18. Jh. Weltberühmt: Botticellis ›Frühling‹; den zum Komplex gehörenden Vasari-Gang von 1565 über dem Ponte Vecchio mit einer interessanten Portraitsammlung kann man auf Anfrage ebenfalls besichtigen.

Galleria del Costume, Piazza Pitti, geöffnet Di–Sa (ebenfalls 1., 3. und 5. So des Monats) 8.15–13.50 Uhr.
Sammlung historischer Kostüme im Palazzo Pitti.

Galleria dell´ Accademia, Via Ricasoli 60, geöffnet tgl. 8.15–18.50 Uhr.
Großherzog Pietro Luitpold hatte Skulpturen und Gemälde gesammelt, um den Schülern der angeschlossenen Kunstakademie das Studium zu erleichtern. Weltberühmt: Michelangelos ›David‹, hier im Original.

Galleria dello Spedale degli Innocenti, Piazza SS. Annunziata 12, geöffnet meistens nur bei Ausstellungen, dann Do–Di 8.30–14 Uhr.
Ausstellungsräume im aufgelassenen, harmonischen Komplex, den Brunelleschi speziell als Waisenhaus geschaffen hatte. Noch heute werden u. a. Aktivitäten für Kinder entwickelt.

Galleria Palatina, Piazza Pitti, geöffnet Di–So 8.15–18.50 Uhr.
Die Privatsammlung der Großherzöge der Toscana in ihrem Wohn-Palazzo Pitti besitzt Meisterwerke aus dem 15.–17. Jh.

Museo Archeologico, Via della Colonna 38, geöffnet Mo 14–19, Di und Do 8.30–19,Mi, Fr, Sa 8.30–14, So und feiertags 8.30–14 Uhr.
Das reichste archäologische Museum der Toscana, bedeutend wegen seiner Sammlung etruskischer Funde wie der bronzenen Chimäre aus Arezzo.

Museo Davanzatti, Via Porta Rossa 13, z. Z. wegen längerer Umbauarbeiten geschl.
Museum der historischen Wohnkultur der Florentiner im dazu passenden Rahmen des Palastes Davanzatti.

Museo degli Argenti, Piazza Pitti, geöffnet 2. und 4. Mo des Monats, Di–Sa sowie 1.,3., 5. So des Monats 8.15–13.50 Uhr.
Reiche Silbersammlung der Großherzöge der Toscana im Palazzo Pitti.

Museo Nazionale del Bargello, Via del Proconsolo 4, geöffnet Di–Sa sowie 2. und 4. So sowie 1., 3., 5. Mo des Monats 8.15–13.50 Uhr.
Eines der schönsten Museen von Florenz (seit 1859) im eindrucksvollen Palazzo del Capitano del Popolo bzw. del Bargello von 1255; vor allem Skulpturen und Terrakotten wie von der Familie Della Robbia, überhaupt bedeutende Werke von Brunelleschi und Cellini, Donatello und Michelangelo.

Museo delle Porcellane, Giardino di Bóboli, geöffnet 2. und 4. Mo sowie 1., 3., 5. So des Monats und Di–Sa 9–13.30 Uhr
Porzellansammlung im Palazzo Pitti auf der Parkseite.
Zum Komplex der Sammlungen im großen Palazzo Pitti gehören auch die Königlichen Räume, das Kutschenmuseum und die Bóboli-Gärten (geöffnet im Sommer 9–17.30, im Winter bis 16.30 Uhr; 1. und letzter Mo des Monats geschl.).

Museo dell´Opera del Duomo, Piazza Duomo 9, geöffnet werktags 9.30–18.30, So und feiertags 8–14 Uhr.

Im Dombaumuseum sind großartige Sakralkunstwerke ausgestellt, die vor allem aus dem Dom gerettet werden konnten, aber auch Teile der originalen ›Paradiespforte‹ des Baptisteriums.
Museo dell´Opificio delle Pietre Dure, Via degli Alfani 78, geöffnet werktags 8.15–14, Di zeitweise bis 19 Uhr.
Aus der bereits von den Medici eingerichteten Restaurierungswerkstatt für Einlegearbeiten aus Stein wurde ein interessantes Museum. Manchmal kann man den Spezialisten bei ihrer Arbeit über die Schulter schauen.
Museo di San Marco, Piazza San Marco, geöffnet 2. und 4. So sowie 1., 3., 5. Mo, Di–Fr 8.15–13.50, Sa 8.15–18.50 Uhr.
Fra Angelico malte um 1440 fast das gesamte Dominikanerkloster mit seinen berühmt-zarten Fresken aus. Zu besichtigen sind auch die Zellen von Cosimo dem Alten, der hier gerne Zuflucht fand, und des Dominikanermönchs Savonarola.
Palazzo Medici-Riccardi, Via Cavour 3, geöffnet Do–Di 9–19 Uhr.
Der frühere Wohnpalast der Medici, den Michelozzo 1444 schuf (heute Sitz der Präfektur), wird wegen der Cappella dei Magi besucht, in deren Fresko ›Zug der Heiligen Drei Könige‹ von Benozzo Gozzoli (1459) einige der Medici zu erkennen sind.
Palazzo Vecchio, Piazza della Signoria, geöffnet 15. 6. –15. 9. Di, Mi, Sa 9–19, Mo, Fr 9–23, Do 9–14, sonst 9–19, Do und So nur bis 14 Uhr.
Im bedeutendsten, bereits 1299 begonnenen Profanbau der Stadt, später Regierungssitz der Medici, befindet sich heute das Rathaus, aber auch ein großer musealer Komplex mit dem Salone dei Cinquecento (der 500), den Quartieri Monumentali und dem Studio Francescos I.
Sinagoga/Tempio Israelitico e Museo Ebraico, Via Farini 4, geöffnet So–Do 10–13 und 14–16/17 Uhr je nach Sonnenstand, Fr nur 10–13 Uhr.
Ende des 19. Jh. im byzantinisch-maurischen Stil erbaute Synagoge mit prächtigen Mosaiken im Inneren und einer Sammlung von Dokumenten zur Geschichte der Juden von Florenz sowie kostbaren Kultgegenständen.

Culinaria:
La Norcineria, Via Sant´Antonio 19–21r. Verkauf von Fleisch aus eigener Schlachtung sowie von selbst produzierten Wurstwaren und von Käse.
Außer den Stadtteilmärkten verdienen in Florenz die beiden **Markthallen** eine besondere Erwähnung. Am bekanntesten ist der **Mercato Centrale San Lorenzo,** zentral im San Lorenzo-Viertel gelegen und umgeben von netten kleinen *Trattorie.* Doch fast noch interessanter ist der **Mercato Sant´Ambrogio** am östlichen Stadtrand, der noch volkstümlicher geblieben ist und wegen seiner Lage es den Bauern und Kleinproduzenten aus dem Umland ermöglicht, die frische Ware sozusagen direkt aus ihren Wagen anzubieten. Morgens sind die beiden Märkte die besten Einkaufsadressen für frisches Obst und Gemüse sowie alle echt-toscanischen Lebensmittel – außerdem die schönsten Plätze, an einem Marktstand einen Florentiner Snack neben Florentinern zu genießen. Berühmt im San Lorenzo-Markt ist zu Recht das **Nerbone**, schon in aller Herrgottsfrühe von Marktleuten belagert.
Vivoli, Via Isola delle Stinche 7.
Das beste Eis von Florenz, das in der Fußgängerzone nun wahrlich nicht arm an Eisdielen ist. Eigenproduktion, die man gleich vor Ort essen oder mitnehmen kann (Mo geschl.).

Enoteche: Wein probieren und danach kaufen funktioniert fast nur auf den Weingütern selber. In den meisten Weinschänken, den *Enoteche,* muss man den Wein glasweise zum Testen bestellen und bezahlen, kann dann die beste Wahl in Flaschen kaufen und mitnehmen.
Cantinetta Antinori, Piazza Antinori, s. S. 318.
Enoteca dei Verrazzano, Via Calzaiuoli, s. S. 318.
Enoteca Alessi, Via dell´Oache 27–29r.
In elegant restaurierten Räumen kann man hier Wein probieren und sich ausführlich beraten lassen. Nebenan gehört dazu eine verführerisch ›süße‹ Abteilung, schließlich heißt der Untertitel des Ladens *Bottiglieria – Dolciumi…*

Vinattiere, Via Sant´ Antonino 47.
Die kleine und doch großartige Weinhandlung der Brüder Simone und Mario Zanobini gehört zu den bescheidenen Adressen, in denen man in Ruhe gut beraten wird, bevor man eine Flasche Wein oder mehr kauft.

Kunsthandwerk:
Gi.mar, Via Lambertesca 22r.
Typisch Florentiner Kunsthandwerk aus Marmor, Bronze und Terracotta, Kristall und Porzellan.
Artstudio, Via Maggio 41r.
Originalstiche und Drucke, speziell Architekturvedutten sowie Blumen und Pflanzen.
Il Torchio, Via dei Bardi 17.
Buchbinderei, handgeschöpftes und dekoriertes Papier – ganz feine Geschenke wie Bilderalben, Tagebücher und Rahmen auch aus Leder und Pergament.
Pineider, Piazza della Signoria 12r und Via Tornabuoni 76r.
Büttenpapier mit persönlichen Monogrammen u. a. Spezialwünschen.
Pitti Mosaici, Piazza Pitti 18 und Lungolarno Vespucci 36r.
An der Piazza Pitti 16r werden die traditionellen Mosaiken und intarsierten Möbel sowie anderes für die Innendekoration hergestellt, die man nebenan kaufen bzw. bestellen kann.
Armando Poggi, Via Calzaiuoli 103r und 116r.
Wedgwood, Herend, Richard Ginori, Meissen, Llardo, Royal Copenhagen, Baccarat, Lalique, Alessi, Murano-Glas und italienische Keramik – Glas und Porzellan vom Feinsten für Haus und Wohnung.
Ugo Poggi, Via Strozzi.
Seit 1922 führt das Familienunternehmen feinstes und exklusives Porzellan von den besten italienischen und ausländischen Produzenten.

Tisch-, Bett- u. a. Wäsche:
Busatti Firenze, Lungarno Torrigiani 11r.
Feinste Handarbeit, bestes traditionelles Kunsthandwerk für Bad und Bett, Tisch und Fensterdekoration aus Flachs und Baumwolle, Hanf und Wolle. Teuere aber zeitlos schöne Stoffe nach historischen Motiven.
Casa dei Tessuti, Via de´ Pecori 20–24r.
Große Auswahl an Haute Couture-Stoffen in eigener Fabrikation seit 1929 (nahe dem Dom).
Frette, Via Cavour 2.
Luxuriöse Leinenbettwäsche (mit Filialen in Mailand, Rom und Venedig).
Mazzoni, Via Orsanmichele 14r und Viale Don Minzoni 13r.
Eine der ersten Adressen für Bettwäsche, Tagesdecken, Gardinen, Badetücher und -mäntel immerhin schon seit 1890. Hauptsächlich feinstes Florentiner Leinen.

Kunstgalerien:
(s. auch Schmuck)
Biagiotti Arte Contemporanea, Via delle Belle Donne 39r.
Faustini Arte, Borgo Ognissanti 64
Frilli, Via die Fossi.
Girfalco Arte, Via Pisana 7r an der Porta Santo Stéfano.
Il Bisonte, Via San Niccolò 24/28r.
Wilfredo Garzanti, Via Ghibellina 146r (zugleich Galerie und Studio des Florentiner Malers und Bildhauers).
Ken´s Art Gallery, Via Lambertesca 15/17r.
Masini, Piazza Goldoni 6r.
Mentana, Piazza Mentana 2/3r.
Pananti, Piazza Santa Croce 8.
Pitti Immagine Discovery, Via Faenza 111.
Spinetti, Chiasso Armagnati 2.

Mode:
Brioni, Via Calimala 22r.
Eine der Top-Adressen in Florenz.
Cabó, Via Porta Rocca 7.
Damen- und Herrenmode von Fendi, Missoni, Missoni Sport und Krizia (tgl. geöffnet).
Conte of Florence, Via Por Santa Maria 15r.
Modisches und Sportkleidung, fast schon ein Traditionsgeschäft (seit 1952) im Herzen von Florenz.
NadiNe, Lungarno Acciaioli 22/28r.
Sportkleidung und Wäsche speziell von Versace, Armani und Dolce & Cabbana.

Loro Piana, Via della Vigna Nuova 37r.
Cashmere vom Feinsten.
H. Neuber, Via Tornabuoni 17.
Modetradition für Damen und Herren seit 1886 (mit Filiale in Montecatini Terme).
Ugolini & Figli, Via Calzaiuoli 65r (Uomo) und Via Calzaiuoli 68r (Donna).
Die beiden Geschäfte gehören zu den feinsten und teuersten Modeläden Italiens, ein traditionelles Familienunternehmen (seit 1896), das berühmte italienische Marken, aber auch andere wie Burberry, Ballantyne und Drakes führt.
Versace, Via Tornabuoni 13r.
Das Modegeschäft für die markentreue Avantgarde.
Versus Versace, Via della Vigna Nuova 36/38.
Ganz junge Mode der Marke Versace.
VIP, Borgognissanti 15/17 und Lungarno Vespucci 6r.
Eigene Strickwarenkreationen, aber auch Mode etwa von Dolce e Cabbana, Moschino, Fendi und Schuhe von Calvin Klein.

Lederwaren:
Anna, Piazza Pitti 38–40r.
Eher jugendliche, aktuelle Ledermode.
Antica Cuoieria, Via del Corso 48r.
Schuhe und feine Lederaccessoires aus bester Florentiner Kunsthandwerkstradition im Erdgeschoss einer mittelalterlichen *casatorre.*
Beltrami, Via Tornabuoni 48r.
Feinste Lederwaren wie Schuhe und Kleidung, Taschen und andere Accessoires sowie Reisegepäck (Koffer u. ä.).
Bemporad, Via Calzaiuoli 11–17r.
Große Auswahl an modischer Lederkleidung von Markenherstellern.
Bonora, Via del Parione 11/13r.
Seit 1878 werden von der Firma Schuhe nach Maß handgefertigt.
John F., Lungarno Corsini 2.
Feine Lederkleidung für Damen und Herren.
Peruzzi, Borgo de´ Greci 8–20r.
Gleich hinter dem Palazzo della Signoria befindet sich diese vielleicht größte Lederfabrik von Florenz, in der man Schuhe und Taschen, Gürtel, Handschuhe und Kleidung (Jacken, Westen, Hosen etc.) zu Fabrikpreisen kaufen kann. Daneben auch Modeartikel und Parfums sowie Sonnenbrillen z. B. von Giorgio Armani und Trussardi, Dolce e Cabbana und Valentino, Missoni und Moschino.
Pusateri, Via Calzaiuoli 25r.
Die zartesten Lederhandschuhe und ein paar andere Accessoires direkt in der Fußgängerzone.
Scuola del Cuoio, Kloster Santa Croce.
In den Klostermauern von Santa Croce befindet sich die bekannteste Lederschule von Florenz mit Verkaufsausstellung: Kleidung, Taschen etc.

Schmuck:
Barducci, Via Strozzi 22r.
Ganz berühmte Schmuckdesigner bzw. Hersteller sind hier vertreten wie Cartier und Jaeger-LeCoultre, Van Cleef & Arples, Vacheron Constatini u. a.
Bulgari, Via de´ Tornabuoni 61/63r.
Zeitgenössischer italienischer Designerschmuck.
Alessandro Dari, Via San Niccolò 115r.
Nur seine eigenen, wundervollen Kreationen verkauft der sensible Künstler im volkstümlichen Viertel San Niccolò bei leiser klassischer Musik: Schmuck, aber auch Skulpturen oder Schmuckskulpturen – man hat die Wahl der Bezeichnung. Immer wieder stellt er eine Ausstellung zu einem Sonderthema zusammen, etwa ›Gioielli in musica‹ – Musikinstrumente als Schmuck.
Damiani, Via de´ Tornabuoni 30/32r.
Feine Juwelierartikel, traditionell und modern (mit Filialen in aller Welt).
Paolo Lapini, Via Cimatori 34r.
Eigene Schmuckproduktion ›Paolo Lapini design‹, auch eine große Sammlung von Uhrenantiquitäten.
Santini, Via Guicciardini 64r.
Schmuck und vor allem die seit 1860 produzierten Schweizer Uhren von Tag Heuer.
Ugo Piccini, Via Por Santa Maria 9/11r.
Auch hier Schmuck mit bekannten Namen, aber auch Eigenproduktion der Werkstatt von Piccini.

Ostersonntag: Scoppio del Carro.
Letzter Sonntag im Mai: Beginn des Calcio in Costume (Fußballspiel in Renaissancekostümen).

24. Juni: Florenz begeht das Fest des Ortspatrons San Giovanni Battista (Johannes der Täufer) mit dem prächtigsten Corso und dem wildesten Calcio in Costume (Fußballspiel in historischen Kostümen) vor der prachtvollen Fassade der Kirche Santa Croce.

Bogenschießen: Prima Compania Arcieri Ugo di Toscana, Via Nuova de'Caccini 4, Tel. 05 52 34 07 92.
Golf: Golf dell´ Ugolino, Via Chiantigiana 3, bei Grassina, Tel. 0 5 52 30 10 09, Fax 0 5 52 30 11 41, www.federgolf.it, golf.ugolino@ntt.it.
Poggio dei Medici, Via San Gavino 27, Località Cignano bei Scarperia, Tel. 0 5 58 43 04 36, Fax 0 5 58 43 04 39, www.poggiodeimedici.it, info@poggiodeimedici.com.
Kajak: Federazione Italiana Canoa, Borgo Ognissanti 39, Tel. 05 52 30 28 74.
Paragleiten: Aero Club L. Gori, Flughafen Peretola (6 km), Tel. 0 55 31 73 13.
Radsport: Federazione Ciclistica Italiana, Piazza Stazione 2, Tel. 0 55 28 39 26.
Reiten: Lega Equitazione, Via Bocchi 32, Tel. 0 55 68 50 25 u. 0 55 68 50 31.
Tennis: mehrere Tennisplätze, Auskunft über APT, u. a. für den Zusammenschluss einiger Hotels zum Circolo Tennis Firenze, Viale de Visarno, Tel. 0 55 33 26 5.
Trekking: Scuola di Alpinismo Tita Piaz, zusammen mit dem Club Alpino Italiano, Via Studio 5, Tel. 0 55 23 98 80. Gruppo Trekking Firenze, Piazza San Gervasio 12, Tel. 0 55 58 53 20.

Flughafen: Der nur 6 km entfernte Flughafen Amerigo Vespucci ist gut mit Florenz angebunden, praktisch alle halbe Stunde fährt ein Transferbus zwischen dem Flughafen und dem Bahnhof S. M.M., Fahrtdauer 25 Minuten. Auch mit dem Taxi wird es keine teure Fahrt.
Bahn: Florenz ist auf der Strecke Brenner – Bologna – Florenz mehrmals täglich erreichbar. Gute Anbindung auch an die anderen Provinzhauptstädte der Region wie Siena, Arezzo, und über Prato, Pistoia und Lucca mit Pisa. Auskunft: Tel. 84 88–8 80 88; www.fs-on-line.it.
Busse: In Florenz fahren die Busse der ATAF (www.ataf.net), mehrere Busgesellschaften verkehren zwischen Florenz und den wichtigsten Orten der Provinz Florenz, praktisch alle kommen am Bahnhof S. M.M. zusammen: CAP, COPIT, LAZZI, SITA etc.
Florenz ist im historischen Zentrum eigentlich so klein und übersichtlich, dass man keine öffentlichen Verkehrsmittel benutzen muss. Dennoch ein paar Hinweise für längere Strecken:
Zum Piazzale Michelangelo fährt in dichter Folge die Linie 13, und zwar vom Hauptbahnhof über den Domplatz. Nach Fiesole verkehrt die Linie 7 alle 15–30 Minuten, und zwar von Florenz Hauptbahnhof S. M.N. über San Marco, Cure und San Domenico. Zur Medici-Villa Careggi Buslinie Nr. 14/C, mit Nr. 14 kommt man weiter bis Piazza Dalmazia, dort umsteigen in Nr. 28 Richtung Sesto Fiorentino bis Via Vittorio Emanuele/Ecke Viale Morgagni zu den Villen Castello und Petraia. Nr. 28 fährt zurück zum Hauptbahnhof. Ins Mugello fährt ein Bus der Linie SITA mit Zielschild ›Vicchio‹ oder ›San Piero a Sieve‹.
Für das Gemeindegebiet von Florenz und Prato lohnt sich die **›Carta Arancio‹,** gültig 7 Tage für alle städtischen und die Provinzstrecken per Bus und Bahn; Kostenpunkt: ca. 20 €. An den Bahnhöfen und anderen Verkaufsstellen der öffentlichen Verkehrsmittel erhältlich.

Follónica (GR)

Karte: C3
PLZ 58022
Einwohner: 21 400

APT 6, Viale Italia, Tel. 0 56 64 01 77, Fax 0 56 64 43 08, www.comune.follonica.gr.it, accesso@comune.follonica.gr.it und Via Giacomelli 11, Tel. 05 66 5 20 12, Fax 05 66 5 38 33.

Giardino, Piazza Vittorio Veneto 10, Tel. 0 56 64 15 46, Fax 0 56 64 44 57, günstig.
Angenehmes Ferienhotel mit Restaurant

und Garten, 4 km entfernt, Privatstrand mit Pinienschatten, Mittagsservice.

Parco dei Pini, Via delle Collacchie 7, Tel. 0566653280, Fax 0566653218, www.cstmt.ouverture.it, parcpini@ouverture.it, günstig.

Kleineres Ferienhotel mit Restaurant, Jan./Feb. geschl.

Camping: Orizzonte, nordwestlich von Follónica, Tel. 0566628007.

Wiesengelände, Plätze mit eigener Sanitärkabine, durch Hecken voneinander getrennt, Mattendächer als Schattenspender; kostenloser Bustransfer zum Strand; Animationsprogramm für Kinder.

La Osteria, Via Santini 4, Tel. 0566 42142, moderat.

Einfach, einladend, modern eingerichtet ist diese gute Osteria mit perfektem Weinkenner und guter Küche lokaler Spezialitäten, auch wegen der günstigen Preise ein Treff junger Leute, die sich zu einem Glas Wein nur einen Snack gönnen. Man kann hier aber auch richtig gut speisen.

Radsport: Tecnobike Team, Via Alighieri 1e, Tel. 0 56 64 50 12.

Trekking: Follónica Trekking Club, Via Birocchi 86, Tel. 0 56 64 54 07

Forte dei Marmi (LU)

Karte: A7
PLZ 55042
Einwohner: 8 700
Saison: zu Karneval, Ostern und Mitte Juni–Mitte Sept.

APT Versilia, Viale Franceschi 8b, Tel. 058480091, Fax 058483214, www.versilia.turismo.toscana.it, forte@versilia.turismo.toscana.it

Augustus, Viale Morin 169, Tel. 0584787200, Fax 0584787102, augustus@versilia.toscana.it, sehr teuer.

Erstes Haus am Platze in einem zauberhaften Garten; beheizter Pool, eigenes Strandbad, Mitte Apr.–Mitte Okt. geöffnet.

Raffaelli Park Hotel, Via Mazzini 37, Tel. 0584787294, Fax 0584787418, infohotels@raffaelli.com, teuer.

Familiär geführtes, freundliches Hotel mit besonders gutem Service, im Pinienhain gelegen, Pool und Tennis, zurückversetzt an der Strandpromenade, mit eigenem *bagno* (Strandbad).

Eden, Via Gramsci 26, 54030 Cinquale (gehört zwar zum landeinwärts liegenden Montignoso, liegt aber direkt im Norden von Forte dei Marmi), Tel. 0585807676, Fax 0585807594, eden@bicnet.it, moderat.

Inmitten eines schattigen Piniengartens mit modernem, sehr gemütlichem Anbau; familiär, freundlich geführt; für die Hausgäste sehr gutes Restaurant zu normalen Preisen; in Höhe des kleinen Bootshafens. Ca. Mitte Dez.–Mitte Jan. geschl.

La Barca, Viale Italico 3, Tel. 05848 9323, sehr teuer.

Traditionsreiches, hochpreisiges Fischrestaurant direkt am Meer.

Lorenzo, Via Carducci 61, Tel. 058484030, sehr teuer.

Mit einem Michelin-Stern gekröntes, eher kühl wirkendes Restaurant mit raffinierter toscanisch-italienischer Küche (Fischspezialitäten) und hervorragender Weinauswahl.

Il Sogno, Via Nenni 69, Tel. 0584 86358, günstig.

Familiär geführtes Restaurant in gepflegtem Ambiente und für Forte-Verhältnisse (wohl wegen der Lage weit weg vom Strand) relativ preiswert trotz hausgemachter Pasta und frischen Fischen sowie anderem Meeresgetier; nur bescheidene Weinauswahl.

Orlando, Via Cristoforo Colombo 80, Tel. 0584 80763, günstig.

Wohl wegen der Lage (weg vom Strand) preiswerte Pizzeria mit unkompliziertem Ambiente, in der man manchmal etwas länger warten muss, aber es lohnt sich meistens.

Golf: Versilia Golf Club, Via Sipe 100, bei Pietrasanta, Tel. 05 84 88 15 74.

Segeln: Compagnia della Vella, Piazza Navari, Tel. 0584897771.

Tennis: Tennis Versilia Club, Via Emilia, Tel. 0 58 48 36 56.

Tennis Versilia Holidays, Via Vico, Tel. 0584840 01.

Außerdem zahlreiche Tennisplätze in den Hotelanlagen.

Gute **Busverbindungen** in dichter Folge entlang der Versilia zwischen den einzelnen Badeorten, speziell während der Saison. Weniger dicht sind die Busverbindungen mit dem Hinterland. Die **Eisenbahnlinie** führt parallel zur Aurelia entlang der Versilia zwischen Genau und Pisa – Livorno bzw. über Lucca Richtung Florenz.

Gaiole in Chianti (SI)

Karte: F6
PLZ 53013
Einwohner: 2 400

Pro Loco, Via Galilei 1, Tel. u. Fax 0577 749411 (nur Apr.–Okt. Mo–Sa)

Castello di Spaltenna, Località Spaltenna (1 km), Tel. 0577749483, Fax 0577749269, www.spaltenna.it, info@spaltenna.it, teuer.

Immer feiner gewordenes Hotel mit internationalem Publikum in der früheren mittelalterlichen Abtei von Spaltenna mit Apartments in den angrenzenden früheren Bauernhäusern, Pool in herrlicher Lage zu Füßen der festungsartigen Anlage am Waldrand, mit viel gerühmtem, teurem Restaurant. Zeitweise Jan.–März geschl.

L'Ultimo Mulino, Località Ripresa di Vistarenni, Tel. 0577 738520, Fax 0577 738659, www.chiantinet.it/hotelmulino, hotelmulino@chiantinet.it, teuer.

Nur 10 Zimmer kleines, erst 1998 in einer an sich finsteren historischen Mühle eröffnetes Hotel mit freundlichen, wenn auch meist kleinen Zimmern und sehr gutem Wintergartenrestaurant (kreative toscanische Küche zu gehobenen Preisen), das vor allem durch seine Lage zu Füßen der Villa Vistarenni am terrassierten Hang (mit kleinem Pool) und mitten im Wald sowie durch seine Eingangshalle mit der 22 m hohen Aussparung für das Wasserrad, das leider verloren gegangen ist, gefällt. Ein angenehmes, persönlich geführtes Haus für Ruhesuchende; nur März–Nov. geöffnet.

Residence San Sano, Località San Sano 6, Tel. 0577746130, Fax 0577746156, info@hotelsansano.it, moderat.

Feine kleine Herberge in einem liebevoll restaurierten Gehöft, mit Pool; 15. 3.–15. 11. geöffnet.

Badia a Coltibuono, Località Coltibuono, Tel. 0577 749424, sehrteuer– teuer.

Neuerdings kreative toscanische Küche im wunderschönen Ambiente am früheren Kloster, in dessen Landgut noch immer Wein produziert wird. Besitzerin und Mutter des Restaurantbetreibers ist die berühmte italienische Kochbuchautorin Lorenza de' Medici (aus dem neapolitanischen Zweig der – ausgestorbenen – Florentiner Medici). Man sitzt vor allem im Sommer wunderschön auf der großen Terrasse mit weitem Talblick. Relativ günstiges Degustationsmenü inklusive passende Weine. Schön, dass man hier auch nachmittags ein *spuntino* bekommen kann!

Weitere Restaurants s. auch unter Hotels: **Castello di Spaltenna** und **L'Ultimo Mulino** (nur für Hausgäste, sonst für andere auf Anmeldung).

Castello di Brolio, Località Brolio, geöffnet im Winter 10–12 und 15–17, im Sommer 9–12 und 14–18 Uhr. Der Feudalsitz der Ricasoli, die ihn z. T. noch immer bewohnen und z. T. Luxusapartments darin vermieten, lassen Besucher nur in ihren Park und in die Enoteca ein, wo man den Brolio-Wein kaufen kann.

Busse der TRA-IN nach Siena, der SITA nach Florenz und in die Valdarno.

Gíglio (GR)

Karte: D1
PLZ 58012
Einwohner: 1 600
Saison: Ostern sowie Mitte Juni–Mitte Sept.; im Hochsommer dürfen meistens keine Fahrzeuge auf die Insel mitgenommen werden (vorher erkundigen).

Pro Loco, Via Umberto 1/Piazza del Pontile, Tel. u. Fax 05 64 80 94 00, 0564809400@iol.it

Arenella, 2,5 km nordwestlich von Gíglio Porto, Tel. 05 64 80 93 40, Fax 05 64 80 94 43, moderat.
Angenehmes kleineres Hotel mit wunderschönem Blick auf die Steilküste und das Meer, März.–Nov. geöffnet.
Campese, Gíglio Campese (8,5 km von Gíglio Porto), Tel. 05 64 80 40 03, Fax 05 64 80 40 93, moderat–günstig.
Relativ einfaches, doch das beliebteste Hotel am einzigen langen Sandstrand der Insel mit kleinem Castello auf der vorgelagerten, angebundenen Insel; Ostern–Sept. geöffnet.
Castello Monticello, an der Kreuzung nach Arenella Nord, 1 km von Porto, Tel. 05 64 80 92 52, Fax 0564 809473, info@ hotelcastellomonticello.com, moderat– günstig.
Nettes kleineres Hotel mit schönem Garten in einer burgartigen Villa, Restaurant nur für Hausgäste; Apr.–Sept. geöffnet.

Arcobalena, Gíglio Castello, Tel. 05 64 0 61 06, teuer.
Gemüse von der Insel und frischer Fisch sind die Spezialität dieses vielleicht besten Restaurants Giglios; mit gehobenen Preisen, die aber meist reell sind.
Zwei weitere, ordentliche und mittelpreisige Trattorie in Gíglio Castello werden von Urlaubern gerne aufgesucht: **Da Maria,** Tel. 05 64 80 60 62 und **Da Santi,** Tel. 05 64 80 61 88.

Ausflug: Von Gíglio Porto fährt im Sommer einmal wöchentlich ein Ausflugsboot zu den Nachbarinseln Montecristo und Giannutri. Auskunft über Agenzia Cavero (s. Bootsverbindungen) oder Pro Loco (s. o.).
Montecristo kann nur über ein Reisebüro organisiert oder auf eigene Faust mit Genehmigung angefahren werden, und man darf nur an einer Bucht anlegen (Cala Maestra); Tel. in Rom: 06 46 65 71 23.
Capraia (Fahrtdauer 2,5 Stunden) und Gorgona (Fahrtzeit 1,5 Stunden) fährt man von Livorno aus mit den Booten der Toremar an : Via Porto Mediceo, 57123 Livorno, Tel. 05 86 89 61 13, Fax 05 86 88 72 63, www.toremar.it, uffcom@toremar.it.

Bootsverbindungen mit Porto Santo Stéfano/Monte Argentario (55 Min.); im Sommer sehr dichter Fahrplan, ca. stündlich, dann dürfen Fahrzeuge meistens nicht auf die Insel mitgenommen werden. Auskunft: Agenzia Cavero, Porto, Tel. u. Fax 05 64 80 93 49.

Auf der Insel verkehrt ein **Linienbus** mehrmals täglich zwischen den drei Orten, mit der Ankunft der Boote korrespondierend.

Greve in Chianti (FI)

Karte: E6
PLZ 50022
Einwohner: 13 100

Ufficio Informazioni Turistiche, Parco di S. Anna, Tel. u. Fax 05 58 54 62 87 (und Pro Loco im Palazzo Comunale an der Piazza Matteotti)

Villa Le Barone, Località Panzano (6 km), Via San Leolino 19, Tel. 0 55 85 26 21, Fax 0 55 85 22 77, teuer (nur Halbpension).
Luxuriöses Hotel mit nur 27 Zimmern auf einem historischen Weingut, mit internationalem Publikum, Apr.–Okt. geöffnet.
Del Chianti, Piazza Matteotti 86, Tel. u. Fax 0 55 85 37 63, www.albergodelchianti.it, info@albergodelchianti.it, moderat.
Ganzjährig geöffnetes, kleines Hotel an der berühmten Piazza von Greve – nicht aufregend, die Zimmer sind nicht besonders

eingerichtet, aber sauber, doch der kleine Garten mit dem großen Pool ist in solch zentraler Lage etwas Besonderes. Gutes Restaurant für die Hausgäste, mit preiswerter lokaler Küche (Wein und Olivenöl von der Besitzerfamilie).

Giovanni da Verrazzano, Piazza Matteotti 28, Tel. 0 55 85 31 89, Fax 0 55 85 36 48, verrazzano@ftbcc.it, moderat.
Einfaches Hotel direkt an der großen Piazza mit Restaurant.

Il Leccio, Località Strada in Chianti, Via Case Sparse 35, Tel. u. Fax 0 55 85 33 79 23, www.emmeti.it/Ailleccio, moderat.
Ein kleines, erst 1999 eröffnetes Agriturismo-Haus in einer aus einem mittelalterlichen Turmhaus entstandenen Villa mit Pool im Terrassenpark in großartiger Chianti-Lage am Dorfrand. Sehr einfaches Frühstück in der historischen Küche, einmal pro Woche auf Vorbestellung gemeinsames Abendessen – sonst gibt es genügend Lokale im Chianti, auch im nahen Zentrum des Weindorfes Strada.

Am besten sucht man sich in Greve die Cafés/Bars (z. B. das ›Caffè Le Logge‹) mit Blick auf die Piazza aus, um dort eine Kleinigkeit zu essen, denn die besten Trattorie und Restaurants befinden sich auf dem ›flachen Land‹, in diesem Fall in den Chianti-Hügeln ringsum.

La Cantinetta di Rignana, Località Rignana, Tel. 0 55 85 26 01, teuer–moderat.
Urige Trattoria in einem gemütlichen Steinhaus und einer ausladenden Sommerpergola mit traumhaft schönem Chianti-Blick. Die Spezialitäten sind lokal, vor allem vom Grill, die Atmoshäre bestimmt die meist überschwängliche Laune des Wirtes.

Osteria Mangiando Mangiando, Piazza Matteotti 75, Tel. 0 55 85 46 372, moderat–günstig.
Zur winzigen chicen Osteria avancierte frühere Rosticceria mit hausgemachter Pasta und einigen Salatvariationen.

Antica Macelleria Falorni, Piazza Matteotti 69–71.
Die traditionelle Metzgerei mit großen Produktionsstätten am Ortsrand klärt in ihrem Verkaufsladen an der schönen Piazza auf, was es alles im Chianti zu essen gibt. Nämlich nicht nur Wein und Olivenöl, sondern Fleisch und Wurst, Schinken, Speck und Käse u. v. m. Man kann hier Kleinigkeiten aus der Eigenproduktion probieren.

Enoteca del Gallo Nero, Piazzetta Santa Croce 8.
Hier gibt es die besten Chianti-Weine und Erzeugnisse der gesamten Toscana, Honig, Marmeladen etc.

Castello di Verrazzano, Località Castello di Verrazzano.
Schon die Auffahrt über die sich hinauf schlängelnde Zypressenallee lohnt den Besuch auf dem Castello der Adelsfamilie von Verrazzano (mit Ferienwohnungen!) und zu ihrer Probierstube (möglichst nach Voranmeldung), um sich mit den Chianti-Weinen des historischen Landgutes einzudecken.

Fattoria di Rignana, Via di Rignana 15, Località Rignana.
Chianti Classico vom kleinen Weingut in herrlicher Lage, von Cosimo Gericke in der zweiten Generation mit viel Engagement produziert. Am einfachsten in der angegliederten Trattoria zu probieren (s. o.).

Castello di Vicchiomaggio, Via Vicchiomaggio 4.
Hier entsteht ein guter purer Sangiovese-Tafelwein »Ripa delle More«.

Busse verkehren in relativ dichter Folge mit fakultativen vielen Haltepunkten entlang der Chiantigiana (S. S. 222) zwischen Florenz und Siena.

Grosseto (GR)

Karte: D/E3
PLZ 58100
Einwohner: 72 600

APT 6, Viale Monterosa 206, Tel. 05 64 46 26 11, Fax 05 64 45 46 06, aptgrosseto@grosseto.turismo.toscana.it mit Informationsbüro Via Fucini 43c/Ecke Via Trieste, Tel. 05 64 41 43 03, Fax 05 64 45 46 06.

Bastiani Grand Hotel, Piazza Gioberti 64, Tel. 0 56 42 00 47, Fax 0 56 42 93 21, teuer.
Geschmackvoll und luxuriös neu eingerichtetes Haus mit geradezu intimer Atmosphäre mitten in der Altstadt (Domnähe), mit 45 Zimmern und drei Suiten.
Leon d'Oro, Via San Martino 46, Tel. 0 56 42 21 28, Fax 0 56 42 25 78, moderat.
Nettes Stadthotel in Domnähe.

Buca di San Lorenzo – da Claudio, Via Manetti 1, Tel. 0 56 42 51 42, teuer– moderat.
Gilt als bestes Restaurant der Stadt.
Il Canto del Gallo, Via Mazzini 29, Tel. 05 64 41 45 89, moderat.
Typische Maremma-Küche in urgemütlicher Atmosphäre mit guten lokalen Weinen; ein enges Restaurant, das immer gut besucht ist, daher unbedingt Platz reservieren.
Bottega di Carlo, Via Garibaldi 42, Tel. 0 56 42 00 10, moderat–günstig.
Freundliche Trattoria in einem historischen Stadtpalazzo mit Maremma-Küche, vor allem Gerichte vom Wildschwein und hausgemachte *dolci*.
La Parolaccia da Primo, Località Roselle, Via Battignanese 202, Tel. 05 64 40 22 05, günstig.
Echte Hausmannskost der Maremma, zusätzlich mit einigen Fischgerichten; kleine Weinauswahl, freundlicher Service.

Museo Archeologico e d´Arte della Maremma, Piazza Baccarini, geöffnet Di–So März/Apr. 9–13 und 16–19, Mai–Okt. 10–13 und 17–20, Nov.–Febr. nur 9–13 Uhr.
Archäologische und volkskundliche Sammlungen aus Grosseto und der Maremma.
Museo Civico di Storia Naturale, Piazza della Palma (früher Via Mazzini 61), geöffnet Di–Sa 9–12.30 und 15–19, So und feiertags nur 9–12.30 Uhr.
Naturkundliches Museum.

Grosseto liegt an der **Bahnlinie** Genua – Pisa – Livorno – Rom und ist von Piombino, Siena und Florenz per Linienbus erreichbar. Von Grosseto **Busverbindungen** der RAMA zu den wichtigsten Orten der Provinz.

Lido di Camaiore (LU)

Karte: A8
PLZ 55043
s. auch Camaiore
Saison: Ostern sowie Mitte Juni bis Mitte Sept.

APT Versilia, Viale Colombo 342/Ecke Piazza Umberto, Tel. 05 84 61 73 97, Fax 05 84 61 86 96, lido@versilia.turismo.toscana.it

Villa Ariston, Viale Colombo 355, Tel. 05 84 61 06 33, Fax 05 84 61 06 31, www.villaariston.it, info@villaariston.it, teuer.
Zurückgesetzt an der verkehrsreichen Meerespromenade, ein traditionsreiches Hotel (1871–1909), einst Sommerresidenz eines vermögenden Anwaltes unter König Vittorio Emanuele III in drei völlig verschiedenen Gebäuden mit insgesamt 36 Zimmern und sieben Apartments (noch nicht alle auf dem neuesten Stand renoviert), in denen schon Film- und andere Größen gewohnt haben; in einem großen Park mit Pool und Tennis, mit sehr gutem, überraschend preiswerten Restaurant für die Pensionsgäste; geöffnet März–Okt.
Caesar, Viale Colombo 325, Tel. 05 84 61 78 41, Fax 05 84 61 08 88, info@caesarhotel.it, teuer–moderat.
Gut ausgestattetes Paradehaus des Ferienortes, direkt an der verkehrsreichen Meerespromenade mit Pool und Tennis.
Biagi, Viale Pistelli 12, Tel. 0 58 46 76 74/5, Fax 05 84 90 55 58, moderat.
Apr.–Sept. geöffnet, kleineres Ferienhotel.
Valdinievole, Viale Pistelli 18, Tel. 0 58 46 74 88, Fax 0 58 46 00 91, günstig.
Apr.–Okt. geöffnetes einfaches Hotel ohne Restaurant.

Da Dante, Località Fibbialla, Via delle Gavine 72, Tel. 05 84 95 60 46, moderat.

Am Rande der Altstadt gelegene Trattoria, deren modernes Gebäude nicht abschrecken sollte; deftig-schmackhafte Spezialitäten der nördlichen Toscana.

Enoteca Dionisio, Via Vittorio Emanuele 187; Weine und Spirituosen aus aller Welt, aber auch Honig, Marmeladen, Olivenöl etc.

Livorno (LI)

Karte: B6
PLZ 57100
Einwohner: 161 300

APT 7, Piazza Cavour 6, Tel. 05 86 89 81 11, Fax 05 86 89 61 73, www.livorno.turismo.toscana.it, info@livorno.turismo.toscana.it; Juni–Sept. auch Zweigstelle am Hafen (Porto Mediceo), Tel. 05 86 89 53 20 sowie am Passagierhafen.

Gran Duca, Piazza Micheli 16, Tel. 05 86 89 10 24, Fax 05 86 89 11 53, www.granduca.it, moderat.
Traditionsreiches, leicht verstaubtes, aber sympathisches Haus mit viel gelobtem Restaurant gegenüber dem Hafen.
Touring, Via Goldoni 61, Tel. 05 86 89 80 35, Fax 05 86 89 92 07, moderat.
Kleineres Stadthotel ohne Restaurant nahe der zentralen Piazza Cavour.
Etruria, Viale Italia 231, Tel. 05 86 80 20 77, günstig.
Winziges Stadthotel mit nur acht Zimmern an der Ausfallstraße bzw. Strandpromenade nach Süden schräg gegenüber der Militärakademie.

La Barcarola, Via Carducci 63, Tel. 05 86 40 23 67, teuer.
Als bestes Restaurant mit Livorneser Küche gerühmt.
Enoteca Doc, Via Goldoni 42, Tel. 05 86 88 75 83, moderat.
Geschmackvoll in herrlich restaurierten Mauern nahe dem Goldoni-Theater eingerichtete klassische Weinschenke mit kleinen, auserlesenen Gerichten; bis spät in die Nacht geöffnet (auch Weinverkauf).
Cantina Nardi, Via Cambini 6, Tel. 05 86 80 80 06, günstig.
Enoteca mit der besten Weinauswahl von Livorno; vorne Theke für Weinproben und Kleinigkeiten zu essen, hinten Restaurant (nur mittags); bevorzugt junges Publikum; nur bis 20.30 Uhr geöffnet.
Cantina Senese, Borgo Cappuccini 95, Tel. 05 86 89 02 39, günstig.
Historische Osteria, die letzte im alten Stadtviertel, gemütlich, mit traditionellen Gerichten, vor allem die Antipasti, *baccalà* oder *stoccafisso,* Risotto mit Tintenfischsoße etc., im Herbst Wildgerichte.
Da Cecco, Via Cavallotti 2, günstig.
Einfache Einkehr und Pizzeria; Spezialität: *farinata* oder *cécina,* ein dünner Fladen aus Kichererbsenmehl.
L'Antica Venezia, Via dei Bagnetti 1, Tel. 05 86 88 73 53, günstig.
Mitten im ›Venezianischen Viertel‹, urig-freundliche Trattoria mit Marmortischen, an denen leckere Fischgerichte serviert werden,

Mercato Centrale, Scali Sassi; sehenswert und ideal zum Einkaufen von kulinarischen Mitbringseln.

Ausflug: Santuario di Montenero, auf dem Montenero, geöffnet tgl. 6.30–12.30 und 14.30–18.30 Uhr.
Bedeutender Wallfahrtsort und beliebtes Ausflugsziel der Livornesi, mit guten Trattorie in der Umgebung.

Bogenschießen: Compagnia Arcieri Dino Dani, Piazza Bartelloni 34, Tel. 05 86 40 60 04.
Radsport: Team Bike, Via Pantalone 13
Sogoln: Yachtclub Livorno, Molo Mediceo 21, Tel. 05 86 89 61 42.
Segeln/Windsurfen: Circolo Nautico, Località Porticciolo, Viale Nazario Sauro 12, Tel. 05 86 80 73 54.
Tauchen: Spazio Sub, Viale Caprera 17
Tennis: Tennis Club Livorno, Via Pietri 7, Tel. 05 86 80 35 49; Tennis Livorno, Via Lega, Tel. 05 86 50 90 88.

Bahn: Livorno liegt an der dicht befahrenen Bahnstrecke Genua –

Rom. **Busse:** innerstädtisch und innerhalb der Provinz: ATL, Tel. 05 86 84 72 37, www.ATL.livorno.it; Überlandstrecken: nach San Marcello Pistoiese, Abetone, Florenz, Lucca, Pisa, San Giuliano Terme: LAZZI , Tel. 05 86 89 95 62, Zentralstation Piazza Manin.
Seilbahn zum Wallfahrtsort Montenero: Infos Tel. 05 86 57 93 38.
Schiffsverbindungen zu den Inseln Capraia und Gorgona, Auskunft Toremar Tel. 0 58 62 24 51 11, www.toremar.it.

Lucca (LU)

Karte: B8
Stadtplan S. 110/111
PLZ 55100
Einwohner: 85 500

APT, Piazzale Santa Maria 35, Tel. 05 83 91 99 31, Fax 05 83 49 07 66, www.lucca.turismo.toscana.it, aptlucca@lucca.turismo.toscana.it (Provinz) und influcca@lucca.turismo.toscana.it (Stadt).

Locanda L'Elisa, Località Massa Pisana, Richtung Pisa über S. S. 12 (4,5 km), Tel. 05 83 37 97 37, Fax 05 83 37 90 19, locanda.elisa@lunet.it, sehr teuer.
Villa aus dem 19. Jh. in einem schönen Park mit Pool, Relais & Chateaux-Hotel mit nur 10 Zimmern und luxuriöser Ausstattung und sehr teurem Restaurant. Ende Nov.–Febr. meist nur zu Neujahr geöffnet.
La Luna, Via Fillungo/Corte Compagni 12, Tel. 05 83 49 36 34, Fax 05 83 49 00 21, laluna@onenet.it, moderat.
Mittleres Stadthotel im historischen Zentrum in einem Innenhof an der Haupteinkaufsstraße nahe dem römischen Amphitheater, 29 Zimmer und eine Suite, ohne Restaurant.
Universo, Piazza del Gíglio 1, Tel. 05 83 49 36 78, Fax 05 83 95 48 54, moderat.
Für Lucca und seine Kategorie recht teures Stadthotel nahe der Piazza Napoleone.

Jugendherberge: Ostello Il Sérchio, Via Brennero 673, Tel. 05 83 37 18 11

Antica Locanda dell'Angelo, Via Pescheria 21, Tel. 0583 46 77 11, teuer.
Traditionelles Restaurant im Zentrum mit angenehmer Sommerterrasse.
Gíglio, Piazza del Gíglio 2, Tel. 05 83 49 40 58, teuer–moderat.
Mit Sommerterrasse, toscanisch-italienische Küche.
Buca di Sant'Antonio, Via della Cervia 1/5, Tel. 0 58 35 58 81, moderat.
Viel gelobtes Restaurant, mit toscanischen Spezialitäten und Weinen in sehr angenehmer Atmosphäre, für die gebotene Qualität und den perfekten Service mit einem hervorragendem Preis-Leistungs-Verhältnis.
Buatino, Via Borgo Giannotti 508, Tel. 05 83 34 32 07, günstig.
Traditionelle Luccheser Trattoria (mit Zimmern) mit piemontesischen Wirtsleuten, die aber alles beim Alten gelassen haben; typische lokale Gerichte wie Dinkel und Kaninchen, Baccalà und Kräuterkuchen.
Osteria Baralla, Via Anfiteatro 5, Tel. 05 83 44 02 40, günstig.
Osteria mit Frühstück und kleinen lokalen Gerichten, aber mit hervorragenden Weinen vor allem aus Lucca und Montecarlo.

Alle **Kirchen** der Stadt haben normalerweise einheitliche Öffnungszeiten tgl. 8–12 und 15.30–19 Uhr (Besichtigungspause zu Messezeiten), außer:
Duomo San Martino, Piazza San Martino, geöffnet im Sommer 7–19, Winter 7–17 Uhr. Besichtigung des Grabmales der Ilaria del Carretto in der Sakristei gegen Gebühr Nov.–März Mo–Fr 9.30–16.45, Sa bis 18.45, So 9–10, 11,30–12, 13–17 Uhr, Apr.–Okt. Mo–Fr 9.30–17,45, Sa und So wie im Winter.
Luccas Dom (ab 6. Jh.) trägt eine wunderschöne, reich verzierte Marmorfassade (13.Jh.) und besitzt im Inneren reiche Kult- und Kunstwerke, darunter das Volto Santo (heiliges Antlitz) und das Marmorgrabmal der Ilaria del Carretto von Jacopo della Quercia (s. o.).
San Michele in Foro, Piazza San Michele, geöffnet tgl. 7.40–12 und 15–18 Uhr.

Die aus weißem Travertin im 11.–14. Jh. errichtete Lieblingskirche der Luccheser an der Stelle, an der früher das römische Forum stand, daher der Name *in foro*. Vom Schutzpatron, dem Erzengel Michael überragt.

San Frediano, Piazza San Frediano, geöffnet werktags 8.30–12 und 15–17, So und feiertags 10.30–17 Uhr.
Schmale romanische Kirche ab dem 12. Jh., mit großartiger Mosaikfassade aus dem 13. Jh., im Inneren werden in einer kleinen Kapelle nahe dem Taufbecken die Reliquien der in Lucca stark verehrten heiligen Zita aufbewahrt.

Die Luccheser Villen:

Villa Mansi, Segromino in Monte, geöffnet Di–So im Winter 10–12.30 und 15–17, im Sommer bis 19 Uhr.
Um 1700 umgestaltete prachtvolle Villa mit klarer Fassadengliederung (Palladio-Motiv der Loggia!) und großartigem Park; Inneneinrichtung aus dem Barock und dem sog. Venezianischen *Settecento* (18.Jh.).

Villa Reale, Márlia, geöffnet März–Nov. Di–So, nur geführte Besuche durch den Park möglich, jeweils um 10, 11, 12 sowie 15, 16, 17, 18 Uhr; im Winter nur auf Vorbestellung, Tel. 0 58 33 01 08, Fax 05 83 30 00 09.
Um 1800 zum Sommersitz der Schwester Napoleons, der Fürstin Elisa Baciocchi, avancierte, von außen an sich schlichte Villa Orsetti aus dem 17. Jh. mit wunderschönem Park, in der viel gerühmte Theateraufführungen und Gesellschaften stattfanden. Nach der Einigung Italiens im Besitz des Königs Vittorio Emanuele II und schließlich der Grafen Pecci-Blunt, deren Nachkommen das Anwesen bis heute gehört.

Villa Torrigiani, jetzt **Villa Camigliano** in Camigliano, geöffnet (Park und Villa auch getrennt möglich) März–12. Nov. Mi–Mo 10–12.30 und 15–18.30, ab 13. Nov. und im Dez. an den Feiertagen nur für vorgebuchte Gruppen, Jan./Febr. geschl.
Um 1600 errichtete, riesige Villa mit einer interessanten Sammlung italienischer, französischer und flämischer Malerei (17./18. Jh.) in einem weiten Park, der auch ohne die Villa besucht werden kann.

Casa Natale di Giacomo Puccini, Corte San Lorenzo 9/Via di Poggio, geöffnet 14. 3.–31. 5. Di–So 10–13 und 15–18, 1. 6.–30. 9. tgl. 10–18, 1. 10.–31.12 Di–So 10–13 und 15–18 Uhr.
Nettes kleines Museum zur Erinnerung an den großen Musiker in seinem authentischen Geburtshaus; hier sitzt auch die Fondazione G. Puccini.

Museo Nazionale di Villa Guinigi, Via della Quarquonia, geöffnet Di–Sa 9–19, So und feiertags 9–14 Uhr (verbilligtes Ticket zusammen mit der Pinakothek/Palazzo Mansi).
Etruskische und römische Funde aus Lucca und Umgebung, Malerei und Skulpturen aus dem 13.–18. Jh. im früheren Stadtpalast von Paolo Guinigi (1413), des reichen Signore von Lucca.

Museo Nazionale di Palazzo Mansi/ Pinacoteca, Via Galli Tassi 43, geöffnet Di–Sa 9–19, So und feiertags 9–14 Uhr (verbilligtes Ticket zusammen mit der Villa Guinigi).
Im 17. Jh. als Stadtpalast der reichen Familie Mansi errichtet und im 17.–19. Jh. fürstlich ausgestattet. Diese sog. Monumentalapartments sind ebenso zu sehen wie die nationale Pinakothek mit Malerei aus dem 16.–18. Jh., außerdem eine spezielle Sammlung Luccheser Malerei des 19. Jh., Kostüme, flämische Wandteppiche und Möbel aus dem 18.–20. Jh.

Orto Botanico, Via Giardino Botanico 14, geöffnet Apr.–Okt. Di–Sa 9–13, So auch 15.30–18.30, Nov.–März nur Di–Sa 9–13 Uhr.
Luccas Botanischen Garten hat Napoleons Schwester und Fürstin von Lucca, Luisa Baciocchi 1820 einrichten lassen.

Torre Guinigi/Palazzo Guinigi, Via Sant´Andrea, geöffnet Nov.–Febr. 10–16.30, März–Sept. 9–19.30, Okt. 10–18 Uhr.
230 Stufen geht es hoch bis zu den sieben Steineichen auf dem Dach des berühmtesten Turmes der Stadt. Aber man wird belohnt mit dem schönsten Blick über die roten Backsteindächer Luccas.

Die **Via Fillungo** ist d i e Bummel- bzw. Einkaufsmeile von Lucca, mit zauberhaften kleinen Boutiquen, Stoffgeschäften etc.
Außerdem wird in Lucca gerne gut gegessen und dabei auf Tradition geachtet:
Tipp: Antica Bottega di Propseo, Via Santa Lucia 13.
Alles an Getreide und Mehl, das die Luccheser für ihre Küche benötigen, bekommen sie in diesem kleinen traditionellen Laden; er ist immer gedrängt voll und außerdem eine echte Sehenswürdigkeit.
Rosticceria il Fagiano, Via Pucini 233
Eine Schlemmeroase am westlichen Stadtrand von Lucca, auch für sonntägliche Einkäufe, denn hier wird täglich alles frisch produziert und gebacken.

13. September: eindrucksvolle Prozession des Volto Santo (heiliges Antlitz) in Lucca.

Radverleih der Gemeinde: Casermatte San Donato nahe dem Informationsbüro (Piazzale Verdi), Infos dort; sonst:
Barbetti Cicli, Via Anfiteatro 23, Tel. 05 83 95 44 44; **Cicli Bizzarri,** Piazza Santa Maria 32, Tel. 05 83 49 60 31; **Polo Antonio Biciclette,** Piaza Santa Maria 42, Tel. 05 83 49 37 87.
Reiten: Centro Ippico Lucchese, Località Rocchi, Tel. 0 58 35 95 81.
Trekking: Club Alpino Italiano, Cortile Carrara 18, Tel. 05 83 58 26 69 (nur Mo, Di, Do 19–20 Uhr).

Der **Flughafen Galileo Galilei** (Pisa) ist nur 20 km von Lucca entfernt und gut mit dem Bus angebunden.
Bahn: Lucca ist wichtige Station auf der Strecke Florenz – Viaréggio und Florenz – Pisa, die beide fast in Stundentakt befahren werden; auch (wunderbar bummelnde) Garfagnana-Bahn über Castelnuovo di Garfagnana bis Aulla ca. viermal täglich.
Busse: Beide Buslinien (CLAP für Lucca und Provinz sowie LAZZI für die Provinz und zur Küste der Versilia, nach Bagni di Lucca in der Garfagnana, nach Pisa und Livorno etc.) haben ihre Hauptstation am Piazzale Verdi, also alles direkt beim Informationsbüro. In Lucca muss man zwischen Florenz und Viaréggio bzw. Florenz und Pisa den Bus wechseln, die Stadt ist auch daher mit dichtem Fahrplan angebunden.

Marciana und Marciana Marina/Elba (LI)

Karte: A3
PLZ 57033
Einwohner: 2300 und 1900
Information, Anreise, Einkaufen und Feste *s. unter Elba S. 314ff.*

Ufficio Informazioni, Piazza Vittorio Emanuele, Tel. 05 65 9 90 61, nur 15. Apr.–30. Sept.

Gabbiano Azzurro 2, Viale Amedeo 94, Tel. 05 65 99 70 35, Fax 05 65 99 70 34, gabbianoazzurro2@elba.link.it, teuer.
Kleines feines Ferienhotel im Villenstil (nur 13 Zimmer, aber sieben Apartments) mit schönem Pool, ohne Restaurant, 600 m vom Strand entfernt. Im selben Besitz: das größere und nüchternere Hotel **Gabbiano Azzuro,** Viale Amedeo, Tel. 05 65 9 92 26, Fax 05 65 9 94 97, moderat.

Rendez-Vous da Marcello, Piazza della Vittoria 1, Tel. 0 56 59 92 51, teuer.
Vielleicht das berühmteste Fischrestaurant der Insel, direkt am Meer mit Tischen auch im Freien.
La Vecchia Marina, Piazza Vittorio Emanuele 18, Tel. 0 56 59 94 05, teuer.
Freundliches kleineres, sehr gutes Fischrestaurant am zentralen Hauptplatz der übersichtlich-kleinen Altstadt.

Museo Archelogico, Via del Pretorio (beim Rathaus), Tel. 05 65 90 12 15; geöffnet 10–12, Juli–Sept. auch 16–19.30 Uhr, im Winter nur auf Anfrage.
Kleine archäologische Sammlung lokaler Funde.

Klettern: Elba Free Climbing Club, Località S. Andrea, Infos im Hotel Ilio, Tel. 05 65 90 80 18.
Reiten und Reitausflüge für Fortgeschrittene: Azienda Agricola Alvare dell'Elba, Località La Zanca, Tel. 05 65 90 82 81.
Tauchen: Elba Diving Center, Tel. 05 65 90 42 56, Fax 05 65 90 43 63, elbadiving@hotmail.com.
Tennis: Tennis Club Marciana Marina, Viale Aldo Moro, Tel. 05 65 99 70 19.
Seilbahn von Marciana (375 m Höhe) zum Monte Capanne (1019 m Höhe): Apr.–Sept. 10–12.15 und 14.45–17.30/18.30 Uhr je nach Sonnenstand, Okt. nur bis 17.15 Uhr. Bei Wetterunsicherheit besser anrufen, Tel. 05 65 90 10 20.

Marina di Campo/Elba (LI)

Karte: B2
PLZ 57034
Einwohner: 1500
Information, Anreise, Einkaufen und Feste s. unter Elba S. 314ff.

Ufficio Informazioni, Piazza dei Granatieri, Tel. 05 65 97 79 69, geöffnet 15. Apr.–30. Sept.

Select, Via Mascagni 2, Tel. 05 65 97 77 02, Fax 05 65 97 65 03, teuer.
Modernes, gut ausgestattetes Hotel mit Garten zur Meerespromenade am sehr schönen langen Sandstrand entlang; sehr gute Küche.
Santa Caterina, Viale Elba, Tel. 05 65 97 64 52, Fax 05 65 97 67 45, moderat.
200 m vom Meer gelegenes Ferienhotel.
Elba, Via Mascagni, Tel. 05 65 97 62 24, Fax 05 65 97 72 80, günstig.
300 m vom Meer gelegenes, kleines (21 Zimmer) familiäres Hotel, mit Restaurant nur für Hausgäste.

La Lucciola, Viale degli Eroi 2, Tel. 05 65 97 63 95, teuer.
Eigentlich ein Strandbad, also direkt am Meer, mit den üblichen Einrichtungen und Strandlokal, am Abend aber fast exklusives Restaurant.
Ghirlo Grigio, Piazza Giovanni XXIII, Località La Pila, Tel. 05 65 97 75 14, teuer–moderat.
Winziges, charakteristisches Lokal mit Enoteca gegenüber.
Da Gianni, Località La Pila, im Flughafengebäude, Tel. 05 65 97 69 65.
Echte Trattoria mit hausgemachter Pasta (*orecchiette*) u. a. Spezialitäten aus Apulien (wo der Wirt herkommt), für Elba-Verhältnisse zu geradezu niedrigen Preisen.

Acquario dell'Elba, Località Segagnana, Tel. 05 65 97 78 85, geöffnet nur im Sommer, tgl. 9–23.30 Uhr (kann wechseln, vorher besser erkundigen) Mittelmeerfauna zum Bestaunen.

Paragleiten: Aeroclub, Flughafen La Pila.
Reiten: Ricci e Rosi, Località La Pila, Tel. 05 65 97 73 52.
Segeln/Windsurfen: Club del Mare, Via Generale Micelli 2, Tel. 05 65 97 69 42.
Tennis Club Marina di Campo, Località Sighello-Campo nell'Elba, Tel. 05 65 97 78 68.

Marina di Carrara (MS)

s. Carrara

Marina di Cécina (LI)

s. Cécina

Marina di Massa (MS)

Karte: A8
PLZ 54037
s. auch Massa

APT (für die Doppelprovinz Massa Carrara), Lungomare Vespucci 24, Tel. 05 85 24 00 63, Fax 05 85 86 90 15, apt@massacarrara.turismo.toscana.it.

Tropicana, Località Poveromo, Ronchi (2 km südöstlich), Via Verdi

47, Tel. 05 85 30 90 41, Fax 95 85 30 90 44, tropic@bicnet.it, teuer.
Freundliches Ferienhotel ohne Restaurant, aber mit 20 Suiten, schattigem Garten und Pool, Mitte Mai–Sept. geöffnet.
Excelsior, Viale Vespucci Ecke Via Cesare Mattisti 1, Tel. 05 85 86 01, Fax 05 85 86 97 95, moderat.
Mittleres Ferienhotel (65 Zimmer, sieben Apartments), mit Pool und gutem Restaurant (gehobene Preise) gegenüber dem Strand.
Villa Irene, Località Poveromo bei Ronchi, Via delle Macchie 125, Tel. 05 85 30 93 10, Fax 05 85 30 80 38, moderat.
38 Zimmer, kleines nettes Hotel mit Tennis und beheiztem Pool im parkartigen Garten. Nur während der Saison geöffnet.

Da Riccà, Lungomare di Ponente, Tel. 05 85 24 10 70, sehr teuer–teuer.
Terrassenrestaurant mit großer Vorspeisenauswahl, hausgemachter Pasta und Fischspezialitäten.
La Penice, Lungolago Brugiano 3, Tel. 05 85 24 00 17, teuer–moderat.
Ein Pfahlbau-Restaurant mit freundlichem Service und internationaler Küche, vorwiegend aus dem Meer.
Circolo della Vela, Viale Vespucci 84, Tel. 05 85 24 45 44, moderat.
Im Sommer den ganzen Tag über, sonst nur abends geöffnetes Restaurant des Segelclubs, sehr hübsch mit Veranda, Meeresküche.

Segeln und Surfen: Club della Vela, s. Restaurant Circolo della Vela.

Busse fahren vor allem während der Saison in dichter Folge die Küste ab und verbinden Marina di Massa mit dem Hauptort Massa.

Marina di Pietrasanta (LU)

s. Pietrasanta

Marina di Pisa (PI)

Karte: B3
PLZ 56013
s. auch Pisa

Bescheidene Hotellerie, die sich saisonal (also vorwiegend Sommer-Ferienhotels und Pensionen) nach den Einheimischen richtet. Beispielsweise:
Manzi, Via Repubblica Pisana 25, Tel. 05 03 65 93, Fax 05 03 45 19, moderat.
Milena, Via Padre Agostino 15, Tel. 05 03 68 63, Fax 05 03 41 39, günstig.

Toto, Via Padre Agostino 32, Tel. 05 03 66 05, günstig.
Freundliches einfaches Restaurant auf Pfählen mit guten Fischspezialitäten (z. B. frittierte Meeresfrüchte und Muscheln).

Segeln/Surfen: Yacht Club Repubblica Marinara, Tel. 05 03 58 45.
Gruppo Vela LNI Arno, Viale D'Annunzio 250, Tel. 05 03 66 52.

Gute Busverbindungen zwischen Pisa und Marina im Sommer.

Massa (MS)

PLZ 54100
Karte: A9
Einwohner: 68 000
s. auch Marina di Massa.

Taverna de'Batti, Via Cavour 71, Tel. 0 58 54 31 60, teuer–moderat.
In einem historischen Kellergewölbe mit Holzofen; einheimische Spezialitäten wie heiße Focaccine, Colonnata-Speck und Stockfisch aus dem Holzofen.
Osteria del Borgo, Località Porta Martana, Via Beatrice 17, Tel. 05 85 81 06 80, moderat.
Gilt als Massas bestes Restaurant, mit apuanisch-toscanischen Gerichten wie Vorspeisen mit Aufschnitt, Crostini mit verschiedenem Belag, Spanferkel aus dem Ofen.

La Ruota, Località Bergiola Maggiore 13 (5,5 km nördlich), Tel. 0 58 54 20 30, günstig.
Freundliche Trattoria mit schöner Aussicht auf Stadt und Küste.

Busanbindung vor allem an Marina di Massa im Sommer.

Massa Maríttima (GR)

Karte: D4
PLZ 58024
Einwohner: 8 800

Pro Loco, Piazza Garibaldi; nur in der Sommersaison, sonst Via Parenti 22, Tel. 05 66 90 27 56, Fax 05 66 94 00 95.

Die Hotellerie der kleinen Stadt ist eher bescheiden, die meisten Touristen zieht es aufs Land, wo man reichlich Agriturismo-Angebote finden kann.
Agriturismo Tenuta del Fontino, Località Accesa, Tel. 0 56 69 19 32, Fax 05 66 91 96 84, fontino@cometanet.it, günstig–moderat.
25 Zimmer großes Landgut mit schöner Villa, Reiten, See zum Schwimmen, Trekking und Radfahren sowie Angeln möglich; mit Bar-Restaurant, relativ preiswert, ganzjährig geöffnet.
Il Sole, Via della Libertà 43, Tel. 05 66 90 19 71, Fax 05 66 90 19 59, günstig.
Stadthotel ohne Restaurant.
Duca del Mare, Piazza Dante Alighieri 1/2, Tel. 05 66 90 22 84, Fax 05 66 90 19 05, ducadelmare@libero.it, günstig
Zentral gelegenes Hotel (30 Zimmer) mit Pool und bescheidenem Restaurant nur für die Hausgäste.

Da Bracali, Via Ghirlanda (im Vorort Ghirlanda, nur 2 km nordöstlich des Zentrums), Tel. 05 66 90 23 18, sehr teuer.
Im Preis-Leistungs-Verhältnis erstaunlich günstiges, von Michelin mit einem Stern gekröntes familiäres Spitzenrestaurant in einem früheren Lebensmittelladen mit Ausschank, das man leicht übersehen könnte, weil es an einer Straßenecke ohne große Werbung liegt. Unbedingt Tisch vorbestellen und sich ganz langsam verwöhnen lassen, am besten mit dem angebotenen Menü!
Taverna del Vecchio Borgo, Via Parenti 12, Tel. 05 66 90 39 50, teuer.
Typisches Ambiente einer alten Cantina mit Trattoria nahe der Piazza Garibaldi; traditionelle Küche mit Crostini und Bruschetta, Hülsenfrüchten und Dinkel, Picci mit Steinpilzen, Kaninchen und Spanferkel.
Osteria da Tronca, Vicolo Porte 5, Tel. 05 66 90 19 91, moderat.
Echte Osteria mit guter Weinauswahl und heimischen Spezialitäten der Maremma (Tortelloni, Kutteln, Kichererbsengerichte); nur abends geöffnet.

Museo Civico Archeologico, Piazza Garibaldi, geöffnet Di–So 10–12.30 und 15.30–17, im Sommer bis 19 Uhr
Funde aus der etruskischen Siedlung und der Nekropole vom Lago dell´ Accesa (7.–6. Jh. v. Chr.) sowie römische Ausgrabungsstücke, außerdem Malerei des 14.–15. Jh., darunter eine Maestà von Ambrogio Lorenzetti.
Museo della Miniera, Via Corridoni, geführte Besichtigungen Apr.–Okt. 10.15, 11.15, 12, 15.30, 16.15, 17 und 17.45 Uhr, Nov.– März nur 10.15–16.15 Uhr, Mo geschl.
Bergbaumuseum in einer stillgelegten Stollenanlage.

Sonntag nach dem 20. Mai und zweiter Sonntag im August: Wettstreit im Armbrustschießen (Balestra del Girifalco).

Die Verkehrsanbindungen an und von Massa Maríttima sind relativ schlecht, man braucht also ein Fahrzeug.

Monsummano Terme (PT)

Karte: D8
PLZ 51015
Einwohner: 19 800

Grotta Giusti, Via Grotta Giusti 171, 2 km östlich von Monsummano, Tel. 0 57 29 07 71, Fax 05 79 07 73 00, info@grottagiustispa.com, teuer.
Gelungene Mischung von Hotel und Kuranstalt in einem herrlichen alten Park mit schönen Ruheplätzchen, auch gutes Restaurant zu normalen Preisen; ebenfalls für Kulturreisende als Station geeignet, März–Nov. geöffnet.

Golf: Montecatini Golf Club, 18 Löcher, Località Pievaccia, Via dei Brogi, Tel. 0 57 26 22 18

Montaione (PT)

Karte: D6
PLZ 50050
Einwohner: 3400

Palazzo Mannaioni, Via Marconi 2, Tel. 05 71 69 83 00, Fax 05 71 69 82 99, info@mannaioni.com, teuer.
Zauberhaftes Hotel mitten im Ort in einem Renaissancepalazzo mit sehr gutem Restaurant.

Golf: Tenuta Castelfalfi, 18 Löcher, Località Castelfalfi, Tel. 05 71 69 80 94, Fax 05 71 69 80 98
Einer der schönsten Golfplätze Italiens in einer z. T. noch traumhaft wilden Landschaft.

Montalcino (SI)

Karte: F4
PLZ 53024
Einwohner: 5 100

Pro Loco, Costa del Municipio 1, Tel. u. Fax 05 77 84 9331

Dei Capitani, Via Lapini 6, Tel. 05 77 84 72 27, Fax 05 77 84 72 39, moderat.
29-Zimmer-Hotel (mit Dependance, günstig), mit Terrasse und Pool aber ohne Restaurant, Jan./Febr. geschl.
Il Gíglio, Via Soccorso Saloni 5, Tel. u. Fax 05 77 84 81 67, hotelgiglio@tin.it, günstig.
Hotel mit nur 12 Zimmern und Restaurant, Jan./Febr. geschl.

Besonders empfehlenswert außerhalb von Montalcino:
Poggio Antico, Località Poggio Antico, Tel. 05 77 84 92 00, sehr teuer.
Kühler Empfang auf einem historischen Weingut 4 km südwestlich von Montalcino, aber hervorragende toscanische Spezialitäten der innovativen Küche (Menü gar nicht mal so teuer) mit einem grandiosen Blick in die Hügellandschaft im Süden von Montalcino. Im Sommer auch Plätze im Freien.
Taverna dei Barbi, Località Podernovi 5 km südöstlich, Fattoria dei Barbi, Tel. 05 77 84 12 00, teuer.
Rustikale Taverne auf dem berühmten Weingut der Familie Barbi mit ihrem eigenen Montalcino-Wein; auch Kellereibesichtigung und Weinkauf möglich.
Antica Osteria del Bassomondo, Località Castelnuovo dell´Abate 10 km südlich, Tel. 05 77 83 56 19, günstig.
Urgemütliche familiäre Trattoria mit ein paar Tischen vor dem Verkaufsladen, in dem es wie in der Trattoria fast nur Selbstgemachtes gibt – von Käse und Wurst bis Wein und Olivenöl. Man kann sich tagsüber auch nur eine Kleinigkeit zubereiten lassen.
Trattoria Il Pozzo, Località Sant´Angelo in Colle 9 km südlich, Tel. 05 77 84 40 15, günstig.
Winzige Trattoria am kleinen Hauptplatz des Minidorfes gegenüber der Kirche, mit toscanischer Küche und guten lokalen Weinen.

Fortezza, Piazza della Fortezza, geöffnet Di–So Nov.–März 9–18, Apr.–Okt. 9–20 Uhr.

Prachtvolle Festung nahe dem historischen Zentrum mit begehbaren Türmen und Wehrgängen, im Innenhof finden im Sommer Freiluftaufführungen statt, in der Enoteca (frei zugänglich) kann man Wein auch glasweise trinken bzw. in Flaschen kaufen (s. u.).

Museo Civico e Diocesano di Arte Sacra, Via Ricasoli 29, geöffnet Di–So Jan.–März 10–13 und 14–17, Apr.–Dez. 10–18 Uhr.

Wunderschönes, neu eingerichtetes Diozesanmuseum für Sakralkunst im ehemaligen Kloster Sant´Agostino zwischen Fortezza und Zentrum.

Abbazia di Sant´Antimo, 10 km südlich von Montalcino, geöffnet werktags 10.30–12.30 und 15–18.30, So und feiertags 9.15–10.45 und 15–18 Uhr.

Bereits im 9. Jh. angeblich von Karl d. Großen gegründet, im 12. Jh. von den Zisterziensern neu aufgebaut – eine wunderschöne Kirche bester romanischer Baukunst in herrlich einsamer Lage inmitten alter Olivenbäume.

Weinprobe: Enoteca della Fortezza, Fortezza di Montalcino.

In einer großartigen panoramareichen Festung untergebracht; Weinproben zu Festpreisen, auch Kleinigkeiten zu essen.

Fiaschetteria Cantina del Brunello, Piazza del Popolo 6.

Die erste, sehr schmucke Adresse (seit 1888) in Montalcino mitten im Ort am schlanken Rathaus; echtes Caféhausambiente; Weinproben auch gläschenweise, weil es sich um ein typisches italienisches *caffè* handelt.

Es gibt mehrere sehr gute **Weingüter**, Kenner fahren mit einem Weinführer dorthin. Daher nur zwei Tipps:

Biondi Santi, Via Panfilo dell´Oca 3

Hier werden nur auserlesene Montalcino-Weine produziert und verkauft.

Azienda Agricola La Campana, unterhalb von Montalcino, von Pienza kommend rechts der Straße.

Kleines Weingut mit wundervollen lokalen Weinen für Leute, die nicht so tief in die Tasche greifen möchten.

Fattoria dei Barbi, s. Taverna dei Barbi.

Wochenmarkt jeden Freitag 7–13 Uhr

Das ›Festival Internazionale dell´ Attore‹, das Theaterfestival verwandelt ganz Montalcino im **Juli/August** in eine einzigartige Bühne.

Fahrrad- und Motorrollerverleih: Minocchi Lorenzo, Viale Piero Strozzi, Tel. 0577848282

Busse der TRA-IN verbinden Montalcino mit San Quirico d´Orcia und Montepulciano.

Monte San Savino (AR)

Karte: G5
PLZ 52048
Einwohner: 8 100

San Gallo, Piazza Vittorio Veneto 16, Tel. 05 75 81 00 49, Fax 05 7 81 02 20, moderat.

Freundliches, renoviertes Hotel direkt vor dem Stadttor, ohne Restaurant.

Bahn: Monte San Savino liegt an der alten Bahnstrecke Arezzo – Sinalunga – Chiusi. **Busse** verkehren ebenfalls vor allem zu den Schulzeiten zwischen Arezzo und Monte San Sovino.

Montecatini Terme (PT)

Karte: C/D8
PLZ 51016
Einwohner: 20 600

APT, Viale Verdi 66a, Tel. u. Fax 05 72 77 22 44

Grand Hotel Bellavista Palace, Viale Fedeli 2, Tel. 0 57 27 81 22, Fax 0 57 27 35 52, sehr teuer.

Modernisiertes Grandhotel mit Atmosphäre in einem schönen Garten nahe dem Kurpark; Pool-Restaurant im Sommer; Kur- und Schönheitsabteilung; Tiefgarage.

Grand Hotel e La Pace, Via della Torretta 1, Tel. 0 57 29240, Fax 0 57 27 84 51, htlapace@tin.it, teuer.
Das traditionsreichste Kurhotel der Stadt im Zentrum mit viel Atmosphäre, dafür z. T. leicht verstaubt, in einem dicht gewachsenen Garten mit hohen Bäumen und beheiztem Pool (ein Haus der Leading Hotels); Tennis, eigener Parkplatz. Im Winter außer zu Neujahr meist geschlossen.
Grand Hotel Croce di Malta, Viale IV Novembre 18, Tel. 05 72 92 01, Fax 05 72 76 75 16, info@crocedimalta.com, teuer.
Traditionelles Hotel am Kurpark mit viel gelobter Küche; im Sommer Frühstücksservice auf der Poolterrasse im Garten.
Torretta, Viale Bustichini 63, Tel. 0 57 27 03 05, Fax 0 57 27 03 07, torrettahotel@tin.it, moderat.
Traditionelles Familienhotel oberhalb des Kurparks mit ein paar neueren Zimmern, eigener Parkplatz; Pool im kleinen Garten; hervorragende Küche für die Hausgäste, Apr.–Okt. geöffnet.
Mediterraneo, Via Baragiola 1, Tel. 0 57 27 13 21, Fax 0 57 27 13 23, mediterraneo@taddeihotels.com, günstig.
Älteres kleines Familienhotel am Kurpark mit guter Küche. Apr.–Okt. geöffnet.

Und in Montecatini Alto, PLZ 51010:
L'Etrusco, Via Talenti 2, Tel. 0 57 27 96 45, sehr preiswert.
Renoviertes kleines Hotel an der Ecke der Piazza Giusti mit ordentlichem Restaurant.

Generell sind die Hotel-Restaurants von Montecatini so gut, dass sich hier Restaurants nur schwer behaupten können.
Enoteca Giovanni, Via Garibaldi 25, Tel. 0 57 27 16 95, sehr teuer.
Ganz süßes kleines Restaurant mit teils innovativer toscanischer Küche mit guter Weinauswahl, im Sommer abends mit Tischen auf der Piazza.
La Torre, Montecatini Alto, Piazza Giusti 8/9, Tel. 0 57 27 06 50, teuer.
Nettes Restaurant an der hübschen zentralen Piazza.

Eisdiele: Caffè Giusti, Montecatini Alto, Piazza Giusti 24, Tel. 0 57 27 01 86
Einladendes, 1898 gegründetes Café; Spezialität *fettunta*, das geröstete, mit Knoblauch eingeriebene und Olivenöl-triefende Brot der Toscana, hier besonders deftig.

Bahn: Montecatini ist Bahnstation auf der Strecke Florenz – Lucca und wird zu den Hauptverkehrszeiten praktisch stündlich angefahren.
Busse zwischen Florenz und Lucca (mit Umsteigmöglichkeiten nach Viaréggio/zur Versilia) und Pisa verkehren mindestens stündlich.
Die rote *funicolare* mit den beiden Kabinen ›Giggia‹ und ›Giggio‹ verbindet während der Saison halbstündlich und sonst meist stündlich Montecatini Terme mit der historischen Oberstadt Montecatini Alto in nur 10 Minuten. Man genießt zudem eine schöne Fahrt durch den Wald und zwischen Gärten.

Monterchi (AR)

s. Anghiari

Montefollónico (SI)

Karte:G4
PLZ 53040
Einwohner: 500

La Chiusa, Via della Madonnina 88 (am Ortsrand); Tel. 05 77 66 96 68, Fax 05 77 66 95 93, sehr teuer.
Spitzenrestaurant auf einem alten Landgut in Panoramalage mit eigener Gärtnerei; kreative Küche mit Michelin-Stern, hervorragende Weinauswahl; unbedingt reservieren; 15 z. T. ausgesucht schöne Zimmer und Apartments in einem Seitengebäude, im Verhältnis nicht so teuer wie das Restaurant.

13 Gobbi, Via Lando di Duccio 5, Tel. 05 77 66 97 55, teuer–moderat.
Kleines, bekannt-gutes Restaurant mit Plätzen auch im Freien.

Montelupo Fiorentino (FI)

Karte: D7
PLZ 50056
Einwohner: 11 200

Ufficio Turistico del Comune, Via Baccio Sinibaldi 74, Tel. u. Fax 05 71 51 89 93, turismo@montelupocera mica.firenze.it.

Mehrere Agriturismo-Betriebe nehmen Gäste auf (s. Informationsbüro bzw. Internetverzeichnis der Agriturismo-Betriebe in der Toscana S. 384). Gutes Hotel im Städtchen:
Baccio da Montelupo, Via Roma 3, Tel. 0 57 15 12 15, Fax 0 57 15 11 71, www.hotelbaccio.it, info@hotelbaccio.it, moderat.
Nettes 22-Zimmer-Hotel ohne Restaurant (im Aug. geschl.).

Trattoria del Sole, Via XX Settembre 35, Tel. 0 57 15 11 30, moderat.
Ordentliche Trattoria im Zentrum.

Museo della Ceramica, Palazzo Pretorio, Via Baccio Sinibaldi Di–So 9–12 und 14.30–19 Uhr.
Zauberhaftes Museum mit einer reichen Kollektion der wunderschönen Keramik, die in Montelupo Jahrhunderte lang für Florenz geschaffen wurde.

Golf: Golf Club Pogio Vittorio, 3 Löcher, Via Poggio Vittorio 29, 50055 Lastra a Signa, Tel. 05 58 72 12 53, Fax 05 58 72 40 13

Montepulciano (SI)

Karte: G4
PLZ 53045
Einwohner: 14 000

Pro Loco, im Rathaus, Tel. 0 57 87 70 80.

Il Marzocco, Piazza Savonarola 18, Tel. 05 78 75 72 62, Fax 05 78 75 75 30, günstig.
Im historischen Zentrum gelegenes, einfaches, aber typisch eingerichtetes Stadthotel ohne Restaurant.

La Grotta, Località San Biagio, Tel. 05 78 75 74 79, teuer.
Angenehmes Ambiente einer alten Osteria mit schattigem Garten zu Füßen der Stadt und mit Blick auf die schöne Kirche San Biagio; echte Küche der Südtoscana zu guten Montepulciano-Weinen.
Dica, Via Gracciano del Corso 92, Tel. 05 78 71 69 51, moderat.
Der ›Treff‹ in Montepulcianos Zentrum in angenehmer Atmosphäre; typische Gerichte der Südtoscana und eine gute Weinauswahl.

Caffè Poliziano, Via di Voltaia nel Corso 25.
Das traditionsreichste Café der Stadt am langen Haupt-Corso.

Museo Civico e Pinacoteca Crociani, Palazzo Neri Orselli, Via Ricci, geöffnet Di–So 9.30–12.30 und 16–19 Uhr.
Im Backsteinpalazzo aus dem 14. Jh. eingerichtetes Museum mit Della Robbia-Majoliken und einer kleinen Pinakothek mit Bildern aus dem 13.–17. Jh., auch Sakralgegenstände.

Mehrere große und kleine Cantine bieten **Weinverkostung** und -verkauf vor Ort an, meist in wunderschönen Kellergewölben. In Montepulciano vor allem entlang dem Corso und an der Piazza Grande nicht zu übersehen, z. B.:
Arnaldo Crociani, Via del Poiliziano 15.
Einer der kleinsten Weinproduzenten von Nobile di Montepulciano bietet gute Tropfen zum Verkauf und zur Weinprobe (auch Grappa) in einer sympathisch-kleinen Kellerei an.
Avignonesi, Via di Gracciano nel Corso 91.
Dem Nobile di Montepulciano gilt natürlich das Hauptanliegen der alt eingesessenen Kellerei im Ortszentrum, in der man Wein probieren und kaufen kann. Verkauf auch von Grappa und Olivenöl.

Cantina dei Redi, Via di Collazzi 5.
Vielleicht schon aus dem 14. Jh. stammen die Backsteingewölbe der Weinkellerei, die später in der Renaissance von Sangallo d. Ä. umgebaut worden sein sollen. Jedenfalls sind sie wirklich überaus beeindruckend und der hier gelagerte Wein köstlich, allen voran der Nobile di Montepulciano.

Contucci, Via San Donato 15.
Im schönen Renaissancepalazzo Contucci am Rande der Piazza Grande ist allein schon der große Weinkeller mit seinen riesigen Holzfässern eine Sehenswürdigkeit, der einer der ältesten Familien von Montepulciano gehört; Weinprobe und Verkauf von Nobile di Montepulciano.

Fattoria Pulcino, an der S. S. 146 rund 2 km südlich von Montepulciano Richtung Chianciano Terme.
Einladende Einkaufsadresse mit eigener Wein- und Olivenölproduktion sowie anderen Spezialitäten der Gegend; man kann Wein verkosten und dazu eine *bruschetta* mit Olivenöl essen, es gibt auch Kleinigkeiten zu essen im Freien oder auf Vorbestellung im Restaurant (eher für Gruppen).

Azienda Agricola Zazzeri, Via del Gíglio 4 und Cantina gegenüber von San Biagio.

Besten **Käse,** in der Nähe Richtung Pienza produziert, findet man bei **Silvana Cugusi,** Via Gracciano nel Corso.

Internationales Musikfestival ›Cantiere Internazionale d´Arte‹ **Ende Juli bis Mitte August** (s. S. 208f.).
5. August: In Montepulciano feiert man den Bruscello, das Kostümfest der Handwerker und Bauern.
Fässerrollen im traditionellen Weinort: ›Breve dei Botti‹ **am letzten So im August** mit großem Gelage.

Bahn: Montepulciano Stazione an der Bahnstrecke Arezzo – Sinalunga – Chiusi liegt rund 10 km entfernt, von dort Bustransfer.

Monteriggioni (SI)

Karte: E5/6
PLZ 53035
Einwohner: 7 800

Pro Loco, Piazza Roma, Tel. u. Fax 05 77 30 48 10.

Monteriggioni, Via 1° Maggio 4, Tel. 05 77 30 50 09, Fax 05 77 30 50 11, info@hotelmonteriggioni.net, moderat.
Zauberhaftes Hotel in einem wieder aufgebauten alten Dorfhaus (12 Zimmer) im Dorfzentrum, mit kleinem Pool im hübschen Garten und eigenem Parkplatz, ohne Restaurant. Mitte Jan.–Mitte Febr. geschl.

Il Pozzo, Piazza del Pozzo 2, Tel. 05 77 30 41 27, teuer.
Berühmtes, dennoch typisches und gut gebliebenes kleines Restaurant am großen Brunnenplatz des historischen Ortes mit hausgemachten toscanischen Spezialitäten; der Qualität entsprechende Preise

Reiten: Club Ippico Senese, Piàn del Lago, Tel. 05 77 31 86 77

Bahn: Monteriggioni ist über die Strecke Empoli – Poggiobonsi – Siena (Bahnstation Castellina Scalo, 2 km entfernt) zur Hauptverkehrszeit während der Woche in fast stündlichem Takt erreichbar. Die **Busse** der TRA-IN entlang der S. S. 2 verbinden Monteriggioni mit Siena etwa im Stundentakt.

Monticchiello (SI)

Karte: G4
PLZ 53020
Einwohner: ca. 300

La Porta, Via del Piano 3, Tel. 05 78 75 51 63, moderat.
Etwas auf chic gemachte Enoteca mit Imbissstube direkt am Eingangstor, bei schönem Wetter mit Tischen auf einer kleinen Panorama-Mauerterrasse. Man kann

hier auch – durchgehend – Wein u. a. Spezialitäten der Gegend einkaufen.
Taverna di Moranda, Via di Mezzo 17, Tel. 05 78 75 50 50, moderat.
Zauberhafte, winzig kleine Trattoria in zwei Gewölberäumen mitten im historischen Zentrum, mit hervorragenden lokalen Spezialitäten und mit einer guten Weinauswahl. Eilige sind hier fehl am Platz, denn alles wird frisch zubereitet. 10. Jan.–10. Febr. geschl.
Oasi La Foce, Via della Vittoria 90, Località La Foce, Tel. 05 78 75 50 77, moderat–günstig.
Einfache Trattoria (früher eine sehr gute Adresse) an der Landstraße unterhalb von Monticchiello (Parkplatz gegenüber mit herrlicher Aussicht), mit lokalen Spezialitäten, nicht sehr anspruchsvoll, man kann auch draußen unter einer schattigen Markise eine Kleinigkeit bekommen.

Modalisa, Via di Mezzo 8, Tel. 05 78 75 51 75.
Winzige Boutique mit luftiger Damenkleidung, die speziell nach den Entwürfen des sympathischen Daniele Mangiavacchi und seine Frau Nicolette genäht wird.
Wein: s. La Porta (Enoteca)

Teatro Povero, das Theaterereignis des hübschen befestigten Dorfes, das im Juli fast die Häfte der 300 Einwohner beschäftigt. Ein ›armes Theater‹, das mit geringen Mitteln Themen der Geschichte des Dorfes oder Aktuelles behandelt.

Orbetello (GR)

Karte: E1
PLZ 58015
Einwohner: 15 300
Generell gilt für Orbetello: Wer empfindlich ist, sollte die Sommersaison meiden, denn in der Lagune schwirren dann die Moskitos.

APT, Piazza della Republica, Tel. u. Fax 05 64 860447, info@comune.orbetello.gr.it.

Sole, Via Colombo 2/Ecke Corso Italia, Tel. 05 64 86 04 10, Fax 05 64 86 04 75, hotelsole@tiscalinet.it, moderat.
Ein kleines (nur 18 Zimmer) Haus inmitten der Lagune, ohne Restaurant.
I Presidi, Via Mura di Levante 34, Tel. 05 64 86 76 01, Fax 05 64 86 76 03, moderat.
Das größte Hotel am Platze mit 39 Zimmern und 12 Suiten, Restaurant Juni–Sept. mittags geschl.

Und zwei einfache preiswerte Pensionen:
La Perla, Via Volontari Del Sangue 10, Tel. 05 64 86 35 46, Fax 05 64 86 52 10.
Piccolo Parigi, Corso Italia 169, Tel. 05 64 86 72 33, Fax 05 64 86 72 11.

Camping: Hawaii, Albínia, 2 km nördlich des Ortes, Tel. 05 64 87 01 64.
100 m zum Strand, Pinienwald, Kinderanimation, Spielplatz, Sportangebot, keine Hunde.
Il Gabbiano, Albínia, Wegweiser ›Zona camping‹, Tel. u. Fax 05 64 87 02 02.
100 m zum Strand, Pinienwald, Kinderanimation, Spielplatz, Sportangebot, keine Hunde.
Oasi, Albínia, Wegweiser ›Zona camping‹, Tel. 05 64 87 02 45, Fax 05 64 87 15 88.
100 m zum Strand, teils im Pinienwald, Kinderanimation, Spielplatz, Sportangebot, keine Hunde.
Camping International Argentario, Albínia, Richtung Porto San Stéfano/Torre Saline, Tel. 05 64 87 03 02, Fax 05 64 87 13 80.
Direkt am Strand, Pinienwald und niedrige Bäume, Kinderanimation, Spielplatz, Pool, Planschbecken, Sportangebot, Fitnessraum, Tauchschule, keine Hunde.
Villagio Il Veliero, Albínia, am Tómbolo della Giannella, Tel. 05 64 82 02 01, Fax 05 64 82 11 98.
100 m zum Strand, Pinienhain, Kinderanimation, Spielplatz, Sportangebot (auch Tauchen), Fahrradverleih, keine Hunde.

Il Nocchino, Via dei Mille 64, Tel. 05 64 86 03 29, sehr teuer.
Hervorragende Osteria mit wenigen Tischen um die Marmortheke; typische Spezialitäten aus dem Meer und vom

Gemüsemarkt; im Sommer nur abends geöffnet.

Cosa-Ansedonia, Vorort Ansedonia auf dem Festland südöstlich von Orbetello, geöffnet tgl. 9–19 Uhr.
Reste der römischen Siedlung Cosa aus dem 3. Jh. v. Chr., mit kleiner Sammlung.
Tagliata Etrusca, Frazione Torre Tagliata nahe Cosa (ausgeschildert).
Wohl bereits von den Etruskern geschaffenes und später von den Römern benutztes Kanalsystem zur Verhinderung der Versandung des Hafens; man kann ein Stück entlang gehen bzw. auf einen kleinen Hügel steigen und von oben das antike Wunderwerk der Technik genauer betrachten.

Bahnverbindung ab Orbetello Scalo (4 km entfernt) in ca. stündicher Folge auf der Hauptstrecke Genua – Viaréggio – Livorno – Rom. Vom Bahnhof Bustransfer auf die ›Insel‹.

Péscia (PT)

Karte: C8
PLZ 51017
Einwohner: 18 000

Villa delle Rose, Località Castellare di Péscia, Via del Castellare 21, Tel. 05 72 46 70, Fax 05 72 44 40 03, villarose@ftbcc. it, moderat.
In einem herrlichen Park (mit Pool) gelegenes Hotel mit 103 Zimmern und drei Suiten.
San Lorenzo, Via San Lorenzo 15 (2 km nördlich von Péscia), Tel. 05 72 40 83 40, Fax 05 72 40 83 33, www.rphotels.com, s.lorenzo@rphotels.com, günstig.
In einer malerisch über dem Péscia-Fluss stehenden, aufgelassenen Papiermühle mit vielen Sammlerstücken wurde ein angenehmes Hotel mit 35 Zimmern eingerichtet, mit sehr beliebtem Gewölberestaurant als Ausflugsziel und Ort von Familienfeiern; Ruhesuchende meiden daher die Wochenenden! Mit dem ebenfalls in einer früheren Papierfabrik später eingerichteten **Hotel Santa Caterina** (günstig) zusammen verwaltet.

La Buca, Piazza Mazzini 4, Tel. 05 72 47 73 39, sehr teuer–teuer.
Kleines Restaurant mit freundlichem Ambiente im Untergeschoss.
Cecco, Via Forti 96, Tel. 05 72 47 79 55, teuer–moderat.
Kleines Restaurant im Zentrum, im Juli geschl.
La Fortuna, Via Colli per Uzzano 32/34 (Richtung Uzzano), Tel. 05 72 47 71 21, teuer–moderat.
Kleines Restaurant mit Terrassenservice; außer an Feiertagen nur abends geöffnet, Aug. geschl.
Monte a Péscia, Località Monte a Péscia (5 km nordwestlich), Via Monte a Péscia, Tel. 05 72 47 68 87, moderat.
Aus der einfachen Trattoria (belegte Brote und Gegrilltes vom offenen Kaminfeuer) hat sich ein beliebtes, an den Wochenenden ausgebuchtes Ausflugsziel mit großem Wintergarten entwickelt, das dennoch eine unverfälschte ländlich-toscanische Küche bietet.

Museo Civico Carlo Magnani, Piazza Santo Stéfano 2, geöffnet werktags 10–12 Uhr (über die Bibliothek).
Bereits seit dem 19. Jh. im Palazzo Galeotti untergebrachte städtische Sammlung schöner Tafelbilder aus dem 14. und 15. Jh., auch mehrere Stiche von Dürer, außerdem etruskische Funde, historische Waffen und Wandteppiche.

Antico Panificio Giaccai, Piazza Mazzini 101.
Feines Gebäck und Brot werden hier seit 1875 produziert und verkauft, u. a. die leckersten, mandelschweren *cantucci* (auch an der Via Amendola 149).
Mercato dei Fiori, Péscias Blumenmarkt, für bestimmte Schnittblumen der wichtigste Europas, ist an den Stadtrand hinter den Bahnhof gezogen; hier findet Mo–Sa 6.30–ca. 8 Uhr ein sehenswerter Markt statt.

Pienza (SI)

Karte: F/G4
PLZ 53026
Einwohner: 2 300

Ufficio Informazioni, Corso Rosellino 59, Tel. u. Fax 05 78 74 90 71.

Corsignano, Via della Madonnina 11, Tel. 05 78 74 85 01, Fax 05 78 74 81 66, moderat.
Freundliches Hotel außerhalb des historischen Zentrums mit 36 Zimmern, Jan./Febr. geschl.
Il Chiostro di Pienza, Corso Rossellino 26, Tel. 05 78 74 84 00, Fax 05 78 74 84 40, ilchiostro@jumpy.it, moderat.
In einem ehemaligen Kloster mit traumhaft schöner Terrasse eingerichtetes Hotel im Zentrum, mit meist kleinen Zimmern (eben die früheren Zellen!), Pool und gutem Restaurant, ab Mitte März geöffnet.

La Buca delle Fate, Corso Rossellino 38a, Tel. 05 78 74 84 48, moderat.
Anspruchsvolles Lokal im historischen Zentrum in überwölbten Räumen; traditionelle toscanische Küche.
Dal Falco, Piazza Dante Alighieri 3, Tel. 05 78 74 85 51, moderat.
Nettes Restaurant vor dem Tor des historischen Zentrums, mit sechs Zimmern.

Weitere Restauranttipps s. Monticchiello

Duomo Santa Maria Assunta, Piazza Pio II, geöffnet tgl. 8–13 und 14.30–19 Uhr (freier Eintritt).
Dreischiffige Hallenkirche mit kurzem Querschiff, Bau (nach Plänen von B. Rossellino) und Ausstattung von 1460–64, in einer Mischung von Spätgotik im nördlichen Alpenraum und Renaissance Italiens.
Museo Diocesano, Corso Rossellino 30/Piazza Pio II, geöffnet im Sommer Mi–Mo 10–13 und 14–18.30, im Winter nur Sa/So 10–13 und 15–18 Uhr.
Sakralmuseum im früheren Bischofspalast, links vom Dom, für Rodrigo Borgia, den späteren Papst Alexander VI., in Auftrag gegeben.
Palazzo Piccolomini, Piazza Pio II, geöffnet Di–So im Sommer 10–12.30 und 16–19, im Winter 10–12.30 und 15–18 Uhr
Für Papst Pius II. von Bernardo Rossellino 1460–62 erbauter Renaissancepalast mit drei übereinander liegenden langen Loggien, die einen großartigen Blick zum Orcia-Tal freigeben. Die später meist veränderten, restaurierten Räume sind zu besichtigen.

Pienzas historisches Zentrum scheint ein Schlaraffenland für Feinschmecker zu sein: Überall haben kleine und größere Läden in hübschem und sehr verlockendem Ambiente aufgemacht; Adressen braucht man nicht, denn entlang dem Haupt-Corso stolpert man über sie... Das Angebot ist in allen Läden praktisch gleich, nur unterschiedlich präsentiert; höchstens bei den Lieferanten lassen sich Unterschiede ausmachen. Hier dennoch ein paar Tipps:
Emporio delle Fattorie, Via del Mandorlo 2.
Marusco e Maria, Via Rossellino 15–21.
Wochenmarkt jeden Freitag 8–13 Uhr außerhalb des historischen Zentrums am Viale Mencattelli.

Fahrradverleih: Autofficina Valenti Alfiero, Via della Madonnina 28, Tel. 05 78 74 84 65.

Busse der TRA-IN und der LFI sorgen für gute Anbindungen an die Umgebung.

Pietrasanta (LU)

Karte: B8
PLZ 55045
Einwohner: 24 400

APT, Località Tonfano, Via Donizetti 14, Tel. 0 58 42 03 31, Fax 0 58 42 45 55 und in Pietrasanta Piazza Duomo, Tel. u. Fax 05 84 79 55 60.

Lombardi, Località Fiumetto, Viale Roma 27, Tel. 05 8 74 58 48, Fax 0 58 42 33 82, teuer.
38-Zimmer-Ferienhotel (Apr.–Okt.) mit beheizbarem Pool im Garten und Restaurant für die Hausgäste; Apr.–Okt. geöffnet.
Pietrasanta, Via Garibaldi 35, Tel. 05 84 79 37 26, Fax 05 84 79 37 28, a.pietrasanta @versilia.toscana.it, teuer.
Das teure Paradehaus der Stadt, mit nur 17 Zimmern und zwei Suiten, ohne Restaurant, Jan./Febr. geschl.
Palagi, Piazza Carducci 23, Tel. 0 58 47 02 49, Fax 0 58 47 11 98, moderat.
Stadthotel (18 Zimmer) ohne Restaurant, aber mit Parkplatz.
Grande Italia, Località Tonfano, Via Torino 5, Tel. 0 58 42 00 46, Fax 0 58 42 43 50, günstig.
Nettes Familienhotel (23 Zimmer) mit ordentlicher Küche, Juni–Mitte Sept. geöffnet.

Antico Ristorante Lo Sprocco, Via Barsanti 22/24, Tel. 0584734193, teuer.
Hervorragende lokale Küche in total renovierten Gewölben mitten in Pietrasanta.
Da Coppo, Via Aurelia 121, Tel. 0 58 47 03 50, günstig.
Familientrattoria mit Garten und lokaler Küche, Spezialitäten sind *crostini* mit Kräuterpaste und Aufschnitt sowie Gerichte vom Schwein.

Golf: Versilia Golf Club, 18 Löcher, Via della Sipe 40, Tel. 0584 881574.

Bahn: Pietrasanta liegt an der dicht befahrenen Strecke Genua – Viaréggio – Pisa – Livorno – Rom.
Busse verkehren während der Saison in dichter Folge entlang der Küstenstraße und verbinden auch Marina mit seinem Hauptort Pietrasanta.

Piombino (LI)

Karte: B/C3
PLZ 57025
Einwohner: 34 500

APT, Via Ferruccio, Tel. 0565 22 5639 (Apr.–Sept.) und am Hafen, Via Stazione Maríttima, Tel. 0565225639, aptpiombino2@etruscan.li.it (Apr.–Sept.).

Problematisch kann für Autofahrer werden, dass die Hotels selten über eigene Parkplätze verfügen und man evtl. den voll beladenen Wagen vor der Überfahrt auf die Inseln irgendwo abstellen muss.
Centrale, Piazza Giuseppe Verdi 2, Tel. 05 65 22 01 88, Fax 05 65 22 02 20, moderat.
Ordentliches Stadthotel mit gutem Restaurant.
Collódi, Via Collódi 7, Tel. 05 65 22 42 72, Fax 05 65 22 43 82, günstig.
Kleineres Stadthotel ohne Restaurant.
Il Piave, Piazza Niccolini 2, Tel. 05 65 22 60 50, günstig.
Nur 12 Zimmer kleines Stadthotel mit Restaurant.

Camping: Sant´ Albínia, Populónia bei Piombino, an der Straße nach San Vincenzo, Tel. 0565293 89, Fax 0565221310.
1 km zum Strand, teilweise Mattendächer, Kinderanimation, Spielplatz, Sportangebot, keine Hunde.

Il Garibaldi Innamorato, Via Garibaldi 5, Tel. 05 65 54 94 10, moderat–günstig.
Osteria im Herzen von Piombino, mit lokalen Spezialitäten, vor allem aus dem Meer, mit bescheidener Weinkarte, deren Angebote preiswert sind.
Osteria Carugi, Via Francesco Ferrer 10, Tel. 05 65 22 44 22, günstig.
Kleines Restaurant mit alten Marmortischen, Spezialitäten der etruskischen Küche.

Radsport: Grizzly MTB Club, Via Galilei 36.

Ausflugstipps zu den sehenswertesten Parks weit und breit:
Parco Archeologico di Baratti e Populónia, s. Populónia.
Parco Archeominerario di San Silvestro, Via di San Vincenzo 34b, Campiglia Maríttima, geöffnet Frühjahr und Herbst nur Sa, So und feiertags, im Sommer Di–So 9 Uhr bis Sonnenuntergang, im Aug. auch Mo.
Großartiges kleines Museum und ein aufgelassenes Bergwerk, das man mit Helm und Schutzkleidung in Gruppen durchläuft und erklärt bekommt; dazu eine Fahrt zum historischen Bergwerksdorf mit rekonstruierten Brennöfen inmitten einer wilden Berglandschaft, die zusammen mit dem Bergwerk und dem Dorf unter Denkmalschutz steht. Wanderschuhe mitnehmen!

Bahn: Normalerweise umsteigen an der Stazione di Campiglia Maríttima, 13 km entfernt, von dort Busverbindung.
Busse der ATM (Infos Tel. 05 65 26 01 11, www.atm.li.it) verkehren in der Stadt selber bzw. verbinden Piombino mit Campiglia Maríttima, Suvereto, Cécina, Follónica, Baratti etc.
Schiffsverbindungen mit Elba durch Toremar und Moby Lines, s. Elba

Pisa (PI)

Karte: B7
Stadtplan S. 136/137
PLZ ab 56100
Einwohner: 92 500

APT, Via Cammeo 2, Tel. 0 50 56 04 64, Fax 05 04 09 03 (in der Verwaltung Via Benedetto Croce 24/26), www.turismo.toscana.it, aptpisa@turismo.toscana.it; mit Infobüros am Bahnhof und am Flughafen.

Die zentral gelegenen Stadthotels von Pisa verfügen selten über eigene Parkplätze.
Jolly Hotel Cavalieri, Piazza della Stazione 2, Tel. 05 04 32 90, Fax 0 50 50 22 42, pisa@jollyhotels.it, teuer.
Das größte und teuerste Hotel der Stadt (97 Zimmer und drei Apartments) mit z. T. noch leicht verstaubter Atmosphäre, mit gutem aber teurem Restaurant.
D'Azeglio, Piazza Vittorio Emanuele II 18, Tel. 0 50 50 03 10, Fax 05 02 80 17, teuer.
Ordentliches mittleres Stadthotel (29 Zimmer) nahe dem Bahnhof, ohne Restaurant.
Royal Victoria, Via Lungarno Pacinotti 12, Tel. 0 50 94 01 11, Fax 0 50 94 01 80, moderat.
Relativ preiswertes Hotel am zentrumsnahen Nordufer des Arno, mit Parkplatz.
Gronchi, Piazza Arcivescovado 1, Tel. 0 50 56 18 23, sehr preiswert.
Einfaches Stadthotel mit nur 23 Zimmern, ohne Restaurant.

Jugendherberge: Albergo Gioventù/ Centro Turistico Madonna dell´Acqua ›Il Convento‹, Via Pietrasantina 15, Tel. 0 50 89 06 22; nur 1 km vom schiefen Turm gelegenes Jugendzentrum auch mit Familienzimmern (je 2–4 Betten) und Arrangements mit Restaurants rund um die Piazza dei Miracoli für besonders preiswerte Menüs.

Generell hat die Restaurantszene von Pisa keinen besonders guten Ruf, man kann aber sogar rund um den Domplatz sehr preiswerte Tagesmenüs bekommen, was die meisten Tagesgäste wohl ohnehin bevorzugen. Einige Osterie sind durch den Tourismus zu neuem Leben erwacht, wenn auch allzu chic geworden.
Osteria La Mescita, Via Cavalca 2, Tel. 0 50 54 42 94, moderat.
Am früheren Marktplatz der Piazza delle Vettovaglie, Trattoria in Cotto-Gewölben des 15. Jh., früher nur Weinausschank; echt-toscanische Küche und eine gute Käseauswahl zu toscanischen und Piemonteser Weinen.
Osteria dei Cavalieri, Via S. Frediano 16, Tel. 0 50 58 08 58, moderat.
Moderne Osteria im Studentenviertel, eine der besten Pisas.
Caffè Pasticceria Salza, Via Borgo Stretto 44.

Super-Konditorei mit köstlichen Süßigkeiten aus dem Piemont.

Die Monumente am Domplatz können mit unterschiedlichen Sammelkarten besichtigt werden, die zwei bis fünf Eintritte umfassen und diese enorm verbilligen. Der Ticketschalter befindet sich hinter dem Campanile im lang gestreckten Gebäude der Dombauhütte (Hinweisen folgen).

Campanile, Piazza dei Miracoli.
Pisas Hauptattraktion, der schiefe Glockenturm auf dem Domplatz, der jahrelang wegen Einsturzgefahr geschlossen bleiben musste. Seine Schieflage ist historisch bedingt, zeigte sich bereits zum Baubeginn 1173. Immer wieder geschlossen, Tel. 0 50 56 05 47.

Duomo Santa Maria, Piazza del Duomo, geöffnet im Winter 7.15–13 und 15 Uhr bis Sonnenuntergang, im Sommer 10–19.40, So/feiertags 13–19.40 Uhr.
Pisas kreuzförmige, fünfschiffige basilikale Kathedrale wurde um 1063 begonnen und 1100–1130 um drei Joche verlängert, 1160 vollendet in großartigem pisanisch-romantischen Stil. Sie ruht auf 68 monolitischen Säulen mit schönen Kapitellen und ist reich ausgestattet, u. a.mit einer Kanzel von Giovanni Pisano (1302–1311), seiner spätesten und am aufwendigsten dekorierten.

Battistero, Piazza del Duomo, geöffnet im Winter 9–16.40, Frühjahr/Herbst 9–17.40 und Sommer 8–19.40 Uhr.
Die perfekt runde Taufkirche mit dem großen Taufbecken in der Mitte und der hohen Kuppel darüber entstand ab 1153, wurde erst an die 200 Jahre später fertig gestellt und reich ausgestattet. Vor allem mit der Kanzel Giovanni Pisanos, an der er bis 1259/60 arbeitete, die erste nach der Antike, die sich sozusagen von der Wand löste, also freistehend wurde.

Camposanto Monumentale, Piazza Duomo, geöffnet im Winter 9 Uhr bis Sonnenuntergang, im Sommer 8–19.40 Uhr.
Der Monumentalfriedhof ist ein Prachtexemplar gotischer Baukunst, das letzte Bauwerk, das 1278 am Domplatz in Angriff und erst im 15. Jh. fertig gestellt wurde. Interessant wegen seiner großartigen Architektur mit dem zerbrechlich wirkenden Maßwerk des großen Kreuzganges, aber vor allem wegen der monumentalen Fresken (14.Jh.) und der erst 1944 bei einem Brand entdeckten Sinopien (Vorzeichnungen), die sich nun zum größten Teil im Sinopien-Museum (s. d.) befinden.

Orto Botanico, Via Luca Ghini 5, geöffnet Mo–Fr 8–17.30, Okt.–Febr. 8–17, Sa 8–13 Uhr (Eintritt frei).
Bereits von Cosimo I de´ Medici 1543 gegründeter Botanischer Garten mit einigen Exoten, aber vor allem wegen der herrlichen Ruhe mitten in der Stadt, mit Blick auf die Türme und Kuppeln am Domplatz, einen Besuch wert.

Mura urbana/Stadtmauer, geöffnet 9–18, im Sommer 8–20 Uhr.
An der Torre di Santa Maria am Domplatz beginnend kann man gegen Gebühr die Stadtmauern Pisas begehen.

Museo dell´Opera del Duomo, Piazza Arcivescovado 8, geöffnet im Winter 9–16.20, Frühjahr/Herbst 9–17.40, im Sommer 8–19.20 Uhr.
Das neu ausgebaute Sakralmuseum zeigt kostbare Skulpturen und Gemälde sowie liturische Gegenstände aus den Kirchen Pisas, u. a. Statuen und ein Holzkruzifix von Giovanni Pisano.

Museo delle Sinopie, Piazza Duomo, geöffnet im Winter 9 Uhr bis Sonnenuntergang, im Sommer 8–19.40 Uhr.
Im früheren, speziell dafür wunderbar ausgebauten Ospedale di Santa Chiara sind in erster Linie Sinopien aus dem Camposanto (s. d.) zu sehen.

Santa Maria della Spina, Lungarno Gambacorti, geöffnet März–Mai und Sept./Okt. 10–13 und 15–18, Juni–Aug. Di–Fr 10–13 und 17–20, Sa/So bis 22 Uhr. Für längere Zeit wegen Restaurierung geschl.
Ab 1325 in fast französischer Gotik errichtetes Kirchlein als Schrein für einen Dorn aus der Krone Christi, 1871 wegen der ständigen Überschwemmungsgefahr auf das Hochufer umgesiedelt.

Scavi Archeologici di San Rossore, Stazione FS San Rossore/ Bahnhof Pisa, geöffnet vorerst nur auf Anfrage, Tel.

05 53 21 80 17 (nur Mi, Denkmalamt).
Die neuesten Ausgrabungen Pisas: römische z. T. noch voll beladene Boote, wahrscheinlich am historischen Hafen; untergebracht sind die Funde im neuen Museum im **Arsenale Mediceo,** Lungarno Simonelli, geöffnet Di–Fr 10–13 und 14–19, Sa u. So 11–13 und 14–21 Uhr.

Köstliche Schokolade u. a. **Süßigkeiten** s. Caffè Pasticceria Salza.
Antiquitätenmarkt jedes zweite Wochenende des Monats außer Juli/Aug. zwischen Piazza dei Miracoli/Domplatz und Piazza dei Cavalieri.

Ausflüge: San Piero a Grado, 6 km vom Zentrum entfernt (Richtung Marina di Pisa und Arno-Mündung), geöffnet 9–18, im Sommer 8–19 Uhr.
Als die schöne Kirche Mitte des 11. Jh. errichtet wurde, stand sie noch an der Arno-Mündung, wo der Apostel Petrus die erste christliche Gemeinde auf italienischem Boden zusammengerufen haben soll. Die dreischiffige Basilika besitzt drei Apsiden im Osten und eine im Westen. Jüngere Ausgrabungen haben evtl. den Altarstein freigelegt, den der Legende nach Petrus in der Vorgängerkirche *(ecclesia ad gradus)* benutzt haben soll.
Das Langhaus ist um 1300 freskiert worden.
Certosa di Pisa, Calci, Via Roma,14 km östlich, geöffnet Di–Fr 9–18, So/feiertags 9–12 Uhr (stündlich geführte Besichtigungen).
Kartäuserkloster von 1366, im Barock prachtvoll erweitert und ausgestattet.

Juni ist der Monat des Stadtpatrons San Ranieri mit zwei religiösen Veranstaltungen und einem farbenprächtigen Volksfest (Termine richten sich oftmals nach den Sonntagen):
16. Juni: Luminara di San Ranieri, ursprünglich wurden seit dem Mittelalter alle Fenster der Stadt mit Kerzen beleuchtet zu Ehren der Prozession, heute sind es an die 70 000 Lichter, die sich aus den Palästen entlang des Arno im Fluss spiegeln.
17. Juni: Regata di San Ranieri, seit 1292 als Regatta zu Ehren der Assunta belegt, 1635 mit neuen Regeln und seit 1718 San Ranieri geweiht, mit Booten aus allen vier Vierteln der Stadt: San Martino, Sant'Antonio, Santa Maria und San Francesco.
25. Juni: Gioco del Ponte, erstmals 1568 erwähnt, dann lange verdrängt und in der Neuzeit wieder aufgenommener ›Kampf‹ der beiden Fraktionen, die durch den Arno getrennt werden: Je sechs Parteien von Tramontana und Mezzogiorno müssen sich gegenseitig einen schweren Karren zuschieben, und zwar auf dem Ponte di Mezzo. Sieger ist die Mannschaft, die den Wagen auf die gegnerische Seite drückt (s. S. 147). Begleitet wird das Spiel von einem langen Umzug in historischen Kostümen, an dem rund 700 Menschen teilnehmen.

Bogenschießen: Compagnia Arcieri Pisani, Via Don Bosco 26.
Kajakfahren: Società Canottieri Arno, Via da Padule 2.
Radsport: MTB CRAL (CNR), Via San Apollinare 2.
Segeln/Windsurfen: s. Marina di Pisa.

Flughafen: Aeroporto Internazionale Galileo Galilei, Linienflugverbindungen im Sommerhalbjahr mehrmals tgl. auch mit den wichtigsten deutschen Destinationen; Busanbindung an Pisa und Florenz.
Bahn: Bahnhof San Rossore südlich des Arno unweit des historischen Zentrums; wichtige Station auf der Strecke Genua – Rom mit stündlicher Anbindung, auch an Lucca und damit an die Garfagnana, an Florenz, Arezzo etc.
Busse verbinden Pisa mit allen anderen Provinzhauptstädten der Toscana und fahren in dichter Folge die Stadt und die Provinz Pisa ab.

Pistoia (PT)

Karte: D8
Stadtplan: S. 90
PLZ 51100
Einwohner: 86 000

I.A.T., Palazzo dei Vescovi, Piazza del Duomo, Tel. 0 57 32 16 22, Fax 0 57 33 43 27;
für die gesamte Provinz: APT 12 Abetone – Pistoia – Montagna Pistoiese, Via Villa Vittoria 129, 51028 San Marcello Pistoiese (PT), Tel. 05 73 63 01 45, Fax 05 73 62 21 20, apt12pistoia@tin.it

Milano, Viale Pacinotti 10/12, Tel. 05 73 97 57 00, Fax 0 57 33 26 57, moderat.
Mittleres Stadthotel an der südlichen Allee unweit des Bahnhofs, mit Parkplatz, aber ohne Restaurant.
Il Boschetto, Località Capostrada, Viale Adua 467, Tel. 05 73 40 13 36, moderat.
Nur sieben Zimmer kleines Hotel am nordwestlichen Stadtrand mit Parkplatz, ohne Restaurant.
Patria, Via Crispi 8, Tel. 0 57 32 51 87, Fax 05 73 36 81 68, info@patriahotel.it, günstig.
Kleineres Stadthotel (28 Zimmer) ohne Restaurant unweit des Domplatzes.

Im historischen Zentrum gibt es nur wenige beliebte Lokale, die Pistoiesi scheinen zum Essen lieber aufs Land zu fahren, und dann geben sie auch gerne etwas mehr dafür aus.
Il Castagno di Pier Angelo, Piteccio 10 km nordwestlich von Pistoia, Località Castagno 3 km westlich, Tel. 0 57 34 22 14, sehr teuer.
Ländlich-feine Enoteca in den Pistoieser Hügeln, hervorragender Koch (Pier Angelo, früher in Montecatini); auch Verkauf von Selbstgemachtem.
La Limonaia, Via di Gello 9a, Tel. 05 73 40 04 53, teuer.
Am Stadtrand Richtung Módena/Bologna; zur Trattoria umgebaute Orangerie aus dem 19. Jh., mit toscanischen Spezialitäten.
San Jacopo, Via Crispi 15, Tel. 0 57 32 77 86, moderat.
Lokal mitten in der Altstadt bei der Kirche San Giovanni Forcivitas in Backsteingewölben mit guten traditionellen Rezepten der Toscana sowie ordentlichen Weinen.
Trattoria dell´Abbondanza, Via dell´ Abbondanza 10, Tel. 05 73 36 80 37, moderat.
Toscanische Spezialitäten in richtig gemütlichem Lokal eines früheren Lebensmittelladens.

Battistero San Giovanni in Corte, Piazza del Duomo, geöffnet Di–Sa 9.30–12,30 und 15–18, So/feiertags 9.30–12.30 Uhr.
Von Andrea Pisano 1388 entworfene Taufkirche mit kleiner schwebender Kanzel an der Fassade rechts für Predigten im Freien (ähnlich dem Dom von Prato).
Cattedrale di San Zeno, Piazza del Duomo, geöffnet tgl. 8.30–12.30 und 15.30–19 Uhr; Cappella di San Jacopo werktags 10–12 und 16–17.45, So/feiertags 11.20–12 und 16–17.30 Uhr (gegen Gebühr).
Pistoias Dom ist eine der ältesten Kirchen der Toscana mit Teilen aus dem 5./6. Jh.; doch sein heutiges Aussehen verdankt er dem 12. (Baubeginn 1108) und 13. Jh., wobei sein charakteristischer Portikus erst 1311 vorgesetzt wurde. Die größte Kostbarkeit ist innen der Silberaltar des heiligen Jacobus (1287–1456). Seine Cappella di San Jacopo hat ihre besonderen Öffnungszeiten, s. o.
Pieve di Sant´Andrea, Via Sant´Andrea, geöffnet im Winter 8–12.30 und 15.30–18, im Sommer bis 19 Uhr.
Von Giovanni Pisano reich ausgestattete Kirche, u. a. mit einer Kanzel (1298–1301).
San Giovanni Forcivitas, Via Cavour, geöffnet tgl. 8–12 und 16–18.30 Uhr.
Ab dem 8. Jh. entstandene und dann im 12.–14. Jh. erneuerte Kirche mit wunderbarer Marmorinkrustation.

Museo Civico (Palazzo Comunale), Piazza del Duomo 1, geöffnet Di–Sa 10–19, So/feiertags 9–12.30 Uhr (Eintritt Sa nachm. frei).

Wunderschön eingerichtetes Museum im früheren Rathaus mit hohem offenen Dachstuhl; ausgestellt sind vor allem fast durchweg unbekannte Pistoieser Maler von der Renaissance an.

Ospedale del Ceppo, Piazza Giovanni XXIII, geöffnet auf Anfrage, Tel. 0573 35 22 09.

Im früheren Kinderhospital und Waisenhaus von 1514 mit seinem berühmten Terrakottafries außen befindet sich das **Museo dei ferri chirurgici** mit chirurgischen Instrumenten aus mehreren Jahrhunderten.

Ausflug: Museo all´Aperto, Castagno di Piteccio (s. Restaurants).
Ganz Castagno wurde im Laufe der Jahre zum Freiluftmuseum mit Kunstwerken zeitgenössischer Künstler entlang der Dorfstraßen.

Wochenmarkt Mi u. Sa auf der Piazza del Duomo und Nebenstraßen sowie auf der Piazza dello Spirito Santo.

Obst- und Gemüsemarkt Mo–Sa auf der Piazza della Sala.

Antiquitätenmarkt jedes zweite Wochenende des Monats außer Juli/Aug. am Viale Pacinotti und in der Via Ciliegiole.

Wandern: Club Alpino Italiano C.A.I. Sezione Pistoia, Via Antonini 7, Tel. 05 73 36 55 82 (nur Di u. Fr 21.15–22.45 Uhr).

Fahrradverleih: I.A.T. Pistoia, Piazza del Duomo (s. o.) Apr.–Okt.

Flughafen Amerigo Vespucci (Florenz) ist nur 30 km von Pistoia entfernt, von dort Busanbindung.

Bahn: Pistoia ist wichtige Bahnstation an der Strecke Florenz – Lucca mit praktisch stündlicher Anbindung. Verbindungen über Lucca auch mit Viaréggio sowie Pisa.

Busse der CO.PI.T verbinden Pistoia mit seiner Provinz, z. B. mit San Marcello Pistoiese und Poggio a Caiano; wichtige Haltpunkte am Bahnhof/Via XX Settembre und Piazza San Francesco.

Pitigliano (GR)

Karte: G2
PLZ 58017
Einwohner: 4500

Pro Loco, Via Roma 6, Tel. u. Fax 0564 61 44 33.

Guastini, Piazza Petrucciolo 16, Tel. 05 64 61 60 65, Fax 05 64 61 66 52, www.altamaremma.it/alberghi/guastini, htlguastini@laltamaremma.it, günstig.
Nettes Hotel gleich am Ortseingang.

Il Tufo Allegro, Vicolo della Costituzione 2, Tel. 0564 61 61 92, moderat.
Winzig kleine Trattoria im früheren Ghetto (Seitengasse der Via Zuccarelli) auf zwei Ebenen vom Parterre bis abwärts in den Tuff hinein, mit sehr schmackhafter lokaler Küche und guten Weinen vor allem aus Pitigliano und Umgebung. Große Portionen. Mitte Jan.–Mitte Febr. geschl.

Poggio Buco, Località Poggio Buco sul Fiora, frei zugänglich.
Nekropole mit einer Unmenge etruskischer Felsengräber oberhalb des Flüsschens Fiora und der Strada Statale Richtung Sorano.

Sinagoga Ebraica, Via Zuccarelli, geöffnet Mai–Okt. 10–13 und 15–19 Uhr, Nov.–Apr. auf Anfrage Mi, Fr u. So (Tel. 0564 61 63 96).
Mitten im früheren Ghetto steht links der Straße (von der Fortezza kommend) die restaurierte Synagoge mit interessantem Matronäum (Frauenloge) und Matze-Ofen.

Museo Civico e Archeologico, Fortezza Orsini, geöffnet Do–Di 10–19 Uhr.
Erst 1995 eröffnetes archäologisches Museum in der restaurierten mächtigen Orsini-Festung, mit Funden (schöne Keramiksammlung) aus der ertruskischen Nekropole von Poggio Buco (s. o.) und aus der Umgebung von Vulci sowie zwei Säle zu den Themen ›Nach den Etruskern‹ und ›Die Etrusker und wir‹.

Museo Diocesano di Arte Sacra, Fortezza Orsini , geöffnet Di–So auf Anfrage (Tel. 05 64 61 63 22, Comune).
Liturgischer Schmuck sowie Bilder, Fresken und Skulpturen vor allem aus dem 16. Jh.

Erboristeria Giunti, Via Zuccarelli 31, nahe der Synagoge.
Kräuter, Pflegemittel, Honig etc.
Rilegatura Artistica Tina Speranza, Via Zuccarelli 60.
Winzige Buchbinderei mit schönen Geschenkideen aus Papier, vor Ort sehr kunstvoll gearbeitet.

Busse der R.A.M.A. verbinden Pitigliano mehrmals tgl. zu den Hauptverkehrszeiten mit Grosseto.

Poppi (AR)

Karte: G7
PLZ 52014
Einwohner: 5900

Pro Loco, Badia Prataglia, Tel. 05 75 55 90 54.

Casentino, Piazza della Repubblica 6/Piazza del Castello, Tel. 05 75 52 90 90, Fax 0 57 55 21 97, günstig.
Freundliches kleines Hotel gegenüber dem Castello Guidi, mit dazugehörigem, gutem Restaurant gegenüber.
Parc Hotel, Località Ponte a Poppi, Via Roma 214, Tel. 05 75 52 99 94, Fax 05 75 52 99 84, parc@lina.it, günstig.
Im neueren – unteren – Teil der Gemeinde gelegenes ›Stadthotel‹ mit Pool im Park, recht preiswertem Restaurant und Parkplatz .

Jugendherberge: Ostello Casa Nova, Badia Prataglia, Tel. 05 75 55 90 20

Campaldino, Località Ponte a Poppi, Via Roma 95, Tel. 05 75 52 90 08, moderat.
Restaurant mit 10 Zimmern zu moderaten Preisen.

Casentino, s. Unterkunft, günstig.
Angenehmes, ländliches Restaurant im ehemaligen Pferdestall des Castello, mit guter Casentino-Küche.

Castello dei Conti Guidi, Piazza Castello/Piazza della Repubblica, geöffnet tgl. 9.30–12.30 und 14.30–17.30 Uhr.
Großartig erhaltene Burg der Conti Guidi (13./14. Jh.), an sich schon eine architektonische Kostbarkeit des Mittelalters, darin aber eine der bedeutendsten historischen Bibliotheken der Toscana mit 600 Handschriften und 20 000 Bänden.
Convento di Camáldoli e Eremo, geöffnet Mo–Fr 8–11.30 und 15–18, Sa 8–11 und 15–18, So 8–10.45, 12–12.30 und 15–18 Uhr (dennoch wegen eines Besuches besser vorher anrufen: Tel. Kloster 05 75 55 60 21, Einsiedelei 05 75 55 60 13).
Kamaldoleserkloster mit kleinem Kreuzgang aus dem 15. Jh. und einem von 1543, reicher Bibliothek und Barockkirche; die Eremitei, ein mystischer Ort in 1000 m Höhe, kann nur von Männern besichtigt werden.

Golf: Golf Club Casentino, 9 Löcher, Via Fiorenzola 6, Loc. Palazzo, Tel. 05 75 52 98 10

Populónia (LI)

Karte: B4
PLZ 57025
Einwohner: 150

Il Lucumone, Castello di Populónia, Tel. 0 56 52 94 71, sehr teuer.
Nettes Restaurant mit lokalen Spezialitäten oben im Festungsdorf.

Museo Etrusco Gasparri, Castello di Populónia, Via di Sotto 8, geöffnet Do–Di 9–12, März–Sept. 9–12.30 und 14–18 Uhr, Okt.–Febr. geschl.
Nettes kleines Museum mit Funden aus den Nekropolen der Umgebung, die man nicht nach Florenz ans Archäologische Museum abliefern musste…

Parco Archeologico di Baratti e Populónia, Località Baratti (Eintrittkarten können mit denen des Bergwerksmuseums von Campiglia Maríttima kombiniert werden, die es dann zum halben Preis gibt und umgekehrt), geöffnet März–Mai Di–So, Juli/Aug. tgl. 9–20, Okt.–Febr. Di–Fr 9–14 und Sa/So 9–17 Uhr.
Eine der schönsten archäologischen Zonen der Toscana, erst 2000 eröffnet, mit multimedialem Besucherzentrum, eindrucksvollen etruskischen Nekropolen und weiteren Gräbern vor einem antiken Steinbruch; in rekonstruierten Werkstätten wird die Metallverarbeitung demonstriert. Dass Populónia entdeckt wurde, verdankt man der Tatsache, dass die Etrusker das Eisenerz aus Elba nur zur Hälfte auszuschöpfen verstanden, die Römer aus ihrem Schlackenmaterial erneut reiche Ausbeute gewannen – und man es ihnen im Zweiten Weltkrieg nachmachte.

Porto Azzurro/Elba (LI)

Karte: B3
PLZ 57036
Einwohner: 3 400
Information, Anreise, Einkaufen und Feste s. unter Elba S. 314ff.

Belmare, Viale/Banchina IV Novembre 21, Tel. 05 65 95 0 12, Fax 05 65 95 82 45, moderat.
Nur 50 m vom Meer gelegenes kleineres Stadthotel (25 Zimmer) ohne Restaurant, Zimmer zum Hafen mit Balkon.
Agriturismo Azienda Agricola Sapere, Località Mola, Tel. 05 65 9 50 33, Fax 05 65 9 50 64, sapere@elbalink.it, moderat.
Ca. 1 km vom Meer entferntes hübsches Anwesen mit nur 14 Zimmern, Pool, mitten im landwirtschaftlichen Gut, ohne Restaurant.

Delfino Verde, im Hafen, Tel. 05 65 95 78 87, teuer.
Charakteristisches Pfahlbau-Restaurant im Hafenbecken; Fischspezialitäten.
La Caravella, im Hafen, Tel. 05 65 9 50 66, teuer.
Freundliches Pfahlbau-Restaurant im Hafenbecken, mit elbanischen Fischspezialitäten.
All'Arco Antico, Via d'Alacron 40, günstig.
Kleine Enoteca mit Bar in der ›zweiten Reihe‹ in der Fußgängerzone; für kleine Mahlzeiten zwischendurch; Mittagspause, bis nach Mitternacht geöffnet.

Radfahren: Gruppo Protezione Civile, Via Kennedy 4, Tel. 05 65 92 02 02.
Segeln/Windsurfen: Ciclo Velico, Banchina IV Novembre 25.
Tauchen: Due Passi nel Blu, Banchina IV Novembre 2, Tel. 05 65 92 00 61, Fax 05 65 95 83 69, info@duepassinelblu.it.
Tennis: Longone Tennis Club, Viale Europa, Tel. 05 65 95 78 45.

Porto Ércole (GR)

Karte: E1
PLZ 58018
Einwohner: 3400
Saison: Ostern und Mitte Juni–Mitte Sept.

Il Pelicano, Località Lo Sbarcatello,(4,5 km südwestlich), Tel. 05 64 85 81 11, Fax 05 64 83 34 18, www.ouverture.it/pellicano, info@pohotel.com, sehr teuer.
Luxushotel aus mehreren Steinhäuschen, in Hanglage inmitten eines terrassierten Olivenhains mit beheiztem Pool und Tennis sowie kleiner eigener Badebucht (Fahrstuhl!); 41 Zimmer und 9 Suiten (ein Relais & Chateaux-Hotel), Apr.–Okt. geöffnet.
Villa Portuso, 1 km nördlich, Tel. 05 64 83 41 81, Fax 05 64 83 53 51, vportuso@tin.it, teuer.
Im Grünen auf Terrassen gelegenes Hotel, mit Pool und Tennis; angeschlossen ist ein bekanntes Restaurant (Taitù, teuer), März–Okt. geöffnet.
Don Pedro, Via Panorama 7, Tel. 05 64 83 39 14, Fax 05 64 83 31 29, hoteldonpedro@tin.it, moderat.
Freundliches Hotel mit Hafenblick, Ostern–Okt. geöffnet.

Il Gambero Rosso, Lungomare Andrea Doria, Tel. 05 64 83 26 50, sehr teuer–teuer.
Fischspezialitätenrestaurant mit Tischen im Freien, Nov.–Febr. geschl.

Weitere Restaurants s. Porto Santo Stéfano und Orbetello

Porto Santo Stéfano (GR)

Karte: D/E1
PLZ 58019
Einwohner: 9500

APT, Corso Umberto 55a, Tel. 05 64 81 42 08, Fax 0564 814052, argenurp@nevib.it

Vittoria, Strada del Sole 65, Tel. 05 64 81 85 80, Fax 05 64 81 80 55, moderat.
Freundliches Hotel mit nur 28 Zimmern, Restaurant, Pool und Tennis, Blick auf die Küste, Apr.–Okt. geöffnet.
La Lucciola, Via Panoramica 245, Tel. 05 64 81 29 76, Fax 05 64 81 22 98, günstig.
Größeres Hotel (59 Zimmer) ohne Restaurant, Jan. geschl.

Armando, Via Marconi 1/3, Tel. 05 64 81 25 68, sehr teuer–teuer.
Gutes Restaurant mit Service auch im Freien, Spezialitäten aus dem Meer.
La Bussola, Piazza Facchinetti 11, Tel. 05 64 81 42 25, teuer–moderat.
Restaurant mit Fischspezialitäten und Service im Freien.

Portoferraio/Elba (LI)

Karte: B3
PLZ 57037
Einwohner: 12 000
Information, Anreise, Einkaufen und Feste s. unter Elba S. 314ff.

Biodola, Località Biodola, Tel. 05 65 97 48 12, Fax 05 65 96 98 52, info@elba4star.it, teuer.
Schönes Strandhotel an der Biodola-Bucht (9 km westlich der Hauptstadt) mit eigenem 6-Loch-Golfplatz, in einem meist blühenden Garten mit Pool, Apr.–Mitte Okt. geöffnet.
Hermitage, Località Biodola, Tel. 05 65 97 48 11, Fax 05 65 96 99 84, info@elba 4star.it, teuer.
Luxuriöses Bungalowhotel, im Pinienhain über der Biodola-Bucht mit herrlichem Sandstrand; Pool mit Meerwasser im terrassenartig angelegten Garten, eigener 6-Loch-Golfplatz; bekannt-gutes Restaurant, Mai–Okt. geöffnet.
Villa Ottone, Località Padulella (11 km südöstlich Portoferraio), Tel. 05 65 93 30 42, Fax 05 65 93 32 57, hotel@villaottone.com, teuer.
Hübsches Villenhotel in einem schattigen Park mit Pool und Tennisplatz, Mai–Sept. geöffnet.
Il Caminetto, Località San Martino (5 km vom Meer), Tel. 05 65 91 57 00, Fax 05 65 91 52 71, moderat.
Freundliches kleines (17 Zimmer) Hotel in leichter Hanglage mit Pool.

Camping: Rosselba Le Palme, Località Ottone 3, Tel. 05 65 93 31 01, Fax 05 65 93 33 49, rosselba@elbacom.it.
Weitläufige Terrassenanlage (1 km vom Strand), mit schönem Palmengarten in der Mitte, umgeben von subtropischer Bepflanzung; öffentliches Schwimmbad; Animationsprogramm für Kinder; Tennis.

Da Olga, Via dell'Amore 54, Tel. 05 65 91 74 46, teuer.
Ambitioniertes Minirestaurant im Altstadtzentrum; erlesene Einrichtung, exzellente Küche.
La Barca, Via Guerrazzi 60/62, Tel. 05 65 91 80 36, teuer.
Echte Familientrattoria in der Altstadt mit typisch elbanischen Gerichten (sehr gut: Fisch), auch schön im Freien zu sitzen.

Musei Napoleonici: Villa dei Mulini, in der so genannten Palazzina nördlich bzw. links des Forte Stella, geöffnet werktags außer Di 9–19.30, So 9–13 Uhr, Juni–Sept. Sa bis 22.30 Uhr.

Erinnerungsstücke an Napoleons Aufenthalt vom 4. Mai 1814 bis 28. Febr. 1815.
Villa San Martino, Località San Martino 5 km südlich von Portoferraio, geöffnet Di–Sa 9–19.30, So 9–13 Uhr, Juni–Sept. Sa bis 22.30 Uhr.
Klassizistischer Sommersitz Napoleons, den er ebenfalls für sich umbauen und nach seinem Geschmack dekorieren und einrichten ließ.
Museo Archeologico della Linguella, Fortezza Medicea, Calata Buccari, geöffnet Ostern bis Ende Oktober Mo–Sa 9.30–12.30 und 16–19 Uhr.
Elbas bedeutendstes Museum mit zahlreichen archäologischen Funden von der Insel aus der Zeit vom 8. Jh. v. Chr.–2. Jh. n. Chr.
Pinacoteca Foresiana, Salita Napoelone im früheren Franziskanerkonvent, geöffnet normalerweise Ostern bis Ende Oktober Mo–Sa 9.30–12.30 und 16–19 Uhr.
Im Kulturzentrum De Laugier in der früheren, geichnamigen Kaserne, die im ehemaligen Franziskanerkonvent untergebrachte Pinakothek mit Stichen und Gemälden sowei Skulpturen aus dem 16.–19. Jh. Zu verdanken hat sie die Stadt dem Sammler Mario Foresi, der ihr seinen Namen gab.

Die **Bastionen von Portoferraio** sowie des **Forte Stella** (Forte Falcone ist militärisches Sperrgebiet) sind im Sommerhalbjahr zugänglich, tgl. 9.30–18 bzw. 19 Uhr je nach Sonnenstand, im Winter nur Mo–Sa 10–16 Uhr. Sie bieten großartige Ausblicke über die Stadt mit ihrem schönen Hafenbecken und aufs Meer.
Villa Romana Le grotte, Località Le Grotte, geöffnet 25. Mai–30. Sept. tgl. 9–19 Uhr.
Ausgrabung einer römischen Villa südlich von Portoferraio.

Golf: Golf Club Hermitage (beim Hotel), 9 Löcher, Baia della Biodola, Tel. 05 65 96 99 32.
Elba Golf Club dell´Acquabona, 9 Löcher, Località Acquabona, Tel. 05 65 94 00 66.
Klettern: Elba Free Climbing Club, Località Antiche Saline, Tel. 05 65 91 71 40.
Reiten: Ranch Antonio, Località Monte Orello, Tel. 03 60 31 77 02 (Handy); Il Fortino, Località Buraccio, Tel. 05 65 94 02 45.
Tauchen: Sirena Diving Center, Località Enfola.
Tennis: Galletti Fabbrizio, Località Schiopparello, Tel. 05 65 93 30 17.

Prato (PO)

Karte: D8
Stadtplan S. 85
PLZ 59100
Einwohner: 174 500

APT, Piazza delle Carceri 15, Tel. u. Fax 0 57 42 41 12, für die gesamte Provinz APT 14 Prato, Via L. Muzzi 51, 50047 Prato, Tel. 0574 35141, Fax 05 74 60 79 25, apt@prato.turismo.toscana.it

Pratos Hotellerie wendet sich in der Hauptsache an Geschäftsleute und Kongressteilnehmer, weshalb man hier meist außerhalb des historischen Zentrums ausgesprochen komfortable große und größere Hotels findet.
Art Hotel Museo, Viale della Repubblica 289, Tel. 05 74 57 87, Fax 05 74 57 88 80, arthotel@arthotel.it, moderat.
Das gepflegte moderne Hotel mit Kongresszentrum sowie Tennis in verkehrsgünstiger Lage am südlichen Rand Pratos.
Flora, Via Cairoli 31, Tel. 0 57 43 35 21, Fax 0 57 44 02 89, hotelflora@texnet.it, moderat.
Kleineres Altstadthotel (29 Zimmer), dessen preisgünstiges Restaurant nur vegetarische Gerichte anbietet.
San Marco, Piazza San Marco, Tel. 0 57 42 13 21, Fax 0 57 42 23 78, info@hotelsanmarco.com, günstig.
Mittelgroßes (40 Zimmer) Altstadthotel, etwas abseits vom Domplatz, aber noch innerhalb der Mauer im Südosten, ohne Restaurant.
Stella d'Italia, Piazza Duomo 8, Tel. 0 57 42 79 10, Fax 0 57 44 02 89, günstig.
Direkt am Domplatz gelegen.
Paggeria Medicea, Carmignano, Località Artimino ca. 20 km südlich von Prato, Viale

Papa Giovanni XXIII, Tel. 0 55 87 51 41, Fax 05 58 75 14 70, www.artimino.com, hotel@artimino.com, moderat.
Wunderschönes Hotel mit völlig verschiedenen Zimmern im früheren Pagenhaus der prächtigen Medici-Jagdvilla La Ferdinanda, mit Pool auf weitläufigem Parkgrundstück in Panoramalage und Tennis. Mit gutem Restaurant ›Ser Biagio Pignatta‹.

Achtung: Im August bleibt fast keines der typischen Altstadtlokale Pratos geöffnet.
Da Delfina, Carmignano, Località Artimino, ca. 20 km südlich, Via della Chiesa 1, Tel. 05 58 71 81 19, teuer.
Eines der besten Landrestaurants der Toscana in großartiger Panoramalage mit Blick auf die mediceische Jagdvilla La Ferdinanda, auch die Innenräume des alten steinernen Bauernhauses sind sehr gemütlich, Küche (rein toscanisch, aber sehr dekorativ angerichtet), Keller (beste lokale Lagen) und Service unübertroffen.
Il Piraña, Via Tobia Bertini/Via Valentini 110, Tel. 0 57 42 57 46, teuer.
Von Michelin besterntes kleines luxuriöses und dafür gar nicht so teures Restaurant mit Meeresfrüchtespezialitäten; Chianti- und Montecarlo-Weine.
Logli Mario, Località Filéttole (2 km), Tel. 0 57 42 30 10, teuer.
Frühere Osteria in terrassenförmig angelegtem Olivenhain, hat sich zu einem feinen Ausflugsrestaurant entwickelt; klassische toscanische Gerichte wie Ribolita und Kutteln sowie Bistecca Fiorentina.
Tonio, Piazza il Mercatale 161, Tel. 0 57 42 12 66, moderat.
Gutes Altstadtrestaurant mit Plätzen im Freien, zu Weihnachten/Neujahr und im Aug. geschl.
La Vecchia Cucina di Soldano, Via Pomeria 23, Tel. 0 57 43 46 65, günstig.
Fotos an der Wänden der kleinen, hintereinander liegenden Speisräume, auf den Tischen karierte Decken – eine traditionelle Trattoria mit lokaler Hausmannskost und toscanischen Weinen.

Castello dell'Imperatore, Piazza Santa Maria delle Carceri, geöffnet werktags außer Di 10–16 und So/feiertags 10–13 Uhr.
Im 10. Jh. errichtetes, vom Stauferkönig Friedrich II. 1237 zum Schutz der schon damals bedeutenden Handelswege der Wollstadt umgebautes Kastell.
Quadreria del Palazzo Comunale, Piazza del Comune, geöffnet werktags 9.30–12.30 Uhr.
Kunstsammlung vom 14.–18. Jh. im schönen früheren Palazzo Comunale aus mehreren Palästen des 13./14.Jh. mit Zinnen und Freitreppe aus dem 16. Jh.; beachtenswert ist auch der Sitzungssaal.
Palazzo Datini, Via Ser Lapo Mazzei/Ecke Via Alberti, geöffnet Mo–Sa 9–12 und 15.30/16–18.30/19.30 Uhr.
Ende des 14. Jh. erbauter Stadtpalast der reichen Kaufmannsfamilie Datini mit schönen Innen- und Außenfresken und einer interessanten Geschichte seines Archivs.
Museo dell'Opera del Duomo, Piazza del Duomo, geöffnet normalerweise werktags außer Di 9.30–12.30 und 15–18.30 Uhr, So nur vormittags.
Hier sind u. a. die Originale aus dem Dom zu sehen, vor allem die Außenkanzel.
Museo del Tessuto, Piazza del Comune, geöffnet werktags außer Mo und Di 10.30–18.30, Mo 14.30–18.30 Uhr, So/feiertags 10.10–18.30 Uhr.
In einer ›Stoffstadt‹ darf ein Museum der Stoffe natürlich nicht fehlen!

Duomo di Santo Stéfano, Piazza Duomo, geöffnet 7–12 und 15.30–18.30, So/feiertags bis 20 Uhr.
Pratos Kathedrale mit ihrer schönen Außenkanzel für den ›heiligen Gürtel‹; 1211 an Stelle einer älteren Pfarrkirche begonnen und erst im 15. Jh. vollendet; innen besonders sehenswert: die Chorfresken von Filippo Lippi.
Santa Maria delle Carceri, Piazza Santa Maria delle Carceri neben dem Staufer-Kastell.
Ab 1484 von Giuliano da Sangallo errichtete, schlichte Renaissancekirche mit Majoliken von Della Robbia.
San Francesco, Piazza San Francesco
Franziskanerkirche mit großartig-einfacher, weiß und grün quer gestreifter Marmor-

fassade; schön freskierte Cappella Migliorati (1395).

Ausflüge: Poggio a Caiano, ca. 10 km südlich von Prato: Villa Medicea, Villa und Park nur mit Führung zu besichtigen, die im Prinzip tgl. stündlich 9–17.30 bzw. 18.30 Uhr stattfinden.
Für die frühere Villa der Florentiner Familie Strozzi hatte 1497 Giuliano da Sangallo im Auftrag von Lorenzo de´ Medici Umbaupläne geliefert, die jedoch erst 1513 für dessen Sohn, den späteren Papst Leo X. verwirklicht wurden. Imposante Ausmalung des Prunksaales.
Artimino, ca. 20 km südlich: befestigtes Dorf (heute mit zahlreichen Ferienwohnungen und Apartments, über die Paggeria Medicea zu buchen, s. Hotels) bei Carmignano im Weinbaugebiet des Monte Albano mit der prachtvollen Jagdvilla der Medici, La Ferdinanda. Darin außer den privaten Prunkräumen für Gesellschaften (manchmal auf Anfrage, allerdings dann nur Di 9.30–12.30 Uhr zu besichtigen) auch ein kleines archäologisches Museum:
Museo Archeologico Etrusco, Villa Medicea Artimino.
Mit unregelmäßigen Öffnungszeiten (im Prinzip werktags außer Mi 9–13 und So/feiertags 9–12.30 Uhr).

Generell findet man in Prato schöne **Stoff- und Modegeschäfte,** manche Fabriken bieten auch Direktverkauf an. Deshalb hat die Stadt sogar einen speziellen Prospekt herausgegeben (kostenlos bei den Infostellen und in guten Hotels erhältlich). Damit lässt sich ein Einkaufsbummel zu den Textilfabriken unternehmen: sechs Fabriken mit einem unterschiedlichen Sortiment von Damen- und Herrenkleidung, von Haushaltswäsche, Strickwaren, Cashmere und andere Wollstrickwaren sowie Accessoires.

Auch für das gute **Gebäck** ist die Stadt bekannt, z. B. von:
Biscottificio Antonio Mattei, Via Ricasoli 20/22.
Seit 1858 werden hier die berühmten *Cantucci di Prato* (Mandelgebäck, auch *Biscotti* genannt) hergestellt sowie andere Kekse und Torten.
Panificio Loggetti, Via Matteotti 11.
Eine der beliebtesten Bäckereien der Stadt, die doch einige zu bieten hat.

Golf: Le Pavoniere Golf Club, 18 Löcher, Via della Fattoria 629, Tel. 05 74 62 08 55.
Reiten: Centro Ippico La Querce, Via La Querce 43, Tel. 05 74 68 21 38.
Club Ippico Selvapiana, Località Selvapiana – Luiciana – Cantagallo, Tel. 05 74 95 60 45 (Mo).
Wandern: Club Alpino Italiano, Sezione E. Bertini, Via dell´Altopascio 8, Tel. 0 57 42 20 04 (nur Di u. Fr nach 21 Uhr).
Trekking Bisenzio, Vermio, Piazza del Comune 22, Tel. 0 36 83 87 30 99.

Bahn: Prato liegt an der dicht befahrenen Strecke Florenz – Pistoia – Lucca. Bahnauskunft Tel. 14 78 88 80 88.
Busse der CAP verkehren in der Stadt und verbinden Prato mit seiner kleinen Provinz (Zentrale Piazza Duomo 18, Tel. 05 74 60 81); weitere Busverbindungen in dichter Folge auch mit Florenz, Pistoia, Lucca etc.

Procchio/Elba (LI)

Karte: A/B3
PLZ 57030
Einwohner: 100
Information, Anreise, Einkaufen und Feste s. unter Elba S. 314ff.

Desirée, Località Spartaia, Tel. 05 65 90 73 11, Fax 05 65 90 78 84, desiree@elbalink.it, teuer.
Schöne ruhige Anlage (behindertengerecht) mit Pool und Tennisplätzen, an eigener Sandbucht, Mitte Mai–Anf. Okt. geöffnet.
Hotel del Golfo, Tel. 05 65 90 21, Fax 05 65 90 78 98, info@elba4star.it, teuer.
Strandhotel (behindertengerecht) an eigener Bucht mit Pool und Tennis, Mitte Mai–Anf. Okt. geöffnet.

Punta Ala (GR)

Karte: C3
PLZ 58040
(gehört zu Castiglione della Pescáia)
Einwohner: 200
Saison: Mitte Juni – Mitte Sept.

Cala del Porto, Via del Pozzo, Tel. 05 64 92 24 55, Fax 05 64 92 07 16, cala.puntaala@baglionihotels.com, sehr teuer–teuer.
Hotel direkt am Yachthafen mit nur 34 Zimmern und sechs Apartments; begrünte Terrasse, Pool und Tennis, Ostern–Mitte Okt. geöffnet.
Gallia Palace Hotel, Via delle Sughere, Tel. 05 64 92 20 22, Fax 05 64 92 02 29, www.ouverture.it/gallia-palace, info@galliapalace.it, teuer.
Luxuriöses moderneres Hotel (Relais & Chateaux-Hotel) in einem ausladenden Park mit beheiztem Pool und Tennisanlage, Mitte Mai–Ende Sept. geöffnet.
Piccolo Hotel Alleluja, Via del Porto, Tel. 05 64 92 20 50, Fax 05 64 92 07 34, alleluja@puntaalabaglioni-palacehotels.it, teuer.
Nur 38 luxuriöse Zimmer im ›intimsten‹ der vier Hotels von Punta Ala inmitten eines schattigen Parks.

Camping: Puntala Camping, Tel. 05 64 92 22 94, Fax 05 64 92 03 79.
Naturbelassener, alter Pinienwald mit individuellen Stellplätzen im dichten Unterholz, langer und breiter Sandstrand, nur durch eine bewachsene Düne vom Platz getrennt; ein besonders schöner Campingplatz mit guter Infrastruktur und straffer Führung. Kinderanimation, großer Spielplatz, Sportangebot, keine Hunde. Geöffnet Mitte Apr.–Ende Okt.

Golf: Golf Club Punta Ala, 18 Löcher, Via del Golf 1, Tel. 05 64 92 21 21.
Segeln und Surfen: Yacht Club, Località Porto, Tel. 05 64 92 11 17.

Radda in Chianti (SI)

Karte: E/F6
PLZ 53017
Einwohner: 1650

Relais Fattoria Vignale, Tel. 05 77 73 83 00, Fax 05 77 73 85 92, www.vignale.chiantinet.it, vignale@vignale.it, teuer.
Luxuriöse, doch kein bisschen steife, wunderschöne Herberge (34 Zimmer und fünf Junior-Suiten) im Palazzo eines alten Landgutes direkt an der Hauptstraße von Radda, mit Pool in traumhafter Panoramalage. Schweizer Leitung; mit informeller Taverne in den hohen Kellergewölben, mit etwas verfeinerter lokaler Küche und perfekter Weinauswahl, geöffnet März–Dez.

Vignale, schräg gegenüber des o. g. Hotels, Tel. 05 77 73 80 94, sehr teuer.
Feines Restaurant in einem an sich schlichten Steinhaus direkt an der Durchgangsstraße, mit Chianti-Spezialitäten, Mitte März–Dez. geöffnet.
Le Vigne, Località Le Vigne 1 km östlich, Tel. 05 77 73 86 40, teuer–moderat.
Rustikale, aber gepflegte Trattoria in einem umgebauten Landhaus; traditionelle toscanische Küche mit Wildschwein, Bistecca Fiorentina und hausgemachtem Käse; große Weinauswahl, auch offene Chianti-Weine, Jan./Febr. geschl.

In der **Enoteca der Fattoria Vignale** findet man eine sehr gute Auswahl an Weinen u. a. Produkten des Chianti. Gute Lebensmittelgeschäfte findet man entlang der Hauptgasse des historischen Zentrums von Radda.
Wochenmarkt jeden 4. Mo des Monats auf der Piazza IV Novembre 15–20 Uhr.

Reiten: Associazione Equestre Poggio a Vescine, 53017 Radda in Chianti, Tel. 05 77 74 04 19.
Reitstall mit Imbissstube mitten im Chianti in 630 m Höhe. Stundenweise Ausritte und/oder Reitunterricht; auch Verleih von Mountainbikes.

Radicófani (SI)

Karte: G3
PLZ 53040
Einwohner: 1 250

La Palazzina, Località Le Vigne, Tel. u. Fax 0 57 85 57 71, moderat. Wunderschöne, stilvolle kleine Villa des 18. Jh. über dem angeschlossenen Landgut mit zehn geschmackvollen, individuellen Zimmern, umgeben von einem angenehmen Park mit kleinem Pool in Panoramalage; in der Nähe einige Bauernhäuser, die man über das Hotel mieten kann. Leider wurde das gute Restaurant mit toscanischer Küche aufgegeben, es gibt nur Frühstück und etwas zu ›knabbern‹ – in den netten Aufenthaltsräumen oder auf der halbrunden Terrasse vor der Villa, ca. Apr.–Nov. geöffnet.

Rio Marina/Elba (LI)

Karte: B3
PLZ 57038
Einwohner: 2 300
Information, Anreise, Einkaufen und Feste s. unter Elba S. 314ff.

Mini Hotel Easy Time, Panoramica Porticciolo, Tel. u. Fax 05 65 96 25 31, easytime@tiscalinet.it, günstig. 500 m vom Meer entferntes, nur 8 Zimmer kleines Hotel, Restaurant nur im Sommer für Hausgäste.

Da Oreste La Strega, Via Vittorio Emanuele 6, Tel. 05 65 96 22 11, moderat.
Beliebte familiäre Trattoria mit elbanischen Spezialitäten.

Museo dei Minerali Elbani del Circolo G. Tonietti, Palazzo Comunale, geöffnet Apr.–15. Okt. Mo–Sa 9–12 und 15–18, So und feiertags 9–12 Uhr; im Winterhalbjahr auf Anfrage, Tel. 05 65 96 27 47.
Eine wunderbare Sammlung elbanischer Mineralien, rund 700 Exponate.

Museo dei Minerali Elbani Alfeo Ricci, Passo della Pietà, geöffnet Apr.–1. Okt. Di–Sa 10–13 und 16–19.30 Uhr, im Winter evtl. auf Anfrage, Tel. 05 65 93 92 94 (auch sonst ist ein Anruf angebracht, weil sich die Öffnungszeiten ändern können).
Die wohl größte Mineraliensammlung der Insel mit 650 verschiedenen Arten, mit mehr als 2000 Exponaten aus dem Eisenabbaugebiet im Osten der Insel und aus dem Westen um den Monte Capanne.

San Gimignano (SI)

Karte: D6
PLZ 53037
Einwohner: 7000

Pro Loco, Piazza Duomo 1, Tel. 05 77 94 00 08, Fax 05 77 94 09 03, prolocsg@tin.it

Relais Santa Chiara, Via Matteotti 15, Tel. 05 77 94 07 01, Fax 05 77 94 20 96, rsc@rsc.it, moderat.
Landhotel in Panoramalage, 0,5 km südlich des historischen Stadtkerns, mit Pool, aber ohne Restaurant. Meistens Dez.–Anf. März geschl.
Pescille, Località Pescille 4,5 km Richtung Castel San Gimignano, Tel. 05 77 94 01 86, Fax 05 77 94 31 65, www.pescile.it, info@pescile.it, moderat.
Schön gelegenes Landhotel mit schlichten und doch gemütlichen Zimmern (41 Zimmer und sieben Suiten) und angenehmen Aufenthaltsräumen mit einer Sammlung von Landwirtschaftsgeräten. Herrlicher Blick vom romantisch-wilden Garten auf San Gimignano und das Umland; Pool, Mitte März–Okt. geöffnet. Kein Restaurant. Auf dem Landgut wird Wein und Olivenöl produziert und verkauft.
La Cisterna, Piazza della Cisterna 24, Tel. 05 77 94 03 28, Fax 05 77 94 20 80, lacisterna@iol.it, moderat–günstig.
Größeres Hotel (49 Zimmer) direkt am Brunnenplatz in einem historischen Gebäude, schöner Saal aus dem 15. Jh.; von der Rückseite Blick ins Tal; mit Restaurant. Im Winter zeitweise geschl.

Belsoggiorno, Via San Giovanni 91, Tel. 05 77 94 03 75, Fax 05 77 90 75 21, hbelsog@libero.it, günstig.
In einem restaurierten Palazzo des 14. Jh. im historischen Zentrum, mit herrlichem Talblick von der Rückseite. 19 Zimmer und eine Suite, gutes Restaurant (sehr teuer). Fast ganz Jan./ Febr. geschl.
Leon Bianco, Piazza della Cisterna 13, Tel. 05 77 94 12 94, Fax 05 77 94 21 23, leonbianco@www.see.it, günstig.
Nettes Hotel (18 Zimmer, eine Suite) gegenüber dem Cisterna, ohne Restaurant, Mitte Jan.–Ende Febr. geschl.

Osteria delle Catene, Via Mainardi 18, Tel. 05 77 94 19 66, teuer–moderat.
Erstklassige Trattoria mit Vernaccia di San Gimignano und anderen lokalen Weinen, traditionelle, saisonbedingte toscanische Gerichte aus Fisch, Lamm, Schwein und Chiana-Rind, im Herbst Pilze; alles etwas leichter zubereitet.
Osteria del Carcere, Via del Castello 13, Tel. 05 77 94 19 05, moderat.
Freundlich mit Marmortischen und Korbstühlen eingerichtete Osteria, in der man den ganzen Tag eine Kleinigkeit – stets von guten Produzenten – zu essen bekommt, dazu auch glasweise gute lokale Weine und natürlich beste Lagen in Flaschen.

Weitere gute Restaurants in den Hotels Belsoggiorno und La Cisterna (s. o.).

Collegiata Santa Maria, Piazza del Duomo, geöffnet März 9.30–17, Apr.–Okt. 9.30–19.30, Sa/So sowie Nov.–Dez. bis 17 Uhr; Jan./Febr. bleibt die Kirche nur zu Messezeiten geöffnet (Eintrittskarte gilt auch für die Kapelle der hl. Fina).
San Gimignanos Dom aus dem 12. Jh. gilt wegen seiner völligen Freskenausmalung (14. Jh.) mit Themen des Alten und Neuen Testamentes als eines der sakralen Schmuckstücke der Toscana.
Museo Civico e Pinacoteca, Piazza del Duomo, geöffnet Sa–Do Nov.–Febr. 10.30–16.20 (24. u. 31. Dez. nur 9.30–13.30), März–Okt. 9.30–19.20 Uhr.
In den sehenswerten Räumen des Palazzo del Popolo untergebrachte Sammlungen der Stadt.

Berühmt für San Gimignano ist der strohgelbe Vernaccia, der, und natürlich auch andere **Weine** der Toscana, in vielen Enotheken zu haben ist. Man kann sich entlang der Hauptgasse zwischen den beiden Stadttoren durchprobieren…
Wochenmarkt jeden Donnerstag auf der Piazza del Duomo und der Piazza della Cisterna 8–13 Uhr.

Busse der TRA-IN verbinden San Gimignano regelmäßig vor allem mit Poggibonsi und Siena (beide auch Bahnstationen), Haltestellen werktags vor beiden Stadttoren San Giovanni und San Matteo, So/feiertags nur vor der Porta San Giovanni. Tickets gibt es beim Touristenamt an der Piazza del Duomo.

San Miniato al Tedesco (PI)

Karte: D7
PLZ 56027
Einwohner: 26 500

Comune, Piazza del Popolo 5, Tel. 05 71 40 61.

Miravalle, Piazza Castello 3, Tel. 05 71 41 80 75, Fax 05 71 41 96 81, moderat.
Auf der riesigen Terrasse des Domplatzes gelegen (nur 18 Zimmer); mit Blick über das Tal und die neuere Stadt.

Omero, San Miniato Basso, Piazza della Pace 4, Tel. 05 71 40 05 20, moderat.
Die 200 Jahre alte Osteria ist aus dem historischen Stadtkern in die Unterstadt gezogen und verwöhnt dort ihre Gäste weiterhin mit ländlicher toscanischer Küche und gutem Fleisch vom Grill; im Winter gibt's weiße und schwarze Trüffeln (im November findet in San Miniato ein gut besuchter Trüffelmarkt statt), dann kostet das Essen etwas mehr.

Museo Diocesano d'Arte Sacra, Piazza del Duomo 1, geöffnet im Winter Sa/So 9–12 und 14.30–17, im Sommer tgl. 9–12 und 15–18 Uhr.
Das kleine Sakralmuseum des Städtchens mit vielen Kostbarkeiten aus seinen Kirchen.
Palazzo del Comune, Piazza della Repubblica, geöffnet zu den Amtsstunden.
Der schöne Ratsherrensaal mit einer kostbaren ›Madonna mit Kind‹ aus der Giotto-Schule ist auf Anfrage zu besichtigen, wenn nicht gerade eine Ratssitzung stattfindet.
Rocca, geöffnet meist tgl. von 9 Uhr bis Sonnenuntergang (kann variieren).
Der von Friedrich II. errichtete Turm, der Rest seiner Kaiserburg von 1218, lässt sich über 129 Stufen ›erobern‹, um von oben den schönsten Blick über San Miniato und das Umland zu genießen.
San Francesco, Piazza della Repubblica Außer zur Mittagszeit meist tgl. geöffnet.
1276 erbaute und im 15. Jh. erweiterte Franziskanerkirche mit erstaunlich gut beschrifteten Kunstwerken (Altarbilder vor allem).

Fiera del Tartufo, größter Trüffelmarkt der Toscana an den drei letzten Novemberwochenenden, auch mit vielen anderen Produkten der Gegend, immer von ihren Herstellern direkt angeboten.
25. August: Theateraufführungen zu Ehren des heiligen Genesius.

Golf: Golf Club Fontevivo, 9 Löcher, Via Fontevivo 5, Tel. 05 71 41 90 12.

San Piero a Sieve (FI)

Karte: E8
PLZ 50037
Einwohner: 1900

Ufficio Informazioni del Comune, Stazione FS, Tel. 034 96 70 38 61 (Juni–Sept.).

La Felicina, Piazza Colonna 14, Tel. 05 58 49 81 81, Fax 05 58 49 81 57, günstig.
Freundlich geführtes, kleines Familienhotel (11 Zimmer) mit eingebautem Medici-Turm zwischen Sieve-Fluss und Ortszentrum; echt-toscanische, günstige Küche.

Camping: Campeggio Mugello Verde, Via Massorondinaio 39, Tel. 0 55 84 85 11, Fax 05 58 48 69 10, www.florencecamping.com, mugelloverde@florencecamping.com.
Auf terrassiertem Waldgelände mit öffentlichem Freibad und Tennis gelegen, mit dekorativer mittelalterlicher Festung darüber. Auch Bungalows und Diskothek vorhanden. 3 km entfernt Reitmöglichkeiten, 4 km entfernt Angeln; zur internationalen Autorennstrecke sind es 5 km. Ganzjährig geöffnet.

San Quirico d'Orcia (SI)

Karte: F4
PLZ 53027
Einwohner: 2 500

Pro Loco/Ufficio Turistico, Via Dante Alighieri 31, Tel. 05 77 89 72 11.

Posta-Marcucci, Località Bagno Vignoni, Via Ara Urcea 43, Tel. 05 77 88 71 12, Fax 05 77 88 71 19, info@hotelpostamarcucci.it, moderat.
Modernisiertes Hotel (46 Zimmer) mit Garten und Thermalwasserpool in herrlicher Panoramalage am Ortsrand sowie gutem Restaurant (gehobene Preise).
Palazzuolo, Via Santa Caterina da Siena 43, Tel. 05 77 89 70 80, Fax 05 77 89 82 64, info@hotelpalazzuolo.it, günstig.
Größeres, etwas renovierungsbedürftiges aber unkompliziert-freundliches Hotel (42 Zimmer) mit gutem, realtiv preiswertem Restaurant, Pool in Panoramalage am Ortsrand.
Le Terme, Località Bagno Vignoni, Via Sorgenti 13, Tel. 05 77 88 71 50, Fax 05 77 88 74 97, günstig.
Traditionelles Hotel im früheren päpstli-

chen Renaissancepalast mitten in Bagno Vignoni, am historischen Thermalbecken mit Thermalabteilung und einfacher, preiswerter toscanischer Küche.

Osteria del Leone, Località Bagno Vignoni, Via dei Mulini 3, Tel. 05 77 88 73 00, teuer.
Ländliche Osteria im Zentrum mit Spezialitäten und Weinen aus mehreren Gebieten der Toscana – etwas touristisch.

San Vincenzo (LI)

Karte: B/C4
PLZ 57027
Einwohner: 6 900

APT, Via Beatrice Alliata 2, Tel. 05 65 70 15 33, Fax 05 65 70 69 14.

Park Hotel I Lecci, Via della Principessa 116 (1,7 km südlich), Tel. 05 65 70 41 11, Fax 05 65 70 32 24, teuer.
Luxuriöses Hotel in einem großen Park über dem Meer mit Pool und Tennisplatz sowie Sauna und Fitnessraum. Das dazu gehörige Restaurant ›La Campigiana‹ (gehoben–teuer) bietet im Sommer auch Gartenservice. Nov./Dez. geschl.
Riva degli Etruschi, Via della Principessa 120 (2,5 km südlich), Tel. 05 65 70 23 51, Fax 05 65 70 40 11, www.etruscan.li.it/riva, rivadeglietruschi@etruscan.li.it, moderat.
Graue Betonvillen auf Stelzen in einem ausgedehnten Pinienwald direkt am schönen Sandstrand. Jenseits der Straße aber (Fußgängertunnel) ist eine großzügige, sonnige Bungalowanlage um zwei Pools, einer beheizbar, entstanden. Alle Wassersportmöglichkeiten, Tennis u. a. Ballspiele. Meist nur Ende Juni–Sept. geöffnet.
Lo Scoglietto, Via del Corallo 7, Tel. 05 65 70 16 14, Fax 05 65 70 44 32, loscoglietto@info.it, moderat–günstig.
Mittleres Hotel (31 Zimmer) mit Meerblick und schattigem Garten.

Gambero Rosso, Piazza della Vittoria 13, Tel. 05 65 70 10 21, sehr teuer.
Von Michelin gleich mit zwei Sternen gelobtes Restaurant in einem einzigen Raum direkt am Hafen. Spezialitäten aus dem Meer und vom besonderen Seneser Schwein (*cinta senese*), alles frisch zubereitet und wundervoll dekoriert; dazu eine hervorragende Weinauswahl, hauptsächlich aus Italien.
Il Delfino, Via Cristoforo Colombo 15, Tel. 05 65 70 11 79, günstig.
Gutes Restaurant in schöner Lage; Mai–Sept. geöffnet, mit Zimmern.

Sansepolcro (AR)

Karte: H6
PLZ 52037
Einwohner: 15 800

Pro Loco, Piazza Garibaldi 2, Tel. 05 75 74 05 36.

Fiorentino, Via Luca Pacioli 60, Tel. 05 75 74 03 50, Fax 05 75 74 03 70, moderat.
Familiäres Stadthotel (seit 1807) in einem schön restaurierten Palazzo, mit gutem, relativ preiswertem Restaurant unter dekorativen Balkendecken, Wein aus eigener Produktion. Mit Garage.
La Balestra, Via dei Montefeltro 29, Tel. 05 75 73 51 51, Fax 05 75 74 02 82, balestra@balestra.it, günstig.
Modernes, freundliches Hotel am Rande der Stadtmauer (Parkplatz) mit sehr gutem und nicht teurem Restaurant (auch für Passanten).

Da Ventura, Via Aggiunti 30, Tel. 05 75 74 25 60, teuer–moderat.
Familientrattoria in dritter Generation mit lokalen Spezialitäten, die alle bereits fertig oder fast fertig (vor allem krosse Braten) auf verlockenden Wagen an den Tisch gerollt werden; hausgemachte Würste und hervorragende Pastagerichte. Sieben einfache Fremdenzimmer direkt über dem Lokal.
Al Coccio, Via Aggiunti 83, Tel. 05 75 74 14 68, günstig.
Nahe der Porta Romana, im ältesten und

volkstümlichsten Viertel nahe der Fortezza Medicea; kleine Trattoria mit einfacher, familiärer Küche, gegrilltes Fleisch und Schafskäse; Hauswein von den Aretiner Hügeln.

Weitere Restaurants s. Hotels.

Museo Civico, Via Aggiunti 65, geöffnet Okt.–Mai tgl. 9.30–13 und 14.30–18, Juni–Sept. bis 19.30 Uhr.
In einem der schönsten Museen der Toscana mit den bedeutendsten Werken aus den Kirchen und Klöstern in und um die Stadt, darunter von Piero della Francesca, der in Sansepolcro als Sohn eines Schuhmachers zur Welt kam (besonders beeindruckend und herrlich positioniert: das abgenommene Fresko ›Die Auferstehung‹).

Zweiter Sonntag im September: Palio della Balestra, historisches Armbrustschießen (seit 1594 belegt, aber wahrscheinlich noch älter), an dem jede alteingesessene Familie teilnimmt, begleitet von einem Umzug in prachtvollen Renaissancekostümen.

Spitzen- und **Stickereiarbeiten** haben hier eine so lange Tradition, dass sie in einer Spezialschule (Scuola del Merletto) wieder gelehrt werden (direkt neben dem Informationsbüro).
Und zwei Super-Adressen für wunderschöne, nicht ganz billige Arbeiten:
Busatti, Via Piero della Francesca 48a
Wie in Florenz eines der führenden Häuser in Sachen Webstoffe für Bett, Tisch und Bad.
Il Telaio, Via Matteotti 18
Handgewebtes und traditionelle Spitzenarbeiten (*merletti*) aus Sansepolcro.
Antiquitätenmesse im historischen Zentrum/Centro Storico jeweils gleichzeitig mit dem Palio della Balestra am 2. So im September, aber auch Ostermontag sowie 3. So im Okt. und 2. So im Dez. (kann sich ändern).

Busse fahren während der Hauptverkehrszeiten regelmäßig nach Arezzo (Bahnstation).

Satúrnia (GR)

Karte: F2
PLZ 58050
Einwohner: 400

Pro Loco, Piazza Vittorio Veneto 8, Tel. 05 64 60 12 80.

Terme di Satúrnia, Satúrnia Terme (3 km südöstlich), Tel. 05 64 60 10 61, Fax 05 64 60 12 66, info@termedisaturnia.it, teuer.
Kur- und Freizeithotel mit Schönheitsfarm mit Sauna und Fitnesszentrum direkt am Thermalpool über der Quelle (!) in einem ausladenden, teils schattigen Garten; Tennis; große Gesellschaftsräume, schöne Zimmer (90) und acht Suiten.
Villa Clodia, Via Italia 43, Tel. 05 64 60 12 12, Fax 05 64 60 13 05, villaclodia@laltramaremma.it, günstig.
Nettes kleines Hotel (zehn Zimmer) mit Pool, ohne Restaurant.

I Due Cippi – da Michele, Piazza Veneto 26a, Tel. 05 64 60 10 74, teuer.
Familiär geführtes Restaurant in einem historischen Palazzo mit lokalen Gerichten nach alten Rezepten aus Steinpilzen, Spargel und Artischocken sowie vom Schwein.

Collezione Pietro Aldi im selben Gebäude wie das Info-Amt und nur darüber auf Anfrage zu besichtigen: Das Büro ist im Sommer 10.20–13 und 15–19, im Winter 10.20–17 Uhr geöffnet.
Zu sehen sind die Bilder des aus Satúrnia stammenden Malers aus dem 19. Jh.

Siena (SI)

Karte: E5
Stadtplan S. 254/255
PLZ ab 53100
Einwohner: 54 500

APT, Piazza del Campo 56, Tel. 05 77 28 05 51, Fax 05 77 27 06 76, www.siena.turismo.toscana.it, apt@siena.turismo.toscana.it; Numero Verde 800–540267 (kostenlose Infonummer innerhalb Italiens).

Certosa di Maggiano, Via Certosa 82, Tel. 05 77 28 81 80, Fax 05 77 28 81 89, www.certosadimaggiano.it, sehr teuer.
In den Mauern einer Klosteranlage aus dem 14. Jh. außerhalb des Zentrums geschmackvoll eingerichtet, luxuriös (Relais & Chateaux-Hotel), in einem ausladenden Garten mit Pool, Tennis und Terrassenservice, nur neun Zimmer und acht Suiten. Sehr teures Restaurant im Sommer im Kreuzgang, im Winter in einem winzigen, gemütlichen Raum, schöne und großzügige Aufenthaltsräume.
Park Hotel Siena, Via di Marciano 18, Tel. 0 57 74 48 03, Fax 0 57 74 90 20, info@parkhotelsiena.it, sehr teuer–teuer.
Großartiges Haus in Mauern des 16. Jh. außerhalb des Zentrums, schöner Park mit Pool und Tennisanlage sowie Golf-Übungsplatz; mit gutem Restaurant.
Jolly Hotel Excelsior, Piazza La Lizza 1, Tel. 05 77 28 84 48, Fax 0 57 74 12 72, teuer.
Großzügiges, funktionelles Stadthotel an der Fortezza Medicea, also ganz zentrumsnah.
Villa Scacciapensieri, Via di Scacciapensieri 10, Tel. 0 57 74 14 41, Fax 05 77 27 08 54, web.tin.it/villascacciapensieri, villasca@tin.it, teuer.
In einer Villa aus den Anfängen des 19. Jh. (mit Anbau) auf einem Hügel mit herrlichem Blick auf die Stadt, liebevoll eingerichtete 27 Zimmer und vier Suiten; großer Garten mit Pool; Service im Sommer auch im Freien; familiär, mit hervorragender Küche. Mitte März–Ende Nov. sowie Weihnachten/Neujahr geöffnet.
Athena, Via Mascagni 82, Tel. 05 77 28 63 13, Fax 0 57 74 81 53, teuer.
Relativ gesichtsloses doch freundlich geführtes Stadthotel in zentraler Lage, ohne Restaurant.
Chiusarelli, Viale Curtatone 15, Tel. 05 77 28 05 62, Fax 05 77 27 11 77, moderat.
Zentral gelegenes ältliches Hotel in historischen Mauern.
Palazzo Ravizza, Piàn dei Mantelli 34, Tel. 05 77 28 04 62, Fax 05 77 22 15 97, bureau@palazzoravizza.it, moderat.
In einem Stadtpalast aus dem 17. Jh. mit Garten, stilecht eingerichtet (33 Zimmer, fünf Suiten). Im Sommer Restaurantservice im Garten (teuer).
Pilgerheim: Casa del Pellegrino, Via Camporegio 31, Tel. 0 57 74 41 77.

Camping: Camping Siena Colleverde, Strada di Scacciapensieri 47, Tel. 05 77 28 00 44, Fax 05 77 33 32 98, campingsiena @siena.turismo.toscana.it.
Dem Centro Storico auf einem Hügel sozusagen gegenüber liegender Platz mit guter Busanbindung (Nr. 8 zur Piazza del Sole und Nr. 3 zur Piazza Gramsci).

Siena ist eine sehr touristische Stadt mit meist teuren Lokalen. Daher sollte die Restaurants auf dem Campo nur aufsuchen, wer auch für viel Geld keine besondere Leistung erwartet. Wer freilich auf das schöne Piazza-Ambiente nicht verzichten kann, muss dort wenigstens einen Drink nehmen. Ein paar Tipps in der Nähe:
Medio Evo, Via dei Rossi 40, Tel. 05 77 28 03 15, teuer.
Kleineres, zentrales Restaurant mit toscanischen Spezialitäten in einem backsteinernen Palast aus dem 11. Jh.
Nello La Taverna, Via del Porrione 28, Tel. 05 77 28 90 43, teuer.
Beliebtes Restaurant mit Wild- und Pilzspezialitäten in schöner Trattoriaatmosphäre.
Antica Trattoria Papei, Piazza del Mercato 6, Tel. 05 77 28 08 94, moderat.
Familienbetriebene Trattoria im besten Sinne in zwei kleinen Räumen sowie mit Tischen direkt am früheren Marktplatz hinter dem Rathaus, mit einfachen perfekten toscanisch-sienesischen Gerichten.
Il Grattacielo, Via de' Pontani 8, Tel. 05 77 28 93 26, günstig.
Winzige, noch echte Osteria mit kleinen Imbissen und gutem Hauswein.

Casa di Santa Caterina, Costa di Sant´Antonio, geöffnet tgl. 9–12.30

und 15.30–18, im Sommer nachm. ab 14.30 Uhr (Eintritt frei).
Geburtshaus der hl. Katharina von Siena, ein beliebtes Wallfahrtsziel und fast immer gedrängt voll.

Duomo Santa Maria Assunta, Piazza del Duomo, geöffnet tgl. Nov.–Mitte März 7.30–19.30, Mitte März–Okt. 7.30–13 und 14.30–17 Uhr.
Sienas Dom aus dem 13.–14. Jh. mit einem farbigen Fassadenschmuck, der an die französische Gotik bzw. an den Dom von Orvieto (Umbrien) erinnert. Wundervolle Boden-Sgraffiti, Kanzel von Nicola Pisano (1266–1268), reich ausgestattete Kapellen und ein wunderbares Chorgestühl (1363–1397). Im linken Seitenschiff (Eintritt) befindet sich die Libreria Piccolomini (geöffnet wie der Dom, im Winter jedoch erst ab 10 Uhr) im Andenken an den Papst Pius II. von seinem Neffen und späteren Papst Pius III. 1595 gestiftet.

San Domenico, Piazza San Domenico, geöffnet den ganzen Tag über (im Winter manchmal mittags geschl.), Eintritt frei.
Große schlichte und doch sehr imposante Dominikanerkirche (13. Jh.) mit dem einzigen authentischen Bildnis der hl. Katharina und ihrer Kopfreliquie.

Nach **Sammelkarten** fragen, die den Eintritt erheblich verbilligen können.

Archivio di Stato/Palazzo Piccolomini, Banchi di Sotto 52, geöffnet normalerweise Mo–Sa 9–13 Uhr (längere Zeit wegen Restaurierung geschl.).
Im Palazzo Piccolomini in perfekter Renaissancearchitektur befindet sich das Staatsarchiv mit Lesesaal (werktags z. T. auch nachmittags zugänglich) u. a. mit einer kostbaren Sammlung der Finanzbücher Sienas vom 13. bis 17.Jh.

Battistero di San Giovanni, Piazza San Giovanni, geöffnet Nov.–Mitte März 10–13 und 14.30–17, Mitte März–Sept. 9–19.30, Okt. 9–18 Uhr.
Die Taufkirche gewann man als Unterkonstruktion für den erweiterten Chor des Domes, 1316 bis 1325 ausgeführt. Prunkstück ist das fast raumgroße, wundervoll plastisch ausgearbeitete Taufbecken, an dem u. a. gleich drei der besten Frührenaissancekünstler (Donatello, Ghiberti und Jacopo della Quercia) gearbeitet haben (ab 1417)..

Centro di Arte Contemporanea, Via di Città 126, geöffnet tgl. 12–19 Uhr.
Im Palazzo delle Papesse entstand Sienas jüngstes Museum, das der zeitgenössischen Kunst. Geplant sind dazu eine alle drei Monate erscheinende Kunstzeitschrift und im Erdgeschoss ein Cyber-Café. Eine spannende Alternative zur sonstigen Museumsszene Sienas!

Museo dell´Opera Metropolitana, Piazza Jacopo della Quercia, geöffnet Nov.–Mitte März 9–13, Mitte März–Sept. 9–19.30, Okt. 9–18 Uhr.
Ein wunderschön eingerichtetes Dombaumuseum mit kostbaren sakralen Bildern und Skulpturen, darunter die Maestà von Duccio, bis 1506 das Hauptaltarbild des Domes.

Museo Archeologico Nazionale, Santa Maria della Scala, Piazza del Duomo, geöffnet So und feiertags (außer 2. und 4. So) 9–13 Uhr.

Palazzo Pubblico (Comunale)/Museo Civico, Piazza del Campo, geöffnet Nov.–Mitte März 10–10.30, Mitte März–Okt. 9–18.30, So bis 13.30 Uhr, Juli/Aug. z. T. bis 23 Uhr; der Stadtturm, die Torre del Mangia kann im Winter 10–16, im Sommer 10–19, Juli/Aug. bis 23 Uhr bestiegen werden.
Im historischen Rathaus der Stadt (begonnen 1297) befindet sich auch das Städtische Museum; sehenswert sind nicht allein die gesammelten Kunstwerke, sondern und vor allem der Palast selber mit seiner kostbaren Ausmalung, z. B. der große Sitzungssaal, die Sala della Pace, die den Ratsherren zeigen sollte, wie eine gute und wie eine schlechte Regierung sich auf die Bevölkerung auswirkt (von Ambrogio Lorenzetti 1337–1339).

Pinacoteca Nazionale, Via San Pietro 29, geöffnet Di–Sa 9–19, Mo 8.30–13.30, So/feiertags 8–13 Uhr.
Kleine und doch bedeutende Pinakothek mit Bildern der Sieneser Schule im zauberhaften Renaissancepalazzo Buonsignori mit kleinem Brunnen im Innenhof.

Santa Maria della Scala, Piazza del Duomo, geöffnet im Winter 11–17, Apr.– Okt. sowie 25. Dez.–6. Jan. 10.30–18 Uhr.
Die jahrelang wunderbar renovierte Anlage des früheren Krankenhauses aus dem 13./14. Jh. wurde zum grandiosen Kulturzentrum Sienas umfunktioniert. Es enthält u. a. Säle für Wechselausstellungen und das Archäologische Museum (s. o.).

Ausflug: San Galgano, ca. 30 km südwestlich von Siena, geöffnet ca. 9–17 Uhr.
Anstelle einer 1148 bis 1181 errichteten Einsiedelei für den hl. Galganus ab 1224 erbaute Zisterzienserabtei, die für den Sieneser Raum zu einem großen kulturellen Impulsgeber wurde. Im 15. Jh. plötzlich untergegangen, heute die vielleicht romantischste Ruine der Toscana, mit einer Kirche ganz ohne Dach!

Siena ist ein **Schlemmerparadies** mit einigen sehr verlockenden Läden, auch schon am Campo, wo man auf jeden Fall den Panforte in vielen Variationen bekommt, ein Pfefferkuchen, der eigentlich zu Weihnachtszeit gegessen wurde und dessen Zutaten die Sieneser aus dem Orient bezogen.
Dolci Senesi, Piazza del Campo 3/4.
Mit Blick auf das Rathaus auf der rechten Seite der schönen Piazza befindet sich dieser kleine Laden voller Süßigkeiten, mit denen Siena seine Bürger und ihre Gäste zu verführen versteht…
La Nuova Pasticceria, Via Duprè 37.
Gleich hinter dem Rathaus wurden jahrzehntelang die duftig leichten und doch Mandel-schweren *ricciarelli* gebacken und auch andere Sieneser Konditorspezialitäten, jetzt musste die Backstube aus Hygienegründen umziehen, aber der Verkauf findet immer noch im kleinen Laden statt.

›Salumeria Gastronomia‹ nennen sich die herrlichen Läden, voll mit allen erdenklichen Leckereien der Toscana, in denen sich nicht wenige Hausfrauen mit fertigen oder vorgefertigten Gerichten eindecken, weil sie als Berufstätige zum aufwendigen Kochen keine Zeit mehr haben. Auch in Olivenöl Konserviertes ist zu haben, und neben Wurst und Schinken köstlicher Pecorino und Wein. Solche Lebensmittelläden mit Schnellimbiss findet man in Lauflage:
Antica Pizzicheria de´ Miccoli, Via di Città 93/95.
Ein wunderbar voll gestopfter Laden mit Sieneser Wurstwaren aus eigener Produktion, Schinken, Pecorino, Eingelegtem etc. am sehenswerten Palazzo della Chigiana direkt an der Fußgängerzone. Man kann sich *panini* frisch zubereiten lassen.
Morbidi, Via Banchi di Sopra 73–75 und Via Banchi di Sotto 27.
Enoteca Italiana, Fortezza Medicea, geöffnet Di–Sa 12–1, Mo nur 12–20 Uhr (Eintritt frei).
Hier kann man alle italienischen DOC-Weine glasweise bestellen und Flaschenweine kaufen.
Wochenmarkt jeden Mittwoch 8–13 Uhr inzwischen auf der Piazza La Lizza.
Nur noch Fisch darf am alten Markt hinter dem Palazzo Pubblico verkauft werden, einige der Marktstände sind in die umgebenden Palazzi umgezogen.

Antiche Dimore, Via di Città 115.
Wunderschöne Tisch- und Bettwäsche bekommt man im feinen Geschäft mit exklusiven Busatti-Produkten.

2. Juli: Palio delle Contrade in Siena; seit 1147. Dieses erste Rennen des Jahres wird zu Ehren der Madonna di Provenanzo begangen.
16. August: der zweite Palio delle Contrade in Siena, diesmal zu Ehren der Madonna dell' Assunta.

Bogenschießen: Compagnia Arcieri Senesi, Via Nenni 4, Tel. 05 77 22 02 42.
Radsport: Federazione Ciclistica Italiana, Via Cassia Nord 32, Tel. 0 57 75 25 05
Lega Ciclismo UISP, Via Vallerozzi 77, Tel. 0 57 74 75 22.
Radverleih: BF Bike, Via Massetana 54, Tel. 05 77 27 19 05.
Reiten: Antico Casale di Scansano, 58054 Scansano (GR), Tel. 05 64 50 72 19,

Fax 05 64 50 78 05, www.cavalloweb.it/scansano.htm.
Landhotel mit einfachen Zimmern und gutem Restaurant auf einem Weingut mit großem Reitstall in wunderschöner Lage inmitten der Weinberge des Morellino di Scansano; auch nur Reitstunden und Trekking auf dem Pferderücken.
Rifugio Prategiano, Località Prategiano 45, 58026 Montieri, Tel. 05 66 99 77 00, Fax 05 66 99 78 91, proberto@ouverture.it.
Für unkomplizierte Reiterferien in einem angenehmen Landhotel mit schlichten Zimmern und italienischer Hausmannskost; hier gibt es keine Sprachprobleme, denn das Reiterhotel inmitten der wilden, waldreichen Maremma steht unter deutscher Leitung.
Club Ippico Senese, Località Piàn del Lago, Tel. 05 77 31 86 77.
Golf: Golf Club Villa Gori, 6 Löcher, Via Marciano 18, Tel. 0 57 74 48 03
Tennis in Hotels außerhalb der Stadt sowie in mehreren Clubs möglich (im Hotel nachfragen).

Bahnverbindung etwa im Stundentakt nach Norden über Empoli mit Florenz bzw. Pisa, sowie nach Süden mit Grosseto. **Busse** der TRA-IN fahren um das Centro Storico herum und verbinden es mit dem Bahnhof bzw. mit vielen Orten der Provinz. Siena ist außerdem in dichtem Takt mit Florenz verbunden, und zwar sowohl auf der Superstrada fast ohne Halt als auch auf der Chiantigiana mit Stopps in den Chianti-Orten an der Strecke.

Sinalunga (SI)

Karte: G5
PLZ 53048
Einwohner: 11 800

Locanda Dell'Amorosa, Località L'Amorosa (2 km südlich), Tel. 05 77 67 94 97, Fax 05 77 63 20 01, locanda@amorosa.it, sehr teuer–teuer.
Nur 15 Zimmer und sechs Suiten, zauberhaft gelegenes, ehemaliges Landgut auf einem kleinen Hügel über Sinalunga, mit herrlichem Panorama und Pool; gutes (teures) Restaurant (Mo und Di mittags geschl.), als Ausflugsziel am Wochenende und für Familienfeiern beliebt, Ruhesuchende sollten daher die Wochenenden besser meiden. Ca. Jan./Febr. geschl.

Golf: Esse Golf Club, 6 Löcher, Località Esse Secco, 53040 Bettole, Tel. u. Fax 05 77 62 41 97

Sorano (GR)

Karte: G2
PLZ 58010
Einwohner: 4000

Fortezza Orsini e Museo, Via San Marco, geöffnet Okt.–März Fr–So 10–16, Apr.–Sept. tgl. 10–19 Uhr.
Die 1552 erbaute Festung bildet den markanten Südabschluss des historischen Kerns von Sorano, geprägt von einem zentralen Turm.
Area Archeologica di Vitozza, Località San Quirico di Sorano ca. 6 km südöstlich von Sorano, geöffnet tagsüber, Tickets bekommt man im Zentrum von San Quirico oder bei den Custoden, die manchmal in der langen Schlucht unterwegs sind.
Bereits von den Etruskern und später von den Römern und schließlich von christlichen Einsiedlern bewohnte Felsengrotten, eine ganze Schlucht lang, die man entlangspazieren kann. Besonders sehenswert nach ca. 1 Stunde: die *colombaia* (Taubenschlag), wohl für Ascheurnen benutzt. Picknick und Wasser mitnehmen, auch wenn man im kleinen San Quirico di Sorano in einer Bar einkehren kann.

Sovana (GR)

Karte: F2
PLZ 58010
Einwohner: 200

Taverna Etrusca, Piazza del Pretorio 16, Tel. 05 64 61 61 83, Fax 05 64 61 41 93, moderat.

Kleines Hotel (nur acht Zimmer) im Zentrum zwischen Rathaus und Dom; mit gemütlichem Restaurant (gehoben).

Scilla, Via del Duomo 5, Tel. 05 64 61 65 31, Fax 05 77 61 43 29, www.laltmaremma.it, scilla@laltmaremma.it, sehr preiswert.

Kleine Pension (acht Zimmer) mit bekanntgutem Restaurant (günstig) im Zentrum Sovanas; beliebtes Quartier bei Wanderern zu den etruskischen Gräbern der Umgebung; die Pension bietet auch geführte Wanderungen an. Febr. geschl.

Area Archeologica e Necropoli, unterhalb von Sovana an der Landstraße (ausgeschildert), geöffnet im Winter 10–16/17, im Sommer bis 19 Uhr.

In den Felsen gehauene etruskische Nekropolen mit verschiedenen Gräbern, darunter die markante ›Tomba Ildebranda‹. Unweit im Wald die ›Via Cave‹ (Località Il Cavone), aus dem weichen Tuff geschlagener enger Weg mit Inschriften an den Wänden, außerdem die etruskische Nekropole der Località San Rocco.

Sovicille (SI)

Karte: E5
PLZ 53018
Einwohner: 8300

Consorzio Valle Senesi dell´ Ombrone, Località Le Segalaie 180, S. S. 223, 53010 San Rocco a Pilli (Sovicile, SI), Tel. 05 77 34 85 21, Fax 05 77 34 85 31, www.vallisenesi.com, info@vallisenesi.com.

Borgo Pretale, Località Borgo Pretale/Rosia, Tel. 05 77 34 54 01, Fax 05 77 34 56 25, www.emmeti.it/Borgopretale, info@borgopretale.it, teuer.

Zauberhaftes Landhotel in einem komplett sanierten bzw. wieder aufgebauten mittelalterlichen Dorf mitten im Wald der Montagnola und dennoch mit Panoramablick, mit Ferienwohnungen ebenso wie wunderbar teils mit Antiquitäten eingerichteten Zimmern (30) und Apartments (fünf); hervorragende verfeinerte toscanische Küche (teuer). Zahlreiche Sportangebote: Tennis, Golfübungsplatz und Bogenschießen sowie Fitnesszentrum; man kann auf markierten Wegen joggen, mit Mountainbikes die Gegend erkunden, wandern und in einem befreundeten Pferdestall reiten lernen oder von dort gleich ausreiten. Ca. Mitte Apr.–Mitte Nov. geöffnet.

Relais Borgo di Toiano, Località Toiano, Tel. 05 77 31 46 39, Fax 05 77 27 05 96, www.sienanet.it/toiano, toiano@sienanet.it, teuer.

Schönes kleines Landhotel mit nur sieben Zimmern und drei Suiten (mit kleinem Freisitz davor) sowie Pool und großer Terrasse in herrlicher Panoramalage direkt am mittelalterlichen Weiler Toiano, nur mit Frühstück (üppiges Büffet!). Zahlreiche Ausflugsmöglichkeiten, Radverleih wird organisiert, auch Reiten in zwei benachbarten Stallungen und Weindegustation bei einem befreundeten Winzer (auf Gut Trecciano), kein Restaurant, aber an der Rezeption viele Tipps zum Ausgehen in der näheren Umgebung, 25. März bis Anfang Nov. geöffnet.

Centro Ippico Il Cannuccio – La Locaia, Tel. 05 77 31 70 69, Handy 33 32 52 24 49.

In günstiger Lage für Landurlauber in der Montagnola zwischen Siena und Sovicille, Reitstall für Reitunterricht und stundenweise oder Ganztages-Ausritte.

Tirrénia (PI)

Karte: B7
PLZ 56018
(gehört zu Pisa)
Saison: Mai–Sept.

Ufficio Informazioni Turistiche, Viale del Tirreno 26/b (nur im Sommer), Tel. 05 03 25 10.

Grand Hotel Continental, Largo Belvedere 26, Tel. 05 03 70 31, Fax 05 03 72 83, info@grandhotelcontinental.it, moderat.

Großzügiges aber gesichtsloses Hotel mit eigenem Strandbad, Pool und Tennis; Parkhaus, Restaurant.
Grand Hotel Golf, Via dell'Edera 29, Tel. 05 03 75 45, Fax 05 03 21 11, info@grandhotelgolf.it, moderat.
Golfhotel mit 77 Zimmern in einem Park mit Pool und Tennisplatz, Fitnesszentrum/Sauna.
Il Gabbiano, Via della Bigattiera 14, Tel. 05 03 22 23, Fax 05 03 30 64, moderat.
Kleineres, freundliches Hotel (16 Zimmer) ohne Restaurant; Apr.–Okt. geöffnet.

Camping: Saint Michael, Via della Bigattiera, Tel. 05 03 31 03.
Juni bis September geöffnet; Wiesen- und Sandgelände mit alten Laub- und Nadelbäumen am Rande einer Villensiedlung.

Dante e Ivana, Via del Tirreno 207c, Tel. 05 03 25 49, teuer.
Nur 30 Plätze kleines, beliebtes Spezialitätenrestaurant (Fisch).
Sonst kann man in Tirrénias Strandbädern aller Kategorien von einfach bis luxuriös den ganzen Tag über eine Kleinigkeit bekommen oder auch richtig speisen. Je weiter nach Süden, desto preiswerter werden die Bäder und deren Bar-Restaurants.

Golf: Cosmopolitan Golf & Country Club, 18 Löcher, Viale Pisorno 60, Tel. 05 03 36 63.
Golf Club Tirrénia, 9 Löcher, Viale San Guido, Tel. 05 03 75 18.

Vetulónia (GR)

Karte: D3
PLZ 58011
Einwohner: 450

Museo Archeologico Antiquarium, Piazza Vetluna, geöffnet im Sommer tgl. 10–14 und 16–20 Uhr, im Winter vorerst auf Anfrage unter Tel. 05 64 92 74 32.
Neu geordnetes Museum mit den Funden aus der archäologischen Zone des etruskischen *Vetluna.*

Viaréggio (LU)

Karte: A/B8
PLZ 55049
Einwohner: 58 900

APT 1 Versilia, Piazza Mazzini 22, Tel. 0 58 44 88 81, Fax 0 58 44 74 06, www.versilia.turismo.toscana.it, Viaréggio@versilia.turismo.toscana.it; Infos: Viale Carducci 10, Tel. 05 84 96 22 33, Fax 0 58 44 73 36

Astor, Viale Carducci 54, Tel. 0 58 45 03 01, Fax 0 58 45 51 81, astorpr@tin.it, teuer.
Beliebtes Ferienhotel direkt an der Meerespromenade gelegen.
Palace Hotel, Via Flavio Gioia 2, Tel. 0 58 44 61 34, Fax 0 58 43 13 20, teuer.
Mit dem guten Hotel-Restaurant ›Il Cancello‹.
Plaza e de Russie, Piazza d'Azeglio 1/Ecke Meerespromenade, Tel. 0 58 44 44 49, Fax 0 58 44 40 31info@plazaederussie.com, teuer–moderat.
Sehr gepflegtes, geradezu charmantes Hotel vom Beginn des 20. Jh. mit nur 527 meist geräumigen und hohen Zimmern (am schönsten und auch ruhig zum Park hin) und dem guten Restaurant ›La Terrazza‹ auf der Dachterrasse mit Viaréggio-Totale.
Excelsior, Viale Carducci 88, Tel. 0 58 45 07 26, Fax 0 58 45 07 29, Viaréggio.info@excelsiorviareggio.it, moderat.
Traditionsreiches Hotel an der Meerespromenade, Apr.–Okt. geöffnet.
Principe di Piemonte, Piazza Puccini 1, Tel. 0 58 45 01 22, Fax 0 58 45 41 83, moderat.
Traditionsreiches Hotel im Liberty-Stil.
Lupori, Via Galvani 9, Tel. 05 84 96 22 66, Fax 05 84 96 22 67, lupori.hotel@tin.it, günstig.
Zentral gelegenes, kleines Hotel ohne Restaurant.

Camping: Itália, Torre del Lago Puccini (ca. 6 km südlich von Viaréggio), Viale dei Tigli, Westrand des Ortes, Tel. 05 84 35 98 28, Fax 05 84 34 15 04

1 km zum Strand, Pappelschatten, Kinderanimation, Spielplatz, Sportangebot, Fahrradverleih, keine Hunde.
Dei Tigli, Torre del Lago Puccini (ca. 6 km südlich von Viaréggio), Viale dei Tigli, Westrand des Ortes, Tel. 05 84 34 12 78, Fax 05 84 34 12 78
800 m zum Strand, Pappelschatten, Kinderanimation, Spielplatz, schalldichte Disko, Fahrradverleih, Hunde erlaubt.

Il Patriarca, Viale Carducci 79, Tel. 0 58 45 31 26, sehr teuer.
In-Restaurant der Spitzenklasse an der Meerespromenade.
L'Oca Bianca, Via Coppino 409, Tel. 05 84 38 84 77, sehr teuer.
Top-Restaurant südlich des Hafens (Michelin-Stern).
Romano, Via Mazzini 120, Tel. 0 58 43 13 82, sehr teuer–teuer.
Sehr gutes Fischspezialitätenrestaurant mitten in der Stadt; Weine aus der Toscana (Chianti und Montecarlo), auch Eigenproduktion des Wirtes.
La Darsena, Via Virgilio 172, Tel. 05 84 39 27 85.
Tagsüber preiswerte, begehrte Trattoria nach alter Tradition, wie es sie im feinen Viaréggio sonst nicht mehr gibt, abends eleganter dekoriert, mit besserem Service und daher teurer; fangfrischer Fisch und Meeresfrüchte, ob als Antipasti di Mare, Spaghetti mit Meeresfrüchten oder frittiert.
Gran Caffè Margherita, Lungomare Margherita 30, Tel. 05 84 96 25 53.
Wunderschönes Jugendstilambiente auf der Meerseite der Hauptpromenade.

Casa Puccini/Museo, Torre del Lago Puccini bzw. Massacciúccoli, geöffnet tgl. 10–12 und im Winter 15–17, im Sommer 15.30–18.30, Juli/Aug. 16–19 Uhr.
In diesem von Puccini selber bewohnten Haus ist er auch beigesetzt worden; Museum mit Erinnerungsstücken an den großen Musiker aus Lucca.

Antiquitätenmarkt in Viaréggio am letzten Sonntag des Monats, wenn sich der schöne Badeort in ein Paradies für Antquitätensammler und -gucker verwandelt, denn dann findet der einzige echte Antiquitätenmarkt der Versilia statt. Achtung: Parkplatzprobleme!
Schöne **Modeboutiquen** entlang der Promenade.

Im Sommer Ausflugsfahrten auf dem **Lago di Massaciúccoli** von den verschiedenen Stegen in Torre del Lago (wo das Puccini-Haus steht) aus, direkt vor Ort zu buchen.

Bahn: Die Bahnlinie Genua – Pisa – Livorno und weiter nach Rom führt parallel zur Versilia-Autobahn entlang der Badeorte mit mehreren Haltepunkten, falls es sich nicht um IC-Züge handelt; zweite Strecke Genua – La Spezia – Viaréggio – Sarzana etc., dritte Viaréggio – Lucca – Montecatini – Pistoia – Prato – Firenze.
Busse der CLAP klappern die Versilia-Orte ab und fahren auch nach Lucca bzw. Massa; die LAZZI-Busse verbinden die Küste mit Florenz, Lucca und Montecatini – Terminal jeweils in Viaréggio, Piazza d´Azeglio.

Vicchio (FI)

Karte: F8 (bei Borgo San Lorenzo)
PLZ 50030
Einwohner: 7200

Casa di Giotto, geöffnet Di, Do 15–18, Sa, So 10–12 und 15–18 Uhr, im Sommer manchmal länger.
Das Geburtshaus Giottos in Vicchio, ein kleines Museum und Ort der Stille.
Museo Comunale Fra Angelico, Palazzo Pretorio, Piazza Giotto, geöffnet So 10–12 Uhr oder nach Vereinbarung, Tel. 0 55 84 40 02.
Das Museum im heutigen Kommunalpalast trägt den Namen des großartigen Malers Fra Angelico und birgt archäologische Funde, Fresken, Terrakotten, Bilder und Skulpturen sowie Liturgisches aus den Kirchen von Vicchio und Umgebung.

Vinci (FI)

Karte: D7
PLZ 50059
Einwohner: 1400

Ufficio Turistico Intercomunale (auch für Empoli, Cerrto Guidi und Montelupo Fiorentino), Via della Torre 11, Tel. 05 71 56 80 12, Fax 05 71 56 79 30, terredelrinascimento@comune.vinci.fi.it

Alexandra, Via dei Martiri 38 (südlich des historischen Zentrums), Tel. 0 57 15 62 24, Fax 05 71 56 79 72, günstig. Freundliches Hotel mit moderner Dependance und ordentlichem Restaurant/Pizzeria ›La Limonaia‹ (moderat) abseits des historischen Zentrums, Parkmöglichkeit, für Durchreisende gut geeignet.

Camping: Barco Reale, San Baronto, Via Nardini 11, Tel. u. Fax 0 57 38 83 32, www.barcoreale.cjb.net, barcore@tin.it. Hervorragende sanitäre Ausstattung. Bäume und Büsche, Kinderanimation, Spielplatz, Pool, diverse Sportangebote, Fahrradverleih, keine Hunde.

Antica Cantina di Bacco, Piazza Leonardo da Vinci 3, Tel. 05 71 56 80 41, moderat.
Kleine *Enoteca Stuzzicheria,* also gibt es hier gute Weine und Kleinigkeiten zu essen, sogar frisch gemachte, fantasievolle Salate – entweder an kleinen Tischen innen oder auf der Piazza.
Il Nicchio, Via Renato Fucini 16, Tel. 0 57 15 60 54, moderat.
Toscanische Küche und Meeresspezialitäten in einem schlichten aber freundlich gedeckten Restaurantraum oder draußen unter einer berankten Pergola, im neueren Stadtteil.

Casa Natale di Leonardo, Località Anchiano, geöffnet Mi–Mo 9.30–12 und 14.30–18 Uhr.
Angenehme Gedenkstätte für Leonardo in seinem schlichten Geburtshaus inmitten von Olivenbäumen.
Museo Leonardiano, Castello di Vinci, geöffnet 9.30–18, im Sommer bis 19 Uhr.
In der früheren Festung der Conti Guidi (13. Jh.) eingerichtetes Museum mit Modellen von Leonardos Erfindungen.
Museo Ideale Leonardo da Vinci, Via Monatalbano 2, geöffnet tgl. 10–13 und 15–19 Uhr.
In den hohen Gewölben der früheren Weinkellerei unterhalb der Festung eingerichtetes privates ›Gegenmuseum‹, in dem neben zahlreichen Erinnerungsstücken und Modellen angeblich aus dem Besitz von Leonardos Nachfahren auch Kunstwerke ausgestellt sind, die man als Persiflage auf Leonardos Schaffen ansehen könnte, etwa deren Vermarktung in der Werbung.

Ausflug: Villa Ponte de´ Medici, Cerreto Guidi, ca. 5 km südwestlich von Vinci, geöffnet März–Okt. Di u. Do 9–14 und 15–18, Mi, Fr, Sa 9–14, So 9–13 Uhr, im Winter nur vormittags.
1565 über der Kastellruine für Cosimo de´ Medici errichtete Villa mit imposanter Treppe abwärts (von Buontalenti), heute als Museum mit einigen Originalmöbeln der Medici-Epoche eingerichtet.

Busse nach Empoli und Pistoia zu den Hauptverkehrszeiten.

Volterra (PI)

Karte: D6
PLZ 56048
Einwohner: 11 600

Consorzio Turistico Volterra, Piazza dei Priori 20, Tel. u. Fax 0 58 88 72 57, info@volterratur.it.
Man kann hier einen guten Stadtplan bekommen und gegen Gebühr einen elektronischen Stadtführer ausleihen, der auch in deutscher Sprache Volterra Schritt für Schritt erklärt. Der Text ist mit amüsanten Geschichten gespickt, die einem Volterra noch näher bringen.

San Lino, Via San Lino 26, Tel. 0 58 88 52 50, Fax 0 58 88 06 20,

hotels.lino@iol.it, teuer.
1982 in Teilen eines Nonnenklosters untergebrachtes, 1994 wieder umgebautes angenehmes Haus im historischen Zentrum nahe der Porta San Francesco, mit elegantem Restaurant sowie Pool inmitten der Anlage, Mitte Nov.–Mitte Dez. geschl.
Villa Nencini, Borgo Santo Stéfano 55, Tel. 0 58 88 63 86, Fax 0 58 88 06 01, villanencini@interfree.it, günstig.
Sehr freundliches kleines Hotel in den Mauern einer Villa aus dem 17. Jh. zu Füßen der Stadtmauer, mit Pool und preiswertem Restaurant sowie eigener Weinhandlung.
Villa Rioddi, Località Rioddi, Tel. 0 58 88 80 53, Fax 0 58 88 80 74, v.rioddi@sirt.pisa.it, günstig.
Kleines Landhotel in einer schön sanierten Poststation aus dem 15. Jh. zu Füßen von und mit Blick auf Volterra (2 km vom Zentrum entfernt), neun Zimmer und vier Apartments, großer Pool in Panoramalage, herrlicher Garten und wunderbares Frühstück in Backsteingewölben, kein Restaurant; im Winter zeitweise geschl.
Podere San Lorenzo, Tel. 0 58 83 90 80, günstig.
Agriturismo, 2 km von Volterra entfernt auf einem kleinen Landgut, das der Deutsche Volker Piasta mit Wein, Olivenbäumen und Gemüsegarten bewirtschaftet; kleine Ferienwohnungen, Speisezimmer in der früheren Kapelle, wo ab und zu ein gemeinsames Abendessen stattfindet.

Osteria dei Poeti, Via Matteotti 55/57, Tel. 0 58 88 60 29, teuer–moderat.
Ordentliches, von Touristen gerne besuchtes Restaurant im Altstadtkern.
Da Badò, Borgo San Lazzero 9, Tel. 0 58 88 64 77, günstig.
Bei den Volterranern sehr beliebte Trattoria (nur mittags geöffnet), mit den typischen Gerichten aus Volterra wie Crostini mit Pilzsoße, Pappardelle mit Hasenragout, Kaninchenbraten oder Cinghiale in Umido (Wildschwein-›Gulasch‹).

Für alle Museen der Stadt ist ein Sammelticket erhältlich.
Museo etrusco Guarnacci, Via Don Minzoni 15, geöffnet im Winter 9–14, ab 16. März 9–19 Uhr.
Ein wundervolles, nicht allzu großes Museum mit den etruskischen Funden Volterras und seiner Umgebung (besonders schöne Ascheurnen).
Museo Diocesano d´ Arte Sacra, Via Roma, geöffnet im Winter 9–13, im Sommer auch 15–18 Uhr.
Museum für sakrale Kunst aus den Kirchen und Klöstern der Stadt und ihrer Provinz.
Teatro Romano, Viale Ferrucci (unterhalb der Stadtmauer), geöffnet 16. März–1. Nov. tgl. außer bei Regen 11–17 Uhr, frei zugänglich, wenn nicht gerade restauriert wird.
Römisches Theater aus der Zeit des Kaisers Augustus, darunter liegen Thermen (3. Jh.).
Die **Kirchen** Volterras bleiben normalerweise mittags geschlossen (ca. 12/12.30–15.30 Uhr); das Baptisterium, das als Ausstellungsraum benutzt wird, öffnet meistens nur dann.

Ausflug nach Larderello: Museo della Geotermia, geöffnet 16. Sept.–15. März Mo–Fr 8–12.30 und 13–17, Do 9–18 (Sa und feiertags geschl.), 16. März–15. Sept. erst ab 13.30, Sa, So und feiertags 10–12.30 und 13.30–19 Uhr (Ostern, Weihnachten und Neujahr geschl.).
Sehr interessantes Museum mit Modellen, Abbildungen und historischen Bohrelementen mitten in der Stromzentrale, mit dessen Hilfe man die Geothermik und deren industrielle Nutzung verstehen und außerdem eine Menge über die Geologie der Maremma lernen kann. Alles in allem ein Ausflugsziel der anderen Art…

Busse nach Siena, San Gimignano und Florenz.

Reiseinformationen von A–Z

Ein Nachschlagewerk – von A wie Anreise über N wie Notfälle bis Z wie Zeitungen – mit vielen nützlichen Hinweisen, Tipps und Antworten auf Fragen, die sich vor oder während der Reise stellen. Ein Ratgeber für die verschiedensten Reisesituationen.

Anreise …

Einreise- und Zollbestimmungen

Für die Einreise von Bundesdeutschen, Österreichern und Schweizern nach Italien genügt der gültige Personalausweis, zum Fahren der nationale Führerschein. Zollkontrollen sind selten, im Zuge der Liberalisierung spielen sie innerhalb der EU praktisch keine Rolle mehr. Generell können Gegenstände des persönlichen Bedarfs in unbegrenzter Menge sowohl ein- als auch ausgeführt werden, Antiquitäten nur mit einer Sondergenehmigung des Denkmalamtes.

… mit dem Flugzeug

Ganzjährig angeflogen werden die Flughäfen von Florenz und Pisa; von Pisa Schnellzugverbindung nach Florenz sowie jeweils Flughafenbus. An beiden Flughäfen befinden sich die Büros der Autovermietungen, aber Ostern, Frühjahr und Spätsommer Wagen unbedingt rechtzeitig reservieren!

… mit der Bahn

Gute Bahnverbindungen nach Florenz und zu den anderen größeren Städten. Massa, Carrara, Pisa, Livorno, Grosseto, Arezzo und Florenz liegen an den Haupteisenbahnlinien Genua/Ligurien – Rom beziehungsweise Mailand – Bologna – Florenz – Rom. Die Eisenbahnverbindungen innerhalb der Toscana sind zwar nicht überwältigend, aber immerhin:

- entlang der Küste von La Spezia/Ligurien, die Versilia südwärts, über Pisa, Livorno, Cécina nach Grosseto Richtung Rom
- von Pisa über Empoli nach Florenz
- von Pisa über Empoli nach Siena und weiter in die Valdichiana
- Florenz – Arezzo – Castiglion Fiorentino – Cortona – Chiusi und weiter Richtung Orvieto/Umbrien beziehungsweise Rom
- von Siena über Buonconvento auf die Hauptstrecke nach Grosseto
- sehr wichtig: Viaréggio – Lucca – Montecatini – Pistoia – Prato – Florenz
- sehr hübsch zu fahren: Lucca – Castelvecchio di Garfagnana – Aulla

… mit dem Bus

Fast jeder toscanische Ort ist mit dem Autobus erreichbar, meist mit mehreren (halbstaatlichen) Unternehmen. Besonders dicht sind die Verbindungen innerhalb einer Provinz von der Provinzhauptstadt aus und zwischen den Provinzhauptstädten, speziell von Florenz aus. Die Fahrscheine müssen vor Antritt der Reise gekauft werden: bei den Busgesellschaften, in manchen Tabakläden und an Zeitungskiosken.

… mit dem Auto

Gültiger nationaler Führerschein und die üblichen Kfz-Papiere genügen, wobei die ›Grüne Versicherungskarte‹ im Falle eines Unfalls immer nützlich ist, wenn auch nicht vorgeschrieben.

Achtung: Seit Sommer 2002 müssen alle auf den Autobahnen mit Abblendlicht fahren, Motorrad- und Mopedfahrer überall. Bei Missachtung drohen hohe Strafen.

Die üblichen Autorouten nach Florenz: aus Deutschland und Österreich über Innsbruck und den Brenner nach Verona und Bologna, aus der Schweiz über den St. Gotthard nach Mailand, Parma und Bologna, von dort die tunnelreiche A 1 nach Florenz. Immer auf ausgezeichneten, wenn auch gebührenpflichtigen Autobahnen durch Italien, die Schweiz und Österreich (zusätzliche Maut auf der Europabrücke/Brenner).

Wer Zeit hat, sollte die reizvolleren Nebenstrecken wählen. Tipps von West nach Ost:

- Von Parma statt über die Autobahn A 15 über die serpentinenreiche Bergstraße S. S. 62 durch die Lunigiana Richtung La Spezia/Ligurien: Der Passo della Cisa (1039 m) an der toscanisch-emilianischen Grenze ist kein Problem. Bei Santo Stéfano di Magra stößt die S. S. 62 auf die S. S. 1 Via Aurelia, die entlang die toscanischen Küste bis nach Rom führt.
- Von Reggio nell'Emilia/Emilia-Romagna auf der schmalen, landschaftlich wunderschönen S. S. 63 über den Passo del Cerreto (1261 m) in die Toscana: etwas für Leute, die gerne Auto fahren. Über Fivizzano auf die S. S. 62 zu oder Richtung Carrara auf die S. P. 446. Wer Zeit hat, wählt (bei schönem Wetter) die S. P. von Fivizzano nach Südosten Richtung Castelnuovo di Garfagnana und genießt gleich die mit Kastanienbäumen übersäte Garfagnana auf der Weiterfahrt nach Lucca, den Sérchio entlang. In Lucca trifft man auf die viel befahrene Autobahn A 11 Firenze–Mare.
- Von Módena/Emilia-Romagna über die ebenfalls kurvenreiche S. S. 12 durch eine der schönsten emilianischen Landschaften (Käseproduktion!) nach Abetone (1388 m): der beliebteste Wintersportort der Toscana mit Skilift bis 1892 m Höhe; von hier stammen die besten Steinpilze (*funghi porcini*) der Region, die man auch getrocknet kaufen kann. An der Kreuzung La Lima kann man sich für die Weiterfahrt auf der S. S. 12 nach Bagni di Lucca oder für die S. S. 65 weiter östlich Richtung Pistoia entscheiden.
- Ebenfalls nach Pistoia führt die geradezu harmlose S. S. 64 von Bologna über den Kurort Porretta Terme/Emilia-Romagna in nur 349 m Höhe. Den 932 m hohen Passo di Poretta erreicht man durch einen Tunnel und eine aussichtsreiche Serpentinenstraße.
- Schön, aber schmal ist die parallel zur A 1 Bologna – Florenz im Westen führende S. P. 325 entlang dem Bisenzio-Fluss nach Prato zur A 11 Firenze–Mare.
- Wiederum parallel zur A 1 (östlich) führt die S. S. 65 von Bologna nach Florenz. Der Passo di Raticosa an der Regionalgrenze ist 968 m hoch, der folgende Passo di Futa 903 m. Auf dieser Strecke erreicht man Florenz über das Mugello.
- Von der A 14 oder S. S. 9 Bologna – Rimini fährt man in Fórli auf die S. S. 67 Richtung Florenz. Nur am Passo del Muraglione in 907 m Höhe nahe der Regionalgrenze ist die Strecke sehr serpentinenreich, sonst bequem zu fahren. Ab Dicomano folgt man dem Lauf des Sieve-Flusses bis Pontassieve und hat keine 20 km mehr bis Florenz zurückzulegen.
- Fährt man schließlich weiter durch die Emilia-Romagna Richtung Rimini, stößt man noch vor Césena auf die vierspurige (kostenlose), als Superstrada ausgebaute S. S. 71, die in den Nordostzipfel der Toscana, ins Casentino und weiter über Sansepolcro durch Umbrien (Città di Castello) nach Chiusi führt.

Reisen zu den toscanischen Inseln

Während der hochsommerlichen Saison ist unbedingt eine Vorausbuchung der Fährplätze trotz Buchungsgebühren zu empfehlen (Auskünfte bei den ENIT-Büros und den Automobilclubs). Als einzige toscanische Insel kann Elba im Sommer sogar international mit kleinen Maschinen angeflogen werden (ab München und Zürich). Sonst sind die größeren, frei zugänglichen Inseln mit der Fähre zu erreichen.

Die private Fährlinie NAV.AR.MA Lines (auch in Reisebüros vorab zu buchen) mit Hauptsitz in Portoferraio/Elba verbindet die Insel ganzjährig mit Piombino auf dem Festland, in der Hauptsaison bis zu 18-mal pro Tag, außerhalb der Saison werktags bis zu 8-mal. Überfahrt: ca. 1 Stunde. Die Fahrpreise sind relativ niedrig, Fahrräder,

Hunde (nur mit Maulkorb) und Katzen fahren normalerweise kostenlos mit.

Die halbstaatliche Fährlinie Toremar mit Sitz in Livorno verbindet Livorno mit den Inseln: Gorgona (1,5 Stunden Fahrzeit), Capraia (2,5 Stunden direkt, über Gorgona 3 Stunden und 20 Minuten), Elba (Portoferraio direkt 3 Stunden, über die kleineren Inseln knapp 5 Stunden). Piombino – Portoferraio (1 Stunde Fahrzeit, über Cavo 20 Minuten länger); Piombino – Rio Marina – Porto Azzurro – Pianosa (rund 3 Stunden Fahrzeit), nur zwischen Porto Azzurro/Elba und der Insel Pianosa knapp 1,5 Stunden. Zur Insel Gíglio gelangt man (Autos sind nicht gerne gesehen und im Sommer manchmal verboten) von Porto Santo Stéfano aus in 55 Minuten, im Sommer mindestens 8-mal täglich hin und zurück.

Die Toremar setzt auch Tragflügelboote ein: zwischen Portoferraio, Cavo und Piombino (Fahrzeit insgesamt 30 bis 40 Minuten). Die Kosten für die Überfahrt mit dem Tragflügelboot sind etwa doppelt so hoch wie mit der Fähre.

■ Das eigene Boot im Gepäck

Robinson-Ferien von Bucht zu Bucht, insbesondere im Toscanischen Archipel, sind eine großartige Urlaubsvariante. Bei Schlauchbooten sind keine Formalitäten nötig, für Motorboote über drei Steuer-PS besteht Haftpflichtversicherungszwang. Die ›Blaue Karte‹ gibt es bei der Heimat-Versicherungsgesellschaft (in Italien zwar auch zu bekommen, aber umständlicher).

Aktivurlaub

Angeln im Meer ist ohne Genehmigung möglich, in Flüssen, Bächen (besonders gut in der Garfagnana und im Mugello) und Seen nur mit Erlaubnis der zuständigen Verwaltung (im Fremdenverkehrsbüro erfragen).

Golfplätze haben ihr eigenes Publikum in die Toscana gebracht. Der erste, berühmteste, ist noch immer der Golfplatz Ugolino südlich von Florenz mit einem herrlich alten Baumbestand. Austragungsort internationaler Wettbewerbe wurde aber mehr der Golfplatz von Punta Ala mit den Edelherbergen ringsum. Montecatini Terme ist auf seinen Golfplatz nahe Monsummano Terme besonders stolz. Inzwischen gibt es in der Toscana rund 20 Golfplätze (s.Tipps & Adressen von Ort zu Ort).

Jagen können auch Touristen, wenn sie vom Konsulat ihres Wohnortes einen Jagdschein vorweisen. Der Schein wird von der Grenzpolizei abgestempelt und gilt als Jagderlaubnis wie zur Einführung eines Jagdgewehrs mit Patronen. Dann muss noch die entsprechende Provinzialverwaltung die Jagd genehmigen. – Etwas zu viel Aufwand für die eigentlich uninteressanten Jagdgründe, auch weil die Toscaner selber wie die meisten Italiener dieser Leidenschaft im Übermaß frönen.

Motorbootsport ist insbesondere möglich von Marina di Carrara aus, von Marina di Massa, Viaréggio, Punta Ala (der größte Yachthafen der toscanischen Küste) und auf Elba.

Pferderennbahnen befinden sich in Florenz, Grosseto, Livorno, Montecatini Terme und Pisa.

Radfahren in der Toscana lohnt sich vor allem in den sanften Hügellandschaften und erst recht in den Flussebenen. Die Region hat eine (kostenlose) Broschüre mit Empfehlungen für den Radtouristen herausgegeben: ›Die Toscana mit dem Fahrrad entdecken‹. Viele Gemeinden bieten direkt oder über Vermieter Leihräder an (meist an den Infostellen, s. auch A–Z)

Reitmöglichkeiten bieten immer mehr ländliche Betriebe (*agriturismo*), speziell in Follónica, Livorno, Marina di Massa, Montieri, Orbetello, Pisa, Scansano (s. Siena) und Viaréggio, aber auch die Reitclubs von Florenz und Umgebung. Man kann natürlich auch ausschließlich auf Reiterferien auf einem speziellen Reiterhof oder in einem Reiterhotel verbringen, oder nur Reitstunden und Exkursionen zum Schnuppern buchen.

Segeln kann man entlang der gesamten toscanischen Küste (auch Segelschulen), insbesondere an der Versilia im Norden und der Riviera degli Etruschi im Süden sowie auf den Inseln, speziell auf Elba (s. auch A–Z).

Unterwassersport ist generell ohne Lizenz erlaubt und besonders schön an den Felsküsten der Inseln und in Abschnitten der Riviera degli Etruschi.

Tennisplätze besitzen jede größere Stadt und jeder Kur- oder Erholungsort. Gäste sind in den Clubs meist willkommen, am ehesten aber auf hoteleigenen Plätzen. Besonders viele Tennisplätze findet man an der Versilia und auf Elba.

Wandern/Bergsteigen: Der Club Alpino Italiano CAI sowie die örtlichen Wandervereine haben in den letzten Jahren ein recht ordentliches Wandernetz ausgeschildert. Trekking in der Toscana ist richtig in Mode gekommen und wird mit Hilfe von Wanderblättern propagiert (in den einzelnen Fremdenverkehrsämtern nachfragen bzw. Tipps und Adressen von A bis Z). Am besten erschlossen sind folgende Gebiete: das Monte-Amiata-Massiv, der Tosco-Emilianische Apennin zwischen der Emilia-Romagna und der Toscana, die Garfagnana, Casentino und Mugello sowie immer mehr das Chianti. Besonders rührig ist in Castelnuovo di Garfagnana die Comunità Montana della Garfagnana, Via Vittorio Emanuele, Tel. 0 58 36 51 69 und 05 83 64 49 11.

Wintersport: mit relativer Sicherheit in Abetone in der nördlichen Garfagnana, in Cutigliano und Maresca, Campo Cécina in den Apuanischen Alpen und im Gebiet des Monte Amiata.

Ärztliche Versorgung

In Italien gibt es relativ viele Deutsch sprechende Ärzte, deren Anschrift man normalerweise im Hotel erfährt. Die großen Hotels, insbesondere in den Kurorten, haben eigene Vertragsärzte (und Masseure). Der medizinische Standard entspricht in der Toscana dem mitteleuropäischen. In manchen Ferienorten werden Urlaubern im Sommer kostenlose medizinische Notdienste angeboten.

Deutsche und Österreicher, die einer gesetzlichen Krankenversicherung angehören, sollten von ihrer Kasse vorsichtshalber die Anspruchsbescheinigung E111 verlangen, um sie in Italien der INAM vor zu legen. Schweizer Staatsbürger werden von vornherein wie Privatpatienten behandelt, sie müssen die Arztrechnung gleich zahlen und können sie dann mit ihrer Kasse zu Hause verrechnen. – Für alle Fälle ist allen Pflichtversicherten zu empfehlen, wenigstens für die Reisedauer eine Auslandskrankenversicherung abzuschließen, damit sie im Bedarfsfall als Privatpatienten zu einem Arzt ihrer Wahl gehen können.

Apotheken

Apotheken (italienisch *Farmacia*) sind meistens genauso häufig vertreten wie nördlich der Alpen. Die Auswahl an Medikamenten entspricht dem internationalen Standard, die Preise sind inzwischen angepasst.

Auskunft/Informationsstellen

Ausführliches Informations- und meist auch gutes Kartenmaterial gibt es bei den Büros des Staatlichen Italienischen Fremdenverkehrsamtes ENIT jeweils Mo–Fr 9–17 Uhr; an italienischen Nationalfeiertagen geschlossen. Unter der gebührenfreien Telefonnummer 00 800 00 48 25 42 kann man bei ENIT Prospekte bestellen.

In Deutschland

Gebührenpflichtige Servicenummer:
Tel. 01 90–70 64 40

Karl-Liebknecht-Straße 34
D–10178 Berlin
Tel. 030–2 47 83 97, Fax 030–2 47 83 99
ENIT-BERLIN@t-online.de

Kaiserstraße 65
60329 Frankfurt/Main
Tel. 069–23 74 30, Fax 069–23 28 94
ENIT.FFM@t-online.de

Goethestraße 20
80336 München
Tel. 089–53 13 17, Fax 089–53 45 27
ENIT-MUENCHEN@t-online.de

In Österreich

Gebührenpflichtige Servicenummer:
Tel. 01 90–70 64 40
Kärntnerring 4
1010 Wien
Tel. 01/50 54 37 40, Fax 5 05 02 48

In der Schweiz

Gebührenpflichtige Servicenummer:
Tel. 01 90–70 64 40
Uraniastraße 32
8001 Zürich
Tel. 01/2 11 79 17, Fax 2 11 38 85

Im **Internet** informiert ENIT unter
http://www.enit.it
sedecentrale.enit@interbusiness.it
Nur Toscana: www.wel.it/Toscana

In der Toscana

Für die gesamte Region Toscana:
A.P.E.T. – Agenzia per la Promozione Economica della Toscana
Settore Turismo
Villa Fabbricotti
Via Vittorio Emanuele II, 62/64
50134 Firenze
Tel. 0 55 46 28 01, Fax 05 54 62 80 39
www.turismo.toscana.it

Für die einzelnen touristischen Gebiete, nicht immer mit den Provinzen identisch, ist jeweils eine APT (Azienda di Promozione Turistica) zuständig.

APT 1 **VERSILIA**
Piazza Mazzini 22, 55049 Viaréggio (LU)
Tel. 0 58 44 88 81, Fax 0 58 44 74 06
www.versilia.turismo.toscana.it
aptversilia@versilia.turismo.toscana.it

APT 2 **ARCIPELAGO TOSCANO**
Calata Italia 26, 57037 Portoferraio (LI)
Tel. 05 65 91 46 71, Fax 05 65 91 63 50
www.arcipelago.turismo.toscana.it
info@arcipelago.turismo.toscana.it

APT 3 **MONTECATINI TERME VALDINIEVOLE**
Viale Verdi 66, 51016 Montecatini Terme (PT)
Tel. 0 57 29 27 61, Fax 0 57 27 01 09
apt@montecatini.turismo.toscana.it

APT 4 **CHIANCIANO TERME VALDICHIANA**
Via G. Sabatini 7,
53042 Chianciano Terme (SI)
Tel. 0 57 86 71 11, Fax 0 57 86 46 23
info@chianciano.turismo.toscana.it

APT 5 **FIRENZE**
Via Manzoni 16, 50121 Firenze
Tel. 05 52 33 20, Fax 05 52 34 62 86
www.firenze.turismo.toscana.it
apt@firenze.turismo.toscana.it

APT 6 **GROSSETO**
Viale Monterosa 206, 58100 Grosseto
Tel. 05 64 46 26 11 Fax 05 64 45 46 06
aptgrosseto@grosseto.turismo.toscana.it

APT 7 **LIVORNO**
Piazza Cavour 6, 57100 Livorno
Tel. 05 86 89 81 11, Fax 05 86 89 61 73
www.livorno.turismo.toscana.it
info@livorno.turismo.toscana.it

APT 8 **MASSA CARRARA**
Lung. Vespucci 24,
54037 Marina di Massa (MS)
Tel. 05 85 24 00 46, Fax 05 85 86 90 15
apt@massacarrara.turismo.toscana.it

APT 9 **PISA**
Via P. Nenni 24, 56124 Pisa
Tel. 0 50 92 97 77, Fax 0 50 92 97 64
info@pisa.turismo.toscana.it

APT 10 **SIENA**
Via di Città 43, 53100 Siena
Tel. 0 57 74 22 09, Fax 05 77 28 10 41
www.siena.toscana.it
aptsiena@siena.turismo.toscana.it

APT 11 **AREZZO**
Piazza Risorgimento 116, 52100 Arezzo
Tel. 0 57 52 39 52, Fax 0 57 52 80 42
info@arezzo.turismo.toscana.it

APT 12 **ABETONE – PISTOIA MONTAGNA PISTOIESE**
Via Villa Vittoria 129,
51028 San Marcello Pistoiese (PT)
Tel. 05 73 63 01 45, Fax 05 73 62 21 20
apt12pistoia@tin.it

APT 13 **LUCCA**
Piazza Guidiccioni 2, 55100 Lucca
Tel. 0 58 39 19 91 Fax 05 83 49 07 66
aptlucca@lucca.turismo.toscana.it

APT 14 **PRATO**
Via L. Muzzi 51, 50047 Prato
Tel. 0 57 43 51 41, Fax 05 74 60 79 25
apt@prato.turismo.toscana.it

APT 15 **AMIATA**
Via Adua 25,
53021 Abbadia San Salvatore (SI)
Tel. 05 77 77 58 11, Fax 05 77 77 58 77
info@amiata.turismo.toscana.it

Die kleineren Orte verfügen über eigene Touristenbüros, die meist an Hauptplätzen oder bei den wichtigsten Sehenswürdigkeiten unter der Bezeichnung *Pro Loco* oder *Informazioni* zu finden sind.

Autofahren

Ob das eigene Auto oder ein Leihwagen – leider ist es immer noch ein trauriges Kapitel: Vor Diebstahl ist man auch in der Toscana nicht sicher, speziell in den touristischen Zentren (große Städte, Strandorte), daher am besten einen abgeschlossenen Parkplatz oder eine Garage suchen.

Die Autobahngebühren sind saftig, aber die Strecken hervorragend ausgebaut: A 15 Parma – La Spezia – Carrara – Pisa – Livorno, A 11 Viaréggio – Lucca – Florenz (Firenze–Mare), A 1 Bologna – Florenz – Montepulciano – Chiusi, A 12 Viaréggio – Lucca. Die Aurelia hat eine parallele Autobahn bekommen (Verlängerung der Strecke Genua – Pisa – Livorno bis ca. Cécina), weiter als Superstrada Richtung Rom, die beide zwar landschaftsfressend sind, aber das Vorankommen doch sehr erleichtern, wenn man nur schnell sein muss.

Für die Autobahngebühren empfiehlt sich die Viacard, mit der man spezielle Autobahnausfahrten benutzen darf, man spart also nicht nur Wartezeit, sondern auch das lästige Suchen nach dem passenden Kleingeld. Die Magnetkarten gibt es an den Grenzübergängen, bei den Automobilclubs sowie bei einigen Banken zu kaufen (s. auch S. 373/Fahren mit Abblendlicht).

Durch die Toscana führen weiterhin gebührenfreie Superstrade, autobahnähnliche, vierspurige Straßen: zwischen Florenz und Siena, zwischen Florenz und Pisa südlich der Autobahn Firenze–Mare mit Anbindung an Livorno (also Livorno – Florenz), zwischen Arezzo, Sinalunga und Lago Trasimeno Richtung Perugia, ein Stück der Via Aurelia entlang der Versilia parallel zur Autobahn A 12 sowie die Via Aurelia ab Livorno über Cécina und Grosseto nach Rom.

Der italienische Automobilclub ACI (vertreten an allen wichtigen Stellen und in den Provinzhauptstädten) steht auch den Mitgliedern eines ausländischen Automobilclubs kostenlos zur Verfügung; der Straßenhilfsdienst ist italienweit unter der Rufnummer 80 31 16 erreichbar.

Das Tankstellennetz ist dicht, allerdings werden die Öffnungszeiten (nicht auf den Autobahnen) ziemlich strikt eingehalten: mittags zwischen 12/12.30 und 15.30/16 und abends ab 19/20 Uhr geschlossen! Man findet aber immer häufiger Tankstellen mit 24-Stunden-Service (meist per Automaten, die mit großen Scheinen oder Karten gefüttert werden müssen). Bleifreies Benzin ist auch in Italien kein Problem; Normalbenzin ist nicht zu empfehlen, man tankt am besten gleich Super; Diesel ist nur noch wenig preiswerter als Benzin.

Italiener sind Meister in Sachen Autoreparatur, an fast jeder Tankstelle können auch kleinere Schäden behoben werden.

Diplomatische Vertretungen

Honorarkonsulat der Bundesrepublik Deutschland, Via Lungarno Vespucci 30, Florenz, Tel. 0 55 29 47 22
Honorarkonsulat der Republik Österreich, Lungarno Vespucci 58, Florenz, Tel. 0 55 26 54 22.

Elektrizität, Maße und Gewichte

Generell: 220 Volt Wechselstrom, doch der Fantasie italienischer Steckdosen und Systeme sind keine Grenzen gesetzt: Die deutschen Schukostecker passen selten, man braucht Zwischenstecker, die man aber in jedem Elektro- und Haushaltswarengeschäft, manchmal sogar an der Hotelrezeption erhält.

Die Maße sind die gleichen wie nördlich der Alpen, folgen also dem metrischen System. Mit einer Ausnahme: 100 g werden als *un etto* bezeichnet, 200/300 g heißen dementsprechend *due/tre etti*; den Begriff ›Pfund‹ für 500g kennt man hier nicht, man bestellt ein halbes Kilo, also *mezzo chilo*.

Essen und Trinken

In den Ferienhotels an der Küste und in den Kurorten hat man die Essenszeiten an den mitteleuropäischen Standard angelehnt, es wird also relativ früh gegessen (auf den entsprechenden Anschlag im Hotel achten). Nicht so in den typisch toscanisch beziehungsweise italienisch gebliebenen Hotels und Restaurants:

Frühstück (*piccola colazione*) gibt es da kaum, beziehungsweise nur auf besonderen Wunsch, ist meistens extra zu zahlen und ungerechtfertigt teuer. Die Italiener gehen nämlich um die Ecke in die nächste Bar, trinken einen Espresso, also *caffè*, oder *cappuccino* und essen dazu höchstens ein süßes Gebäck, das sie sich meistens selber von der Theke holen.

Mittagessen (*colazione* oder *pranzo*) wird in den Restaurants zwischen 13 und 15 Uhr serviert. Üblich ist ein Vorspeisenbuffet (*antipasti*) mit *crostini* oder *bruschetta*, danach als *primo piatto* eine Gemüsesuppe (*minestra*) oder Pasta (eigentlich nicht typisch toscanisch, aber internationalisiert), gefolgt vom *secondo*, dem Hauptgang aus Fisch oder Fleisch, die Beilage (*contorno*) dazu ist normalerweise gesondert zu bestellen. *Formaggio* (Käse) und *frutta* (Obst) und/oder *dolci* (Süßspeisen) folgen darauf. Zum Abschluss wird ein *caffè* getrunken, nach Geschmack mit einem Digestivo wie Grappa veredelt (*caffè corretto*).

Das **Abendessen** (*cena*) unterscheidet sich kaum vom Mittagessen, es fällt vielleicht noch opulenter aus. – Wichtig für die Restaurants abends: die Tischreservierung!

Kleiner Restaurantführer

Generell gilt in der Toscana: Die einfachen Restaurants können die besten sein, meistens liegen sie irgendwo abseits in der Stadt oder gar in den Bergen, auf dem flachen Land etc. Man verlässt sich am besten auf Empfehlungen. Fast jeder Toscaner ist ein Feinschmecker, und wenn man ihm klar machen kann, was man besonders mag, dürfte eigentlich nichts schief gehen.

Ristorante ist ein richtiges Restaurant im mitteleuropäischen Sinne.

Trattoria nennt man ein einfaches, familiengeführtes Gasthaus mit für die Region typischen Speisen, auf dem Lande wie in der Stadt. Es ist allerdings inzwischen Mode, auch feinste Restaurants als Trattorien zu bezeichnen, wenn sie diesen Charakter betonen wollen. Ein Blick auf die Speisekarte, die draußen vor dem Eingang aushängen sollte, gibt Sicherheit. Schon die Höhe des *coperto* (Gedeck) verrät die Preislage des Lokals.

Tavola calda bedeutet, hier gibt es warme, vorbereitete Gerichte, auch im Stehen und zum Mitnehmen – eine Art Schnellimbiss, aber mit toscanischen beziehungsweise italienischen Spezialitäten.

Rosticceria ist ebenfalls eine Art Schnellimbiss, ursprünglich wurden hier Hähnchen, Würste, Rindfleisch etc. vom Holzfeuerrost angeboten, heute sind *rosticcerie* teilweise zu einer teuer-feinen Einrichtung umgewandelt worden.

Pizzeria dürfte weltweit die bekannteste italienische Restaurantvariante sein, mit einer großen Pizza-Auswahl, aber auch immer mehr mit einer größeren Speisekarte.

Osteria ist eine aussterbende Spezies unter den italienischen Lokalen, zumindest wenn man die klassische Osteria meint: ein Weinlokal, in das man das eigene

Essen mitbringt. Inzwischen sind richtige Edel-Osterien eröffnet worden, die sich dem gemütlichen Charakter dieser Lokalart verpflichtet fühlen. Sie kommen in allen Preislagen wieder in Mode, vor allem seit der heiß geliebten Welle des *slow food*, des langsamen, genießerischen Essens im Gegensatz zum weltweiten *fast food*. Neben den Tipps in diesem Buch (s. Orte von A bis Z) reist man mit dem dickleibigen Führer ›Osterie d'Italia‹ (s. Lesetipps S. 381) genau richtig, wenn man noch mehr echte toscanische Küche kennen lernen und genießen möchte.

Bar heißt der Stehausschank für Espresso/*caffè*, Säfte und alkoholische Getränke sowie *pannini* (belegte Brötchen) und Süßigkeiten. Erst zahlt man an der Kasse, was man sich an der Theke geben lassen will, und verzehrt es im Stehen oder an einem der meist wenigen Tischchen (normalerweise mit Preisaufschlag, der in touristischen Zentren saftig ausfallen kann). In vielen Bars kann man sich ein belegtes Brötchen oder Brot auch nach Wunsch zubereiten lassen: In der Vitrine liegen Käse und Wurst, Schinken, Tomaten und sauer Eingelegtes zur Auswahl.

Coperto muss sein

Anfänger in Sachen Italienreisen werden sich vielleicht über das *coperto* wundern: Frische Tischdecke, Stoffserviette und reichlich Brot haben ihren Preis! Das *coperto* dient als Maßstab für die Kategorie des Restaurants: je einfacher, desto niedriger – und umgekehrt.

Die Empfehlung

In vielen typischen und ländlichen Restaurants mit *cucina casalinga*, nach Hausfrauenart, erhalten italienische Gäste erst gar keine Speisekarte. Wirt oder Wirtin erklären die Spezialitäten des Tages, welche Variationsmöglichkeit es gibt und welche Weine dazu passen. Das ist die beste Art, die toscanische Küche kennen zu lernen. Über den Preis spricht man nicht, weil die Stammgäste wissen, was man in etwa zahlt.

In guten beziehungsweise besonders beliebten Restaurants und Trattorien ist es unbedingt notwendig, zumindest für das Abendessen einen Tisch zu reservieren (dabei hilft auch die Hotelrezeption).

Ruhetage beachten! Viele Restaurants schließen montags, wenn sie am Wochenende geöffnet haben; bei Geschäftsleuten und Angestellten beliebte Restaurants schließen dagegen am Wochenende.

Wichtig: Nach jeder Mahlzeit eine Quittung ausstellen lassen, da die Steuerpolizei berechtigt ist, auch nach Verlassen des Lokals danach zu fragen. Kann man nichts vorlegen, macht man sich in Italien ebenso wie der Wirt strafbar und muss mit Schwierigkeiten rechnen, was zumindest teuer werden kann.

Feiertage

Ostermontag: religiöse Feiern und Prozessionen im ganzen Land
1. Mai: Kundgebungen zum ›Tag der Arbeit‹
15. August: Es beginnen die römischen *feriae augusti*, der italienische Ferragosto, an dem spätestens das ganze Land sich in die Ferien zu begeben scheint. Im ganzen Land wird Mariä Himmelfahrt festlich begangen.
1. November: in ganz Italien Feierlichkeiten zu Allerheiligen
25. und 26. Dezember: Weihnachten im ganzen Land. Die Feier an Heiligabend ist eigentlich keine italienische Angelegenheit, wird aber immer mehr angenommen – allein schon der leuchtenden Kinderaugen wegen...
31. Dezember: Italien feiert den Jahreswechsel mit Feuerwerk an allen Orten.

Fotografieren

Filmmaterial ist in Italien und damit auch in der Toscana häufig teurer als in der Bundesrepublik, ein ausreichender Vorrat an Filmen ist also empfehlenswert. Man hat allerdings kaum Schwierigkeiten, irgendeine Filmsorte zu bekommen.

Fotografieren ist in manchen Museen, allerdings nur ohne Blitz, möglich, ebenso in den Sakralbauten. Wobei es eine Selbstverständlichkeit sein müsste, dass man während der Gottesdienste in den Kirchen weder herumgeht noch fotografiert. Da die wichtigsten Sehenswürdigkeiten in den Kirchen meistens relativ dunkel stehen, lassen sie sich häufig (durch Münzeinwurf) für kurze Zeit beleuchten. Die Suche nach dem Lichtautomaten lohnt sich für Kenner immer!

Geld und Banken

Hotels, Restaurants und Geschäfte akzeptieren keine Eurocheques mehr, aber Kreditkarten. Mit der Eurocard kann man an vielen Geldautomaten mit Hilfe des privaten Codes wie zu Hause Geld abheben und immer häufiger auch mit anderen Kreditkarten. Auch Inhaber der Postbank-Sparcard können sich an Visa-Geldautomaten mit Bargeld versorgen.

Karten und Pläne

Bei den ENIT-Büros erhält man kostenlos recht ordentliches Kartenmaterial, in der Toscana vor Ort von den einzelnen Provinzen und Gemeinden auch gute Detailkarten beziehungsweise Stadtpläne.

Wer eine Gesamtübersicht für die Toscana-Reise haben möchte, kann sich auch vorweg mit Kartenmaterial eindecken, z. B. mit der übersichtlichen »Eurocart Toscana – Emilia-Romagna – Marken – Umbrien – Lazio«, RV Verlag, 1 : 300 000 oder »Toscana«, Kümmerly + Frey, 1 : 200 000 sowie »Toscana«, Touring Club Italien TCI, 1 : 200 000.

Kinder

Die Toscana ist kein ausgesprochenes Kinder-Reiseland. Es sei denn, man reist an die Küste oder mietet sich ein Ferienhaus auf dem Lande. Einige Urlaubszentren haben sich auf Familienferien spezialisiert, man findet ihre Angebote auch bei Reiseveranstaltern (s. auch Lesetipps).

Lesetipps

Aigner, Claudia: Reisetaschenbuch Toscana. Köln 2000.

Aigner, Gottfried: Familien-Reiseführer Toscana. Hamburg 2001.

Braunfels, Wolfgang: Kleine italienische Kunstgeschichte. Köln 1984.

Falassi, Alessandro: Pan che canti. Cucina ricca e povera del Chianti. Castellina in Chianti.

Gröteke, Friedhelm: Etruskerland. Geschichte, Kultur, Kunst. Studienführer zu den Grabungsstätten und Museen. Stuttgart 1973.

Keller, Harald: Die Kunstlandschaften Italiens. München 1965 (vergriffen; in Bibliotheken zu finden).

Nenzel, Nana Claudia: Reisen für Genießer Toscana. Köln 2000.

Osterie d'Italia. Italiens schönste Gasthäuser. München, jährlich aktuell, nur alle zwei Jahre ins Deutsche übersetzt.

Piper, Ernst: Der Aufstand der Ciompi. Berlin 1978.

Piper, Ernst: Savonarola. Berlin 1979.

Zimmermanns, Klaus: Toscana. Das Hügelland und die historischen Stadtzentren. Köln 2000.

Zimmermanns, Klaus: Florenz. Kirchen, Paläste und Museen in der Stadt der Medici. Köln 1997.

Naturschutzgebiete

Parco Naturale Alpi Apuane: ein Naturpark zwischen Lucca und Carrara, erst 1992 entstanden (nach einem Volksbegehren 1985!): mehr als 100 km Wanderwege hat hier der CAI (Club Alpino Italiano) ausgeschildert.

Parco dell' Orecchiella: Naturpark in der Garfagnana nördlich von Lucca; im Zentrum liegt der Ort Castelnuovo Garfagnana. In diesem Naturschutzgebiet leben wieder Fischotter, Wolf und – in Einzelexemplaren – Königsadler. Mehr als 100 km vom italienischen Alpenverein CAI markierte Wanderwege mit einigen Hütten zwischen den Apuanischen Alpen und dem Apennin. – Ohne Platzreservierung dürfen Reisende

Fahrräder mit der Bahn auf der Strecke Lucca – Aulla mitnehmen.

Parco Nazionale delle Foreste Casentinesi: in den Wäldern von Vallombrosa nordwestlich von Arezzo, die vom Kartäuserkloster verwaltet werden. Zahlreiche CAI-Wanderwege und Rastplätze des CT (Casentino Trekking); Kanufahrten auf Wildwassern sind ebenso möglich wie im Winter Ski fahren.

Montagna Pistoiese: zwischen Pistoia und Abetone/Apennin. Außer Reiten und Wandern bestehen Skilaufmöglichkeiten, Free Climbing, Segelflug und Paragleiten.

Parco Nazionale dell' Arcipelago Toscano: Teile Elbas und der kleineren Inseln des Archipels. Strenges Naturreservat ist die Insel Montecristo (eingeschränkte Besuchserlaubnis).

Parco Migliarino, San Rossore, Massaciúccoli bilden seit 1979 kleine Naturschutzgebiete im nördlichen Mündungsbereich des Arno mit einer ausgedehnten, meernahen *pineta* (Pinienwälder) und dem See (Lago di Massaciúccoli), der durch Puccini berühmt wurde (s. S. 116, 134).

Parco Naturale della Maremma: besteht aus dem Parco dell' Uccellina und den beiden WWF-Vogel-Naturschutzparks in der Lagune von Orbetello und in Capálbio nahe dem Lago di Burano (an der Küste von Grosseto). Zeitweise nur nur mit Genehmigung an bestimmten Wochentagen zu betreten (s. S. 298).

Monte Amiata: ein abwechslungsreiches Naturschutzgebiet um den 1738 m hohen erloschenen Vulkan herum mit kleinen Thermalorten.

Notruf

Polizei/Carabinieri	112
Rettungsdienst	113
Autohilfsdienst des ACI	80 31 16
Deutschsprachiger Notrufdienst in Rom:	0 64 95 47 30

Öffnungszeiten

Banken öffnen im Normalfall Montag bis Freitag ca. 8.30–13.30 und 14.45–15.45 Uhr, in touristischen Zentren auch länger und z. T. auch samstags; Wechselstuben haben den ganzen Tag geöffnet.

Postämter sind Montag bis Freitag 8.25–14, samstags bis 12 Uhr, kleine Ämter kürzer, Hauptpostämter teilweise ganztags geöffnet.

Geschäfte und **Apotheken** bleiben Montag bis Freitag 8.30/9–12.30/13 und 15.30/16–19/20 Uhr, auch samstagnachmittags häufig geöffnet, sonntags nur in touristischen Zentren während der Saison. Viele Geschäfte schließen dafür am Montag, z. T. nur vormittags (z. B. in Florenz). Apotheken haben natürlich abwechselnd einen Notdienst, der an jeder *farmacia* angeschlagen wird.

Polizei

Die italienische Polizei ist generell sehr hilfsbereit. Dabei sind die staatlichen *carabinieri* meist strenger als die häufig überaus freundliche *polizia comunale* oder die *vigili urbani* der Gemeinden sowie die *polizia stradale*, die Straßenpolizei. In den touristischen Zentren gibt es zudem eine spezielle Touristenpolizei, mehrsprachig und sehr ortskundig: Sie helfen bei der Parkplatzsuche, mit Angaben von Öffnungszeiten etc.

Post

Briefmarken (*francobólli*) gibt es auf den Postämtern und in den *tabacchi*, den Tabakläden, sowie an der Hotelrezeption.

Reisezeit

Für Strandferien ist die beste Reisezeit der Sommer, für Kulturreisen Frühjahr und Herbst, wobei in der Zeit zwischen Ostern und Ende September z. B. in Florenz Massenansammlungen in und vor den Museen garantiert sind, man also bei echtem Kunsthunger tatsächlich den Winter als Reisezeit einplanen sollte. Dieser kann in den Städten am Arno recht mild ausfallen, also auch in Prato und Pistoia, Lucca und Pisa. Die Sommer sind in der Ebene schwül und heiß mit Durchschnittstemperaturen von 25 °C, die Winter in den Bergen recht kühl mit knapp 5 °C. Im Gebiet von Abetone im Norden und am Monte Amiata im Süden der Toscana kann man sogar – mit Aufstiegshilfen – Ski laufen.

Sicherheit

In den größeren Städten und touristischen Zentren den Wagen niemals auf unbewachten Parkplätzen stehen lassen. Keine Wertgegenstände oder für den Reisenden wichtige Dinge unbeaufsichtigt zurücklassen. Bewachte Garagen nützen nur etwas, wenn sie – was selten der Fall ist – versichert sind. Hotelgaragen sind zwar meist teuer, aber am sichersten, weil kein Hotelier einen Gast verärgern möchte und deshalb die nötige Vorsorge trifft.

In Florenz und an anderen touristischen Brennpunkten sowie auf Märkten ist man vor Handtaschendiebstahl nicht sicher, vor allem nach Einbruch der Dunkelheit. Also lieber nicht allzu viel Bares mit sich führen und auch Ausweispapiere besser im Hotelsafe aufbewahren.

Souvenirs

Traditionelle Mitbringsel sind kunsthandwerkliche Artikel und hochwertige Mode, Antiquitäten und Schmuck, Alabaster und Kunstschmiedearbeiten, Lebensmittel wie Pecorino, Wildschweinschinken und -würste, Olivenöl, Wein und Grappa.

Telefonieren

Die italienische TELECOM hat in den letzten Jahren in allen wichtigen Orten Telefonzentralen und zahlreiche Telefonzellen im Zentrum eingerichtet, so dass man nicht mehr auf die Suche nach dem Telefonamt gehen muss. Allerdings: Aus Sicherheitsgründen (weil die Zellen so oft ausgeplündert wurden) findet man fast nur noch Kartentelefone. Telefonkarten gibt es bei der TELECOM, auch an Automaten, und an vielen Zeitungskiosken zu kaufen. Von den Hotels ist Telefonieren – je nach Kategorie – wie überall auf der Welt mit meist hohen Zuschlägen verbunden.

Die **Vorwahl** von Italien nach Deutschland ist 00 49, nach Österreich 00 43, in die Schweiz 00 41, gefolgt von der Ortsvorwahl ohne die erste Null und der Teilnehmernummer.

Nach Italien wählt man die 00 39 und dann die komplette Telefonnummer inklusive der Null der Ortsvorwahl. Diese ist inzwischen Bestandteil der Teilnehmernummer und auch innerorts mitzuwählen. Bei den **Handy-Nummern** entfällt dagegen die Null vollkommen.

Trinkgeld

Italiener sind generell großzügiger mit Trinkgeld; 10–15 % Aufschlag auf den Rechnungsbetrag im Restaurant, wenn man zufrieden ist, 0,5–1 € für ein Gepäckstück im Hotel, mindestens 5 € für das Zimmermädchen pro Person und Woche, bei längeren Hotelaufenthalten auch für das Restaurantpersonal – und für die Rezeption, dann, wenn sie Sonderwünsche erfüllt hat.

Taxifahrer entlohnt man nach dem Taxameter und rundet die Summe auf, beim Friseur schlägt man etwa 10 % drauf.

Unterkunft

Hotels

Die Hotellerie der Toscana ist auf hohem Standard sehr ausgewogen, man bekommt, mit wenigen Ausnahmen, in den wichtigsten touristischen Städten in jeder Kategorie etwas. In den ›Ausnahmen‹ aber muss man meistens sehr tief in die Tasche greifen. Lohnend sind die

Angebote der Reiseveranstalter, z. B. für Städtereisen, die z. T. überraschend günstige Angebote für Übernachtung inklusive Anreise (Flug, Bahn oder Bus) haben, oder auch nur für den Aufenthalt.

Ein Tipp: Die großen Kurorte wie Montecatini Terme und Chianciano Terme eignen sich hervorragend als Standorte für Ausflugsfahrten in die toscanische Umgebung, weil deren gepflegte Hotellerie eine große Spannbreite in allen Kategorien und außerdem mehr Ruhe bietet als die üblichen Touristenzentren.

Die Buchung von Hotels ist inzwischen direkt über das Internet auch recht problemlos, Adressen über die regionalen Anbieter, die man u. a. unter www.turismo.toscana.it findet bzw. die Hotels und Agriturismo-Betriebe selber unter den einzelnen Orten, auf das Stichwort »ospitalità« klicken: www.wel.it/Toscana, wo man auch aktuelle Öffnungszeiten der Museen, die sich leider dann und wann ändern, heraussuchen kann.

Ferienhäuser und -wohnungen

Keine andere italienische Region hat eine solche Fülle an Ferienwohnungen und vor allem -häusern in ländlichen Gebieten anzubieten wie die Toscana. Man hat die Qual der Wahl zwischen Burgen und Schlössern, kleinen und großen, jedenfalls umgebauten Bauernhäusern, häufig unter dem Stichwort ›Agriturismo‹ zu finden, mit allem oder nur wenig Komfort, mit Pool und Park oder nur Wiesen ringsum. Was man wissen sollte: Selten ist ein schattiger Platz (Pergola z. B.) am Haus vorhanden, weil die meisten Anwesen unter mehr oder weniger strengem Denkmalschutz stehen und beim Umbau keine allzu großen Änderungen vorgenommen werden dürfen. Und nicht immer gibt es im Wohnbereich wirklich bequeme Sofas, weil die Toscaner selber lieber länger am großen Esstisch mit ihren Gästen sitzen bleiben.

Der neueste Trend geht zu Ferienwohnungen in den historischen Zentren der toscanischen Kulturmetropolen, also in Florenz und Siena, in Lucca und Pisa etc. Dafür muss man allerdings im Normalfall besonders tief in die Tasche greifen, hat aber nirgendwo besser die Chance, der besuchten Stadt ebenfalls tief ins Herz zu schauen.

Wie auch immer: Anbieter, ob private oder offizielle, schießen wie Pilze aus dem Boden. Gut beraten ist, wer bei einem eingeführten Spezialisten oder auch bei den großen Reiseveranstaltern bucht. Wer darauf hofft, im letzten Augenblick noch ein Ferienhaus in der Toscana zu bekommen, dürfte meistens enttäuscht werden: Nur wer rechtzeitig bucht, kann das ihm wirklich genehme Haus bekommen.

Direkte Angebote findet man unter der Obhut der Region Toscana im Internet (www.agriturismo.regione.toscana.it) sowie unter den drei toscanischen Zusammenschlüssen:

Agriturist Toscana, Piazza San Firenze 3, 50122 Firenze, Tel. u. Fax 0 55 28 78 38, agritosc@confagricoltura.it

Turismo Verde Toscana, Via Verdi 5, 50122 Firenze, Tel. 05 52 34 49 25, Fax 05 52 34 50 39, cia-toscana@interbusiness.it

Terranostra Toscanam Via Magazzini 2, 50122 Firenze, Tel. 0 55 28 05 39, Fax 0 55 29 21 61, terranostra.toscana@coldiretti.it

Zimmer mit Frühstück...

...in Pensionen, aber auch in privaten Häusern, kommen immer mehr in Mode. Viele Vermieter haben sich italienweit zusammengeschlossen zur Organisation Bed & Breakfast Italia mit Sitz in 00186 Rom, Corso Vittorio Emanuale II 282, Tel. 0 66 87 86 18, Fax 0 66 87 86 19, http://bbitalia.it, md4095@mclink.it.

Ein kleines Faltblatt gibt Auskunft über die Kategorisierung von zwei bis vier Kronen, die zu festen Preisen gebucht werden können (z. Zt. rund 50–100 € je Doppelzimmer, Frühstück inbegriffen).

Camping

In der Toscana gibt es zahlreiche Campingplätze, zum Teil herrlich gelegen, in jeder erdenklichen Komfort- und Ausstattungsklasse, auch mit Pools und anderen Freizeiteinrichtungen (s. Tipps & Adressen von Ort zu Ort). Die richtige Empfehlung für den eigenen Geschmack findet man am einfachsten in aktuellen Campingführern.

Ein komplettes Campingverzeichnis ihrer Mitglieder verschickt auf Anfrage die Federazione Italiana del Campeggio, Via Vittorio Emanuele 11, I–50041 Calenzano, Tel. 00 39/0 55 88 23 91. Für die Hochsaison ist Vorausbuchung unbedingt zu empfehlen.

Jugendherbergen

Sie heißen in Italien *ostelli* oder *alberghi per la gioventù* und nehmen inzwischen nicht mehr nur Wanderer unter 30 Jahren auf, sondern verstärkt auch Familien mit Kindern, denen sie komfortable 3- und 4-Bett-Zimmer anbieten. Auch hier ist für die Hochsaison unbedingt Vorbuchung nötig, und länger als drei Nächte kann man bei voller Belegung nur selten bleiben. Wichtig: Ohne den Jugendherbergsausweis des Heimatlandes geht meistens nichts! Jugendherbergen gibt es in der Toscana (s. Tipps & Adressen von Ort zu Ort) in Abetone, Arezzo, Castelfiorentino, Cavriglia, Cortona, Florenz, Greve in Chianti, Livorno, Lucca, Marina di Massa, Montaione, Portoferraio, San Gimignano, San Giuliano Terme, Tirrénia (Calambrone), Siena, Tavernelle Val di Pesa und Volterra.

Verkehrsmittel

Die Toscana ist mit öffentlichen Verkehrsmitteln hervorragend erschlossen, wenn es um die historischen Zentren beziehungsweise die Provinzmetropolen geht – weniger in den rein ländlichen Gebieten, für die zu bereisen man besser einen Wagen benutzt – oder ein Fahrrad (immer mehr Gemeinden bieten Leihräder an)!

Die Innenstädte sind mit Linienbussen gut erschlossen, aber es lohnt sich praktisch in keiner toscanischen Stadt, auch in Florenz kaum, sie zu benutzen: Meist sind sie voll besetzt und die Entfernungen außerdem gering.

Die Taxikosten liegen niedriger als nördlich der Alpen.

Zeitungen, Zeitschriften und Fernsehen

Alle großen deutschsprachigen Tageszeitungen und Illustrierten findet man zumindest während der Saison an den Brennpunkten des Tourismus, normalerweise tagesaktuell. Nachsenden ist nicht angebracht, weil der Postweg zu lange dauert. Über Satelliten empfangen viele Hotels auch deutsche TV-Sender für ihre Gäste.

Glossar

Abbazia Abtei, Kloster

Amphitheater Antikes Theater mit geschlossenen Sitzreihen um eine elipsenförmige Arena, in der vornehmlich sportliche Veranstaltungen, Tier- und Gladiatorenkämpfe ausgetragen wurden

Apsis Meist halbrunder, mit einer Halbkuppel überdeckter Raum, der sich zu einem Hauptraum hin öffnet; in der christlichen Baukunst überwiegend der östliche Chorabschluss einer Kirche

Arco (ital.) Bogen, auch Stadttor

Attika Niedriges Geschoss oder brüstungsartige Aufmauerung über dem Hauptgesims eines Gebäudes

Balustrade Ein aus kleinen, gedrungenen Stützen (Balustern) gebildetes Geländer an Treppen, Balkonen oder als Dachabschluss

Baptisterium Taufkirche

Belvedere (ital. ›schöne Aussicht‹)
1. Aussichtsplattform auf dem Dach oder im Dachgeschoss des Wohngebäudes
2. Meist höher angelegter Aussichtspunkt in Parks bzw. Bezeichnung schön gelegener Gartenpaläste oder Lustschlösser

Biforium Zweibogiges Fenster

Borgo (ital.) Normalerweise nicht befestigte Ortschaft (im Gegensatz zu *castello*), auch Vorstadt

Campanile (ital.) Freistehender Glockenturm

Camposanto (ital.) Monumentalfriedhof

Casatorre (ital.) Turmhaus, charakteristische Form des mittelalterlichen städtischen Feudalpalastes

Castello (ital.) Befestigte Ortschaft; nicht zu verwechseln mit *fortezza* oder *rocca* (Festung, Zwingburg)

Castrum (lat.) Standlager römischer Truppen; rechtwinklig angelegt und von einem Wall umgeben

Chor Eigentlich der für den Chorgesang oder das Chorgebet der Geistlichen bestimmte Raumteil, zunächst vor dem eigentlichen Hochaltarraum gelegen, später jedoch oft identisch mit diesem. Daher bezeichnet Chor gewöhnlich auch den meist erhöhten Altarraum (Presbyterium, Sanktuarium), der als Raumteil des Kirchengebäudes ausgesondert ist und im Außenbau hervortritt

Collegiata (ital.) s. Kollegiatskirche

Custode (lat. Wächter, Aufseher) Beamteter wissenschaftlicher Mitarbeiter an Museen; Kirchenaufseher

Dom (lat. *domus* = Haus) Bischofskirche, Kathedrale. Im Italienischen bezeichnet *duomo* auch die Hauptkirche eines Ortes ohne Bischofssitz

Fortezza (ital.) Festung

Fresko Wandmalerei, bei der mit Kalkwasser angerührte Farbe auf den noch feuchten Putz aufgetragen wird; besonders haltbar, weil sich Farben und Verputz unauflöslich miteinander verbinden. Im Gegensatz dazu: Seccomalerei auf trockenem Putz

Fries Waagerechte Mauerstreifen mit ornamentalen oder figürlichen Darstellungen als Schmuck, Gliederung oder Abschluss einer Wand

Galerie Langer, gedeckter, nach einer Seite offener Gang:
1. Laufgang mit offenen Bogenstellungen an einer Fassade
2. Laufgang über den Seitenschiffen in Kirchen

Ghibellinen Anhänger des Kaisers, benannt nach dem Staufer Friedrich II., dem ›Waiblinger‹

Graffito (ital. *graffiare* = kratzen) Putztechnik, bei der verschiedenfarbige Putzschichten übereinander aufgetragen werden. Dort, wo meist die hellere, noch feuchte Oberschicht abgekratzt wird, tritt die dunklere Unterschicht als ›Zeichnung‹ hervor *(sgraffito)*

Guelfen In den mittelalterlichen Machtkämpfen zwischen Kaiser und Papst bezeichnete man im 13. und 14. Jh. als Guelfen oder Welfen die Anhänger des Papstes, ursprünglich des Welfen Otto IV. (dem Papst Innozenz II. die Kaiserkrone verliehen hatte)

Inkrustation Einlegearbeit aus verschiedenen Steinsorten an Fassaden

Joch Gewölbeabschnitt

Kollegiatskirche Kirche, der ein Kapitel (Stiftsherren, Kanoniker), nicht aber auch noch ein Bischof vorsteht

Kreuzgang Um den rechteckigen Innenhof eines Klosters angelegter überdachter Umgang

Krypta (griech. *kryptein* = verbergen) Unterirdischer Kirchenraum, der sich aus Grab- und Reliquienkapellen entwickelte

Lisene Gemauerter vertikaler Zierstreifen zur Gliederung einer Wand. Im Unterschied zu Pilastern hat die Lisene keine Basis und kein Kapitell. Sie kann beliebig verlängert werden

Loggia (ital.) Gewölbte, offene Bogenhalle

Maschio (ital.) Hauptturm einer Festung

Nekropole (griech. ›Totenstadt‹) Größere Begräbnisstätte

Oratorium 1. Privatkapelle in oder an einer Kirche
2. Gegen den Hauptraum abgeschlossene Empore im Chor für geistliche oder weltliche Würdenträger

Palazzo Pubblico (ital.) Kommunalpalast, Sitz der Regierung eines Stadtstaates oder der Verwaltung einer Gemeinde

Palio (ital.) Bestricktes oder bemaltes Tuch, das man bei volkstümlichen Festen dem Sieger reicht

Palladio-Motiv Von Palladio entwickelte Komposition in der Spätrenaissance: Verbindung eines mittleren, breiteren Bogens mit zwei schmäleren Seitenöffnungen, die von einem Gebälk abgeschlossen sind

Piano nobile (ital.) Hauptgeschoss der Stadtpaläste und Villen

Pietà (ital.) Plastische Darstellung Mariens mit dem toten Christus auf ihrem Schoß

Pieve (ital. von lat. *plebs* = Volk, Gemeinde) Ursprünglich Bezeichnung für eine Gemeinde, später für die größere, dem Bischof unterstellte Pfarrkirche auf dem Lande mit Taufstelle, Friedhof, oft auch einer Priesterschule

Pilaster Flache Wandvorlage mit Basis und Kapitell

Podestà (ital.) Seit dem Mittelalter Stadtoberhaupt, dessen Amt mit vielen Rechten ausgestattet war

Predella Unterer Teil des Altars

Protorenaissance Vor-Renaissance, Bezeichnung für den vor dem Einsetzen der eigentlichen Renaissance erfolgten engeren Anschluss bestimmter italienischer Bauwerke an antike Formen.

Refektorium Speisesaal des Klosters

Retabel (lat. *tabula* = Tafel) Ursprünglich eine Tafel über dem Altar (d. h. dem Tisch für das Messopfer), die sich zum Diptychon, Triptychon oder Polyptychon entwickelte

Rocca (ital.) Festung auf dem Gipfel eines Berges oder der Kuppe eines Hügels

Rosette Stilisiertes, blütenförmiges Ornament; im gotischen Kirchenbau kreisrundes, mit Maßwerk gefülltes Fenster

Rustika Roh behauene, bossierte Steine

Scavi (ital.) Ausgrabungen

Sinopie Originalgroßer Entwurf oder vorbereitete Zeichnung für ein Fresko auf dem Grundputz. Man verwandte dazu Kohle und rote Erdpigmente (ital. *sinopia*, nach der Herkunft aus der Stadt Sinope am Schwarzen Meer)

Stele Aufrechtstehender, meist reliefierter und mit einer Inschrift versehener Gedenk- bzw. Grabstein

Travertin Ein vor allem in den Abruzzen gebrochener, poröser Tuffstein (Kalkstein) von gelblichem Ton, vielfach als Werk- und Baustein verwendet

Ziborium Altarüberbau in Form eines Baldachins

Abbildungsnachweis

Gottfried Aigner, München S. 3, 5, 80, 132, 134, 139, 159, 166, 172, 180, 188, 192, 216, 274
Raffaele Celentano/laif, Köln S. 4 (oben und unten), 10, 44, 46, 47, 82, 96, 100, 113, 121, 122, 127, 128, 141, 163, 193, 198, 201, 204, 206, 208, 210, 211, 222, 278, 290
Hedda Eid/laif, Köln S. 5, 6 (oben und unten), 7, 21, 47, 63, 86, 92, 93, 112, 114, 142, 144, 150, 165, 182, 214, 221, 225, 238, 240, 257, 259, 260, 264, 266, 283, 285
Achim Gaasterland/laif, Köln Umschlagklappe hinten, S. 9, 48, 75, 107, 175, 187, 197, 246, 271
Georg Henke, Bremen S. 146
Kurt Henseler/laif, Köln S. 34, 125
Georg Jung, Hamburg Titelbild
Martin Thomas, Vaals Umschlagrückseite, S. 2 (oben und unten), 3, 7, 8 (oben und unten), 9, 11, 15, 19, 22, 32, 38, 41, 47, 50, 53, 54, 56, 59, 64, 79, 108, 155, 156, 212, 218, 226, 231, 250, 272, 277, 281, 294
Fulvio Zanettini/laif, Köln 71, 288

Karten und Pläne:
© DuMont Reiseverlag, Köln

Register

Personen

Orte

Kroatien
Andalusien
Provence · Côte d'Azur
Thailand
Australien

Titelbild: Landgut bei San Quirico d 'Orcia
Umschlaginnenklappe: Calico Storico in Florenz
Umschlagrückseite: Im Florentiner Mercato Centrale

Über die Autorin: Nana Claudia Nenzel lebt in München und am Gardasee und ist Autorin zahlreicher Publikationen über Italien, für die sie 1998 den italienischen Kulturorden erhielt. Im DuMont Reiseverlag erschienen von ihr in der Reihe Richtig Reisen der Band »Oberitalien«, in der Reihe Reise-Taschenbücher die Bände »Gardasee«, »Umbrien«, »Ischia – Capri – Procida« sowie »Apulien«, in der Reihe Reisen für Genießer die Bände »Toscana« und »Gardasee«.

Bitte schreiben Sie uns, wenn sich etwas geändert hat.
Alle in diesem Buch enthaltenen Angaben wurden von der Autorin nach bestem Wissen erstellt und von ihr und dem Verlag mit größtmöglicher Sorgfalt überprüft. Gleichwohl sind – wie wir im Sinne des Produkthaftungsrechts betonen müssen – inhaltliche Fehler nicht vollständig auszuschließen. Daher erfolgen die Angaben ohne jegliche Verpflichtung oder Garantie des Verlages oder der Autorin. Beide übernehmen keinerlei Verantwortung und Haftung für etwaige inhaltliche Unstimmigkeiten. Wir bitten dafür um Verständnis und werden Korrekturhinweise gerne aufgreifen:
DUMONT Reiseverlag, Postfach 10 10 45, 50450 Köln,
E-Mail: info@dumontreise.de, Internet: www.dumontreise.de

2., aktualisierte Auflage 2002

Satz und Druck: Rasch, Bramsche
Buchbinderische Verarbeitung: Bramscher Buchbinder Betriebe

Printed in Germany ISBN 3-7701-5598-X